行业影响

- 中国城市规划运营标杆机构
- 首倡"泛珠三角"概念（2003）
- 六项理论上升为国策（高端服务业、话语权、底线理论等）
- 全国2亿人受益

广东省政府购买服务机构
香港十大富豪咨询服务机构

广州泛珠城市发展研究院 概况

（左起）王廉　刘延东　吕志和

▶ 机构资质
- 中国十佳策划与规划机构
- 广州市政府科技与发改委甲级咨询规划机构
- 中国城市经营协会甲级规划机构
- 亚洲企业管理协会甲级咨询规划机构

▶ 业务范围
- 总体战略与定位规划
- 产业规划与资源配置
- 城镇空间设计与新城运营
- 城市形态设计与建设
- 项目与旅游策划运营
- 资源评估与专利版权
- 企业产品产业链咨询
- 招商引资策划与组织

▶ 资源配置优势
- 境外大企业资源
- 国家机构资源
- 官产学界人脉资源
- 项目投融资

▶ 团队与合作伙伴
现有全职研究人员30多人，加盟合作团队1000余人。

全资机构：
- 广东万国城市经济研究院
- 广州维方数据科技有限公司
- 广东万国咨询有限公司

▶ 核心战略伙伴
- 广东经济学家企业家联合会
- 中美科技交流协会
- 欧洲华侨华人联合会
- 亚洲企业管理协会
- 中国城市经营协会

▶ 部分案例
- 天津航空城概念规划（100公里、10年万亿投资）
- 天津循环经济产业园资源配置设计（132平方公里）
- 澳门全域文产升级改造设计（协助引入千亿人民币）
- 上海浦东金融中心千亿税收链设计
- 上海宝钢+卢湾极品写字楼设计与协助引入百亿人民币
- 多伦多新城市中心产业链设计
- 泸州城市面积15年翻2倍及自贸区落地设计
- 平远县10年从13平方公里变成80平方公里设计
- 新疆生产建设兵团与黑龙江农垦城市化咨询
- 菩提小镇100平方公里概规、控规与详规
- 汶川灾后重建规划（2009）
- 黑龙江农垦高端服务业规划（2010）
- 张家口特色园区与城镇旅游规划（2015）
- 神华集团一步酸溶法工业化规划（2016）

广州泛珠城市发展研究院

地址：广州市广园东路1841号新峰楼　　邮编：510500
电话：020—87739957　　网址：www.wgic.cn　　www.211d.cn
邮箱：WLK8@163.com　　微信公众号：fzyjy_GZ

广州泛珠城市发展研究院

（成立于1993年·前身为广东万国经济发展中心）

类别	内置机构名称	服务内容与产品模块
研究规划	城市规划设计中心	城市规划：首创"八规划合一"概念，专注特色控制性规划、详规 定位规划：城镇四环定位（国际、国家、区域、地方）、CBD与RBD设计 专项规划：园区规划、景观与名街名园设计、市政基础设施、旅游文化规划
产业规划咨询	城市运营/PPP中心	特色小镇、房地产开发研究、城市运营、PPP项目与产业链设计、ecWTP（数字文化自贸区）
	主题公园/旅游中心	主题公园设计、重大项目设计、旅游A级景区设计与招商、IP与旅游九要素设计
	产城融合中心	产城融合设计与运营、特色产业发展设计、融资与招商等
	产业研究中心	交通产业：轨交规划、绿道规划、BRT规划、机场/港口与特殊交通规划 平台产业规划：重大产业项目、特色园区、千亿产业链设计
	文化产业中心	文化产业与园区平台、彩票产业、影视与媒介产业、文化产业发展大会设计
	企业定位咨询中心	企业战略定位、品牌建设推广、6i设计、企业商业模式设计、企业人力资源咨询、企业文化设计
	项目与投融资	PPP融资、项目商业包装、项目落地牵线与组织 园区投融资策划、企业诚信调查、城乡与行业企业调查
	先进技术研究中心	IT技术、专利技术引进、网站建设、服务器托管服务、专利版权交易，F1、F3及非机动车赛事研究，量子与激光技术研究，绿色有机食品研究
培训教育	人口人力资源中心	知识管理、品牌管理、人力资源开发、行政管理、资源管理
	硕博及EMBA课程培训中心	主要课程：企业5.0 EMBA培训、旅游文化及城产硕博分析方法、规划语言培训，1+N产品产业链培训（联合有关顶级院校与专家），城镇与企业高级经济师训练营
数据库与出版	全球城产数据库	1997年起运作。深圳市政府重点工程，工信部重点工程，提供全球3万个城市产业与企业数据库。为客户定制数据库
	年鉴与杂志	《世界城市发展年鉴》2005年出版至今 《中国城市经营》月刊1997年出版至今
	平台建设	海豚网（www.211d.cn）、中国数字化出版社（51%股份）

研究院全资子公司

广东万国咨询有限公司（专注企业定位战略、资源整合）
广州维方数据科技有限公司（专注知识产权与先进技术研究与交易）
广东万国城市经济研究院（专注PPP及城市运营）

特色小镇发展的4个阶段

2017年2月12日，经济学家王廉在给干部讲课时提出了特色小镇至少是30年使命，不能速成。他认为，特色小镇发展有4个阶段：特色小镇是初级阶段，主题小镇是成长的立业阶段，个性小镇是差异化竞争的关键，其竞争项目应该有10年以上的预期，最高阶段是平台小镇，这个阶段是特色小镇最具文化特色的。因此，特色小镇建设一定要按照其成长规律一步一步地推进，分阶段打造。但也并非每个城市都要按照这4个阶段打造，有的一、二阶段即可。

雄安新区

2017年4月1日，国家级新区——雄安新区成功设立。这是继深圳经济特区和上海浦东新区之后又一具有全国意义的新区。雄安起步区先行开发，面积为100公里；中期为发展期，面积为200平方公里；后期为控制区，其开发面积为2000平方公里。

广州泛珠城市发展研究院（以下简称"我院"）认为，雄安新区的设计与建设，宜遵循联合国确定的《21世纪议程》中的要求，按照自然财富、实物财富与人力资源财富构成总和，创新雄安新区设计规划建设。为此，我院初步提出了八项战略设计：城镇四环定位、空间四维形态、产城乡功能分工、产业链、文化技术实现形式与表征物、分类国际对标、行政与市场资源配置、社会生态设计。

广州市南沙的优势（粤港澳大湾区几何中心）

南沙交通网络图

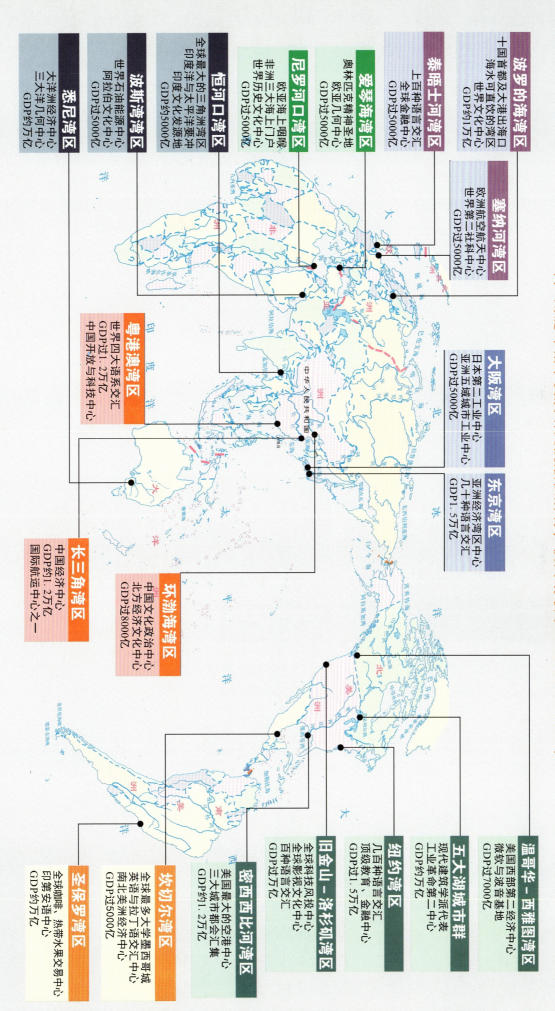

专题策划：

被时光追逐的美景

《世界城市发展年鉴》记者总领事馆专访

待续

广州是老牌的贸易之都和国家历史名城，有着"千年商都"的美誉，多年来在与各国经济、贸易、社会文化、教育科技等领域的交往中起着桥梁的作用，亦承载了城市交流与合作的重大使命。

据广州泛珠城市发展研究院智库显示：广州的外国驻华机构数目仅次于北京（157家）、上海（75家），居国内第三（55家）。《2016世界城市发展年鉴》特别策划了部分驻广州总领事馆的专题采访。

截至2016年10月，驻广州的外国总领事馆有美国、日本、泰国、波兰、澳大利亚、越南、马来西亚、德国、英国、法国、菲律宾、荷兰、加拿大、柬埔寨、丹麦、意大利、韩国、印度尼西亚、瑞士、比利时、新加坡、古巴、新西兰、俄罗斯、希腊、印度、奥地利、挪威、科威特、墨西哥、巴基斯坦、以色列、西班牙、埃塞俄比亚、阿根廷、厄瓜多尔、巴西、智利、马里、乌干达、伊朗、土耳其、斯里兰卡、乌克兰、老挝、秘鲁、吉尔吉斯斯坦、尼日利亚、科特迪瓦、刚果（布）、哥伦比亚、安哥拉、卡塔尔、阿联酋及赞比亚55个国家。

美国是1979年首个在穗设总领事馆的国家，从此拉开了多国在穗设立驻华机构的序幕。今天，广州这座始建于秦、发达于汉，以蓬勃强劲之势迅猛发展的国际大都市，不遗余力地展现其"窗口"和"门户城市"的形象，其魅力正在大放异彩。

图示：下面是《世界城市发展年鉴》记者与驻广州部分总领事的相关照片。这些已成为被时光定格和追逐的美景！（篇幅所限将陆续刊出）

瑞士美景

瑞士美景

瑞士美景

智利驻广州总领事龙啸天与记者合影

法国驻广州总领事傅伟杰与记者合影

波兰驻广州总领事约恩娜·思珂切克与记者合影

印度驻广州总领事唐施恩与记者合影

意大利驻广州总领事艾古丽与记者合影

印度尼西亚驻广州总领事琇翡

希腊驻广州总领事格里高利·塔西奥普洛斯

西班牙驻广州总领事吉娜·丽达

泰国国家旅游局驻广州办事处处长善迪·沙旺甲林达

俄罗斯驻广州总领事亚历山大·普罗斯维尔金与记者合影

（左起）瑞士驻广州总领事馆专员冯桂梅、总领事博智东与记者屠艳丽、王芙蓉、余丽莎合影

菩提 拥有全国最大的菩提园　　**草原** 南方现代化草原　　**蓝莓** 有机草莓园　　**禅修** 菩提小镇是禅修圣地

特色小镇规划建设创新谁最靠谱

——专访菩提小镇总设计王廉先生

[记者 Jasmine] 自2016年各部委力推特色小镇起，一时间，各地特色小镇如雨后春笋，各种名不见经传的规划设计机构居然在百度搜索中成了"资深"或"名列前茅"，一时间让人不得要领。为此，本刊记者专门采访了广州泛珠城市发展研究院院长王廉先生。

记者：王院，贵院几年前即开始着手规划的贵州菩提小镇，您认为是否属于特色小镇？或者说是否按照您理想中的标准建设的？与目前火热的特色小镇相比，菩提小镇的特色在哪里？

王廉：菩提小镇是我院早在2013年开始策划和规划的，当时国家还未提出"特色小镇"概念。一开始我们就确立了三个理念：一是以规划特色村为范畴，二是在产业、平台、旅游、增加居民收入四个特色主题上下功夫，三是强化一、二、三产业融合发展。如果做不到这一点，很难称之为"特"。菩提小镇规划将IP（知识产权）导入、VR技术、ecWTP（数字文化自贸区）等先进技术、工艺、模式、业态的运用也纳入规划建设议事日程。

记者：您能否讲具体点，菩提小镇按您说的三个理念，究竟是如何规划的？与别的特色小镇相比，竞争力何在？特色小镇难在产业，往往倒在地产上。特色小镇作为经济发展的一种载体、发动机、城镇化节点和增长极，究竟有多大魅力？多少年可以建成呢？又该如何规划与分步实施呢？

王廉：我院规划的菩提小镇核心区为3平方公里，以独山县上司镇打羊村中心区为基础。3平方公里范围内有居民区、工业加工区、火车站、小学、卫生站、菩提精舍及菩提种苗基地，首先力求推动区域产业链体系建设，目前这些都已经初具规模。其次，在特色上下功夫。菩提文化、草原文化、蓝莓文化、水文化是4个主题，这就涉及一二三产业融合、产城融合、城乡融合和致富与就业融合。例如，菩提小镇规划的次核心区为32.5平方公里，目前已建成一个约3万亩的草种场，也是南方最现代化的草原；上万亩菩提园已成为国家林业总局与农业部的示范种苗基地；三等火车小站每天有通往贵阳的班列。小镇上有约120户居民，1所小学，1个卫生院，牛奶加工厂已有很好声誉，菩提肽系列加工厂正在筹建中。到2018年，菩提小镇估计会发展到5000亩蓝莓园、3万亩草种场、3万亩菩提园、1个颇具规模的奶制品企业、1家菩提产品加工厂、1个国家级菩提种苗园、1个农业部菩提产业园，形成"三产"融合，为近600人提供就业机会；到2020年，这一数字将达到2000~3000人，而菩提小镇在32.5平方公里内也只有5000人。

记者：特色小镇重在"特"，集中一切战略资源用于发展特定的战略产业挺好的。您总说特色小镇最好突出主题，主题就是核心，如迪士尼的各类特色鲜明的IP等。您的介绍真令人振奋，与那些"不靠谱"的"小镇"相比，菩提小镇我认为是靠谱的一类。贵院有如此远见，令人佩服。我还想了解，菩提小镇为什么一开始就有这样的视野呢？

王廉：这也要感谢陈少玲女士，她是菩提小镇种植园的创始人，为菩提小镇的发展立下了汗马功劳；独山县政府、上司镇、打羊村的支持也是很大的。比如，我们按100平方公里规划控制区、32.5平方公里次核心区、3平方公里规划建设核心区均得到独山县规划委员会的审批，上司镇及打羊村村干部不计报酬，全力支持，没有他们，我们即使再"妙笔生辉"，也是白云悠悠。

记者：看来，特色小镇建设不是一朝一夕之事，投资环境的打造也非一日之功。有些特色小镇还未规划，就说自己如何品高味足，就显得可笑了。对国外特色小镇，学界赞扬颇多，如美国的基金小镇、民谣小镇、物流小镇等。但我认为中国的特色小镇与国外的发展模式与环境都不同，也不好学，必须走自己的路。菩提小镇虽然还在大力发展中，是否今后要引入更多投资主体？

王廉：你说得很对，同时也需要不断探索，何况产业发展是一个综合的、漫长的过程，我们设计了20多个项目，有的还需要调整。随着菩提小镇的发展，已经有不少大的投资公司、上市公司前去考察。相信在不久的将来，菩提小镇会成为一个主题突出的产城、城乡、"三产"融合的特色小镇。

记者：目前，许多特色小镇要么"新瓶装旧酒"，要么好高骛远，要么"借尸还魂"，真正在"特"字上下功夫的不多。相反，圈地、圈人、圈概念的现象十分突出。因此，是否可以这样理解，菩提小镇是以菩提文化、交通文化、草原文化引领市场和聚焦投资者的眼光？

王廉：菩提小镇交通区位较好，距离荔波机场仅1小时、贵阳机场2小时，离高铁都匀站1小时，离贵阳至南宁上司高速出口20分钟。到2020年，经此小镇的高铁仅10分钟车程。我院编印了全球科技、金融、产业特色小镇方面的资料，发现纽约湾区有上千个特色小镇，东京湾区仅寺庙宗教文化小镇就有数百个，主题突出。我认为，特色小镇应"专"在主题上，"旺"在产业平台旅游与富民增收上，"持续"在创新做实和做"特"上，相信菩提小镇会迎来一个黄金发展期。

（菩提小镇IP+，合作请电邮wlk8@163.com）

2016 世界城市发展年鉴

WORLD CITY DEVELOPMENT YEARBOOK, 2016

王 廉 主编

中山大学出版社
SUN YAT-SEN UNIVERSITY PRESS

·广州·

版权所有　翻印必究

图书在版编目（CIP）数据

2016 世界城市发展年鉴/王廉主编. —广州：中山大学出版社，2017.7
ISBN 978-7-306-06070-9

Ⅰ. ①2… Ⅱ. ①王… Ⅲ. ①城市—发展—世界—2016—年鉴 Ⅳ. ①F299.1-54

中国版本图书馆 CIP 数据核字（2017）第 133670 号

出版人：	徐　劲
策划编辑：	刘学谦
责任编辑：	刘学谦
封面设计：	曾　斌
插　　图：	黄海娟
责任校对：	王　璞
责任技编：	何雅涛
出版发行：	中山大学出版社
电　　话：	编辑部 020-84110283，84110771，84111996，84113349
	发行部 020-84111998，84111981，84111160
地　　址：	广州市新港西路 135 号
邮　　编：	510275　　　传　真：020-84036565
网　　址：	http://www.zsup.com.cn　E-mail:zdcbs@mail.sysu.edu.cn
印　刷　者：	广州家联印刷有限公司
规　　格：	889mm×1194mm　1/16　33 印张　979 千字
版次印次：	2017 年 7 月第 1 版　2017 年 7 月第 1 次印刷
定　　价：	300.00 元

如发现本书因印装质量影响阅读，请与出版社发行部联系调换

编委会

主编单位：广州泛珠城市发展研究院　　亚洲可持续发展研究中心
中国城市经营网　　广东万国咨询有限公司
中国城市经营协会　　全球城市产业发展数据库及专家系统

顾　　问：段应碧（中财办原副主任）
索尔斯（1997年诺贝尔经济学奖获得者）
皮安奇（意大利工业发展研究院院长）
萧灼基（北京大学教授）
梁广大（珠海市委原书记）
陈立强（中美科技交流协会副会长）
童大林（著名经济学家）
马润潮（美国俄亥俄州大学）
陈金永（华盛顿州立大学）
张　玲（哥伦比亚大学）
詹　森（哥伦比亚大学）
何星飞（加中科技交流协会副会长）
谭　永（德国）
卢百利（英国）
冯启泰（法国）　胡启泰（日本）
金山同（印度尼西亚）
克留科娃（俄罗斯）
杨汝万（香港政府国土咨询委员会主任）
曾　涤（南开大学）
邹时萌（建设部城乡规划司原司长）
皮佑国（华南理工大学）
刘庆龙（清华大学公共管理学院）

编　　委：（排名不分先后）
王　廉　　陈之明　　丘舜平　　桂华莲　　孔晓莉　　金　榜
康　成　　王　凉　　杨久炎　　秦　琳　　钟晓青　　邓俊权
彭润艳　　冯思玲　　卢国荣　　郑　重　　韩忠智

主　　编：王　廉

副 主 编：陈之明　　桂华莲　　孔晓莉

编辑部主任：屠艳丽

责 任 编 辑：陈成斌

美 术 编 辑：黄海娟

通　　联：韩茂森

编　　辑：（排名不分先后）
葛向列　　桂华莲　　黎　庆　　吴生南　　曾艳芳　　方　诚
韩茂森　　李庆东　　黄家禧　　黄　艳　　王建文　　任克先
陈宵宇　　邓高原　　任晓艳　　胡润民　　胡晓娟　　蒋昌文
程世美　　蔡学萍　　陈继光　　陈成斌　　黄海娟　　曹　志
张绮华　　李　洋　　屠艳丽　　殷　红　　丁超海　　林慧卿
王芙蓉　　林思萍　　廖珊珊　　黄乐旖　　方　婷　　马韶华
张楚君　　刘倩欣　　陈　婕　　叶佐航　　黄琼敏　　彭健怡
张玉颖　　黄宝恩　　吴明彦　　苏安琪　　汪雅君　　潘楚倩
余丽莎

编 者 说 明

《2016世界城市发展年鉴》是一部反映全球50万个城镇发展的、信息量极大的专业性年刊，它全面、系统地收录了2015年全球各国及地区主要城镇发展、重要行业的主要指标、"一带一路"战略、五大江河经济带、特色产业城市、世界/地区低碳城市、世界智慧城市与企业、2015—2016年全球资讯，还特别策划了部分驻广州总领事馆及旅游局专访；简言之，本书是一部翔实记载"全球城市发展的百科全书"。

全书共分为八大卷。

第一卷以表格为主、以数据为证，简洁明了地介绍了世界各国/地区其他指标排名、中国热点指标和中国城市及产业统计指标。

第二卷主要介绍城市文化精神。

第三卷主要介绍特色产业城市，涉及金融产业城市、文化创意城市、现代服务业城市、高科技产业城市、总部经济城市。

第四卷主要介绍世界地区/低碳城市，包括国家/地区低碳政策、欧洲低碳城市、亚洲低碳城市、其他地区低碳城市，从宏观与微观等层面来阐述全球低碳城市的战略、规划及措施。

第五卷主要介绍智慧城市与企业，包括世界各国/地区国家政策、智慧城市、智慧社区和智慧企业。

第六卷主要介绍"一带一路"战略，从北线A经济带、北线B经济带、中线经济带、中心线经济带、21世纪新丝绸之路等方面进行阐述，探寻世界经济增长之道。

第七卷主要概述五大江河经济带，涵盖尼罗河经济带、刚果河经济带、密西西比河经济带、亚马逊河经济带、莱茵河经济带和长江经济带。

第八卷特别策划了驻广州总领事馆及旅游局的专题采访。

本书最大的特点是增加了资讯的丰盈性，精简了各卷内容的冗余。为了达到精简的效果，参考文献未全部列出，望广大读者见谅。

主办单位与编创人员为本书倾注了大量的心血和努力。本书从内容到图表实用性均非常强，不仅适合政府官员、企业高管、学者、专家、研究人员及大中专院校师生阅读，更是一部"全球城镇发展百科全书"。

本书已连续出版13年，我们始终坚持以"精、细、新"和实用为编撰原则，与读者一起观中国、看世界。

读者如需购买，请通过以下方式联系。电话：020-87730856转8008；联系人：韩先生；邮箱：WLK8@163.com；网址：www.211d.cn（中国城市经营网）。

《世界城镇经营年鉴》编委会
2016年10月26日

目 录

资　讯 ………………………………………………………………………… 1

第一卷　全球统计指标 ……………………………………………………… 23

第一章　中国热点指标 …………………………………………………… 24
第一节　中国大陆最佳商业城市百强排行榜 ……………………………… 24
第二节　中国生态城市排行榜 ……………………………………………… 29
第三节　中国创新城镇排行榜 ……………………………………………… 38

第二章　全球统计指标 …………………………………………………… 42
第一节　世界各国/地区政府收入排名 …………………………………… 42
第二节　世界300个大城市经济体经济表现排名 ………………………… 48
第三节　世界各国/地区GDP排名 ………………………………………… 60
第四节　世界各国/地区人均GDP ………………………………………… 67
第五节　世界各国/地区税收排名及2015全球城市实力指数 …………… 71

第三章　世界各国/地区其他指标排名 ………………………………… 77
第一节　世界最宜居城市排名 ……………………………………………… 77
第二节　世界各国/地区机场客运量排行榜 ……………………………… 78
第三节　2014世界各国/地区港口吞吐量排行榜 ………………………… 79

第四章　中国城市及产业统计指标 ……………………………………… 82
第一节　333个地级市GDP排名 …………………………………………… 82
第二节　2015全国333个地级市生产总值前100位排名 ………………… 99
第三节　2014中国各省（市）GDP排行榜 ……………………………… 101
第四节　2014中国各省（市）人均GDP排行榜 ………………………… 102

第二卷　城市文化精神 ……………………………………………………… 105

第一章　广州城市文化精神 ……………………………………………… 106
第一节　硬实力展现广州的国际地位 …………………………………… 106
第二节　软实力提升广州的国际形象 …………………………………… 108
第三节　巧实力展现广州的后劲 ………………………………………… 110
第四节　约实力是保障现代城市发展的精神动力 ……………………… 113

第二章　广州国家中心城市的相关对策 ………………………………… 116
第一节　什么是国家中心城市 …………………………………………… 116
第二节　如何规划国家中心城市 ………………………………………… 118
第三节　广州如何建设国家中心城市 …………………………………… 123

第三章　广州在全球四大文化中的地位 ………………………………… 126
第一节　广州牵手20亿人口的文化地位 ………………………………… 126
第二节　阿拉伯文化 ……………………………………………………… 127
第三节　拉丁文化 ………………………………………………………… 130
第四节　英国语言文化 …………………………………………………… 131
第五节　商业文化概述 …………………………………………………… 132

第六节 动漫文化	138
第七节 出版文化	142
第八节 主题乐园文化	144

第四章 全球城市发展醒言 … 150
 第一节 从广州的全球城市地位说开来 … 150
 第二节 全球国土的三次整治与空间生存比 … 151
 第三节 产业发展模式：沿海与大城市引力波 … 152
 第四节 人居环境分析：追求"五宜"城镇 … 154
 第五节 集团化分析：城市集团成国家实力形象代表 … 155
 第六节 城市群划分：国民生活与地缘政治全覆盖 … 157
 第七节 财富神话：城镇街区密度与效益双魔方 … 159
 第八节 社会生态：国土与社会治理全覆盖 … 160

第五章 新兴产业与供给侧的制度设计 … 162
 第一节 战略性新兴产业的体系制度设计 … 162
 第二节 供给侧改革的理论政策体系研究 … 164

第六章 "互联网+"与经济发展的"八驾马车" … 167
 第一节 以广州经济的"六驾马车"为例 … 167
 第二节 要素驱动与经济发展的"三驾马车" … 168
 第三节 经济发展的新"五驾马车"及其意义 … 169
 第四节 建立和完善经济发展的动力机制 … 170

第七章 产业政策制定的底线与边界 … 172
 第一节 产业政策制定的目的与历史梳理 … 172
 第二节 我国产业政策的制定过程与实施效果分析 … 174
 第三节 未来产业政策制定的方向及其边界 … 177

第三卷 特色产业城市 … 181

第一章 金融产业城市 … 182
 第一节 世界金融城市100排名及指标分析 … 182
 第二节 世界风投城市分析 … 202

第二章 文化创意城市 … 213
 第一节 世界商业文化城市 … 213
 第二节 世界艺术文化城市 … 225

第三章 现代服务业城市 … 233
 第一节 世界配送中心 … 233
 第二节 世界自贸区 … 242

第四章 高科技产业城市 … 250
 第一节 世界孵化器城市 … 250
 第二节 100个高新技术城市 … 252

第五章　总部经济城市 ⋯⋯ 272
　　第一节　国际 CBD 城市 ⋯⋯ 272
　　第二节　中国 100 万左右人口 CBD 城市 ⋯⋯ 280
　　第三节　中国 300 万左右人口 CBD 城市 ⋯⋯ 285

第四卷　国家/地区低碳城市 ⋯⋯ 289
世界各国低碳经济政策概述 ⋯⋯ 290
第一章　国家/地区低碳政策 ⋯⋯ 292
　　第一节　政策指导及制定 ⋯⋯ 292
　　第二节　实践与措施 ⋯⋯ 299
第二章　欧洲低碳城市 ⋯⋯ 302
　　第一节　欧洲低碳城市规划战略 ⋯⋯ 302
　　第二节　欧洲低碳城市政策措施 ⋯⋯ 306
第三章　亚洲低碳城市 ⋯⋯ 308
　　第一节　亚洲低碳城市规划战略 ⋯⋯ 308
　　第二节　亚洲低碳城市政策措施 ⋯⋯ 310
第四章　其他地区低碳城市 ⋯⋯ 312
　　第一节　其他地区低碳城市规划战略 ⋯⋯ 312
　　第二节　其他地区低碳城市政策措施 ⋯⋯ 315

第五卷　智慧城市与企业 ⋯⋯ 317
第一章　世界各国/地区国家政策 ⋯⋯ 318
　　第一节　世界各国/地区国家政策指导 ⋯⋯ 318
　　第二节　世界各国/地区政策措施 ⋯⋯ 325
第二章　智慧城市 ⋯⋯ 336
　　第一节　智慧城市政策指导 ⋯⋯ 336
　　第二节　智慧城市政策措施 ⋯⋯ 338
第三章　智慧社区 ⋯⋯ 344
　　第一节　智慧社区主要目标 ⋯⋯ 344
　　第二节　智慧社区的建设计划 ⋯⋯ 345
第四章　智慧企业 ⋯⋯ 348
　　第一节　智慧企业基本概况 ⋯⋯ 348
　　第二节　智慧企业建设案例 ⋯⋯ 357

第六卷　"一带一路"战略 ⋯⋯ 369
第一章　"一带一路"政策的现状与规划 ⋯⋯ 370
第二章　北线 A 经济带 ⋯⋯ 382

　　第三章　北线B经济带 …………………………………… 388
　　第四章　中线经济带 ……………………………………… 394
　　第五章　中心线经济带 …………………………………… 400
　　第六章　21世纪新丝绸之路 ……………………………… 405

第七卷　五大江河经济带概述 ………………………………… 413
　　第一章　尼罗河经济带 …………………………………… 416
　　　　第一节　尼罗河经济带概况 ………………………… 416
　　　　第二节　尼罗河沿岸主要国家 ……………………… 419
　　　　第三节　尼罗河经济带合作发展策略 ……………… 424
　　第二章　刚果河经济带 …………………………………… 426
　　　　第一节　刚果河经济带概况 ………………………… 426
　　　　第二节　刚果河沿岸主要国家 ……………………… 427
　　　　第三节　刚果河经济带合作发展策略 ……………… 432
　　第三章　密西西比河经济带 ……………………………… 434
　　　　第一节　密西西比河经济带概况 …………………… 434
　　　　第二节　密西西比河沿岸主要城市 ………………… 435
　　　　第三节　密西西比河经济带合作发展策略 ………… 437
　　第四章　亚马逊河经济带 ………………………………… 438
　　　　第一节　亚马逊河经济带概况 ……………………… 438
　　　　第二节　亚马逊河沿岸主要国家 …………………… 439
　　　　第三节　亚马逊河经济带合作发展策略 …………… 443
　　第五章　莱茵河经济带 …………………………………… 445
　　　　第一节　莱茵河经济带概况 ………………………… 445
　　　　第二节　莱茵河沿岸主要城市 ……………………… 446
　　　　第三节　莱茵河经济带合作发展策略 ……………… 451
　　第六章　长江经济带 ……………………………………… 453
　　　　第一节　长江经济带概况 …………………………… 453
　　　　第二节　长江沿岸主要城市 ………………………… 456
　　　　第三节　长江经济带合作发展策略 ………………… 465

第八卷　特别策划 ……………………………………………… 469
　序　文 …………………………………………………………… 470
大美俄罗斯
　　——俄罗斯驻广州总领事亚历山大·普罗斯维尔金谈俄罗斯旅游业 … 471

目录

神奇的"热湖"
——吉尔吉斯斯坦驻广州总领事马克萨特·坚季米舍夫谈吉尔吉斯斯坦旅游业 ………… 474

拉美脊背上的国家
——秘鲁驻广州总领事戴维·吉尔列莫·席尔瓦谈秘鲁旅游业 ………… 477

一片冰心在玉壶
——丹麦驻广州总领事林宏谈丹麦旅游业 ………… 480

与肖邦邂逅 相约在波兰
——波兰驻广州总领事约恩娜·思珂切克谈波兰旅游业 ………… 482

智利：美洲的"青藏高原"
——智利驻广州总领事龙啸天谈智利旅游业 ………… 485

印度尼西亚：世界第二大"肺"
——印度尼西亚驻广州总领事琇翡谈印度尼西亚旅游业 ………… 487

冰与火：加拿大的梦想与荣耀
——加拿大驻广州总领事 Bedlington-Rachae 谈加拿大旅游业 ………… 489

脸谱与心理文化之旅
——韩式文化的缩影 ………… 491

希腊：欧洲文明的发源地
——希腊驻广州总领事格里高利·塔西奥普洛斯谈希腊旅游业 ………… 493

印度：3亿中产阶级的保护神
——印度驻广州总领事唐施恩谈印度旅游业 ………… 495

泰国：东南亚的蓝色梦境
——泰国国家旅游局驻广州办事处处长善迪·沙旺甲林达谈泰国旅游业 ………… 497

柬埔寨：两洋文明的宠儿
——柬埔寨驻广州总领事 Heng Poea（兴波）谈柬埔寨旅游业 ……… 499

瑞士：秘密与开放并存
——瑞士驻广州总领事博智东谈瑞士旅游业 ………… 501

土耳其：欧亚大陆的神奇之国
——土耳其驻广州总领事 B. Kesmen 谈土耳其旅游业 ………… 503

法国：全球时尚的风向标
——法国驻广州总领事傅伟杰谈法国旅游业 ………… 505

意大利：古希腊罗马帝国遗留的风情
——意大利驻广州总领事 Laura Egoli（艾古丽）谈意大利旅游业 ………… 507

西班牙：斗牛士文化的故乡
——西班牙驻广州总领事吉娜·丽达谈西班牙旅游业 ………… 509

资 讯

一、城镇化资讯

世界篇

释放城镇变革力量，推进可持续的城市发展

2015年5月18日，联合国人居署发布了主题为"城镇化与发展：新兴未来"的《2016年世界城市状况报告》（以下简称《报告》）。《报告》指出，目前排名前600位的主要城市中居住着1/5的世界人口，对全球GDP的贡献高达60%。如不进行适当的规划和管理，迅速的城镇化会导致不平等、贫民窟和气候变化等社会问题的增长。《报告》建议联合国各成员国应通过一个全新的城市议程，进一步释放城镇的变革力量，推进可持续的城市发展。

联合国副秘书长、人居署现任执行主任克洛斯指出，自1996年6月联合国在伊斯坦布尔举行第二次人类住区会议以来，世界人口在过去20年间随着社会经济的发展而大规模向城镇迁移。在城市面貌发生巨变的同时，城镇化也带来了一系列挑战和机遇，人们迫切需要一个有凝聚力和切实可行的全新城市议程来有效规划未来可持续的发展。

克洛斯指出，无论是国内移徙还是国际移徙，95%的人都出于经济原因或者为追求更好的生活而进入城镇地区。到2030年，发展中国家的城市人口预计将翻一番，城市覆盖的土地面积会扩张3倍，由此将导致一系列严峻挑战。《报告》指出，截至2015年年底，居住人口超过1000万的"超级城市"数量已从之前的14个增加到28个，其中22个都集中在拉美、亚洲和非洲地区。同时，人口在100万以下的中小城市发展速度最快，住户人数占到世界城市人口的59%。此外，由冲突导致的强迫移徙人口不断跨越国际边境，仅去年一年就有150多万人涌入欧洲。上述趋势同时也使世界各地的城市面临诸多新的风险，如犯罪和暴力、恐怖主义、疫病流行、种族歧视和仇恨等。

（来源：联合国）

《2016—2020年联合国对华发展援助框架》在京发布

2016年1月12日，联合国驻华系统与中国政府在北京联合发布了《2016—2020年联合国对华发展援助框架》（以下简称《框架》）。此次活动由联合国驻华系统和中国商务部联合举办，来自中国政府部门、联合国有关机构、外国驻华使馆、非政府组织以及智库的共100余位代表参加了活动。

2016—2020年与中国"十三五"规划的时间重叠，也是落实世界各国领导人2015年9月在第70届联合国大会上通过的2030年可持续发展议程的第一个5年。

新《框架》重申了中国政府与联合国系统在未来5年将继续加强战略合作伙伴关系，并提出了联合国驻华系统未来5年工作的三大重点领域：减少贫困与促进公平发展，改善生态环境与推动可持续发展，加强中国对全球事务的参与。

联合国驻华协调员诺德厚致辞说："在全球落实可持续发展目标的背景下，《框架》将指导联合国驻华国别小组针对中国的发展重点并配合'十三五'规划的实施做出自己的贡献。"

商务部副部长王受文致辞说："中国政府将以《2016—2020年联合国对华发展援助框架》为新起点，以落实2030年可持续发展议程为己任，全面深化与联合国合作，为全球发展事业做出我们应有的贡献。"

新《框架》正式发布后，与会各方还讨论了该文件的实施将如何配合中国的"十三五"规划，并推动2030年可持续发展议程的落实，从而造福中国人民。

诺德厚对本报记者表示："在《框架》提及的三大重点领域中，我们将特别关注不平等、快速城镇化、人口结构变化以及环境恶化带来的严峻挑战。"他表示，联合国将为中国提供高水平政策建议以及应对特定挑战的关键性创新举措，并通过扩大全球范围内的交流，支持中国推动规范性工作。为此，联合国将利用自身的比较优势，包括丰富的专业知识库、与各级政府开展合作的能力、全球性的网络资源和公正的对话召集者角色等。

联合国驻华系统由24个联合国驻华基金、计划署/规划署和专门机构组成。联合国在中国的重点工作领域包括减少贫困与促进公平发展、改善生态环境与推动可持续发展以及加强对全球事务的参与。

（来源：人民网）

第12届世界大都市协会世界大会将在2017年6月隆重开幕

世界大都市协会（World Association of Major Metropolises）成立于1985年，是随着国际城市多边交往兴起而发展起来的国际性民间组织。其总部原设在法国巴黎，1999年迁往西班牙的巴塞罗那。总部现有84个会员城市和一批会员，主体是人口超过100万的城市。世界大都市协会是全球城市和地方政府集聚一堂的顶尖协会。它代表了全球1/3的最大城市区域，10%的世界人口生活在世界大都市协会成员的区域里，超过30年的创办历史，致力于为大都会谋福利、改善大都会管理、推动实现可持续发展目标、为世界城市和地方政府联合组织提供都会发展方案和通过全球互助合作应对世界城市的共同挑战。

世界大都市协会目前有130多个世界各地的会员。中国的广州市早在1992年就首先提出加入大都市协会，成为中国首个"吃螃蟹"的城市。紧随其后的是首都北京与国家中心城市上海。值得称道的是，广州早在1994年就曾提出过广州大都市论坛的倡议。

如今，世界大都市协会与联合国人居署、世界卫生组织、世界银行、欧盟以及经济合作与发展组织等重要国际机构建立起了联系。其宗旨是促进大都市（协会章程明确为地理连贯性并发挥区域性领导作用的城市区域）间的国际交流与合作，包括促进城市规划、建设管理方面的经验交流，传播城市政策制定方面的经验，鼓励和促进有利于城市生活改善的研究工作，以及加强世界各主要城市间的联系，等等，从而有利于更好地控制世界各大城市的发展进程，改善城市居民的生活素质和促进城市的可持续发展。

世界大都市协会为推动和加强国际城市间的交流与合作，每年均在不同国家的城市召开董事年会（或会员大会）和专门工作委员会会议，并与承办城市围绕城市建设、发展和管理方面的问题联合举办专题国际研讨会。例如，将在2017年6月19—22日在加拿大蒙特利尔举办的主题为"全球性的挑战：主要城市在行动"的第12届世界大都市协会世界大会，便是其成果之一。在此主题下，第12届世界大都市协会世界大会将联合来自世界各主要城市的决策者以及公共、机构、学术、私人和社区等领域的利益相关者，以便推广全球市长社区的关键政治信息和宣言；展示并认可来自全球的优秀城市实践者；讨论和深化各个城市管理之间的辩论。此次大会主要涉及四个方面的内容：一是丰富多样的计划。如知名的国际演讲人和关于创新的城市项目介绍。二是多重社交机会。如能够使用虚拟社交平台、商务礼宾服务和参加社交活动。三是在大会中形成一个枢纽。如区域发展讨论、互动、社交和发现。四是动态和交互式现场活动。如城市工作坊、活动午餐和社区活动。当然，协会的主要工作是为推动和加强国际城市间的交流与合作。此外，协会还建立有技术援助项目工作框架，为会员城市间的交流合作牵线搭桥。例如，协会在加拿大建立了国际管理学院，不定期地培训会员城市的专业管理人员。

世界大都市协会是全球城市交流信息、知识和经验的平台，它具有展示与传播、连接、引导、提升的四项功能。它的服务范围囊括培训和能力建设，城市交流，政策转移平台，支持国际化，城市管理者共同体，参加会议、论坛和其他国际活动等，是社会凝聚力、可持续性、生活质量、经济发展的全球市民建设都会，并服务于市民。

（来源：广州泛珠城市发展研究院）

亚太总裁协会：中国城镇化将为世界经济提供新引擎

知名国际经济组织亚太总裁协会（APCEO）全球执行主席郑雄伟于 2016 年 5 月 5 日在吉林省长春市表示，中国实行城镇化与产业之间协调推进的发展战略，在为本国经济注入活力的同时，也将为世界经济发展提供新引擎。

数据显示，当前中国的城镇化率为 52.6%。预计在 20 年后，中国的城镇化水平将达到 70%，中国将因此新增 3.1 亿城市居民，中国城市人口总数将超过 10 亿。

"城镇化将推动中国的教育、医疗、社保等公共服务业，商贸、餐饮、旅游等消费型服务业以及金融、保险、物流等生产型服务业的发展。"郑雄伟表示，中国每一个百分点的城镇化率，对应的都是上千万人口以及数以万亿元计的投资和消费。

郑雄伟特别提到，中国在推进城镇化的进程中，也为全球带来了新的合作机遇。他举例说，2016 年 5 月，中欧双方领导人在布鲁塞尔共同签署了《中欧城镇化伙伴关系共同宣言》。同时，中国和德国签订了 17 项经贸合作协议，落实城镇化伙伴关系。

郑雄伟认为，中国城镇化的高速发展，不断需要产业发展为其提供支持，目前来看，新兴产业、现代服务业、文化产业等将是中国城镇化投资的重点，也将是国际合作增长最快的领域。

（来源：中国新闻网）

中国及亚太地区城镇化协同设计国际研讨会在厦门举行

2015 年 10 月 20—23 日，中国及亚太地区城镇化协同设计国际研讨会在厦门举行。研讨会由中国科协、中科院等单位主办，中科院大气物理研究所、福建省科学技术协会等单位承办。中国科协副主席、中科院院士秦大河，谭铁牛院士、杜祥琬院士、傅伯杰院士、吴国雄院士，FE 科学委员会主席、澳大利亚联邦科学与工业研究组织 Mark STAFFORD-SMITH，FE 科学委员会主席、澳大利亚国立大学教授 Xuemei BAI，以及来自国际科联、未来地球计划科学委员会等组织的 200 多位代表参会，共同研究探讨城镇化协同设计相关问题。福建省科协党组书记梁晋阳，党组成员、副主席吴瑞建应邀出席研讨会。

城镇化协同设计是联合国发起的"未来地球"科学计划中的重要内容。2011 年，由国际科学理事会、国际社会科学理事会、联合国教科文组织、联合国环境署、联合国大学等单位联合发起了为期 10 年的"未来地球"科学计划，旨在"全球变化"研究的基础上，联合自然科学和社会科学研究，向社会普及知识，为决策者提供依据，促进全球可持续发展。此次研讨会的召开将进一步促进中国与周边国家的科技合作，提高我国在全球可持续性发展研究中的声誉、地位以及影响力。

（来源：LASG）

2015 年中欧城镇化伙伴关系论坛

当地时间 2015 年 6 月 29 日下午，中欧城镇化伙伴关系论坛在比利时首都布鲁塞尔顺利召开。中华人民共和国国务院总理李克强和欧盟委员会主席容克出席论坛并致辞。

这届论坛由中国国家发展和改革委员会与欧盟委员会能源总司共同举办。论坛聚焦城镇化"合作、创新、实践"这一主题，邀请了中欧双方政府部门、城市、企业、研究机构共 300 余名代表出席，就城市建设投融资、可持续城市交通、智慧低碳城市等主题进行了深入研讨和交流。交通运输部、住房和城乡建设部、国家标准委等部门，深圳市、佛山市等城市，国家开发银行、建设银行、米其林集团、神州数码等企业的代表分别做了专题发言。前两届中欧城镇化伙伴关系论坛分别在欧盟和中国召开。

中国国家发展和改革委员会主任徐绍史指出，《中欧城镇化伙伴关系共同宣言》签署3年来，在中欧城镇化合作伙伴关系总体框架下，中欧双方秉承互利共赢的原则，从长期经济战略的共同点出发，建立了多层次、多领域的务实合作机制，城市间、企业间合作持续深化，中欧城镇化伙伴关系从务虚转向务实，从概念走向行动，扎实有效地开展了一系列广泛而深入的合作，中欧城镇化伙伴关系已经成为中国城镇化国际合作的标杆。欧洲和中国同为世界城市文明的发源地，欧洲率先完成的城镇化为中国提供了工业化时代的样本，中国正在推进的城镇化将形成信息化时代的新模式。中国新型城镇化市场空间巨大，到2020年，中国城镇化率将达到60%左右，新增城镇人口1亿左右；今年将围绕解决"三个1亿人"问题，重点实施促进农民工融入城镇、培育新生中小城市、建设新型城市"一融双新"工程。欧盟各国城市、企业和机构可以积极参与其中，共同分享中国城镇化建设带来的发展机遇和外溢效应。

（来源：国家发改委）

日本城镇化追求清洁智能宜居

作为当今亚洲地区城镇化程度最高的国家之一，日本的城镇化已经走过了百余年的历史之路，其间既积累了许多成功经验，也经历过不少挫折坎坷。与国家的工业化、现代化和后工业化相对应，日本的城镇化大致也可以划分为起步期、加速期和成熟期三个各具特点的历史阶段。

按照日本学者的观点，自20世纪70年代城镇化水平超过70%以来，直到今天，日本仍处于城镇化进程的成熟期。这一阶段的显著特点是城镇化的速度明显放缓，转而注重提高城镇化以后的居民生活质量，致力于克服城镇化过程中带来的种种弊端。而在今后一个时期，随着国家后工业化进程的不断

日本的"清洁城市"

发展，如何改变此前以工业为主的城镇发展模式，将一座座"钢铁城市""化工城市"和"汽车城市"逐步改造为"清洁城市""智能城市"和"宜居城市"，已经成为日本城镇化的未来发展方向。

美国城镇化的启示

美国是当今全球最发达的经济体，也是世界上城镇化发展最早和城镇化水平最高的国家之一。尽管美国的城镇化起步早，城镇化水平很高，但美国的城镇化却是高成本、高耗能、资源浪费的模式。比如，洛杉矶就是美国城镇化的最大败笔，因为它的城镇化是过度浪费土地资源、长期高耗能、建设成本高，属于典型的低效模式。然而，波特兰、旧金山、西雅图等美国西北部城市的城镇化模式比较合理高效，特别是波特兰，很有值得中国学习借鉴的地方。

波特兰是美国在区域规划运用上的成功案例，是可持续发展城镇化模式的范例，特别是其合理的

美国的波特兰市一角

城市土地规划和可不断更新的城市交通系统和能源体系。波特兰以其"城市扩展边界计划"著称，该计划有效遏制了城市的无计划扩张。

在20世纪20年代美国经济大萧条期间，土地使用规划倡导者、先驱刘易斯·芒福德将"城市建设是为了人而非车"的理念引入了波特兰的城镇化建设中。该城市的建设宗旨是保护市中心的人口规模。为了实现这一目标，这个城市汇聚了地区规划和管理的学院派人士，共同调研土地规划使用和可持续发展的城市交通。早期的调研支撑了该城市几十年的可持续城镇化建设。与美国其他城市相比，波特兰的居民使用公共交通上班的人数是其他城市的2倍，使用自行车上班的人数是其他城市的7倍，上班距离比其他城市缩减了20%。从1996年至2006年，该城市的人口增长了27%，公共交通使用率增长了46%，而私家车使用率仅增长了19%。

澳大利亚：城镇化的亮点

分散城市职能，是澳大利亚城镇化进程中最为突出的"亮点"。堪培拉作为首都，其常住人口仅为33万，是全国八大城市中人口最少的，这主要归功于澳政府根据不同地区的发展特点来规划城市职能，分散城市压力。对于首都，澳政府仅仅赋予堪培拉行政中心的"使命"，较为单一的城市属性，保证了堪培拉常年保持交通顺畅，环境舒适，素有"花园首都"的美誉。在城市发展规划中着重强调均衡发展，逐步形成了以老城区为中心、新城区为补充的"辐射型"卫星城发展模式。近年来，澳联邦和地方政府还加大了对于卫星城的基础设施建设，

堪培拉市区的电车

商场、学校、医院、公园以及体育场馆等配套设施一应俱全，保证了民众在卫星城也能享受到与市中心同样的现代化生活。城市向外延伸固然减轻了市中心的压力，但这也对城市交通规划提出了更高要求。面对这一世界性难题，澳政府采用了最为有效的方法——优先发展公共交通。以布里斯班为例，当地政府积极发展公交车、地铁、轻轨、水上巴士等多层次的公交系统。市民只要使用公交卡，便可在各类公共交通工具之间实现方便换乘，同时还可享受较大幅度的折扣。除了对城市发展做出科学规划之外，澳政府在城市化过程中十分注重对生态环境的保护。

德国：小城镇建设走新路

德国是世界上城镇化发展比较快、城镇化率比较高的国家。德国城镇建设的经验证明，大城市的盲目发展已经造成公共服务供应紧张、交通拥堵、房价高企、污染严重、犯罪增多等一系列负面效应和诸多社会问题。因此，小城镇与产业集群融合发展是德国小城镇发展的方向。工业化是城镇化建设的基本动力和基础，工业化水平决定着城镇化水平及城镇化的发展方向。比沃小城特别注重城镇产业培育，以产业促进城镇可持续发展。同时，通过加快小城镇基础设施建设，完善城镇功能，为产业发展搭建了良好的发展平台。

德国城市一角

循环经济小城镇——丹麦卡伦堡市

卡伦堡市位于丹麦西兰岛西部,仅有 2 万居民。由于有深水不冻港口,很多大型企业陆续落户于此。20 世纪 60 年代末开始,卡伦堡的主要企业相互交换蒸汽、不同温度和不同纯净度的水以及各种副产品或者"废料"。80 年代以来,当地发展部门意识到它们逐渐且自发地创造了一种体系,即"工业共生体系"。该体系的发展使这个不为人知的小镇在世界上逐渐知名起来,并历经几十年的发展,其规模和影响力不断扩大,已经成为其他国家发展循环经济、实施区域循环经济的传统典范。

丹麦卡伦堡工业园区的主体企业是电厂、炼油厂、制药厂和石膏板生产厂,以其为核心,通过贸易方式,利用对方生产过程中产生的废弃物或副产品作为自己的生产原料,不仅减少了废物的产生量和处理费用,还获得了很好的经济效益,使经济发展和环境保护处于良性循环之中。其中的燃煤电厂位于这个工业生态系统的中心,对热能进行了多级使用,对副产品和废物进行了综合利用。电厂向炼油厂和制药厂供应发电过程中产生的蒸汽,使炼油厂和制药厂获得了生产所需的热能;再通过地下管道向卡伦堡全镇居民供热,由此关闭了镇上 3500 座燃烧油渣的炉子,减少了大量的烟尘排放;低温循环热水用于大棚生产绿色蔬菜,发电厂的部分冷却水被用于养鱼场,实现了热能的多级使用;将除尘脱硫的副产品工业石膏全部供应给附近的一家石膏板生产厂做原料。

旅游疗养胜地——法国依云小镇

依云镇位于法国 Haute-Savoie 地区,背靠阿尔卑斯山,面临莱芒湖,湖对面是瑞士的洛桑。小镇依半圆形湖面而建,只有 7500 居民,但开支预算相当于一个 4 万多人口的城市,居民生活富足。

依云矿泉水

依云小镇的地区特色便是其地理环境和依云矿泉水。小镇 1864 年正式取名为依云镇,依云水开始被大量出售,成为该地区的第一大产业。根据依云水对一些疾病的显著疗效,1902 年,闻名法国乃至全世界的依云水治疗中心成立,主要提供依云天然矿泉水 SPA、按摩师根据病痛的部位按摩治疗服务、母婴游泳和母亲产后体形恢复养生服务。来自大自然的馈赠使依云镇远近闻名,其古老神秘的故事也吸引了想要探寻依云的人们,依云逐渐成为一个著名的旅游小镇。据此,依云小镇逐渐形成了以依云水、旅游、疗养等主导的文化旅游胜地,小镇 70% 的财政收入来自与依云水文化息息相关的产业。

中国篇

中国城镇化影响世界

在 2014 年 4 月 11 日的国际论坛上,"诺贝尔经济学奖得主约瑟夫·斯蒂格利茨曾经做过这样的判断:中国的城市化和以美国为首的新技术革命,将成为影响人们 21 世纪生活的两件大事"。清华大学副校长谢维和在开场致辞中表示,中国正处于城镇化发展的关键时期,也处于城镇化发展矛盾的高发期,如何在未来几十年里健康地城镇化,对经济社会的可持续发展具有重要意义。

(来源:腾讯新闻)

"十三五"规划：推进新型城镇化

《国民经济和社会发展第十三个五年规划纲要（草案）》[以下简称《规划纲要（草案）》]提出，坚持以人的城镇化为核心、以城市群为主体形态、以城市综合承载能力为支撑、以体制机制创新为保障，加快新型城镇化步伐，提高社会主义新农村建设水平，努力缩小城乡发展差距，推进城乡发展一体化。

《规划纲要（草案）》提出，要加快农业转移人口市民化，统筹推进户籍制度改革和基本公共服务均等化，健全常住人口市民化激励机制，推动更多人口融入城镇。深化户籍制度改革，实施居住证制度，健全促进农业转移人口市民化的机制。

《规划纲要（草案）》提出，要优化城镇化布局和形态，加快构建以陆桥通道、沿长江通道为横轴，以沿海、京哈京广、包昆通道为纵轴，大中小城市和小城镇合理分布、协调发展的"两横三纵"城市化战略格局。加快城市群建设发展，增强中心城市辐射带动功能，加快发展中小城市和特色镇。

《规划纲要（草案）》提出，要建设和谐宜居城市，转变城市发展方式，提高城市治理能力，加大"城市病"防治力度，不断提升城市环境质量、居民生活质量和城市竞争力，努力打造和谐宜居、富有活力、各具特色的城市。加快新型城市建设，加强城市基础设施建设，加快城镇棚户区和危房改造，提升城市治理水平。

《规划纲要（草案）》提出，要健全住房供应体系，构建以政府为主提供基本保障、以市场为主满足多层次需求的住房供应体系，优化住房供需结构，稳步提高居民住房水平，更好保障住有所居。完善购租并举的住房制度，促进房地产市场健康发展，提高住房保障水平。

《规划纲要（草案）》提出，要推动城乡协调发展，推动新型城镇化和新农村建设协调发展，提升县域经济支撑辐射能力，促进公共资源在城乡间均衡配置，拓展农村广阔发展空间，形成城乡共同发展新格局。发展特色县域经济，加快建设美丽宜居乡村，促进城乡公共资源均衡配置。

（来源：新华网）

第三届广州国际城市创新奖及2016广州国际城市创新大会暨广州国际创新节完美举行

2016年12月5—8日，为期4天的第三届广州国际城市创新奖及2016广州国际城市创新大会暨广州国际创新节在广州完美收官。活动期间，全国政协副主席马培华出席会议并做了主旨演讲。广东省委常委、广州市委书记任学锋出席会议。广东省副省长何忠友，广州市市长、世界城市和地方政府组织（简称"城地组织"）联合主席、世界大都市协会联合主席温国辉，中国人民对外友好协会副会长宋敬武，"城地组织"主席帕克斯·托，以色列数字生活设计联合主席、特拉维夫创新节创始人尤西·瓦尔迪亦在会上致辞。此次活动由城市创新展、城市体验活动、国际城市创新奖、国际城市创新大会、广州国际创新节系列论坛活动、城市考察等主旨板块组成。同时，经过激烈角逐，第三届广州国际城市创新奖（简称"广州奖"）于7日晚揭晓最后获奖名单。本届"广州奖"一共决出5个获奖城市和1个网络人气城市。与此同时，组委会还推荐产生1个特别推荐项目。获奖名单如下。

获奖城市（5个）

松坡（韩国）太阳能共享发电厂

卡柳比亚（埃及）综合社区固体垃圾管理

哥本哈根（丹麦）气候适应性社区

拉巴斯（玻利维亚）拉巴斯斑马——市民文化项目

波士顿（美国）青年引领变化：青年参与预算

网络人气城市（1个）

拉巴斯（玻利维亚）拉巴斯斑马——市民文化项目

组委会特别推荐项目（1个）

义乌市涉外纠纷人民调解委员会开创"以外调外"新模式

首届"广州奖"于2012年举行。"广州奖"组委会共收到来自全球153个城市共255个项目的参评申请，覆盖全世界六大洲56个国家和地区，其中包括墨西哥城、首尔等29个城市。随后从15个提名城市评选出了5个获奖城市，分别是科喀艾里（土耳其）、利隆圭（马拉维）、首尔（韩国）、温哥华（加拿大）和维也纳（奥地利）。

第二届"广州奖"的参评得到全球城市的积极关注，共收到来自全球六大洲57个国家和地区177个城市259个项目注册报名，其中55个国家和地区159个城市209个项目提交有效申请材料。在项目数量、涉及领域等方面比上届都有新的突破。2014年11月26—27日，评审委员会从15个入围城市中选出了5个获奖城市，分别是安蒂奥基亚（哥伦比亚）、布里斯托尔（英国）、达喀尔（塞内加尔）、杭州（中国）、基督城（新西兰）。

2016年12月举办的第三届"广州奖"共收到来自59个国家和地区171个城市（省、州或区）的301个有效项目报名参评，目前已从15个入围城市和30个专家推荐项目城市中产生了5个获奖城市，分别是松坡（韩国）、卡柳比亚（埃及）、哥本哈根（丹麦）、拉巴斯（玻利维亚）、波士顿（美国），以及组委会特别推荐项目——义乌市涉外纠纷人民调解委员会开创"以外调外"新模式。

自2012年到2016年，有效项目报名参选城市由153个过渡到了171个，呈现逐次递增的趋势。同时，从其增长率亦可以看出，第三届比第一届增长了11%，说明广州这座底蕴丰厚的千年商都，随着广州建设国际航空中心、物流中心、贸易中心和现代金融服务体系的大幕徐徐拉开，随着国际航运枢纽、国际航空枢纽、国际科技创新枢纽建设的加速，随着建设国家创新中心城市战略的实施，随着广州国际城市创新奖的屡次召开，广州——这座国际大都市正面向国际大舞台，并表现出强势的竞争力。

"广州奖"以"创新成就未来"为口号，秉承"公平、公开、独立"的原则，由中国人民对外友好协会、"城地组织"、世界大都市协会、广州市人民政府共同在广州举行，同期还举办了广州国际创新节。主要包括："一奖"（第三届"广州奖"评审和颁奖系列活动），"一会"（广州国际城市创新大会），"一节"（广州国际创新节），"一个主题论坛"（城市治理创新论坛），"五个分论坛"（广州国际工程师论坛、新发展理念与城市创新论坛、特大历史文化名城的更新与改造论坛、城市发展战略创新论坛、"一带一路"与国际城市创新发展高峰论坛），"一项展览"（企业创新展与城市创新展）等六大板块共60多场活动。来自42个国家和地区的60多个城市和国际组织的1000多名中外嘉宾参加了此次活动。这既是广州魅力的彰显，又是国际化大都市多元与多样性城市发展的必备前提。

如今，广州正在着力构建"三中心一体系"和打造三大国际枢纽的国际化发展战略，比任何时候都更加需要改革创新与深化合作。

我们期待通过这个交流的平台，可以与世界各国碰撞思维、交流经验、激扬智慧，并与世界各国手拉手、肩并肩、心连心，共同探索全球城市创新发展之路。

（来源：广州泛珠城市发展研究院）

2015年我国城镇化率超过世界平均水平

今天下午，国家发改委召开新闻发布会，介绍关于2016年推进新型城镇化的重点任务和《国家新型城镇化报告》有关情况。国家发改委规划司司长徐林出席发布会，并回答记者提问。

《国家新型城镇化报告》指出，2015年，我国城镇人口总量达到77116万人，城镇化率达到56.1%，比世界平均水平高约1.2个百分点。

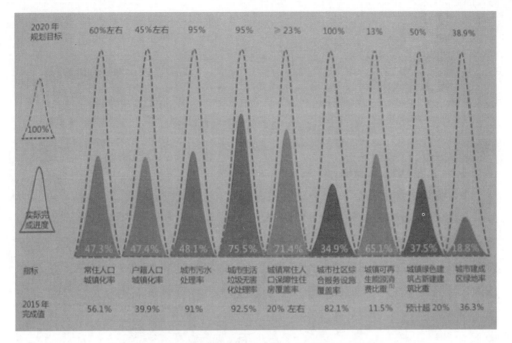

2015年《国家新型城镇化规划》主要指标完成情况

城镇化的快速发展，吸纳了大量的农村劳动力转移就业。2015年，农民工总量达到27747万人。同分省区市来看，在4个直辖市中，2015年上海市城镇化率最高，为87.6%；在27个省区中，广东省最高，为68.71%，西藏和贵州仅为27.74%和42.01%。

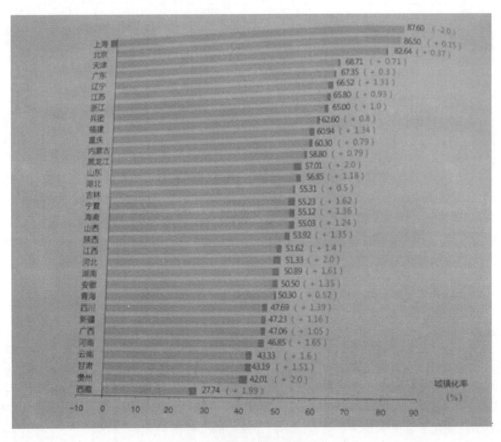

2015年各省区市城镇化率

大中小城市和中小城镇发展协调性增强，城镇综合功能得到提升，聚集人口和经济的支撑能力提高。截至 2015 年年底，我国共有 656 个城市，创造了全国 80% 的经济总量。同时，城镇化建成区人口在 10 万人以上的特大镇有 238 个，5 万人以上的镇有 885 个。

（来源：中宏网）

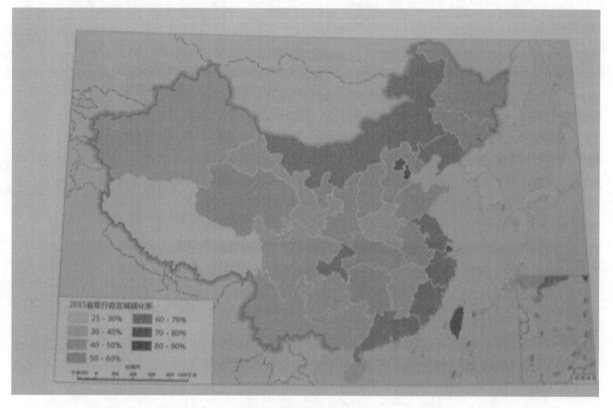

2015 年全国分省城镇化率

2015 年全国城镇常住人口达到 7.7 亿城镇化率近 6 成

国家发改委副主任胡祖才在国务院政策例行吹风会上介绍，2015 年，我国城镇化率达到 56.1%，城镇常住人口达到 7.7 亿。"十二五"时期，我国城镇化率年均提高 1.23 个百分点，每年城镇人口增加 2000 万。从城市规模看，我国已有 653 个城市，城区人口超过 100 万的城市已经达到 140 多个。

"我国仍然处在城镇化快速发展阶段，从城镇化一般规律看，我们已经进入到城镇化快速发展的中后期。从世界范围来讲，我国城镇化还有很大差距。"据胡祖才介绍，发达国家城镇化率平均在 80% 左右，与我国人均收入水平相当的国家城镇化率也在 60% 左右，我国城镇化空间很大。

（来源：《北京青年报》）

世界城市化主流趋势 未来 10 年将称霸中国的六大城市群

在当前全球化时代的国际竞争格局中，一个国家的综合竞争力越来越取决于是否有若干综合经济实力强大的城市群与全球城市区域。据不完全统计，2012 年，中国城市群总面积占全国的 25%，却集中了全国 62% 的总人口，80% 的经济总量，70% 的固定资产投资，76% 的社会消费品零售总额，85% 的高等学校在校学生和 92% 的移动电话用户，98% 的外资和 48% 的粮食。

未来 10 年，中国最具发展潜力的六大城市群，它们的发展将会主宰中国的未来。

京津冀城市群

"到 21 世纪中叶，京津冀一体化将重现当年洛杉矶的崛起，这是一个世纪性的超级大国事件。"著名经济学家、北京大学经济学院教授曹和平表示。

曹和平认为，京津冀一体化可能涉及 50 余个县，经济整合规模或达 1.5 亿人，其规模将远远大于当年的洛杉矶。

长江中游城市群（位于长江经济带）

2015 年 4 月，长江中游城市群规划获国家批复，是以武汉城市圈、环长株潭城市群、环鄱阳湖城市群为主体形成的特大型城市群。

长江三角洲城市群（位于长江经济带）

长江三角洲城市群是中国城市化程度最高、城镇分布最密集、经济发展水平最高的地区，已成为国际公认的六大世界级城市群之一。

成渝城市群（位于长江经济带）

从资源和区位优势看，成渝位于全国"两横三纵"城市化战略格局中，具备打造成为有全国性影响、辐射带动西部地区发展的城市群的基础条件。

珠三角城市群

珠三角城市群以广东省的广州、深圳、珠海、佛山、江门、东莞、中山、惠州和肇庆市为主体，辐射泛珠江三角洲区域，并与港澳紧密合作。

长株潭城市群

长株潭城市群，对于加快中部地区全面崛起、探索新型城镇化道路、促进区域一体化发展具有重大意义。

（来源：赢商网）

国务院部署深入推进以人为核心的新型城镇化

国务院总理李克强于 2016 年 1 月 22 日主持召开国务院常务会议，部署深入推进以人为核心的新型城镇化，更大释放内需潜力；确定进一步化解钢铁煤炭行业过剩产能的措施，促进企业脱困和产业升级。

会议确定，一是放宽农业转移人口落户条件，探索进城落户农民对土地承包权、宅基地使用权和集体收益分配权的依法自愿有偿退出机制。除极少数超大城市外，全面放开高校毕业生、技术工人、留学归国人员等落户限制。国务院已颁布居住证暂行条例，各地要结合本地实际，抓紧制定细则，使有别于以往各类暂住证、含金量更高的居住证制度覆盖全部未落户的城镇常住人口，让他们尽早在居住地享有义务教育、就业、医疗、法律援助等多项基本公共服务。二是加快城镇棚户区和危旧房改造，提高棚改货币化安置比例。将棚改政策支持范围扩大到全国重点镇。降低准入门槛，吸引社会资本参与交通、地下管网等建设。运用"互联网＋"推进智慧城市建设，提高公共服务和公共安全保障水平。三是扩大新型城镇化综合试点范围，积极发展中小城市，开展赋予镇区人口 10 万以上的特大镇部分县级管理权限试点，以特色城镇发展带动脱贫攻坚和新农村建设。四是完善土地、城镇住房等制度，鼓励地方利用财政资金和社会资本设立城镇化发展基金。财政转移支付、城镇建设用地增加规模与农业转移人口市民化挂钩，中央预算内相关投资向转移人口落户较多的城镇倾斜。为"新市民"更好融入"新城镇"创造条件。

会议决定，按照市场倒逼、企业主体、地方组织、中央支持的原则，一是以更加严格的安全、环保、质量、能耗等标准，依法依规推动落后产能限期退出，引导企业通过兼并重组、转型转产、搬迁改造等主动退出产能。二是严控新增产能。三是完善支持政策。

（来源：《人民日报》）

国家发改委官网增设"新型城镇化建设"信息服务平台

为贯彻落实习近平总书记、李克强总理重要批示精神和国务院深入推进新型城镇化建设电视电话会议,以及《国务院关于深入推进新型城镇化建设的若干意见》精神,推动新型城镇化工作站在新起点取得新突破,国家发展改革委推进城镇化工作办公室继出版《国家新型城镇化报告2015》和不定期编发《新型城镇化工作专刊》之后,依托国家发展改革委门户网站,搭建"新型城镇化建设"信息服务平台。

该平台将作为国家发展改革委和推进新型城镇化工作部际联席会议办公室的权威信息发布平台,及时发布国务院、国家发展改革委及相关部委出台的重要规划和政策文件;通报省级城镇化工作进展情况,总结推广各地好的做法和经验介绍,等等;跟踪评估督导国家新型城镇化综合试点地区进展情况,总结推广试点地区取得的可复制可推广的经验;介绍中欧城镇化伙伴关系、APEC城镇化论坛等城镇化国际合作的领域和成果。同时,也希望该平台能够成为社会各界沟通和交流新型城镇化的一个重要渠道,凝聚社会共识,共同推进新型城镇化在全国各地的建设和发展。近日,"新型城镇化建设"信息服务平台已上线。

(来源:《中国报道》)

二、政策资讯

我国106个重点城市周边永久基本农田划定取得明显进展

据悉,截至2016年5月20日,全国106个重点城市中,有89个重点城市周边永久基本农田划定任务原则通过国土资源部、农业部会审后予以明确。国家土地督察机构专项督察工作将继续保持对重点城市周边永久基本农田划定工作的督察力度,重点关注其他城镇周边永久基本农田划定工作。

2016年的政府工作报告明确提出,2016年要全面完成永久基本农田划定并实行特殊保护。国务院已经将该项工作列为今年的重点督察事项,对没有完成划定工作的地区将直接督察问责。国土资源部、农业部2016年1月28日联合召开永久基本农田划定督导情况汇报会,国土资源部部长、党组书记、国家土地总督察姜大明就106个重点城市永久基本农田划定专项督察工作提出明确要求。国土资源部党组成员、国家土地专职副总督察、总规划师严之尧在2016年3月17日召开的永久基本农田划定情况专项督察动员培训视频会上,就专项督察打响了"发令枪"。就专项督察工作,国家土地督察机构向各省(区、市)人民政府印发了《国家土地督察督察通知书》,国土资源部办公厅印发了《城市周边永久基本农田划定情况专项督察工作方案》。按照统一部署,专项督察一是重点监督检查106个重点城市周边永久基本农田划定工作完成情况,督促重点城市人民政府于2016年6月30日前保质保量完成城市周边永久基本农田划定工作;二是督促各省(区、市)人民政府加快划定工作,部署落实并同步完成其他城镇周边永久基本农田划定工作。

专项督察启动以来,国家土地督察机构按照"双周汇总、每月调度"的总体要求,充分发挥"尖兵"作用,把专项督察作为全年工作的重中之重。一是通过全面开展政策宣讲,向地方各级人民政府层层传导压力,促进地方政府有效克服"不愿划、不想划、不敢划"的畏难、抵触情绪和思想顾虑;二是抓重点、督后进、推全面,针对少数划定工作进展缓慢的重点城市和工作推进不力的省(区、市),进一步聚焦重点地区,集中调研督导;三是在紧盯106个重点城市的同时,加强与各省(区、市)人民政府的沟通协调,持续跟踪督导其他城镇周边永久基本农田划定工作进展。

据初步统计,自2016年3月17日正式启动专项督察以来,经过60多天的推进,原则通过国土资源部、农业部会审的重点城市由22个增加到89个,新增67个。此外,各省(区、市)在开展调查摸底的基础上,下达了超过80%的其他城镇周边永久基本农田划定的初步任务。其中,广西、海南、宁夏 3 省（区）明确了全部其他城镇周边的划定任务。

（来源：《中国国土资源报》）

《土地利用年度计划管理办法》第三次修订后施行

新增建设用地计划指标下达前，各省（区、市）可按不超过上一年度的 50% 预先安排使用；保障农村居民申请宅基地的合理用地需求；水利设施工程建设区域以外的水面用地，不占用计划指标。

2016 年 5 月 12 日，国土资源部部长姜大明签署第 66 号令，发布施行《土地利用年度计划管理办法》（以下简称《管理办法》）。该《管理办法》是自 1999 年施行，继 2004 年、2006 年之后做出的第三次修订。

《管理办法》共 20 条。土地利用年度计划，是指国家对计划年度内新增建设用地量、土地整治补充耕地量和耕地保有量的具体安排。土地利用年度计划指标主要包括新增建设用地计划指标、土地整治补充耕地计划指标、耕地保有量计划指标、城乡建设用地增减挂钩指标和工矿废弃地复垦利用指标。

《管理办法》明确，全国土地利用年度计划下达到省、自治区、直辖市以及计划单列市、新疆生产建设兵团。新增建设用地计划指标下达前，各省（区、市）、计划单列市及新疆生产建设兵团，可以按照不超过上一年度国家下达新增建设用地计划指标总量的 50% 预先安排使用。

《管理办法》强调，省、自治区、直辖市国土资源主管部门应当根据省级重点建设项目安排、建设项目用地预审和市县建设用地需求，合理确定预留省级的土地利用计划指标和下达市县的土地利用计划指标，并保障农村居民申请宅基地的合理用地需求。

根据《管理办法》，节余的新增建设用地计划指标，经国土资源部审核同意后，允许在 3 年内结转使用。此外，《管理办法》明确，水利设施工程建设区域以外的水面用地，不占用计划指标。

《管理办法》强调，新增建设用地计划指标实行指令性管理，不得突破。没有土地利用年度计划指标擅自批准用地的，按照违法批准用地追究法律责任。上级国土资源主管部门应当对下级国土资源主管部门土地利用年度计划的执行情况进行年度评估考核。对实际新增建设用地面积超过当年下达计划指标的，视情况相应扣减下一年度计划指标。

国土资源部政策法规司司长魏莉华表示，《管理办法》在制度设计上有五方面创新，主要是将城乡建设用地增减挂钩指标和工矿废弃地复垦利用指标纳入计划管理，改革了土地利用计划指标的测算方式，完善了土地利用计划指标的下达程序，创新了土地计划差别化的管理方式，并强化了土地计划执行的监督考核。

（来源：《中国国土资源报》）

广东加强征收农村集体土地留用地安置管理

2016 年 5 月 18 日，记者从广东省人民政府办公厅获悉，为深入推进土地征收制度改革，进一步完善全省留用地安置政策，经省人民政府同意，广东省国土资源厅向各地级以上市人民政府，各县（市、区）人民政府，省政府各部门、各直属机构下发了《关于加强征收农村集体土地留用地安置管理工作的意见》（以下简称《意见》）。

《意见》对留用地安置比例、折算货币补偿标准、性质等明确了具体要求，并鼓励集中连片安排留用地。广东省要求各市、县（市、区）人民政府按照"统一规划，集中安置"原则，在开发区、产业园区、产业集聚区、工业集中区、城镇社区等统筹划定专门用于留用地安置的片区，对留用地实行集中安置。各类开发区（产业园区）涉及征收农村集体土地的，留用地原则上在其规划范围内集中选址。

广东省明确加强留用地报批规范管理，完善留用地报批方式，规范留用地报批材料；有序推进留用地开发建设，规范留用地使用权流转管理，鼓励留用地开发建设为经营性物业，鼓励实行留用地置换物业。

广东省提出建立留用地管理长效机制，妥善解决留用地历史遗留问题。各地级以上市、县（市、区）人民政府要对本地区征收土地留用地历史遗留问题进行全面清理，建立管理台账，制订工作计划，保障用地规模指标，采取货币折算、物业置换、留用地指标返租等多种途径落实留用地安置，确保在2017年年底前全面解决留用地历史遗留问题。

广东省强调加强对留用地安置不到位的惩戒处理。要加强对留用地安置工作的监督管理，对留用地安置不到位情况较为严重的县（市、区），除国家和省级重点建设项目用地、保障性安居工程、环保、救灾等涉及民生的急需建设项目用地以及留用地外，按规定暂停受理其农用地转用和土地征收的申请，直至落实留用地安置为止。

（来源：《中国国土资源报》）

第三批自贸区进入冲刺阶段 这六地有望入围

在第二批自贸区一周年之际，第三批自贸区试点名单开始浮出水面。据悉，重庆、四川、湖北、河南、广西、辽宁这六地最有望入围。

全国多地对申请自贸区抱有极大热情，多省区将自贸区建设相关内容写入"十三五"规划中，至少包括浙江、黑龙江、四川、陕西、贵州、甘肃、广西、海南等地。据不完全统计，目前全国至少有21个省区在竞争自贸区。考虑到各地对自贸区的积极态度，以及中央力推自贸区的速度与决心，第三批自贸区的批复数量将超过第二批的3家，从而达到5～8家。由于自贸区的区域分布要兼顾全国协同发展的因素，第三批自贸区大部分会在内陆省份选择，尤其选择一个沿边省份会是大概率事件。

第三批自贸区肩负着两个重要任务：其一是对接"一带一路"等国家战略，将自贸区作为"一带一路"在国内的重要抓手；其二是推动内陆地区走出一条经贸新路径。再回顾上面提及的6个省区，可以简单分为3组，四川、重庆位居西南，河南、湖北位于中部，广西、辽宁则是沿边地区的桥头堡。我们可以推测，每组中都至少会有一地入围第三批自贸区名单，甚至6省全部入围也是极为可能的事情。纵观我国地图可以发现，第一批选择上海，是设了一个点。第二批增加广东、天津和福建三地，是以上海这个点为中心，在沿海地区延展成为一条线。若按照上述3组名单加入第三批自贸区，则我国自贸区分布就可以从东部沿海向内陆地区纵深衍生为一张网。更值得注意的是，这张网同时有效对接了"一带一路"、西部开发、振兴东北、长江经济带等重大国家战略。这或许才是中央政府对于自贸区分批实施、逐步加速的良苦用心。

（来源：蓝媒财经）

国务院通过长三角城市群规划 将尝鲜自贸区政策

长三角城市群首先要打造改革新高地，复制推广自由贸易试验区、自主创新示范区等改革经验，在政府职能转变、体制机制创新方面先行先试。自《国家新型城镇化规划（2014—2020年）》发布以来，国务院已经批复3个跨区域城市群规划，分别是长江中游城市群、哈长城市群以及成渝城市群。

长三角城市群首先要打造改革新高地，复制推广自由贸易试验区、自主创新示范区等改革经验，在政府职能转变、体制机制创新方面先行先试。到2030年，全面建成具有全球影响力的世界级城市群。

"长三角城市群作为全国最大的城市群体，是经济效益高、要素流动快的区域，是国家长江经济带发展战略的依托，也是最能体现影响力的城市群。"上海社科院城市与人口发展研究所所长郁鸿胜在接受《21世纪经济报道》采访时表示，上海作为其中的核心城市，其自贸区推广即是最关键的制度层面的合作，对长三角城市群非常重要。

打造改革新高地

作为中国经济最发达、城镇集聚程度最高的城市化地区，长三角以仅占全国2.1%的国土面积，集中了全国20%的经济总量，被视为中国经济发展的重要引擎。此次通过的《长江三角洲城市群发展规划》对长三角城市群确立了更高的定位。

以上海为中心联动发展

在长三角城市群格局中，上海一直居中心引领地位，尤其上海获批全国首个自由贸易区试点后，其更是扮演了全国改革创新先行先试的角色，对长三角各地的辐射作用更为突出。

国务院常务会议上强调，要创造联动发展新模式，发挥上海中心城市作用，推进南京、杭州、合肥、苏州、无锡、常州、宁波等都市圈同城化发展。构建以铁路、高速公路和长江黄金水道为主通道的综合交通体系，促进信息、能源、水利等基础设施互联互通。

郁鸿胜认为，长三角城市群发展，区域协调是关键核心，区域合作是重要内容。长三角地区跨区域合作由来已久。郁鸿胜认为，城市群合作分三个阶段：布局合作阶段、要素合作阶段和制度合作阶段。其他城市群多数还处在前期布局合作阶段或中期的要素合作阶段，长三角城市群目前的合作进入到了最深层次也是最难的制度合作阶段，需要考虑社会、生态、人口、环境等多种形态。

国务院常务会议上也强调，长三角城市群合作要以生态保护提供发展新支撑。实施生态建设与修复工程，深化大气、土壤和水污染跨区域联防联治，建立地区间生态保护补偿机制。

（来源：《21世纪经济报道》）

张晓刚就任 ISO 主席

2015年新年伊始，我国专家张晓刚正式就任国际标准化组织（ISO）主席，任职时间为2015年1月1日至2017年12月31日。

ISO是世界上最大的国际标准化机构，其制定的国际标准在世界经济、环境和社会的可持续发展中发挥着重要作用。张晓刚此次就任ISO主席，是ISO成立68年来中国人首次担任这一国际标准化组织最高领导职务，对我国参与国际标准化活动具有里程碑意义。

（来源：仪器交易网）

惠民政策

我国将迎来全面二胎时代

党的十八届五中全会于2015年10月29日闭幕。会议决定，坚持计划生育的基本国策，完善人口发展战略，全面实施一对夫妇可生育两个孩子政策，积极开展应对人口老龄化行动。这是继2013年党的十八届三中全会决定启动实施"单独二孩"政策之后的又一次人口政策调整。

网络收费降低，手机流量不清零

2016年上半年，李克强总理多次提到国内上网速度慢、费用高的问题。在5月13日召开的国务院常务会议上，李克强再度明确促进提速降费的五大具体举措。其中包括鼓励电信企业尽快发布提速降费方案计划，使城市平均宽带接入速率提升40%以上，推出流量不清零、流量转赠等服务。

5月中旬，三大运营商出台提速降费方案，总体来说，移动流量和有线宽带资费平均计划下降30%左右。到2016年10月，三大运营商也相继实现流量不清零，套餐内流量可以转到第二个月。虽然限制条件还不少，但总体来说资费成本有所下降，未来仍然有进一步下降的空间。

住房公积金可异地贷款

住建部、财政部、中国人民银行 2015 年 9 月 30 日联合下发《关于切实提高住房公积金使用效率的通知》（以下简称《通知》）。《通知》明确自 2015 年 10 月 8 日起，将实施多项举措，切实提高住房公积金使用效率。包括：全面推行异地贷款业务，拓宽贷款资金筹集渠道，有条件的城市要积极推行住房公积金个人住房贷款资产证券化业务，盘活住房公积金贷款资产。其中，异地贷款这一项尤其值得注意，这一次的政策还附带有操作细则和流程，让政策真正落地。尽管目前在具体的操作过程中仍然有一些技术性的问题，但异地贷显然已经真正到来，对于那些工作地与安家地不同的人来说无疑是利好。2015 年 12 月，国务院法制办发布《住房公积金管理条例（修订送审稿）》，内容包括进一步扩大覆盖面和使用范围。

身份证办理异地转移更快捷

2015 年 11 月中旬，公安部印发《关于建立居民身份证异地受理挂失申报和丢失招领制度的意见》（以下简称《意见》），《意见》明确：离开常住户口所在地到其他省（自治区、直辖市）合法稳定就业、就学、居住的公民，本人到居住地公安机关居民身份证异地受理点申请换领、补领居民身份证，申请换领的交验居民身份证，申请补领的交验居民户口簿或居住证，凭领证回执到异地受理点领取证件。对难以确认身份和有不良信用记录人员，不予受理异地办理申请。

另悉，公安部已部署天津与河南、江苏与安徽、浙江与江西、重庆与四川、湖北与湖南 10 省市开展居民身份证异地受理一对一试点。2016 年 7 月，将在全国大中城市和有条件的县（市）推广异地受理。2017 年 7 月，将在全国各地全面实施异地受理、挂失申报和丢失招领工作。这是一项实实在在的便民利民服务举措，可以让老百姓节约办证成本，少跑冤枉路。

无户籍人口的户口登记问题正着力解决

根据第六次人口普查，中国约有 1300 万人没有户口，成为俗称的"黑户"，占全国总人口的 1%。2016 年 11 月 21 日，公安部专门讨论解决这部分无户籍人口的户籍登记问题。公安部提出：依法登记户口是宪法和法律赋予公民的一项基本权利，事关社会公平、和谐稳定。要按照党中央、国务院的部署要求，把维护人民群众切身利益作为公安改革的出发点，切实落实无户口人员落户政策，着力解决无户口人员登记户口问题，切实维护每个公民依法登记常住户口的合法权益。

鼓励周末 2.5 天休假模式

2016 年 8 月，国务院办公厅曾下发意见，提出有条件的单位可以为职工周五下午和周末结合外出休闲度假创造有利条件。近期，包括河北、江西、重庆在内的多地已经相继出台意见，明确鼓励周末 2.5 天休假模式。未来有望在其他地方进一步铺开。

可自学考驾照

《关于推进机动车驾驶人培训考试制度改革的意见》（以下简称《意见》）于 2015 年 12 月 10 日公布。《意见》对驾考报名、驾校教学、驾照补办等流程均做了重大修改。包括：有条件的地方试点小型汽车驾驶人自学直考，并允许个人使用加装安全辅助装置的自备车辆；全面放开异地考证、换证、补证、审证；驾校不再一次性预收全部费用，将计时培训计时收费；国家引导社会力量投资建设社会考场，以政府购买服务方式使用社会考场；在全国范围内异地补换驾驶证、参加驾驶证审验、提交体检证明等。

奇葩证明问题国务院发文解决

奇葩证明引发如此大的关注，主要是因为在 2015 年 5 月的一次会议上，李克强曾公开批评"证明你妈是你妈"简直就是天大的笑话。2015年11月18日,国务院常务会议审议并原则通过了《关于简化优化公共服务流程方便基层群众办事的通知》(以下简称《通知》),之后印发。《通知》明确,凡没有法律法规依据的证明和盖章环节,原则上一律取消。同时,要变"多头受理"为"一口受理",尽量减少老百姓跑路。这份《通知》被指专治奇葩证明。目前,民政部已经取消婚姻证明,一些地方也出台了不少简化措施。

(来源:鲸鱼金融网)

文化产业政策

立足新常态,符合实际作部署

2015年,政府根据我国调结构促升级的宏观经济发展实际情况,对文化发展战略进行了部署。比如,从体系构建、土地供给、财政投入、立法保障、社会参与等方面对公共文化服务建设进行全方位、立体化部署;从发展众创空间、深化体制机制改革、引导农民工返乡创业、明确就业创业重点工作分工等方面对"创业创新"逐步深化部署;"一带一路"作为国家发展的重大战略布局,全面指导我国政治、经济、文化等领域的发展,从战略构想到具体落实,从中央到地方都在积极推进;通过全面推进"三网"融合、加快建设光纤网络、大幅提升宽带网络速率、发展物流快递等举措来加快落实"互联网+"计划。从破除体制机制障碍、推动要素市场一体化、构建京津冀协同发展的体制机制等一系列政策措施为京津冀三地文化协同发展提供有力的战略支撑。这些政策深化部署是从我国文化发展的实际情况出发,也是为文化产业在"十三五"期间的创新发展统筹布局。

立足法制建设,保驾护航发展

2015年,国家对文化产业相关法制建设更加重视,文化产业的立法工作取得一定成果。比如,在公共文化服务建设方面,《公共文化服务保障法(草案)》的出台,为推进基本公共文化服务标准化均等化发展、保障人民群众基本文化权益提供了更加有力的法律依据和制度保障,对基层文化工作的推进具有里程碑意义。在电影产业发展方面,《中华人民共和国电影产业促进法(草案)》的出台,意味着国家已将电影产业发展纳入战略层面,推进中国由电影大国向电影强国跨越,而中国电影产业也将在更加法治化的环境中迎来新的机遇。同时,我国博物馆行业第一个全国性法规文件《博物馆条例》正式实施,用制度保障来推进博物馆事业规范化、专业化发展,充分挖掘其文化价值。然而,我国文化发展的法制体系还不健全,文化立法任重道远。

立足各地实际,对症开出"药方"

全国各省市对国家的政策部署积极响应,并结合各地的实际情况出台了相应的政策。各地出台的政策具有以下两个特点:从各地出台政策的数量来看,与2014年相比,2015年各地出台的与文化产业直接相关的政策数量明显增加。这说明各地对文化产业发展的重视度在逐渐提高。比如,在2014年没有出台文化产业专项政策或意见的省市,在2015年也积极响应国家号召,将文化产业列为重点发展产业之一。从各地出台政策的内容来看,主要还是紧随国家政策的脚步,从公共文化服务、创业创新、"互联网+"、扶持中小微文化企业发展、产业融合发展等方面来部署。总之,地方对于文化发展越来越重视,中央对于地方的政策辐射力度在加强,但还是要结合自身实际进行发展。

(来源:南京市文化广播新闻出版局)

三、经济资讯

国务院发文终结养老金双轨制

2015年1月14日，国务院正式发布《关于机关事业单位工作人员养老保险制度改革的决定》（以下简称《决定》），明确机关事业单位实行社会统筹与个人账户相结合的基本养老保险制度，这宣告了养老金双轨制的终结。《决定》指出，基本养老保险费由单位和个人共同负担。单位缴纳基本养老保险费的比例为本单位工资总额的20%，个人缴纳基本养老保险费的比例为本人缴费工资的8%，由单位代扣。按本人缴费工资8%的数额建立基本养老保险个人账户，全部由个人缴费形成。

"互联网+"激活中国经济新动能

2015年3月5日，李克强总理在政府工作报告中首次提出要制订"互联网+"行动计划，推动移动互联网、云计算、大数据、物联网等与现代制造业结合，促进电子商务、工业互联网和互联网金融健康发展，引导互联网企业拓展国际市场。此后，国务院还印发了《关于积极推进"互联网+"行动的指导意见》，要求到2025年，"互联网+"新经济形态初步形成，"互联网+"成为我国经济社会创新发展的重要驱动力量。

《中国制造2025》划定升级路线图

李克强总理2015年3月25日主持召开国务院常务会议，部署加快推进实施"中国制造2025"，实现制造业升级。国务院5月印发的《中国制造2025》，成为我国实施制造强国战略第一个十年的行动纲领，并提出通过"三步走"实现制造强国的战略目标。同年9月29日，国家制造强国建设战略咨询委员会正式发布《〈中国制造2025〉重点领域技术路线图（2015版）》，明确了新一代信息技术产业等十大领域以及23个重点发展方向。

A股市场巨幅震荡

沪指自2015年6月12日最高5178.19点下滑至8月26日最低2850.71点，大跌2327.48点，跌幅高达44.95%。个股股价腰斩的案例比比皆是。为稳定市场，包括央行、财政部、国资委、中央汇金等在内的有关部门出台了一系列救市措施。另据机构测算，相关部门和机构第三季度用于救市的资金总额高达1.5万亿元。

国企改革顶层设计方案出炉

中共中央、国务院于2015年9月13日印发了《关于深化国有企业改革的指导意见》（以下简称《意见》），为下一步国企改革进行了顶层设计。《意见》要求，在对国企进行分类基础上，积极推进市场化的兼并重组，从而提高国有资本效率，增强国有企业活力。同时，国有企业监管模式也将从管资产向管资本进行调整。国家下一步将在国企分类的基础上，系统性筹建多个国资投资运营公司作为国企改革的重要平台。

央行放开利率管制 利率市场化改革接近完成

央行2015年10月23日宣布，决定自2015年10月24日起下调存贷款基准利率并降低存款准备金率。这是央行年内第五次降息。同时，对商业银行和农村合作金融机构等不再设置存款利率浮动上限，并抓紧完善利率的市场化形成和调控机制。此前，第十二届全国人民代表大会常务委员会第十六次会议决定对《中华人民共和国商业银行法》进行修改，删去第七十五条第三项中的"存贷比例"。

中央提出全面放开二孩政策

2015年10月26—29日，中国共产党第十八届中央委员会第五次全体会议在京举行。全会提出，促进人口均衡发展，坚持计划生育的基本国策，完善人口发展战略，全面实施一对夫妇可生育两个孩子政策，积极开展应对人口老龄化行动。政策发布后，各地积极制定正式放开二胎的时间表。

"十三五"将践行五大发展理念

2015年11月3日，《中共中央关于制定国民经济和社会发展第十三个五年规划的建议》（以下简称《建议》）对外公布，《建议》稿提出了"十三五"时期经济社会发展的主要目标和基本理念，经济保持中高速增长。在提高发展平衡性、包容性、可持续性的基础上，到2020年国内生产总值和城乡居民人均收入比2010年翻一番。《建议》稿特别指出，"十三五"必须牢固树立创新、协调、绿色、开放、共享的发展理念。

供给侧改革引领经济发展新常态

2015年12月18—21日，中央经济工作会议在北京举行。会议强调，推进供给侧结构性改革，是适应和引领经济发展新常态的重大创新，是适应国际金融危机发生后综合国力竞争新形势的主动选择，是适应我国经济发展新常态的必然要求。此前，习近平总书记在主持召开中央财经领导小组第十一次会议时首次提出，在适度扩大总需求的同时，着力加强供给侧结构性改革，着力提高供给体系质量和效率，增强经济持续增长动力。

人民币"入篮"获全球化"身份证"

国际货币基金组织（IMF）执董会于2015年11月30日批准人民币加入特别提款权（SDR）货币篮子，新的货币篮子将于2016年10月1日正式生效。IMF发表声明说，人民币被认定为可自由使用货币，并将与美元、欧元、日元和英镑一道构成SDR货币篮子。IMF将篮子货币的权重调整为：美元占41.73%，欧元占30.93%，人民币占10.92%，日元占8.33%，英镑占8.09%。

（来源：新浪新闻中心）

"一带一路"建设步步为营

2015年3月，习近平在出席博鳌亚洲论坛时详细阐述了"一带一路"战略构想，其间多部委联合公布《推动共建丝绸之路经济带和21世纪海上丝绸之路的愿景与行动》。此后，"一带一路"建设进入务实推进阶段。

目前，"一带一路"对中国外贸和对外投资的引领作用已经显现。据商务部数据，今年前11个月中国企业对"一带一路"沿线49个国家进行的直接投资额合计140.10亿美元，同比增长35.3%。

日前闭幕的中央经济工作会议要求抓好"一带一路"建设落实，抓好重大标志性工程落地。2016年，"一带一路"建设料将掀起新一轮高潮。

新一轮国企改革拉开大幕

2015年9月，《关于深化国有企业改革的指导意见》正式公布。这份中国国企改革的顶层设计不乏亮点，包括首次明确将国企划分为商业类和公益类两大类，在改革、发展、监管、定责考核方面分类施策；大力推动国有企业改制上市，创造条件实现集团公司整体上市；提出清理退出一批、重组整合一批、创新发展一批国有企业等。目前，相关配套文件正在陆续发布中。

推进国企改革、搞好国企是促进实体经济健康发展的必然要求，也是供给侧结构性改革的题中应有之义。从中央经济工作会议的部署来看，2016年国企改革将获更大力度推进。

自贸区顶层设计出炉

国务院《关于加快实施自由贸易区战略的若干意见》于 2015 年 12 月正式公布。这是中国开启自贸区建设进程以来的首个战略性、综合性文件，对中国自贸区建设做出了"顶层设计"，意味着其自贸区战略已经从"沙盘推演"升级为一整套更为清晰和更具可行性的"路线图"。

亚投行正式成立

作为全球首个由中国倡导设立的区域多边开发机构，亚洲基础设施投资银行于 2015 年 12 月 25 日正式宣告成立，成为全球经济治理体系的里程碑。根据筹建计划，亚投行开业仪式暨首届理事会和董事会成立大会将于 2016 年 1 月 16—18 日在北京举行。

目前，亚投行正在进行先期项目准备，初期重点投资领域包括能源和电力、交通和电信、农村和农业基础设施等，首批贷款计划预计将于 2016 年年中批准。

装备产能"出海"渐入佳境

2015 年以来，中国官方推动产能和装备"走出去"力度持续加码。2015 年 5 月发布的《国务院关于推进国际产能和装备制造合作的指导意见》明确提出，近期要以亚洲周边国家为主要方向之一，加快电力、铁路等重点行业"出海"。

从印度尼西亚雅加达高铁项目到中老铁路，再到南非核电项目，中国装备产能正在加速走向世界。在亚投行等融资机构的支撑下，2016 年中国装备产能"走出去"料将交出更亮眼的成绩单。

（来源：中国新闻网）

四、减贫资讯

2030 年的全球目标通过 将彻底消除贫困作为历史承诺

全世界人民都在呼唤新的领导力，解决贫困、不平等和气候变化问题。2015 年 9 月 25 日，世界领导人将集聚联合国纽约总部，召开可持续发展峰会，正式通过 2030 年可持续发展议程。2030 年发展议程包含 17 个可持续发展目标（又称全球目标，见下图），指导未来 15 年发展工作的政策制定和资金使用，并做出彻底消除贫困的历史性承诺。

17 个可持续发展目标

可持续发展目标的概念诞生于 2012 年的联合国"里约 +20"可持续发展会议，会议旨在设立一系列普遍适用的目标，协调环境、社会及经济三方面的可持续发展。

千年发展目标为消除极度贫困和饥饿、预防可治愈的疾病、普及初等教育及其他发展工作设立了一系列可衡量的且为各国所认可的目标。

千年发展目标推进了若干发展领域的重要进展：收入问题、水资源、小学入学率、儿童死亡率。

对于数百万人来说，发展目标仍未实现——在消除饥饿、取得全面性别平等、改善医疗服务和基础教育上，我们要完成最后的攻坚。世界必须走上可持续发展道路，可持续发展目标为此设立的期限是2030年。

新的可持续发展议程将适用于世界上所有国家，促进和平、包容的社会，创造更好的就业机会，应对严峻的环境挑战，尤其是气候挑战。2015年年底，各国领导人将在巴黎气候大会上就应对气候变化达成全球协议。

可持续发展目标必须承接千年发展目标，不把任何人排除在发展之外。17个可持续发展目标与联合国开发计划署的战略关注领域一致，包括可持续发展、善治、维护和平、应对气候变化、灾害管理等。目标1"消除贫困"、目标10"减少不平等"、目标16"公正、和谐和包容社会"是联合国开发计划署工作的重中之重。

（来源：联合国开发计划署）

2020年实现7000万人全部脱贫

中共中央政治局于2015年11月23日审议通过《关于打赢脱贫攻坚战的决定》，要求各级党委和政府必须把扶贫开发工作作为重大政治任务来抓，切实增强责任感、使命感、紧迫感，释放出举全党全社会之力，坚决打赢脱贫攻坚战的强大信号。

扶贫攻坚战要啃硬骨头

扶贫开发事关全面建成小康社会，事关增进人民福祉，事关巩固党的执政基础，事关国家长治久安。我国扶贫开发已进入啃硬骨头、攻坚拔寨的冲刺期。

改革开放以来，党和国家实施大规模扶贫开发，使7亿农村贫困人口摆脱贫困，取得了举世瞩目的伟大成就。党的十八大以来，我国把扶贫开发工作摆在更加突出的位置，实施精准扶贫，开创了扶贫开发事业新局面。但是，贫困问题仍然是我国经济社会发展最突出的短板。据国家统计局统计，截至2014年年底，我国仍有现行标准下的贫困人口7017万人。

"经过30多年来持续不断的扶贫开发，未解决的都是难啃的'硬骨头'。"国家发展改革委副主任宁吉喆认为："一些贫困者非残即病，劳动能力弱。一些贫困家庭一穷二白，缺乏劳动力、劳动工具、安全住房及干净水等基本生产生活条件。一些贫困人口居住在深山区、石山区、高寒山区、沙化区和荒漠化区，扶贫难以见效。"

如果到2020年全面建成小康社会时我国还有数千万贫困人口，既影响人民群众对全面建成小康社会的满意度，也影响国际社会对我国全面建成小康社会的认可度。各级党委和政府必须把扶贫开发工作作为重大政治任务来抓，切实增强责任感、使命感、紧迫感，到2020年确保我国现行标准下的农村贫困人口实现脱贫，贫困县全部摘帽，解决区域性整体贫困。

首次明确社保兜底规模

针对目前剩余的7000余万贫困人口，到2020年通过产业扶持、转移就业、易地搬迁、教育支持、医疗救助等措施解决5000万人左右贫困人口脱贫，完全或部分丧失劳动能力的2000多万人口全部纳入农村低保制度覆盖范围，实行社保政策兜底脱贫。

"这体现了分类施策、因地制宜的原则。"中国国际扶贫中心副主任黄承伟认为，对于有劳动能力的贫困群众来说，依靠发展生产和提供就业机会就能实现脱贫；而对于生存环境极端恶劣或缺乏劳动能力的人群，必须采取社保兜底等手段予以保障。

此前，中央已经提出通过扶持生产和就业发展一批、易地搬迁安置一批、生态保护脱贫一批、教育扶贫脱贫一批、低保政策兜底一批的"五个一批"脱贫路径。

各级党委政府立军令状

必须切实加强党的领导，为脱贫攻坚提供坚强的政治保障。实行中央统筹、省（自治区、直辖市）负总责、市（地）县抓落实的领导体制和片区为重点、精准到村到户的工作机制。各级党委和政府，特别是贫困地区的党委和政府，要逐级立下军令状，层层落实脱贫攻坚责任。"这是首次以正式文件形式要求各级党委政府就扶贫开发逐级立下军令状。"黄承伟表示。

立下军令状也意味着严格的监督问责。实行最严格的考核督查问责，确保中央制定的脱贫攻坚政策尽快落地。要加强财政监督检查和审计、稽查等工作，建立扶贫资金违规使用责任追究制度。纪检监察机关对扶贫领域虚报冒领、截留私分、贪污挪用、挥霍浪费等违法违规问题，坚决从严惩处。

（来源：新华社）

Volume I
第一卷
全球统计指标
Statistical Indicators

第一章 中国热点指标

第一节 中国大陆最佳商业城市百强排行榜

《福布斯》2014中国大陆最佳商业城市出炉（见表1-1），在2014年的榜单上，广州、深圳、上海再次蝉联前三名，维持了2013年排名反转以来的格局。广州以均衡的实力再次领跑并不让人意外，除客运、货运指数继续保持双第一的优势之外，在人才指数、消费力指数、创新指数等方面都有不小进步。深圳虽然是维持排名第二，但凭借消费力指数以及创新指数两个第一同样耀眼夺目；同时，这也是2011年创新力夺冠之后，深圳再次加封"中国最具创新力城市"桂冠。上海在城市规模上依然拥有无与伦比的优势，同时也维持了其在人才指数及创新指数上的相对优势。

《福布斯》认为，在城市发展的主要动力中，传统的招商引资及土地开发经营正在弱化，而创新与创业正在扮演重要角色。中国已经形成以北京、上海、深圳、广州、杭州、苏州、成都等城市为中心的创业集群，中国这7个最适于创业的城市2014年均进入前10名之中。

前10名之中，同去年相比，无锡和南京互换了排名，分列第四、第五名。杭州、北京、宁波、苏州排名不变，分列第六至第九名。成都则由2013年的第12名跃升两个名次，首次挤进前10，这得益于其民营经济活力的提升以及创新能力的增强。

表1-1 2014中国大陆最佳商业城市百强排名

2014年排名	2013年排名	城市	级别	省/自治区/直辖市	人才指数	城市规模指数	消费力指数	客运指数	货运指数	私营经济活力指数	经营成本指数	创新指数	综合得分
1	1	广州	省会城市	广东	0.9524	0.9838	0.9441	1	1	0.7005	0.7244	0.8941	0.8523
2	2	深圳	计划单列市	广东	0.7184	0.9756	1	0.9488	0.7433	0.6786	0.8524	1	0.8235
3	3	上海	直辖市	上海	0.9565	1	0.8883	0.7058	0.7805	0.6121	0.9362	0.9704	0.8141
4	5	无锡	地级市	江苏	0.6757	0.9003	0.8212	0.6721	0.4762	0.871	0.5863	0.9594	0.8001
5	4	南京	省会城市	江苏	0.9975	0.9088	0.8082	0.8919	0.7747	0.6375	0.9052	0.9245	0.7933
6	6	杭州	省会城市	浙江	0.9138	0.9312	0.8026	0.8919	0.7305	0.5861	0.8879	0.9767	0.7871
7	7	北京	直辖市	北京	0.9852	0.993	0.8473	0.9465	0.6516	0.4821	1	0.9908	0.786
8	8	宁波	计划单列市	浙江	0.6954	0.8821	0.8585	0.7895	0.7793	0.7244	0.7749	0.9142	0.7836
9	9	苏州	地级市	江苏	0.7545	0.9598	0.9348	0.5616	0.1754	0.7644	0.6237	0.9992	0.7793
10	12	成都	省会城市	四川	0.8539	0.947	0.5866	0.9314	0.7166	0.5705	0.6478	0.7938	0.7577

（续上表）

2014年排名	2013年排名	城市	级别	省/自治区/直辖市	人才指数	城市规模指数	消费力指数	客运指数	货运指数	私营经济活力指数	经营成本指数	创新指数	综合得分
11	11	青岛	计划单列市	山东	0.8153	0.9088	0.7412	0.8163	0.8084	0.5762	0.759	0.8037	0.7563
12	13	常州	地级市	江苏	0.6585	0.7294	0.838	0.5988	0.4448	1	0.651	0.8663	0.7492
13	15	天津	直辖市	天津	0.9031	0.9675	0.6276	0.6663	0.7549	0.5621	0.9139	0.8596	0.7462
14	10	佛山	地级市	广东	0.5148	0.8821	0.8343	0.393	0.489	0.7363	0.3239	0.8079	0.7453
15	14	大连	计划单列市	辽宁	0.8383	0.8713	0.6089	0.6547	0.8328	0.6953	0.7526	0.7896	0.7435
16	17	武汉	省会城市	湖北	1	0.9281	0.6294	0.7	0.8397	0.4524	0.8105	0.8207	0.7425
17	19	烟台	地级市	山东	0.6667	0.8276	0.6704	0.6116	0.6214	0.6942	0.2214	0.6073	0.7435
18	21	长沙	省会城市	湖南	0.9122	0.8566	0.8939	0.7674	0.6713	0.2891	0.6337	0.7955	0.7229
19	20	沈阳	省会城市	辽宁	0.9064	0.874	0.5549	0.736	0.5587	0.7057	0.7567	0.7057	0.7313
20	16	重庆	直辖市	重庆	0.7611	0.9598	0.2663	0.8163	0.7724	0.6271	0.6187	0.6601	0.7121
21	25	福州	省会城市	福建	0.7685	0.7789	0.7263	0.7488	0.6074	0.7426	0.6519	0.6239	0.7195
22	18	南通	地级市	江苏	0.4951	0.8118	0.6685	0.4186	0.4135	0.8601	0.5421	0.8104	0.7021
23	24	东莞	地级市	广东	0.4573	0.855	0.8529	0.3279	0.1254	0.7624	0.3772	0.8636	0.7081
24	27	西安	省会城市	陕西	0.9762	0.8025	0.7058	0.8547	0.7666	0.3099	0.7025	0.7452	0.6962
25	28	厦门	计划单列市	福建	0.8038	0.603	0.8715	0.8488	0.741	0.6817	0.7558	0.7511	0.6968
26	26	济南	省会城市	山东	0.9499	0.8264	0.7188	0.6884	0.6771	0.2673	0.6879	0.7627	0.6839
27	23	泉州	地级市	福建	0.4064	0.8288	0.7207	0.4186	0.5099	0.7546	0.333	0.5337	0.6941
28	22	郑州	省会城市	河南	0.8875	0.8485	0.3147	0.7384	0.6655	0.5029	0.6852	0.662	0.665
29	29	合肥	省会城市	安徽	0.9097	0.7576	0.4804	0.6977	0.5668	0.4821	0.7918	0.7723	0.6775
30	31	徐州	地级市	江苏	0.5764	0.7661	0.4209	0.5477	0.5633	0.6017	0.3973	0.6624	0.6482
31	30	温州	地级市	浙江	0.4819	0.7638	0.6182	0.5756	0.4193	0.6292	0.6073	0.721	0.6556
32	33	绍兴	地级市	浙江	0.4048	0.7174	0.946	0.386	0.1731	0.6672	0.4907	0.7791	0.637
33	35	镇江	地级市	江苏	0.6511	0.5311	0.6406	0.4302	0.3194	0.8211	0.4856	0.799	0.6404
34	34	潍坊	地级市	山东	0.5148	0.765	0.4469	0.3279	0.4948	0.5372	0.1786	0.5985	0.6258
35	41	中山	地级市	广东	0.4302	0.5025	0.7132	0.4302	0.3159	0.8034	0.4228	0.8053	0.634
36	36	淄博	地级市	山东	0.6149	0.6807	0.6462	0.4023	0.4228	0.4706	0.2401	0.5781	0.6155
37	32	金华	地级市	浙江	0.4089	0.6049	0.6723	0.6256	0.3449	0.7062	0.4715	0.6941	0.6155
38	40	昆山	县级市	江苏	0.5066	0.5211	0.9851	0.393	0.0348	0.7561	0.544	0.8594	0.6115
39	49	昆明	省会城市	云南	0.8161	0.6807	0.4804	0.7733	0.7758	0.2397	0.431	0.5361	0.614
40	38	扬州	地级市	江苏	0.5788	0.6262	0.568	0.2628	0.2207	0.8055	0.3426	0.6374	0.6005
41	37	嘉兴	地级市	浙江	0.413	0.6216	0.784	0.3384	0.2033	0.7119	0.4802	0.6906	0.6113

(续上表)

2014年排名	2013年排名	城市	级别	省/自治区/直辖市	人才指数	城市规模指数	消费力指数	客运指数	货运指数	私营经济活力指数	经营成本指数	创新指数	综合得分
42	42	长春	省会城市	吉林	0.8539	0.7804	0.406	0.5709	0.4553	0.4181	0.7221	0.5119	0.5901
43	44	哈尔滨	省会城市	黑龙江	0.8621	0.8168	0.2477	0.5698	0.4053	0.3671	0.7194	0.6355	0.591
44	39	石家庄	省会城市	河北	0.8013	0.8032	0.175	0.4465	0.5889	0.4826	0.5572	0.4406	0.5865
45	51	威海	地级市	山东	0.4811	0.4542	0.6369	0.6035	0.2787	0.6568	0.2533	0.6016	0.5877
46	50	珠海	地级市	广东	0.7874	0.2802	0.8994	0.7407	0.5099	0.5694	0.8036	0.7427	0.5734
47	52	呼和浩特	省会城市	内蒙古	0.8251	0.4959	0.8361	0.5058	0.7096	0.4399	0.282	0.1732	0.5735
48	43	台州	地级市	浙江	0.2184	0.6467	0.7058	0.457	0.3148	0.5169	0.5171	0.7263	0.5665
49	56	唐山	地级市	河北	0.5591	0.8361	0.3203	0.2721	0.5726	0.4186	0.3813	0.3172	0.568
50	47	江阴	县级市	江苏	0.2701	0.4716	0.9814	0.2581	0.2079	0.845	0.5727	0.6441	0.5527
51	45	临沂	地级市	山东	0.2471	0.7008	0.5102	0.4233	0.5273	0.5715	0.2679	0.2808	0.5545
52	55	南昌	省会城市	江西	0.9113	0.6401	0.4413	0.5186	0.3705	0.3645	0.5863	0.4574	0.5482
53	53	芜湖	地级市	安徽	0.7693	0.3719	0.2756	0.3442	0.3902	0.6557	0.3572	0.7341	0.5508
54	48	常熟	县级市	江苏	0.3186	0.3355	0.9441	0.186	0.1266	0.8944	0.4761	0.7789	0.5435
55	46	盐城	地级市	江苏	0.2997	0.6796	0.4432	0.257	0.2381	0.7478	0.3494	0.4984	0.5449
56	58	张家港	县级市	江苏	0.3933	0.3672	0.9832	0.1767	0.0767	0.7982	0.4911	0.7616	0.5331
57	54	包头	地级市	内蒙古	0.619	0.6374	0.7337	0.3186	0.6318	0.2699	0.1927	0.1415	0.5426
58	60	惠州	地级市	广东	0.2898	0.5014	0.6257	0.3535	0.2602	0.6771	0.4597	0.6115	0.5266
59	64	泰州	地级市	江苏	0.3317	0.5818	0.5885	0.257	0.1463	0.7374	0.4241	0.5405	0.53
60	57	济宁	地级市	山东	0.2964	0.6958	0.3948	0.2558	0.4692	0.3115	0.1982	0.5148	0.5178
61	66	南宁	省会城市	广西	0.7594	0.5551	0.1918	0.5151	0.7456	0.5361	0.7198	0.3162	0.525
62	62	江门	地级市	广东	0.2849	0.3974	0.4525	0.3302	0.122	0.7504	0.2451	0.5924	0.4953
63	61	东营	地级市	山东	0.5156	0.581	0.7989	0.1849	0.338	0.3921	0.3982	0.3275	0.5086
64	59	湖州	地级市	浙江	0.266	0.3278	0.6369	0.1814	0.2172	0.7832	0.374	0.6588	0.4864
65	65	洛阳	地级市	河南	0.4622	0.6297	0.0875	0.4837	0.4007	0.2928	0.2961	0.4671	0.4942
66	68	株洲	地级市	湖南	0.5057	0.3471	0.635	0.4	0.4274	0.5169	0.2702	0.2815	0.4795
67	67	太原	省会城市	山西	0.8654	0.4689	0.0894	0.5709	0.6585	0.2397	0.7508	0.5968	0.485
68	63	义乌	县级市	浙江	0.1658	0.15	0.9143	0.6663	0.3171	0.7083	0.4342	0.5207	0.4776
69	69	宜昌	地级市	湖北	0.4762	0.5083	0.0875	0.586	0.5796	0.2923	0.2032	0.3721	0.479
70	71	连云港	地级市	江苏	0.3317	0.3204	0.3147	0.4465	0.5052	0.6937	0.5481	0.4862	0.4663
71	70	太仓	县级市	江苏	0.3448	0.1778	0.9441	0.1558	0.2114	0.7915	0.7016	0.7112	0.4763
72	74	泰安	地级市	山东	0.5731	0.5562	0.3948	0.1826	0.2729	0.2605	0.1472	0.3096	0.449

(续上表)

2014年排名	2013年排名	城市	级别	省/自治区/直辖市	人才指数	城市规模指数	消费力指数	客运指数	货运指数	私营经济活力指数	经营成本指数	创新指数	综合得分
73	72	鄂尔多斯	地级市	内蒙古	0.3489	0.639	0.8324	0.2779	0.7282	0.0125	0.3011	0.0105	0.4603
74	80	大庆	地级市	黑龙江	0.6084	0.6595	0.4507	0.2686	0.3542	0.0281	0.3863	0.3046	0.4456
75	82	吉林	地级市	吉林	0.6232	0.4805	0.3613	0.4	0.2764	0.3697	0.1526	0.1102	0.4459
76	81	保定	地级市	河北	0.5427	0.608	0.1024	0.2465	0.2997	0.4342	0.3066	0.2834	0.4429
77	78	马鞍山	地级市	安徽	0.5361	0.2412	0.6741	0.2826	0.5319	0.3838	0.4487	0.4152	0.4441
78	77	鞍山	地级市	辽宁	0.4351	0.4782	0.3966	0.243	0.4437	0.3708	0.2948	0.3059	0.44
79	79	汕头	地级市	广东	0.1445	0.3185	0.1564	0.2837	0.2323	0.7447	0.262	0.596	0.4404
80	75	慈溪	县级市	浙江	0.0452	0.2176	0.7803	0.0535	0.0023	0.9704	0.5544	0.7303	0.4366
81	0	衡阳	地级市	湖南	0.4286	0.436	0.2123	0.3907	0.3751	0.6209	0.2592	0.1221	0.437
82	73	淮安	地级市	江苏	0.4113	0.3951	0.3222	0.264	0.2451	0.6469	0.487	0.3868	0.4296
83	84	德州	地级市	山东	0.1732	0.4677	0.2291	0.2047	0.302	0.5876	0	0.2237	0.4363
84	93	柳州	地级市	广西	0.4992	0.3475	0.3426	0.2651	0.4483	0.5471	0.39	0.2159	0.42
85	90	湛江	地级市	广东	0.3875	0.4094	0.1695	0.3593	0.3589	0.5923	0.1945	0.111	0.4271
86	83	贵阳	省会城市	贵州	0.8103	0.361	0.0894	0.893	0.741	0.0109	0.7403	0.4694	0.4171
87	91	邯郸	地级市	河北	0.2882	0.6444	0.1136	0.314	0.4541	0.3994	0.4205	0.1221	0.4182
88	0	漳州	地级市	福建	0.3834	0.4287	0.3948	0.1372	0.1057	0.714	0.3289	0.2598	0.4152
89	89	海宁	县级市	浙江	0.202	0.034	0.9777	0.2186	0.079	0.9397	0.3285	0.363	0.4157
90	85	湘潭	地级市	湖南	0.7069	0.2513	0.2086	0.0779	0.3647	0.5179	0.1034	0.3286	0.4122
91	87	岳阳	地级市	湖南	0.2956	0.4523	0.1173	0.3163	0.4019	0.4295	0.021	0.1526	0.4143
92	76	襄阳	地级市	湖北	0.3407	0.5207	0	0.4186	0.3519	0.468	0.3453	0.2169	0.4119
93	95	沧州	地级市	河北	0.179	0.6065	0.1341	0.1419	0.41	0.5512	0.1499	0.0528	0.4119
94	98	兰州	省会城市	甘肃	0.8957	0.3031	0.2309	0.5663	0.6109	0.0702	0.5877	0.374	0.408
95	94	余姚	县级市	浙江	0.0854	0.0997	0.7709	0.1233	0.0906	0.9126	0.5954	0.6935	0.4103
96	103	晋江	县级市	福建	0.0534	0.235	0.6834	0.307	0.3322	0.6448	0.3517	0.3233	0.4054
97	106	乌鲁木齐	省会城市	新疆	0.844	0.4032	0.2663	0.5826	0.7921	0	0.8706	0.3387	0.4066
98	86	增城	县级市	广东	0.4704	0.1739	0.6499	0.186	0.1289	0.9007	0.5604	0.239	0.401
99	100	海口	省会城市	海南	0.7701	0.1604	0.1844	0.9988	0.6841	0.3203	0.6487	0.2594	0.4044
100	92	枣庄	地级市	山东	0.2282	0.3158	0.2756	0.2547	0.4901	0.5907	0.1216	0.1141	0.3953

资料数据来源：《福布斯》中文网。

从区域分布上看，中国大陆最佳商业城市带状分布的特点十分明显。长三角、珠三角、京津冀三大经济区域共有48个城市入选，约占一半。长三角地区共有30个城市入选（比去年减少3个），其中9个上升、5个持平、16个下降，呈下跌趋势，主要原因在于长三角地区增长放缓而经营成本逐渐高企，但好在其民营经济活力充沛，创新氛围浓郁。见表1-2、表1-3。

表1-2　最佳商业城市的分布状况

经济区域	个数	变化
长三角	30	-3
中部地区	15	+1
珠三角	11	持平
西部地区	11	持平
京津冀	7	持平
东北地区	7	-1

表1-3　入选最多的7个省

省份	个数	变化
江苏	17	-2
浙江	12	-1
山东	12	持平
广东	11	持平
河北	5	持平
湖南	5	+1
福建	5	+2

截至第六次人口普查时，中国城市化率已达到49.68%。中国已拥有相当规模的城市群，常住人口在500万以上的城市有89个，而常住人口在1000万以上的城市也达到了15个，中国正在形成以特大城市为中心的城市群组，并以此为骨架再造区域经济。

似曾相识的宽阔马路、鳞次栉比的摩天大楼、寂寞孤立的霓虹灯柱，外加行色匆匆的路人，是这些钢铁森林展示给世人的相似面孔。目睹了中国650多个城市的兴衰成败，我们感慨大多数城市的发展不过是人口的集中、土地的延伸和资源的堆积。在如今个性化生存的年代，我们需要深入探究哪些个性造就了当下一些城市的繁荣。抛开历史、文化、行政等因素，从商业城市的角度出发，我们发现，开放和创新才是城市发展的灵魂。

城市的开放是一个复杂的概念，它可以解读到方方面面。我们从开放的结果——对人的吸引力——来理解这一问题。在2014《福布斯》中国大陆最佳商业城市百强名单中，有3/4的城市是人口净流入。而在人口净流入最多的15个城市中，"2014十佳商业城市"（见后续内容）无一缺席，正所谓城市因人而建、因人而兴。

如果我们在这里给城市的"开放"一个形象的定义的话，那就是它对外来者的接纳能力。上海、北京这样的老牌国际化大都市的开放程度不言而喻，对流动人口非常友好，它们也占据人口净流入最多城市的第一、二名；而深圳则是开放创造未来的鲜活实例。1979年深圳刚刚建市时，下辖人口只有30多万；到2013年年底，其常住人口已经达到1063万，成为名副其实的移民之城。深圳特有的移民文化也让它对外来者有更开放的态度。中肯地讲，深圳的成功由"天时""地利""人和"共同造就，但"人和"无疑是它从众多经济特区中脱颖而出的关键。如今，深圳也从荒凉渔村蜕变成与北上广并列的国际大都市，并连续两年占据中国大陆最佳商业城市榜榜眼位置。

第二节 中国生态城市排行榜

一、中国城市可持续发展排行榜

麦肯锡"城市中国计划"发布了《2013年城市可持续发展指数报告》（以下简称《报告》），扬州从185个中国地级和县级城市中脱颖而出，在中国城市可持续发展综合排名居第16位，位江苏省第2位。

中国城市可持续发展排名前10位的是珠海、深圳、杭州、厦门、广州、大连、福州、北京、长沙和烟台。见表1-4。

表1-4 中国城市可持续发展排名前20位

排名	城市	排名	城市
1	珠海	11	无锡
2	深圳	12	青岛
3	杭州	13	济南
4	厦门	14	中山
5	广州	15	宁波
6	大连	16	扬州
7	福州	17	西安
8	北京	18	天津
9	长沙	19	苏州
10	烟台	20	成都

资料来源：《2013年城市可持续发展指数报告》。

该《报告》同时称，上海、北京、深圳、广州、南京等这些大城市中，尽管目前拥有较高的可持续发展水平，但面临着承载能力的挑战，只有开拓新的路径，才能解决好庞大的人口数量与城市有限的承载能力之间的矛盾，以突破制约。

二、中国智慧城市排行榜

近年来，随着云计算、物联网、大数据等新技术在城市各领域的广泛应用，我国城市信息化迎来了以"智慧化"为特征的新阶段。国家层面对智慧城市建设也越来越重视。2014年，在《国家新型城镇化规划（2014—2020年）》和《国务院关于促进信息消费扩大内需的若干意见》中明确提出加快智慧城市建设；同年8月，由发改委、工信部、科技部等八部委联合发布的《关于促进智慧城市健康发展的指导意见》更是提出，到2020年建成一批特色鲜明的智慧城市。随着智慧城市理念的不断深入，住房和城乡建设部、科技部等部委对智慧城市的试点进行了有效推进。目前，我国大约有400个城市提出或正在建设智慧城市，但建设水平参差不齐。

总体评估结果排名

从第四届（2014）中国智慧城市发展水平评估结果看，2014年智慧城市评估满分为105分，平均得分为40.1分。其中，得分最高城市为无锡，总分77.2分；得分最低城市为齐齐哈尔，总分为17.6分，相差59.6分，说明我国智慧城市发展建设水平差距还较大。本次智慧城市评估总分排名前10位的城市分别为无锡、上海、北京、宁波、深圳、浦东新区、广州、南京、杭州、青岛。虽然前10名城市在总分上有一定的差距，但细观每个领域得分较为均衡，基础建设情况差别不大（如图1-1所示），由此可以看出各地政府对智慧城市建设的重视和投入力度很大，大型运营公司也在各地积极运营。

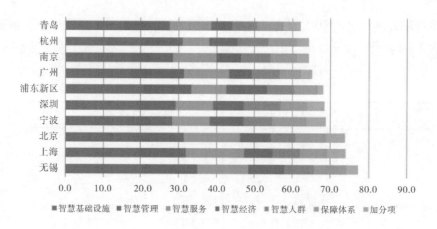

图1-1　2014年智慧城市评估排名前十名得分分析
资料来源：国脉互联《第四届（2014）中国智慧城市发展水平评估报告》

通过对近4年的智慧城市发展水平评估结果的对比来看，获奖前10名城市有了较大变化（见表1-5）。长三角和珠三角地区一直是智慧城市发展较高水平的集中地，无锡连续3年获得智慧城市发展第一名，这与两地发达的经济基础、雄厚的资金投入及当地政府积极推进智慧城市建设不无关系。相较于前3届，此次环渤海经济区中，北京、青岛两个城市进入前10位。由此可以看出北方环渤海经济区在智慧城市建设发展中开始发力。环渤海经济在地理位置、交通运输、基础设施中有其得天独厚的优势，为智慧城市的建设提供了良好的支撑。

表1-5　近4届中国智慧城市发展水平评估前10名对比

排名	第一届（2011年城市）	第二届（2012年城市）	第三届（2013年城市）	第四届（2014年城市）
1	宁波市	无锡市	无锡市	无锡市
2	佛山市	广州市	浦东新区	上海市
3	广州市	浦东新区	宁波市	北京市
4	上海市	扬州市	上海市	宁波市
5	扬州市	宁波市	杭州市	深圳市
6	宁波杭州湾新区	佛山市	北京市	浦东新区
7	浦东新区	北京市	深圳市	广州市

(续上表)

排名	第一届（2011年城市）	第二届（2012年城市）	第三届（2013年城市）	第四届（2014年城市）
8	深圳市	杭州市	广州市	南京市
9	北京市	上海市	佛山市	杭州市
10	南京市	深圳市	厦门市	青岛市

地理区域排名

智慧城市的发展与科技发展、政策环境、人才结构等均有关系，但与经济发展关系尤为密切，城市经济发展水平为智慧城市建设提供支撑，而智慧城市建设促进了城市经济的发展水平，可见两者之间相辅相成。我国国土幅员辽阔，地理位置从东到西、从沿海到内陆，人口密集度、经济发展程度、交通运输等方面均呈现出层次上的区别，从而反映出不同区域智慧城市的发展水平。如图1-2所示。

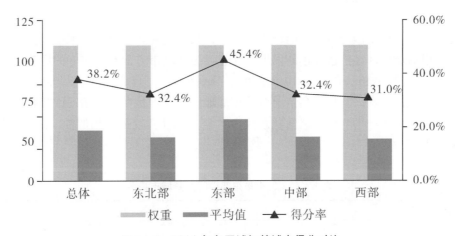

图1-2　2014年各区域智慧城市得分对比

如上图所示，东部地区智慧城市发展水平领先于其他地区，而西部地区整体智慧城市发展水平还较弱，并且西部、中部与东北部地区发展均低于总体水平。从各区域具体得分来看，东北部地区平均得分为34分，得分率为32.4%；东部地区平均得分为47.7分，得分率为45.4%；中部地区平均得分为34分，得分率为32.4%；西部地区平均得分为32.5分，得分率为31.0%。

东北地区智慧城市发展排名

东北地区在20世纪30年代建成完整的工业体系，是我国老牌传统工业区，更是中国著名重工业基地。本次评估在东北地区共选取了8个样本城市，排在前5名的城市分别为大连、沈阳、长春、哈尔滨和牡丹江。从排名情况看，东北地区智慧城市发展主要集中在省会城市，并且发展水平不平衡，四平、庄河、齐齐哈尔发展较为落后。见表1-6。

表1-6　2014年东北地区智慧城市排名

排名	城市	得分	平均得分率（%）
1	大连	55.8	53.1
2	沈阳	42.9	40.8
3	长春	41.0	39.0
4	哈尔滨	10.1	38.2
5	牡丹江	29.2	27.8
6	四平	27.5	26.2
7	庄河	17.7	16.9
8	齐齐哈尔	17.6	16.8

东部地区智慧城市发展排名

东部地区集聚了一批我国经济发达的城市和地区，长三角和珠三角是我国最重要和最发达的经济区，近几年，环渤海经济区经济也在不断发展，在建设智慧城市方面有着较好的优势。本次评估在东部地区选取了47个样本城市。排在前10名的城市分别为无锡、上海、北京、宁波、深圳、浦东新区、广州、南京、杭州、青岛。从排名情况看，东部地区，特别是在长三角地区智慧城市分布较为集中，主要因为长三角地区城市与城市之间联系较为紧密，并且有较强的相似性，因此可以相互借鉴、相互促进。见表1-7。

表1-7　2014年东部地区智慧城市排名

排名	城市	得分	平均得分率（%）
1	无锡	77.2	73.6
2	上海	74.1	70.6
3	北京	73.8	70.3
4	宁波	68.8	65.5
5	深圳	68.4	65.1
6	浦东新区	68.1	64.8
7	广州	65.3	62.2
8	南京	64.2	61.2
9	杭州	64.2	61.2
10	青岛	62.2	59.2

中部地区智慧城市发展排名

中部地区处于我国内陆腹地，起着承东启西、接南进北、吸引四面、辐射八方的作用。中部地区是我国农业发展的重要区域之一，随着2006年出台的《中共中央国务院关于促进中部地区崛起的若干意见》与2009年批准的《促进中部地区崛起规划》，为中部地区经济发展提供了强大动力。本次评估在西部地区选取了22个样本城市，排在前10名的城市分别为武汉、太原、郑州、长沙、南昌、株洲、湘潭、合肥、芜湖、新余。从得分情况看,中部地区智慧城市建设取得了一定成果。湖北武汉、江西南昌、湖南长株潭地区等智慧城市建设发展迅速,起到了一定领导作用。见表1-8。

表1-8　2014年中部地区智慧城市排名

排名	城市	得分	平均得分率(%)
1	武汉	54.1	51.5
2	太原	44.6	42.4
3	郑州	43.3	41.2
4	长沙	42.4	40.4
5	南昌	39.1	37.2
6	株洲	38.8	36.9
7	湘潭	37.6	35.8
8	合肥	37.2	35.4
9	芜湖	35.5	33.9
10	新余	34.7	33.1

西部地区智慧城市发展排名

西部地区疆域辽阔、人口稀少,是我国经济欠发达、需要加强开发的地区。西部地区深入我国内陆地区,丘陵、山地众多,致使交通运输较不便利,信息传输流通较慢,与中东部地区的距离较远,也成为阻碍地区经济发展的因素之一。本次评估在西部地区选取了23个城市样本,排在前10名的城市分别为成都、重庆、贵阳、西安、兰州、南宁、昆明、鄂尔多斯、呼和浩特、柳州。从得分情况看,西部地区智慧城市发展水平较为平均,成都、重庆在全国智慧城市发展中均处于靠前的水平,贵阳、西安、兰州、南宁在西部智慧城市建设中也相对发展较好。从整体上看,西部地区智慧城市的发展还处于初级阶段。见表1-9。

表1-9　2014年西部地区智慧城市排名

排名	城市	得分	平均得分率(%)
1	成都	52.6	50.1
2	重庆	50.2	47.8
3	贵阳	48.1	45.9
4	西安	41.6	39.7
5	兰州	39.2	37.3
6	南宁	38.1	36.3
7	昆明	35.5	33.8
8	鄂尔多斯	33.0	31.4
9	呼和浩特	32.8	31.3
10	柳州	32.8	31.2

行政区排名

本次参评的 100 个城市样本中，副省级及其以上城市 36 个，地市级城市 54 个，县市级城市 10 个。从整体上看，副省级及其以上智慧城市建设水平明显高于地级和县级城市。从具体得分情况看，副省级及其以上城市平均得分为 49.6 分，得分率为 47.2%；地市级城市平均得分为 35.5 分，得分率为 33.8%；县市级城市平均得分为 30.4 分，得分率为 29.0%。副省级及其以上城市与县市级城市之间相差 18.2 个百分点。如图 1-3 所示。

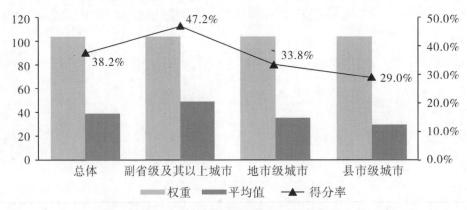

图 1-3　2014 年智慧城市得分情况对比

副省级及其以上智慧城市发展水平排名

2014 年参与评估的 36 个副省级及其以上智慧城市，平均得分为 49.6 分，得分率为 47.2%。其中，得分最高的城市为上海，74.1 分；最低的是西宁，24.3 分。总成绩排在前 10 名的城市分别为上海、北京、宁波、深圳、浦东新区、广州、南京、杭州、青岛、天津（见表 1-10）。而 2013 年排名前 10 名的城市为浦东新区、宁波、上海、杭州、北京、深圳、广州、厦门、武汉、南京。

表 1-10　2014 年副省级及其以上智慧城市排名

排名	城市	得分	平均得分率（%）
1	上海	74.1	70.6
2	北京	73.8	70.3
3	宁波	68.8	65.5
4	深圳	68.4	65.1
5	浦东新区	38.1	64.8
6	广州	65.3	62.2
7	南京	64.2	61.2
8	杭州	64.2	61.2
9	青岛	62.2	59.2
10	天津	56.8	54.1

2011 年、2012 年、2013 年、2014 年连续 4 年对省会及副省级以上智慧城市建设的对比分析看

出，2014 年的平均得分均低于前 3 年（见表 1-11），主要原因是随着全国智慧城市建设的全面展开，评估指标有了变化，评分标准也适当有所提高。

表 1-11 近 4 年副省级及其以上智慧城市对比分析

排名	城市	得分	平均得分率（%）
2011 年	100	50.8	50.8
2012 年	100	51.4	51.4
2013 年	105	50.1	47.7
2014 年	105	49.6	47.2

地级市城市发展水平排名

2014 年参与评估的 54 个地级市城市，平均得分为 35.5 分，得分率为 33.8%。其中，最高得分城市为无锡，77.2 分；得分最低城市为齐齐哈尔，17.6 分。总成绩排在前 10 名城市分别为无锡、佛山、苏州、温州、舟山、常州、珠海、扬州、威海、嘉兴（见表 1-12）。2013 年地级市城市排名前 10 位为无锡、佛山、扬州、珠海、常州、苏州、舟山、温州、嘉兴、株洲。除威海取代武汉进入前 10 名以外，其余城市只在名次上有所变动，其中无锡、佛山连续 3 年稳居第一、二位。

表 1-12 2014 年地级市智慧城市排名

排名	城市	得分	平均得分率（%）
1	无锡	77.2	73.6
2	佛山	60.0	57.1
3	苏州	53.9	57.3
4	温州	51.2	48.7
5	舟山	51.0	48.6
6	常州	47.9	45.6
7	珠海	47.7	45.5
8	扬州	46.2	44.0
9	威海	45.4	43.2
10	嘉兴	43.8	41.7

县市级城市发展水平排名

因 2014 年评估城市样本的扩大，此次将县市级城市作为单独的划分级别进行分析。2014 年参与评估的 10 个县市级城市，平均得分为 30.4 分，得分率为 29.0%。其中，得分最高的城市为昆山，47.4 分；得分最低城市为庄河，17.7 分（见表 1-13）。10 个县级智慧城市建设总体还处于初级阶段，但昆山、义乌、新郑、万宁表现相对突出，值得其他县市级城市学习借鉴，从而提升县市级智慧城市的整体发展水平。

表1-13 2014年县级市智慧城市排名

排名	城市	得分	平均得分率（%）
1	昆山	47.4	45.1
2	义乌	40.7	38.7
3	寿光	40.0	38.1
4	敦煌	30.5	29.1
5	万宁	29.6	28.2
6	新郑	26.5	25.2
7	凯里	25.7	24.4
8	崇州	23.6	22.5
9	迁安	22.9	21.8
10	庄河	17.7	16.9

三、中国城市空气质量排行榜

中国环境保护部对外发布了2014年京津冀、长三角、珠三角区域和直辖市、省会城市及计划单列市共74个城市的空气质量状况。

数据显示，2014年空气质量相对较好的前10位城市分别是海口、舟山、拉萨、深圳、珠海、惠州、福州、厦门、昆明和中山；空气质量相对较差的前10位城市分别是保定、邢台、石家庄、唐山、邯郸、衡水、济南、廊坊、郑州和天津。如图1-4所示。

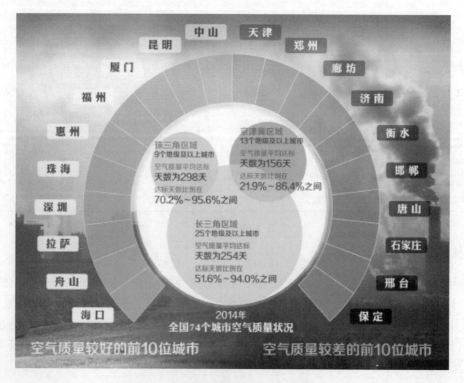

图1-4 2014年中国城市空气质量排行

京津冀区域 13 个地级及以上城市

PM2.5	年均浓度: 93微克/立方米	12个城市超标
PM10	年均浓度: 158微克/立方米	13个城市超标
SO_2	年均浓度: 52微克/立方米	4个城市超标
NO_2	年均浓度: 49微克/立方米	10个城市超标
CO	日均值第95百分位浓度: 3.5毫克/立方米	3个城市超标
O_3	日最大8小时均值第90百分位浓度: 162微克/立方米	8个城市超标

京津冀区域空气质量平均达标天数为156天，比74个城市平均达标天数少85天，达标天数比例在21.9%～86.4%之间，平均为42.8%，与2013年相比，平均达标天数比例上升了5.3个百分点。重度及以上污染天数比例为17.0%，高于74个城市11.4个百分点，与2013年相比下降3.7个百分点。超标天数中以PM 2.5为首要污染物天数最多，其次是PM 10和O_3。

北京市达标天数比例为47.1%，与2013年相比下降1.1个百分点，PM 2.5年均浓度为85.9微克/立方米，与2013年相比下降4.0%。

长三角区域 25 个地级及以上城市

PM2.5	年均浓度: 60微克/立方米	24个城市超标
PM10	年均浓度: 92微克/立方米	22个城市超标
SO_2	年均浓度: 25微克/立方米	25个城市超标
NO_2	年均浓度: 39微克/立方米	11个城市超标
CO	日均值第95百分位浓度: 1.5毫克/立方米	25个城市超标
O_3	日最大8小时均值第90百分位浓度: 154微克/立方米	10个城市超标

长三角区域空气质量平均达标天数为254天，比74个城市平均达标天数多13天，达标天数比例在51.6%～94.0%之间，平均为69.5%，与2013年相比，平均达标天数比例上升了5.3个百分点。重度及以上污染天数比例为2.9%，低于74个城市2.7个百分点，与2013年相比下降3.0个百分点。超标天数中以PM 2.5为首要污染物天数最多，其次是O_3和PM 10。

珠三角区域 9 个地级及以上城市

PM2.5	年均浓度: 42微克/立方米	6个城市超标
PM10	年均浓度: 61微克/立方米	1个城市超标
SO_2	年均浓度: 18微克/立方米	9个城市超标
NO_2	年均浓度: 37微克/立方米	3个城市超标
CO	日均值第95百分位浓度: 1.1毫克/立方米	9个城市超标
O_3	日最大8小时均值第90百分位浓度: 156微克/立方米	4个城市超标

珠三角区域空气质量平均达标天数为298天，比74个城市平均达标天数多57天，达标天数比例在70.2%～95.6%之间，平均为81.6%，与2013年相比，平均达标天数比例上升了5.3个百分点。重度污染天数比例为0.4%，重度及以上污染天数比例低于74个城市5.2个百分点。超标天数中以O_3为首要污染物天数最多，其次是PM 2.5和NO_2。

第三节　中国创新城镇排行榜

一、中国城市创新创业20强

在第六届启迪创新论坛暨第二届全球科技园区领导者圆桌会议开幕式上，清华大学启迪创新研究院发布《2014中国城市创新创业环境评价研究报告》，并揭晓了"2014中国城市创新创业环境排行榜"总体排名。其中，深圳市凭借其在8个单项指标中斩获6项第一的成绩，蝉联本年度桂冠，2～10名分别为广州、杭州、武汉、成都、苏州、西安、南京、大连和宁波。见表1-14。

表1-14　中国城市创新创业环境20强城市分布（不含直辖市）

排　名	榜　单	行政级别	所在省
1	深圳	计划单列市	广东
2	广州	省会	广东
3	杭州	省会	浙江
4	武汉	省会	湖北
5	成都	省会	四川
6	苏州	地级市	江苏
7	西安	省会	陕西
8	南京	省会	江苏
9	大连	计划单列市	辽宁
10	宁波	计划单列市	浙江
11	郑州	省会	河南
12	长沙	省会	湖南
13	沈阳	省会	辽宁
14	青岛	计划单列市	山东
15	无锡	地级市	江苏
16	济南	省会	山东
17	东莞	地级市	广东
18	合肥	省会	安徽
19	太原	省会	山西
20	福州	省会	福建

资料来源：《2014中国城市创新创业环境评价研究报告》。

从入选 2014 中国城市创新创业排行榜百强的名单来看，长三角经济圈已经形成全国最大的创新城市带，共有 24 个城市入选，杭州、苏州、南京、宁波等 4 个城市排名进入前 10。此外，加之作为全国经济中心的上海市，形成了以上海、杭州、苏州、宁波为第一阵营，无锡、合肥、常州、温州、绍兴、扬州、南通、嘉兴、镇江、金华、台州、芜湖为第二阵营，徐州、泰州、湖州、盐城、连云港、宿迁、淮安、马鞍山为第三阵营的完整等级体系。

二、中国城市科技竞争力

2014 年，中国城市竞争力研究会对中国各大城市在科研投入、科学研发、科研成果转换方面进行了比较研究。城市的科技水平和它的经济发展是相互影响、相互促进的。城市科技竞争力比较评价指标体系包括科技投入指数、科研人力资本指数、科研机构指数、科技创新指数和科研成果转化指数 5 个二级指标，18 个三级指标。见表 1-15。

表 1-15　2014 年中国城市科技竞争力排行榜（TOP10）

排名	城市	总分
1	北京	6 465.92
2	上海	5 575.62
3	香港	5 306.68
4	广州	2 382.46
5	台北	2 361.76
6	深圳	2 349.78
7	天津	2 318.79
8	南京	1 989.59
9	杭州	1 851.3
10	武汉	1 840.52

资料来源：中商情报网。

三、中国创新城市

《福布斯》中文版连续 5 年发布中国大陆城市创新力排行榜，深圳、苏州、北京名列前三。广东有 5 个城市进入榜单，分别是深圳（第 1）、广州（第 9）、东莞（第 11）、佛山（第 16）和中山（第 17）。

那些创新能力强的城市，正是产业发达、非国有经济活跃以及因为政治优势而汇集了高校和科研院所的城市。中国经济中研发支出正在日益向企业集中，城市创新力，往往反映出当地企业的创新能力。

创新能力在城市竞争力中的作用越来越明显。在 2014 年中国最具创新力的 25 个城市中，深圳、苏州、北京、杭州、上海列前 5 位，而创新能力最强的前 10 个城市，有 9 个入选《福布斯》中国 2014 中国大陆十佳商业城市。见表 1-16。

表 1-16　2014 年中国最具创新力城市排行榜

排名	城市	级别	省/直辖市/自治区
1	深圳	计划单列市	广东
2	苏州	地级市	江苏
3	北京	直辖市	北京
4	杭州	省会城市	浙江
5	上海	直辖市	上海
6	无锡	地级市	江苏
7	南京	省会城市	江苏
8	宁波	计划单列市	浙江
9	广州	省会城市	广东
10	常州	地级市	江苏
11	东莞	地级市	广东
12	天津	直辖市	天津
13	昆山	县级市	江苏
14	武汉	省会城市	湖北
15	南通	地级市	江苏
16	佛山	地级市	广东
17	中山	地级市	广东
18	青岛	计划单列市	山东
19	镇江	地级市	江苏
20	长沙	省会城市	湖南
21	成都	省会城市	四川
22	大连	计划单列市	辽宁
23	绍兴	地级市	浙江
24	常熟	县级市	江苏
25	合肥	省会城市	安徽

深圳是自发性创新的代表。开放的经济以及市场经济先行一步，使得创新成为企业的内生动力。在《福布斯》中文版创新指数的细分指标中，2014 年首次引入的国际专利（PTC）申请量指标由智慧芽专利检索分析提供，深圳在国际专利申请量中名列第一。根据世界知识产权组织（WIPO）公布的 2013 年国际专利申请件数统计数据，有 4 家中国公司挤进国际专利申请人的前 50 名，它们分别是中兴通讯、华为技术、华星光电、腾讯。无一例外，它们全部都是深圳本土企业。

在全国所有城市中，苏州保持了专利申请量和专利授权量这两个细分指标双第一的优势。苏州通过加大科技投入、推动企业自主创新、支持创新创业载体与平台建设、引进国内外研发机构、发展科技服务业、积极发展各类创业投资、加强知识产权创造与保护、实施促进自主创新的政府采购等一系列措施,增强其创新能力,且成效显著。北京则在发明专利授权量这一细分指标中名列第一,显示了北京高校及科研院所集中的创新基础实力。

第二章 全球统计指标

第一节 世界各国/地区政府收入排名

2013年4月，IMF（国际货币基金组织）《世界经济展望报告》发布了IMF成员一般政府收入占GDP（国内生产总值）的比例数据（见表1-17）。政府财政收入主要来源于税收，以税收为主体的财政收入占GDP的排名中，中国在188个IMF成员中排名第147位。社会福利来自于财政收入，通过财政二次分配能够更多地照顾到弱势群体（如每年上万亿元的"三农"补助支出），能够尽可能避免两极分化。西北欧国家正是通过高税收来调节社会财富分配的，中国要建立健全社会福利保障体系，还有很长的一段路要走。

表1-17 IMF成员一般政府收入占GDP百分比

排名	国家/地区	2008年	2009年	2010年	2011年	2012年	2013年
1	图瓦卢	72.73	90.2	74.04	88.92	84.65	72.36
2	利比亚	68.37	52.89	64.93	50.26	72.3	71.63
3	科威特	60.19	69.04	68.41	67.57	70.25	70.25
4	东帝汶	74.59	73.53	76	79.85	74.64	69.83
5	基里巴斯	69.3	74.81	77.14	65.48	86.41	69.66
6	密克罗尼西亚	57.3	65.87	68.16	65.9	65.25	62.6
7	马绍尔群岛	70.1	69.18	66.92	63.73	60.8	61.06
8	莱索托	67.05	63.7	52.77	52.62	67.56	60.99
9	文莱达鲁萨兰国	70.13	42.51	48.5	62.29	62.73	59.91
10	挪威	58.43	56.47	56	57.06	57.25	56.44
11	丹麦	54.88	55.24	54.77	55.48	54	54.76
12	所罗门群岛	46.53	55.22	62.6	60.24	57.28	54.44
13	芬兰	53.56	53.41	52.96	53.83	53.27	54.19
14	法国	49.94	49.21	49.46	50.83	51.96	52.89
15	比利时	48.74	48.08	48.66	49.49	50.77	51
16	瑞典	51.81	51.82	50.52	49.61	49.66	49.89

（续上表）

排名	国家/地区	2008年	2009年	2010年	2011年	2012年	2013年
17	奥地利	48.33	48.5	48.1	48.04	48.6	49.04
18	意大利	45.93	46.51	46.06	46.15	47.66	48.2
19	刚果共和国	47.03	29.47	37.52	42.52	41.92	47.98
20	科摩罗	23.51	23.62	29.17	23.57	28.96	47.75
21	阿曼	46.25	38.05	39.27	44.62	50.04	47.42
22	匈牙利	45.55	49.6	45.36	53.87	46.459	47.36
23	荷兰	46.66	45.2	45.62	45.1	45.94	46.817
24	伊拉克	56.4	46.18	46.61	49.48	48.21	46.363
25	沙特阿拉伯	60.52	35.96	41.61	47.53	48.57	45.26
26	爱沙尼亚	38.91	45.85	45.06	44.18	44.9	44.64
27	波斯尼亚和黑塞哥维纳	45.67	45.14	46.87	46.56	45.69	44.53
28	德国	44.01	45.14	43.66	44.55	45.16	44.37
29	冰岛	44.15	41.01	41.49	41.71	43.05	43.78
30	厄瓜多尔	36.32	31.76	36.37	43.12	43.08	43.48
31	乌克兰	44.27	42.3	43.25	42.87	44.64	43.47
32	希腊	40.64	38.34	40.62	42.24	43.87	42.97
33	塞尔维亚	42.82	42.15	42.5	41.03	42.93	42.95
34	斯洛文尼亚	41.19	40.52	41.55	41.42	42.27	42.92
35	葡萄牙	41.11	39.57	41.37	44.94	40.74	42.6
36	卢森堡	42.32	43.87	42.02	41.62	41.29	42.29
37	阿根廷	33.4	34.29	37.16	37.78	40.27	41.75
38	卡塔尔	34.92	44.21	30.87	38.66	43.51	41.39
39	塞舌尔	34.87	36.96	34.98	38.221	42.79	40.66
40	捷克共和国	38.94	38.9	38.98	39.79	40.04	40.63
41	萨摩亚	31.18	34.51	36.16	37.45	37.47	40.55
42	安哥拉	50.94	34.56	43.48	48.84	44.49	40.35
43	马塔尔	38.57	38.66	38.4	39.27	40.21	40.25
44	塞浦路斯	43.07	40.13	40.88	39.82	40.11	N/A
45	马拉维	34.56	33.29	40.15	29.81	38.58	39.98
46	以色列	42.09	39.07	40.13	39.76	38.92	39.44
47	波兰	39.55	37.21	37.57	38.54	39.8	39.19
48	白俄罗斯	50.59	45.66	41.59	38.76	40.7	38.7

(续上表)

排名	国家/地区	2008年	2009年	2010年	2011年	2012年	2013年
49	英国	37.87	35.79	36.55	37.34	35.16	38.56
50	克罗地亚	39.34	38.97	38.21	37.26	38.51	38.43
51	加拿大	38.72	38.72	37.78	37.6	37.74	37.97
52	玻利维亚	38.9	35.83	33.17	36.21	37.6	37.8
53	摩尔多瓦	40.55	38.9	38.31	36.62	38.16	37.65
54	阿尔及利亚	46.86	36.74	36.51	39.98	39.56	37.34
55	黑山	48.27	42.09	41.02	38.27	37.55	37.32
56	阿塞拜疆	51.11	40.36	45.65	45.53	40.65	37.24
57	西班牙	36.96	35.08	36.61	35.71	36.33	37.11
58	巴西	36.85	34.91	37.17	36.62	37.25	36.97
59	赤道几内亚	44.05	48.62	35.75	36.36	36.02	36.85
60	乌兹别克斯坦	40.69	36.72	37	40.25	38.56	36.32
61	俄罗斯	39.17	35.04	34.61	37.38	37.03	36.16
62	阿拉伯联合酋长国	39.09	26.76	30.04	35.09	37.27	36.1
63	斯威士兰	40.41	36.08	24.86	25.52	38	35.88
64	保加利亚	38.04	35.26	32.69	32.45	34.43	35.79
65	土耳其	31.7	32.44	33.14	34.47	34.66	35.62
66	拉脱维亚	35.61	36.22	36.04	35.63	37	35.2
67	津巴布韦	2.94	15.9	29.59	32.95	35.66	35.16
68	吉布提	41.81	36.98	35.46	34.51	34.47	35.16
69	蒙古国	33.11	30.26	37.11	40.3	35.51	35.11
70	巴巴多斯	36.99	32.69	35.4	36.2	34.46	34.8
71	新西兰	36.8	35.75	35	35.07	34.61	34.6
72	澳大利亚	33.69	33.44	31.85	31.99	33.64	34.5
73	爱尔兰	35.2	33.77	34.04	34.36	33.88	34.01
74	斯洛伐克共和国	31.63	33.53	32.31	33.23	33.24	34
75	特立尼达和多巴哥	38.86	30.08	34.58	35.65	34.17	33.99
76	罗马尼亚	32.16	31.2	32.2	32.61	32.87	33.74
77	立陶宛	34.06	34.69	34.88	32.78	33.83	33.51
78	乌拉圭	29.7	31.47	32.19	31.71	31.93	33.35
79	瑞士	33.08	33.68	32.84	33.38	32.98	33.18
80	美国	32.51	30.83	31.23	31.4	31.76	32.93

(续上表)

排名	国家/地区	2008年	2009年	2010年	2011年	2012年	2013年
81	马尔代夫	30.62	22.52	23.76	30.9	28.79	32.34
82	圣基茨和尼维斯	28.66	32.64	31.04	37.1	35.93	32.27
83	吉尔吉斯共和国	29.91	32.32	30.54	31.84	34.45	32.08
84	巴林	32.39	23.84	27.17	29.22	30.04	32.01
85	南苏丹	N/A	N/A	N/A	24.51	14.06	31.39
86	日本	31.62	29.59	29.61	30.8	31.1	31.57
87	纳米比亚	30.97	31.17	28.17	30.3	33.66	31.2
88	突尼斯	29.92	29.65	30.05	31.31	30.49	31.05
89	刚果民主共和国	210.77	24.32	33.01	27.35	30.49	29.58
90	多米尼加	35.93	35.56	37.69	31.25	29.75	29.5
91	布隆迪	38.46	33.52	37.3	36.09	32.97	29.49
92	圣多美与普林西比	45.42	31.24	38.1	37.06	24.38	29.06
93	不丹	34.93	32.81	46.34	35.65	34.93	28.99
94	圭亚那	27.68	29.31	28.19	27.62	27.7	28.8
95	毛里塔尼亚	24.17	25.46	26.04	26.98	37.22	28.75
96	莫桑比克	25.34	27.06	29.47	30.04	29.7	28.73
97	博茨瓦纳	31.07	33.28	29.43	29	29.43	28.6
98	马其顿	32.48	305.16	29.59	28.79	28.92	28.52
99	委内瑞拉	31.42	24.58	21.21	27.89	26.42	28.45
100	摩洛哥	32.53	29.28	27.54	27.79	27.71	28.24
101	阿富汗	17.55	20.55	21.98	22.15	25.44	28.22
102	汤加	28.11	28.71	26.92	26.31	28.21	28.16
103	哥伦比亚	26.39	26.73	26.15	26.91	28.36	28.14
104	巴布亚新几内亚	32.59	27.3	31.3	30.31	29.57	27.8
105	南非	29.82	27.36	27.32	28.09	27.92	27.8
106	格鲁吉亚	30.69	29.27	28.28	28.22	28.65	27.51
107	科索沃	24.49	29.29	27.61	28.14	27.21	27.44
108	尼日利亚	32.02	17.81	20.03	19.89	27.99	27.39
109	利比里亚	18.92	22.76	26.78	26	28.82	27.35
110	苏里南	23.83	25.31	22.73	27.81	27.79	27.27
111	牙买加	26.98	27.13	26.37	25.53	25.67	27.14
112	哈萨克斯坦	27.92	22.14	23.94	28.25	27.9	27.08

（续上表）

排名	国家/地区	2008年	2009年	2010年	2011年	2012年	2013年
113	尼加拉瓜	24.83	24.87	25.21	26.21	26.97	27.05
114	斐济	25.23	24.66	24.86	26.83	27.3	27.04
115	也门	36.71	25	26.03	24.56	29.58	26.87
116	伯利兹	28.6	27.01	27.49	28.23	26.94	16.79
117	圣文森特和格林纳丁斯	28.47	29.56	27.42	26.73	25.62	26.16
118	约旦	30.08	26.47	24.86	26.44	22.84	26.01
119	塔吉克斯坦	22.12	23.42	23.16	24.89	25.13	25.99
120	肯尼亚	22.91	22.74	24.61	23.97	25.24	25.89
121	埃及	28.01	27.69	25.14	22.03	22.62	25.79
122	圣卢西亚	26.34	26.06	27.28	27.92	25.36	25.65
123	卢旺达	25.76	24.39	26.65	24.75	25.47	25.47
124	越南	28.92	27.31	29.59	27.69	25.25	25.04
125	佛得角	33.27	28.76	28.01	25.03	21.76	24.91
126	尼日尔	24.33	18.89	18.24	18.13	22.16	24.76
127	加蓬	29..50	29.55	25.47	27.85	26.75	24.65
128	海地	15.13	17.9	28.41	29.83	23.34	24.44
129	阿尔巴尼亚	26.71	25.98	25.84	25.06	24.18	24.29
130	马来西亚	24.63	261.96	23.35	24.78	25.38	24.03
131	智利	25.85	20.62	23.53	24.67	23.88	23.94
132	巴拿马	24.98	24.26	24.59	24.34	24.99	23.78
133	塞内加尔	21.56	21.65	21.96	22.38	23.01	23.76
134	多哥	17.03	18.43	20.94	21.36	22.87	23.71
135	洪都拉斯	26.45	24.36	24.15	23.16	23.07	23.46
136	黎巴嫩	24	24.51	22.87	23.54	23.42	23.34
137	韩国	24.03	23.05	22.65	23.23	23.27	23.23
138	布基纳法索	16.86	19.58	20.14	21.79	23.99	23.32
139	亚美尼亚	20.48	20.87	21.22	22.36	23.26	23.26
140	墨西哥	24.83	22.42	22.81	23.16	23.61	23.08
141	乍得	27.87	19.59	25.27	28.61	26.39	22.95
142	新加坡	24.24	17.69	21.58	24.48	23.25	22.76
143	几内亚	16.13	16.55	15.7	20.23	22.85	22.71
144	冈比亚	17.47	20.46	18.85	21.23	25.71	22.45

（续上表）

排名	国家/地区	2008年	2009年	2010年	2011年	2012年	2013年
145	安提瓜和巴布达	21.38	18.71	22.47	20.53	20.28	22.44
146	瓦努阿图	26.98	25.95	24.61	22.47	21.53	22.28
147	中国	19.65	20.19	21.31	22.61	22.64	22.06
148	毛里求斯	21.04	22.77	21.92	21.45	21.41	21.91
149	秘鲁	21.09	18.74	19.98	20.9	21.66	21.69
150	泰国	21.36	20.82	22.42	22.65	22.38	21.63
151	赞比亚	22.99	18.85	19.57	21.62	21.6.30	21.6
152	贝宁	21.32	21.74	20.05	20.11	20.57	21.59
153	科特迪瓦	20.57	19.49	19.7	20.26	20.87	21.5
154	坦桑尼亚	21.89	20.98	21.01	21.9	21.81	21.43
155	巴拉圭	18.94	20.73	19.45	19.85	21.5	21.34
156	马里	18.95	21.71	20.14	21.02	17.59	21.31
157	加纳	16.04	16.52	16.81	19.46	20.03	21.2
158	格林纳森	24.18	22.76	24.67	23.79	21.08	21.04
159	土库曼斯坦	20.87	20.43	16.11	18.85	29.87	20.62
160	中国香港特别行政区	18.52	18.72	21.97	23.86	21.07	20.32
161	圣马力诺	20.96	20.56	22.78	20.75	20.49	20.09
162	缅甸	13.04	11.68	13	12.95	19.31	19.78
163	老挝人民民主共和国	15.93	17.15	18.01	18.08	19.45	19.68
164	印度	19.92	19.31	18.82	18.75	19.19	19.47
165	中国台湾省	20.11	19.13	18.06	18.93	18.93	19.03
166	萨尔瓦多	16.56	15.85	17.14	17.64	18.47	18.97
167	喀麦隆	20.83	18.4	17.42	18.83	19.08	18.54
168	巴哈马	17.19	16.59	16.82	18.53	18.38	18.46
169	菲律宾	18.66	17.46	16.72	17.32	17.89	18.08
170	尼泊尔	14.94	16.82	18	17.65	18.28	18.04
171	印度尼西亚	21.28	16.5	16.99	17.83	17.77	17.64
172	中非共和国	15.15	16.06	17.15	13.33	16.36	17.23
173	厄立特里亚	21	15.91	18.58	17.43	17.19	17.19
174	几内亚比绍	23.66	24.8	20.45	19.06	13.67	17.12
175	柬埔寨	15.89	15.79	17.03	15.56	16.19	16.65
176	乌干达	15.48	15.28	15.66	17.35	15.58	16.62

(续上表)

排名	国家/地区	2008年	2009年	2010年	2011年	2012年	2013年
177	多米尼多共和国	15.85	13.68	13.36	13.45	13.86	15.52
178	埃塞俄比亚	15.99	16.29	17.3	16.75	15.93	15.24
179	哥斯达黎加	15.86	14.03	13.74	13.88	13.86	14.21
180	孟加拉国	11.28	10.85	11.51	11.91	12.97	13.76
181	伊朗伊斯兰共和国	25.38	23.66	24.22	25.8	15.29	13.57
182	斯里兰卡	15.56	15.01	14.89	14.52	13.19	13.47
183	巴基斯坦	14.94	14.69	14.39	12.79	12.79	13.17
184	塞拉利昂	12.88	15.36	15.47	17.25	13.36	12.99
185	马达加斯加	17.59	12.27	12.34	11.26	11.89	12.91
186	危地马拉	12.03	11.05	11.24	11.81	11.72	12.43
187	苏丹	24.02	15.45	19.32	18.16	10.15	10.79
188	叙利亚	20.09	23.85	21.81	N/A	N/A	N/A

数据来源：《IMF 世界经济展望报告》，2013 年 4 月。

第二节 世界300个大城市经济体经济表现排名

2015 年 1 月，布鲁金斯研究所和摩根大通联合发布了 2014 年全球 300 个最大城市经济体的经济表现排名。据悉，在全球 300 个主要城市经济体中，中国城市表现出色，占据了前 30 名中的一半多席位，其中澳门以人均 GDP 增长 8.0%、就业增长 4.2% 的最佳经济表现名列榜首。澳门近年来旅游业繁荣，这里以博彩业闻名世界，包括澳门威尼斯人度假村酒店在内的 30 多家博彩娱乐场吸引着大批游客。前 30 个发展最迅速的城市经济体中，有 18 个城市经济体来自中国。

这份报告是这两所美国顶级研究机构自 2012 年开始为期 5 年的联合研究项目，每年发布一次年度报告。根据布鲁金斯研究所在其官方网站上发布的消息，该研究以人均国内生产总值增长率和就业增长率作为综合排名的依据。排行榜上全球最大的 300 个城市经济体拥有的人口占全球人口的 20%，但其经济总量却占到全球经济的将近一半，再次印证了当前世界经济是以城市经济为主导的现实状态。

尽管中国整体国民经济的增速在 2014 年已经明显放缓，但中国城市经济体的表现仍然引人瞩目。在布鲁金斯研究所公布的这个排名榜上，前 50 名当中有 27 个城市都来自中国。除了"冠军"澳门之外，昆明排名第六，随后还有杭州、厦门、福州、乌鲁木齐、武汉、宁波、长沙等。值得注意的是，原先相对欠发达城市的经济增长势头强于已经相对富裕的沿海城市。比如，长沙去年人均国内生产总值增长率达到 8.6%，排名第 15，比 2013 年的排名提升了 5 位。在上榜的中国城市中，合肥的收入水平增长率最高，达到 9.5%，其次是武汉、厦门和长沙。报告特别指出，中国内陆城市的崛起令人瞩目，这与中国政府长期以来通过大量基础设施建设，将内陆城市与沿海城市相连接的努力分不开。

然而，毗邻香港的广东省制造业基地东莞在过去一年中表现欠佳，人均经济增长率仅为5.2%，排名降至70名。由于沿海地区传统制造业基地的工资和土地租赁成本普遍上涨，不少企业开始转向中国内陆地区投资建厂。

报告以中国内陆城市重庆为例，由于受到制造业转移的大力驱动，该城市人均GDP在14年间增长了5倍，其人均GDP增长率从2000—2007年度全国排名第28位跃升到2010—2014年的第一名。

而由于电子商务的迅速崛起，电商巨头阿里巴巴总部所在地杭州则是由服务业蓬勃发展所驱动的典型，2014年，杭州领跑就业率增长排行榜。

来自富裕发达国家的城市在经济发展活力上相对落后。尽管调查研究显示，大多数发达国家城市已经渐渐从经济大萧条的阴影中走出来，但65%的欧洲城市和57%的北美城市仍未真正恢复经济活力，在布鲁金斯研究所和摩根大通联合进行的这项调查排名中表现不佳。

世界300个大城市经济体的收入差异显著（见表1-18）。表1-19分别列出了2013年人均GDP最高和最低的前后各20个城市。

表1-18 300个大城市经济体经济排名（2013—2014年）

经济排名	城市	国家/地区	发展现状	人均GDP变化（%）	就业人数变化（%）	经济状况等级（2009—2014）	经济衰退状况
1	澳门	中国澳门特别行政区	发达	8.0	4.2	10	恢复
2	伊兹密尔	土耳其	发展中	2.0	6.6	8	恢复
3	伊斯坦布尔	土耳其	发展中	2.0	6.5	17	恢复
4	布尔萨	土耳其	发展中	1.8	6.4	20	恢复
5	迪拜	阿联酋	发达	4.5	4.7	172	部分恢复
6	昆明	中国	发展中	8.1	2.9	9	恢复
7	杭州	中国	发展中	7.0	3.3	6	恢复
8	厦门	中国	发展中	8.6	2.6	1	恢复
9	安卡拉	土耳其	发展中	1.1	5.7	27	恢复
10	福州	中国	发展中	8.0	2.7	13	恢复
11	乌鲁木齐	中国	发展中	7.4	2.7	15	恢复
12	布达佩斯	匈牙利	发展中	2.4	4.7	160	部分恢复
13	武汉	中国	发展中	9.3	1.9	29	恢复
14	宁波	中国	发展中	6.8	2.8	21	恢复
15	长沙	中国	发展中	8.6	1.8	25	恢复
16	成都	中国	发展中	8.1	1.9	18	恢复
17	温州	中国	发展中	6.6	2.5	26	恢复
18	德里	印度	发展中	4.4	3.3	36	恢复
19	吉隆坡	马来西亚	发展中	4.1	3.4	4	恢复
20	合肥	中国	发展中	9.5	1.0	14	恢复

（续上表）

经济排名	城市	国家/地区	发展现状	人均GDP变化（%）	就业人数变化（%）	经济状况等级（2009—2014）	经济衰退状况
21	南宁	中国	发展中	7.2	1.9	2	恢复
22	南通	中国	发展中	6.9	1.9	12	恢复
23	胡志明市	越南	发展中	3.9	3.1	46	恢复
24	徐州	中国	发展中	6.9	1.8	5	恢复
25	利雅得	沙特阿拉伯	发达	1.9	3.9	79	恢复
26	伦敦	英国	发达	2.5	3.6	85	恢复
27	济南	中国	发展中	7.1	1.7	53	恢复
28	苏州	中国	发展中	6.7	1.7	7	恢复
29	青岛	中国	发展中	7.1	1.6	24	恢复
30	索菲亚	保加利亚	发展中	2.5	3.4	261	恢复
31	呼和浩特	中国	发展中	7.8	1.2	33	恢复
32	加尔各答	印度	发展中	4.7	2.5	68	恢复
33	常州	中国	发展中	6.8	1.6	16	恢复
34	雅加达	印度尼西亚	发展中	4.3	2.6	42	恢复
35	吉达麦加	沙特阿拉伯	发达	2.4	3.4	153	恢复
36	唐山	中国	发展中	6.9	1.5	37	恢复
37	东营	中国	发展中	6.5	1.7	11	恢复
38	奥斯汀	美国	发达	1.9	3.6	65	恢复
39	休斯敦	美国	发达	1.6	3.7	74	恢复
40	重庆	中国	发展中	7.3	1.2	28	恢复
41	罗利	美国	发达	0.8	4.0	112	部分恢复
42	包头	中国	发展中	7.5	1.1	23	恢复
43	烟台	中国	发展中	6.8	1.4	30	恢复
44	南京	中国	发展中	6.5	1.5	22	恢复
45	中山	中国	发展中	5.8	1.8	19	恢复
46	麦德林	哥伦比亚	发展中	4.2	2.4	57	恢复
47	乔治镇	马来西亚	发展中	3.8	2.6	52	恢复
48	利马	秘鲁	发展中	2.9	2.9	54	恢复
49	弗雷斯诺	美国	发达	-0.9	4.5	196	部分恢复
50	淄博	中国	发展中	6.6	1.3	35	恢复
51	无锡	中国	发展中	6.4	1.3	3	恢复

（续上表）

经济排名	城市	国家/地区	发展现状	人均GDP变化（%）	就业人数变化（%）	经济状况等级（2009—2014）	经济衰退状况
52	孟买	印度	发展中	4.6	2.1	67	恢复
53	卡尔加里	加拿大	发达	3.1	2.7	115	部分恢复
54	郑州	中国	发展中	7.8	0.7	38	恢复
55	南昌	中国	发展中	6.6	1.2	40	恢复
56	石家庄	中国	发展中	6.5	1.2	45	恢复
57	清奈	印度	发展中	5.2	1.7	66	恢复
58	佛山	中国	发展中	5.6	1.5	61	恢复
59	大田	韩国	发达	3.0	2.6	90	恢复
60	曼彻斯特	英国	发达	2.6	2.8	236	部分恢复
61	新加坡	新加坡	发达	1.8	3.1	48	恢复
62	埃德蒙顿	加拿大	发达	-0.6	4.0	71	恢复
63	达拉斯	美国	发达	0.8	3.4	94	恢复
64	深圳	中国	发展中	5.1	1.6	31	恢复
65	巴吞鲁日	美国	发达	1.5	3.0	138	恢复
66	俄克拉荷马城	美国	发达	1.8	2.9	103	恢复
67	北京	中国	发展中	4.7	1.6	58	恢复
68	拉斯维加斯	美国	发达	1.3	3.0	210	没有恢复
69	大急流城	美国	发达	0.6	3.3	73	部分恢复
70	东莞	中国	发展中	5.2	1.4	80	恢复
71	爱丁堡	英国	发达	1.5	2.9	187	部分恢复
72	圣若泽	美国	发达	0.2	3.4	72	恢复
73	奥兰多	美国	发达	0.1	3.5	147	部分恢复
74	温哥华	加拿大	发达	3.7	1.9	132	恢复
75	珀斯	澳大利亚	发达	3.4	2.1	64	恢复
76	海得拉巴	印度	发展中	4.2	1.7	82	恢复
77	广州	中国	发展中	4.9	1.4	34	恢复
78	亚历山大	埃及	发展中	0.9	3.0	170	恢复
79	布里斯托尔	英国	发达	2.1	2.5	269	部分恢复
80	魁北克市	加拿大	发达	2.1	2.4	145	恢复
81	利物浦	英国	发达	2.4	2.3	217	部分恢复
82	开罗	埃及	发展中	0.7	3.0	41	恢复

(续上表)

经济排名	城市	国家/地区	发展现状	人均GDP变化（%）	就业人数变化（%）	经济状况等级（2009—2014）	经济衰退状况
83	杰克逊维尔	美国	发达	0.6	3.0	194	没有恢复
84	诺丁汉	英国	发达	2.6	2.2	226	没有恢复
85	太原	中国	发展中	5.6	0.9	55	恢复
86	纳什维尔	美国	发达	0.7	2.9	76	恢复
87	班加罗尔	印度	发展中	4.3	1.4	98	恢复
88	波哥大	哥伦比亚	发展中	3.2	1.8	60	恢复
89	光州	韩国	发达	2.8	2.0	89	恢复
90	珠海	中国	发展中	4.4	1.3	50	恢复
91	普利茅斯-南安普顿	英国	发达	2.1	2.2	227	部分恢复
92	上海	中国	发展中	5.2	0.9	129	恢复
93	大邱	韩国	发达	3.1	1.8	84	恢复
94	桃园	中国台湾省	发达	3.7	1.5	59	恢复
95	丹佛	美国	发达	0.8	2.7	116	恢复
96	伯明翰	英国	发达	2.2	2.1	206	没有恢复
97	科威特	科威特	发达	0.6	2.7	77	部分恢复
98	西安	中国	发展中	7.2	0.0	49	恢复
99	诺克斯维尔	美国	发达	1.3	2.4	183	恢复
100	亚特兰大	美国	发达	1.5	2.3	169	部分恢复
101	格拉斯哥	英国	发达	2.6	1.8	290	没有恢复
102	长春	中国	发展中	7.2	-0.1	44	恢复
103	滨江	美国	发达	0.2	2.8	182	没有恢复
104	波特兰	美国	发达	0.6	2.6	91	恢复
105	首尔仁川	韩国	发达	2.7	1.7	88	恢复
106	利兹	英国	发达	2.0	2.0	271	没有恢复
107	卡萨布兰卡	摩洛哥	发展中	1.9	2.1	146	恢复
108	克拉科夫	波兰	发达	3.7	1.3	257	恢复
109	沈阳	中国	发展中	6.7	0.0	39	恢复
110	夏洛特	美国	发达	1.1	2.3	110	部分恢复
111	格林维尔市	美国	发达	0.7	2.4	121	部分恢复
112	谢菲尔德	英国	发达	2.1	1.8	273	没有恢复
113	纽卡斯尔	英国	发达	1.9	1.9	240	没有恢复

（续上表）

经济排名	城市	国家/地区	发展现状	人均GDP变化（%）	就业人数变化（%）	经济状况等级（2009—2014）	经济衰退状况
114	布里斯班	澳大利亚	发达	-0.4	2.8	180	恢复
115	西雅图	美国	发达	0.1	2.5	137	恢复
116	迈阿密	美国	发达	-0.5	2.8	161	没有恢复
117	新竹	中国台湾省	发达	3.5	1.1	70	恢复
118	盐湖城	美国	发达	-0.2	2.7	97	恢复
119	卡托维兹-俄斯特拉发	波兰	发达	3.5	1.1	163	恢复
120	大连	中国	发展中	6.5	-0.2	32	恢复
121	釜山蔚山	韩国	发达	2.8	1.3	106	恢复
122	萨克拉门托	美国	发达	1.1	2.0	216	没有恢复
123	里斯本	葡萄牙	发达	1.3	2.0	292	没有恢复
124	加的夫市	英国	发达	1.7	1.7	272	没有恢复
125	旧金山	美国	发达	-0.5	2.6	118	部分恢复
126	鞍山	中国	发展中	6.3	-0.3	47	恢复
127	台南	中国台湾省	发达	3.6	0.9	93	恢复
128	台中	中国台湾省	发达	3.1	1.0	87	恢复
129	波尔图	葡萄牙	发达	1.0	1.9	294	没有恢复
130	高雄	中国台湾省	发达	3.5	0.9	101	恢复
131	圣安东尼奥	美国	发达	-0.2	2.4	107	恢复
132	华沙	波兰	发达	1.9	1.5	127	恢复
133	凤凰城	美国	发达	0.7	2.0	159	没有恢复
134	都柏林	爱尔兰	发达	1.7	1.5	288	没有恢复
135	台北	中国台湾省	发达	2.9	1.0	86	恢复
136	密尔沃基	美国	发达	1.3	1.6	211	没有恢复
137	阿布扎比	阿联酋	发达	0.3	2.1	78	部分恢复
138	达勒姆	美国	发达	1.2	1.7	231	部分恢复
139	马尼拉	菲律宾	发展中	4.1	0.5	69	恢复
140	印第安纳波利斯	美国	发达	0.6	1.9	144	恢复
141	坦帕	美国	发达	0.7	1.8	171	没有恢复
142	圣迭戈	美国	发达	-0.4	2.3	162	部分恢复
143	汕头	中国	发展中	4.0	0.4	56	部分恢复
144	麦迪逊	美国	发达	0.3	2.0	168	恢复

（续上表）

经济排名	城市	国家/地区	发展现状	人均GDP变化（%）	就业人数变化（%）	经济状况等级（2009—2014）	经济衰退状况
145	奥克兰	新西兰	发达	2.4	1.1	105	恢复
146	得梅因	美国	发达	0.0	2.0	139	部分恢复
147	墨西哥市	墨西哥	发展中	1.6	1.4	96	恢复
148	洛杉矶	美国	发达	0.1	2.0	164	没有恢复
149	图森	美国	发达	1.2	1.4	228	没有恢复
150	瓜达拉哈拉	墨西哥	发展中	0.8	1.5	114	恢复
151	巴尔的摩	美国	发达	1.0	1.5	157	恢复
152	天津	中国	发展中	3.3	0.5	43	恢复
153	波士顿	美国	发达	0.5	1.6	149	恢复
154	斯德哥尔摩	瑞典	发达	0.9	1.5	130	恢复
155	奥斯陆	挪威	发达	1.4	1.2	166	恢复
156	阿拉木图	哈萨克斯坦	发展中	2.6	0.7	51	恢复
157	东兰德	南非	发展中	0.1	1.8	131	恢复
158	塔尔萨市	美国	发达	0.8	1.4	202	恢复
159	斯普林菲尔德	美国	发达	1.7	1.0	175	恢复
160	圣地亚哥	智利	发达	1.2	1.2	62	恢复
161	布拉格	捷克	发达	1.9	0.9	265	部分恢复
162	里约热内卢	巴西	发展中	-0.2	1.8	133	恢复
163	比勒陀利亚	南非	发展中	-0.9	2.0	150	恢复
164	特拉维夫	以色列	发达	1.4	1.0	75	恢复
165	哥德堡	瑞典	发达	1.0	1.1	141	恢复
166	明尼阿波利斯	美国	发达	-0.1	1.6	148	恢复
167	慕尼黑	德国	发达	0.9	1.1	124	恢复
168	火奴鲁鲁	美国	发达	1.4	1.0	185	恢复
169	纽伦堡-菲尔特市	德国	发达	1.6	0.9	135	恢复
170	苏黎世	瑞士	发达	0.4	1.3	174	部分恢复
171	柏林	德国	发达	1.1	1.0	143	恢复
172	哈尔滨	中国	发展中	6.1	-1.1	95	部分恢复
173	约翰内斯堡	南非	发展中	-1.3	2.0	152	恢复
174	福塔莱萨	巴西	发展中	-0.2	1.6	158	恢复
175	埃尔帕索	美国	发达	0.6	1.2	109	恢复

（续上表）

经济排名	城市	国家/地区	发展现状	人均GDP变化（%）	就业人数变化（%）	经济状况等级（2009—2014）	经济衰退状况
176	纽约	美国	发达	0.1	1.4	176	恢复
177	卢森堡特里尔	卢森堡	发达	1.4	0.9	181	部分恢复
178	贝克斯菲尔德	美国	发达	-2.4	2.4	108	部分恢复
179	汉诺威	德国	发达	1.4	0.8	188	恢复
180	林茨	奥地利	发达	0.8	1.1	167	恢复
181	库里蒂巴	巴西	发展中	-0.5	1.6	119	恢复
182	马德里	西班牙	发达	1.4	0.8	295	没有恢复
183	维也纳-布拉迪斯拉发	奥地利	发达	0.6	1.2	213	恢复
184	伍斯特	美国	发达	0.9	1.0	155	恢复
185	日内瓦-阿讷马斯	瑞士	发达	0.3	1.3	128	部分恢复
186	路易斯维尔	美国	发达	0.2	1.3	142	恢复
187	贝洛奥里藏特	巴西	发展中	-0.3	1.5	102	恢复
188	开普敦	南非	发展中	-1.2	1.9	179	部分恢复
189	莱比锡-哈勒	德国	发达	1.5	0.7	156	恢复
190	里士满	美国	发达	-0.3	1.5	186	部分恢复
191	汉堡	德国	发达	0.8	1.0	199	恢复
192	卡尔斯鲁厄	德国	发达	1.2	0.8	165	恢复
193	大维多利亚	巴西	发展中	-0.1	1.3	122	恢复
194	不伦瑞克-沃尔夫斯堡	德国	发达	1.4	0.7	92	恢复
195	圣胡安	波多黎各	发达	0.4	1.1	289	没有恢复
196	哈里斯堡	美国	发达	0.2	1.2	246	没有恢复
197	多伦多	加拿大	发达	1.4	0.7	117	恢复
198	阿克伦	美国	发达	-0.5	1.4	200	没有恢复
199	德班	南非	发展中	-1.2	1.7	235	部分恢复
200	累西腓	巴西	发展中	0.2	1.1	63	恢复
201	东京	日本	发达	0.7	0.9	204	恢复
202	不来梅	德国	发达	1.2	0.7	190	恢复
203	芝加哥	美国	发达	0.7	0.8	198	没有恢复
204	毕尔巴鄂	西班牙	发达	1.7	0.4	297	没有恢复
205	法兰克福	德国	发达	0.7	0.8	203	部分恢复
206	悉尼	澳大利亚	发达	1.4	0.5	151	恢复

（续上表）

经济排名	城市	国家/地区	发展现状	人均GDP变化（%）	就业人数变化（%）	经济状况等级（2009—2014）	经济衰退状况
207	比勒费尔德-代特莫尔德	德国	发达	1.2	0.6	134	恢复
208	科隆-杜塞尔多夫	德国	发达	1.0	0.7	215	恢复
209	巴西利亚	巴西	发展中	-0.7	1.4	99	恢复
210	斯图加特	德国	发达	1.1	0.6	140	恢复
211	奥克斯纳德	美国	发达	-1.0	1.5	222	没有恢复
212	格林斯博罗	美国	发达	0.7	0.7	250	没有恢复
213	辛辛那提	美国	发达	-1.2	1.5	178	部分恢复
214	小石城	美国	发达	0.5	0.8	224	恢复
215	巴塞罗那	西班牙	发达	1.2	0.4	296	没有恢复
216	奥马哈	美国	发达	-0.1	1.0	191	恢复
217	伯明翰	美国	发达	0.4	0.8	220	部分恢复
218	莫斯科	俄罗斯	发达	0.0	0.9	120	部分恢复
219	蒙特雷	墨西哥	发展中	0.5	0.7	113	恢复
220	萨尔布吕肯	德国	发达	1.4	0.3	225	没有恢复
221	海法	以色列	发达	1.5	0.3	81	恢复
222	滨松	日本	发达	1.7	0.2	244	部分恢复
223	静冈	日本	发达	1.7	0.1	245	部分恢复
224	名古屋	日本	发达	1.0	0.4	252	没有恢复
225	纽黑文	美国	发达	0.5	0.6	223	没有恢复
226	普罗维登斯	美国	发达	-0.7	1.1	207	部分恢复
227	墨尔本	澳大利亚	发达	1.1	0.3	154	恢复
228	哥伦比亚	美国	发达	-0.1	0.8	205	没有恢复
229	渥太华	加拿大	发达	0.1	0.7	238	部分恢复
230	普埃布拉	墨西哥	发展中	0.0	0.8	83	恢复
231	熊本	日本	发达	1.3	0.2	232	部分恢复
232	北九州福冈	日本	发达	0.9	0.3	219	恢复
233	图卢兹	法国	发达	-0.1	0.7	197	恢复
234	新奥尔良	美国	发达	-2.0	1.5	229	部分恢复
235	孟菲斯	美国	发达	-0.2	0.7	270	没有恢复
236	奥尔巴尼	美国	发达	0.1	0.6	234	恢复

（续上表）

经济排名	城市	国家/地区	发展现状	人均GDP变化（%）	就业人数变化（%）	经济状况等级（2009—2014）	经济衰退状况
237	底特律	美国	发达	0.8	0.3	104	没有恢复
238	水牛城	美国	发达	-0.1	0.6	230	恢复
239	哈特福德	美国	发达	0.3	0.4	258	没有恢复
240	塞维利亚	西班牙	发达	0.9	0.1	299	没有恢复
241	仙台	日本	发达	0.8	0.2	268	部分恢复
242	香港	中国香港特别行政区	发达	1.2	0.0	100	恢复
243	鹿儿岛	日本	发达	1.3	0.0	208	部分恢复
244	南特	法国	发达	-0.2	0.6	201	恢复
245	冈山	日本	发达	1.1	0.1	266	没有恢复
246	哥本哈根-马尔默	丹麦	发达	0.7	0.2	256	没有恢复
247	大阪	日本	发达	0.6	0.2	267	没有恢复
248	巴塞尔	瑞士	发达	0.4	0.3	214	恢复
249	圣路易斯	美国	发达	-2.1	1.3	253	没有恢复
250	费城	美国	发达	-0.5	0.7	248	没有恢复
251	波尔多	法国	发达	-0.2	0.5	212	恢复
252	瓦伦西亚	西班牙	发达	0.9	0.1	298	没有恢复
253	匹兹堡	美国	发达	0.0	0.4	192	恢复
254	札幌	日本	发达	0.9	0.0	274	部分恢复
255	新潟	日本	发达	1.2	-0.1	242	部分恢复
256	罗切斯特	美国	发达	-0.1	0.4	237	部分恢复
257	布里奇波特	美国	发达	-0.2	0.4	241	没有恢复
258	克利夫兰	美国	发达	-0.9	0.7	189	部分恢复
259	马赛	法国	发达	0.1	0.3	263	恢复
260	巴黎	法国	发达	0.3	0.2	247	恢复
261	圣彼得堡	俄罗斯	发达	-0.2	0.4	125	恢复
262	布鲁塞尔	比利时	发达	0.4	0.0	262	部分恢复
263	亚琛-列日	比利时	发达	0.7	-0.1	243	部分恢复
264	堪萨斯市	美国	发达	-1.3	0.7	233	没有恢复
265	里尔	法国	发达	0.4	0.0	264	部分恢复
266	萨尔瓦多	巴西	发展中	-0.9	0.5	218	部分恢复

（续上表）

经济排名	城市	国家/地区	发展现状	人均GDP变化（%）	就业人数变化（%）	经济状况等级（2009—2014）	经济衰退状况
267	广岛	日本	发达	0.5	-0.1	275	没有恢复
268	里昂	法国	发达	-0.2	0.2	239	部分恢复
269	莱斯	法国	发达	0.0	0.1	277	没有恢复
270	斯特拉斯堡	法国	发达	0.0	0.1	260	部分恢复
271	布加勒斯特	罗马尼亚	发展中	1.7	-0.7	173	恢复
272	阿伦敦	美国	发达	-0.3	0.1	193	恢复
273	哥伦布	美国	发达	-1.3	0.4	126	恢复
274	罗马	意大利	发达	-0.8	0.1	284	没有恢复
275	华盛顿	美国	发达	-1.5	0.3	251	部分恢复
276	博洛尼亚	意大利	发达	-0.4	-0.1	255	部分恢复
277	米兰	意大利	发达	-0.5	-0.2	283	没有恢复
278	威尼斯帕多瓦	意大利	发达	-0.6	-0.2	280	没有恢复
279	温尼伯	加拿大	发达	-0.2	-0.4	221	恢复
280	雅典	希腊	发达	0.3	-0.6	300	没有恢复
281	弗吉尼亚	美国	发达	-1.0	-0.1	279	没有恢复
282	赫尔辛基	芬兰	发达	-0.5	-0.3	278	部分恢复
283	都灵	意大利	发达	-0.7	-0.3	282	没有恢复
284	圣保罗	巴西	发展中	-1.5	0.0	136	恢复
285	蒙特利尔	加拿大	发达	0.7	-0.9	184	恢复
286	布宜诺斯艾利斯	阿根廷	发展中	-2.8	0.5	123	恢复
287	代顿	美国	发达	-1.7	0.0	254	没有恢复
288	埃因霍温-丹博思	荷兰	发达	0.7	-1.1	281	没有恢复
289	佛罗伦萨	意大利	发达	-0.6	-0.6	291	没有恢复
290	阿雷格里港	巴西	发展中	-1.7	-0.2	177	部分恢复
291	坎皮纳斯	巴西	发展中	-2.2	0.0	195	恢复
292	鹿特丹-阿姆斯特丹	荷兰	发达	0.3	-1.2	287	没有恢复
293	大庆	中国	发展中	4.0	-2.8	111	部分恢复
294	锡拉丘兹	美国	发达	-1.2	-0.7	276	没有恢复
295	奈梅亨	荷兰	发达	0.0	-1.2	286	没有恢复
296	加拉加斯	委内瑞拉	发展中	-3.5	0.1	209	恢复
297	那不勒斯	意大利	发达	-0.7	-1.0	293	没有恢复

（续上表）

经济排名	城市	国家/地区	发展现状	人均GDP变化（%）	就业人数变化（%）	经济状况等级（2009—2014）	经济衰退状况
298	阿尔伯克基	美国	发达	-2.2	-0.6	285	没有恢复
299	阿德莱德	澳大利亚	发达	-1.2	-1.1	249	恢复
300	曼谷	泰国	发展中	-0.5	-1.7	259	部分恢复

表1-19 2013年人均GDP最高和最低的各20个城市

最高				最低			
排名	城市	区域	人均GDP（美元）	排名	城市	区域	人均GDP（美元）
1	苏黎世	西欧	82 410	281	昆明	亚太发展中	6 680
2	奥斯陆	西欧	82 040	282	徐州	亚太发展中	6 550
3	圣若泽	北美洲	77 440	283	石家庄	亚太发展中	6 540
4	哈特福德	北美洲	76 510	284	马尼拉	亚太发展中	6 160
5	日内瓦	西欧	74 580	285	麦德林	拉丁美洲	5 940
6	巴黎	西欧	70 760	286	温州	亚太发展中	5 630
7	波士顿	北美洲	70 390	287	重庆	亚太发展中	5 590
8	布里奇波特	北美洲	68 570	288	卡萨布兰卡	中东和非洲	5 400
9	华盛顿特区	北美洲	68 530	289	雅加达	亚太发展中	5 020
10	西雅图	北美洲	67 830	290	南宁	亚太发展中	4 860
11	澳门	亚太发达	67 780	291	汕头	亚太发展中	4 150
12	旧金山	北美洲	66 790	292	德里	亚太发展中	3 580
13	珀斯	亚太发达	65 500	293	胡志明市	亚太发展中	3 300
14	卡尔加里	北美洲	64 540	294	开罗	中东和非洲	2 980
15	纽约	北美洲	64 460	295	亚历山大	中东和非洲	2 680
16	波特兰	北美洲	64 370	296	孟买	亚太发展中	1 990
17	慕尼黑	西欧	64 180	297	金奈	亚太发展中	1 870
18	休斯敦	北美洲	63 730	298	海得拉巴	亚太发展中	1 430
19	都柏林	西欧	63 600	299	班加罗尔	亚太发展中	1 420
20	卢森堡特里尔	西欧	63 350	300	加尔各答	亚太发展中	1 110

资料来源：Brookings analysis of data from Oxford Economics, Moody's Analytics, and U. S. Census Bureau.

第三节 世界各国/地区GDP排名

2015年 IMF 成员 GDP 排名

在 2016 年 4 月 12 日，国际货币基金组织（IMF）公布了 2015 年世界各国/地区 GDP 排名。数据显示，2015 年 GDP 总量在 10 万亿美元以上的国家有 2 个，即美国和中国；GDP 在 10 万亿美元以下、2 万亿美元以上的经济体有 5 个；GDP 在 2 万亿美元以下、1 万亿美元以上的经济体有 8 个；5000亿～1万亿美元的经济体有 7 个；1000 亿～5000 亿美元的经济体有 40 个。见表 1-20。

表 1-20 2015 年 IMF 成员 GDP 排行榜

总量排名	国家/地区	GDP(亿美元)	增速排名	实际增速(%)	人均排名	人均GDP(美元)	PPP排名	GDP(PPP,亿国际元)	人均PPP排名	人均GDP(PPP,国际元)
1	美国	179,470.00	111	2.4	6	55,805	2	179,470.00	12	55,805
2	中国大陆	109,828.29	16	6.9	76	7,990	1	193,923.57	88	14,107
3	日本	41,232.58	162	0.5	26	32,486	4	48,300.65	30	38,054
4	德国	33,576.14	139	1.5	20	40,997	5	38,405.50	20	46,893
5	英国	28,493.45	116	2.2	14	43,771	9	26,793.25	28	41,159
6	法国	24,215.60	146	1.1	22	37,675	10	26,468.88	27	41,181
7	印度	20,907.06	9	7.3	144	1,617	3	79,651.62	126	6,162
8	意大利	18,157.57	158	0.8	27	29,867	12	21,709.09	35	35,708
9	巴西	17,725.89	180	-3.8	74	8,670	7	31,924.05	80	15,615
10	加拿大	15,523.86	143	1.2	17	43,332	15	16,319.43	24	45,553
11	韩国	13,768.68	104	2.6	31	27,195	13	18,485.18	32	36,511
12	俄罗斯	13,247.34	179	-3.7	69	9,055	6	37,176.17	52	25,411
13	澳大利亚	12,238.87	109	2.5	10	50,962	19	11,380.85	18	47,389
14	西班牙	11,997.15	83	3.2	32	25,865	16	16,150.74	36	34,819
15	墨西哥	11,443.34	106	2.5	70	9,009	11	22,271.76	71	17,534
16	印度尼西亚	8,589.53	37	4.8	119	3,362	8	28,422.47	103	11,126
17	荷兰	7,384.19	120	1.9	16	43,603	27	8,326.23	16	49,166
18	土耳其	7,336.42	63	3.8	66	9,437	17	15,887.93	64	20,438
19	瑞士	6,646.03	156	0.9	2	80,675	39	4,823.47	10	58,551
20	沙特阿拉伯	6,532.19	78	3.4	38	20,813	14	16,830.44	14	53,624
21	阿根廷	5,856.23	142	1.2	55	13,589	25	9,719.67	59	22,554
22	中国台湾省	5,235.81	159	0.7	37	22,288	21	10,990.30	21	46,783
23	瑞典	4,926.18	54	4.1	12	49,866	40	4,734.13	17	47,922
24	尼日利亚	4,902.07	100	2.7	130	2,743	22	10,917.00	127	6,108
25	波兰	4,748.93	68	3.6	58	12,495	24	10,054.49	47	26,455
26	比利时	4,546.87	140	1.4	21	40,107	38	4,941.21	26	43,585
27	泰国	3,952.88	96	2.8	92	5,742	20	11,081.11	79	16,097
28	挪威	3,894.82	132	1.6	4	74,822	48	3,562.09	7	68,430
29	伊朗	3,876.11	167	0.0	99	4,877	18	13,710.66	72	17,251
30	奥地利	3,741.24	155	0.9	15	43,724	46	4,042.93	19	47,250
31	阿拉伯联合酋长国	3,454.83	62	3.9	24	36,060	32	6,478.23	8	67,617
32	埃及	3,307.65	51	4.2	117	3,740	23	10,479.10	97	11,850
33	南非	3,129.57	141	1.3	94	5,695	30	7,235.18	92	13,165
34	中国香港特区	3,099.31	114	2.4	18	42,390	44	4,145.66	11	56,701

(续上表)

总量排名	国家/地区	GDP(亿美元)	增速排名	实际增速(%)	人均排名	人均GDP(美元)	PPP排名	GDP(PPP,亿国际元)	人均PPP排名	人均GDP(PPP,国际元)
35	马来西亚	2,962.19	34	5.0	65	9,557	28	8,156.46	49	26,315
36	以色列	2,960.73	105	2.6	25	35,343	56	2,819.39	37	33,656
37	丹麦	2,949.51	144	1.2	8	52,114	58	2,587.02	23	45,709
38	哥伦比亚	2,932.43	85	3.1	85	6,084	31	6,674.43	90	13,847
39	新加坡	2,927.34	119	2.0	7	52,888	41	4,718.77	4	85,253
40	菲律宾	2,919.65	26	5.8	127	2,858	29	7,410.31	122	7,254
41	巴基斯坦	2,699.71	49	4.2	146	1,450	26	9,309.51	136	5,000
42	智利	2,402.22	118	2.1	56	13,341	43	4,224.22	58	23,460
43	委内瑞拉	2,395.72	184	-5.7	77	7,745	37	5,157.45	73	16,673
44	爱尔兰	2,380.31	6	7.8	9	51,351	60	2,574.17	13	55,533
45	芬兰	2,296.71	164	0.4	19	41,974	61	2,249.99	29	41,120
46	孟加拉国	2,057.15	22	6.4	154	1,287	34	5,765.47	143	3,607
47	葡萄牙	1,990.77	137	1.5	40	19,122	52	2,897.91	46	27,835
48	希腊	1,953.20	173	-0.2	42	18,064	54	2,859.76	48	26,449
49	秘鲁	1,921.41	81	3.3	89	6,021	47	3,891.49	94	12,195
50	越南	1,914.54	17	6.7	135	2,088	35	5,522.98	129	6,024
51	卡塔尔	1,853.95	80	3.3	3	76,576	51	3,198.18	1	132,099
52	捷克	1,818.58	50	4.2	44	17,257	50	3,324.77	41	31,549
53	罗马尼亚	1,773.15	65	3.7	73	8,906	45	4,138.46	63	20,787
54	哈萨克斯坦	1,732.12	145	1.2	64	9,796	42	4,291.20	56	24,268
55	阿尔及利亚	1,722.78	64	3.7	104	4,318	33	5,786.51	87	14,504
56	新西兰	1,722.48	75	3.4	23	37,045	68	1,681.87	33	36,172
57	伊拉克	1,694.60	113	2.4	101	4,819	36	5,440.96	82	15,474
58	科威特	1,206.82	154	0.9	28	29,363	53	2,883.82	6	70,166
59	匈牙利	1,206.36	94	2.9	59	12,240	59	2,584.44	51	26,222
60	摩洛哥	1,031.42	43	4.5	122	3,079	57	2,735.33	117	8,164
61	安哥拉	1,029.79	91	3.0	106	4,100	64	1,844.38	121	7,344
62	波多黎各	1,015.70	177	-1.3	29	29,236	77	1,318.51	31	37,952
63	厄瓜多尔	988.28	169	0.0	86	6,071	65	1,833.58	102	11,264
64	乌克兰	905.24	186	-9.9	138	2,005	49	3,394.81	119	7,519
65	斯洛伐克	866.29	71	3.6	47	15,992	72	1,609.98	43	29,720
66	苏丹	836.12	72	3.5	133	2,175	70	1,669.57	140	4,344
67	斯里兰卡	820.95	32	5.2	115	3,889	55	2,230.24	106	10,566
68	多米尼克	674.92	12	7.0	82	6,756	73	1,496.92	84	14,984
69	缅甸	669.83	10	7.0	153	1,292	55	2,835.32	131	5,469
70	乌兹别克斯坦	656.83	5	8.0	134	2,121	63	1,879.47	128	6,068
71	危地马拉	639.11	58	4.0	113	3,929	79	1,258.62	118	7,738
72	埃塞俄比亚	616.29	1	10.2	172	687	71	1,616.34	171	1,801
73	肯尼亚	614.05	28	5.6	148	1,388	74	1,418.61	150	3,208
74	阿曼	584.91	53	4.1	50	15,233	66	1,713.63	25	44,628
75	卢森堡	574.23	40	4.5	1	101,994	104	557.30	2	98,987
76	白俄罗斯	546.09	181	-3.9	91	5,749	69	1,676.92	70	17,654
77	阿塞拜疆	540.48	147	1.1	93	5,739	67	1,694.45	69	17,993
78	乌拉圭	537.94	135	1.5	49	15,748	94	734.63	49	21,507
79	哥斯达黎加	528.98	66	3.7	63	10,936	92	748.88	81	15,482
80	巴拿马	521.32	27	5.8	57	13,013	85	871.96	60	21,765
81	黎巴嫩	511.68	152	1.0	62	11,237	86	830.57	68	18,240
82	保加利亚	489.57	92	3.0	81	6,832	76	1,368.55	66	19,097
83	克罗地亚	488.50	127	1.6	61	11,573	83	910.96	61	21,581

(续上表)

总量排名	国家/地区	GDP(亿美元)	增速排名	实际增速(%)	人均排名	人均GDP(美元)	PPP排名	GDP(PPP,亿国际元)	人均PPP排名	人均GDP(PPP,国际元)
84	中国澳门特区	461.78	188	-20.3	5	69,309	97	653.83	3	98,135
85	坦桑尼亚	449.04	13	7.0	162	942	75	1,384.61	155	2,904
86	突尼斯	435.81	157	0.8	114	3,923	78	1,269.68	99	11,428
87	斯洛文尼亚	427.68	95	2.9	39	20,732	99	639.64	42	31,007
88	立陶宛	412.67	129	1.6	53	14,210	88	823.55	45	28,359
89	刚果(金)	388.73	7	7.7	181	476	100	628.73	188	770
90	利比亚	383.00	185	-6.4	87	6,059	82	926.08	86	14,650
91	约旦	376.20	108	2.5	95	5,513	87	827.25	96	12,123
92	也门	368.52	190	-28.1	152	1,303	91	755.35	157	2,671
93	塞尔维亚	365.13	160	0.7	97	5,120	81	975.02	91	13,671
94	加纳	360.39	73	3.5	150	1,340	80	1,147.01	141	4,266
95	土库曼斯坦	356.80	20	6.5	83	6,622	84	886.00	75	16,445
96	玻利维亚	332.10	35	4.8	126	2,886	93	743.91	125	6,465
97	科特迪瓦	311.72	4	8.6	151	1,315	90	786.21	147	3,316
98	巴林	304.11	84	3.2	34	23,510	98	647.99	15	50,095
99	喀麦隆	284.78	25	5.9	156	1,232	95	726.44	152	3,144
100	巴拉圭	280.77	88	3.0	109	4,010	103	609.77	111	8,708
101	拉脱维亚	270.48	99	2.7	54	13,619	107	490.81	55	24,712
102	萨尔瓦多	257.66	112	2.4	108	4,040	106	529.47	115	8,303
103	乌干达	247.40	33	5.0	174	620	89	798.84	166	2,003
104	特立尼达和多巴哥	245.53	178	-1.8	41	18,086	108	443.06	39	32,635
105	爱沙尼亚	227.04	149	1.1	43	17,288	111	375.49	44	28,592
106	赞比亚	218.89	69	3.6	149	1,350	101	627.09	142	3,868
107	尼泊尔	213.56	77	3.4	168	751	96	700.91	161	2,465
108	洪都拉斯	202.95	70	3.6	131	2,407	109	410.57	138	4,869
109	塞浦路斯	193.30	130	1.6	36	22,587	129	280.58	38	32,785
110	阿富汗	192.04	138	1.5	176	600	102	623.18	169	1,947
111	柬埔寨	181.55	15	6.9	157	1,168	105	542.05	144	3,487
112	冰岛	167.18	61	4.0	11	50,855	148	151.54	22	46,097
113	巴布亚新几内亚	160.90	3	9.0	136	2,085	138	204.67	158	2,652
114	波斯尼亚和黑塞哥维那	157.94	97	2.8	107	4,088	110	405.32	107	10,492
115	莫桑比克	149.65	23	6.3	180	535	121	331.87	183	1,186
116	加蓬	143.50	56	4.0	78	7,736	119	345.75	67	18,639
117	津巴布韦	142.69	134	1.5	159	1,064	128	281.02	165	2,096
118	格鲁吉亚	140.07	98	2.8	116	3,789	116	356.04	108	9,630
119	牙买加	139.24	148	1.1	98	4,948	133	246.47	110	8,759
120	塞内加尔	136.65	21	6.5	164	913	113	366.87	162	2,451
121	马里	130.66	24	6.1	166	802	115	358.32	163	2,199
122	博茨瓦纳	128.60	174	-0.3	88	6,041	118	348.44	76	16,368
123	纳米比亚	128.32	42	4.5	90	5,777	131	253.41	100	11,408
124	老挝	125.03	11	7.0	143	1,779	112	373.22	112	5,309
125	尼加拉瓜	122.22	41	4.5	140	1,949	123	313.33	137	4,997
126	文莱	117.86	172	-0.2	30	28,237	120	332.19	5	79,587
127	蒙古	117.35	115	2.3	112	3,952	114	360.68	95	12,147
128	毛里求斯	116.08	76	3.4	68	9,218	134	245.66	65	19,509
129	阿尔巴尼亚	115.43	102	2.6	110	3,995	122	326.50	101	11,301
130	布基纳法索	110.09	57	4.0	175	615	124	308.78	174	1,724
131	乍得	108.94	124	1.8	161	942	125	304.68	159	2,634
132	亚美尼亚	105.71	89	3.0	118	3,535	132	253.23	112	8,468
133	马其顿	99.22	67	3.7	102	4,787	127	290.37	89	14,009

（续上表）

总量排名	国家/地区	GDP(亿美元)	增速排名	实际增速(%)	人均排名	人均GDP(美元)	PPP排名	GDP(PPP,亿国际元)	人均PPP排名	人均GDP(PPP,国际元)
134	马耳他	98.01	29	5.4	35	22,829	147	153.82	34	35,826
135	马达加斯加	97.37	86	3.0	185	402	117	354.37	180	1,462
136	赤道几内亚	94.03	187	-12.2	60	11,762	130	253.86	40	31,758
137	刚果(布)	88.78	107	2.5	137	2,032	126	293.62	123	6,722
138	巴哈马	87.05	161	0.5	33	23,903	154	91.66	53	25,167
139	海地	86.18	151	1.0	165	805	143	187.45	173	1,750
140	贝宁	84.71	31	5.2	167	780	137	229.48	164	2,113
141	卢旺达	82.67	14	6.9	170	732	139	204.22	170	1,807
142	塔吉克斯坦	78.16	90	3.0	163	922	136	233.06	156	2,749
143	尼日尔	71.51	59	4.0	184	405	142	190.53	185	1,080
144	几内亚	66.96	165	0.1	179	542	149	149.82	182	1,214
145	吉尔吉斯	66.50	74	3.5	158	1,113	141	200.95	146	3,363
146	马拉维	64.16	93	3.0	186	354	140	203.59	184	1,124
147	摩尔多瓦	64.14	176	-1.1	141	1,805	144	177.93	135	5,006
148	科索沃	63.55	79	3.3			145	173.91		
149	苏里南	51.92	166	0.1	67	9,306	155	90.90	77	16,292
150	斐济	47.82	47	4.3	96	5,374	157	80.48	109	9,044
151	毛里塔尼亚	47.52	122	1.9	155	1,282	146	162.89	139	4,395
152	厄立特里亚	46.66	38	4.8	171	695	156	87.13	181	1,297
153	巴巴多斯	44.12	163	0.5	48	15,774	164	46.36	74	16,575
154	塞拉利昂	41.67	189	-21.5	173	659	153	99.66	176	1,577
155	多哥	41.65	30	5.3	178	569	150	108.49	179	1,483
156	黑山	40.39	55	4.1	84	6,489	152	100.35	78	16,123
157	斯威士兰	40.28	126	1.7	121	3,140	151	108.45	113	8,453
158	圭亚那	31.64	87	3.0	105	4,125	162	57.59	120	7,509
159	马尔代夫	31.30	121	1.9	71	9,000	163	51.91	85	14,923
160	布隆迪	28.81	182	-4.1	188	306	158	77.11	187	818
161	南苏丹	26.27	171	-0.2	189	221	135	236.91	167	1,992
162	东帝汶	26.20	48	4.3	132	2,244	159	65.70	130	5,628
163	不丹	22.14	8	7.7	129	2,843	160	63.85	116	8,201
164	利比里亚	20.35	168	0.0	182	474	165	37.49	186	873
165	莱索托	20.32	110	2.5	160	1,052	161	57.70	153	2,987
166	伯利兹	17.63	136	1.5	100	4,842	169	30.49	114	8,373
167	吉布提	17.27	19	6.5	142	1,788	168	30.94	151	3,204
168	中非	16.05	46	4.3	187	335	170	30.18	189	630
169	佛得角	15.95	123	1.8	124	3,039	166	34.23	124	6,522
170	圣马力诺	15.66	153	1.0	13	49,847	175	19.82	9	63,104
171	圣卢西亚	14.16	131	1.6	75	8,192	174	20.30	98	11,739
172	塞舌尔	13.75	45	4.4	51	14,941	172	24.17	50	26,277
173	安提瓜和巴布达	12.87	117	2.2	52	14,414	173	20.97	57	23,476
174	所罗门群岛	11.47	82	3.3	139	1,952	180	11.46	168	1,950
175	几内亚比绍	10.57	36	4.8	177	595	171	26.80	178	1,508
176	格林纳达	9.54	39	4.6	72	8,937	176	14.01	93	13,128
177	圣基茨和尼维斯	8.96	18	6.6	45	16,110	177	13.79	54	24,808
178	冈比亚	8.93	44	4.4	183	451	167	32.61	183	1,646
179	萨摩亚	8.38	125	1.7	103	4,334	181	10.00	133	5,174
180	瓦努阿图	7.65	175	-0.8	128	2,847	183	6.85	160	2,550
181	圣文森特和格林纳丁斯	7.57	128	1.6	80	6,882	179	12.05	104	10,956
182	科摩罗	5.89	150	1.0	169	736	178	12.14	177	1,519
183	多米尼加	4.97	183	-4.3	79	7,030	182	7.63	105	10,788

(续上表)

总量排名	国家/地区	GDP(亿美元)	增速排名	实际增速(%)	人均排名	人均GDP(美元)	PPP排名	GDP(PPP,亿国际元)	人均PPP排名	人均GDP(PPP,国际元)
184	汤加	4.14	103	2.6	111	3,973	185	5.26	134	5,045
185	圣多美和普林西比	3.18	60	4.0	145	1,569	184	6.58	148	3,244
186	密克罗尼西亚	3.18	170	-0.2	123	3,073	186	3.06	154	2,955
187	帕劳	2.87	2	9.4	46	16,070	187	2.72	83	15,182
188	马绍尔群岛	1.83	133	1.6	120	3,356	189	1.75	149	3,211
189	基里巴斯	1.62	52	4.2	147	1,428	188	2.03	172	1,787
190	图瓦卢	0.33	101	2.6	125	3,015	190	0.37	145	3,393
	叙利亚									

资料来源：《2015年IMF成员GDP排行榜》，IMF2016年4月12日。

2014年IMF成员GDP排名

国际货币基金组织公布了2014年世界各国/地区GDP排名。数据显示，2014年全球GDP总量77.3万亿美元，较上年增加3.3万亿美元。美国2014年GDP为17.419万亿美元，位居第一；中国GDP为10.380万亿美元，位居第二；日本GDP为4.616万亿美元，位居第三。排名第四到第十的国家分别德国、英国、法国、巴西、意大利、印度和俄罗斯。见表1-21。

表1-21 2014年IMF成员GDP排名（IMF）

排名	经济体	GDP（百万美元）	排名	经济体	GDP（百万美元）
	世界	77 301 958		欧盟	18 495 349
1	美国	17 418 925	95	科特迪瓦	33 956
2	中国	10 380 380	96	巴林	33 862
3	日本	4 616 335	97	拉脱维亚	31 970
4	德国	3 859 547	98	喀麦隆	31 669
5	英国	2 945 146	99	巴拉圭	29 704
6	法国	2 846 889	100	特立尼达和多巴哥	28 788
7	巴西	2 353 025	101	乌干达	27 616
8	意大利	2 147 952	102	赞比亚	26 758
9	印度	2 049 501	103	爱沙尼亚	25 953
10	俄罗斯	1 857 461	104	萨尔瓦多	25 329
11	加拿大	1 788 717	105	塞浦路斯	23 269
12	澳大利亚	1 444 189	106	阿富汗	20 312
13	韩国	1 416 949	107	尼泊尔	19 637
14	西班牙	1 406 855	108	洪都拉斯	19 511
15	墨西哥	1 282 725	109	波斯尼亚	17 977
16	印度尼西亚	888 648	110	加蓬	17 182

（续上表）

排名	经济体	GDP（百万美元）	排名	经济体	GDP（百万美元）
17	荷兰	866 354	111	冰岛	16 693
18	土耳其	806 108	112	莫桑比克	16 684
19	沙特阿拉伯	752 459	113	柬埔寨	16 551
20	瑞士	712 050	114	格鲁吉亚	16 535
21	尼日利亚	573 652	115	巴布亚新几内亚	16 060
22	瑞典	570 137	116	博茨瓦纳	15 789
23	波兰	546 644	117	塞内加尔	15 584
24	阿根廷	540 164	118	文莱	15 102
25	比利时	534 672	119	赤道几内亚	14 308
26	中国台湾省	529 550	120	乍得	13 947
27	挪威	500 244	121	牙买加	13 787
28	奥地利	437 123	122	津巴布韦	13 672
29	伊朗	404 132	123	刚果共和国	13 502
30	阿联酋	401 647	124	纳米比亚	13 353
31	哥伦比亚	384 901	125	阿尔巴尼亚	13 262
32	泰国	373 804	126	毛里求斯	13 240
33	南非	350 082	127	南苏丹	12 833
34	丹麦	340 806	128	布基纳法索	12 503
35	马来西亚	326 933	129	蒙古国	11 981
36	新加坡	308 051	130	马里	11 915
37	以色列	303 771	131	尼加拉瓜	11 707
38	中国香港特区	289 628	132	老挝	11 676
39	埃及	286 435	133	马其顿	11 342
40	菲律宾	284 927	134	马达加斯加	10 595
41	芬兰	271 165	135	马耳他	10 582
42	智利	257 968	136	亚美尼亚	10 279
43	巴基斯坦	250 136	137	塔吉克斯坦	9 242
44	爱尔兰	246 438	138	海地	8 711
45	希腊	238 023	139	贝宁	8 701
46	葡萄牙	230 012	140	巴哈马	8 657
47	伊拉克	221 130	141	尼日尔	8 025
48	阿尔及利亚	214 080	142	卢旺达	8 012

（续上表）

排名	经济体	GDP（百万美元）	排名	经济体	GDP（百万美元）
49	哈萨克斯坦	212 260	143	摩尔多瓦	7 944
50	卡塔尔	210 002	144	吉尔吉斯斯坦	7 402
51	委内瑞拉	205 787	145	科索沃	7 318
52	捷克	205 658	146	几内亚	6 529
53	秘鲁	202 948	147	苏里南	5 297
54	罗马尼亚	199 950	148	毛里塔尼亚	5 079
55	新西兰	198 118	149	塞拉利昂	5 033
56	越南	186 049	150	多哥	4 604
57	孟加拉国	185 415	151	东帝汶	4 478
58	科威特	172 350	152	黑山	4 462
59	匈牙利	137 104	153	巴巴多斯	4 348
60	乌克兰	130 660	154	马拉维	4 263
61	安哥拉	128 564	155	斐济	4 212
62	摩洛哥	109 201	156	厄立特里亚	3 858
63	厄瓜多尔	100 755	157	斯威士兰	3 676
64	斯洛伐克	99 971	158	布隆迪	3 094
65	阿曼	77 755	159	圭亚那	2 997
66	白俄罗斯	76 139	160	马尔代夫	2 854
67	斯里兰卡	74 588	161	莱索托	2 159
68	阿塞拜疆	74 145	162	不丹	2 092
69	苏丹	73 816	163	利比里亚	2 028
70	多米尼加	64 077	164	佛得角	1 899
71	缅甸	62 802	165	中非共和国	1 786
72	乌兹别克斯坦	62 619	166	圣马力诺	1 786
73	卢森堡	62 395	167	伯利兹	1 693
74	肯尼亚	60 770	168	吉布提	1 589
75	危地马拉	60 422	169	塞舌尔	1 420
76	克罗地亚	57 159	170	圣卢西亚	1 356
77	保加利亚	55 837	171	安提瓜和巴布达	1 242
78	乌拉圭	55 143	172	所罗门群岛	1 155
79	埃塞俄比亚	52 335	173	几内亚比绍	1 024
80	黎巴嫩	49 919	174	格林纳达	862

(续上表)

排名	经济体	GDP（百万美元）	排名	经济体	GDP（百万美元）
81	斯洛文尼亚	49 506	175	圣基茨和尼维斯	841
82	突尼斯	48 553	176	萨摩亚	826
83	立陶宛	48 232	177	冈比亚	825
84	哥斯达黎加	48 144	178	瓦努阿图	812
85	坦桑尼亚	47 932	179	圣文森特和格林纳丁斯	736
86	土库曼斯坦	47 932	180	科摩罗	717
87	塞尔维亚	43 866	181	多米尼克	526
88	巴拿马	43 784	182	汤加	454
89	也门	43 229	183	圣多美和普林西比	341
90	利比亚	41 148	184	密克罗尼西亚联邦	315
91	加纳	38 648	185	帕劳	269
92	约旦	35 765	186	马绍尔群岛	193
93	刚果民主共和国	34 677	187	基里巴斯	181
94	玻利维亚	34 425	188	图瓦卢	38

资料来源：国际货币基金组织。

第四节 世界各国/地区人均GDP

2015年世界各经济体人均GDP排名

据国际货币基金会统计，2015年，人均GDP在中国以上的IMF成员经济体有75个，合计GDP总量为531687.46亿美元，占IMF全部成员经济体GDP（731709.85亿美元）比重的72.7%；合计总人口为18.67亿人，占全部成员经济体总人口（72.17亿人）的25.9%。

2015年，人均GDP在中国以下的IMF成员经济体共有114个（不包括无数据的叙利亚），GDP总量仅有90194.10亿美元，占全部成员经济体GDP总量的比重仅为12.3%；合计总人口为39.75亿人，占全部成员经济体总人口的55.1%。按国际汇率计算的人均美元GDP，中国较2014年上升4位；按购买力平价计算的人均GDP，中国较2014年上升2位。关于2015年IMF成员人均GDP排行，详见表1-19。

2014年世界各经济体人均GDP排名

国际货币基金组织公布了2014年世界各经济体人均GDP排名。数据中显示，卢森堡以111716美元继续排名第一，挪威排名第二，卡塔尔排名第三，瑞士、澳大利亚、丹麦、瑞典、圣马力诺、新加坡、美国分列第四~十位，中国香港以39871美元排第24名，中国台湾省以22597美元排名第37位。见表1-22。

表1-22 2014年世界各经济体人均GDP排名

排名	经济体	人均GDP（现价美元）	排名	经济体	人均GDP（现价美元）
—	世界平均水准	10 876	—	欧盟	36 268
1	卢森堡	111 716	96	泰国	5 444
2	挪威	97 013	97	约旦	5 357
3	卡塔尔	93 965	98	安哥拉	5 272
4	瑞士	87 475	99	伊朗	5 183
5	澳大利亚	61 219	100	牙买加	4 925
6	丹麦	60 563	101	阿尔巴尼亚	4 781
7	瑞典	58 491	102	斐济	4 756
8	圣马力诺	56 820	103	伯利兹	4 744
9	新加坡	56 319	104	波斯尼亚	4 643
10	美国	54 596	105	汤加	4 428
11	爱尔兰	53 461	106	突尼斯	4 414
12	荷兰	51 372	107	萨摩亚	4 307
13	奥地利	51 306	108	巴拉圭	4 304
14	冰岛	51 261	109	蒙古国	4 095
15	加拿大	50 397	110	萨尔瓦多	3 987
16	芬兰	49 496	111	危地马拉	3 807
17	比利时	47 721	112	圭亚那	3 747
18	德国	47 589	113	格鲁吉亚	3 699
19	英国	45 653	114	佛得角	3 663
20	法国	44 538	115	东帝汶	3 637
21	新西兰	43 837	116	斯里兰卡	3 557
22	阿联酋	43 179	117	马绍尔群岛	3 539
23	科威特	43 103	118	印度尼西亚	3 533
24	中国香港特区	39 871	119	图瓦卢	3 483
25	以色列	36 990	120	斯威士兰	3 324
26	文莱	36 606	121	埃及	3 304
27	日本	36 331	122	尼日利亚	3 298
28	意大利	35 823	123	摩洛哥	3 291
29	西班牙	30 278	124	刚果共和国	3 158
30	巴林	28 271	125	亚美尼亚	3 121
31	韩国	28 100	126	瓦努阿图	3 091

(续上表)

排名	经济体	人均GDP（现价美元）	排名	经济体	人均GDP（现价美元）
32	塞浦路斯	26 115	127	玻利维亚	3 061
33	马耳他	24 876	128	乌克兰	3 054
34	沙特阿拉伯	24 454	129	密克罗尼西亚	3 041
35	巴哈马	24 034	130	菲律宾	2 865
36	斯洛文尼亚	24 019	131	不丹	2 729
37	中国台湾省	22 597	132	洪都拉斯	2 360
38	葡萄牙	22 130	133	摩尔多瓦	2 232
39	希腊	21 653	134	巴布亚新几内亚	2 132
40	特立尼达和多巴哥	21 310	135	越南	2 052
41	阿曼	19 001	136	乌兹别克斯坦	2 046
42	赤道几内亚	18 389	137	所罗门群岛	2 009
43	爱沙尼亚	19 670	138	苏丹	1 979
44	捷克	19 563	139	尼加拉瓜	1 881
45	斯洛伐克	18 454	140	赞比亚	1 781
46	立陶宛	16 385	141	圣多美和普林西比	1 725
47	乌拉圭	16 198	142	老挝	1 692
48	拉脱维亚	15 782	143	吉布提	1 691
49	巴巴多斯	15 578	144	基里巴斯	1 646
50	帕劳	15 209	145	印度	1 626
51	塞舌尔	15 115	146	也门	1 574
52	智利	14 477	147	科特迪瓦	1 494
53	波兰	14 378	148	加纳	1 474
54	圣基茨和尼维斯	14 101	149	肯尼亚	1 415
55	安提瓜和巴布达	14 060	150	喀麦隆	1 404
56	匈牙利	13 881	151	毛里塔尼亚	1 402
57	克罗地亚	13 493	152	巴基斯坦	1 342
58	俄罗斯	12 925	153	吉尔吉斯斯坦	1 298
59	阿根廷	12 873	154	乍得	1 236
60	哈萨克斯坦	12 183	155	缅甸	1 221
61	巴西	11 604	156	孟加拉国	1 171
62	巴拿马	11 147	157	莱索托	1 130
63	黎巴嫩	11 067	158	南苏丹	1 127

(续上表)

排名	经济体	人均GDP（现价美元）	排名	经济体	人均GDP（现价美元）
64	加蓬	10 836	159	塔吉克斯坦	1 113
65	马来西亚	10 803	160	柬埔寨	1 080
66	墨西哥	10 714	161	塞内加尔	1 071
67	毛里求斯	10 516	162	津巴布韦	1 031
68	土耳其	10 482	163	坦桑尼亚	1 005
69	哥斯达黎加	10 083	164	科摩罗	923
70	罗马尼亚	10 034	165	海地	832
71	苏里南	9 583	166	贝宁	821
72	马尔代夫	8 341	167	塞拉利昂	807
73	土库曼斯坦	8 270	168	马里	754
74	格林纳达	8 124	169	乌干达	725
75	哥伦比亚	8 075	170	卢旺达	722
76	白俄罗斯	8 041	171	布基纳法索	717
77	圣卢西亚	7 978	172	尼泊尔	698
78	阿塞拜疆	7 901	173	多哥	657
79	保加利亚	7 752	174	阿富汗	649
80	中国	7 589	175	莫桑比克	629
81	博茨瓦纳	7 504	176	厄立特里亚	590
82	多米尼克	7 436	177	几内亚比绍	589
83	黑山	7 149	178	埃塞俄比亚	575
84	委内瑞拉	6 756	179	几内亚	572
85	圣文森特和格林纳丁斯	6 694	180	利比里亚	484
86	利比亚	6 623	181	尼日尔	468
87	南非	6 482	182	马达加斯加	449
88	秘鲁	6 458	183	刚果民主共和国	437
89	厄瓜多尔	6 286	184	冈比亚	428
90	伊拉克	6 164	185	中非共和国	379
91	塞尔维亚	6 123	186	布隆迪	336
92	纳米比亚	6 095	187	马拉维	242
93	多米尼加	6 044	188	科索沃	n/a
94	阿尔及利亚	5 531	189	叙利亚	n/a
95	马其顿共和国	5 481			

资料来源：国际货币基金组织。

第五节 世界各国/地区税收排名及2015全球城市实力指数

一、全球主要国家/地区税率（2016年）

表1-23　全球主要国家/地区税率（2016年）

国家/地区	所得税（%）		社会保障（%）		增值税（%）
	企业	个人	雇主	雇员	
阿根廷	35	9～35	27	17	21
澳大利亚	30	17～45			10GST
奥地利	25	21～50	21.83	18.20	20
巴巴多斯	25	20/35			17.50
白俄罗斯	18	12	34	1	20
比利时	33.99	25～50	40.58	13.07	21
巴西	34	7.5～27.5	37.30	11	17～25
保加利亚	10	10	18.50	12.90	20
英属维尔京群岛					
加拿大	15（federal）	15～33（federal）			5（gst）
中国	25	3～45	30	11	17
克罗地亚	20	12～40	15.20	20	25
塞浦路斯	12.5	0～35	8.50	6.80	19
捷克	19	22	34	11	21
丹麦	23.50	38～65	0	DKK 900	25
埃及	25	10～25			10gst
爱沙尼亚	20	20	33	1.60	20
芬兰	20	6.5～31.75	19.47	9.14	24
法国	33.33	5.5～41	50	20	20
格鲁吉亚	15	20			18
德国	30～33（effective）	14～45	19.70	20.60	19
直布罗陀	10	0～40	Gip 32.97/week	Gip 25.16/week	
希腊	26	0～42	28	16.50	23
中国香港特别行政区	16.50	2～17	5	5	
匈牙利	10/19	16	28.50	18.50	27
印度	30～40	10～30	12	12	5～15
印度尼西亚	25	5～30	3.70	2	10

（续上表）

国家/地区	所得税（%）		社会保障（%）		增值税（%）
	企业	个人	雇主	雇员	
爱尔兰	12.50	20～41	10.75	4	23
以色列	25	10～50	7.25	12	17
意大利	27.50	23～43	30	10	22
日本	25.50	5～50	15.45	14.64	8
拉脱维亚	15	23	23.59	10.50	21
利比亚	20	15	11.25	3.75	
立陶宛	15	15/20	32.60	9	21
卢森堡	21	0～40	14.69	13.45	17
马耳他	35	15～35	10	10	18
墨西哥	30	0～30	7	2	16
摩尔多瓦	12	7/18	26.50	9.50	20
摩纳哥	30	0			19.60
摩洛哥	30	0～41.5			20
黑山	9	9/15	9.80	24	19
荷兰	20～25	5.85～52			21
新西兰	28	0～39			15gst
挪威	27	28～49	14.10	7.80	25
巴基斯坦	35	0～25			17
巴拿马	25	15～25	12	9	7
菲律宾	30	5～32	PHP 1 090	PHP 500	12
波兰	19	18/32	22.14	13.70	23
葡萄牙	21	14.5～48	23.75	11	23
罗马尼亚	16	16	28.45	16.50	24
俄罗斯	20	13	30	0	18
沙特阿拉伯	20	20			—
塞尔维亚	15	10～20	19.90	19.90	20
新加坡	17	3.5～20	16	20	7（gst）
斯洛伐克	22	19/25	34.80	13.40	20
斯洛文尼亚	17	16～50	16.10	22.10	22
南非	28	0～40			14
西班牙	28	24.75～52	29.90	6.35	21
瑞典	22	0～57			25
瑞士	12.5～24	0～11.5（federal）	25.08	20.73	8
泰国	20	5～37	5	5	7

（续上表）

国家/地区	所得税（%）		社会保障（%）		增值税（%）
	企业	个人	雇主	雇员	
突尼斯	30	15～35	16.57	9.18	18
土耳其	20	15～35	27	15	18
英国	20	0～45	13.80	12	20
乌克兰	18	15/17	49.70	3.60	17
美国	15～35	0～39.6	7.65	5.65	
越南	22	5～35	21	9	10
赞比亚	35	0～35			16

注：数据更新至2016年2月20日。
（1）在不同的国家中，增值税是以不同的税率收取的，表中的税率是最高的。
（2）表中的税率不包括地方税（如果存在）。
（3）社会保障税率最高。与所得税不同的是，社会保障税一般是针对收入最高的。
资料来源：http://www.worldwide-tax.com

二、2015年全球城市实力指数

隶属于日本森纪念财团（Mori Memorial Foundation）、由森大厦（Mori Building）株式会社创立的城市战略研究所（Institute for Urban Strategies）发布了2015年《全球城市实力指数报告》（*Global Power City Index*，*GPCI*），对全球40座大城市进行排名（如图1-5所示），排名标准为这些城市的"磁力"，即吸引世界各地具有创造力的个人和企业，并调动其智慧和资产来促进经济和社会发展。与2014年一样，伦敦、纽约、巴黎和东京位居前四，而洛杉矶、旧金山和波士顿则进步明显。

伦敦自举办2012年奥运会和残奥会以来，每年都位居榜首，2015年在除了"宜居"和"环境"之外，其余类别均位居前三。长期注重再开发的伦敦，继续落实开发项目，包括建设伊丽莎白女王奥林匹克公园和Crossrail铁路等后奥运项目。

作为一座拥有众多世界顶尖大学与最多剧院和音乐厅的城市，纽约连续4年位居第二，仅次于伦敦。

巴黎在"宜居"和"方便度"方面拔得头筹，这在很大程度上是因为其紧凑的市中心遍布文化、历史和传统场所，对游客和市民来说非常方便。巴黎自2008年以来一直位居第三位。

东京的"文化互动"得到加强，外国游客和交换生迅速增加即体现了这一点。东京自2008年以来一直位居第四位。

洛杉矶、旧金山和波士顿的排名显著提高，这主要是由于这些城市的经济从2008年的金融危机中持续复苏，它们的"宜居"程度随之提高。

越来越多的客运和货运国际航班提高了新加坡的"方便度"，缩小了新加坡与东京的差距。与过去几年一样，北京和上海的排名在下降，而香港在"宜居"方面的分数则显著提高，总体排名前移。

日内瓦、法兰克福、斯德哥尔摩、苏黎世和维也纳由于高度先进的环保政策而在"环境"方面位居前五。在其他城市中，温哥华的"环境"排名取得巨大进步，从第23名升至第七名。

森纪念财团的执行董事Hiroo Ichikawa博士指出："如今，世界上过半人口居住在城市。由于人员、货物、资金和信息的涌入，城市已经成为全球创新和引领潮流的枢纽，从而形成进一步加快涌入的新能量。《全球城市实力指数报告》是为数不多的全面评价顶级城市的报告之一，为决策者和开发商提供敏锐洞见，帮助其把握世界主要城市的优势、劣势和尚未挖掘的潜力。"

哥伦比亚大学实习教授Vishaan Chakrabarti表示："2015年《全球城市实力指数报告》提供了宝贵的洞见，不仅有助于了解全球城市的竞争力排名，还有助于了解影响今年排名显著变化的因素。该报告传递的信息很清楚：为了竞逐流动性越来越强的人力资本，全球城市必须通过伟大的设计、高效的基础设施、清洁的环境和多元的繁荣文化来提高其为居民和企业提供的生活质量。"

该城市战略研究所自2008年以来每年均发表《全球城市实力指数报告》，通过经济、研发、文化互动、宜居、环境和方便度这6个方面的70个指标来分析竞争日益激烈的全球城市的优势和劣势。这些排名还反映了全球管理者、研究人员、艺术家、游客和居民的观点。全球许多机构高度重视这份指数报告，世界各地的决策者将该指数用作城市发展和品牌推广的参考数据。

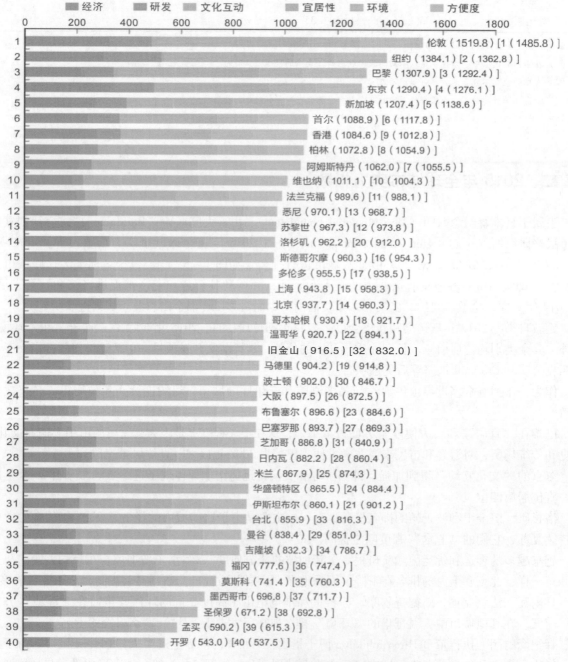

注：在[ ]里面的数字是2014年GPCI的排名与分数

图1-5　2015年全球实力指数排名前40位的城市

表1-24 对2015年全球前40位城市的综合指数进行了排名。

表1-24 2015年全球前40位城市的综合指数排名

排名	经济		研发		文化互动		宜居性		环境		方便度	
1	东京	326.7	纽约	221.2	伦敦	333.4	巴黎	323.8	日内瓦	208.1	巴黎	236.9
2	伦敦	323.6	东京	167.8	纽约	263.5	柏林	310.1	法兰克福	205.5	伦敦	234
3	纽约	302.2	伦敦	161.9	巴黎	236.0	温哥华	302.3	斯德哥尔摩	205.0	阿姆斯特丹	207
4	北京	300.8	洛杉矶	145.0	新加坡	180.3	维也纳	297.8	苏黎世	200.9	新加坡	206.7
5	香港	277.6	巴黎	124.2	东京	164.5	巴塞罗那	296.1	维也纳	198.3	香港	205
6	新加坡	274.5	首尔	122.7	北京	153.9	日内瓦	294.1	新加坡	197.5	法兰克福	201.9
7	苏黎世	247.3	波士顿	122.3	柏林	151.5	多伦多	292.2	温哥华	196.6	上海	195.2
8	首尔	243.2	新加坡	116.1	悉尼	147.9	苏黎世	292.1	伦敦	194.2	纽约	194.2
9	上海	239.6	旧金山	109.6	维也纳	147.4	阿姆斯特丹	290.8	柏林	191.9	首尔	189.5
10	斯德哥尔摩	227.7	芝加哥	104.4	洛杉矶	144.0	马德里	289.4	哥本哈根	191.6	伊斯坦布尔	171.3
11	日内瓦	225.0	香港	91.1	伊斯坦布尔	141.2	哥本哈根	286.9	阿姆斯特丹	186.6	东京	169.9
12	哥本哈根	221.3	大阪	88.4	布鲁塞尔	128.3	米兰	284.9	华盛顿哥伦比亚特区	185.7	吉隆坡	153.4
13	巴黎	217.5	柏林	72.3	巴塞罗那	125.9	斯德哥尔摩	283.5	东京	178.8	布鲁塞尔	149.4
14	悉尼	214.5	悉尼	67.9	首尔	124.9	法兰克福	283.0	马德里	177.0	巴塞罗那	147.9
15	华盛顿哥伦比亚特区	211.3	华盛顿哥伦比亚特区	67.6	阿姆斯特丹	119.0	东京	282.8	悉尼	176.9	米兰	147.3
16	阿姆斯特丹	210.3	上海	62.8	上海	113.2	大阪	280.8	米兰	172.2	马德里	145.9
17	柏林	210.2	多伦多	61.9	墨西哥城	113.2	台北	278.4	旧金山	170.3	台北	145.8
18	多伦多	207.1	北京	55.1	马德里	111.6	福冈	276.6	巴黎	169.5	曼谷	143.5
19	温哥华	204.4	台北	55.1	曼谷	109.7	伦敦	272.7	多伦多	168.2	莫斯科	143.3
20	旧金山	203.4	苏黎世	53.3	莫斯科	109.0	布鲁塞尔	265.8	洛杉矶	167.9	维也纳	141.7
21	法兰克福	201.6	伊斯坦布尔	52.4	芝加哥	105.6	香港	256.9	圣保罗	165.9	多伦多	137.5
22	台北	195.1	莫斯科	52.1	米兰	98.0	上海	254.4	福冈	164.2	柏林	136.8
23	大阪	192.7	斯德哥尔摩	50.9	华盛顿哥伦比亚特区	94.9	纽约	250.8	波士顿	161.9	芝加哥	136
24	吉隆坡	191.8	阿姆斯特丹	48.4	香港	93.5	首尔	250.4	香港	160.5	哥本哈根	135
25	波士顿	190.9	维也纳	43.0	旧金山	92.0	吉隆坡	247.8	首尔	158.2	波士顿	127.7
26	维也纳	182.9	福冈	39.7	多伦多	88.7	曼谷	244.6	台北	156.1	悉尼	124.1
27	洛杉矶	181.6	温哥华	39.2	斯德哥尔摩	76.6	孟买	242.6	纽约	152.3	北京	122.1
28	芝加哥	175.9	日内瓦	37.5	大阪	73.6	悉尼	238.7	吉隆坡	143.9	苏黎世	121.9

（续上表）

排名	经济		研发		文化互动		宜居性		环境		方便度	
29	布鲁塞尔	173.2	吉隆坡	37.1	波士顿	72.9	芝加哥	237.5	布鲁塞尔	143.2	大阪	121.7
30	福冈	169.2	布鲁塞尔	36.7	哥本哈根	67.3	北京	236.1	大阪	140.2	斯德哥尔摩	116.6
31	曼谷	169.1	巴塞罗那	36.1	法兰克福	66.3	新加坡	232.3	巴塞罗那	138.5	温哥华	114.8
32	伊斯坦布尔	162.6	曼谷	33.1	温哥华	63.4	旧金山	231.6	曼谷	138.4	旧金山	109.6
33	墨西哥城	156.5	法兰克福	31.3	圣保罗	63.4	波士顿	226.2	芝加哥	127.3	墨西哥城	107.3
34	马德里	153.2	哥本哈根	28.3	吉隆坡	58.3	洛杉矶	225.1	伊斯坦布尔	115.8	开罗	103.8
35	莫斯科	152.3	马德里	27.1	苏黎世	51.8	圣保罗	219.5	墨西哥城	106.4	华盛顿哥伦比亚特区	103.8
36	巴塞罗那	149.2	米兰	23.5	开罗	50.1	伊斯坦布尔	216.8	孟买	105.4	福冈	100.6
37	米兰	142.0	圣保罗	16.2	孟买	47.6	墨西哥城	203.6	莫斯科	88.9	洛杉矶	98.7
38	圣保罗	133.1	墨西哥市	9.9	日内瓦	31.8	开罗	202.6	开罗	83.1	日内瓦	85.7
39	孟买	111.7	孟买	7.8	福冈	27.3	华盛顿哥伦比亚特区	202.1	上海	78.6	孟买	75.1
40	开罗	98.5	开罗	4.9	台北	25.5	莫斯科	195.8	北京	69.7	圣保罗	73.2

第三章 世界各国/地区其他指标排名

第一节 世界最宜居城市排名

英国杂志《经济学人》智库（The EIU）发布的《2014年全球宜居城市排名报告》，评选出世界最佳居住城市，墨尔本连续第四年名列榜首，紧随其后的是维也纳和温哥华。在此报告涉及的8个中国大陆城市中，北京排名最为靠前，位列第74位，综合评分为74.9分（满分100）。

《经济学人》针对全球140个城市的排名，将影响生活舒适度的因素分为五大类、30多项定性及定量因素进行评估，包括稳定性（25%）、医疗保健（20%）、文化与环境（25%）、教育（10%）、基础设施（20%）。其中稳定性涉及犯罪、军事和社会冲突以及恐怖袭击；文化与环境则涵盖了影响生活质量的诸多"软性"因素，包含了温度、气候、腐败水平、社会和宗教限制、审查制度、饮食、消费、运动和文化等方面。

表1-25为全球最宜居城市排名前10位的名单。

表1-25 2014年全球最宜居城市排名（前10位）

国家	城市	排名	综合指数（100=理想）	社会稳定	医疗保险	文化与环境	教育	基础设施
澳大利亚	墨尔本	1	97.5	95	100	95.1	100	100
奥地利	维也纳	2	97.4	95	100	94.4	100	100
加拿大	温哥华	3	97.3	95	100	100	100	92.9
加拿大	多伦多	4	97.2	100	100	97.2	100	89.3
澳大利亚	阿德莱德	5	96.6	95	100	94.2	100	96.4
加拿大	卡尔加里	6	96.6	100	100	89.1	100	96.4
澳大利亚	悉尼	7	96.1	90	100	94.4	100	100
芬兰	赫尔辛基	8	96	100	100	90	91.7	96.4
澳大利亚	珀斯	9	95.9	95	100	88.7	100	100
新西兰	奥克兰	10	95.7	95	95.8	97	100	92.9

数据来源：《经济学人》智库（The EIU）《2014年全球宜居城市排名报告》。

第二节 世界各国/地区机场客运量排行榜

在全球十大繁忙机场当中，亚洲4个：中国北京首都国际机场、日本东京羽田国际机场、阿联酋迪拜国际机场、中国香港赤鱲角国际机场；美国4个：亚特兰大哈茨菲尔德-杰克逊国际机场、芝加哥奥黑尔国际机场、洛杉矶国际机场、达拉斯沃尔斯堡国际机场；欧洲两个：英国伦敦希思罗国际机场、法国巴黎夏尔·戴高乐国际机场（见表1-26）。全球十大繁忙机场的布局从某种程度上也能反映当今世界各地区经济发展的整体实力情况。

表1-26 2014年全球十大繁忙机场旅客吞吐量排名

（单位：万人次）

排名	机场	2013年	2014年	同比（%）	与上一年度比较
1	美国亚特兰大哈茨菲尔德-杰克逊国际机场	9 443	9 618	1.9	—
2	中国北京首都国际机场	8 371	8 613	2.9	—
3	英国伦敦希思罗国际机场	7 237	7 337	1.4	—
4	日本东京羽田国际机场	6 891	7 164	3.97	—
5	阿联酋迪拜国际机场	6 643	7 143	7.5	↑2
6	美国洛杉矶国际机场	6 670	7 062	5.9	—
7	美国芝加哥奥黑尔国际机场	6 688	7 008	4.8	↓2
8	法国巴黎夏尔·戴高乐国际机场	6 205	6 381	2.8	—
9	美国达拉斯沃尔斯堡国际机场	6 044	6 352	5.1	—
10	中国香港赤鱲角国际机场	5 961	6 337	5.8	↑1

数据来源：民航资源网。

亚特兰大、北京机场稳坐两强——中美两强争霸

自21世纪以来，亚特兰大哈茨菲尔德-杰克逊国际机场一直是全球最繁忙机场，并在2005年成为旅客吞吐量、航班起降架次的双料冠军。2014年，虽然芝加哥奥黑尔国际机场在航班起降架次方面重新超越了亚特兰大国际机场，但这并不妨碍亚特兰大哈茨菲尔德-杰克逊国际机场仍然获得全球最繁忙客运机场的称号。

自2000年以来，北京首都国际机场的旅客吞吐量排名如同我国的GDP一样呈快速上升态势，2003年还排名30开外，2004年跃居第20位，2005年第15位，2006年第9位，2010年成为世界第二，此后一直稳坐"老二"的位置。

十大繁忙机场的门槛抬高——亚洲实力显山露水

2004年，如果机场旅客吞吐量达到4000万人次以上，基本上就能进入全球十大繁忙机场的行列。但就像富豪排行榜一样，如今对十大繁忙机场的要求也水涨船高，6000万人次以上的旅客吞吐量才能进入全球十大繁忙机场排名，如今的4000万人次已经成为三十大繁忙机场的门槛了，5000万人次则成为二十大繁忙机场的门槛。2004年的十大机场合计旅客吞吐量为5.96亿人次，2014年则上

升为 7.3 亿人次。

10 年前位列十大机场的德国法兰克福国际机场、荷兰阿姆斯特丹斯希普霍尔国际机场、美国丹佛国际机场已不在其中，取而代之的是中国北京首都国际机场、阿联酋迪拜国际机场、中国香港赤鱲角国际机场，10 年间，亚洲经济实力提升之大在机场方面显现无疑。

更多的中国机场进入榜单——中国速度精彩超车

2014 年，十大繁忙机场中，中国有 2 个，比 2013 年增加一个（香港赤鱲角国际机场第 10 位）；二十大繁忙机场当中有可能达到 4 个，预计广州白云国际机场比上一年度提升一个名次，到第 15 位，上海浦东国际机场则首次进入第 20 位。成都双流国际机场、深圳宝安国际机场增速加快，两大机场旅客吞吐量在 2015 年预计将超过 4000 万人次，有望进入世界三十大繁忙机场行列当中。

第三节 2014世界各国/地区港口吞吐量排行榜

一、2014 年全球前二十大港口货物吞吐量排行榜

2015 年，上海国际航运研究中心发布的《全球港口发展报告（2014）》（以下简称《报告》）指出，过去的 2014 年是全球港口加速产业调整、优化运营模式的转型之年。年内，与国际大宗散货贸易增速下滑形成鲜明对比的是以高附加值商品贸易为依托的集装箱海运量的快速增长，全球主要港口集装箱吞吐量成功反超货物增速，有望拉开全球港口商品贸易的"新常态"。

全球港口吞吐量逐渐步入"慢车道"

2014 年，全球经贸依旧复苏缓慢，尤其受亚太等地区新兴市场国家经济增速放缓、建设投资和生产制造需求减弱，以及能源、矿石等散货贸易下滑影响，全球港口总体增势趋弱。年内，全球主要港口增速由上年度的 5.1% 回落至 4.3%，全年吞吐量增速呈"微笑"曲线走势。贸易结构的转变加速了全球港口进入"稳增长"的低速发展通道。

全球各区域港口均维持扩张态势

欧洲货币政策进一步放宽和财政政策的中性化发展，为工业活动及商贸往来提供了稳定支撑。得益于此，其主要港口货物吞吐量同比上涨 3.7%，增速创近年新高。美洲地区经济平稳运行，其主要港口年内同比增长 3.6%，较上年度再次提升 1 个百分点，延续增幅扩张态势。但美国"再工业化"战略在增强国内经济活力的同时，也在一定程度上削弱了商品的进口需求，对港口生产带来不利影响；而亚洲地区主要港口年内增速回落 1.8 个百分点，至 4.2%，且大部分港口仅维持个位数增长。此外，澳洲地区港口货物吞吐量增幅较上年度有所收缩，但依旧维持 9.1% 的高位运行，其中铁矿石输出的持续高涨是其主要动力；非洲主要港口年内增速再次回落，仅实现 1.6% 的涨幅。

中国港口生产形势明显放缓

2014 年，中国规模以上港口完成货物吞吐量 112 亿吨，同比增长 4.8%，增幅虽较上年度回落 4.1 个百分点，但各月表现相对稳定，基本在 2%～9% 的范围内维持正增长，增幅波动明显小于往年同期。其中，上半年港口吞吐量增长动力主要源自进出口贸易的良好发展，而下半年由于汇率波动加剧和国际市场需求萎靡，外贸驱动力逐渐减弱，转而由内贸货物提供支撑。

2014年全球前二十大港口货物吞吐量排名见表1-27。

表1-27 2014年全球前二十大港口货物吞吐量排名

排名	港口	2014年（亿吨）	2013年（亿吨）	同比增速（%）
1（1）	宁波-舟山	8.73	8.10	7.86
2（2）	上海	7.55	7.76	-2.67
3（3）	新加坡	5.81	5.61	3.63
4（4）	天津	5.10	5.01	7.78
5（8）	唐山	5.01	4.46	12.29
6（5）	广州	4.80	4.55	5.49
7（6）	苏州	4.79	4.54	5.51
8（7）	青岛	4.77	4.50	6.00
9（9）	鹿特丹	4.45	4.41	0.97
10（10）	大连	4.23	4.07	3.93
11（12）	黑德兰	4.21	3.26	29.43
12（13）	釜山	3.46	3.25	6.54
13（14）	日照	3.35	3.09	8.41
14（11）	营口	3.34	3.20	4.38
15（16）	香港	2.96	2.76	7.20
16（17）	南路易斯安那	2.92	2.66	9.58
17（15）	秦皇岛	2.74	2.73	0.37
18（18）	光阳	2.51	2.40	4.84
19（20）	烟台	2.37	2.22	6.76
20（19）	深圳	2.23	2.34	4.70

资料来源：《2014年全球港口发展报告》。

二、2014年全球前二十大港口集装箱吞吐量排行榜

表1-28 2014年全球前二十大港口集装箱吞吐量排名

排名	港口	2014年（万TEU）	2013年（万TEU）	同比增速（%）
1（1）	上海	3 529	3 362	4.97
2（2）	新加坡	3 387	3 258	3.96
3（3）	深圳	2 396	2 328	2.92
4（4）	香港	2 227	2 235	-0.37
5（6）	宁波-舟山	1 945	1 735	12.10

(续上表)

排名	港口	2014年（万TEU）	2013年（万TEU）	同比增速（%）
6 (5)	釜山	1 868	1 769	5.61
7 (8)	广州	1 660	1 531	8.43
8 (7)	青岛	1 658	1 552	6.83
9 (9)	迪拜	1 525	1 360	12.13
10 (10)	天津	1 405	1 300	8.08
11 (11)	鹿特丹	1 230	1 162	5.82
12 (12)	巴生	1 095	1 035	5.75
13 (14)	高雄	1 059	994	6.60
14 (13)	大连	1 013	1 002	1.10
15 (15)	汉堡	973	926	5.10
16 (16)	安特卫普	898	858	4.66
17 (17)	厦门	857	801	6.99
18 (18)	洛杉矶	834	790	5.57
19 (19)	丹戎帕拉帕斯	760	742	2.47
20 (20)	长滩	682	673	1.34

资料来源：《2014年全球港口发展报告》。

第四章 中国城市及产业统计指标

第一节 333个地级市GDP排名

表1-29 为中国333个地级市GDP排名，表1-30为2014年中国城市GDP排名。

表1-29 中国333个地级市GDP排名

所属省份	城市	2013年GDP（亿元）	2014年GDP（亿元）	2013年常住人口（万）	人均GDP（元）	人均GDP（美元）
河北省	唐山	6 121.2	6 225.3	770.8	80 764.14	13 147.77
	石家庄	4 863.6	5 100	1 049.98	48 572.35	7 907.2
	廊坊	1 943.1	2 056	446.84	4 6012	7 490.39
	沧州	3 013	3 133.38	730.95	42 867.23	6 978.45
	秦皇岛	1 168.8	1 200.02	304.52	39 406.94	6 415.14
	承德	1 272.09	1 342.55	351.51	38 193.79	6 217.65
	邯郸	3 061.5	3 080	932.51	33 029.14	5 376.89
	张家口	1 317	1 358.5	441.33	30 781.95	5 011.06
	保定	2 680	2 757.8	1 022.93	26 959.81	4 388.85
	衡水	1 070.1	1 139	440.85	25 836.45	4 205.97
	邢台	1 604.6	1 668.1	721.69	2 3113.8	3 762.75
山西省	太原	2 412.87	2 531.09	427.77	59 169.41	9 632.32
	朔州	1 026.4	1 003.4	174.42	57 527.81	9 365.08
	晋城	1 031.8	1 035.8	230.06	45 023.04	7 329.4
	阳泉	611.8	616.6	138.6	44 487.73	7 242.26
	长治	1 333.7	1 331.2	338.78	39 293.94	6 396.75
	晋中	1 020.4	1 041.3	330.49	31 507.76	5 129.22
	大同	963.15	1 001.5	337.49	29 674.95	4 830.85
	吕梁	1 228.6	1 101.3	379.29	29 035.83	4 726.81
	临汾	1 223.6	1 213.2	439.08	27 630.5	4 498.03
	运城	1 140.1	1 201.6	522.39	23 001.97	3 744.54
	忻州	661.74	680.3	311.44	21 843.69	3 555.98

(续上表)

所属省份	城市	2013年GDP（亿元）	2014年GDP（亿元）	2013年常住人口（万）	人均GDP（元）	人均GDP（美元）
内蒙古自治区	鄂尔多斯	3 955.9	4 162.18	201.75	206 303.84	33 584.66
	阿拉善	443.51	456.03	23.85	191207.55	31127.1
	包头	3 503.02	3 636.31	276.6	131 464.57	21 401.41
	乌海	570.13	600.18	55.31	108 512.02	17 664.91
	呼和浩特	2 710.39	2 894.05	300.11	96 432.97	15 698.54
	锡林郭勒	902.4	947.59	103.89	91 210.9	14 848.42
	通辽	1 811.82	1 886.8	311.87	60 499.57	9 848.86
	呼伦贝尔	1 430.55	1 522.26	253.19	60 123.23	9 787.59
	巴彦淖尔	834.89	867.46	167.1	51 912.63	8 450.97
	赤峰	1 686.15	1 778.37	431.3	41 232.78	6 712.38
	乌兰察布	833.75	872.14	212.3	41 080.55	6 687.59
	兴安	415.34	459.85	160.34	28 679.68	4 668.83
辽宁省	大连	7 650.8	7 655.6	694.3	110 263.57	17 950.05
	盘锦	1 351.1	1 426	143.8	99 165.51	16 143.37
	沈阳	7 158.6	7 589	825.7	91 909.89	14 962.22
	鞍山	2 638	2 721	360.8	75 415.74	12 277.1
	本溪	1 230	1 227	172.8	71 006.94	11 559.38
	营口	1 513.1	1 610	244.4	65 875.61	10 724.04
	抚顺	1 348	1 378	209.2	65 869.98	10 723.12
	辽阳	1 110	1145	185.3	61791.69	10 059.21
	丹东	1 107.3	1 180	242.6	48 639.74	7 918.17
	锦州	1 344.9	1 405	308.7	45 513.44	7 409.23
	铁岭	1 050	1 080	266.6	40 510.13	6 594.73
	阜新	615.1	626	179.2	34 933.04	5 686.83
	朝阳	1 002.9	1 020	298	34 228.19	5 572.08
	葫芦岛	775.1	800	258.6	30 935.81	5 036.11
吉林省	长春	5 003.17	5 382	772.9	69 633.85	11 335.85
	辽源	700.22	760.02	122.5	62 042.45	10 100.03
	吉林	2 617.4	2 730.2	441.5	61 838.28	10 066.79
	松原	1 650.48	1 740.02	292.1	59 569.33	9 697.42
	白山	673.64	715.62	129.7	55 175.02	8 982.06
	通化	1 003.45	1 070.68	232.5	46 050.75	7 496.7
	延边	850.3	900.78	227.2	3 9647.01	6 454.22
	四平	1 210.06	1 288.98	341.1	37 788.92	6151.74
	白城	692.34	734.57	203.3	36 132.32	5 882.06

（续上表）

所属省份	城市	2013年GDP（亿元）	2014年GDP（亿元）	2013年常住人口（万）	人均GDP（元）	人均GDP（美元）
黑龙江省	大庆	4 332.7	4 070	293.34	138 746.85	22 586.91
	哈尔滨	5 141.5	5 332.7	1 065.6	50 044.11	8 146.79
	牡丹江	1 216.1	1 166.9	278.3	41 929.57	6 825.81
	佳木斯	747.2	792.5	255.21	31 052.86	5 055.16
	双鸭山	570	450.3	146.26	30 787.64	5 011.99
	大兴安岭	162.9	153.9	51.16	30 082.1	4 897.13
	鸡西	610	540.9	186.22	29 046.29	4 728.51
	黑河	390.8	420.3	167.39	25 109.03	4 087.55
	鹤岗	396	259.1	105.87	24 473.41	3 984.08
	七台河	241	221.3	92.04	24 043.89	3 914.16
	绥化	1 210	1 295.1	541.64	23 910.72	3 892.48
	齐齐哈尔	1 245	1 238.8	536.7	23 081.8	3 757.54
	伊春	284.49	261.6	114.81	22 785.47	3 709.3
江苏省	苏州	13 015.7	13 760.89	1 057.87	130 081.11	21 176.19
	无锡	8 070.18	8 205.31	648.41	126 545.09	20 600.55
	南京	8 011.78	8 820.75	818.78	107 730.4	17 537.67
	常州	4 360.93	4 901.87	469.21	104 470.71	17 007.02
	镇江	2 927.09	3 252.38	316.5	102 760.82	16 728.66
	扬州	3 252.01	3 697.89	447	82 726.85	13 467.29
	南通	5 038.89	5 652.69	729.77	77 458.51	12 609.64
	泰州	3 006.91	3 370.89	463.4	72 742.56	11 841.92
	徐州	4 435.82	4 963.91	859.1	57 780.35	9 406.19
	盐城	3 475.5	3 835.62	721.98	53 126.4	8 648.56
	淮安	2 155.86	2 455.39	482.69	50 868.88	8 281.06
	连云港	1 785.42	1 965.89	442.83	44 393.79	7 226.96
	宿迁	1 706.28	1 930.68	481.91	40 063.08	6 521.96
浙江省	杭州	8 343.52	9 201.16	884.4	104 038.44	16 936.65
	宁波	7 128.87	7 602.51	766.3	99 210.62	16 150.72
	舟山	930.85	1 021.66	114.2	89 462.35	14 563.77
	绍兴	3 967.29	4 265.83	494.9	86 195.8	14 032
	嘉兴	3 147.6	3 352.8	455.8	73 558.58	11 974.76
	湖州	1 803.15	1 955.96	291.6	67 076.82	10 919.58
	金华	2 958.78	3 206.64	542.8	59 075.9	9 617.1
	台州	3 153.34	3 387.51	603.8	56 103.18	9 133.16
	衢州	1 056.57	1 121.01	212.4	52 778.25	8 591.89
	丽水	983.08	1 051	212.2	49 528.75	8 062.89
	温州	4 003.86	4 302.81	919.7	46 784.93	7 616.22
	义乌	882.87	968.6	124.55	77 767.96	12 660.02

（续上表）

所属省份	城市	2013年GDP（亿元）	2014年GDP（亿元）	2013年常住人口（万）	人均GDP（元）	人均GDP（美元）
安徽省	铜陵	680.6	716.3	73.62	97 296.93	15 839.18
	合肥	4672.9	5 158	761.14	67 766.77	11 031.9
	芜湖	2 099.53	2 307.9	359.56	64 186.78	10 449.11
	马鞍山	1 293	1 357.4	220.8	61 476.45	10 007.89
	黄山	470.3	507.2	135.58	37 409.65	6 090
	宣城	842.8	912.5	256.3	35 602.81	5 795.86
	池州	462.2	503.2	142.23	35 379.32	5 759.48
	淮北	703.7	747.5	214.22	34 894.03	5 680.48
	蚌埠	1 007.9	1 108.4	322.04	34 418.08	5 603
	淮南	819.4	789.3	235.65	33 494.59	5 452.66
	滁州	1 086.1	1 190	394.5	30164.77	4 910.59
	安庆	1 418.2	1 544.3	534.48	28 893.5	4 703.64
	宿州	1 014.3	1 126.1	543.11	20 734.29	3 375.38
	六安	1 010.3	1 086.3	568.33	19 113.9	3 111.59
	亳州	791.1	850.5	496.64	17 125.08	2 787.83
	阜阳	1 062.5	1 146.1	771.6	14 853.55	2 418.04
福建省	厦门	3 018.16	3 273.54	373	87 762.47	14 287.05
	福州	4 678.5	5 169.16	734	70 424.52	11 464.56
	泉州	5 218	5 733.36	836	68 580.86	11 164.43
	三明	1 477.59	1 621.21	251	64 590.04	10 514.76
	龙岩	1 479.9	1 621.21	258	62 837.6	10 229.47
	莆田	1 342.86	1 502.07	283	53 076.68	8 640.47
	漳州	2 236.02	2 506.36	493	50 838.95	8 276.18
	宁德	1 238.72	1 377.65	284	48 508.8	7 896.86
	南平	1 105.82	1 232.56	262	47 044.27	7 658.44
江西省	新余	845.07	900.27	115.56	77 904.98	12 682.32
	南昌	3 336.03	3 667.96	518.42	7 0752.67	11 517.98
	鹰潭	553.47	606.98	114.25	53 127.35	8 648.72
	萍乡	798.33	864.95	188.15	45 971.3	7 483.77
	景德镇	680.28	738.21	161.95	45 582.59	7 420.49
	九江	1 601.73	1 779.96	478.94	37 164.57	6 050.1
	宜春	1 387.07	1 522.99	547.77	27 803.46	4 526.19
	抚州	940.64	1 036.77	396.24	26 165.2	4 259.49
	吉安	1 123.9	1 242.11	486.62	25 525.26	4155.31
	上饶	1 401.3	1 550.24	666.43	23 261.86	3786.85
	赣州	1 673.31	1 843.59	847.81	21745.32	3539.97

（续上表）

所属省份	城市	2013年GDP（亿元）	2014年GDP（亿元）	2013年常住人口（万）	人均GDP（元）	人均GDP（美元）
山东省	东营	3 250.2	3 430.49	209.91	163 426.71	26 604.6
	威海	2 549.69	2 790.34	280.92	99 328.63	16 169.93
	青岛	8 006.6	8 692.1	904.62	96 085.65	15 642
	淄博	3 801.24	4 029.8	461.5	87 319.61	14 214.95
	烟台	5 613.87	6 002.08	700.23	85 715.84	13 953.87
	济南	5 230.19	5 770.6	706.69	81 656.74	13 293.08
	滨州	2 155.73	2 277	383.96	59 303.05	9 654.08
	日照	1 500.16	1 611.87	287.05	56 152.94	9 141.26
	泰安	2 790.7	3 002.2	558.13	53 790.34	8 756.65
	潍坊	4 420.7	4 786.74	924.72	51 764.21	8 426.81
	枣庄	1 830.63	1 980.13	383.1	51 687.03	8 414.25
	莱芜	653.5	688	134.53	51141.01	8 325.36
	济宁	3 501.5	3 800.06	824	46117.23	7 507.53
	德州	2 460.59	2 596.08	570.51	45 504.55	7407.79
	聊城	2 365.87	2 516	593.57	42 387.59	6 900.37
	临沂	3 336.8	3 569.8	1 022.1	34 926.13	5 685.7
	菏泽	2 052	2 222.19	843.79	26 335.82	4 287.27
河南省	郑州	6 201.9	6 782.98	919.12	73 798.63	12 013.84
	济源	460.1	480.46	71.5	67197.2	10 939.18
	三门峡	1 204.68	1 240.13	224.11	55 335.77	9 008.23
	焦作	1 707.36	1 846.32	351.41	52 540.34	8 553.16
	洛阳	3 136.14	3 284.57	661.52	49 651.86	8 082.94
	许昌	1 903.3	2 108	429.72	49 055.2	7 985.8
	鹤壁	622.12	682.2	160.9	42 399.01	6 902.23
	漯河	861.5	952.28	257.5	36 981.75	6 020.34
	安阳	1 683.7	1 791.89	509	35 204.13	5 730.96
	濮阳	1 130.5	1 253.61	358.4	34 977.96	5 694.14
	新乡	1 766.1	1 918	567.5	33 797.36	5 501.95
	平顶山	1 556.9	1 637.13	495.72	33 025.3	5 376.26
	开封	1 327.39	1 492.06	464.6	32 114.94	5 228.06
	信阳	1 581.16	1 757.34	637.71	27 557.04	4 486.07
	南阳	2 498.66	2 676.88	1 009	26 530.03	4 318.88
	驻马店	1 498.13	1 691.3	689.54	24 527.95	3 992.96
	商丘	1 538.2	1 697.58	727.7	23 328.02	3 797.62
	周口	1 753.4	1 992.08	878.4	22 678.51	3 691.88

(续上表)

所属省份	城市	2013年GDP（亿元）	2014年GDP（亿元）	2013年常住人口（万）	人均GDP（元）	人均GDP（美元）
湖北省	武汉	9 051.27	10 060	1 022	98 434.44	16 024.36
	宜昌	2 816	3 132.21	409.83	76 427.06	12 441.73
	鄂州	630.94	690	105.7	65 279.09	10 626.93
	潜江	492.7	540	95.24	56 698.87	9 230.13
	襄阳	2 814	3 129.3	559.12	55 968.31	9 111.2
	黄石	1 144	1 218.56	244.5	49 838.85	8 113.38
	仙桃	503	552.3	118.49	46 611.53	7 587.99
	荆门	1 202.61	1 310.59	288.72	45 393.11	7 389.65
	咸宁	872.11	964.25	248.5	38 802.82	6 316.8
	十堰	1 080.6	1 200.8	336.7	35 663.8	5 805.79
	随州	661.94	723.45	218.01	33 184.26	5 402.14
	天门	370	401.86	128.9	31176.11	5 075.23
	孝感	1 238.93	1 354.72	485.3	27 915.1	4 544.36
	神农架	19.3	20.8	7.66	27 154.05	4 420.47
	荆州	1 334.9	1 480.49	573.94	25 795.21	4 199.26
	黄冈	1 332.55	1 477.15	625.19	23 627.22	3 846.33
	恩施	552.5	603	331.2	18 206.52	2 963.88
湖南省	长沙	7 153.13	7 824.81	722.14	108 355.86	17 639.49
	湘潭	1 438.05	1 570.56	280	56 091.43	9 131.25
	株洲	1 948.01	2 160.51	393.6	54 891.01	8 935.83
	岳阳	2 430.52	2 669.39	555.9	48 019.25	7 817.16
	常德	2 264.94	2 514.15	580.48	43 311.57	7 050.79
	郴州	1 685.52	1 872.58	466.53	40 138.47	6 534.23
	衡阳	2 169.44	2 395.56	724.52	33 064.1	5 382.58
	娄底	1 118.17	1 210.91	383.39	31 584.29	5 141.68
	益阳	1 123.13	1 253.15	437.29	28 657.18	4 665.17
	张家界	365.65	410.02	151.24	27 110.55	4 413.39
	怀化	1 110.55	1 181.01	482.5	24 476.89	3 984.65
	永州	1 161.75	1 299.94	532.66	24 404.69	3 972.89
	湘西州	418.94	457	260	17 576.92	2 861.39
	邵阳	1 130.04	1 261.61	720.04	17 521.39	2 852.35

（续上表）

所属省份	城市	2013年GDP（亿元）	2014年GDP（亿元）	2013年常住人口（万）	人均GDP（元）	人均GDP（美元）
广东省	深圳	14 500.23	16 001.98	1 062.89	150 551.61	24 508.63
	广州	15 420.14	16 706.87	1 292.68	129 242.12	21 039.61
	珠海	1 662.38	1 857.3	159.03	116 789.29	19 012.39
	佛山	7 010.17	7 603.28	729.57	104 215.91	16 965.54
	中山	2 638.93	2 823.3	317.39	88 953.65	14 480.96
	东莞	5 490.02	5 881.18	831.66	70 716.16	11 512.04
	惠州	2 678.35	3 000.7	470.01	63 843.32	10 393.2
	阳江	1 039.84	1 168.55	248.5	47 024.14	7 655.16
	江门	2 000.18	2 082.76	449.76	46 308.25	7 538.62
	肇庆	1 660.07	1 845.06	402.21	45 873.05	7 467.78
	茂名	2 160.17	2 349	601.3	39 065.36	6 359.54
	韶关	1 010.07	1 111.5	289.27	38 424.31	6 255.18
	湛江	2 060.01	2 258.7	716.71	31 514.84	5 130.37
	潮州	780.34	850.2	270.54	31 426.04	5 115.91
	汕头	1 565.9	1 716	548.01	31 313.3	5 097.56
	清远	1 093.04	1 187.7	379.5	31 296.44	5 094.82
	揭阳	1 605.35	1 780.44	599.47	29 700.24	4 834.97
	云浮	602.3	664	242.84	27 343.11	4 451.24
	河源	680.33	765.3	303.76	25 194.23	4 101.42
	汕尾	671.75	716.99	298.62	24 010.11	3 908.66
	梅州	800.01	885.83	430.7	20 567.22	3 348.18
广西壮族自治区	防城港	525.15	588.94	89.9	65 510.57	10 664.61
	柳州	2 010.05	2 120.8	385.6	55 000	8 953.57
	北海	734.66	856	159.02	53 829.71	8 763.06
	南宁	2 803.54	3 148.3	685.37	45 935.77	7 477.99
	桂林	1 657.9	1 786.65	488.05	36 607.93	5 959.49
	梧州	991.7	1 006	295.44	34 050.91	5 543.22
	崇左	584.63	649.72	202.81	32 035.9	5215.19
	钦州	753.74	855	315.92	27 063.81	4405.78
	百色	803.87	917.92	354.52	25 891.91	4215
	来宾	515.57	551.24	214.9	25 651	4175.78
	玉林	1 198.46	1 341.75	562.25	23 863.94	3 884.86
	贺州	423.9	440	199.98	22 002.2	3 581.79
	贵港	742.01	805.42	422.05	19 083.52	3 106.65
	河池	528.62	601	343.19	17512.17	2850.84

（续上表）

所属省份	城市	2013年GDP（亿元）	2014年GDP（亿元）	2013年常住人口（万）	人均GDP（元）	人均GDP（美元）
海南省	三亚	373.49	404.38	73.2	55 243.17	8 993.16
	澄迈	201.56	224.39	47.67	47 071.53	7 662.88
	海口	904.64	1 005.51	217.11	46 313.39	7 539.46
	昌江	91.49	91.54	22.35	40 957.49	6 667.56
	琼海	162.61	179.69	49.51	36 293.68	5 908.33
	文昌	175.65	192.08	54.73	35 095.93	5 713.34
	东方	124.13	138.68	41.83	33 153.24	5 397.09
	临高	119.19	139.9	43.52	32 146.14	5 233.14
	万宁	147.12	165.13	55.6	29 699.64	4 834.87
	陵水	85.2	93.29	32.35	28 837.71	4 694.56
	定安	61.48	70.85	28.42	24 929.63	4 058.35
	儋州	195.23	221.15	96.1	23 012.49	3 746.25
	洋浦	254.13	254.34			
	保亭	29.22	33.97	14.85	22 875.42	3 723.94
	屯昌	46.54	53.7	25.75	20 854.37	3 394.93
	白沙	32.77	34.7	16.71	20 766.01	3 380.54
	五指山	18.3	21.39	10.44	20 488.51	3 335.37
	乐东	80.67	93.52	45.9	20 374.73	3 316.85
	琼中	28.07	32.76	17.38	18 849.25	3 068.51
	三沙			0.04		
四川省	攀枝花	800.9	870.85	123.33	70611.37	11 494.98
	成都	9 108.89	10 056.6	1 429.76	7 0337.68	11 450.43
	德阳	1 395.94	1 515.65	352.37	43 013.03	7 002.19
	自贡	1 001.6	1 073.4	273.83	39 199.5	6 381.37
	乐山	1 134.79	1 207.59	325.56	37 092.7	6 038.4
	绵阳	1 455.12	1 579.89	467.64	33 784.32	5 499.82
	资阳	1 092.36	1 195.6	357.12	33 478.94	5 450.11
	宜宾	1 342.89	1 443.81	446.5	32 336.17	5 264.08
	眉山	860.04	944.89	297.84	31 724.75	5164.54
	内江	1 069.34	1 156.77	372.46	31 057.56	5055.93
	雅安	418	462.41	153.37	30 149.96	4 908.18
	泸州	1 140.48	1 259.73	424.58	29 670.03	4 830.05
	凉山州	1 214.4	1 314.3	458.5	28 665.21	4 666.47
	广安	835.1	919.6	322.43	28 520.92	4 642.98
	阿坝州	234	247.79	91.23	27 161.02	4 421.6
	遂宁	736.6	809.55	327.5	24 719.08	4 024.07

（续上表）

所属省份	城市	2013年GDP（亿元）	2014年GDP（亿元）	2013年常住人口（万）	人均GDP（元）	人均GDP（美元）
四川省	达州	1 245.41	1 347.83	551.28	24 449.1	3 980.12
	南充	1 328.55	1 432.02	631.7	22 669.31	3 690.39
	广元	518.8	566.19	254.5	22 247.15	3 621.66
	甘孜州	201.2	206.81	113.78	18 176.31	2 958.96
	巴中	415.9	456.66	331.72	13 766.43	2 241.07
贵州省	贵阳	20 85	2497.27	452.19	55 226.12	8 990.38
	六盘水	876.95	1 042.73	287.45	36 275.18	5 905.32
	遵义	1 584.7	1 874.5	614.25	30 516.89	4 967.91
	黔南	642.61	795.5	323.5	24 590.42	4 003.13
	黔西南	558.91	667.86	282.22	23 664.52	3 852.4
	安顺	427.85	516.26	230.05	22 441.21	3 653.25
	铜仁	534.1	647.7	310.4	20 866.62	3 396.92
	黔东南	584.64	700.76	348.34	20 117.13	3 274.91
	毕节	1 041.93	1 265.2	653.82	19 350.89	3 150.17
云南省	昆明	3 415.31	3 712.99	657.9	56 437	9 187.5
	玉溪	1 102.5	1 184.7	233	50 845.49	8 277.25
	迪庆	131.3	147.2	40.6	36 256.16	5 902.22
	曲靖	1 583.94	1649.4	597.4	27 609.64	4 494.63
	西双版纳	272.3	306.02	115.2	26 564.24	4 324.45
	楚雄	632.5	701.8	272.4	25 763.58	4 194.11
	红河	1026.95	1127	458.96	24 555.52	3 997.45
	大理	760.8	832.2	348.6	23 872.63	3 886.28
	丽江	248.8	261.8	126.9	20 630.42	3 358.47
	德宏	230.9	249.8	124.5	20 064.26	3 266.3
	保山	449.7	501	255.4	19 616.29	3 193.38
	怒江	85.82	100.12	53	18 890.57	3 075.24
	临沧	416.1	465.1	247.9	18 761.6	3 054.24
	普洱	425.4	465	258.4	17 995.36	2 929.5
	文山	553.36	615.69	357.8	17 207.66	2 801.27
	昭通	634.7	670.34	534.2	12 548.48	2 042.8
西藏自治区	拉萨	312	353.7	55.94	63 228.46	10 293.1
	林芝	83.6	97	20.33	47 712.74	7 767.26
	阿里	28	32.4	9.55	33 926.7	5 523
	山南	86	100	32.9	30 395.14	4 948.09
	日喀则	142	161	70.33	22 892.08	3 726.65
	昌都	112.5	128.1	65.75	19 482.89	3 171.66
	那曲	73.96	81.99	46.24	17 731.4	2 886.53

(续上表)

所属省份	城市	2013年GDP（亿元）	2014年GDP（亿元）	2013年常住人口（万）	人均GDP（元）	人均GDP（美元）
陕西省	榆林	2 846.75	3 005.74	337.03	89 183.16	14 518.32
	西安	4 884.13	5 474.77	858.81	63 748.33	10 377.73
	延安	1 354.14	1 386.09	220.61	62 829.88	10 228.22
	宝鸡	1 545.91	1 658.54	374.46	44 291.51	7 210.31
	咸阳	1 860.39	2 077.34	494.22	42 032.7	6 842.6
	铜川	321.98	340.42	84.28	40 391.55	6 575.43
	汉中	881.73	991.05	342.5	28 935.77	4 710.52
	渭南	1 349.01	1 460.94	533.17	27 401.02	4 460.67
	安康	604.55	689.44	263.36	26 178.61	4 261.67
	商洛	510.88	576.27	234.61	24 562.89	3 998.65
甘肃省	嘉峪关	239.3	260	23.55	11 0403.4	17 972.81
	酒泉	642.7	634	110.83	57 204.73	9 312.48
	兰州	1 776.83	1 905.2	364.16	52 317.66	8 516.91
	金昌	250.5	244.5	46.74	52 310.65	8 515.77
	庆阳	616.5	669	222.27	30 098.53	4 899.81
	张掖	336.86	356.5	121.05	29 450.64	4 794.33
	白银	460	497.6	171.22	29 062.03	4 731.07
	武威	381.18	404.2	181.02	22 329.02	3 634.99
	平凉	341.92	343	208.67	16 437.44	2 675.89
	甘南	108.89	113	69.78	16 193.75	2 636.22
	天水	480	496.9	328.25	15 137.85	2 464.32
	陇南	249.5	262.5	257.52	1 0193.38	1 659.4
	定西	252.22	273	277.07	9 853.11	1 604.01
	临夏	167.32	167.3	195.47	8 558.86	1 393.32
青海省	海西	609.7	560	50.13	111 709.56	18 185.45
	西宁	978.53	1 077.14	226.76	47 501.32	7 732.85
	海北	112.26	126	27.33	46 103.18	7 505.24
	海南	117.12	130.72	45.43	28 773.94	4 684.17
	海东	337	377.7	143.09	26 395.97	4 297.06
	黄南	66.47	68.83	26.08	26 391.87	4 296.39
	果洛	32.08	33.5	18.56	18 049.57	2 938.33
	玉树	51.9	45	37.84	11 892.18	1 935.95

(续上表)

所属省份	城市	2013年GDP（亿元）	2014年GDP（亿元）	2013年常住人口（万）	人均GDP（元）	人均GDP（美元）
宁夏回族自治区	银川	1 273.49	1 395.67	208.27	67 012.53	10 909.12
	石嘴山	446.32	467.2	75.93	61 530.36	10 016.66
	吴忠	349.06	383.4	131.2	29 222.56	4 757.21
	中卫	286.83	296.9	112.48	26 395.8	4 297.03
	固原	182.95	200.12	124.41	16 085.52	2 618.6
新疆维吾尔自治区	克拉玛依市	853.5	847	37.924	223 341.42	36 358.24
	巴音郭楞蒙古自治州	1 017	1 129.6	129.29	87 369.48	14 223.07
	乌鲁木齐市	2 400	2 510	346	72 543.35	11 809.49
	哈密地区	334.1	402	57.24	70 230.61	11 433
	昌吉州	940	1 062	160.43	66 197.1	10 776.37
	塔城地区	462.3	593.1	121.92	48 646.65	7 919.3
	博尔塔拉蒙古自治州	177.8	210	44.37	47 329.28	7 704.84
	吐鲁番地区	267.2	285	62.27	45 768.43	7 450.74
	阿勒泰地区	208.06	226.7	60.33	37 576.66	6 117.19
	伊犁州直属县	681.93	792.2	258.55	30 640.11	4 987.97
	阿克苏地区	522.4	562.8	237.09	23 737.82	3 864.33
	克孜勒苏州	76.3	90.32	52.56	17 184.17	2 797.45
	喀什地区	617.3	688	411.1	16 735.59	2 724.42
	和田地区	170.99	202	201.44	10 027.8	1 632.45

表1-30 2014年中国城市GDP排名

排名	城市	2013年GDP（亿元）	2014年GDP（亿元）
1	上海	21 602.12	23 560.94
2	北京	19 500.6	21 330.8
3	广州	15 420.14	16 706.87
4	深圳	14 500.23	16 001.98
5	天津	14 370.16	15 722.47
6	重庆	12 656.69	14 265.4
7	苏州	13 015.7	13 760.89
8	武汉	9 051.27	10 069.48
9	成都	9 108.89	10 056.6
10	杭州	8 343.52	9 201.16
11	南京	8 011.78	8 820.75

（续上表）

排名	城市	2013年GDP（亿元）	2014年GDP（亿元）
12	青岛	8 006.6	8 692.1
13	无锡	8 070.18	8 205.31
14	长沙	7 153.13	7 824.81
15	大连	7 650.8	7 655.6
16	佛山	7 010.17	7 603.28
17	宁波	7 128.9	7 602.51
18	沈阳	7 223.7	7 589
19	郑州	6 201.9	6 782.98
20	唐山	6 121.2	6 225.3
21	烟台	5 613.87	6 002.08
22	东莞	5 490.02	5 881.18
23	济南	5 230.19	5 770.6
24	泉州	5 218	5 733.36
25	南通	5 038.89	5 652.69
26	西安	4 884.1	5 474.77
27	长春	5 003.17	5 382
28	哈尔滨	5 141.5	5 332.7
29	福州	4 678.5	5 169.16
30	合肥	4 672.9	5 158
31	石家庄	4 863.6	5 100
32	徐州	4 435.82	4 963.91
33	常州	4 360.93	4 901.87
34	潍坊	4 420.7	4 786.74
35	温州	4 003.86	4 302.81
36	绍兴	3 967.29	4 265.83
37	鄂尔多斯	3 955.9	4 162.18
38	大庆	4 332.7	4 070
39	淄博	3 801.24	4 029.8
40	盐城	3 475.5	3 835.62
41	济宁	3 501.5	3 800.06
42	昆明	3 450	3 712.99
43	扬州	3 252.01	3 697.89

（续上表）

排名	城市	2013年GDP（亿元）	2014年GDP（亿元）
44	南昌	3 336.03	3 667.96
45	包头	3 503.02	3 636.31
46	临沂	3 336.8	3 569.8
47	东营	3 250.2	3 430.49
48	台州	3 153.34	3 387.51
49	泰州	3 006.91	3 370.89
50	嘉兴	3 147.66	3 352.8
51	洛阳	3 136.14	3 284.57
52	厦门	3 018.16	3 273.54
53	镇江	2 927.09	3 252.38
54	金华	2 958.78	3 206.64
55	南宁	2 803.54	3 148.3
56	沧州	3 013	3 133.38
57	宜昌	2 816	3 132.21
58	襄阳	2 814	3 129.3
59	邯郸	3 061.5	3 080
60	榆林	2 846.75	3 005.74
61	泰安	2 790.7	3 002.2
62	惠州	2 678.35	3 000.7
63	呼和浩特	2 710.39	2 894.05
64	中山	2 638.93	2 823.3
65	威海	2 549.69	2 790.34
66	保定	2 680	2 757.8
67	吉林	2 617.4	2 730.16
68	鞍山	2 638	2 721
69	南阳	2 498.66	2 676.88
70	岳阳	2 430.52	2 669.39
71	德州	2 460.59	2 596.08
72	太原	2 412.87	2 531.09
73	聊城	2 365.87	2 516
74	常德	2 264.94	2 514.15
75	乌鲁木齐	2 400	2 510

(续上表)

排名	城市	2013年GDP（亿元）	2014年GDP（亿元）
76	漳州	2 236.02	2 506.36
77	贵阳	2 085	2 497.27
78	淮安	2 155.86	2 455.39
79	衡阳	2 169.44	2 395.56
80	茂名	2 160.17	2 349
81	芜湖	2 099.53	2 307.9
82	滨州	2 155.7	2 277
83	湛江	2 060.01	2 258.7
84	菏泽	2 052	2 222.19
85	株洲	1 948.01	2 160.51
86	柳州	2 016.9	2 120.8
87	许昌	1 903.3	2 108
88	江门	2 000.18	2 082.76
89	咸阳	1 860.39	2 077.34
90	廊坊	1 943.1	2 056
91	周口	1 753.4	1 992.08
92	枣庄	1 830.63	1 980.13
93	连云港	1 785.42	1 965.89
94	湖州	1 803.15	1 955.96
95	宿迁	1 706.28	1 930.68
96	新乡	1 766.1	1 918
97	兰州	1 796.14	1 905.2
98	通辽	1 811.82	1 886.8
99	遵义	1 584.7	1 874.5
100	郴州	1 685.52	1 872.58
101	珠海	1 662.38	1 857.3
102	焦作	1 707.36	1 846.32
103	肇庆	1 660.07	1 845.06
104	赣州	1 672	1 843.59
105	安阳	1 683.7	1 791.89
106	桂林	1 657.9	1 786.65
107	揭阳	1 605.35	1 780.44

（续上表）

排名	城市	2013 年 GDP（亿元）	2014 年 GDP（亿元）
108	九江	1 601.73	1 779.96
109	赤峰	1 686.15	1 778.37
110	信阳	1 581.16	1 757.34
111	松原	1 650.48	1 740.02
112	汕头	1 565.9	1 716
113	商丘	1 538.2	1 697.58
114	驻马店	1 498.13	1 691.3
115	邢台	1 604.6	1 668.1
116	宝鸡	1 545.91	1 658.54
117	曲靖	1 583.94	1 649.4
118	平顶山	1 556.9	1 637.13
119	龙岩	1 479.9	1 621.21
120	三明	1 477.59	1 621.21
121	日照	1 500.16	1 611.87
122	营口	1 513.1	1 610
123	绵阳	1 455.12	1 579.89
124	湘潭	1 438.05	1 570.56
125	上饶	1 401.3	1 550.24
126	安庆	1 418.2	1 544.3
127	宜春	1 387.07	1 522.99
128	呼伦贝尔	1 430.55	1 522.26
129	德阳	1 395.94	1 515.65
130	莆田	1 342.86	1 502.07
131	开封	1 327.39	1 492.06
132	荆州	1 334.9	1 480.49
133	黄冈	1 332.55	1 477.15
134	渭南	1 349.01	1 460.94
135	宜宾	1 342.89	1 443.81
136	南充	1 328.55	1 432.02
137	盘锦	1 351.1	1 426
138	锦州	1 344.9	1 405
139	银川	1 273.49	1 395.67

（续上表）

排名	城市	2013年GDP（亿元）	2014年GDP（亿元）
140	延安	1 354.14	1 386.09
141	抚顺	1 348	1 378
142	宁德	1 238.72	1 377.65
143	张家口	1 317	1 358.5
144	马鞍山	1 293	1 357.4
145	孝感	1 238.93	1 354.72
146	达州	1 245.41	1 347.83
147	承德	1 272.09	1 342.55
148	玉林	1 198.46	1 341.75
149	长治	1 333.7	1 331.2
150	凉山州	1 214.4	1 314.3
151	荆门	1 202.61	1 310.59
152	永州	1 161.75	1 299.94
153	绥化	1 210	1 295.1
154	四平	1 210.06	1 288.98
155	毕节	1 041.93	1 265.2
156	邵阳	1 130.04	1 261.61
157	泸州	1 140.48	1 259.73
158	濮阳	1 130.5	1 253.61
159	益阳	1 123.13	1 253.15
160	吉安	1 120	1 242.11
161	三门峡	1 205	1 240.13
162	齐齐哈尔	1 245	1 238.8
163	南平	1 105.82	1 232.56
164	本溪	1 230	1 227
165	黄石	1 144	1 218.56
166	临汾	1 223.6	1 213.2
167	娄底	1 118.17	1 210.91
168	乐山	1 134.79	1 207.59
169	运城	1 140.1	1 201.6
170	十堰	1 080.6	1 200.8
171	秦皇岛	1 168.8	1 200.02

（续上表）

排名	城市	2013年GDP（亿元）	2014年GDP（亿元）
172	资阳	1 092.36	1 195.6
173	滁州	1 086.1	1 190
174	清远	1 093.04	1 187.7
175	玉溪	1 102.5	1 184.7
176	怀化	1 110.55	1 181.01
177	丹东	1 107.3	1 180
178	阳江	1 039.84	1 168.55
179	牡丹江	1 216.1	1 166.9
180	内江	1 069.34	1 156.77
181	阜阳	1 062.5	1 146.1
182	辽阳	1 110	1 145
183	衡水	1 070.1	1 139
184	巴音郭楞	1 017	1 129.6
185	红河州	1 026.95	1 127
186	宿州	1 014.3	1 126.1
187	衢州	1 056.57	1 121.01
188	韶关	1 010.07	1 111.5
189	蚌埠	1 007.9	1 108.4
190	吕梁	1 228.6	1 101.3
191	六安	1 010.3	1 086.3
192	铁岭	1 050	1 080
193	西宁	978.53	1 077.14
194	自贡	1 001.6	1 073.4
195	通化	1 003.45	1 070.68
196	昌吉州	940	1 062
197	丽水	983.08	1 051
198	六盘水	876.95	1 042.73
199	晋中	1 020.4	1 041.3
200	抚州	940.64	1 036.77
201	晋城	1 031.8	1 035.8
202	舟山	930.85	1 021.66
203	朝阳	1 002.9	1 020

(续上表)

排名	城市	2013年GDP（亿元）	2014年GDP（亿元）
204	梧州	991.7	1 006
205	海口	904.64	1 005.51
206	朔州	1 026.4	1 003.4
207	大同	963.15	1 001.5
208	汉中	881.73	991.05
209	咸宁	872.11	964.25
210	漯河	861.5	952.28

资料来源：数字中国。

第二节　2015全国333个地级市生产总值前100位排名

表1-31　2015年全国333个地级市生产总值前100位排名

城市	总量（亿元）	位次	增速（%）	城市	总量（亿元）	位次	增速（%）
广州	18 100.41	1	8.4	宜昌	3 384.8	51	9.8
深圳	17 502.99	2	8.7	襄阳	3 382.1	52	11.3
苏州	14 504.07	3	7.5	沧州	3 240.6	53	8
武汉	10 905.6	4	8.8	泰安	3 158.39	54	9.4
成都	10 801.2	5	7.9	邯郸	3 145.4	55	6.8
杭州	10 053.6	6	10.2	惠州	3 140.03	56	9
南京	9 720.77	7	9.3	呼和浩特	3 090.52	57	8.3
青岛	9 300.07	8	8.1	中山	3 010.03	58	8.4
无锡	8 518.26	9	7.1	威海	3 001.57	59	9.8
长沙	8 510.13	10	9.9	保定	3 000.3	60	7
宁波	8 011.5	11	8	大庆	2 983.5	61	-2.3
佛山	8 003.92	12	8.6	贵阳	2 891.16	62	12.5
大连	7 731.6	13	5.8	岳阳	2 886.28	63	9.5
郑州	7 315.19	14	10.1	南阳	2 875.02	64	8.2
沈阳	7 280.49	15	3.5	漳州	2 767.45	65	11
烟台	6 446.08	16	8.4	德州	2 750.94	66	7.6
东莞	6 275.06	17	8	淮安	2 745.09	67	10.3
南通	6 148.4	18	9.6	太原	2 735.34	68	8.9

（续上表）

城市	总量（亿元）	位次	增速（%）	城市	总量（亿元）	位次	增速（%）
泉州	6 137.74	19	8.9	常德	2 709.02	69	9.7
唐山	6 103.1	20	5.1	乌鲁木齐	2 680	70	10.1
济南	6 100.23	21	8	聊城	2 663.62	71	8.8
西安	5 810.03	22	8.2	榆林	2 621.29	72	4.3
哈尔滨	5 751.2	23	7.1	衡阳	2 610.57	73	8.7
合肥	5 660.3	24	10.5	芜湖	2 457.3	74	10.7
福州	5 618.1	25	9.6	吉林	2 455.2	75	6
长春	5 530.03	26	1.6	茂名	2 445.63	76	10.4
石家庄	5 440.6	27	7.5	廊坊	2 401.9	77	8.8
徐州	5 319.88	28	9.5	菏泽	2 400.96	78	9.3
常州	5 273.15	29	9.2	湛江	2 380.02	79	10
潍坊	5 170.53	30	8.2	滨州	2 355.33	80	7.6
温州	4 619.84	31	8.3	鞍山	2 349	81	6
绍兴	4 466.7	32	7.1	株洲	2 335.11	82	9.5
鄂尔多斯	4 226.13	33	7.7	柳州	2 298.62	83	7.2
盐城	4 212.5	34	10.5	江门	2 240.02	84	7.8
淄博	4 130.24	35	7.1	许昌	2 170.6	85	8.5
扬州	4 016.84	36	10.3	遵义	2 168.34	86	13.2
济宁	4 013.12	37	8.4	连云港	2 160.64	87	10.8
南昌	4 000.01	38	9.6	咸阳	2 155.91	88	8.6
昆明	3 970	39	8.1	宿迁	2 126.19	89	9.7
包头	3 781.93	40	8.1	兰州	2 095.99	90	8.5
临沂	3 763.17	41	7.1	湖州	2 084.3	91	8.3
泰州	3 655.53	42	10.2	周口	2 082.38	92	9
台州	3 558.1	43	6.5	枣庄	2 031	93	6.6
嘉兴	3 517.1	44	7	珠海	2 024.98	94	10.3
洛阳	3 508.75	45	9.2	郴州	2 012.07	95	10.9
镇江	3 502.48	46	9.6	新乡	1 982.25	96	6
厦门	3 466.01	47	7.2	湖州	1 970	97	8
东营	3 450.64	48	6.6	焦作	1 886.8	98	8.8
南宁	3 410.09	49	8.8	肇庆	1 846	99	10.5
金华	3 406.5	50	7.9	赣州	1 845.06	100	10

资料来源：《2015年全国生产总值前100位》。财经网。

第三节 2014中国各省（市）GDP排行榜

2014年，中国国内生产总值（GDP）636463亿元，按可比价格计算，比上年增长7.4%，共有24个省（市）经济增速达到7.4%或以上。重庆市2014年GDP增长10.9%，增速居全国第一；山西省则以4.9%的增速垫底。

与2013年相比，各地增速均出现不同程度的回落。其中，山西、云南回落幅度最大，均较2013年回落4个百分点。甘肃、辽宁、天津、黑龙江、宁夏的回落幅度也较大，均超过了2个百分点。

从各省（市）GDP总量上来分析，广东省2014年GDP达6.78万亿元，依然保持全国最高；江苏以6.51万亿元紧随其后，这两地是仅超过6万亿元的省份。不过，排名第三的山东省GDP达5.94万亿元，距离突破6万亿也只有一步之遥。西藏、青海、宁夏则依旧排在倒数前三名。见表1-32。

数据显示，2014年地方GDP之和依然超过了全国总量。据统计，31个省份2014年的GDP总和约为68.4万亿元，超出全国GDP总量（636463亿元）约4.78万亿元。2013—2014年GDP增速对比如图1-6所示。

表1-32 2014年中国31省（自治区、市）GDP排名

排名	地区	2014年GDP总量（万亿元）	2014年增长率（%）	2013年GDP增长率（%）
1	广东	67 792.24	7.8	8.5
2	江苏	65 088.32	8.7	9.6
3	山东	59 426.60	8.7	9.6
4	浙江	40 153.50	7.6	8.2
5	河南	34 939.38	8.9	9.0
6	河北	29 421.20	6.5	8.2
7	辽宁	28 626.58	5.8	8.7
8	四川	28 536.70	8.5	10.0
9	湖北	27 367.04	9.7	10.1
10	湖南	27 048.50	9.5	10.1
11	福建	24 055.76	9.9	11.0
12	上海	23 560.94	7.0	7.7
13	北京	21 330.80	7.3	7.7
14	安徽	20 848.80	9.2	10.4
15	内蒙古	17 769.50	7.8	9.0
16	陕西	17 689.94	9.7	11.0
19	天津	15 722.47	10.0	12.5
20	江西	15 708.60	9.7	10.1
18	广西	15 672.97	8.5	10.2

（续上表）

排名	地区	2014年GDP总量（万亿元）	2014年增长率（%）	2013年GDP增长率（%）
17	黑龙江	15 039.40	5.6	8.0
23	重庆	14 265.40	10.9	12.3
22	吉林	13 803.81	6.5	8.3
24	云南	12 814.59	8.1	12.1
21	山西	12 759.44	4.9	8.9
25	新疆	9 264.10	10.0	11.1
26	贵州	9 251.01	10.8	12.5
27	甘肃	6 835.27	8.9	12.1
28	海南	3 500.72	8.5	9.9
29	宁夏	2 752.10	8.0	10.0
30	青海	2 301.12	9.2	11.0
31	西藏	920.80	10.8	12.5

资料来源：国家统计局网站及各省市统计局网站。

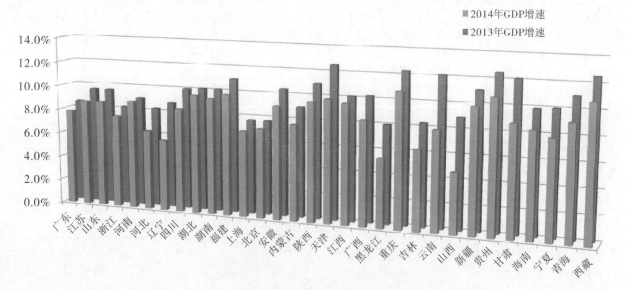

图1-6　2013—2014年GDP增速对比

第四节　2014中国各省（市）人均GDP排行榜

2014年年末，中国大陆总人口（包括22个省、5个自治区、4个直辖市和中国人民解放军现役军人，不包括香港、澳门特别行政区和台湾省以及海外华侨人数）136782万人，比2013年年末增加710万人。全国人均GDP为46531.20元。2014年，人民币对美元全年平均汇率为6.1443。按此平均汇率，2014年中国GDP折合103585.93亿美元，人均GDP达到7573美元。见表1-33。

表1-33 2014中国各省（自治区、市）人均GDP排名

	排名	地区	人均GDP	常住人口
	1	天津	10.6810	1 472
	2	北京	10.855	2 112
	3	上海	9.7561	2 415
	4	江苏	8.1986	7 939
	5	浙江	7.3033	5 498
	6	内蒙古	7.1135	2 498
	7	辽宁	6.5209	4 390
↑1	8	福建	6.3741	3 774
↓1	9	广东	6.3691	10 644
	10	山东	6.1057	9 733
	11	吉林	5.177	2 751
	12	重庆	4.8032	2 970
↑1	13	湖北	4.7193	5 799
↓1	14	陕西	4.6998	3 764
	15	宁夏	4.2081	654
↑2	16	新疆	4.919	2 264
↑2	17	湖南	4.425	6 691
↓2	18	河北	4.122	7 333
↑1	19	青海	3.9812	578
↓3	20	黑龙江	3.9216	3 835
	21	海南	3.9114	895
↑1	22	河南	3.7118	9 413
↑1	23	四川	3.5200	8 107
↓2	24	山西	3.5150	3 630
	25	江西	3.4738	4 522
	26	安徽	3.4575	6 030
	27	广西	3.3212	4 719
	28	西藏	2.9514	312
	29	云南	2.7341	4 687
	30	甘肃	2.6473	2 582
	31	贵州	2.6416	3 502

Volume II
第二卷

城市文化精神
Cities' Cultural Spirits

第一章 广州城市文化精神

在中国特大城市形象中,广州可能是最受争议、最难描述,且又是改革开放以来成长最具魅力的省会城市,被国家列为与4个直辖市并列的全国5个"国家中心城市"之一。广州靠什么茁壮成长呢?笔者认为,广州在任何情况下都不随波逐流,不争不恼,平实奋进,打造宜居宜乐城市,已形成了与时俱进的、市民呼应的、具有较好社会生态的城市文化精神。

第一节 硬实力展现广州的国际地位

城市硬实力是一个城市的脊梁,反映了一个城市的基本历史、城市建设品位、产业基础以及一定的国际或区际地位,昭示着是否令人心动的未来前景。广州硬实力在国内外特大城市中,属于快速上升的、360°全覆盖发展特色。广州实业努力的方向是培育一批像平安、华为、IBM那样受人尊敬的公司和与时俱进的产业,如曾得过11次诺贝尔奖的贝尔实验室之母公司朗讯。

一、迈入全球50强俱乐部

制造业是特大城市的脊梁,广州也不例外。

2015年,广州与苏州、上海、深圳、天津、佛山、重庆一道,共同迈入全国制造业七强,规模以上工业产值达到18712亿元(如果加上非规模以上工业产值,则突破2万亿元),其中战略性新兴产业产值超过8000亿元。广州的制造业尤其在装备型、战略型、应用型和科技型,特别是高新科技产业、现代商贸物流业多个方面,在全国占有重要地位;制药、生物工程、保健食品、航海造船,在全球制造业城市中亦在50强以内,属于区域性国际中心城市行列。笔者早在1994年出版的《世界城市化发展进程及其规律》,以及2011年和2014年分别出版的《中国城市化教程》《国土与政策全覆盖城市群和城镇体系理论》等著作中对广州有详尽分析,认为广州硬实力发展稳健、基础雄厚、产业关联度高、辐射力强、服务与延展性力度大。

二、GDP全国三强

2015年,广州GDP为18100亿元人民币,在全国城市中排名第三。三产业占比为1.2:32.7:66.1,在全国内地特大城市中,三产比是市场最出彩的,这说明广州经济结构、质量与发达国家城市接近;GDP在全球城市排名中也可入50强,与日本大阪,美国亚特兰大、波士顿,德国慕尼黑,西班牙巴塞罗拉相当;税收总收入突破5400亿元,稳坐全国前四交椅,也可稳居全球50强;销售收入达千亿元的行业超过10个:汽车制造、汽车配件、建筑、医药卫生、生物工程、电力、专业市场、食品、电子电器、文化体育、展会、美容化妆品、金融、物流等。

三、环境资源实力分析

(1) 城市建成区面积仅次于北京、上海、重庆,按城市人口比例是全国特大城市中最高的,实际建成区达到了1500万平方公里,平均每平方公里1.1万人,是大城市人均用地比较合理的。

(2) 生态环境资源状况优于全国其他特大城市。广州饮用水源充足,达三级水质的中国第三大江西江,水资源丰富,仅次于长江。广州周边河流密布,四季无台风骚扰,城市森林资源全国第一。

(3) 广州产业结构、交通体系较为合理。在产业形态中,传统产业、制造业、商业服务业、新经济新业态包容及协调发展均优于全国绝大多数特大城市,海陆空交通体系在全国居三大枢纽地位,三五十年内难以改变。

【专栏1-1】

2015 广州 GDP 与税收在全国的地位

全国城市 GDP 过万亿元的为 11 家,税收超过 4 000 亿元的有 5 家,即北京、上海、广州、深圳、香港,其余均在 4 000 亿元以下。深圳纳税 100 万元以上大户 11 324 家,贡献了 1903 亿元地税,占地税总收入 88.6%。

城市	GDP（亿元）	人口（万人）	税收或财政收入（亿元）
上海	25 300	2 425	11 230（含央企）
北京	23 000	2 168	5 422（央企除外）
广州	18 100	1 667	5 431
深圳	17 500	1 750	6 423
香港	17 900	700	4 108（财收）
天津	17 200	1 516	3 270
重庆	16 100	3 001	3 215
苏州	14 400	1 060	3 450
武汉	11 000	1 033	2 372
成都	10 800	1 442	2 138
杭州	10 100	889	2 164
南京	9 600	821	①以下城市税收均在 1 300 亿～2 000 亿元之间,GDP 与税收比约为 1/5,表明这些城市 GDP 总量不小,但经济结构中,新的经济业态仍然较弱,转型后劲尚需努力。②在境外,GDP 达到或基本达到 3 000 亿美元的城市,拉美地区约 15 个,亚太地区约 10 个,欧洲约 15 个,其他地区或国家不足 10 个。
青岛	9 400	871	
长沙	8 600	731	
无锡	8 500	650	
佛山	8 200	720	
宁波	8 011	781	
郑州	7 450	937	
洛阳	7 280	828	
烟台	6 300	702	

第二节 软实力提升广州的国际形象

软实力是一个城市竞争的利器,它代表了该城市持续的创新创造能力。自广州建城2000年以来,其商业文化在全球具有重要地位,这正是其软实力的体现。广州的软实力以第三产业为重点,主要体现在区际分拨、交通物流、科技教育、文化创造与特色产业上。

一、一个来了就不想走的城市

由于广州过去基础设施较差,其城市人文环境多被人诟病。但是,广州的国际视野、宜居环境、方便的生活、四通八达的交通网络,造就了最市民化的城市性格。20世纪80年代,南昌大学一批调往广州的知识分子有一句话:"广州这个地方,开始别看不咋的,住上两三年,你就离不开它了。"确实,广州的宽容、包容、从容、宜居环境等在全国大城市中首屈一指。高富帅有去处,下里巴人有天堂。广州为推车客、地摊主提供了不少于50万个就业机会;城中村改造以安全、卫生、村容、通达、美观为主要目标,改造颇具人性化;广州在改革开放前即有公园不收门票,5A景区白云山门票仅5元,月票20元,恐怕在全国5A级景区中也是不多见的;广州的人均绿地是全国大城市中占比最高的;广州的排外性也被公认是最低的。

二、国际性商业中心城市

广州有全球最大的单展场馆广交会,每年吸引国外游客达30万人,成交约千亿美元;广州还是中国商业国际会议中心之一,全年商展会平均每天超过1个,仅美博会、广交会、食博会等每年有3个国家以上外国人参加的会议场数,平均有3场左右;国内3个省市企业以上在穗召开的各种会议,平均每天10场左右。广州实实在在已成为国际性的商业会议中心,可与维也纳、巴黎、纽约、香港、上海、北京媲美,进入全球20大国际会议中心之列,尤其在商业会议上,广州的场数、频率、参加者和持续度,以及现代性都具有国际都会特色。

三、平台集聚能力与特色

截至2016年6月,广州有总领事馆55家,同期上海75家、香港59家、成都16家;在广州设立的企业国际和区际总部与分部,在全国稳坐第三;广州在纽约与伦敦金融城全球100个金融中心排名中名列第85位;广州是目前中国有资格申请奥运会主办权的仅有的几个一流城市之一;全国33个省、自治区、直辖市和333个地市州在广州设有办事机构。此外,广州的金钟奖、国际城市创新奖等,已成为区域性有影响力的声音与平台,成为引领现代社会发展的动力和生态平台集群。

广州还是国际人才聚集的重要平台与特色人才聚集的洼地。广州有超过70万的国际贸易人才,海洋研发人才名列全国前列;有50万互联网人才,应用型人才超过300万人。人才的集中度与结构的现代性,正是广州人才市场平台发展往专业型、轻型、实用型、现代型、特色型发展的诉求,也是广州持续成长的基础和提升国际地位与能力的升降机。

四、国际交通旅游中心之一

国务院给广州的定位是"国际商贸中心、区域性中心城市和综合性交通枢纽",这个目标已经基本实现。广州作为国际旅游交通中心,国外与境外游客数量同北京、上海、香港、深圳名列第一序列,属于中国一线旅游城市;火车交通与京沪并列,机场客流量在国内第三,在全球名列前20位之内,是联邦快递亚太转运中心;有国际航线150多条,已成为亚太航空枢纽城市与接驳中心之一;广州港是全球前10位的散货国际港口,集装箱排名在全球亦具有重要地位。

五、产城融合特色突出

在全国特大城市中,广州的产城融合颇具特色:全市7500平方公里有1/5为建成区,4/5生态与乡村区域;公共绿地占建成区近1/3;广州有1500万人口,在人均制造业、园区面积、交通长宽度占有率、财政收入、绿地、生活质量、贫富差别、出行旅游、国际交流、市民化、民主意识、社会管理等方面,在全国特大城市中"人均"名列前茅,由此形成的产业空间分布、城镇化率、社区建设、产业链长度、资本集中平台建设,构筑了现代产城融合的特大城市样板。

六、一线城市不好当

软硬实力是考量一个城市竞争力的关键。广州作为全国三大交通枢纽城市,其格局已经不言而喻。从软实力中的流量分析,广州作为一线城市,地位仍然是显赫的。仅以交通流量看,广州南站高铁每年运送旅客超过1亿人次,广州港每天货运量达5万吨,白云机场每天进出人数达15万,广州地铁每天运送旅客660万。金融方面,2015年保费达1000亿元人民币,互联网金融综合排名第三,有约200家互联网企业营收过亿元,15家过10亿元,3家过100亿元;风投公司1300家,管理资金3000亿元以上。通信枢纽方面,广州是全国三大通讯枢纽之一,互联网交换中心和互联网国际出入口之一,其国际出口宽带超过2000G,国际局电路可达70多个国家和地区,4G用户超900万户,全国第一。

七、其他软实力分析

(1)创新与教育。广州的创新在全国特大城市中名列前茅,这是广州未来动力所在。2015年,广州有82所大学(含独立学院),占广东省(147所)大学总数约60%,是全国2595所大学的1/32,在全国城市大学排行榜中,仅次于北京的91所,排全国第二位。

(2)广州的人力资源结构。商贸、海洋、设计规划方面高端人才在全国名列前3位,专业化设计全国排第一;在终端人才方面,如工艺型、技工型、技能型人才方面,广州优势十分突出,全市82所高校,绝大多数就是培养技能型人才的;此外还有中介培训机构千家,每年培训的人才至少在300万人以上。

(3)广州的市场资源配置能力,是全国一线城市中,只有深圳可以相比拟的。广州市场化程度高,市场配置能力强,许多创意、项目,在别处难实现,在广州却有市场。如广州最早开创商务写字楼包销、最早成立传媒集团、最早拉网式改造城中村等。

此外,广州的软实力还表现在与深港澳莞禅的有机互动与呼应上,从人口、综合实力、创新能力分析,珠三角的密度是全球最高的。

【专栏1-2】

广州的领事馆与外国人居住情况

截至2016年6月,广州的领事馆排名全国第三,居住的外国人仅次于北京、上海、香港,符合国际性城市的基本标准。

在总领事馆数量方面,上海有总领事馆75家,广州55家,成都16家,香港59家,澳门有总领事馆3家,驻香港总领馆领区包括澳门或可在澳门执行领事职务的国家有54个,在澳门委派名誉领事的国家共10个,驻香港名誉领事馆领区包括澳门的国家有18个。

从上述数据看,珠三角的国际化程度,在全国是最高的。除了总领事馆,以国际组织、企业和中介为代表,兼具国家或部门(省)领事职能的在珠三角有近300余家。

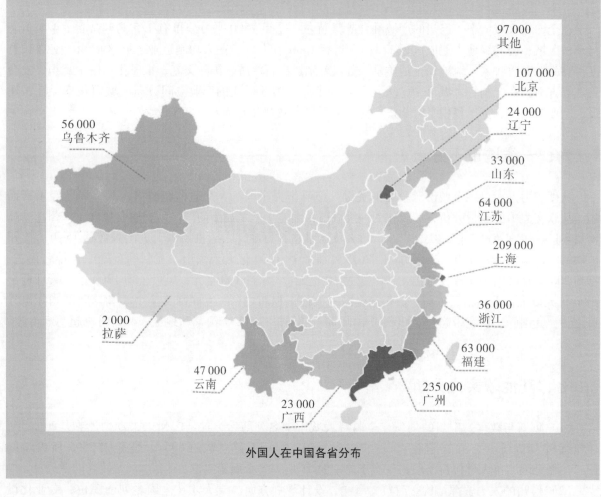

外国人在中国各省分布

第三节 巧实力展现广州的后劲

俗话说,干得好不如干得巧。巧实力在国际上已经成为衡量一个城市的创新能力与后发优势,成为衡量城市地位的重要指标和市民正能量生态。巧实力作为表现行为文化或者说创新创造速度与能力等文化内涵,巧实力在与硬实力、软实力的比较中,主要体现在追求价值体现、体制改革创新、国际新观念对接与科技文化知识的吸收,成为城市特色与精神发展的文化常态。

一、国际交流成常态

民意调查显示,全国各省市与地区的游客,在与特大城市打交道的轻松度和兴趣方面,广州排第一。广州人实干加巧干,吸引了国内外客人到广州求学、旅游、创业、经商与交流。2015年,在广州常年居住的外国人数量,超过本市总人口的2%。这些境外人士来自约150个国家和地区,以商界人士和游客为主,他们参与和主持的各种商务活动遍及各行各业;每天,在广州购物或旅游的境外人士超过1万人,全年超过400万人;番禺祈福新村至今仍是中国最大的国际化社区,居住了约30万人,其外籍人士来自42个国家。

二、体制改革创新走在全国前列

改革开放以来,全国设立了4个特区、14个沿海开放城市和一大批开放区域。广州虽非特区,但广州是全国改革政策制定的前沿城市。当年,中央确定蛇口搞工业区,并非全市为特区,起步区也只10平方公里,作为一个特区城市谋划是在广州进行的。可以说,将中央政策延伸和深化扩大深圳市全域特区,广州是决策大本营。此外,"一国两制"许多政策的深化、第一家中外合资酒店白天鹅宾馆、第一家中外合资饭店新光花园酒家,以及港澳台最早引入流行歌舞,广州均开了先河。白云山制药厂体制改革曾名冠全国,影响着全国地方国企改革;广州是全国第一个财政预算公开的城市,引领同仁深化财政体改。30多年来,广州一直是中国改革开放的政策探索者、实验者、设计者与创新者,是行动最迅速、上接天线、下接地气的改革先行特大城市。

三、全国新经济与新业态和互联网中心之一

广州人的巧干还表现在对新经济新业态的接受、创新与集群上。广州是中国几大新经济成长的中心之一。据腾讯研究院发布互联网+指数(2016)TOP 10:京深穗沪杭蓉渝汉长福分列前10位。北京培育了百度、新浪、搜狐、小米、360、乐视,旧富新贵云集一堂;深圳腾讯一枝独秀,网络经济已成为深圳的创新名片与灵魂;广州滋养了微信、网易、唯品会、中经汇通、云联惠,成为中国互联网经济第三城。上海没有诞生像样的第一梯队互联网公司,老一代盛大、巨人、九城均已凋零,新生的饿了吗、洋码头、携程虽在专业领域领先,但影响力有限。在2016年全国互联网前10排名企业中,除北京占3家外,广州有网易、唯品会2家,深圳亦有2家,上海、杭州、南京各有1家。

2015年年底,广州的优质互联网经济已经形成新兴产业集群,成为城市未来的发动机。主要代表性互联网企业有网易(游戏)、UC(浏览器)、太平洋、3G门户、多玩(欢聚时代)、环球市场、39健康多益(游戏自研发、运营)、梦芭莎、21CN(邮箱)、56视频、联想中望、慧聪、钱库网、妈妈网、POCO(图片社区)、荔枝FM(手机轻电台)、盖网通、云联惠。另外,分布在广州的分公司有腾讯广研(邮箱、微信)、百度(市场、销售)、新浪(xweibo、市场和推广)、4399(地狱式加班代表)、天极(IT门户,旗下比特网、天极网、52 PK游戏网、天极无限、aFocus)、天涯社区、携程等。

四、海绵型学习城市

广州的行为文化是广州人巧干、实干的集中反应,特别表现在对国内外流行的新观点、新科技、新思想的吸收上。广州的现代品格体现在多方面,最主要表现为学习能力。例如,凡在欧美出现的最新服装式样、消费模式等,一个月左右就会出现在广州街头。广州也是科技教育国际实验田与科技网

络枢纽城市。例如，华南理工大学诞生了无字库汉字系统，该系统是继王选之后汉字数字化的创新；中山大学的超级计算机；思科在钟村建设智慧城市。这些均代表了一种趋势与方向。在广州的50多所大学中，"211""985"在全国占了1/18，排名前十的大学有1所。广州的国际培训教育名列全国前茅。中山大学的MBA教育曾领先全国，云联惠等商学院开辟了一个新纪元。广州不少小学在三年级开始引入美国的研究型教学，如先烈东小学的研究型教育、音乐班曾名冠全国。所以说，广州是一座像海绵一样的学习型城市，是一座实干＋巧干的城市。

五、开放合作友善度高

开放度是由心胸和态度决定的。在巧干中，开放度表现为让各类人群有公平、民主、居家、认同、便捷之感。用美国心理学家费斯汀格的观点，就是10%的态度决定90%的事实。广州人在这10%的分寸把握上是有发言权的。广州既非张扬、偏激，也非守旧、固化，错了就检讨、对了不求表扬的城市风格，造就了以积极的心态和行动对待开放，博大胸怀包容四方，友好的行为相互提携，已成为广州人巧实力的一种写照。

六、性格与性情

广州是个市民社会浓郁的城市，做特大型企业有些不利，但对于发展中小型企业，广州确实是沃土。从未来社会看，中小企业当家是富民社会的好镜像。中国民企以中小企业为主。2015年，全国1300万家在册企业，它们以不到10%的银行信贷规模，贡献了80%的就业岗位、70%的进出口业务、60%的GDP、50%的税收；相反，国企与特大企业占有全国90%以上银行贷款，其贡献便有些黯然了。因此，广州市民社会是未来城市社会的标准。由此形成的广州城市经济，市民忠于生活，理解生活，对生活、环境、创业十分热爱，会干、巧干、能干，成为广州人的特征。广州因此会较理想地进入公民社会，成为新一轮城市发展的现代动力和精神最富有的城市。

【专栏1-3】

广州的历史与现实

历史文化名城

百越楚挺，汉唐明珠。广州建城以公元前338年始，至公元前214年秦始皇统一岭南后，任命任嚣为南海尉，在番禺禺山筑番禺城，也可以从公元前214年任嚣建城算起。广州之名则是三国吴黄武（226年）孙权分交州为交、广二州开始，南越管辖的国土大致范围为两广＋越南北部，南海郡是公元前111年汉武帝刘彻统一岭南后划治，隶属胶州治域（今广西梧州），合浦以南为胶州，以北为广州，因州治从广信（今梧州）迁来，故名广州。明末清初前，广州曾被一些残余势力作为都城；清朝统一全国后，设置广东省，广州为省会，1925年正式设市。到了近代，广州开风气之先，成为中国近代革命史先行之地：三元里抗英、康梁维新运动、孙中山大元帅府、省港大罢工、第一次国共合作，中国早期历史事件，一半发生在广州。

国际商贸名城

司马迁将广州列为全国九大都会之一，唐设市舶使，宋元广州"城外藩汉数万家"，是"世界大都市"之一，明代地方首创"广交会"，每年冬夏两季定期举办，成为"中国外贸第一港"，清代设"十三行"，广州成为中国"唯一对外通商口岸"。1957年举办广交会，可以说是明代"广交会"的民间升级版，如今已成为全球实际第一商品展；此外美博会、中博会、广博会、设计周、汽博会等，几乎天天有展会，年年几百场次国际贸易展会，将广州打造成国际会议中心。广州还是国际海上丝绸之路的发源地，广交会、白云会议中心、广州国际采购中心、保利世贸博览馆、中洲国际商务会展中心、清平药材市场、黄沙水产市场、白马服装城、三元里皮具城、南方茶叶城、白云皮具、江南果菜市场，等等，构筑起千年商都的基石。

广州在市场经济中成长

广州不是权力中心，也非政策倾斜之城，2000多年来一直在稳健中发展，从未衰落过。它一直走市场之路，走市场资源配置之路，以世界眼光一步一个脚印，跟上并引领时代潮流。

作为购物天堂的天河、北京路、上下九、农林下路、环市东、江南西路商圈，以及诸如十大特色街区、十大旅游节庆、十大商贸节庆、十大民俗节庆、十大艺术节庆、十大风味美食、十大老字号美食、十大特色美食街、十大运动城、十大高雅艺术社团、十大活力度假城、十大风景名胜、十大国际花园、十大森林公园、十大重要历史遗迹，等等，展示了古今广州快速走向全国、稳健迈向世界的矫健步伐。

第四节　约实力是保障现代城市发展的精神动力

"约实力"是笔者提出的，是受到欧美尤其美国法律与美国人文关怀启发：没有契约精神或良好社会生态的城市，这个城市是没有多少希望的。"约"是契约精神，是城市居民、企业、政府机构与社会各界默契合作的精神状态写真。广州作为一个有2000年历史的商都，开埠以来，唐代便是重要的海防港口城市，宋元时期已成为国际著名商港，清朝和民国时期已成为国际商业中心之一，形成能主动对接国际视野、政商呼应、上下相通、具有平民化和民主化的城市，契约精神已经成为广州的文化现象和城市发展动力。可以说，约实力的含金量与基础，反映了该城市走向现代城市的体面与光鲜程度。

一、社会生态与正能量城市

改革开放以来，广州在每一个时刻都有自己的出色表现：排污不排外、遇着红灯绕道走、见了绿灯加快走、推销员革命、星期六工程师、企业佣金制、街区村社改革一直引领全国。

广州对上和谐对接，对大中小企业兼顾关爱，对各类人群相敬、相交、相助，对邻邦相融、相扶。广州城市生态是正能量的、友好的、积极向上的。广州很少发生恶性事件和居民纷争，形成了较好的官民、政企、上下呼应自律的社会生态。比如，广州很少出现政府霸王条款。如果一个城市只有刚性的政策，不能与居民和社会协商、共享，那么，其经济便难以成气候，市民的体验生活便难以实现，这个城市只是一个方形的、高高在上的非圆形的城市。

二、从容淡定，敢为人先

中国近现代革命是南方人主导的，广州一直是大本营。近200年来，广州一直是新思想、新民主、新革命的策源地。自鸦片战争到黄花岗起义，广州人已形成自我学习、自我改革、自我担当、自我发展、自我创新的城市精神。广州在大是大非面前和不同时期均有出色表现。此外，广州的担当精神在全国也是首屈一指的：三元里抗英，400多个乡村数万居民"铁肩担道义"，围堵英国侵略者；民国时期对白云山的立法可能是中国最早的城市生态立法；抗日战争时期，石牌村民针对日本人的

"三光"以牙还牙,提振了中国人的士气。

三、商业信用虹吸

广州已形成咨询、规划、职教、信息、科技网络等高端服务业发展全覆盖,许多创新与信用创造、前沿创造如虹吸。如广州最早出版和发表了《商业模式是第一生产力》《企业成长5.0》《全域旅游》《城市概念规划》《城市经营5.0》《职教与产业设计1+N模式》等书籍和文章,广州成为原创地、枢纽地。如卓炯的商品经济思想,以及由众多知识分子创立的"城乡统筹思想"与"给您一个五星级的家"等等,都是在广州诞生的。广州还是世界四大商业文化中在珠三角的三大文化枢纽(目前正成为四大商业文化枢纽),如阿拉伯文化语系投资者,每天在广州注册的公司超过1家。

近百年来,广州社会管理形成了政府主导、社会呼应、民众支持的治理态势,商会、乡贤治理、楼宇治理等都创造了许多特色。比如,广州是全国大城市中行业协会、社区组织最多、最深入且全覆盖的。法制、民俗、民治发育较好,既维护了国家与城市形象,又提升了地方文化实力。

四、主动对接的创新文化力

广州的十三行比国内许多水码头的十三行还多了一条,那就是其国际视野契约精神。众多文献记载了这一史实:广州的商业诚信是千年商都的文化表征,广州不断爆发的改革动力,已经形成了自身的文化基因和国际引力平台。

广州街景

主动开放、主动对接国际、主动学习、主动创新、主动改革、主动发展,已成为广州的常态。这也是广州200年以来形成的城市文化精神,并成为广州在未来经济社会发展中的重要动力源泉。

约实力的深入研究还有4个方面:

(1)广州的语言风格。市民、单位之间,碰上尴尬事,顶几句、扯几句便了事,很少纠结或动手动脚的,民风、市风较为淳朴。

(2)不纠缠是广州市风的又一体现。邻里、单位、社会间的理解、合作,市风较为纯正。

(3)不纠结是广州市俗民风的又一特点。该你的你拿走,不该你的则"收手吧",人与人之间看得比较开,比较包容和协作。

(4)不贪婪、贪杯。广州的民风习俗温和、善待、平实,不炫耀、不张扬,也不过分贪婪,办事较为宽容,很少有人亮出七姑八婆九大姨的关系,能办则办,不能办大家理解,市民化有约的城市不怕没前途。

【专栏1-4】

四大菜系代表了中华四大地缘文化

粤菜是以广州菜为代表的,潮州菜是粤菜的一个分支。据中央电视台公布,川菜系(含湘楚等菜系吃香喝辣人群)占总人口的53%,其次为鲁菜系(代表北方菜系)、粤菜系、淮扬菜系。

分布东西南北的菜系:西部川菜系讲江湖义气,称为兄弟菜;鲁菜系有格局,称为官菜;淮扬菜小桥流水人家,秦淮河的歌声孕育了文人菜;粤菜跨洋过海,最早走向国际,被称为商人菜,做得也最精致。满汉全席也是广州首推。

显然,四大菜系代表的四大文化:近200年来,广东成为革命的策源地,川菜系是最早附和者,然后是文人菜摇旗呐喊,在官菜之北方修成正果。

第二章 广州国家中心城市的相关对策

2008年，国家将广州列为国家中心城市，与北京、上海、天津、重庆并列为"国家五大中心城市"。

如何建设国家中心城市？国家中心城市资源是否具有唯一性？国家中心城市该如何规划与建设，它的国际国内走向、定位、形象表述该怎样进行？本章以"流量""聚集力"和打造"话语权"为分析方法，探究广州国家中心城市的规划设计与解决方案。

第一节 什么是国家中心城市

首先，国家中心城市是经济社会发展到一定阶段的产物，是国家竞争的利器，是城市中的领头羊——领导型城市。主要发达国家都有几个国家中心城市。其次，国家中心城市也是多元多极多品牌的，是国家发展中突出特大城市的"垄断的"国家资源，是国家参与国际竞争的一种手段。最后，国家中心城市是全球城市化进程与国家政治经济实体向城市集团转变的产物。作为现代最亮丽的经济体，中心城市代表了国家主义、政治经济服务和单体综合职能，因而它的诞生是时代使然。

目前有两个误区，一是人们普遍认为直辖市的行政地位优越于省会城市，二是"国家中心城市"的头衔成为少数城市的专利。造成这种状况的根本原因，是计划经济思想的禁锢，忽略了当今世界竞争是以国家中心城市为主的领导型竞争。这些城市正在代表着国家参与全球角逐，而这一竞争的关键是国家中心城市的规划与建设。

从发达国家走过的历程看，它们都特别重视国家中心城市建设。例如，美国有纽约、旧金山等10多个"国家级城市"，其中6个为国家中心城市，并把全国划分为280多个都市区。法国、英国、德国、意大利，基本上把人口在30万~50万的城市当作"国家中心城市"来建设，并给予相应的授权或资源配置。例如，德国法兰克福是金融与交通中心，汉堡是水上物流中心，慕尼黑是工业中心，汉诺威是展会中心；美国的亚特兰大、路易维尔、洛杉矶、底特律等都各有分工，国家资源也分别进行相应配置。总的来说，美国的国家中心城市可分为三类：一类是纽约这种"世界大都市"，控制了全球金融业30%以上的命脉；二类是工商业中心城市，如洛杉矶、西雅图、达拉斯、亚特兰大、底特律，掌握着全球许多行业的命脉；三类是高新技术专业城市，如居美国前114位的大都市，就聚集了主要的高新技术产业。2000年，全美67%的高技术就业人口在这114个城市，而50万人口以上的城市成为知识经济最集中的场所，约占大都市区高技术岗位的90%，并且每年增幅超过20%。另外，在一些中等规模发达国家，每1万平方公里，甚至不到2000平方公里就有1个国家中心城市。

目前，世界上对"国家中心城市"的定义，虽然没有一个统一标准，但它们大致有以下规律可循。

（1）按面积划分，建设国家中心城市。即在一定国土空间培育、规划、建设一定数量的国家中心城市。在美国，大约每3万平方公里有1个都市区，2000万人口有一个国家重要城市；而在欧洲则从 1000～10000 平方公里不等。

（2）按城市人口划分，建设国家中心城市。例如，美国把人口为 50 万～100 万的城市作为地方与国家中心城市建设，欧洲有的地方以 30 万人口的城市作为传统或新兴产业中心，如德国。

（3）按重要性划分，建设国家中心城市。例如，英国人一般用产业的重要性划分城市的档次，英国全境国家级金融中心就有 7 个，包括百慕大、诺曼底群岛等。

（4）按产业话语权划分，建设国家中心城市。可以分为世界级和区域级的城市话语权，它的划分基础是产业地位。世界级的如瑞士的苏黎世，是以私人银行最多（300 家），居全球城市私人金融话语权之首；纽约以证券资本市场交易量居全球之首；伦敦以银行交易所经济成为全球最具话语权的城市；洛桑虽然是小城，但因其为奥林匹克总部所在地而成为区域级和世界级城市。区域级相对于世界级城市的产业影响力要小些，如澳门的娱乐业、浙江义乌的小商品等都具有自己的话语权。可以断言，2008 年次贷危机后，话语权成为不同城市打造不同地位的再分配的标准。国家中心城市的规划建设如图 2-1 所示。

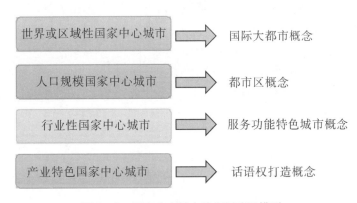

图 2-1　国家中心城市的规划建设模型

从这个角度看，中国应该建设一批国家中心城市，而不仅限于广州等 5 个。值得注意的是，切忌搞"平均主义"，要制定一套系统标准，按照世界级的国家中心城市、国际级的国家中心城市、区域级的国家中心城市和专业级的国家中心城市进行规划，才能做出中国特色。

作为时代的产物，国家中心城市有如下几个方面的特征：①国家间的全球化竞争更深入地表现为城市的竞争，这个时候过分张扬"行政地位"等于是自寻短路；②区域间的综合竞争表现为"话语权"的打造；③打造不同级别的城市更能发挥土地与人才的作用，展示不同资源空间的功能与人才知识的价值；④共享"国家品牌资源"是民主社会的一种境界。中国国家中心城市规划建设的标杆与内容如图 2-2 所示。

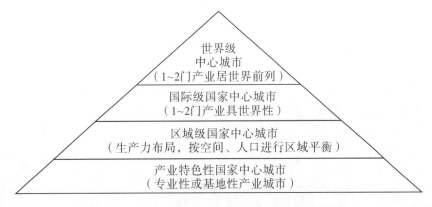

图 2-2　中国国家中心城市规划建设的标杆与内容

【专栏2-1】

TPP简介

在全球竞争中，除国家中心城市外，还有一种地缘政治手段，即区域合作组织。广州也要善于利用区域性组织。

TPP是Trans-Pacific Partnership Agreement的缩写，即跨太平洋伙伴关系协议，也被称作"经济北约"。

TPP前身是跨太平洋战略经济伙伴关系协定（Trans-Pacific Strategic Economic Partnership Agreement，P4），是由亚太经济合作会议成员国中的新西兰、新加坡、智利和文莱四国发起，从2002年开始酝酿的一组多边关系的自由贸易协定，原名亚太自由贸易区，旨在促进亚太地区的贸易自由化。2011年11月10日，日本正式决定加入TPP谈判，而中国大陆没有申请参与TPP谈判。2013年9月10日，韩国宣布加入TPP谈判。

跨太平洋伙伴关系协议将突破传统的自由贸易协定（FTA）模式，达成包括所有商品和服务在内的综合性自由贸易协议。跨太平洋伙伴关系协议将对亚太经济一体化进程产生重要影响，可能将整合亚太两大经济区域合作组织，亦即亚洲太平洋经济合作组织和东南亚国家联盟重叠的主要成员国，将发展成为涵盖亚洲太平洋经济合作组织（APEC）大多数成员在内的亚太自由贸易区，成为亚太区域内的小型世界贸易组织（WTO）。

第二节　如何规划国家中心城市

广州虽然以省会城市入列国家中心城市，但其发展形态如何，仍然是一个未知数。

中国从行省经济转向城市经济，即是从区域经济转向城市经济。在城市化进程中，国家在打造城市群与国家中心城市时，可选择几种方法：

（1）行政区划主导的八级城市规划法。即参照人口、行政建置、经济发达程度等基本指标，按照小城镇→中心城镇→小城市→中小城市→中等城市→大城市→特大城市→巨型城市进行规划，或是简化为六级，有五级城镇体的，可划1个国家中心城市。

（2）流域+行政区规划法。如珠三角、长三角、环渤海与北部湾城市群规划，通常以流域与行政区际间的合作关系进行，在每一个大区有1~N个中心城市。

（3）都市区规划法。我国基本上是以大城市为中心，加上周边中小城市进行规划的，未上升到国家层面。这种做法在中国并未形成惯性，在目前土地市场级数开发情况下，这一工作已然滞后，可考虑在每个二级城市群建设1个国家中心城市。

（4）中心城市直接规划。即国家中心城市规划模式，这显然是目前我国常用方法，中国可以划分20~30个国家中心城市。

综上所述，中国城市规划思想和政策制定可以下列四种模式进行，即行政+区域+都市区+国家中心城市。中国城市规划与区域和行政间的四级科学规划模式见表2-1。

表 2-1　中国城市规划与区域和行政间的 4 级科学规划模式

序号	城市规划指向	规划内涵与特点	规划评估
1	行政规划	解决中央与地方的"纵向关系",可选择八级城市规划法	主要解决城镇空间布局,不宜将其当作产业布局的唯一方法
2	区域规划	以环境规划为核心,流域与三角地带是区域规划的重点,如长三角和珠三角规划	①解决区域间的环境问题为主 ②可视作都市区规划的一部分
3	都市区规划	打破行政界限,以大城市(国家中心城市)为中心构筑,是区域与行政规划+生产力布局的结合	中国可规划以地级市为中心的都市区
4	生产力与社会规划	国家中心城市主导的规划,可以结合前三者进行	①可以更好地展示国家潜力与实力 ②符合发展方向
说明	①中国城市规划以生产力与社会规划为主导,结合行政、区域、都市区、市场规划 ②国家中心城市规划要进一步研究,结合行政、区域、都市区规划进行		

反观世界各国国家中心城市规划走过的路程,大致可分为三个阶段:

(1) 行政定位。如 180 年前,纽约被美国政府定位为"国际大城市",当时纽约市人口仅 20 万。巴黎是法国的经济中心,约占法国实力的 1/3。英国把伦敦、曼彻斯特等几个城市定为"国家重要资源城市"。

(2) 行政资源配置与市场化同步阶段。例如,在各国行省建设中,都有 1~2 个中心城市成为省级重点,这个阶段持续到 20 世纪中叶。

(3) 国家中心城市与都市区发展阶段。这是近二三十年的事,各国按照自身的资源进行都市区划分,相应地规划国家中心城市并进行资源配置,如前面提到的法国、美国。中国国家中心城市的发展也经历了几个阶段。早在清代,武汉和上海作为"特别城市"开放口岸,某种程度上可视为"专业性国家中心城市的雏形";民国时期有上海、重庆、北平(北京)等"特别市";新中国成立初期,有广州、哈尔滨、上海、天津等"直辖市";改革开放后至今,又有直辖市、计划单列市等,它们都可视为"国家中心城市"的一种形态。但总的来说,中国的"国家中心城市规划"未摆脱"行政高于一切"的思维,因而资源配置的不公平仍在继续。

参考国际经验,国际都市规划至少要满足三个条件:一是先有流量定位,再进行"国际分工"。城市集聚的能力有多大,这要从产业的增长引擎进行国家层面的规划。表 2-2 中的 50 个美国高技术都市区对我们规划区域性与产业专业性国家中心城市很有帮助。二是发展趋势尤为关键——这就需要世界眼光进行规划。三是历史纵深——要有穿越时空的表述。下表是美国前 50 位高新技术国家中心城市在产业方面综合指标,其中有 16 个是美国的国家中心城市一级。

表 2-2　美国前 50 名国家高技术都市区排名

排名	大都市区(所在州)	综合指数	排名	大都市区(所在州)	综合指数
1	圣何塞(加利福尼亚)	23.69	26	波特兰-温哥华(俄勒冈-华盛顿州)	1.33
2	达拉斯(得克萨斯)	7.06	27	博尔特-朗蒙特(科罗拉多)	1.12
3	洛杉矶-长滩(加利福尼亚)	6.91	28	卡拉马祖-巴特尔克里克(密歇根)	1.09
4	波士顿(马萨诸塞)	6.31	29	印第安纳波利斯(印第安纳)	1.07

（续上表）

排名	大都市区（所在州）	综合指数	排名	大都市区（所在州）	综合指数
5	西雅图-贝尔维尤-埃佛里特（华盛顿州）	5.19	30	拿骚-萨福克（纽约州）	1.05
6	华盛顿（华盛顿特区-马里兰-弗吉尼亚-西弗吉尼亚）	5.08	31	堪萨斯城（密苏里-堪萨斯）	1.03
7	阿尔伯克基（新墨西哥）	4.98	32	明尼安纳波利斯-圣保罗（明尼苏达-威斯康星）	0.98
8	芝加哥（伊利诺伊）	3.75	33	拉伯克（得克萨斯）	0.97
9	纽约市（纽约市）	3.67	34	圣路易斯（密苏里-伊利诺伊）	0.93
10	亚特兰大（佐治亚）	3.46	35	锡达拉匹兹（艾奥瓦）	0.92
11	米德尔赛克斯-萨默赛特-亨特等（新泽西）	3.40	36	奥兰多（佛罗里达）	0.82
12	菲尼克斯-梅萨（亚利桑那）	2.60	37	萨克拉门托（加利福尼亚）	0.82
13	橙县	2.59	38	底特律（密歇根）	0.79
14	奥克兰	2.21	39	威奇托（堪萨斯）	0.72
15	费城（宾夕法尼亚）	2.19	40	图森（亚利桑那）	0.67
16	罗切斯特（明尼苏达）	1.95	41	伍兹堡-阿灵顿（得克萨斯）	0.66
17	圣迭戈（加利福尼亚）	1.93	42	科罗拉多斯普林斯（科罗拉多）	0.58
18	罗利-达勒姆-查珀尔西尔（北卡罗来纳）	1.89	43	梦茅斯-大洋（新泽西）	0.55
19	丹佛（科罗拉多）	1.81	44	伯根-帕塞伊克（新泽西）	0.51
20	纽瓦克（新泽西）	1.80	45	墨尔本-泰特斯维尔-棕榈湾（佛罗里达）	0.51
21	奥斯汀-圣马科斯（得克萨斯）	1.78	46	圣安东尼奥（得克萨斯）	0.49
22	旧金山（加利福尼亚）	1.62	47	匹兹堡（宾夕法尼亚）	0.48
23	休斯敦（得克萨斯）	1.62	48	大西洋-开普梅（新泽西）	0.44
24	博伊西市（爱达荷）	1.43	49	西棕榈滩-博卡拉顿（佛罗里达）	0.43
25	纽黑文-布里奇波特-斯坦福（康涅狄格）	1.33	50	亨茨维尔（阿拉巴马）	0.43

资料来源：米尔肯研究所。

国家中心城市的规划，一是应以产业地位为坐标，而且不应局限于原有的历史和政治地位；二是要有一套考核指标推进国家中心城市间的良性竞争；三是我国的国家中心城市规划应当与其资源、使命、能力等匹配。就是说至少要考虑四个层次的国家中心城市：①世界级国家中心城市，如北京、上海、天津、重庆、广州等；②国际级国家中心城市，如深圳、成都、沈阳、青岛、大连、苏州、西安、昆明、武汉、乌鲁木齐等，并建议这些城市做好国家、区域、全球三层定位与功能设计；③区域性与行业性中心城市，以长沙、兰州、哈尔滨、长春、包头、贵阳、南京、合肥、南宁、杭州、郑州、济南、南昌等为重点；④此外，还可考虑在100万以上常住人口及具有全国性地位的一二产业中进行规划，如大庆、宜昌等，作为地方中心城市。每类城市都应当有自己的指标。

总的来说，这几类城市应当在推动内需、加快产业转型中，以国家中心城市群中的高新技术与现代服务业为设计重点。中国国家中心城市规划的层次如图2-3所示。

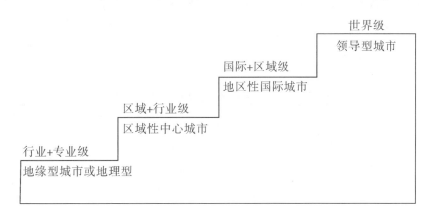

图2-3　中国国家中心城市规划的层次

从上图分析，在进行国家中心城市规划时，需要几项重要战略分析作为规划的约束、路径与依据。

（1）行业评估与行业聚集。任何城市都有其局限，不可能无限制地扩张。首先要进行行业评估，哪些产业可"成行成市"，哪些"不行"（水土不服），要区别开来。

（2）商圈规划，包括红利区、产业商圈等。有些城市在规划中认为，随着城市化进程，市区不宜发展工业，统统要搬迁，这就有偏颇，因为就连繁华的曼哈顿也还有600多家制造企业。

（3）高端服务业规划。一些城市在规划中忽略了高端服务业，而以生产与消费性服务业代替现代服务业，现代服务业又代替高端服务业。一个城市不从高端、中端、低端分类服务产业，就永远搞不清这个城市究竟需要什么。2008年发达国家高端服务业占GDP的50%，中国仅占20%，且以传统为主。

（4）人才产业规划。过去只把人才当作一个专业规划，没形成知识资本＋金融资本＋产业资本的模式。比如，广州有很好的咨询人才队伍基础，可聚集几十万高级人才。

（5）交通物流规划。这是国际性城市规划的重要筹码。商流、人流是经济学的核心，只有研究透了流通，才能知道城市往何方走。全球80%以上城市是因流通而兴起的，在这方面，中国的经济学家和城市学者似乎缺乏一套系统知识和分析方法。

2008年，我国境内民用航空通航机场共有158个（不含港澳台，下同）。所有通航机场中，年旅客客运量在100万人次以上的有47个，完成旅客客运量占全部机场旅客客运量的95.49%；年旅客客运量在1000万人次以上的为10个。北京、上海和广州三大城市的机场旅客客运量占全部机场旅客客运量的34.62%，凸显出三者的国家中心城市地位。机场流通"载体"在国家中心城市中的作用如图2-4所示。

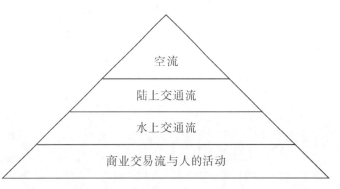

图2-4　机场等"流通"载体在国家中心城市中的作用排序

2008年，全球客运量增长0.1%，增

长最快的地区是中东（5.8%），其次是非洲（4.9%）、拉美加勒比地区（2.1%），亚太和欧洲增长1.2%，北美是唯一的负增长地区（-3.1%）。国际机场理事会成员机场（占全球机场客运量的98%）报告客运量为48.74亿人次，中国（不含港澳台地区）客运量为4.06亿人次，占全球8.33%。全球500万客运量机场有520个，中国（含港澳台地区）仅有23个，占全球4.4%；北京5593万，排名第8位，广州为3340万，约排第35名。这3个城市也突出了其未来的国家中心城市定位：世界级的第一序列——航空及物流决定城市未来。表2-3列出的均是国家中心城市，排名越靠前，航空流越大。

表2-3 国家中心城市规划的原则及内涵模型

规划原则	规划内容	重要规划元素
空间→城镇→产业→生态→社会"五统一立体规划"	①区域与城市、国家、国际三环定位 ②服务业带动工业化与农业现代化的模式设计 ③领导产业→税源产业→就业产业规划	工业、高端服务业、商业、人才、自然、空间、城镇、产业、生态、社会、企业、项目、时点、路径、人口、使领馆、咨询机构等

此外，在规划国家中心城市时，宜注意按"国家服务能力"空间→城镇→产业→生态→社会进行规划。这里有一点特别重要，就是国家对其国家中心城市应按级别匹配资源与政策。像现在这样把一切重要公共设施，如国家航天馆等所有大型公共机构均放在首都，就是过度集中的表现，而不是合理布局的思想，是计划经济的延续。

总之，如果抓得好，国家中心城市规划与城镇化将是新一轮经济的动力。

【专栏2-2】

TTIP

TTIP即Transatlantic Trade and Investment Partnership（跨大西洋贸易与投资伙伴关系协定）。

美国前总统奥巴马向美国国会提交的2013年贸易政策议程报告。这份报告的核心内容是美国要继续采取大胆有效的贸易措施，以促进经济增长并增加就业。这一目标与奥巴马在国情咨文中曾提出的要建立具有全球竞争力并惠及几代美国中产阶级经济目标的驱动力，以及在第一任期内提出的"5年出口翻番计划"基调相吻合。

利用八国集团（G8）峰会的机会，欧盟领导人和美国前总统奥巴马计划启动"跨大西洋贸易与投资伙伴关系协定"（TTIP）谈判。双方谈判代表打算在2014年年底前完成谈判。3月12日，欧盟委员会宣布，正式授权展开"欧盟——美国跨大西洋贸易与投资伙伴关系协定"的谈判。欧美约占世界国内生产总值的一半，世界贸易额的1/3，平均每天贸易额达27亿美元，相互投资达3.7万亿美元。这个协定如果达成，将成为史上最大的自由贸易协定：美欧关税降至零、覆盖世界贸易量的1/3、全球GDP的1/2。在很大程度上，TTIP将改变世界贸易规则及产业行业标准，挑战新兴国家，尤其是金砖国家间的准贸易联盟。

第三节 广州如何建设国家中心城市

（1）建设的风格。城市建设的风格等要从级别考虑。比如，广州、天津、重庆要建世界哪一级城市，就要确定与之相匹配的景观、建筑物、机场、车站的形象与内涵等。再比如，世界级国家中心城市应体现世界工商语系（英语系、汉语系、拉丁语系、阿拉伯语系）的文化与中国七大地方文化。

（2）区域地位。全球超过1000万人口的城市已有26座，广州以1000万计，可以排到前30位，在东南亚地区可与雅加达、曼谷等相提并论。联合国对城市仅以人口论的误区我们应当注意。图2-5谨以GaWC分类的世界城市作为参考。

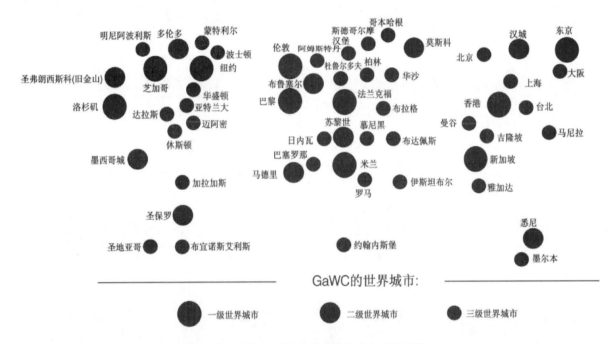

图2-5 根据GaWC分类的世界中心城市分布

注：GaWC指全球化和世界城市研究小组。
资料来源：Beaverstock et al（1999）.

广州建设国家中心城市，应该加大商业文化建设力度，以商业文化作为城市精神定位，构筑城市产业链，以国际商贸中心构筑区域产业链，以国际交通枢纽构筑国际产业链，改变目前多中心发展的格局。要达到这个目标，必须重新考虑城市的阶段定位，突出文化和主题定位，才能够突出城市文化精神，实现硬实力、软实力、巧实力和约实力的同步发展，凸显2000年来广州国际商都的风貌，凝聚所需要的人才和发展资源，解决目前广州多个方面已处于十分尴尬的局面。

因此，广州的国家中心城市建设，要按照国际都市的相关标准，从物流运输、经济结构、科技文化、教育培训、人口与社会建设、生物多样性等方面，全方面梳理可持续发展的模式、动力、机制和制度建设，广州才可能有十分乐观的未来。

【专栏2-3】

美国三大城市基本概况及评价

城市	纽约	旧金山	圣迭戈
2000年人口（万人）	800.8；男性：379.4（47.4%）；女性：421.4（52.6%）	77.6（大都市区人口过300万）；男性39.5（50.8%）；女性：38.1（49.2%）	122.3；男性61.6（50.4%）；女性：60.7（49.6%）
市区面积（平方公里）	785（服务业为主的纽约，非工业大纽约1万多平方公里）	122（此为核心商业文化中心区，大都市区过千平方公里）	893
2002年人均收入（美元）	40 680	46 958	35 841
种族	白人：3 576 385（44.7%）；黑人：2 129 762（26.6%）；印第安人和阿拉斯加土著：41 289（0.5%）；亚裔：787 047（9.8%）；其他种族：1 074 406（13.4%）；两种及以上种族：393 959（4.9%）；西裔：2 160 554（27%）	白人：385 728（49.7%）；黑人：60 515（7.8%）；印第安人和阿拉斯加土著：3 458（0.4%）；亚裔：239 565（30.8%）；其他种族：50 368（6.5%）；两种及以上种族：33 255（4.3%）；西裔：109 504（14.1%）	白人：736 207（60.2%）；黑人：96 216（7.9%）；印第安人和阿拉斯加土著：7 543（0.6%）；亚裔：166 968（13.6%）；其他种族：151 532（12.4%）；两种及以上种族：59 081（4.8%）；西裔：310 752（25.4%）
基础设施	教堂：3 525个 城市公园：1 700个（11 462公顷） 电台：AM频道13家；FM频道18家 电视台：7家	教堂：540个 城市公园：超过200个 电台：29家 电视台：10家	教堂：408个 城市公园：337个 电台：AM频道14家 FM频道25家 电视台：9家
就业	2004年6月劳动力人口（主要大都市统计区）：4 371 770 失业人口：300 578 失业率：6.9%	2005年3月劳动力人口（主要大都市统计区）：923 500 失业率：4.7%	2005年3月劳动力人口（主要大都市统计区）：1 507 900 失业率：4.13%
其他	有国家级领事馆、代表处超过400家，节庆全年超过千个		

上表反映出一个现象，即教堂、公园、民间传媒十分发达，这对中国尤其广州的城市发展来说是一个挑战。一个国际性城市要有每年300种以上"市级商业元素"分阶段规划建设，我们显然在这方面忽略了真正的人文要素及人居环境。圣迭戈120万人口，408个教堂，平均每万人拥有3.4个教堂。由此可见，建设一个国家中心城市要细化很多东西，绝不可能一气呵成。

【专栏2-4】

英联邦

英联邦（Commonwealth of Nations），是一个松散的国际组织，由53个主权国家（包括属地）组成，成员大多为前英国殖民地或者保护国，英联邦元首为伊丽莎白二世女王，同时身兼包括英国在内的16个英联邦王国的国家元首，此16国构成了一个现代版的共主邦联。

第一次世界大战后，英国势力遭到削弱，各殖民地人民纷纷要求独立，便逐渐用英联邦代替英帝国的称号。英联邦不是一个共和国，也没有中央政府。英王是英联邦的名义元首。英联邦不设权力机构，英国和各成员国互派高级专员，代表大使级外交关系。

主要组织机构有联邦政府首脑会议、亚太地区英联邦政府首脑会议、联邦财政部长会议及其他部长级专业会议。1965年起设立英联邦秘书处，其职责是促进英联邦的合作，筹划英联邦各级会议。秘书处设在伦敦。

第三章 广州在全球四大文化中的地位

通常认为，有100种左右文化影响全球历史进程。在100种文化中，以英语、汉语、拉丁语、阿拉伯语四大文化为主。其中英语与汉语覆盖与影响的人口最多。珠三角地区是以汉语言文化为主要语系，香港、澳门受英语、拉丁语文化影响最盛。

第一节 广州牵手20亿人口的文化地位

一、广州正在成为多语系中心

珠三角地区也是珠江湾区的文化中心，两千年以来已经铸就了其国际商贸中心的地位。汉语系不仅坐拥全球1/5人口，还影响亚太地区20余个国家，与英语系几近平起平坐。珠江湾区是以汉语系为核心的城市。以香港为代表的英语系，其城市开放度、管理水平、生活方式都浸润了英语文化，构成了与汉语系相互依存与促进的局面，表现在这一地区人们"中西合璧"的经商模式及生活方式；以澳门为代表的拉丁语系，有欧陆及海洋之风貌，伊比利文化弥漫大街小巷，对汉语文化也是一种丰富和促进；阿拉伯语系在珠三角地区的佛山、广州已深深扎根，阿拉伯人在广佛地区办的公司不少于2万家，超过2万阿拉伯人在珠三角地区生活。

拉丁语系人口在4亿～5亿；加上印度6亿～7亿英语系人口，全球英语系文化人口达15亿以上；汉语系人口及影响的文化亦在15亿左右。加上阿拉伯语系影响的14亿人口，广州作为区域文化中心，牵手或影响的人口不会低于50亿人。广州文化枢纽地位已成为当今世界的一个奇迹。

二、广州重要的地缘政治地位

广州是世界十大湾区中的文化中心城市，也是全球十五大航空港及重要的国际航运中心，文化、交通、区位、经济实力、对外开放度决定了广州的文化地位。广州作为全球十大湾区之一、十大江河之一珠江的几何中心，背靠祖国，牵手海外，一向具有全球视野。珠海淇澳村打败英军获千两白银赔付，是真正的让外国人最早掏金的战斗，它为三元里430多个乡村民众揭竿自发围堵英军举行了奠基礼，最后在广州成就了荣光。广州人的相互默契配合，是广州文化精神的内涵所在。广州的区域影响也在此。

【专栏3-1】

北大西洋公约组织

北大西洋公约组织（North Atlantic Treaty Organization，NATO），简称北约组织或北约，是美国与西欧、北美主要发达国家为实现防卫协作而建立的一个国际军事集团组织。北约拥有大量核武器和常规部队，是西方的重要军事力量。这是"二战"后资本主义阵营军事上实现战略同盟的标志，是马歇尔计划在军事领域的延伸和发展，是美国得以控制欧盟的防务体系，是美国实现超级大国领导地位的标志。

北大西洋公约组织曾被称为北大西洋联盟或北大西洋集团。北约的最高决策机构是北约理事会。理事会由成员国国家元首及政府首脑、外长、国防部长组成，常设理事会由全体成员国大使组成。总部设在布鲁塞尔。

第二节 阿拉伯文化

一、阿拉伯文化的特点

在世界文化体系中，阿拉伯文化是以伊斯兰教的神学理论和思想为指导，以阿拉伯语作为书写和传播工具。阿拉伯文化发轫于阿拉伯半岛，在后来的几个世纪中，阿拉伯人的征服，哈里发国家的统治，民族关系和社会结构的变化，伊斯兰教的传播和阿拉伯语的流行，构成了阿拉伯文化演进的深层背景。阿拔斯王朝（750—1250年）早期，阿拉伯文化臻于鼎盛这一兼容并蓄的复合文化形态是由三种文化汇合而成：阿拉伯人本土文化与伊斯兰教、西方的希腊文化与罗马文化、东方的波斯文化与印度文化，因而它兼具了游牧民族的文化特征和农业社会的文化风貌。

阿拉伯文化与伊斯兰思想和伊斯兰教体系是紧密相连的。阿拉伯伊斯兰文化不仅限于阿拉伯民族，而且是信仰伊斯兰教的全世界穆斯林的文化。其实，阿拉伯伊斯兰文化是水乳交融的一体。阿拉伯伊斯兰文化历史悠久，内容博大精深，既坚守纯洁的理念，追求崇高的理想，同时又充满包容，体现出开放的胸怀。当代的极端伊斯兰教派绝不代表阿拉伯伊斯兰文明。

阿拉伯文化特别是在中古时期取得了辉煌伟大的成就，就连西方历史学家都对阿拉伯文化表示由衷的敬意。例如，前联邦德国历史学家赫伯特·格特沙尔克在《震撼世界的伊斯兰教》一书中写道："全世界都感谢阿拉伯语在传播中世纪高度发展的阿拉伯科学知识方面所带来的媒体作用……如果没有阿拉伯语这个媒介，得到这些知识是不可想象的，或者说无论如何也不会了解得那么早。"

美国著名历史学家斯塔夫理阿诺斯在《全球通史》中说："西欧人对希腊知识已缺乏直接的了解，甚至长期不知道它的存在。因此，穆斯林这一学术成就在西欧准备重新恢复他们的研究之前，起到了保存希腊古典著作的作用。"

《自然辩证法》一书指出："古代留传下欧几里得几何学和托勒密太阳系，阿拉伯留传下十进位制、现代数字和炼金术，基督教的中世纪什么也没有留下。"这是马克思主义的创始人之一恩格斯对科学史的评价。

二、阿拉伯文化的成就

博大精深、海纳百川的阿拉伯文化在宗教、哲学、自然科学及人文科学等领域都曾取得举世瞩目的辉煌成就。

1. 哲学领域

由于受印度学术思想以及希腊哲学思想的影响，阿拉伯人将东西方哲学思想与伊斯兰文化相结合，形成了伊斯兰哲学。

2. 在数学领域

从9世纪开始，阿拉伯数学家已经掌握了球面三角形的基本原理，从此以后，印度数字、十进制记数法开始传入欧洲，一直沿用至今，可见阿拉伯人对数学的巨大贡献。

3. 天文学领域

阿拉伯帝国的科学家们对天文学一直保持着浓厚的兴趣。巴塔尼是对欧洲影响最大的天文学家。他的很多著作就颇有学术价值，后来的著名天文学家都从中受益匪浅。

4. 物理学领域

阿拉伯人在物理学上做了许多杰出的工作，尤其是在光学和静力学方面成果显著。

5. 文学领域

在文学艺术上，阿拉伯人也有很突出成就。文学内容丰富多彩，题材广泛，涉及诗歌、谚语、寓言故事等方面，《一千零一夜》现在还被广泛流传。

6. 艺术与建筑领域

阿拉伯艺术建筑以其宏伟壮丽及独有的风格誉满世界。其建筑别具一格，巧夺天工，包括伊斯兰学府、清真寺、哈里发宫殿等，它同中国建筑、印度建筑并称为东方三大建筑体系。

阿拉伯文化主要是由阿拉伯本土文化和伊斯兰文化以及希腊、波斯、罗马和印度等外来文化构成，在本土文化的基础上吸收了伊斯兰文化，如《古兰经》《圣训》等，又吸收了波斯、印度和希腊的文化，如波斯的传说、音乐、历史、哲学，印度的数学、医学、天文学，希腊的自然科学、政治等。阿拉伯本土文化同这些外来文化的融合经历了漫长的过程。所以，阿拉伯文化具有多民族性、包容性、继承性和开创性等特点。

三、阿拉伯文化对世界文化的影响

阿拉伯文化在各方面都有着很高的成就，被传播到了世界各地，不仅对阿拉伯地区各民族的历史、文化、艺术和教育等方面产生深刻影响，而且在世界文化史上也具有重要的历史地位和深远的影响。

1. 阿拉伯文化在保存和传递古代文化遗产上做出了重大的贡献

中世纪的欧洲处于封建割据、战争频繁、文化落后以及基督教神权的黑暗统治时期，古代希腊罗马文化毁灭殆尽。而阿拉伯伊斯兰文化却吸收了古代文化丰富的营养，尤其是伟大的翻译运动，使得大量的古代学术著作甚至在欧洲早已失传的著作有幸被保留和流传下来。后来，到中世纪后期，这些学术著作又被翻译成欧洲各种语言，特别是拉丁语，重新回到了欧洲，对欧洲的学术文化产生了很大的影响。"在欧洲处于蒙昧时代，阿拔斯帝国逐步成为文明的保护者，古老的科学和哲学传统保存下来；希腊文、叙利亚文、梵文和波斯文的著作被译成阿拉伯文而不致失传，出现了十进位制和零这类发明。"因此,"全世界都感谢阿拉伯语在传播中世纪高度发展的阿拉伯科学知识方面所起的媒介作用"。

2. 阿拉伯文化架起东西方文化交流的桥梁

东方文明,比如中国的造纸术、指南针、火药和印度的数字、十进位制等重大发明,以及糖、稻米、棉花等传入阿拉伯后,促进了阿拉伯伊斯兰文化的发展。而阿拉伯人又把它传给欧洲,丰富了欧洲各国人民的经济文化生活,推动了欧洲社会发展的进程。在12世纪以前,欧洲人还不会造纸,文字都是写在羊皮纸、骨器、木板上。"棉纸在7世纪从中国传到阿拉伯人那里",15世纪的欧洲人才普遍学会造纸术。而印刷术的传入避免了手抄本的笔误,保证了书籍的质量和速度,加速了文化知识的传播和文化的发展。到13世纪以后,中国的火药和指南针等先进技术也通过阿拉伯人传入欧洲。恩格斯指出:"现在已经毫无疑义地证实了,火药是从中国经过印度传给阿拉伯人,又由阿拉伯人将火药武器一道经过西班牙传入欧洲。"这对西欧的科学军事技术进步和航海事业发展起到了巨大的作用。这样,东方文化的传入,使欧洲人思想观念发生变化,"变成科学复兴的手段,变成对精神发展创造必要前提的最强大杠杆。"成为"资产阶级发展的必要前提"。

3. 阿拉伯文化对世界各国文化产生的影响

阿拉伯文化不仅融合了各民族文化,而且具有自己独特的特点,对世界各国产生了重要影响。比如,在学习希腊、印度、波斯天文学基础上的阿拉伯天文学对欧洲天文学的发展起了决定性作用,也对中国天文学产生了较大的影响。阿拉伯光学家的著作直接而深刻地影响了英国实验科学家罗吉尔·培根的光学研究,使他创立了近代的实验学。医学家阿维森纳的著作为欧洲医学的建立奠定了基础,对中国也颇有影响。阿拉伯文学丰富多彩,无论在形式、内容、写作风格上对欧洲文艺复兴时期的文学都产生了广泛的影响。

【专栏3-2】

华沙条约组织

华沙条约组织,又称为华沙公约组织,简称"华约组织"或"华约"(Warsaw Pact 或 Warsaw Treaty Organization),是为对抗北大西洋公约组织而成立的政治军事同盟。1955年联邦德国加入北约后,欧洲社会主义阵营国家(包括德意志民主共和国)签署了《华沙公约》,全称《阿尔巴尼亚人民共和国、保加利亚人民共和国、匈牙利人民共和国、德意志民主共和国、波兰人民共和国、罗马尼亚人民共和国、苏维埃社会主义共和国联盟、捷克斯洛伐克共和国友好合作互助条约》(又称"苏东条约")。该条约由苏联领导人赫鲁晓夫起草,1955年5月14日在波兰首都华沙签署,东欧社会主义国家除南斯拉夫以外,全部加入华沙组织。在亚洲方面,除中华人民共和国和朝鲜民主主义人民共和国之外,其他社会主义国家都是华约组织观察员国。

华约组织成员国包括苏维埃社会主义共和国联盟、德意志民主共和国、波兰人民共和国、捷克斯洛伐克、匈牙利人民共和国、罗马尼亚社会主义共和国、保加利亚人民共和国、阿尔巴尼亚人民共和国。1991年7月1日,华沙条约组织正式解散。

第三节　拉丁文化

一、语系范围

在珠三角地区，拉丁语系主要是澳门，广州的拉丁语文化使用者估计有5000人，其中意大利和西班牙占了80%。拉丁文化，又称为西方文化、天主教文化、罗马文化、欧美文化等，其地理范围主要包括欧洲大部分地区、北美洲、大洋洲等地，南美洲由于自近代以来被西方殖民时间较长，其文化多被欧洲殖民者所同化，有时也被看作拉丁文化圈的一部分。

二、主要特征

民众多信奉天主、耶稣、圣母等神祇，教堂是主要的精神建筑，拉丁字母使用广泛，文化上多继承古罗马、古希腊文化。拉丁语系还影响至非洲，尼日利亚能成为第三大制片国，拉丁文化、阿拉伯文化影响功不可没。

【专栏3-3】

影视文化

狭义地讲，影视文化指的是电影、电视共同的"有声有画的活动影像"，即影视艺术及其对社会生活的影响；广义地讲，影视文化泛指以电影、电视方式所进行的全部文化创造。

影视文化具有如下特征：

（1）即时性。即影视节目擅长表现和反映当前发生的、时效性强的事态与情状的性能。影视文化在节目内容上的即时性特征，是由影视的瞬时性决定的，它能最大限度地满足观众猎取最新社会动向的心理需求，尤其是一些电视节目，如体育竞赛、文艺演出、庆典演讲等富于现场感的同步追踪节目，采用的是"现在进行时"的播出方式，给观众带来极大的观赏价值和心理刺激。这种即时性能使全世界不同语言和不同社会背景的人们在某个共同的时刻，共同了解正在进行的事态，并感受由此带来的魅力与刺激。

（2）普及性。是指影视的广泛传播范围。由于影视的时效性，使得影视节目在表述内容和表述形式上不可能过于复杂，要求清晰、简明、单纯、通俗，这就使影视节目的传播与接受范围比传统媒介大得多。这里的普及性，并不仅仅是针对文化素质较低的观众，而是指适应各个文化层次观众的普遍需求，因此，普及性成为影视文化的重要特征。例如，我国一年一度的春节联欢晚会能把老少几代不同文化层次的观众聚集到一起来欣赏，就很好地印证了影视文化的普及性特征。

（3）直观性。它通过直截了当和形象鲜明的方法传播信息图像和声音，并直接作用于人的视觉和听觉，使之符合人类感受客观事物的习惯。它直观、形象，较之单调的文字，能够更直接、更形象、更有效地传递信息，具有穿透性和动人性。影视文化以其直接、真实、生动的形象再现来反映生活、记录事态、传播信息，让观众从直观化的视听形象中得到真切的认识和感受。这就是影视文化的直观性。影视作品兼容了语言、音乐、绘画、摄影、雕塑、建筑等多种艺术的特性，并把它们有机地融合在自身的形态之中，使其在运动的影像中得到了更突出的发挥。

（4）娱乐性。影视不同于报纸，影视呈现的是图像，影响的是人的眼睛；而报纸呈现的是文字，影响的是人的大脑。影视图像虽然失去了报纸文字所特有的严密逻辑和深邃内涵，但却获得了文字所无法表现的形象生动的优越性。影视无论是内容还是形式，都是为了娱乐观众，或是娱其身，或是乐其心。

（5）导向性。从影视的传播效果来看，影视文化具有高度的示范性和导向性。由于影视本身所具有的导向性，影视文化被高度社会化了，它对人们的社会教育功能和政治宣传功能在很大程度上代替了传统媒介。

第四节　英国语言文化

说到英国语言文化，就不得不提到希腊神话典故，它是了解、鉴赏英语文学著作的重要通道。下面就希腊神话典故特征及其英语文明关联影响来做展开说明。

一、希腊神话典故特征

1. 神话人物的品格特征

希腊人甚至西方人的思想方式，其实常常受到希腊神话典故中隐喻性思想布局的影响，而且希腊神话中众神也具有显著的拟人道，像一般人那样喜怒哀乐。比如阿波罗（Apollo）是美男子的代言人，雅典娜（Athena）则集才智与秀丽于一身，坦塔罗斯（Tantalus）则是典型的罪犯。

2. 神话典故的内容象征

国际的最高操纵者宙斯（Zeus），王后，亦即美德与庄严女神赫拉（Hera），才智女神雅典娜（Athena）等这些神祇好像存于人世，操纵着天然与人类，呼风唤雨，相当于社会的控制阶级。神祇与英豪们的各种典故，犹如那个年代大家所记忆犹新、念念不忘的事，具有显著的普世判别与价值。

二、希腊神话典故的英语文明关联影响

西方人有着崇尚神话中的神灵与超天然力气的文明心态，希腊神话典故中的很多内容也赋予英国语言丰厚的联想含义。比如，享誉国际的运动鞋品牌耐克（Nike）即借用了希腊神话中成功女神 Nike 的姓名。

英语词汇是语言文明的重要载体。英语的名词可更多地让我们感受到希腊神话典故的痕迹。比如，Athens（雅典）源于才智女神雅典娜（Athena），Europe（欧洲）源于被宙斯绑架到克里特岛的腓尼基公主 Europa（欧罗巴），Paris（巴黎）则源于特洛伊王子 Paris（帕里斯）。

平常所使用的短语及成语（idiom），一般能以详细情境的方式反映出言语的少许个性，在世语俗说中让人理解并把握该种言语的更多神采。希腊神话中的很多精彩典故也浸透到英语语句中，并以短语的方式再现关联场景。比如，英语中的 The Trojan's Horse（特洛伊木马）可用来意指出其不意的攻势；又例如，普罗米修斯（Prometheus）是希腊神话中最闻名的神，他将标志着光亮与才智的天火盗到人世，英语中便有了 Prometheus spark（普罗米修斯的火种）。

【专栏3-4】

城市综合体六本木

城市综合体,亦称为"城中之城",适合经济发达的城市,它将城市中的办公、住宅、商业设施、文化设施、酒店、展览、会议、文娱、交通等城市生活空间的三项以上进行组合、交融,并在各部分建立一种相互依存、相互助益的能动关系,从而形成一种多功能、高效率的综合体。它告别了城市发展的单向度理念,崇尚以人文本,构建一种空间、交通、景观、高科技集成等具有典型特征的城市综合体,如六本木。六本木已成为东京城市的符号,是日本人最想带朋友参观的场所,是传播新信息的城区,是作为话题经常被瞩目的城区中排名前两位的地方,亦是亚洲城市综合体开发的里程碑,更是人们到日本的必访之地。因为它是最具有超现实、未来感、引领潮流且具有城市张力的地方。六本木建有3条地铁线路、10余个地铁站出入口、20余条公交线路,并有2条高速公路交叉通过,还有改造拓宽的地面行车道路,同时拥有2762个超大规模的停车库,67台手扶电梯和37台高速电梯,多种内外立体交通体系实现了快速通勤。平均每天游客6万人。

(1)新城来历。据传,在日本江户时代,有6个木氏家族,青木氏、一柳氏、上杉氏、片桐氏、朽木氏、高木氏共同在此地建房定居,随后,此地便成了六本木的发源地。六本木经历了第二次世界大战、20世纪80年代,直到2003年4月发生了历史性的重大变革,六本木新城华丽蜕变成为最受关注的新兴都市规划区的代表地。

(2)建筑特色。它的创新感和设计感极为典型。比如,它将大体量的高层建筑与宽阔的人行道、大量的露天空间交织在一起;建筑间与屋顶上大面积的园林景观和谐融合,在拥挤的东京成为举足轻重的绿化空间,蔚为壮观。六本木目前已成为旧城改造、城市综合体的代表作,亦是人们去日本旅游必去之地。

(3)标志性建筑。六本木的标建——森大厦,是21世纪城市建设构想的实践体。

森大厦是六本木的标志性建筑,它整个建筑群体复杂,用"垂直都市"的概念将生活流动线由传统的横向水平改为竖向垂直,极具迷惑感。它占地面积11.6公顷,总楼面积76万平方米,有2762个停车位。

(4)标建主要功能。它的主要区域为办公场所,也是综合体最主要的部分。它共54层,2~5楼为饭店和商铺,7~48为写字楼,49楼以上为美术馆及会员制俱乐部,其中包括由80家店铺所组成的购物中心。"WEST WALK"设有完全独立房间的会员制图书馆,会议室的"六本木 hills"可以360度眺望东京。总的来说,其功能系统丰富,相互融合并循环,是以人文为本的典范。

(5)心中的天梯。六本木的分类实操性强悍,从交通过渡到空间及景观无一不足,有交通体系、商务办公、住宅社区、酒店、景观绿化、文化艺术设施、商业设施等,与我们要探讨的富丽堂皇的城市前景的理念相吻合。它的交通体系、商务办公、住宅社区、景观绿化、文化艺术设施等均是现代城市的圭臬。

第五节 商业文化概述

广州是中国城市商业文化中心,广州商业文化已经形成了动漫、互联网、影视、设计等表征性业态。广州的商业文化从理论到运作,经历了一个渐进的过程,把文化与经济结合起来运作的企业,越来越多了。在营造商业文明环境、提高商业员工素质和促进商业的发展中,商业文化发挥了积极作用。

一、在市场大潮中诞生的商业文化理论

商业文化是面对大商业、大市场、大文化提出来的。胡平同志当时认为"我们的经济和文化结合得不够。提出商业文化是为了提高商业的地位。按照过去的'士、农、工、商的排序,商业是末业"。对此,胡平同志在《商业文化的内涵》一文中叙述说:"过去把流通说成是非生产部门,是不创造财富的。可我想不通。我就从马克思著作里面去找。马克思说:'一个歌女在大街上自己卖唱,她是非生产性劳动;同样一个歌女,老板雇用她在剧场里卖唱,是生产性劳动。因为她生产资本。'(《马克思全集》第26卷第三分册第432页)。"马克思曾说过,在文明状态中,人人是商人。可见,提出商业文化并赋予现代内涵是十分必要的和十分正确的。

1. 商品文化

商品是一个载体,文化附加在商品上,可以提高商品的价值,古今中外都是如此。

2. 商品营销文化

推销不是营销,营销的核心是顾客需要什么,企业就供应什么,并利用各种手段把商品送到消费者面前,满足顾客的需要。当前的"服务品牌"就属于营销文化在新形势下的产物。

3. 环境文化

一个企业不仅要有良好的内部购物环境,外部环境也很重要。一个小区、一条街道乃至一个城市,都要进行文明建设。

4. 商业伦理文化

在商业竞争中要讲信誉,不卖假货,不搞欺骗,实行优质服务,在竞争中达到"双赢",以优良的商业道德,提高自己的商誉。

5. 新商人文化

新商人文化实际上就是培育新一代的商人,也就是培育遵纪守法的有文化、有道德、懂行的商人,包括商业企业家和从商人员。

6. 商业精神

商业精神是商业的灵魂,是企业的价值观念。商业精神把企业发展的目标与全体员工的需求结合在一起,成为员工们共同追求的目标和共同遵守的道德规范和行为准则。

从以上六个方面来分析商业文化,几乎包括了商业整个运作过程。因此,商业文化是依法治商、以德服务、以文育人的统一体。现代商业文化是有中国特色社会主义理论的产物,没有中国特色社会主义理论,便没有中国特色商业文化这个概念。正是有中国特色的社会主义理论,孕育和促进了中国特色商业文化理论的诞生。而中国特色的商业文化理论将为实现中国商业现代化发挥重要作用。

二、商业文化的功能与作用

商业经济的发展,推动着商业文化的发展;反过来,商业文化的发展又促进了商业经济的发展。两者紧密相连,互相促进,发挥着商业文化功能的作用。

结合企业的实际来考察商业文化的功能。

1. 激励功能

在建设商业文化的过程中，企业建立了严格的责任制、明确的价值观和道德准则，形成了一个良好的小环境。环境与人们成就关系极为密切，比权力激励和社会激励更为自觉、更为有效。一般来说，在商业文化建设取得一定成就的企业，单位小环境都比较好，人们对事业有执着的追求，有比较高尚的道德情操，那种互相不服气，为权力、为奖金、为工资争斗的现象也很少发生，大家把自己的发展与企业的发展紧密地联系在一起。商业文化建设所形成的企业精神，发挥着激励的能动作用，这比发挥物质激励的作用大得多。企业对员工的激励是多方面的，每一种激励都具有其自身的作用，从商业文化建设突出的一些企业来看，主要是四种激励。

（1）目标激励。许多企业，都有5年方向、3年规划、1年目标，分别落实到部门和个人。员工对目标的追求，能激发起一种自觉的积极性。

（2）人格激励。企业的人格激励，从主要领导的人格激励带动班子成员的人格激励，发挥着很大的作用。有的企业甚至形成管理人员的人格特征，这种激励发挥着更大的作用。据调查，一个人在报酬引诱及社会压力下的工作表现，仅能发挥60%的工作能力，其余的40%则有赖于领导群体的激发。

（3）竞争激励。在社会主义市场经济条件下，商业竞争愈演愈烈，由于社会主义制度本身的优越性，竞争的结果大多为"双赢"，也有不适应者因落马而破产。正是社会主义的性质，决定了社会、企业、个人利益的一致性。因此，使员工接受企业的目标，并为目标的实现而共同奋斗。特别是竞争中涌现出来的各类先进人物，如商业服务竞争出现了"服务品牌"，从个体走向集体，这些先进人物和先进集体，便成为商业文化建设的旗帜，使员工学有方向，赶有目标，发挥着榜样激励作用。

（4）奖惩激励。奖励先进，是对员工的一种肯定，使员工在物质上和心理上得到一种满足，并保持一种良好的心理、行为状态，继续做出贡献。同时，惩罚那些有着不良行为的员工，促使他们向好的方向转化。在商业文化建设中，奖励所发挥的作用比惩罚的作用大得多。

2. 约束功能

企业在商业文化建设中形成的一种非行政、非经济的心理约束氛围，能增强经济、行政手段的制约功能。商业企业依靠管理规范、服务规范和各种规章制度以行政命令的手段约束员工行为，而价值观、道德观、行为准则同样可以约束、规范员工行为，如同上层建筑一样，一旦形成，表现出一种无形的力量，更高级、更长远地约束着员工的行为，使企业管理进一步科学化和高效化。约束功能表现在：

（1）对员工的心理约束和对工作的约束一致起来，建设一支具有统一的价值观念、首创精神，以及一切行动听指挥、遵法守纪的员工队伍，发挥员工的主体作用；每一个员工懂得自己的工作任务、目标、职责，并按照这些要求驾驭管理各种要素，尽职尽责地完成本职工作。

（2）能使自我约束和强制约束结合起来。商业文化的一个重要职能就是启发和增强员工自我约束、自我控制的意识和能力，而这种自我管理的意识和能力与规范化的工作纪律、规章制度、管理秩序等相匹配，推进实现自己的理想目标。一个企业群体的价值观念一旦成为广大员工的自觉意念和行为，员工们就无须外力的强制，自觉地按照群体认同的价值观念待人处世和从事经营活动。

（3）能使软件约束和硬件约束结合起来。商业企业结构、技术管理属于硬管理，系统、网络、员工、策略和共同价值观等均属于软管理。只有强化软管理，才能加强硬件管理。如果软管理软弱，硬管理是难以成立的，就是把硬管理加强起来，也难以持久。商业文化属于软管理，形象搞好了，结构、技术便能获得保证，发挥它应有的功能。

（4）能使事前、事中、事后（包括售前、售中、售后）的约束相结合，三者约束，环环紧扣。在商品质量的问题上，事先约束尤为重要，按规定、按制度、按要求执行，来不得半点马虎，任何私心杂念、简单马虎都会造成不良后果，早有警惕，可以减少不必要的损失。商业文化中长期形成的群体观念和道德行为准则，在员工中起潜移默化的作用，可以使不良行为自我约束。即使一旦发生，也比较容易进行纠正。

3．凝聚功能

凝聚功能是商业文化最显著的功能，它能使员工自尊、自重、自强、自律，把员工意志和行为引向同一目标和同一方向，并为这个目标和方向协同动作。文化本身就是一个很强的凝聚力。通过文化的冲突和文化的整合，使文化在时间中发展，在空间中延伸，在互相交流中求得共同的发展。

4．沟通功能

商业文化的沟通功能主要是借助于文化传播和商业网络来实现的。在企业内部，领导者提出的战略目标、先进的管理方法和管理观念通过各种渠道与内外上下沟通，特别是内部员工的沟通，取得共识。对外的文化沟通，实际上也是社会范围内文化沟通的一种形式。

沟通能使员工统一道德准则和价值观念，从而达到统一行为的目的。在当今"厂务公开"的情况下，更能使员工与领导之间互相信任、团结一致，明确权力关系、责任关系和利益关系。

由于统一了道德准则和价值观念等，员工对外联系工作时，有一个良好的行为标准和趋向，从而在维护本企业利益时能够正确处理双方利益，树立本企业的形象，产生良好的文化影响。更甚的是，员工在处理个人利益、企业利益、国家利益时能正确对待眼前利益、短期利益和长远利益，不急功近利，正确处理工作中的各种关系，树立一种无形的信誉。

与外部的沟通过程也是一种吸取经验和传播经验的过程，可以互相学习，共同提高。因此，商业文化的沟通过程，对于促进自身和社会的商业发展，其意义是十分深刻的。

5．育人功能

文化具有育人功能。商业文化同样具有培育人才、造就人才的功能。商业竞争，就一定意义上来说，也是人才竞争，商业人才的重要作用已被更多的人所认识。商业文化实际上就是以人为中心，以提高人的素质为中心内容的"软"管理。商业文化通过多种方式来关心人、理解人、尊重人，满足广大员工物质的、精神的需要，特别是发挥自身价值的需要，从而形成凝聚力和共同的价值观念。在商业文化的氛围中，员工养成了好的品质，产生了上进心和责任感。企业通过各类培训和引导措施，推波助澜，进行思想的、法制的、业务的以及科技教育，就把员工引向更高的境界。如此形成良性循环，人才也就在这样的环境中脱颖而出。

三、商业文化推动着商业的发展

商业文化建设要从研究商业管理入手，围绕创造尊重员工、关心员工、发挥员工积极性的良好环境，形成共同的价值观，树立商业企业形象，营造商业内外优良环境，创造商业企业精神，发挥商业企业员工的创造才能，建立起以"人"为中心的现代管理模式，进而达到发展商业、服务经济的目的。

对商业企业来说，一手抓经济，一手抓文化，定能促进中国商业向着现代化大步迈进。商业文化鼎盛之日，便是商业经济鼎盛之时。

商业文化作为一种社会文化现象，随着商品交换的产生而产生，与商业实践相始终，迄今已有悠久的历史；而作为现代的一个专门学科，则还仅仅只有短短不到20年的时间，是一门很年轻的学科。

早在先秦时期，随着农业、畜牧业、手工业的发展，出现了自由商人，洛阳、邯郸、长沙等著名的古代商业都市也相继出现。至唐宋时期，我国商业进入了由古代商业向近代商业的过渡时期，其重要标志是纸币的流通和对外贸易的崛起。元朝统一整个中国之后，一度遭受战乱破坏的商业又有新的发展。据《马可·波罗游记》，京都周围"约有城市二百，位置不等，每城皆有商人来此买卖货物，盖此城为商业繁盛之城也"。明清出现了近代资本主义商业的萌芽，富商大贾占有生产资料和资本，无产者只能出卖劳动力。这种情况基本上延续到清末。

古代中国，以农为本，把"重农抑商"作为治国方略，商业经济得不到自由发展，力量脆弱。近代西方列强入侵，民族工商业备受压制。新中国成立后的相当长一段时间，在指导思想上把市场经济看作资本主义制度下特有的经济形态，从而陷入了理论误区。

尽管如此，我国人民在长达几千年的商业实践中，在积累了丰富的社会物质财富的同时，形成了富有民族特色的商业文化，如爱国守法、重义轻利、诚实守信、克勤克俭，以及高瞻远瞩、重视人才、乐观时变等具有经典意义的商业道德观念和商业策略思想。据《左传》记载，春秋时期郑国商人弦高和奚施经营长途贸易，路遇秦军偷袭郑国。弦高急国家之所急，一面叫奚施火速回郑国告急，同时自己冒充郑国使臣，以私有的玉璧和12头牛去犒劳秦军。郑国接报后有了充分准备，秦国只好撤兵。明朝著名徽商汪平生，"正德年间，岁大歉饥，储蓄谷粟可乘时射倍利"，但他"不困人于厄，悉贷诸贫，不责其息，远近德之"。据《魏书·赵柔传》记载，一天，赵柔与儿子一道上市卖犁，与一顾客议定换绢20匹，顾客回住处取绢时，另一人愿用30匹绢换犁，赵的儿子喜出望外，以为可以轻而易举地多赚10匹绢，而赵柔却坚决谢绝，他说："与人交易，一言便定，岂可以利计心。"《太平广记》则记录了一个反面的事实：某年大旱，数月无雨，庐陵商人龙昌裔囤米千斛，待价而沽，又撰祷文，求神一个月内不要下雨。这个没良心的奸商在回家的路上就被雷电击死，人们还发现了他的祷文。龙氏不但自身死有余辜，成为千夫所指，而且连儿孙的功名也被革除。诸如上述事例，史不绝书，是我国古代传统的商业道德、文化的生动写照。

一切文化都具有历史的传承性。今天，社会主义的商业文化，是我国古代商业文化的合理继承和发展。20世纪80年代，随着国际范围内现代市场经济的加速繁荣和竞争，西方经济学家首先注意到必须从文化层面来寻找企业生存和发展的深厚动力，提出了建立企业文化的历史性命题。在这样的理论氛围中，我国也极力提倡建立商业文化学，引起了商业企业界、商业理论界人士的普遍重视，全国兴起了商业文化热。于是，商业文化作为一门边缘性和综合性的学科，逐步形成。它产生于商业企业管理学与文化学科之间，又融入了社会学、伦理学、心理学、美学等多学科的相关内容，从而构筑了一门新的学科。目前，商业文化发展似乎还应强化。

（1）塑造优秀的现代商业精神。我国社会主义现代化建设的首要任务，是解放和发展生产力，首先是解放和发展生产力的根本要素——人。商业企业必须实现以人为本的管理，做到人尽其能，人尽其用。商业是社会服务行业，必须要求每个员工牢固树立"为人民服务"的思想，并以奉献精神作为理想的人格追求。要确立依靠自身能力和优质服务实现自我价值的能力价值观，从而消除不正常的权力价值观、金钱价值观和关系价值观。员工奋发昂扬的精神状态是一种伟大的整体力量，当他们把个人融于集体之中，并感受到现代化目标鼓舞的时候，就能形成统一协调、励精图治的自觉行为，在企业内部和外部，树立起以文化制胜为特征的精神风貌。现代商业，与其说"利润至上"，还不如说是"员工至上"。利润源于员工的精神，员工的精神决定着企业的生存和发展。

塑造以人为本的商业精神，还应包括理解、承认并保护员工合理的个人利益，即所谓"现实的人性"的需求。否则，高谈阔论的现代商业精神将成为空中楼阁。

（2）建构完善的现代商业制度。市场经济是竞争经济，也是法制经济。商业企业作为市场经济中的一个重要角色，不能不强烈呼吁全社会共同建构起一个公平的竞争机制和环境。这一机制与环境的建构，除了有赖于政府法律、法规外，另一个更具实践意义的，却是商业企业"自我"的制度建设。事实表明，许多违法经营活动的发生和假冒伪劣商品的泛滥，源于无法可依的较少，而出于有法不依的却甚多。由于受儒家传统观念的影响，长期以来，我国在商品交换中趋向于重"情"而轻"法"，缺乏强烈的契约精神。如果说这种观念在历史上曾有过积极作用的话，那么，在今天的市场经济中则必须予以改造、更新，代之以法律上、制度上的权利、义务关系，以促进商品交换的正常运作。

商业企业制度建设的另一层面是强化企业内部员工的行为规范，如劳动纪律、奖惩办法、民主监督制度等。

（3）弘扬高尚的商业道德。商业道德的核心是义利关系问题。有一种历史性的观点认为，"儒为名高，贾为利厚"，读书人追求的是"义"，商人追求的是"利"。不可否认，商人"重利轻义""见利忘义"，乃至"利令智昏"的现象屡见不鲜。诚如哲人所揭示的那样，早期的商业资本家，在追求50%的利润时，就会铤而走险，为了100%的利润，就敢践踏一切人间法律，为了300%的利润，就敢犯任何罪行，甚至冒着被绞首的危险。所谓"无商不奸"的说法即由此产生。在社会主义商业道德建设中，毫无疑问地必须坚决消除唯利是图的腐朽的商业道德观的恶劣影响。

古往今来，许多商人都恪守着"仁中取义真君子，义中求财大丈夫""诚招天下客，义纳四方财""利以义制，名以清修""君子爱财，取之有道""货真价实，童叟无欺"等高尚的道德信条。这种"以义取利"的经营之道，为他们赢得了美好的商业信誉，也为他们带来了巨大的财富，在今天仍有借鉴意义。同时，也必须看到，我国积淀于封闭式农耕经济基础之上的商业道德，具有明显的保守的一面，儒家津津乐道的"君子喻于义，小人喻于利"的思想，无疑是对"利"的普遍否定。这种观念与现代"左"的思潮相结合，有着很深刻的社会影响，以致令人"谈利色变"。今天，建设社会主义商业道德，必须坚持"义利一致"的原则，充分肯定经商获利、发财致富的合法性和合理性。

商业文化不是孤立的文化形态，它与社会的政治、法律、经济存在着互相渗透、互相制约的关系。我们期待着通过对商业文化建设的理论问题和实践问题的探讨，把社会主义商业办成推进社会主义物质文明和精神文明的阵地，开创社会主义商业的新局面。

【专栏3-5】

美国15个GDP最大的城市排名

（单位：百万美元）

排名	城市	大都会统计区（所属州）	2001年 现值美元	2001年 链式美元	2014年 现值美元	2014年 链式美元	2001—2014 链式美元平均GDP值
1	纽约	纽约-纽瓦克市-泽西市（纽约-新泽西州-宾夕法尼亚州）	975 625	1 171 829	1 558 518	1 423 173	1 219 123
2	洛杉矶	洛杉矶-长滩-阿纳海姆（加利福尼亚）	544 144	643 821	866 745	797 697	718 828
3	芝加哥	芝加哥-内伯威尔市-埃尔金（伊利诺伊州-印第安纳州-威斯康星州）	416 456	504 428	610 552	557 745	515 788
4	华盛顿	华盛顿-阿林顿-亚历山大市（哥伦比亚特区-弗吉尼亚州-马里兰-西弗吉尼亚州）	272 133	332 746	471 584	435 583	393 404
5	休斯敦	休斯敦-伍德兰市-舒格兰（得克萨斯州）	240 943	313 378	525 397	454 944	366 282

(续上表)

排名	城市	大都会统计区（所属州）	2001年 现值美元	2001年 链式美元	2014年 现值美元	2014年 链式美元	2001—2014 链式美元平均GDP值
6	达拉斯	达拉斯－沃斯堡市－阿灵顿（得克萨斯州）	256 467	302 007	504 358	460 154	357 654
7	费城	费城－卡姆登－威明顿市（宾夕法尼亚州－新泽西州－特拉华州－马里兰州）	249 671	302 979	391 118	358 469	334 450
8	旧金山	旧金山－奥克兰－海沃德（加利福尼亚）	245 090	290 578	411 969	370 478	322 271
9	波士顿	波士顿－坎布里奇－牛顿市（马萨诸塞州－新罕布什尔）	241 957	285 254	382 459	353 710	312 124
10	亚特兰大	亚特兰大－桑迪斯普林斯顿－罗斯威尔（乔治亚州）	213 325	252 285	324 881	298 146	276 224
11	迈阿密	迈阿密－劳德代尔堡－西棕榈滩（佛罗里达）	184 952	224 062	299 161	273 386	252 273
12	西雅图	西雅图－美国西海岸－西雅图市（华盛顿）	166 308	198 807	300 827	278 570	234 061
13	底特律	底特律－沃伦－迪尔伯恩（密歇根州）	190 916	220 347	236 500	219 862	213 254
14	明尼阿波利斯	明尼苏达州－圣保罗－布卢明顿（明尼苏达州－威斯康星州）	148 189	177 678	235 733	216 891	197 821
15	凤凰城	凤凰城－梅萨－斯科茨代尔（亚利桑那州）	129 939	152 786	215 214	197 980	183 010

资料来源：根据 http://www.insidermonkey.com 数据整理。

第六节 动漫文化

随着《喜羊羊与灰太狼》的传播，广州动漫文化开始了新的篇章。因此，广州的动漫文化发展引领全国的地位得以基本确定。

动漫产业，是指以"创意"为核心，以动画、漫画为表现形式，包含动漫图书、报刊、电影、电视、音像制品、舞台剧和基于现代信息传播技术手段的动漫新品种等动漫直接产品的开发、生产、出版、播出、演出和销售，以及与动漫形象有关的服装、玩具、电子游戏等衍生产品的生产和经营的产业，因为有着广泛的发展前景，动漫产业被称为"新兴的朝阳产业"。

一、发展史

1907 年，第一部动画片《一张滑稽面孔的幽默姿态》由美国人布莱克顿拍摄完成，美国动画片史正式开始。这一时期的动画影片只有短短的 5 分钟左右，用于正式电影前的加演，制作比较简单粗糙。该时期的动画先驱还有温莎·麦克凯、派特·苏立文、弗莱舍兄弟等。麦克凯是美国商业动画电影的奠基人，他的代表作品有《恐龙》《露斯坦尼亚号的沉没》等。苏立文创作了美国动画片史第一个有个性魅力的动画人物"菲力斯猫"。弗莱舍兄弟的作品有《蓓蒂·波普》《大力水手》等。华特·迪士尼在 20 世纪 20 年代后期崛起，1928 年他推出了第一部有声动画片《汽船威利号》，1932 年推出了第一部彩色动画片《花与树》。

中国动漫产业起步于 20 世纪五六十年代，当年的水墨动画堪称一绝，以及后来的布塑动画。但遗憾的是国内未能对这一行业领域给予足够的重视，自然也就无法使这一新兴的艺术门类一直保持优势并不断创新，最终导致技术停滞不前以致远远落后于国外的制作水平。

二、发展状况

2004 年，全球数字内容产业产值达 2 228 亿美元，与游戏、动画相关的衍生产品产值超过 5 000 亿美元。从全球来看，动漫产业已经成为一个庞大的产业。

日本是动漫产业的第一大国，发展动漫的历史可以追溯到"二战"时期。现代日本动漫素材多样，种类丰富。日本人具有创新精神，在动漫上也有体现；日本人也有坚韧的品质，日本动漫做工很好，深受各国人民的欢迎。日本政府对动漫产业极为支持，甚至将其用于国家的形象宣传。截至 2012 年年底，日本动漫占据全球份额的 70% 以上，欧美国家也在其电视节目中播出最新的日本动漫。

2004 年，中国动漫产业总产值 117 亿元人民币，2005 年达到 180 亿元人民币，并且中国动漫市场还有 1 000 亿元人民币的产值空间等待开发。面对如此巨大的市场商机和文化影响力，为了推动民族动画产业奋起直追，国家相继制定出台了一系列扶持动画产业、振兴发展的政策措施。中国动漫产业正面临着政策有力推动、市场强力拉动、"互动效应"十分突出的形式。中国动漫业所面临的现实是危机和机遇同时存在，而发展则正在挑战停滞与跨越的阻隔。

三、发展趋势

2012 年，中国动漫产业规模达 320 亿元，衍生品市场达 220 亿元。预计动漫产业仍将保持高速增长，动漫产业总体规模将突破 320 亿元。虽然中国动漫产业保持高速增长，但是与动漫大国日本和美国相比，中国动漫产业仍处于弱势地位。日本的动漫产业产值每年 230 万亿日元（约 18 万亿人民币），成为日本的第二大支柱产业，相比而言，中国动漫产业规模与影响力尚偏弱。

四、联盟策略

在宏观政策和一系列鼓励扶持动漫产业发展的专项政策支持下，中国动漫产业快速发展，经历了从小到大、由少到多、由代工走向原创的转变，在推动文化产业结构升级、加快转变经济发展方式方面发挥着日益重要的作用，动漫产业发展空间巨大。国内优秀的动漫生产企业愈来愈重视对行业市场的研究，特别是对企业发展环境和客户需求趋势变化的深入研究。

北京的"钢仔动漫产业联盟"是央视动画首次发起成立的动漫产业联盟，由央视动画有限公司联合山东世纪金榜科教文化股份有限公司和沈阳博士兔动漫制作有限公司等共同发起打造的跨动漫、图书、教育、文具、游戏等领域的产业开发跨界平台。

本次产业联盟是一次跨界经营的新努力,它将全面打通动画片策划、动画制片、动画片销售、动画片播放、动画衍生品营销各环节,提升动画片选题创意、形象造型和市场营销水平,实现合作共赢。

联盟通过强强合作,以动漫内容为核心,将传统行业和渠道整合,同时注入体验、游戏等新元素,让少年儿童直接参与和制作动漫,创造出更多有生命力的优秀国产动画作品和动画品牌。

五、存在问题

中国动漫产业具有巨大的投资潜力和广阔的未来前景,也存在着产业发展定位不明确、产业链条发展不完整、产业资金投入不充分、专业人才供需不平衡、市场发展环境不健全等问题。而最大的问题则在于国内的政策问题。很多日本动漫都有中国公司的参与,也就是说中国公司有能力做出精美的画面,但是碍于各种规定,很多优秀作品胎死腹中。国内的动漫爱好者众多,而看的基本都是美日作品,如何放宽规定、脱离狭隘主题是难题。

1. 原创程度不高

主要停留在动漫形象的基础应用层面,偏重于对成功模式的模仿,缺乏具有竞争力的技术创新和形式创新。

2. 终端环节

从市场覆盖率的角度来说,具有相对的全方位立体化特征,基本可以涵盖人们衣食住用行的各个领域,但市场的细分化程度不高,缺乏对细分市场的针对性运作;终端环节的控制力度不强,主要依赖辅助产业和相关产业的运营获取商业利润,相对来说表现为一定的被动性。中国动漫产业的发展状况见表2-4。

表2-4 动漫产业发展状况

	发展困局	内因	外因
研发	①研发的原创性不高,大多采用沿袭或抄袭套路;②以动漫形象的直接应用为主,技术含量不高	①传统运营模式注重价值链的量化积累;②线性价值链的主要收益来源于市场占有率	①社会经济环境对动漫产业认知和设定局限;②终端市场偏重于国外引进知名动漫形象应用套路
产品	①产品的品类繁杂,不成体系,普遍质量不高;②产品偏重于动漫形象的实体化,缺乏功能特色	①追求市场占有率,盲目拓展,设计人员缺乏对品牌战略的整体把握,无法把产品与市场对接;②传统上,对动漫产业的知识体系缺乏技术层面的创新和支撑	①国内生产商多为加工型企业,缺乏对自主知识产权的应用;②国内生产商追求批量化生产,以规模效应降低成本
服务	①以动漫形象作为附加值,依附于其他产业提供相应的服务;②缺乏品牌化的价值传递和行为标准,难以与市场需求进行直销对接	①长期以产品销售为核心,缺乏对服务的价值认知;②品牌运作止步于形象识别	①国内市场格局仍处于垄断与混战的低端竞争态势;②缺乏强势品牌的排他性和兼容性

(续上表)

	发展困局	内因	外因
管理	①沿用原有代工体制,实行工厂化的流程管理;②缺乏以品牌价值为核心的、以市场需求为导向的、以商业利润为目标的商业化运营模式	①产品生命周期过短,导致动漫企业陷于不断开发产品的循环;②短线作战特征明显,急于快速积累资本,缺乏长期战略考虑	①扶植政策的驱动下导致资本的盲目进入,催生市场泡沫效应;②国外强势动漫品牌的迅速扩散,压缩了本土动漫市场培育周期
营销	①以知识产权为核心的版权交易作为营销基础,间接获取市场规模的判断,缺乏对自身品牌价值的理性评估;②以周边产品的销售为主要内容的营销方式,对于市场的把握由产品经销环节控制,禁锢商业扩张	①动漫形象的产业渗透能力不强,无法形成核心竞争优势;②动漫企业自身缺乏产品线的规划和生产能力	①国外强势动漫品牌的市场反应激发周边产业的跟风热潮;②大生产模式下,多数企业追求批量产品的短期变现能力
推广	①对推广的依赖程度过高,被动推广需要大量资本投入,硬性传播承担过大的市场风险;②推广方式依赖线上推广,对资源稳定性要求过高	①动漫企业缺乏系统的品牌营销思维,仅依靠推广打开知名度;②动漫企业强调形象传播,线下推广的形式和内涵不足	①特定的社会文化背景下,目标消费族群的媒体接触习惯;②整体社会价值趋向简单直白和娱乐化,缺乏体验性
流通	由运营商控制市场流通和进销存的量化管理	动漫企业自身不掌握行销通路	行业分工的过度精细化
终端	①由经销商掌握销售的主动权,形成对动漫产业自身的反向选择,导致动漫企业无法掌握市场布局;②长期依赖授权开发,导致市场铺货混乱,盗版侵权常态化	①动漫企业核心创作团队,具有明显的市场细分特性;②动漫企业自身品牌核心竞争力的塑造缺乏市场适应性	①销售和应用终端的市场化属性以市场收益为导向;②国内知识产权保护不力,蚕食正品市场业绩

3. 人员配置失衡

重设计,轻创意;重角色,轻故事;重制作,轻营销;重形象,轻品牌;重产品,轻服务;重数量,轻品质……

4. 价值分配失衡

投资成本高,利润回报低;推广周期长,市场周期短;铺货范围广,版权收益低;产品类型多,消费体验少……

六、应对策略

从对国内动漫产业发展困局及其成因的分析,进一步明确了作为动漫产业核心的动漫企业在片面追求动漫形象的识别性、动漫剧集的制作发行和动漫周边产品的开发的同时,能够更加关注对于市场需求的了解和把握。

究其内因，动漫产业发展的瓶颈主要在于人员配置的失衡和产业价值链的不完善，与其期待外在环境的改变，不如从自身的管理运营模式、品牌价值管理和业务类型拓展方面突破原有的产业局限，整合产业内部资源，进一步向市场渗透，向终端渗透。

动漫产业的核心是创意产业当中的内容产业，因此，动漫企业的发展方向不应该仅仅局限于既有的形式和套路，而应该真正发挥内容产业的价值优势，有效进行产业延伸，做到以下几点：

（1）管理集成。①从组织架构到管理体系；②明确企业自身的核心竞争力，确定企业组织架构的侧重性；③以实效为前提实行企业内部的精细化分工合作；④注重人力资源的合理化配置。

（2）品牌集成。①从动漫形象到动漫品牌；②以动漫形象为基础发展动漫品牌；③从单纯的角色设定到品牌概念的挖掘整理；④从系列形象到品牌体系的设定。

（3）业务集成：①从授权产品到平台运营；②从动漫形象的授权到ODM型的产品开发和销售；③从线性业务模式到复合式平台化运营业务的展开。

第七节 出版文化

一、什么是出版产业

20世纪90代以来，虽然"出版产业"在有关出版的文件、专家学者的论著中时有出现，但是其定义及其内涵鲜有共识。如国内有较多论著将之称为出版业，也有论著称其为出版行业或出版事业。例如，《辞海》《出版词典》都称出版产业为出版事业，认为它是组织著作物生产或收集整理已有著作物，使之转化为出版物的社会生产部门。《中国大百科全书》提出出版事业，有广义和狭义之分。广义的出版事业是泛指出版企业单位（包括出版、印刷、发行）、出版事业单位（包括出版教育、研究部门）和出版行政管理机关，即包括了出版企业和管理部门；狭义的出版事业就指出版企业。西方国家一般称其为出版业，较少使用出版事业的说法。日本《出版事典》称出版业，是指把出版作为常规经营的营利企业，非营利的不能称为出版业。英国《不列颠百科全书》认为，出版是一项涉及印刷品的选择、编辑和销售的活动，是一个综合性的行业。

虽然国内外专家学者没有就出版产业的定义达成共识，但是，对出版行业还是有一个比较一致的看法：出版产业是出版、复制和发行出版物而形成的特种行业，即一般是指营利性的、经常性的出版事业，而非营利性的出版不能称为出版产业。

二、出版产业的特征

1. 产业特点

以市场经济体制为基础。现代出版产业在管理制度上实行的是市场经济体制，出版产业应实现市场化经营，在生产和再生产活动中，应以市场为导向，以效益为中心。出版者应成为自主经营、自负盈亏的市场主体。生产什么、生产多少完全取决于市场的需求，应通过建立现代企业制度并且实行集约化经营，创造最佳的社会效益和经济效益。21世纪初的图书出版市场，竞争非常激烈。我国加入WTO（世界贸易组织）之后，国外出版商的营销观念和营销方法伴随着其雄厚的资本和先进的经验一同登陆我国出版市场。营销已从选题策划开始一直贯穿图书销售的全过程，导购也已进入实际的图书市场。今后，图书的市场占有率，一方面反映的是选题的优劣，另一方面反映的是营销策划水平的高低。

2. 专业分工

随着科学技术和出版生产力的进一步发展，出版产业的专业化分工将越来越细，不同生产环节不再是通过计划来调节，而是通过市场这个纽带将各个环节有机地联系起来，在生产中形成分工明确、布局合理、协作高效的产业生产链条，以保证生产和经营的有序、高效。竞争不仅提高了生产效率，而且还降低了生产成本，有助于最终实现高效益。出版产业的组织形态和经营规模不断扩大，传统出版业与其他知识传播业日益融合，其外延不断扩大。纸质媒介与网络媒介的合作与互动，将给人们提供新的阅读方式，印刷媒体也可以以网络作为新工具（如网上售书、网络下载作品等）。与传统的出版业通常要由专门的出版机构来操作不同，现代出版业的出版者突破了旧的格局，除了专业出版机构以外，各种商业公司、计算机公司都可以参与进来，并成为出版的主体，从而形成了专业化的社会分工。

3. 生产运作

生产过程和手段的现代化。现代出版产业是以现代生产方式为重要特征的产业，现代科技成果特别是高科技成果在出版生产中的普及运用，彻底改变了传统的出版手段，使出版物生产过程和手段实现了现代化。电子排版和激光照排技术的普及，使出版业告别了铅与火的传统生产方式，步入了光与电的时代；以网络为代表的信息技术的运用，更使出版业如虎添翼，又一次使出版、管理和营销方式发生了革命性的变化。计算机网络的运行高速、统计便捷、储量巨大等特点，使得它已开始成为各类出版物高效的营销渠道；电子图书（E-book）不受阅读的地域、时间、绝版限制以及其信息资源便于复制、检索、备份、统计的特点，使得它日益显示出比传统图书更为明显的发展优势。闪电印刷——以数字技术为基础的按需印刷，是网络出版的又一种方式，该技术方便快捷、个性化的印刷模式将给出版产业带来一种全新的出版运作模式。

4. 资本领航

资本运作特征明显。现代出版产业的管理将实现由生产经营型向资本运营型的转变。所谓资本运营，就是指把企业所拥有的各种社会资源、各种生产要素、各种资本视为可以经营的价值资本，通过流动、收购、兼并、重组、参股、控股、交易、转让、租赁等多种途径优化配置，进行有效运营，以实现最大限度增值目标的一种经营管理方式。西方主要国家传媒产业的发展壮大，已经充分应验了资本运营型管理的这一特征。

5. 集团经营

集团化的发展和规模经营。20世纪80年代以来，出版产业集中程度明显提高，并购浪潮迭起，出版企业的规模日益扩大。如贝塔斯曼在本土收购了德国最大的科技出版社——斯普林格80%的股份，在美国并购了巴诺网上书店和兰登书屋，在英国收购了英国最大的图书俱乐部一半的股份，等等。出版业的集团化发展，是出版产业化的一种基本发展趋势。出版业发展集团化，就是要充分利用规模经营，使出版产业的单位成本处于最低水平，提高出版业的整体素质和市场竞争能力，从而取得最好的社会效益和经济效益。从世界上发达国家出版业的情况来看，出版集团都有一个非常突出的特点，就是符合现代企业制度的以资产为纽带而形成的利益共同体。这种共同体是实行规模经营的经济实体。另一个比较突出的特点是，出版集团都由母公司和众多子公司组成，其中起关键性作用的当然是母公司，也即处于核心地位的大型出版社。世界上发达国家的出版集团化，有的是通过横向联合实现的，但是，大多数基本上走的是一条纵向发展的路子。

【专栏 3-6】

东莞手机版文化

东莞硬件制造及整机制造占整个手机产业产值 99%,东莞基本都能配套。东莞制造经过近几年洗牌,正在优化区域产业链与产业空间集聚平台和能力。

2015 年,中国智能手机以华为 1910 万部(17.5%)、OPPO 1520 万部(13.9%)、VIVO 1300 万部(11.9%)占了全国手机市场 43.3%,而这三款手机均在东莞生产。由于只有华为有"芯",发展存在一定隐患。华为 2015 年度列美国专利授权榜前 50 位,蝉联欧洲授权专利企业前 10 位,OPPO 也获专利申请前四名、通信专业类第二位。

三星、苹果、小米,中国智能手机榜这前三名如今已悄然改变,由华为、OPPO、VIVO 取而代之。市场研究公司 IDC 发布的数据显示,华为、OPPO、VIVO 出货量已经连续两个季度稳居国内市场前三,在全球市场也位于前五强。更令人啧啧称奇的是,新晋前三名均来自东莞,在国内市场份额合计已超过了四成。

"智造"大比拼时代,东莞为何如此之牛?《羊城晚报》记者调查发现,除了华为终端、OPPO、VIVO,东莞还拥有宇龙酷派、金立这样的整机生产企业,以及华贝科技、长盈精密、劲胜精密等大型的整机代工企业及配套加工企业。完整的产业配套、强力的政策支撑、活跃的市场环境,使东莞成为国内首屈一指的智能手机生产基地。

第八节 主题乐园文化

广州的主题乐园文化,可以与京沪深杭并列,处于前三的地位,在以主题公园主导旅游导向的今天,广州没有拖后腿。

一、主题公园的概念及开发

1. 概念

主题公园(theme park),是根据某个特定的主题,采用现代科学技术和多层次活动设置方式,集诸多娱乐活动、休闲要素和服务接待设施于一体的现代旅游目的地。

主题公园是为了满足旅游者多样化休闲娱乐需求和选择而建造的一种具有创意性活动方式的现代旅游场所。它是根据特定的主题创意,主要以文化复制、文化移植、文化陈列以及高新技术等手段,以虚拟环境塑造与园林环境为载体来迎合消费者的好奇心,以主题情节贯穿整个游乐项目的休闲娱乐活动空间。

准确的定位、恰当的选址、独特的创意、灵活的营销与深度的产品开发,这样的主题公园才能独具一格。

2. 定位

主题公园设计是依靠创意来推动的,因此,主题公园的主题选择就显得尤为重要。世界上成功的主题公园,都是个性鲜明、各有千秋。反观中国的主题公园,大多是主题重复、缺乏个性,以照搬照抄、模拟仿效居多,内容相差无几,缺乏科学性、真实性、艺术性和趣味性,缺乏认真的市场分析和真正的创意，为造景观建造景观，结果当然是惨淡经营或仓促收场，造成财力、人力、物力的浪费。

主题公园的主题选择是一个主观判断与理性市场分析相结合的决策过程。主题公园设计是发展商修养、学识和创新能力的反映，它要求发展商具有敏锐的市场感觉以捕捉潜在的市场机会，并运用娴熟的商业运作经验，组织专业人员对主题进行提炼、包装和设计。同时，主题公园的主题选择还要依赖有关专业人员所做的市场调查。市场调查可以帮助主题公园主动迎合或引导消费者的需求，从而避免简单抄袭、模仿的做法。

3. 选址

选址好坏是影响主题公园成功与否的重要因素。主题公园园址的确定必须基于对周边客源市场的详尽分析和实地考察基础上，而绝对不能凭空想象，轻率拍板。建设一个好的主题公园，应充分重视市场分析，对文化内涵做出正确的商业价值判断，提高重游率和投资收益比，并通过旅游乘数效应带动当地其他行业的发展。

首先，主题公园客源市场与周边地区常住人口和流动人口数量紧密相关。一般来说，主题公园周围1小时车程内的地区是其主打市场区位，这些地区人口数至少要达到200万人；2～3小时车程内的地区为其次要市场区位，人口也要超过200万人；除此之外，第三市场区位和远距离游客则主要依赖主题公园的品牌影响力和便利快捷的交通系统来导入。

其次，一般而言，主题公园高投入、高消费的特点使其深受腹地社会经济的影响。因此，在主题公园设计选址时，应首先考虑经济发达的地区。同一区域内相同主题的主题公园呈密集性分布，势必会引起客源不足而导致企业恶性竞争。

最后，主题公园选址还需充分考虑园址所在地区的交通条件，以方便客流自由出入。主题公园所在地区要求有比较健全的立体交通系统，特别是在主题公园附近至少要有一条能容纳大交通量，并有良好交会地点的主要道路，以及一条辅助性可作为紧急出入口的次要道路。主题公园发展商应积极创造良好的外部条件，主动引导和迅速输送客源。

4. 开发

一个主题公园要在市场中占有一定的份额，必须实现旅游产品的品牌化，并努力提高品牌的知名度与美誉度，从而形成旅游品牌，树立名牌形象。由于国际上大的传媒企业也洞悉主题产品的盈利潜力，因此加入到大力开发主题产品的行列中，并且主题公园设计的取材并不仅限于主题公园。随着科技的发展，传统上的主题公园设计和传媒、玩具业之间的单向合作关系已经被改变了，电影及电视制作人占主导地位的局面已经被代替了。许多商家将儿童熟悉的玩具重新包装，作为游戏元素编入电脑游戏从而进入多媒体，并将它变成故事性的影视节目播放，然后再在建设主题公园的时候汲取其元素，形成一种互动效应，促进主题公园、影视的互动交融发展。

一个主题公园有没有发展潜力，有没有生命力，其蕴含的文化内涵起着非常重要的作用。因此，必须将旅游业和文化紧密地糅合在一起，将文化作为旅游来经营，通过发掘和宣扬文化来综合地发展旅游，以经营旅游的方式多方位地展示文化，赋予主题公园以丰富的文化内涵，从而创造出具有鲜明特色的旅游文化。现代游客追求的娱乐模式，不仅要有身体的感官体验，还要有心灵的精神体验，从这个层面上看，独特的文化内涵也是吸引游客的核心内涵。因此，在构思建设一个主题公园之前，必须对选址进行充分考察，对该地的历史、原有的旅游资源进行分析，力求主题和其文化相吻合。只有不断地挖掘文化内涵，旅游产品才能得到完善、充实和更新，才能吸引顾客，才能创造良好的经济效益和社会效益。

有着"中国主题公园之父"美誉的马志民先生认为，主题公园是作为某些地域旅游相对贫乏，同时也是为了适应旅客多种需要与选择的一种补充。这个观点说明了主题公园的一个基本特征——相对性，即相对于旅游者的选择而言的。主题公园在我国的产生和发展，始终有旅游业这只"看得见的手"发挥着极其重要的作用。马志民先生的观点应该是对主题公园认识的一种升华，更加明确地说明了主题公园的本源含义——旅游者的一种需求形态和选择方向。

二、主题乐园的行业现状及前景分析

1. 行业现状

我国主题公园产业发展始于华侨城于1989年在深圳打造的锦绣中华。目前，国内七成左右的主题公园还在为扭亏而努力。当环球影城等国际主题公园巨头纷纷入华时，恰逢国内地产业遭遇阵痛，"公园＋地产"的模式再次引发热议。

国内主题公园效益如何？运营模式怎样？迪士尼和环球影城先后进入中国，将给国内主题公园行业带来什么？

在香港迪士尼成功运营后，上海迪士尼于2015年开业。英国默林娱乐知名品牌杜莎夫人蜡像馆也于2014年5月在北京揭幕；同年6月末，美国六旗娱乐在华首个"山水六旗小镇"项目选址京津冀地区，总投资约300亿元，预计2018年开业。

当国际主题公园巨头纷纷进入中国跑马圈地时，国内七成左右的主题公园还在为盈利而努力。目前，国内主题公园投资在5 000万元以上的有300家左右，其中有一定品牌知名度、有良好经营业绩的主题公园只占比10%，有70%的主题公园亏损，20%持平。

业内人士建议，首先要严控打着主题公园旗号的圈地行为；其次就是减少地方政府的干预，让主题公园的发展充分市场化；最后是鼓励国内主题公园实现集团化运作，并注重品牌塑造，拓展收入渠道。

2. 前景分析

随着主题公园行业竞争的不断加剧，国内优秀的主题公园企业愈来愈重视对行业市场的研究，特别是对企业发展环境和客户需求趋势变化的深入研究。正因为如此，一大批国内优秀的主题公园品牌迅速崛起，逐渐成为主题公园行业中的翘楚。

三、主题公园的性质

主题公园旅游策划从实际功能和性质判定来看，是属于"城市森林"的范畴，主题公园旅游策划项目要具有创意性、启示意义，主题是主题公园的灵魂，同时也是主题公园区别于其他商业娱乐设施的根本特征。成功的主题公园旅游策划运作经验表明，主题公园的主题必须鲜明，针对特定的细分的旅游市场，满足特定客源的需求，主题结构可以是一个主题多个次主题，也可以是一园多个主题。

"城市森林"是城市和森林的融合，在景观设计、旅游规划建设和景区管理运营过程中，涉及森林旅游学、园林工程学、生态旅游学等诸多学科和部门。城市森林自20世纪60年代由加拿大Erik Jorgensen教授首次提出，立即得到各国的林业专家、政府及公众的重视。国际上对城市森林的旅游规划概念还没有明确定论，共识的是，城市森林是以木本植物为主的植被体系；这种植被的生长环境是城市及其周边地区，它不是以生产木材为主要目标，而是以改善城市生态环境、促进人们健康、提高文化生活水平为目的。

城市公园、城市绿地是全国各个城市旅游规划建设的主要内容，而对城市森林旅游的重视、引入和实践，则是刚刚起步，城市森林代表了城市先进的建设观、发展观和价值观。

四、主题公园的类型及发展趋势

1. 主题公园的类型

根据旅游体验类型，主题公园可分为五大类，分别是情景模拟、游乐、观光、主题和风情体验、4D体验。

一般最令人印象深刻的是游乐型主题公园。游乐型主题公园亦称游乐园，它提供了刺激的游乐设施和机动游戏，寻求感觉刺激的游客乐此不疲。

观光型的主题公园则浓缩了一些著名景观或特色景观，让游客在短暂的时间欣赏最具特色的景点。

各式各样的水族馆和野生动物公园，属于主题型的主题公园。以风情体验为题的主题公园，则将不同的民族风俗和民族色彩展现在游客眼前。

2. 发展趋势

在游客需求和技术机会的作用下，21世纪的主题公园已经跃上了一个全面创新的发展平台。以下是主题公园的发展趋势，它们显示出主题公园实质性的变化。

（1）主题的文化性和多元化。在主题公园成长过程中，主题具有三方面的作用：①它是一种具有亲和力的逻辑关系，有了这种关系，主题公园与目标游客群体之间就能互动起来；②它是一种具有震撼力的游园线索，有了这种线索，游客置身其中就能体验到特殊的感受；③它是一种具有扩张力的产品链条，有了这种链条，主题公园就能不断完善产品体系和提升产品功能。现代旅游行为学研究表明，旅游本质上是旅游者寻找与感悟文化差异的行为和过程。未来主题公园在主题选择方面将更加关注旅游动机的原本体现及旅游行为的本质，突出主题的文化性。随着社会开放进程的加快和无国界经济合作的深化，旅游者对异域文化的好奇心与求知欲将越来越强烈，跨地域空间的文化将成为主题公园选择主题的主导方向。随着社会转型冲击的加剧和人际关系隔膜的增长，旅游者对传统文化的认同感与反思欲将越来越深入，返璞归真的传统文化将成为主题公园选择主题的价值取向。随着造园技术的日益进步和表现手段的日益丰富，在生态文化、器物文化、哲学文化等方面，主题公园选择主题的自由度将明显扩大，而且一个主题多个次主题、一园多个主题将成为现实。可以说，主题的选择在空间维度、时间维度、要素维度的架构中将日益多元化，总体趋势将表现为在本土文化与异域文化之间趋向异域文化，在传统文化、现代文化与未来文化之间趋向传统文化，在生态文化、器物文化与哲学文化之间趋向器物文化。

（2）产品的互动性和现代化。随着科学技术的加速发展，信息技术和虚拟技术的日益普及，主题公园将不断提高产品的科技含量，增强技术与技术之间、技术与项目之间、项目与游客之间的互动性。总体趋势表现为：①在手工产品形态、机器产品形态和信息产品形态的体系中将更加具有互动性，相互渗透，相互作用，促进产品形态的多样化；②在高科技的支持下，新动力、新材料、新性能的机器产品形态将不断涌现，高度更高、坡度更大、速度更快、晕眩感更强、安全更有保障的乘骑产品将更加丰富，甚至在一定时间内将成为主流；③随着信息时代的到来和虚拟技术的成熟，主题公园产品形态的智能化和虚拟化将不断加快进程。可以说，在现代技术的导引下，主题公园产品形态已经进入概念创新的发展阶段。

（3）娱乐的创意性和多样化。主题公园是从杂耍的概念孕育起来的，刚开始，大家去那儿游玩就是为了快乐，乐一乐就走了。实际上，这就是主题公园天然的特性，快乐才是第一的。因为游客追求快乐的人生理念没有变，所以主题公园营造快乐、奉献快乐的本性不会变，在未来的一定时间内，主题公园在产品内容上将更加追求娱乐性。随着文化的多元化、技术的现代化以及游客娱乐需求的多样化，主题公园将在导游系统、餐饮系统、购物系统、表演系统、乘骑系统、氛围营造系统等方面丰富表演性内容，强化参与性内容，增加互动性内容，甚至推出创意性内容，亲子娱乐内容、情侣娱乐内容、团队娱乐内容将日益丰富和更加精彩。

五、主题公园的个性化

主题公园的成败，主要受景区知名度、交通便捷度和游客满意度三大关键因素的影响。而景区知名度和游客满意度在很大程度上是由有效的产品供给决定的，参与性和娱乐性是决定产品有效性供给的基本条件。因为产品只有具有了参与性和娱乐性，才能形成感召力和亲合力，从而促进主题公园与游客之间的良性互动关系。我国主题公园中项目与游客之间的关系，经历了景静人静、景动人静、景动人动、动静结合的演变过程。在这个过程中，项目的参与性获得了明显的提高。深圳华侨城从锦绣中华、中国民俗文化村、世界之窗、欢乐谷的发展历程，就是一个不断强化参与性的典型代表。主题公园未来的市场主体是20世纪60年代以后出生的社会群体。这个群体是一个坚持己见、积极为自己的主张辩护、求新求变、注重自主性选择的群体。这个群体消费行为的显著特征就是个性化。随着现代科技手段的全方位应用，主题公园产品形态演变的总体趋势表现为参与性越来越强，个性化越来越突出。

1. 创新体验

随着个性化时代的到来，年轻人渴望体验一种酷的感觉，玩酷、炫酷成为一种时尚，只有提供酷的感觉，才能对年轻人产生震撼力和感召力，主题公园才具有旺盛的生命力。实际上，主题公园从诞生的那一天起，就致力于通过营造娱乐氛围来强化这种酷的感觉。可以说，主题就是娱乐氛围的故事线，视线就是娱乐氛围的风景线，动线就是娱乐氛围的情感曲线，在"玩酷"一代成长为市场主导力量的背景下，主题公园将更加注重娱乐氛围的创新和营造，总体趋势表现为：①更加鲜明的主题和次主题，将构成剧情化的主题体系。②根据主题体系，实行分区营造，形成氛围的有机组合。③分区营造的氛围，将更加场景化，每个场景具有独立的个性。场景的造型、颜色、尺寸、材料、性能等方面将更加具有创意性和刺激性。造型视觉化、颜色多彩化、材料逼真化、性能精致化、故事文本化。神话故事、童话故事、传奇故事、历史故事等有文献依据的故事。④声光电技术的广泛应用，场景的艺术效果将更加真实和精彩。

2. 景观体验

景观环境是旅游者的游乐空间和情感体验对象，奠定了主题公园品位效应和品牌形象的基础。我国主题公园在景观环境塑造方面，经历了人造仿景观、人造真景观、真景观与仿景观的组合的演变过程。随着消费者消费意识的日益成熟，旅游者对游乐空间和情感体验对象的要求不断提高和深化，而且出现了追求本原性、真实性景观环境的倾向。因此，主题公园在塑造景观环境方面就必须跟进这种趋势。这个方面的跟进有三个基本途径：①应用有形实物，直接设计和建设具有艺术气息与文化氛围的景观环境。②充分应用虚拟现实技术，创造出具有想象力的人格化景观环境。③综合应用有形实物和虚拟现实技术，塑造出真中有假、假中有真、真真假假的非日常的舞台化世界。在景观环境回归真实性的演进过程中，景区将根据主题的需要，尽量按照自然的本来面貌进行绿化，惟妙惟肖地创造出具有天然意义的园林环境。可以说，自然、野性甚至凌乱的园林环境将成为主题公园的主流趋势。

3. 消费体验

从人口统计学的角度看，我国现实的社会群体根据出生年代的差异，可以划分为五个世代：红色一代、解放一代、"文革"一代、"文革"后一代、E时代。这五个世代的群体在价值观和消费特征方面具有明显的差异。未来 10 年或者更长的时间内，中国主题公园游客的主体是"文革"时期出生的一代、"文革"后出生的新人类和 20 世纪 90 年代出生的新新人类，这三个世代的游客群体是在信息技术不断发展的条件下成长起来的。一方面，他们始终对中新兴事物抱有极大的兴趣；另一方面，在信息不充分、信息不对称的环境中，他们的消费心理和消费行为会产生经常性的变动。针对这种特点，主题公园既要不断地创造新兴事物，激发他们的消费兴趣，同时还要不断地改善经营管理手段，为他们经常性变动的消费行为创造便捷的条件。在网络技术的支持下，随着电子化货币和数字化管理的日益普及，游客消费的付款方式将进入刷卡时代；与此同时，游客对主题公园产品的消费将选择互动性比较强的超市模式。因此，主题公园将通过提供更加丰富的产品形态实现超市化，从而促进游客的二次消费，不断提高景区的盈利能力。

随着主题公园文化的多元化、技术的现代化、娱乐的多样化、项目的个性化、氛围的场景化以及园林的自然化，景区内的活动丰度将不断提高，这样就必然引起主题公园投资额度和用地规模的扩大，甚至形成主题公园群。这种扩大将导致主题公园产业链向房地产、零售业、金融保险业、技术咨询业、文化艺术等边缘产业延伸，出现以主题公园群为依托的主题社区，从而成为独立形态的旅游目的地。因此，游客活动时间将明显延长，"多日游"概念的主题公园将成为一种具有扩张潜力的发展模式。

人类社会在与自然的长期博弈中逐步走向理性和人性化，生命和健康已经成为现代社会成员的第一选择，其次才是尊重和从容。作为满足人们休闲娱乐需求的主题公园，必须从根本上具备安全性和舒适性，才能成为现代社会旅游者的必然选择。所以，主题公园在游乐产品、娱乐内容、活动方式、氛围渲染等方面的设计、制造、安装、运行、维护、经营、管理等过程中将充分体现安全理念和落实保障措施，全程化地确保游客的生命安全。园区内游客活动线路的安排、服务设施的配置、游乐项目的组合、园林环境的建设等方面将更加注重游客休闲娱乐的方便性和舒适性，充分张扬"顾客第一"的人性化服务理念，使主题公园真正成为人们实现欢乐理想的旅游目的地。

第四章　全球城市发展醒言

国土三次整治全覆盖，产业发展从互联网迈向物联网定制时代，经济发展的动力从"三驾马车"增加到"八驾马车"。人居应以"宜居、宜业、宜游、宜创、宜乐"的"五宜"作为考量发展标准。城市集团成为国家地缘政治的延伸，而城市群则是地理经济＋地缘政治的产儿。财富分配人人有份，不公的分配蕴含许多政经风险。社会治理应当如万物哺乳，不是用手术刀。城市发展的可持续是明天的必由之路，而产城融合与全覆盖城市群与城镇体系是城镇发展的核心，任何的釜底抽薪政策都可能有失偏颇。

第一节　从广州的全球城市地位说开来

一、广州的国际坐标

据《世界城市集团与中国城市的国际化》《世界城市化发展进程及其规律》等书籍介绍，以及联合国对国际城市评价的有关标准，广州的城市国际地位处于国际大都市序列。

世界大都市。按照西方众多城市研究专著及评价，纽约、东京、伦敦被公认为世界城市第一级，被称为"世界城市"。其指标主要有3个：一是金融的全球影响力。这3个城市的金融交易均在全球10%以上，纽约曾高达50%。二是产业影响力。东京虽然金融弱于纽约、伦敦，却是世界最大的工业中心。大东京工业产值达3万亿美元，伦敦集聚了全国70%的金融人才，纽约的港口产业带达到了1.5万平方公里。这3个城市在二、三产业，尤其知识经济影响力方面无与伦比。例如，东京有野村证券所，200年老字号企业近4家；伦敦有奥美广告、经济学人，大学实力更是不言而喻。三是城市综合实力。这3个城市的综合实力至今没有城市超越。

国际大都市，是世界城市的第二序列，有巴黎、莫斯科、罗马、马德里、洛杉矶、北京、上海、广州、深圳、香港等公认的60个左右城市。

二、广州未来的发展趋势

2015年，广州GDP及税收均超过香港，商业设计在东南亚10个国家中成为中心城市。广州在新经济、新业态方面与

广州街景

深圳一道引领区域发展。

当今天互联网向专业工具淡出，伴随着物联网定制时代到来，产城、自然与实物及人类在空间上的融合日趋完善。与此同时，产业与城市化更成为两个主旋律，城市化、产业发展、安全保障、就业率、养老、公平、民主、共享，便成了人类八大发展动力标杆，广州也不例外。

三、广州如何解梦

城镇作为国民希望的载体，发财致富与求知解难的梦工厂，也是 GDP 生产中心、产业荟萃中心、创新中心、交际交流中心。在城市化发展宣言响彻全球，乃至深入人们骨髓的今天，广州还有哪些需要共同认知或强化认知的呢？

一是坚定不移发展成国际特大城市、商贸中心、交通枢纽、人文中心；二是制造业、高端服务业、新经济新业态等同步发展，与深港澳协同发展，引领区域城镇和城市分工合作；三是加快郊区轨道交通与商圈发展，按照广州的地铁资源，应发展不少于 500～1 000 公里的郊区轨道交通，构建大广州交通体系。

第二节 全球国土的三次整治与空间生存比

三大财富同步发展

自然资源、实物资源、人力资源，被称为"人类财富总和"。战争、对峙与老死不相往来，几乎都与一切"财富故事"有关。那么，三大财富在地球上是怎样分布及占比的呢？

1. 自然资源

漂浮在茫茫宇宙中的地球只是一个小小的行星。在浩渺环宇中，有吃星的巨星，有比地球大得不可比拟的天体黑洞，星系体系、黑洞体系、物质体系，让我们的国土整治显得那么微不足道。全球地表面积，可利用地不到 15%，海洋占 71%，高山与沙地等占 15% 左右。实际上，剔除水面、不宜居的山地沙漠土壤等，地球可利用地仅占 13%～15%。也就是说，地球表面 29% 陆地，30% 左右是山林，不宜人类居住和耕种，15% 是沙漠、水面与石漠化，只有 13%～15% 可以耕种。

2. 实物资源

我们建了百万幢 8 层以上高楼，在城市铺了 15% 左右水泥地面，造了数千座摩天大楼，50 万座油井钻探架插入地球心脏，还建了 50 万座水库大坝。地球已经是千疮百孔，满目新疮痍了。至 2030 年，以增加 15 亿人口为限，人类居住建设用地将达到地球表面积 4.2% 左右，有效生产生活空间压缩至 10% 左右。而沿海 500 公里半径内，人们的生存空间已占 60%，生产生活用地仅占可生产生活用地的 20% 左右。

3. 人口资源

人类千年史，是一部人类的居住布局与进化史。根据联合国预测，全球人口极限为 90 亿～100 亿。1950 年，全球人口仅为 25 亿，2000 年 60 亿，到 2020 年将达 78 亿，2050 年将达到 89 亿，比 2015 年增加约 18 亿。而上溯到公元元年，全球人口仅为 2.52 亿，公元 1000 年为 2.53 亿，1500 年为 4.61 亿，其中亚洲人口一直超过全球总人口的一半。

【专栏 4-1】

一线城市的国际竞争力

被定位为一线城市的北京、上海、广州、香港、深圳，由于其自身的各种优势，吸引了源源不断的人口。从 2005 年至 2015 年 10 年时间中，北京常住人口增长了 45%，上海增长了 37%，广州增长了 38%，深圳增长了 30%。

北京：华北地区的经济中心、中国的文化中心、全球前列的国际会议中心、国际重要的政治中心、全国权力中心。

上海是中国的经济中心，不仅是因为它已经在城市经济中排行老大，还有市场金融、国际航运、企业总部、发展后劲都名列第一。

广州不仅 GDP 在全国排行第三，税收亦比杭州多了 1 倍，领事馆已达 54 家，全球会展仅次于汉诺威，是国务院确定的国际商贸中心。白云机场是全球十五大机场之一、联邦快递亚太运转中心。

深圳是中国的硅谷，2015 年国际专利授权占全国约 45%，全国知名科技实力型企业在全国城市中排行第一。深圳将是中国创新、产业科技高地的希望，也是引领的航船。

香港连续 18 年被评为"国际最开放的城市"，作为贸易自由港、国际第三大金融中心，全球经济自由度排第一；香港居民护照在 156 个国家和地区给予免签证或落地签证。作为国际知名城市，香港成为中国一线城市显然无异议。

中国一线城市，按照国际标准，均已成为全球 50 个国际都市之一，占了全球 1/10，其竞争力不言而喻。然而，如果要成为国际都市中的一类城市，仍有许多要做的，如广州欠缺国际创新力，上海欠缺城市创新精神，北京欠缺产业创新能力，等等。

第三节 产业发展模式：沿海与大城市引力波

"三驾马车"的局限

在互联网向物联网连续发酵中，无论是"互联网+"还是"+互联网"，都预示着未来产业将向"网络化生产"发展。

产业是城镇发展的灵魂，而法治与习惯则是区域的思想载体。没有地理、城镇、人文、科技、市场五位一体主导的产业战略，未来可能是窘迫的。

经济发展不只是投资、内需与出口，互联网时代，更有金融、科技、安保创新与互联网相伴随。如图 2-6 所示。

图 2-6 经济发展八架马车

1. "双核"引力波

如果城市为"核",大城市为一级核,依次二、三、四、五级沿海岸线(湾区为主)也是核,它们以大城市为中心,往乡村与往内陆形成引力波。由是,产业与城镇发展形成两条线:一条是以江河湾区主导从沿海往内地梯度辐射;另一条是大中小城市往乡村辐射,形成"双核"引力波发展模式。"推波助澜"是经济学与政治学研究不可回避的。

2. 两个线性半径

一个是蔚蓝海水、浪花相伴的海边半径。根据联合国有关统计,2014年,离海边500公里半径生产了全球70%以上GDP,200公里半径生产了约60%,100公里半径则生产了全球一半以上GDP。同期,大中城市生产了全球70%以上GDP,中小城镇则为25%左右。在一些大中型国家(除了美国和中国),以首都或第一大城市为中心的都市,生产的GDP多则70%,少则10%左右,如东京占30%、圣保罗10%、利马56%、开罗40%。日本的制造业主要分布在24个沿海港口城市。

另一个是大城市50~100公里半径,GDP主要在这一半径内生产,人口也是在1小时生活圈内占50%~60%。在美国,2/3人口住在大中小城市和海边200公里半径内;加拿大70%人口居住在20%土地上;澳大利亚大致如此。

据资料显示,世界上95%的GDP是在大中小城镇产生的。2015年,全球约50%人口居住在城镇;发达国家98%GDP在城镇产生,70%以上人口居住在城镇。

"八驾马车"和"双核"引力波产业发展与两个半径,形成产业动力的"822模型"。沿海、沿大江河城市和内陆大中城市是产业集群中心,人口向海岸较近、向大中小城市集聚70%应是一个基本考量标杆。

【专栏4-2】

二线城市的虹吸力

按照习惯说法,天津、重庆两个直辖市,与15个副省级城市(深圳、广州除外)和未列入副省的省会城市,均可列为二线城市。此外,GDP超过5 000亿元的佛山、东莞、无锡等一批地级市,其实也可列为二线城市。二线城市的地位举足轻重,已形成区域经济的龙头,并依靠其权力形成虹吸效应,未来发展可谓光明。二线城市可分为以下的四类进行分析。

一是GDP在5 000亿元以上的省会城市和计划单列市,这类城市通常占省市GDP 1/4乃至1/3,因地位重要,发展应当不会让人失望;二是计划单列或副省级城市非省会所在地,如青岛、大连、宁波、厦门等,依靠区位+开放政策,已经完成了城市化的一、二、三个阶段,发展应当会较为迅速,并正成为虹吸城市;三是3 000亿元GDP以下省会城市,依靠其区域地位、城市积累和改革开放与市场的力量,迈入二线城市行列,今后的问题在于如何以服务业倒逼一、二产业发展,打造好城市生态牌,它们目前的困境、低效、出路也在这里;四是拉萨、西宁、银川等省会城市,虽然GDP总量较低,但因为区位重要,又是地缘政治中心,具有中心城市的发展效益,可以按照人口分布、产业集群和科技文化创新,规划建设这类二线城市。

二线城市存在的主要问题是过度用权力发展经济,抢夺三、四线城市资源等。二线城市可以凭借其权力、区位和政策优势等,形成一个虹吸引力,实现城市升级,达到产业转型发展的目的,前景是不用担忧的,问题在于如何发展成明星二线城市。

第四节 人居环境分析：追求"五宜"城镇

一、双轮驱动

城镇发展是由利益生态和生活偏好双轮驱动的。大城市人口密集，科教文卫资源丰富，创业创新机会良多，人们期望值也高；此外，各色人等的诉求偏好，决定了对大中小城市的选择。有的喜欢中小城镇社区，有的喜欢郊区，还有的喜欢宁静小镇，显然无可指责。

全球有一半人口居住在中小城镇，大致形成1/3农村、1/3中小城镇、1/3大中城市的格局（如图2-7所示）。此外，沿海边约500公里半径又居住了70%左右人口。这是一种利益生态与生存选择。

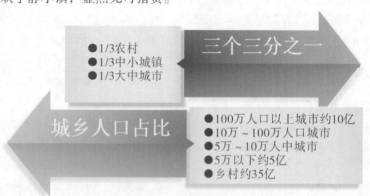

图2-7 人口居住现状比

1. 国情分析

1949年，全国设有133个市，城市化率为10.64%，在新中国成立初期，国家规定城市人口5万可设市，全国计有136个；1951年规定9万可设市，1955年提升为10万设市。低于全球平均水平。直至2000年，中国城市化率基本赶上全球平均水平，2012年达到50%，全球2015年也约达50%。

2. 发展动因

产业是城市发展的发动机。20世纪初，全球城市化率在20%以下，但100年间增长了30个百分点，产业的核动力很大程度上得益于科技与市场发展。1901年，血型系统ADO被发现；次年，遗传染色体理论奠基；第三年，全球第一架飞机试飞成功；第四年，第一只电子管问世；第五年，狭义相对论发表；到2000年，基因组测序完成。人类用100年时间进入了几乎一切宏微观科技产业领域。跨洋电波、跨国飞行，全球市场一体化为城镇化产业发展插上了腾飞的翅膀。

3. 人口阶梯

在春秋战国时期，中国有2000万～3000万人，五代十国时期约5000万人，明末约4亿人，1949年约5.5亿人，2000年达到13亿人，2030年估计达到15亿人。按照当下城镇化速度和发展模式，中国建园建村建城尚需各种用地占目前建设用地总量的20%，至2030年，城镇村居建设用地总量占到优质国土的1/4左右。此间，印度城镇建设用地估计新增30%，巴基斯坦和孟加拉国各28%，印度尼西亚25%。

二、发展线条

在数学文明崛起的公元前500年，地球上人口仅1亿，纪元始全球约3亿人口。1930年前，每增加10亿人用了100年，之后每20多年增加10亿人口。在城市类型居住上，2000年，城区千万人口城市超 30 个，居住人口约 4 亿；500 万～999 万人口城市超过 50 个，居住人口约 4 亿；100 万～499 万人口城市超 100 个，居住人口超 10 亿；10 万～99 万人口城市过 1000 个，居住人口约 10 亿；5 万～10 万以下人口城镇约 10 亿；5 万以下人口小城镇约 6 亿，乡村人口约 36 亿。

三、"五宜"城镇

"宜居、宜业、宜游、宜创、宜养"的"五宜"城镇，是人们对环境质量的最高企求，也可以因时因地选择某一居住形式，不必强求或推广某一模式。互联网时代，不是批发权力、机会，而是以市场为中心配置资源，因而遵循全覆盖优质生活底线与边界成为较高或奢侈目标。精英与权力政治不是国民希冀的制度，我们不能让 1% 的人享革命成果，1% 的人获管理红利，1% 的富人支配 99% 的资源。

【专栏 4-3】

三线城市的前景

三线城市似乎应当由三类城市构成：一类是 333 个地州市（一、二线城市除外）；二类是经济实力较强的县区，城市建设面积达到 100 平方公里左右的，如昆山、顺德、南海、江阴等；三类是部分镇级单位，城镇建设面积达到或接近 100 平方公里的，如玉山镇、虎门镇、北滘镇等。三线城市的困境在于公共资源市场配置能力受限。

地州市的前景有两个方面，一是依靠权力，做大城市，将周边人口、产业、外来资源吸引过来，做强做大。目前，地州市几乎都按 200 平方公里、200 万人口在规划和建设。二是与周边联合，以地缘文化为依托，发展为新的增长极。

强县强市区前景可从三个方面分析：一是发展新经济，稀释传统产业，以新经济引领；二是发展新业态，将传统产业延伸，打造区域产业链，提升城市竞争力；三是以交通体系促产城融合，并通过旧村旧区旧园改造，提升城镇化水平。

至于镇一级的三线城市，可以从三个方面打造自己的前景：一是争取行政上达到县级行政权的目的；二是去或弱化行政化，强化经济功能，如作为经济区之类打造，以产业与城市的融合，瞄准国际产城标杆，打造成特色经济体；三是通过旧村旧区旧园改造，实现产业与城镇升级目的，尤其要细分城市资源，通过评估，打造话语权产业，实现自然土地资源、实物资源与人力资源三大财富的增长。

三线城市还要学会和加大力度引入高端资源下沉，成为区域节庆、平台、事业、服务中心，才能更好地打造区域话语权。在工业化地区，要有打造本土、市区外、境外"3 个城市"的战略，拓展生产空间。实现了上述目标，将会是一次崭新的城市升级与凤凰涅槃。

第五节 集团化分析：城市集团成国家实力形象代表

一、城市集团是国家实力的象征

全球大城市或大都市，既是交通中心，也是产业集团运营中心。全球的 50 个大机场，无一例外在 50 万人口以上城市；全球 50 个港口，无一不是 30 万人口以上大中城市；全球 50 个铁路枢纽，都是在大城市或近郊。交通政治已成为国家与地方、地方与社会生活常态的延伸，也是城市集团实力话语权所在。

由于现代交通的发展，如地铁、高铁、高速公路、磁悬浮列车等，城市内部、城市之间、城市群之间与国家之间朝夕晚至以小时计数；追求快速、便捷、旅游环保，成为人们的向往与诉求。例如，美国有10架飞机的村镇已可申请备案建机场，促进了5000个运营机场建设；德国30万人口可备案建地铁，20万人口可建机场的"准入清单"，便是从人们的出行需求、成本控制进行的"双指向"。从发达国家经验看，5万人口以下城镇不鼓励发展太多形式的交通以及公共设施，是基于人们的需求和运营成本负担，实现财务收支平衡。图2-8反映了国家与地方经济与民生的关系。

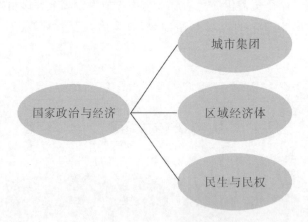

图2-8 国家与地方经济及民生

城市经营是现代国家政治经济化、城市资源资本化、资产证券化、要素创新驱动的跨行业经营整合诉求。以城镇为代表的政经集团化，已成为民主、公平、合作、共享、协商的代名词。据初步估计，全球2020年会产生跨国城市集团100个左右，区域性城市集团2000个左右，地方性城市集团1500个左右，企业型城市集团50万个左右。它们将占经济总量的76%以上。城市集团应从产城融合入手，采取区域城镇+产业+集团发展模式，实现配置市场、自然、实物、人力与社会资源的目的，可能才是高效的。

二、发展六级城市集团

根据城镇体系的六级划分，在未来城市化进程中，行政杠杆不断弱化，经济杠杆成为城市发展的主要动力，需要将不同的城市体量打造成不同风格和实力的城市集团。城市集团是地缘政治的结合平台与结晶，是城镇化最亮丽的风景。让民生享受城市集团带来的红利，是民权的落脚点，是城市化与产业升级的必然要求，也是地方各类资源跨行业和市场化配置的基本目标。

【专栏4-4】

四线城市的出路

如果将县城和具有一定实力的城镇列为四线城市，这个体量是很大的。全球1/3人口生活在大中城市，1/3人口生活在中小城镇，1/3人口生活在农村。发达国家比例是80%人口生活在城镇，发展中国家则只有超过50%～60%人口生活在城镇，中国估计到2020年有60%人口生活在城镇。因此，四线城市及覆盖的农村，估计要承载45%～50%人口。

这么大的人口基数、就业和医保社保、科技文化与教育，四线城市都有些不堪重负。四线城市及以下乡村，其可支配的财力，只占全国1/3，却要为一半人口提供服务，实在勉为其难。出路也不是没有，除了沿海发达地区，四线城市的出路可以从以下几个方面分析。

（1）国家实施中型企业扶持计划，如为每个四线城市支持培育2～3家中型企业，使之成为四线城市地区的产业中坚力量，也是产业筑巢引凤的基础，发达国家亦采取了许多类似政策。例如，美国鼓励和支持每县发展1家250～500人以上中型企业。

（2）与发达地区结对子发展。按梯度经济理论，发达地区可以按梯次往欠发达地区推进。可以实施百强县区、百强市、百强园区、千强镇等拓展生存空间，结对子发展，变成你中有我、我中有你。例如，发达地区园区外移、资源共同开发等。

（3）高端资源下沉引导发展。主要方法是国家的各种事业资源，如图书馆、信息中心等，在县市镇设立分中心或分管，以及引导全国各高校、院所及政府事业单位等高端资源下沉，打造网格化经济体系和特色经济，如特色县、特色镇、特色行业、特色产品，让人力资源、政策资源成为经济引擎。

（4）加强市场资源配置。将资源资本化、证券化、商品化。例如，将土地评级、将资源评级、将人才评分，以不同类别、层次、体量的资源投放市场，通过市场进行资源配置。例如，将中型景区包装打造为产城景区，需要引入外力，这就实现了市场资源配资，达到发展的目的。

第六节　城市群划分：国民生活与地缘政治全覆盖

一、全覆盖划分城市群是适应时代的互联网思维

城市群的全覆盖划分建设，是地理、地缘、政治、国民文明在区域空间上的整体升华以及现代文明的公平创造，真正完成现代国家的转型。这样，上至国家省区，下至地县镇村和百姓，才会享受到城镇化带来的红利而不至于被人遗忘。城市群的全覆盖模式如图2-9所示。

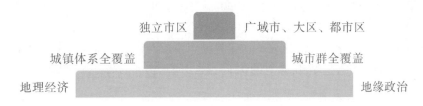

图2-9　城市群全覆盖模式

1. 全覆盖诉求

城镇化是全民的、全域的共同向往，落下了任何一寸国土、任何一个人，都不是全民的城市化，有可能因少数人获利，多数人受冷落。因此，城市群或都市圈的划分与建设，应遵循国土全覆盖、国民居住地全覆盖、经济社会活动全覆盖。它是国家政治在区域地理与地缘政治的延伸，而非国家行政权力批发。

2. 地缘政治

区域经济是一种地缘政治。城市群划分建设，是为了更好地体现公平。国际上，城市群划分有都

市圈、广域市、大区、城市群几种说法。但无论选择哪种，都必须全覆盖。今天，城市群、广域市、大区、都市区等，已成为国际上区域经济集群与社会治理的基本模式。例如，欧洲的国内大区（大区、都市区），相当于中国1~2个地级市，或几个县的区域，除28个欧盟成员国，还有上百个地缘政治体，它们都可以加入欧盟政治组织。日韩的广域市也是一种城市群，涵盖了全部国土。美国的300余个都市区，涵盖全域美国，以"税源区"划分建设为亮点。至于加拿大的3个国际金融中心，构筑了东中西三大经济都市圈，涵盖了加国80%人口与经济。英国以金融+大区的城市群构筑，使"女王领地"涵盖了53个英联邦成员国。

二、以发达国家的经验作为参考

城市化伴随着工业化、现代化的列车驰往今天和明天。凡城市化率高的，城市群发育健全。"二战"结束时，全球城市化率仅28%左右，1950年亦只有29.1%，到2000年上升为47.1%，2015年约50%；发达国家同期为52.5%、73.9%和74%，而欠发达国家为17.9%、40.5%和42%。按洲际分，1950年，非洲城市化率为14.9%，2000年为37.1%，2015年达到40%；同期，亚洲分别为16.6%、37.1%和40.5%，欧洲为51.2%、72.7%和72.9%，拉丁美洲与加勒比地区为41.9%、75.5%和75.7%，北美为63.9%、79.1%和79.5%，大洋洲为60.6%、72.7%个73.1%。发达国家城市群密度也高于后发国家。

按照国土空间划分全域城市群，是国民城镇化全域的方向。发达国家100万人便有一个城市群，其中欧洲30万~50万人口也有一个城市群，日本广域市也是200万左右人口一个城市群，按《国土与政策全覆盖城市群与城镇体系理论》（王廉著）一书分析，全国可划分为200个左右城市群。目前，全球以区域经济主导划分的城市群，大约有1000个。

"二战"结束后，国家政治以结盟、结友、结对子深化，欧盟、北约、日美防卫条约、G20、英联邦、中非论坛、TPP等N个地区政治组织，形成第一波"地缘政治"。第二波是地理经济波，如发达国家的3个县邻，可成立N个合作组织，涉及生态、人文等，至2015年，全球亦有类似组织约3万个。第三波是全球城镇发展演变成城市集团。实际上，主导国家经济的是不同类型城市。如伦敦、纽约、东京主导着世界各国的金融，巴黎、汉诺威、苏黎世、洛杉矶、日内瓦等主导着人们的视线所及与经济新常态。企业政治集团，如诺莱坞、宝莱坞、沃尔玛小镇等，都有自己的特色话语权。全球已形成3万个有主导力量的城镇集团，其中1000个发挥着重要影响力，200~300个成为区域发展引擎。

城市群是国土资源资本化与政治化分工，也是城市群参与国际产业与城镇体系的分工。城市化是"城市政治"的时代指数，也是城市集团的风向标。任何城市的形态与产业发展，都离不开国际分工。

三、城市群作为新经济增长极应强化地理经济开发

从城市群统计看，发达国家约50%人口、70% GDP在一、二级城市群生产，一些中小国家首都经济往往占全国1/3~1/2，美国6个国家中心城市，亦占全国GDP 25%以上。新兴工业化国家的情况，大致与发达国家相当。例如，韩国首尔、釜山两市，占韩国GDP 1/3以上，人口亦占1/3以上；智利、巴西前三大城市占全国1/3~1/2的GDP。

中国长三角、珠三角、京津冀三个大城市群在全国占比与新兴工业化国家、发达国家一、二级城市群差距甚小。印度的孟买、新德里、班加罗尔，巴基斯坦的伊斯兰堡、拉瓦尔品第与海德拉巴，集聚了全国主要大学，生产了大部分GDP。

城市化是全民生活的素质追求。城市群是城市化的区域地缘政治体，也是全覆盖国土、经济社

会、居民生活的地缘经济集团培育形式，不宜割裂。

第七节　财富神话：城镇街区密度与效益双魔方

城市化是一个过程，不是少数人的专利。城市群也不是政治或经济宠儿，而是人们生活的追求。经营成本、社会分工、密度够、平台高，分工就发达。城镇集团发展由密度与效益两个基本指标决定。在财富生产中，要素在非知识经济时代（1970年前）主导，在知识经济时代，科技与创新则是主要动力源。社会进步不只靠知识，更靠智慧。

从城市财富发展看，经济效益是财富密度的基本考量。比如，纽约市中心区800平方公里，GDP 8000亿美元左右；世界CBD中心曼哈顿中心高一些，每平方公里16亿美元。香港、新加坡平均每平方公里5亿～6亿美元，但香港的中环每平方公里则高达15亿～20亿美元。充满梦幻的伦敦心脏金融城2平方公里，每平方公里高达50亿美元。东京银座、纽约华尔街、苏黎世班霍夫大街，每平方公里生产30亿～50亿美元GDP。上海静安区亦达到曼哈顿水准，北京的中关村与金融街亦接近曼哈顿水平。

以单个城市论，香港、澳门、深圳（主要城区）是中国财富生产最密集的城市，平均每平方公里以亿美元计。广州开发区的宝洁、安利，占地均仅1平方公里以内，年纳税最高时达30亿元以上。日本东京六本木新城18.5平方公里，每年仅游客可达4000万人；广州长隆旅游区亦达千万游客。此外，像活力城镇虎门的富民广场、广州的白马市场可能是中国目前商户租金名列前茅的。国家发展史是一个梦想，也是国民讨生活的过程。成本与效益，可能在密度中表现，但都离不开创意与创新。财富的生产与效益如图2-10所示。

财富生产	城镇密度、国民创新创意要素集群与投资洼地
财富扩张	城镇经营水平与能力考量

图2-10　财富的生产与效益

财富生产不是饼大就质高，天女散花的土地开发，有可能是吹泡泡的收益。因此，必须精心计算不同类型用地、资源集聚区的动力，才能实现高效益。国家财富是国民活动的统计，城市财富是密度的牵引，而企业财富是技术含量与品质的叠加，个人财富是机会与经营手法的把握。

【专栏4-5】

慕尼黑的产业与城市亮点

产业概况：人口130万，2013年GDP 2200亿美元。

全市有8条地铁及通往郊区的四通八达的轻轨、有轨电车，全市有4所大学。以宇航、飞机制造、微电子工业为主。德国工业研发人员的9%在该市，为3.4万人。有600多家企业生产电子元

> 件及系统，是宝马、西门子、安联保险总部所在地，也是欧洲保险中心；有一批知名独立的研究所。慕尼黑大学是全国著名的创业创新型大学。
>
> 城市亮点：十大节庆活动有双年艺术展、冰刃之夜、电影节、艺术节、歌剧节、广场节、音乐夏天、啤酒节、舞蹈节、戏剧节，十大小剧场与歌舞酒店，十大剧院、音乐厅与电影院，十大标志性教堂，十大花园，十大博物馆与画廊。
>
> 在慕尼黑，政府很少宣传工业，而是以啤酒节、文化、交通、环境作为津津乐道的话题。

第八节 社会生态：国土与社会治理全覆盖

一、经济、人居环境、生态全覆盖

任何国家都离不开国土社会治理。在宇宙中，国土整治只是地球表面积的15%左右，而社会治理只占3.5%~4%地球表面积。

西方从"冷战"前后已经展开国土治理，至20世纪末，国土治理已经经历了功能治理、产业城镇规划治理（包括城市群划分、中心城市建设、大都市圈建设、生产零排放等）、环保治理。三次国土治理，解决了国土修复与美化绿化、城市群与城镇体系建设、产业的环保化等问题（如图2-11所示）。

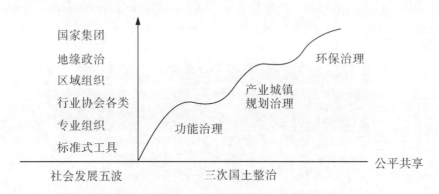

图2-11 国土整治与治理五波：公平共享是核心

以社会管理、安全管理、就业教育、税收与国民收益、脱贫奔康、工业4.0等为中心的国家与地方治理模式，已成为新常态。在社会治理中，大中城市管理议事制、经营商圈制已经成为基本原则。

二、社会治理中的技术问题

一是人们生存的空间与城镇。大国通常是以2000人社区、10万平方公里起的都市新区或城市综合体建设为范畴。二是生态空间，包括自然空间与产业空间等，要适合和适应人们生存发展的需要。三是治理是全社会的，国家强调协商制度建立，企业机构讲共享，民众讲体验参与。因而国家不宜过多建立主导产业、新兴产业或国家级城市群之类（造成许多被遗忘的角落），那样更会导致某一产业过剩或资源向少数人倾斜。

各国的民生、民意与民享，表现为天赋民生，民赋政权；天造自然，衍生人类万物；万物生业，业旺城镇，城镇让人民享受更美好的现代生活。如果说国家集团是社会治理的第一波，大区主导的区域经济区划分是第二波，TPP 等地区组织是第三波。第四波是行业协会、NGO 组织，估计全球有约 8000 万个，其中发达国家约占 1/3。行业协会和各种社会组织，都影响着整治与经济社会常态化发展。第五波是无处不在的科教文创技术集团。标准化、智能化、新闻化、信息化、互联网化，各类业界集团以标准、先进工具、理论、信息等拳打四海，技杀五洲。中国需要地理经济和地缘政治主导的城市群迈向第二阶段，第三阶段是社会管理的税源 + 就业 + 生态的城市群与城镇体系，没有精英 + 精进 + 公平 + 精致管理的社会治理机制，市场配置资源质量可能不会有多高。

建立协商、共享、体验、参与、合作的社会治理机制与制度成为当务之急。无论供给侧与区域治理，还是政府协商、行业与社会共享、国民体验参与的治理结构，都有必要厘清治理的目的是共享与基本公平，不能让 1% 的人占 99% 的资源，1% 的人说了算，革命红利让 1% 的人占有。

【专栏 4-6】

曼哈顿的产业特点

曼哈顿是纽约的一个区，不足 60 平方公里，却集聚了全球最亮人眼球的项目，它以城市产业为主导，以交易、交流、交通之"三交"，构筑起了城市生态区域、链条与品牌。

一是证券金融产业。曼哈顿是世界著名的产业金融中心，有 20 多个交易站，为全球 3000 多家上市公司服务，从事金融行业的人数超过 10 万。

二是文化产业。全市有十大雕塑、十佳特色餐馆和一批歌舞剧院、文学中心，这些都是游客必去的地方。它的金融文化出版业也是十分发达的，形成了区域产业链。

三是为中低层人士保留的传统纺织服装产业。曼哈顿虽贵为世界金融中心，寸土寸金，却仍有 400 家左右服装企业从事生产，形成区域城市生态链和产城融合的典范。

【专栏 4-7】

芝加哥的产业与城市亮点

基本情况：芝加哥面积 590.5 平方公里，人口 289 万。建有 3 个机场，每年接待乘客 6900 万人次。有 19 所四年制学院和大学，7 所两年制学院，芝加哥西郊的阿岗国家研究院、贝尔实验室、费米实验室的科研成就在全美乃至世界都令人瞩目。建有世界上最大的公共图书馆等多座文化设施景点。

城市亮点：区域制造业品牌有钢铁、肉食加工、糖果之都、金融中心、制造之都，诞生了美国最大的餐饮公司（麦当劳）和最大的食品加工公司（卡夫）；高端服务业品牌有芝加哥证券交易所；文化品牌有多个节庆和相应的文化设施，形成了多个商圈经济。

经济发展：2010 年度，芝加哥市的 GDP 为 5320 亿美元。制造业从业人员 63 万，年产值 590 亿美元，占美国制造业的 21.6%，其中食品加工业占全美的 1/3。世界《财富》500 强企业中有 33 家、美国《福布斯》500 强企业中有 47 家在此落户，世界 500 强中，芝加哥拥有的 33 家，其中有 14 家是制造业公司。截至目前，世界约 40% 的诺贝尔经济学奖获得者、15% 的诺贝尔物理学奖获得者、10% 的诺贝尔化学奖获得者在（曾在）芝加哥大学工作或者求学过。

芝加哥是全球重要的金融中心，以产业金融为特色，政府在各类人才引入上创造了良好的开放环境。

第五章 新兴产业与供给侧的制度设计

美国是国防工业带动国民经济的国家产业政策,近年改变为空间或宇宙产业带动国民经济发展。美国的产业政策设置有一个区间:顶层是宇宙太空,底线是国民的收入倍增计划,在这个区间里如何设置制度机制,就成了智者思考的问题。因而,任何产业政策的提出与实施,都需要考虑一个区间,这就是制度机制。

第一节 战略性新兴产业的体系制度设计

战略产业应实施"三接":上接天线(政策与趋势)、中接市场(行业及消费市场供需)、下接地气(地方产业结构合理,产城融合为目标)。事实上,各行业与区域在选择发展新兴产业或战略产业时,只有量身定制,根据市场前景进行资源配置才可能是科学的,单纯地突出某类产业,可能会造成资源、资金、成本等因过度倾斜而影响其他产业发展。政府在引导上,应有市场与地方产城融合适宜的结构,而不是主导具体发展某一产业,不然会造成产业同构或者巨大的资源浪费。因此,国家、地方在制定产业政策时,应该以市场为中心,协商各行各业和各个区域,推动建立一种共享机制,并为此形成一种制度,才能事半功倍。

一、制定战略产业的依据

就战略产业的定义而言,其实,传统产业不一定不是战略产业。是否新兴产业或战略产业,是有时效性的,它应根据各地区,尤其是市场容量、前景、企业的效益、资源成本等决定产业的分期开发顺序。此外,还要判定它的持续成长周期、产品产业寿命、技术的沉淀程度、创新能力与产品创新价值、市场开发的能力等,切勿以"新旧"片面地对产业发展归类。从时间讲产业可能有新有旧,但从产业链讲,又不一定。因此,政府在扶持鼓励什么产业前一定要进行"四评",即行评、技评、能评、潜评,尤其在城镇化进行时,产城融合、新旧衔接、高低互补、区域平衡、结构优化,成为产业政策制定的出发点和依据。

二、制定战略产业的主导问题

在制定战略产业政策时,尤应以高端服务业主导。首先,应明确各级政府角色,即政府要干的是"协商合作经济",而企业要干的是"共享发展经济",老百姓干的才是"参与体验经济",三者不能错位,这就分清了各自的责任与定位:政府主要在研发引导、高端平台制造引导、公共平台建设等高端服务业领域下功夫。至于"新经济新业态"政策的制定,也存在类似片面的划分,它应是以高端服务业为主的经济,应以"第二类战略性新兴战略产业"(相对应实体制造业)对待其政策制定,其时空前景也在此。

> 【专栏 5-1】
>
> ### 国家战略性新兴产业
>
> 战略性新兴产业是以重大技术突破和重大发展需求为基础，对经济社会全局和长远发展具有重大引领带动作用，知识技术密集、物质资源消耗少、成长潜力大、综合效益好的产业。1992年，中国改革开放后正式建立战略性新兴产业，到2002年重组。
>
> 根据战略性新兴产业的特征，立足我国国情和科技、产业基础，现阶段重点培育和发展节能环保、新一代信息技术、生物、高端装备制造、新能源、新材料、新能源汽车等产业。
>
> 到2015年，战略性新兴产业形成健康发展、协调推进的基本格局，对产业结构升级的推动作用显著增强，增加值占国内生产总值的比重力争达到8%左右。
>
> 到2020年，战略性新兴产业增加值占国内生产总值的比重力争达到15%左右，吸纳、带动就业能力显著提高。节能环保、新一代信息技术、生物、高端装备制造产业成为国民经济的支柱产业，新能源、新材料、新能源汽车产业成为国民经济的先导产业；创新能力大幅提升，掌握一批关键核心技术，在局部领域达到世界领先水平；形成一批具有国际影响力的大企业和一批创新活力旺盛的中小企业；建成一批产业链完善、创新能力强、特色鲜明的战略性新兴产业集聚区。
>
> 再经过10年左右的努力，战略性新兴产业的整体创新能力和产业发展水平达到世界先进水平，为经济社会可持续发展提供强有力的支撑。

1. 战略环节设计

新兴产业不一定都是战略产业，"战略产业"展示的只是一种行业趋势，不是一个具体产业。比如，生物医药，它涉及的是多产业、多科学，有新也有旧的产业。因而，在确立发展什么是新兴产业或战略产业时，一定要注意符合三个条件：一是发展什么产业、什么项目才是适合本地区和本行业的，该产业和项目在本地区和本行业以做什么内容或环节为主，产业链构建会怎样。二是城镇化发展进程中，城乡、大中小城镇与产业发展和人口容量的关系，就业与不同城镇体及产业的要求。比如，国际上30万人口的城镇区域，一定要有一个中型企业和一种区域性战略产业相配套，这样的产业政策制定才可能是落地的。三是资源配置的渠道与机制，如企业与资本资源在哪里，尤其是它的底线、边界危害是什么。

2. 战略性新兴产业应"八驾马车"推动

战略性新兴产业涉及"腾笼换鸟"，以及地缘产业链、行业产业链、新旧产业链等的兴起与终结、传承与兼顾，涉及多要素的集中、集成与分期或有重点地推进。此外，要素驱动不能光停留在有形资源的投资、出口、内需"三驾马车"上，需加上金融、科技、创新、互联网或物联网、信息等，才有可能形成立体的新兴产业机制。这样，"八驾马车"乃至更多的"马车"才能并驾齐驱，形成"百业兴旺"的局面。

3. 市场配置资源设计

真正的战略产业是"领导型产业"，是具有一定的"行业话语权"的。战略产业在一定的地区或市场范围必须是业态新、市场广阔和具有话语权。比如，我们讲航空航天是"新兴战略产业"，但这个行业和产业也有一定的地区属性以及区域经济特点，要从产业及产业链上找到自己的定位，不是任何环节都是战略产业，要精细、精致地设计才行。

比如，根据我们的研究，在私人飞机市场领域，珠三角市场发展这类产业优于长三角，在目前国内大范围禁私人空飞情况下，广东是唯一可以利用南海—印尼这个区域发展的。全球32万架私人公务机，20万架在美国，10万架在拉丁语系与英语系其他国家。近年来，深圳私飞市场充分利用了这一差距或优势，迅速发展了这一产业。还有航天主题公园。2015年，美国人均消费主题公园150美元，中国的主题公园似乎才刚起步，主题公园对一个乡镇、市县难道不是战略产业吗？（以此，其他地市县乡镇都可以制定自己的战略产业）因此，政府在制定产业时不应太具体，太具体反而束缚了或影响了其他地区与行业。

4. 战略产业制度与机制设计

战略性新兴产业的政策设计，应在发展战略性新兴产业过程中，不仅要开阔视野，更要不限于制造业，要把文化创意、咨询业等高端服务业也纳入政策视野。因而，从政府层面，政策设计一定要注意三点：一是全覆盖各行各业，不要拉高某一行业而忽略了其他行业，导致行业、地区不公平；二是产业链上的层级与环节分工要从研发、物流、订单、生产、加工、资源等环节设计体现差异化；三是执行中要强化区域、城市行业、地缘文化与地理经济。违背这三点，战略产业设计许多都会成为空想。而企业在选择新兴战略产业时，重点要在环节上下功夫，不要好大喜功，动辄产业或产业链，做好产品链就不错了，地市及城镇则可根据自身实际进行精心设计，国家在引导方面要同地方相区别，更要同企业相区别，不然就没有"战略区别"了。

不少以战略产业、某类发展名义的试点试验，实际上只是少数人、少数城市、少数地区获利的游戏。应特别警惕设租、寻租或假借国家、战略名义的行为或政策的出台。比如"特色城镇"，全国说搞1000个，一些省市的产业政策成了"应声虫"，也搞500～1000个。比如，IBM提出的"智慧城市"在中国大行其道，什么东西都往上贴，多数城镇只能跟着鹦鹉学舌而已。这就要求国家产业政策不要代替地方产业政策，顶层设计的支点是底线边界。要实现战略性新兴产业的公平发展，必须是全面覆盖各行各业和各地区。公平的前提是全覆盖。除了少数贫困地区或重要地区需特别照顾，不应当为富裕地区和少数人再"开小灶"。要特别警惕"部门主义"或"行业主义"政策与法律法规的出台。

第二节　供给侧改革的理论政策体系研究

供给侧改革需要从供给端→制度端→需求侧考虑，只有三位一体，我们的供给侧改革才可能获得成功。因此，供给侧改革的理论，一是供给端的机制，二是需求端的机制，为了两种机制的成功，必须有制度、政策作为保证，这就是在供给侧改革的同时，完善全覆盖的机制制度，市场配置资源和要素往创新驱动的国策，才可能获得更大成功。

一、供给侧改革的经济社会状态

中央政策正在走向"全覆盖"。全覆盖已经成为国土、地缘文化、成本控制、创新创业、政策制定的主题，企业、政府、个人概莫能外。

2015年，中国的财政收入相当于美国60%左右，2013年才分别赶上日本、德国。我们虽然是专利大国，世界第一，但发明专利与科研投入只有美国的60%～70%。再看城市，中国人口大城市不少，但国际性都市不如美国，GDP达到2000亿美元的城市亦不如美国，消费能力前20位城市不如美国，汽车保有量只有美国的65%左右，航空客流只有美国的40%，火车客流相当，城市高端服务业不如发达国家70%。这些既是差距，也是我们的发展机会。

再看广东的产业结构，不包括央企在内，沿海与内陆重要省份，2015年全国的500强企业，利润排名第一的辽宁万达148亿元，北京联想也接近100亿元，山东魏桥112亿元，江苏太平洋150亿元，上海上汽集团279亿元，浙江阿里巴巴150亿元，广东深圳招商银行568亿元，四川五粮液90亿元。广东前20位企业利润都达到100亿元，第15位也有120亿元，20家利润达2200多亿元，平均超过110亿元。在广东前20位大企业中，互联网、制造业、物流、高科技均有，结构较为合理且全面。这为广东产业升级转型提供了很好基础，在全国省市税收排名中，广东2015年达到2万亿元，江苏、上海约为1.5万亿元，山东、浙江亦入列万亿俱乐部。广东300万家企业发展状态良好。此外，中国4万个城镇中，有95%需要进行一两次改造。中国企业的战略水平需要提高，与战术执行力同步，才能加快转型升级。2014年，广东企业获得的国际专利授权占全国3/4，其中深圳占全国1/2，说明广东企业创新能力跃居首位。华为销售收入与联想相当，但利润是联想的3.5倍，也就是说，联想利润只有华为的28%左右。新常态下的全覆盖思维如图2－12所示。

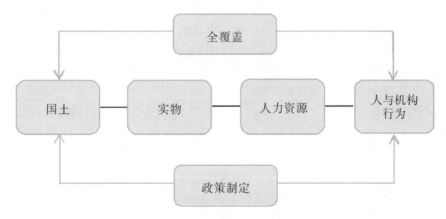

图2－12　新常态下的全覆盖思维

二、供给侧改革的理论与政策设计

供给侧即供给端改革，实际上是政府与社会的共同话题。经济学的目的是要解决三个问题：经济理论体系要科学，政策制定要合理，组织要有强大的执行力。"理论、政策、组织"是"统一场"，偏不得，少不得。从全覆盖看，供给侧改革的另一端是需求端。然而，从供需经济理论去解释，还应有一个理论常识，那就是制度公平及保障体系，也即杠杆。没有政策端这个杠杆，供给端改革可能是空中楼阁。图2－13反映了制度机制与供需双方的依附关系，制度机制端如两根支柱，支撑着供需改革的前景。

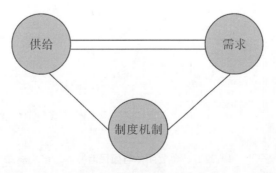

图2－13　供需端改革与制度端的作用杠杆关系分析

比如，面包店老板转产蛋糕，供给改革了，但市场需求面或量上不去，仍然没有利润来达致改革目的，需要制度或机制保证。企业供给形式可以通过定制或推销改革进入社区，建立新的营销模式，但仅这么做还不够，还需扩大改革面，如政府可通过制定促进消费的市场空间，引导市场消费，包括自身采购给居民发生日蛋糕，扩大购买市场及服务，全覆盖地制定政策。

【专栏5-3】

供给侧概念

供给侧，即供给方面。国民经济的平稳发展取决于经济中需求和供给的相对平衡。供给侧是相对于需求侧而言的。

要比较清晰地弄清供给侧，则首先应了解供给。经济学中的供给，是指生产者在某一特定时期内，在每一价格水平上愿意并且能够提供的一定数量的商品或劳务。供给的范围和水平取决于社会生产力的发展水平，一切影响社会生产总量的因素也都影响供给量；但是，市场供给量不等于生产量，因为生产量中有一部分用于生产者自己消费，作为贮备或出口，而供给量中的一部分可以是进口商品或动用贮备商品。提供给市场的商品，不仅具有满足人类需要的使用价值，而且具有凝结着一定社会必要劳动时间的价值。因此，供给不单纯是一种提供一定数量的特定的使用价值的行为，而且还是实现一定价值量的行为。

供给显示了随着价钱升降而其他因素不变的情况下，某个体在每段时间内所愿意卖出的某货物的数量。在某一价格下，消费者愿意购买的某一货物的总数量称为需求量。在不同价格下，供给量会不同。供给和需求也就是价格与需求量的关系。凯恩斯学派强调通过需求管理来调节经济周期，特别是在经济不景气时通过加大政府公共支出来保持经济的稳定（属于扩张性财政政策）；古典学派和供给学派强调供给一方的作用，强调通过财政货币政策激励生产企业调整产品结构、提升产品质量，强调依靠技术进步和生产效率的提升来提高国民经济的供给能力。

此外，政府、企业、社会都在讲"体验经济"。什么是体验经济呢？各阶层如何消费，恐怕也得弄清楚。在我看来，政府应在"协商经济"层面制定政策，与居民、地方、团体、乡贤、企业等"协商"制定政策，才有以企业为主的"共享经济"的局面出现，才能强化大众创业、万众创新的时尚风貌，也只有在这种经济环境与态势下，才会出现"消费体验"越来越健康的场面（如图2-14所示）。

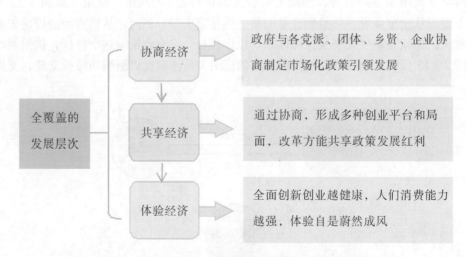

图2-14 政府、企业团体与国民消费体验层次模式

第六章 "互联网+"与经济发展的"八驾马车"

"成本高企"是当今各级政府面临的难题。"十三五"期间,政府通过关闭落后产能等行政措施,正转变为要素市场化改革,减少市场扭曲,发挥其配置资源的作用。

从要素驱动转向创新驱动,实际上是发展经济的动力源的延伸,也是经济的发展要素驱动常态转向创新驱动常态。在市场发育不断完善的环境下,只有科学发展、清洁发展和绿色发展,人类社会的发展才能可持续。

第一节 以广州经济的"六驾马车"为例

广州经济从以前的8个中心、10多个主导产业,渐渐演变为今天的以服务业为主,形成了1+N的城市产业链,大致形成了经济发展的"五驾马车":商贸展会和专业市场为主导的"马车"、职教与应用研究科教"马车"、文体产业"马车"、汽车造船装备工业"马车"、金融资产"马车"、互联网等新经济新业态"马车"。

广州过千亿产值的行业虽然有10多个,但较成熟、有一定竞争力的马车为上述六个方面。因而广州的产业政策可描述为6+N。估计到2020年,广州的产业描述不再是6+N或8+N,而应是国际商业文化经济中心,其他的定位可能都应隐退到"N"里,形成1+N的城市形态。

【专栏6-1】

盖网通

盖网是"盖聚百业、网通天下"的意思,注册地在珠海横琴,经营总部在广州越秀区,号称民族互联网公司。

盖网通,是盖网公司旗下的3G智能互动媒体终端机器,是打通线上与线下的有力渠道。盖网旗下的盖网商城和盖网通,站在商家与消费者的角度考虑,旨在给盖网用户提供最全面、最佳体验的合作商家。

盖网公司历经两年耗巨资自主研发的盖网通3G智能互动媒体服务终端一体机,功能涵盖广泛,可触摸、实现人机互动、即时免费注册、积分获取、积分消费、播放精准商品广告、商家折扣优惠券打印、产品促销活动、天气预报、电子地图、城市名片投放,并将开放水电煤气费等日常生活账单缴纳、固话缴费、手机充值、游戏点卡、Q币购买、网络购物等数十项缴、付费及定购业务。

过去，互联网只是作为一个工具，为沟通、交友、网购、查看资讯时传递信息使用。然而盖网通服务终端一体机的强力推出，创造了互联网O2O模式线上线下联通的时代里程碑，盖网平台除了能够为人们带来各种便利外，同时还让互联网变得不再只是简单地传递信息，而是让信息创造了巨大的收益。

第二节 要素驱动与经济发展的"三驾马车"

世界经济的发展，从全要素驱动到半要素，再到以创新驱动为主，这是几乎所有国家都已经经历或将要经历的过程。但从国别看，自1950年以来的半个多世纪，全球经济发展经历了三个阶段（如图2-15所示）。

第一阶段。20世纪五六十年代，西方发达国家的经济发展，基本结束了全要素驱动：经济增长50%以上不再依靠矿物质能源和其他实物资源，而以人们的创新、技术、信息、金融等拉动，发达国家因而迈入了科技创新主导时代。到了20世纪70年代，新兴工业化国家亦几乎都迈入创新驱动时代。在发达经济体经济发展中的"三驾马车"表现为科技、创新、金融等。

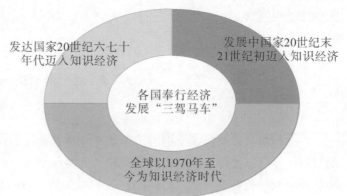

图2-15 各国经济发展的驱动时代符号节点分析

第二阶段。1970年，联合国宣布以该年为界，全球迈入知识经济时代。因为全球经济增长50%以上，已经不再依靠实物要素，转而依赖人们的科技、创新能力等智力要素驱动。

第三阶段。发展中国家依赖实物要素驱动比西方国家平均晚了30~50年，即到了21世纪初，主要发展中国家才先后迈入知识经济时代。

从"三驾马车"实物要素转向非实物要素的科技、信息、金融、互联网、创新，社会向创新驱动主导转变。创新驱动作为转变增长的重要手段，旨在促进资源要素的生态利益，实现循环发展，达到可持续发展的目的。

经济增长的核心在于破解要素的边际报酬递减，挖掘经济增长的持续动力。无论是以索罗模型为代表的新古典经济增长理论，还是20世纪90年代后半期的内生增长理论，以及从"摇篮到摇篮"的绿色经济理论，似乎都被夸大了作用：经济学要解决从理论、组织形式到政策制定，其支柱型的理论框架，不能借助两三个观点建立起来，现实要复杂得多。此外，需求外溢与扩散模型也非经典发展的灵丹妙药。在经济发展中，它们显然都缺少了一个"全覆盖"的较完整基本理论支柱框架，自然容易头痛医头脚痛医脚。

其实，经济发展的"三驾马车"，是西方在非知识经济转向知识经济的过程中，或者说在创新驱动初期，国家与地方政府激励并奉行的新政。投资、出口、内需"三驾马车"实际上也是助力"准知识经济时代"或"知识经济时代"初期的有效政策。在西方，尤其20世纪七八十年代，金融产品迅猛发展，从几百上千种，突破发展到两万种，一切经济活动已经离不开各种金融产品的导航助力。与此同时，创新、科技、信息服务已上升为国策。如美国在20世纪八九十年代就制定国策：国民与国防经济协调发展。1997年，克林顿签署信息化政策命令，认为信息化与互联网是国家创新驱动的基本工具和国家发展的重要动力,应作为国策。

【专栏6-2】

唯品会

在全国十大互联网公司中,广州因有网易、唯品会从而成为中国互联网第三城。

唯品会,一家专门做特卖的网站,每天有100个品牌授权特卖,确保正品、确保特价、限量抢购。

2016年6月,唯品会成功入围"5月份腾讯应用宝星APP排行榜"5月流行APP Top10。唯品会副总裁冯佳路认为,对电商行业而言,打造良好的购物体验是重中之重。未来,唯品会不但继续扩大品类,还将大力发展"海淘",同时将深度挖掘大数据,满足多样化的购物需求。

第三节 经济发展的新"五驾马车"及其意义

近年来,经济理论界不少人士认为,要使循环经济与宏观增长理论融合,必须有明确静动态福利效应,才能精准地度量要素流动,界定经济的产出,使投入精准地纳入生产函数。单纯的GDP指标,虽然对第一次内燃机革命、第二次电气革命、第三次能源信息革命具有重要释义,但"生态效应"的依赖性更强。循环经济被一些人描绘成了唯一的科学框架理论,技术、人力资源成为其关键。诺贝尔奖获得者曾在信息对称、国企改革、众筹等领域都做出了贡献,却没有建立起支柱性的从理论、组织到政策的较为完善的框架。

全球经济社会发展政策,就区域而言,经历了三次大的国土整理:空间治理(行政区划、交通、社区、城镇布局,形成了协商经济局面)、产业治理(一、二、三产业资源资本化,建设共享经济机制)、环境治理(空气、土地、绿色生活、社会管理,形成快乐体验局面),相对应地形成空间平台形态,即国土治理、全域产业化建设、组织与理念,政策制定亦依据其制定或推进。

对图2-16的分析可以清楚地看到,发达国家虽然践行经济发展"三驾马车"的政策,但从20世纪七八十年代开始,输出产能过剩、金融产品过剩、商业品过剩,已经成为重要国策。加快或推动经济发展的方式多种多样,尤其是科技、创新的商业模式与方法、信息透明与服务、互联网的利用,都成为经济发展的利器。

在新一轮发展中,国土整治、全域产业化、城镇平台化已成为经济发展的常态,而话语权打造成为关键。

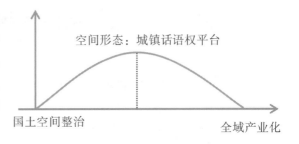

图2-16 国土整治与平台话语权打造分析

1997年,美国颁布新的产业分类标准"北美标准";2000年,欧盟颁布"欧盟标准"。这两个产业分类标准都有一个共同点,就是将商业、服务业细分,对服务业中的高端分得更细,包括电子网络、文化、音乐等。这比1997年版联合国产业分类标准还要细一些,显然也更符合实际。

也就是说,我们在全力注重"三驾马车"时,西方早已在其他动力源探索上展开了有效的尝试,建立起经济发展的经济理论支柱框架,并且在实践中取得了成就。如发达国家金融在GDP中贡献通常达15%,有约2万种中的1/4金融产品在推动经济发展;科技更是一枝独秀。互联网近年在我国发展得很快，但理性发展不足。过分夸大互联网作用，仍然反映了我们在经济理论上的战术性大于战略性管理。综合起来，除了投资、出口、内需"三驾马车"，我们至少还可以列出科技、信息、互联网、金融、创新"五驾马车"（如图2-17所示）。

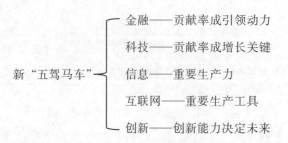

图2-17　经济发展在知识经济时代的新"马车"

当然，我们还可以列出一些至关重要的其他"马车"，但从全覆盖看，经济发展的"八驾马车"基本涵盖了主要领域、人们关注的事物以及所努力的重要方面（如图2-18所示）。

图2-18　"八驾马车"的时代属性与角色

从经济理论上讲，由于我们对"资源"认识的片面化，特别重视重资源，轻视轻资源，扬重抑轻也是各地决策者要认真改变的。在组织形式与理论界都少了网络思维。如供给侧改革，如果需求侧与制度侧不配套，组织框架不完整，其政策框架就会存在问题（如图2-19所示）。

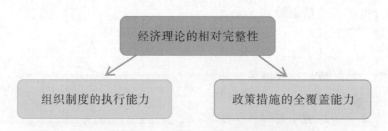

图2-19　理论、组织与政策的完整性价值分析

第四节　建立和完善经济发展的动力机制

无论是农业、工业、商业等部门，还是致力于再制造、再循环的静脉产业部门，衍生的新经济增长点都会层出不穷。循环经济的理想模式可以直接提高经济的资本存量之和，又可以通过新技术逐步提高经济成长速度，从而在研发、优质设备等带来的高成本，在"经济人"向"生态人"的过渡中，

被需求规模的扩张所分摊。

市场经济的发展,随着信息化和互联网运用的深入,挖掘经济发展的动力源成为一种常态。推动经济发展的"马车",就城市、地区或国家而言,民企、精英教育、节庆、商业模式,都有可能成为驱动力。

比如,美国发展咨询服务业,围绕咨询业,政府加强了服务外包与采购并举,推动了一个行业的发展。包括政府为中小企业发展咨询埋单,咨询业成了一驾"马车"。这就是在供给端改革中,制度端要解决的问题。政府的购买力度,影响供需改革的质量。

因此,发展或建立动力源成长机制,如经济与市场项目的协商制度成为审批制,就必须有相应的制度机制作保证。例如,美国当年的房利美与房地美"两房"事件,也是一种政府滥用公权造成的。

动力源研究还有一个重要方向,包括企业、相应机构的动力源,地方政府的动力源,都应认真研究其重要性与影响力,或正负作用力。"滥力"的负效应,就是"过剩"的投资、政策与行为。

根据可持续发展基本思想,只有明确经济增长过程中要素与资本的替代关系,才能准确衡量经济增长的可持续性(弱可持续)和环境可持续性(强可持续)。1990—2010年中国经济增长中,资源租金比重持续下降,实际人均资本投入量1990年低于哈特维克准则弱可持续水平8.5个百分点,到2010年则高出55.6个百分点。这说明中国经济发展资源利用可持续,实际上是不断上升的成本。当增速放缓时,投资驱动难以为继,高资源成本经济弊端便暴露无遗。

如咨询业,若中国达到美国水平70%,咨询业占GDP 5%~6%,按照供需端或购买服务的市场放大30倍设计(国际一般标准),中国再打7折优惠为20%,则咨询业能带动10% GDP增长。这表明制度端在供给侧中的重要性。

动力源是全覆盖地根植于各行各业,不可能有一个包罗万象的数学模型或完善的理论框架,但动力源的正效应,取决于制度机制的全覆盖引力设计与保证。"八架马车"政策动力了理论研究,或许揭开了这种支柱框架的冰山一角。其实,城镇、企业发展也一样,都有自己的支柱理论、政策与组织体系。图2-20生动地说明了动力源与体制机制的关系。

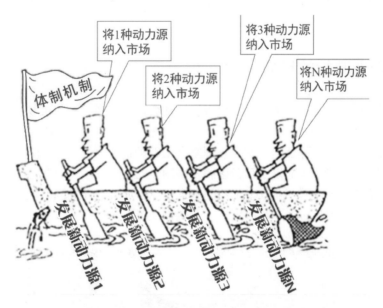

图2-20 动力源的开发机制与管理机制

第七章 产业政策制定的底线与边界

本章从国家、行业、企业产业政策,以及宏观、中观、微观,对产业政策的成因、目标、底线和边界进行了梳理分析,创新地提出了产业政策的制定要适合中国国情的理论体系,认为产业政策在激励和推动经济发展的同时,也应遵守权力用度的底线和边界,遵守法律法规,尊重市场规律。

第一节 产业政策制定的目的与历史梳理

众所周知,国际上对产业政策的制定方式、时间、重点的争论,已经不是要不要产业政策,而是在什么样的情况下应该由市场无形之手进行激励、调节和资源配置;在什么样的情况下,可以用什么方式、使用什么样的产业政策克服市场失灵,补充现有制度或财力的缺陷,以便最有效地促进产业结构调整、产业提升和经济发展。无论什么国家或地方,在制定产业政策时,都希望其产业政策符合实际和市场规律,能促进和激励经济社会发展。但在产业政策的制定和实施过程中,宏观方面往往与预期的结果有很大差异,微观方面又常常在财政补贴、税收技术化问题上陷入纠缠,还有在中西对比上的片面性和历史碎片化分析所做的"不充分"乃至"错误结论",这也是引发产业政策制定与实施争论不休的主要原因。

一、制定产业政策的目的

任何层级的产业政策,其目的都是为了促进经济社会持续发展,参与市场竞争和国际经济体系循环。古今中外莫不如此。

产业政策的另一目的,是保证国家安全、国家有足够的能力和实力、国民的生活能不断地提高,从而实现国强民富、国民安居乐业以及社会繁荣发展的目的。

图2-21的微笑曲线反映了产业政策制定的基本目标,那就是促进经济社会持续发展和保障国家安全与民生。违背了这个宗旨,谈产业政策显然有些痴人说梦。

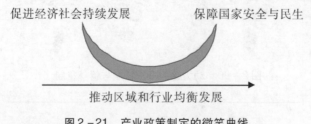

图2-21 产业政策制定的微笑曲线

二、"冷战"前的产业政策

在物质较为稀缺的"二战"前,有实力的国家、财团、地区,其政策、机制、策略如果要冠以产业政策,猎奇、霸占、抢劫、强买强卖可能是当时的实际写照。从希腊城邦制、罗马十字军东征,到殖民地经济的形成,亚当·斯密的自由贸易理论的实质是强者贸易理论的代言。

这一时期的产业政策的特点是供给促生产,生产快速发力提高供给能力,推动了需求侧的迅速发展。比如,到"二战"结束时,美国人修了 30 多万公里铁路,筑了上千个港口,建了几百家可生产武器弹药的企业,贸易总额在 1945 年占了全球的一半以上(见表 2-5)。

表 2-5 发达国家"冷战"期间的"成就"分析

类别	"成就"分析	分析说明
发达国家	西方 7 个工业大国生产了全球 70% 的工业品,做了 80% 的贸易业务,第二桶金已收入囊中	可以同发展中国家讲"国际规则"了,即强者规则:你们要按市场规律办事,不要搞产业政策
美国	已完成了 38 万公里铁路,5 000 公里城郊铁路,东南西北四大高速(四纵四横)公路,上千个港口,能停直升机的机场有 5 万个。美国仅航空航天科普博物馆就建了 400 多个,平均每 65 万人 1 个,拥有 2.3 亿辆汽车及全球 2/3 的公务飞机	美国产业政策最具全球输出性和覆盖性。以国内强大的建设和向国外输出过剩,以"财团抱团"的行业输出,形成国家产业政策的特色。"二战"期间,罗斯福就对商务部长说:你的任务就是把产品卖给有需要的

在 1872 年美国成为 GDP 第一经济体后,到 1945 年"二战"结束,美国的产业政策就是几近疯狂的"自由生产与贸易",任性的开荒分田分地和资源抢占,"无为而治"实际上是强者先得。如沿五大湖、密西西比河、纽约周边铺铁路,不到 150 年就铺了 38 万公里,至今 60% 铁路荒废,运营铁路只有 15 万~18 万公里,港口废弃的也有几百个,连自贸区停运的也占 1/3 强,近 1/3 机场闲置。美国曾经是世界上最大的资源浪费和碳排放第一国,这是"完全市场经济"产业政策放任的结果。

三、"冷战"时期的产业政策

1978 年中国改革开放前,发展中国家的生产供给从国际贸易角度来说,几乎可以忽略不计。比如,印度、中国、印度尼西亚、巴基斯坦、孟加拉国几个人口大国,占了世界当时约一半人口,出口额不到美国的 1/10,也不及西方 7 个工业大国的 1/5。进出口贸易 70%~80% 被西方 7 个工业大国所垄断。生产、输出是这些国家在"冷战"期间几乎全部的"国家全民产业政策"。此间,这些国家又一面"围剿"欠发达地区政府"要遵循市场规律,尊重国际规则""自由贸易"。这种不对等,咋能双方"自由"呢?

发达资本主义国家之所以能趾高气扬,它们实施的是"四管齐下"的政策:①抢占了发展先机。政府鼓励和帮助企业占领较广阔的市场,没有导致产品过剩就有了第二桶金。"二战"结束,美国城市化率就超过了 60%,比现在的中国城市化率还高。只要财团有生产能力,便可任性生产。②西方采取出口拉动战略,包括对农产品出口补贴、对工业品政策性贷款,特别是航空航天产品贷款额高达 50%~70%。所谓的市场经济、自由贸易,是由财团主导,财团在代表国家"自由贸易"。比如,美国在南海煽风点火,那是保护财团利益;越南在南海打的上千口油井,几乎都是英美财团的杰作;壳牌、BP 公司、埃克森几乎处于垄断地位。③国家实施普惠配套的中小公私企业财政税收扶持政策,包括中小企业咨询补贴等,促进了中小企业的发展。④通过制定地缘与地理经济政策,推动了区域平衡发展。此外，对中小企业、创新创意、资讯规划、智库发展，都有较详细的解释、保障与配套促进政策。

四、历史成因与现实分析

美国的国家产业政策是以"国防和科技促进国民经济协调发展"的政策。国家以国防、科技、外交、国际贸易产业政策为主，州一级以经济发展和教育为主，县市一级以财产或财富增值保值经营为主。其结果是，美国国家层级产业政策以宇宙产业政策主导，迅速推动了航空航天产业；以全球市场为目标的产业政策，推动了全国企业以世界眼光在全球的兴业、投资和资本输出，更以美军战区全覆盖南部、北部、太平洋、欧洲、非洲5个战区，控制了全球70%的海洋和空间；又以世行、WTO、IMF、TPP、TIPP等控制了全球行业与经济命脉；更以货币政策、科技政策、反倾销法、民主输出等，打压别国产业与产业政策。概言之，英美欧财团以"行业规范""国际标准"抢夺话语权。从20世纪50年代至2000年，美英等发达国家制定的一切资源开发、生产、标准化及话语权政策，让发展中国家似乎处于天罗地网之中。

任何国家的产业政策或产业发展、重点、过程，都离不开自身的基础、目标与发展环境。新兴工业化国家，如韩国、新加坡及巴西等国的经济发展，都有很强的国家主导色彩。因为在"追赶"过程中必须倾注、专注乃至全力，方可有在背水一战中取胜的可能。

当然，若将发达国家与新兴工业化国家产业政策做个归纳，"国家创造环境、行业制定标准、企业参与竞争"是合乎实际的。这些国家宣称的市场配置资源，实则是"创新强体、抢速议价、抢滩分利、规律护己"。发达国家的所谓规律护己，就是以自由贸易、市场规律、标准规范保护其既得利益，而它们的市场配置资源是"强者为王、资本为王"的托词。

第二节 我国产业政策的制定过程与实施效果分析

在产业政策的制定上，若中国与美日欧相比，我们才迈步全球级；同期，美国为代表已迈向宇宙级，尤其在高端产业政策方面，美国已经形成了宇宙产业政策。例如，1977年升空的"旅行者"号仍在飞行，可播放42种语言，可飞行至2030年，已到达太阳系；美国的全球产业政策，如科技、金融、地理、政策标准、军事设施、资源等产业政策早已全覆盖；地区与富民产业政策已实施了上百年，推动了区域发展平衡。相比之下，中国产业政策的制定与实施，提质、调整、强化仍是今后方向。

一、"文革"前的产业政策分析

新中国成立前，共产党的产业政策，无论是苏区还是延安时期，或是解放战争时期，"发展经济、保障供给"是最根本的目标。在物质稀缺年代，这一产业政策与当时国际环境是同步的。何况旧中国产业体系残缺，生活、生产资料极端短缺，卖方市场是主流。

中华人民共和国成立后，为了建设国家产业体系，改变"稀缺"状况，1952—1957年实施了第一个五年计划，开始了国家工业体系构建，标志性的工程就是"156项工程"产业政策的实施。至1969年，156项实际建成了150项；1957年，钢产量达到535万吨，走过了西方国家20～30年的钢铁产业路程。"156项工程"有44个为国防企业，106个为民用，通过"156项工程"，基本构建起了能源、石化、钢铁、机械、电子、材料、国防产业体系基础，改变了区域发展极度不平衡的状态（东北50个、西部221个、中部29个），于此推动了约1 000个配套产业项目，并且培养了大量工程设计、技术、施工与产业人员。"156 项工程"对国民经济的影响力如图 2-22 所示。

图 2-22　实际实施的 150 项工程影响力

虽然"文革"前期经历了许多政治风波，由于有"156 项工程"垫底，到"文革"结束，全国开展的小钢铁、小化肥、小机械、小工业"小字号"，基本上覆盖了全国各省市区至地州市，工业体系在全国基本建立起来。如果说"156 项工程"（实际实施 150 项）是领军企业，推动二级领军企业达 1000 家（1 带 7），在随后的 10 多年，几乎以 1 带 7 的制造业和 1 带 70 以上的服务业等关联企业发展，成为新中国产业发展的一个特色。

二、"九五"前的产业政策分析

党的十一届三中全会后，中国拉开了全面改革开放的序幕。农业以提高劳动生产率、增加产量为主要目的；工业以扩大生产、引入外资、构建全覆盖的工业体系，努力增加出口为主要目的；"三产"以发展商业、科技、教育、文化、金融等为基本要务。其产业政策的基本宗旨，仍以鼓励企业以市场需求为目标，参与国际经济大循环。

此间的产业政策，以国家宏观政策为主，营造良好的投资环境，推进外资企业非国民化待遇，加强国有企业发展，关停并转一批低效和缺乏市场应变能力的企业，并酝酿对一大批地方国有企业的改造，引进、吸收、消化、提升是技改目的。一只手抓工业技改，一只手引进外资，一只手鼓励乡镇企业与民企发展，是此期间产业政策的主旨。此期间的国家宏观产业政策如图 2-23 所示。

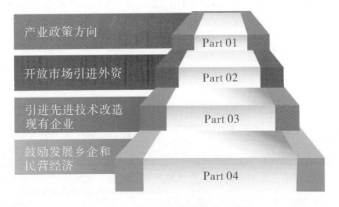

图 2-23　国家宏观产业政策

三、"九五"至"十二五"时期产业政策分析

"九五"时期,在朱镕基总理主导的国企改革中,有上千万人因企业关停并转"下岗",1998年达到"下岗"高潮,引起一片咒骂之声。以朱镕基为首的团队,以壮士断腕、刮骨疗伤的勇气,对加快改革开放、解放生产力、提高产业转型升级和加快发展起到了重要作用。邓小平南方谈话后,中国产业政策加大开放力度、加快发展,从而20世纪末中国抓住了全球产业大转移的机会,实现了外资引进提速、民企与国企快速发展,对国民经济体系和现代工业化体系构建起到了里程碑式的意义。

2000年,我国GDP首过万亿美元大关,进出口贸易约达5 000亿美元,进入全球国际贸易六强,经济发展在国家强有力的产业政策推动下,迈向快车道,国家对产业政策的制定,基本上开始做到了全覆盖。中国进出口贸易在强有力的国家产业政策推动下,到2015年,中国成为世界第一进出口贸易国,形成了联合国产业分类中39个工业大类、191个中类、525个小类"举世无双"的行业齐全的产业体系,全球381种重要工业品,中国约有一半产量第一。中国与主要国家/地区货物进出口对比见表2-6。

表2-6 主要国家地区货物进出口分析(单位:亿美元)

国家/地区	2000年进出口	2010年进出口	2015年进出口	说明
美国	7 819/12 593	12 783/19 692	38 128	
中国	2 500/2 300	15 779/13 948	39 569	2015年,全球出口前4位:中国
日本	4 792/3 795	7 698/6 941	12 734	2.27万亿美元,美国1.5万亿美
法国	3 276/3 389	5 235/6 097	10 785	元,德国1.32万亿美元,日本6
德国	5 518/4 972	12 589/10 548	23 794	251亿美元
荷兰	2 331/2 183	5 743/5 164	10 730	
中国香港	250/2 100	4 100/4 800	10 700	
全球	64 560/67 240	152 890/155 040	332 480	
分析	中国2005年出口仅7 620亿美元,进口6 601亿美元。到2010年,出口15 779亿美元,进口上升到13 948亿美元,大顺差变成小顺差,2015年又变成较大顺差约6 800亿美元			

实际上,中国大国地位的真正确立,是2015年以来发生的三件大事:一是2015年中国的进出口贸易达到了3.9万亿美元,超过了美国;二是中国的GDP达到了10万亿美元,约占美国2/3;三是2016年G20峰会在杭州举行(包括亚投行总部在北京奠基、2016年人民币SDR"入篮"等)。产业政策功不可没。表2-7充分说明了从"一五"至"十二五"产业政策推动的成就,诠释了产业发展的意义与作用。

表2-7 中国"一五"至"十二五"计划完成情况

(单位:人民币)

"一五"	完成投资588亿,与美苏日增幅相当,工业总产值709亿	开局良好
"二五"	基建投资比1957年增1倍,工业总产值850亿	增幅缓慢
"三五"	工业总产值3 000亿,农业占1/4	……
"四五"	工农业总产值4 477亿	经济滑坡

（续上表）

"五五"	1980年GDP达到4 500亿元，"三产"比30.1:48.5:21.4	工业成第一大产业
"六五"	轻重工业总比43.1:56.9	经济发展迈向协调
"七五"	1986—1990年，平均增速7.5%	经济发展进入快速时期
"八五"	1991—1995，"三产"增速4.1%、17.3%、9.5%	经济发展进入高速时期
"九五"	1996—2000，GDP首破万亿美元，人均850美元，进入世行中等收入国家行列	经济发展从此迈向快车道
"十五"	2001—2005年，增速在7%以上，增速9.9%，工业总产值突破35万亿元	稳定快速发展
"十一五"	2010年GDP40万亿，增速10.3%，工业总产值70万亿元，但4万亿投向产生了复杂的局面	结构性快速调整
"十二五"	2015年GDP达10万亿美元，工业总产值90万亿元	人均GDP达8 000美元

盘点2015年，中国从一个资本进口国变为达到1 500亿美元的资本净出口国（差额100亿美元）。2000年货币（M_1）仅5万亿，2015年达到145万亿，流通中货币（M_0）由2000年的1.4万亿上升为6万亿，货币与准货币（M_2）由2000年的21万亿上升为150万亿。这些变化也说明了我国产业政策推进过程中，经济社会发展的具体表现之不俗。表2-8的GDP、税收等变化也是证明。

表2-8 GDP与税收和服务业分析

（单位：人民币）

年份	GDP	税收	相关说明
1952	679亿	49亿	①同期，美日德经济：2010年美国GDP 15万亿美元，日本5万亿美元，德国3.2万亿美元
1978	3 624亿	619亿	
2000	8.825万亿	12 581亿	②2015年上述三国的GDP分别是16万亿美元、4.8万亿美元、3.4万亿美元
2004	13.65万亿	2.41万亿	
2015	67.67万亿	15万亿	

分析：① 工业产值2015年中国约15万亿美元，美国约10万亿美元，日本约5万亿美元，德国约4.2万亿美元，中国成为工业生产第一大国。

② 2013年服务业排名。美国、日本、德国、中国、法国、英国、巴西、意大利、加拿大、俄罗斯、印度分别为：12.5、4.2、2.4、3.0、2.0、1.9、1.6、1.5、1.26、1.2、1.0万亿美元，中国位居第四，是美国的22%左右，这表明中国服务业发展空间甚大。

第三节 未来产业政策制定的方向及其边界

学界对产业政策的研究成果不少，争执也较频繁，这是很正常的事。由于各自的经历、视角、心境不同，尤其是一些在实践中缺乏认知、市场化常识和研究不足的人，对产业政策的理解、设计、要求差异有别。此外，因各行业人士所具备的常识、认知和预判差异，更有可能加剧争议和处置方法的差异。总的来说，中国未来产业政策应走精准之路，有宇宙观、全球观、合作观和采取以市场配置为中心的行动。

一、产业政策的必要性

目前认为产业政策休矣的观点，主要是从产能过剩、层级分工不明和政策杠杆过粗过细的角度得出的，因而简单结论是"不需要"或减少产能政策。中国人均企业数为100人1家，西方同期为20人1家；中国高端服务业只占GDP的30%左右，西方同期达45%；中国的行标等制定和影响力只有西方的几十分之一；中国经济质量、人均GDP只有发达国家的1/4～1/3。政府对中小企业的服务、指导与管理还不到位，还存在一些问题，有必要通过产业政策来理顺。所以仍需要产业政策。

产业政策，一边承载着国家的政治目标，一边承担着市场的培育，既是矩阵结构，共同的诉求与目标，又似一杆天平秤（如图2-24所示）。产业政策制定主要是从市场配置资源和实施检验效果两个维度来考虑的。可以说，从经济角度来说，产业政策制定没有一个绝对能预判的标准和精准衡量指标，任何误判和自以为是，都是对自己与对象的不负责任，因而必须小心翼翼地监控与调整。

市场配置资源维度：国家产业政策、地方产业政策、行业产业政策、企业产业政策。

实施检验效果维度：保障国家安全、促进经济持续发展、促进社会进步、提高国民生活。

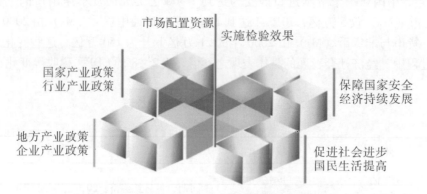

图2-24 产业政策制定范畴与边界的矩阵模型

二、产业政策调整的方向

中国产业政策的调整有三个基础，一是改革开放以来取得的经济发展成就，二是国家正在往宇宙产业、全球产业政策调整，三是行业标准与企业在不断成熟。截至2015年年底，中国有了产业标准条例法规17 316条，有17.4万多张ISO 9001证书，ISO注册专家约3 000人，承担ISO技术机构71个，提交并立项了国际标准提案474项，约190项中国标准成为世界标准，在工商部门注册企业达到了1 300万家；专利成就也是显著的。2015年，中国有96万件发明专利，实用新型与外观专利相加授权量达到263万件，国际专利授权3万件。市场基础较好。

党的十八大确定经济发展要"市场配置资源"。从中央宏观引导到实施落地，这个过程没有10年8年难以形成。从时间推算，国家级市场体制构建，没有50年难以成熟，若从改革开放计算，要到2030年才达到50年，因而国家产业政策制定，既是一个较长期过程，也是从"细"到"准入"较宏观的过程，它以市场配置资源为中心。

三、怎样制定未来产业政策

新常态下的产业政策理论，根据中国的现状，以及几十年来取得的经验，应当分类别制定国家、行业与企业产业政策，形成三级产业政策与分工体系，从而解决产业政策的重复性、低效性与强杠杆性。在过往产业政策中，基本上没有"企业产业政策"一说，通常是国家与地方有，这是对市场认知的不足。在协商经济时代，产业政策制定应当以公平、公正、发展、绩效为原则。

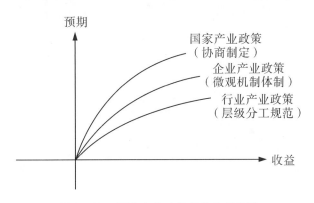

图 2-25　国家产业政策理论体系模型

图 2-25 表明，国家产业政策处于顶端，行业为"中流砥柱"，企业为"实施主体"，三者不能越权。如果错位了，底线没了，边界就没了。如图 2-26 所示。

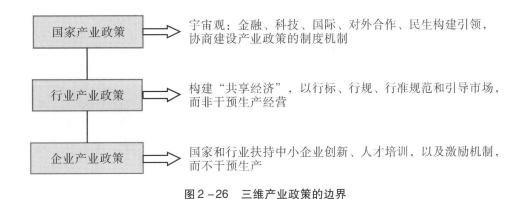

图 2-26　三维产业政策的边界

1. 国家产业政策

以营造政治经济环境，制定宇宙、全球及合作共赢的产业政策，重点在金融、科技、国防、对外、民生交流等方面发力，并在地缘政治、地理经济方面有新的建树，如全覆盖国土功能城市群划分增长极构建，便具有引领作用，以国际标准化、基础科技创新等推动。

2. 行业产业政策

以职能部门会同商协会、咨询机构等共同制定"共享经济政策"，不宜简单地颁布行业政策。行业政策对市场资源配置、产业结构调整巨大，不是行政一家可以为之的，它是最具市场考量、最具智慧的，应以行政权力规范、弱化行政杠杆、准入制度机制等作为调整工具。

3. 企业产业政策

应以企业信用、产品质量为标准扶持企业创新创意，而非在产品产量生产上下功夫。如通过商标管理、专利奖励、名牌评比、诚信评比等予以实现。对企业某一产品的发展，行业、政府更不宜具体干预。

Volume III 第三卷

特色产业城市
Characteristic Industrial Cities

第一章 金融产业城市

第一节 世界金融城市100排名及指标分析

世界金融城市排名主要由全球金融中心指数（GFCI）来衡量。GFCI 是对全球范围内各大金融中心竞争力最为专业和权威的评价，由英国 Z/Yen 咨询公司发布。表 3-1 是英国 Z/Yen 咨询公司于 2015 年 9 月发布的第 18 期各金融中心的排名和得分。

表3-1 第18期各金融中心的排名和得分

金融中心	GFCI 18		GFCI 17		较上期变化	
	排名	得分	排名	得分	排名	得分
伦敦	1	796	2	784	▲1	▲12
纽约	2	788	1	785	▼1	▲3
香港	3	755	3	758	—	▼3
新加坡	4	750	4	754	—	▼4
东京	5	725	5	722	—	▲3
首尔	6	724	7	718	▲1	▲6
苏黎世	7	715	6	719	▼1	▼4
多伦多	8	714	11	704	▲3	▲10
旧金山	9	712	8	708	▼1	▲4
华盛顿	10	711	12	703	▲2	▲8
芝加哥	11	710	9	707	▼2	▲3
波士顿	12	709	10	706	▼2	▲3
日内瓦	13	707	13	702	—	▲5
法兰克福	14	706	19	692	▲5	▲14
悉尼	15	705	21	690	▲6	▲15
迪拜	16	704	23	688	▲7	▲16
蒙特利尔	17	703	18	693	▲1	▲10
温哥华	18	702	15	696	▼3	▲6

（续上表）

金融中心	GFCI 18		GFCI 17		较上期变化	
	排名	得分	排名	得分	排名	得分
卢森堡	19	700	17	694	▼2	▲6
大阪	20	699	31	668	▲11	▲31
上海	21	698	16	695	▼5	▲3
多哈	22	695	20	691	▼2	▲4
深圳	23	694	22	689	▼1	▲5
釜山	24	690	24	687	—	▲3
特拉维夫	25	687	27	684	▲2	▲3
台北	26	686	25	686	▼1	—
墨尔本	27	685	28	677	▲1	▲8
阿布扎比	28	679	26	685	▼2	▼6
北京	29	676	29	674	—	▲2
维也纳	30	674	35	656	▲5	▲18
圣保罗	31	672	43	644	▲12	▲28
斯德哥尔摩	32	671	36	655	▲4	▲16
约翰内斯堡	33	669	32	662	▼1	▲7
开曼群岛	34	668	39	650	▲5	▲18
里约热内卢	35	666	47	638	▲12	▲28
阿姆斯特丹	36	665	40	649	▲4	▲16
巴黎	37	664	37	653	—	▲11
华沙	38	663	64	606	▲26	▲57
卡尔加里	39	662	33	661	▼6	▲1
慕尼黑	40	661	30	670	▼10	▼9
大连	41	660	51	632	▲10	▲28
汉密尔顿	42	659	41	648	▼1	▲11
维京群岛	43	658	34	657	▼9	▲1
卡萨布兰卡	44	657	42	645	▼2	▲12
吉隆坡	45	656	38	652	▼7	▲4
都柏林	46	654	52	627	▲6	▲27
伊斯坦布尔	47	653	44	643	▼3	▲10
曼谷	48	651	50	633	▲2	▲18
洛杉矶	49	650	—	—	—	—
麦纳麦	50	647	46	641	▼4	▲6
阿拉木图	51	640	49	634	▼2	▲6

（续上表）

金融中心	GFCI 18		GFCI 17		较上期变化	
	排名	得分	排名	得分	排名	得分
巴拿马	52	638	48	637	▼4	▲1
泽西岛	53	633	54	625	▲1	▲8
根西岛	54	632	55	624	▲1	▲8
马尼拉	55	631	62	611	▲7	▲20
直布罗陀	56	630	45	642	▼11	▼12
利雅得	57	629	14	698	▼43	▼69
马恩岛	58	628	58	617	—	▲11
孟买	59	627	53	626	▼6	▲1
列支敦士登	60	626	—	—	—	—
哥本哈根	61	625	61	612	—	▲13
布鲁塞尔	62	624	63	607	▲1	▲17
布拉格	63	623	60	613	▼3	▲10
毛里求斯	64	622	68	598	▲4	▲24
米兰	65	621	70	596	▲5	▲25
里斯本	66	619	77	570	▲11	▲49
奥斯陆	67	618	65	601	▼2	▲17
马耳他	68	617	71	594	▲3	▲23
墨西哥城	69	616	56	623	▼13	▼7
格拉斯哥	70	615	66	600	▼4	▲15
爱丁堡	71	613	67	599	▼4	▲14
摩纳哥	72	612	59	616	▼13	▼4
雅加达	73	610	57	618	▼16	▼8
布达佩斯	74	609	76	575	▲2	▲34
巴哈马	75	606	69	597	▼6	▲9
罗马	76	605	72	586	▼4	▲19
赫尔辛基	77	604	74	581	▼3	▲23
莫斯科	78	598	75	579	▼3	▲19
马德里	79	597	73	582	▼6	▲15
塞浦路斯	80	587	79	551	▼1	▲36
圣彼得堡	81	552	78	569	▼3	▼17
塔林	82	550	80	531	▼2	▲19
雅典	83	540	81	499	▼2	▲41
雷克雅未克	84	537	82	484	▼2	▲53

世界金融城市排名入围的84个城市，可分为西欧地区、东欧及中亚地区、亚洲/太平洋地区、北美地区、拉美及加勒比地区、中东及非洲地区等。而在GFCI中，通过分析对比每个区域排名前5名的得分平均值，可知西欧和北美地区主要金融中心的历史统治地位随着时间的推移而渐渐被侵蚀，它们甚至比亚太地区五大中心的平均值还要低。由图3-1分析可知，其他地区的主要金融中心，特别是拉丁美洲和东欧地区的金融中心，也缩小了与欧美地区的差距。

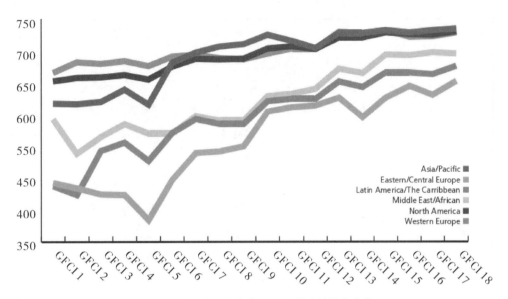

图3-1 各地区排名前五平均得分的往期变化

同时，英国Z/Yen咨询公司发布的GFCI报告书还分析了金融中心GFCI得分的标准差（如图3-2所示）。由此可知，金融中心GFCI得分的标准差总体呈下降趋势，最近的两期显示，从GFCI 17到GFCI 18，其数值是大幅度下降的，这说明金融中心的竞争力差异在缩小。

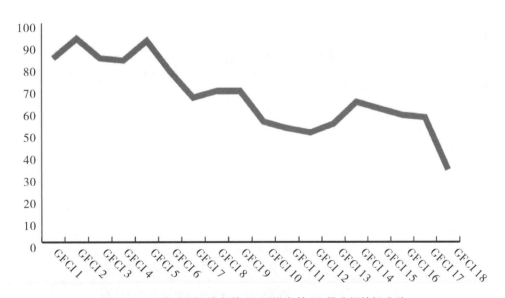

图3-2 往期GFCI排名第20到排名第50得分间的标准差

竞争力的主要领域

全球金融中心指数的基础数据来源于两组相互独立的体系——特征性指标（第三方指标和数据）

和金融中心评价（专业金融人士的网络问卷调查）。

特征性指标主要分为5个重要的领域，包括营商环境、金融业发展水平、基础设施、人力资本、声誉及综合因素。GFCI 18模型对每个领域都分别进行了单独的评估，以此评估各金融中心在每个领域的表现情况（见表3-2）。

表3-2 各次级指标中排名前12的金融中心

排名	营商环境	金融业发展水平	基础设施	人力资本	声誉及综合因素
1	伦敦（+1）	伦敦（-）	伦敦（-）	伦敦（+1）	伦敦（+1）
2	纽约（-1）	纽约（-）	纽约（-）	纽约（-1）	纽约（-1）
3	香港（+1）	香港（-）	香港（-）	香港（-）	香港（-）
4	新加坡（-1）	新加坡（-）	新加坡（+1）	新加坡（-）	新加坡（-）
5	东京（-）	东京（-）	东京（-1）	东京（-）	东京（+1）
6	首尔（+7）	波士顿（+5）	首尔（+1）	旧金山（+3）	悉尼（+12）
7	苏黎世（-1）	芝加哥（+7）	苏黎世（-1）	苏黎世（+3）	芝加哥（-1）
8	卢森堡（+11）	华盛顿（+7）	卢森堡（+31）	芝加哥（-2）	多伦多（+8）
9	多伦多（+3）	旧金山（+10）	多伦多（-1）	华盛顿（-2）	旧金山（-4）
10	芝加哥（-2）	苏黎世（-4）	芝加哥（-）	波士顿（+4）	波士顿（-1）
11	悉尼（-4）	首尔（-4）	悉尼（-3）	多伦多（+13）	苏黎世（-2）
12	迪拜（+6）	悉尼（-1）	迪拜（+7）	首尔（+2）	温哥华（+12）

上表列举的五大特征指标各项排名前12的金融城市中，GFCI总分排名靠前的金融中心在每个次级指标中也排名靠前，特别是前五大金融中心，各领域都占据了前5名的位置。可见，世界金融中心排名靠前的通常也是发展良好、繁荣的国际化大都市。表3-3列出了影响竞争力的主要领域。

表3-3 影响竞争力的主要领域

竞争力领域	受访者提及次数	核心观点
营商环境	231	●制度的稳定性 ●法律制度
税制	199	●简单和公平 ●透明度
人力资本	198	●低技术水平人群对发展中国家的长远投资是个阻碍 ●一些亚洲中心存在人口定时炸弹
声誉	176	●防范恐怖主义的安全保障变得愈发重要 ●声誉对吸引高素质人才来说至关重要
基础设施	169	●基础设施投资反映出一个城市的雄心 ●信息通信设施（ICT）的速度和稳定性关系到金融中心的发展
金融业发展水平	152	●专业中介服务是必需的 ●距离依旧是重要因素

欧洲地区

表 3-4 GFCI 18 西欧金融中心

金融中心	GFCI 18		GFCI 17		较上期变化	
	排名	得分	排名	得分	排名	得分
伦敦	1	796	2	784	▲1	▲12
苏黎世	7	715	6	719	▼1	▼4
日内瓦	13	707	13	702	—	▲5
法兰克福	14	706	19	692	▲5	▲14
卢森堡	19	700	17	694	▼2	▲6
维也纳	30	674	35	656	▲5	▲18
斯德哥尔摩	32	671	36	655	▲4	▲16
阿姆斯特丹	36	665	40	649	▲4	▲16
巴黎	37	664	37	653	—	▲11
慕尼黑	40	661	30	670	▼10	▼9
都柏林	46	654	52	627	▲6	▲27
泽西岛	53	633	54	625	▲1	▲8
根西岛	54	632	55	624	▲1	▲8
直布罗陀	56	630	45	642	▼11	▼12
马恩岛	58	628	58	617	—	▲11
列支敦士登	60	626	—	—	—	—
哥本哈根	61	625	61	612	—	▲13
布鲁塞尔	62	624	63	607	▲1	▲17
米兰	65	621	70	596	▲5	▲25
里斯本	66	619	77	570	▲11	▲49
奥斯陆	67	618	65	601	▼2	▲17
马耳他	68	617	71	594	▲3	▲23
格拉斯哥	70	615	66	600	▼4	▲15
爱丁堡	71	613	67	599	▼4	▲14
摩纳哥	72	612	59	616	▼13	▼4
罗马	76	605	72	586	▼4	▲19
赫尔辛基	77	604	74	581	▼3	▲23
马德里	79	597	73	582	▼6	▲15
雷克雅未克	84	537	82	484	▼2	▲53

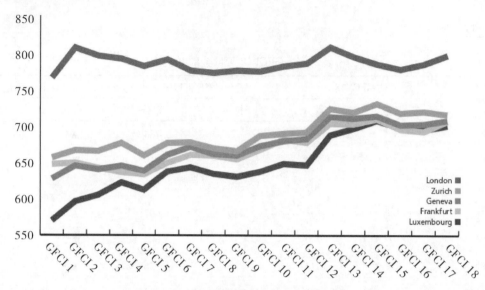

图 3-3　欧洲地区前五金融中心的历次 GFCI 情况

欧洲金融中心是现代世界金融中心的发源地,传统与老牌一直是其标志性形象。地中海地区的近海金融中心被称为"西欧金融中心"。在入榜的 84 个金融中心城市中,有 29 个金融中心位于西欧地区。

在 GFCI 18 中,排名前三的金融中心仍然为伦敦、苏黎世和日内瓦,法兰克福超越了卢森堡,排在第四名(如图 3-3 所示)。在西欧 29 个金融中心中,有 23 个金融中心的评分得到提升,其中都柏林的表现尤其出众。列支敦士登首次登上 GFCI 的排名,暂列第 60 名。雷克雅未克再次逆转近期下跌的形势,评分有所上升。附加的垂线表示去掉所有来自本土评价后的平均得分。

伦敦作为欧洲最大的、能与美国纽约相抗衡的金融中心城市,在 GFCI 18 中逆转成为世界金融中心城市综合指数榜单上的第一名,彰显了老牌金融城的实力。在所有的被调查者中,来自亚太地区的被调查者对伦敦的评价最差,而来自北美和中东地区的则对伦敦的评价最好。如图 3-4 所示。

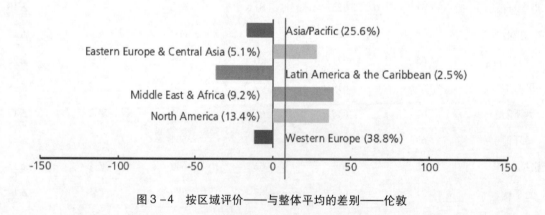

图 3-4　按区域评价——与整体平均的差别——伦敦

苏黎世的整体平均得分由 GFCI 第 17 期的 719 分下降至本期的 715 分。欧洲受访者构成了最大的评价群体,对苏黎世评价略高于平均值(如图 3-5 所示)。

苏黎世是瑞士最大的城市,也是全欧洲最富裕的城市。瑞士银行的保密能力,使苏黎世成为离岸银行业务的世界主要中心。苏黎世集中了 120 多家银行,其中半数以上是外国银行,故享有"欧洲百万富翁都市"的称号。

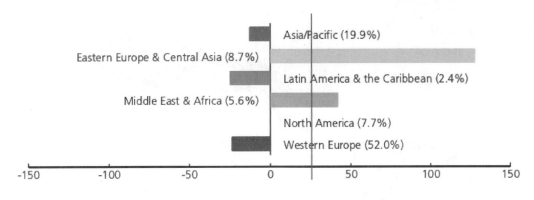

图 3-5　按区域评价——与整体平均的差别——苏黎世

位于瑞士的日内瓦，钟表业与银行业是其两大经济支柱。这个城市有古老的金融业，特别是私人银行业务（管理约 1 万亿美元的资产）和国际贸易融资。日内瓦的整体平均得分由 GFCI 第 17 期中的 702 分上升到 707 分（如图 3-6 所示）。

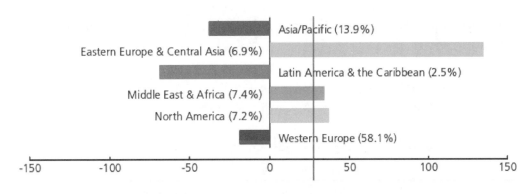

图 3-6　按区域评价——与整体平均的差别——日内瓦

东欧及中亚地区

表 3-5　GFCI 18 东欧及中亚地区的金融中心

金融中心	GFCI 18		GFCI 17		较上期变化	
	排名	得分	排名	得分	排名	得分
华沙	38	663	64	606	▲26	▲57
伊斯坦布尔	47	653	44	643	▼3	▲10
阿拉木图	51	640	49	634	▼2	▲6
布拉格	63	623	60	613	▼3	▲10
布达佩斯	74	609	76	575	▲2	▲34
莫斯科	78	598	75	579	▼3	▲19
塞浦路斯	80	587	79	551	▼1	▲36
圣彼得堡	81	552	78	569	▼3	▼17
塔林	82	550	80	531	▼2	▲19
雅典	83	540	81	499	▼2	▲41

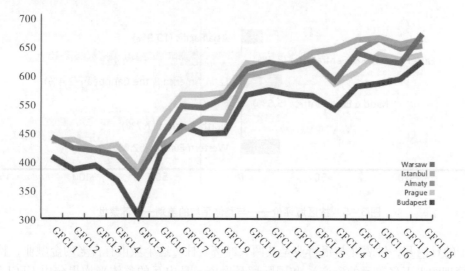

图3-7 东欧及中亚地区前五大金融中心的历次GFCI情况

在这个区域中，华沙的排名较上一期有显著的上升，领先伊斯坦布尔。前7位金融中心的得分均有所上升，但圣彼得堡的评分下降最多。雅典的评分有所上升，但仍然落后于该地区的其他金融中心（如图3-7所示）。

华沙是波兰的政治、经济、文化中心，在金融城市排名中是东欧及中亚地区的领先者，排名也较上期有很大的提升。华沙的整体平均得分为663，与GFCI第17期的606相比，有了明显的提升。来自东欧和北美的受访者给出了高于平均值的评分（如图3-8所示）。

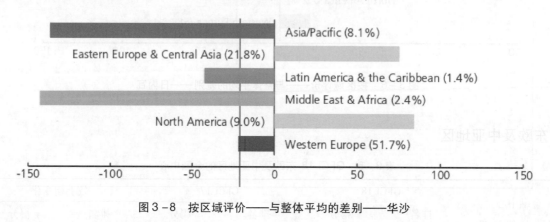

图3-8 按区域评价——与整体平均的差别——华沙

伊斯坦布尔的总体平均得分是653分，与GFCI第17期的643分相比，得分有所下降。亚太地区的受访者对其评价则远高于平均水平（如图3-9所示）。

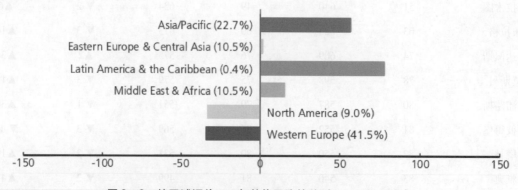

图3-9 按区域评价——与整体平均的差别——伊斯坦布尔

阿拉木图整体平均得分由 GFCI 第 17 期中的 634 分上升到 640 分。亚太地区的受访者对其评价则高于平均水平。如图 3-10 所示。

阿拉木图是中亚第一大城市，中亚的金融中心，也是哈萨克斯坦乃至整个中亚的金融、教育等中心。阿拉木图地区金融中心享有特殊法律政策，用于调整金融中心参与者和相关利益者之间的关系，旨在发展哈萨克斯坦的金融业市场。目前，哈萨克斯坦央行负责金融中心的业务和运营。

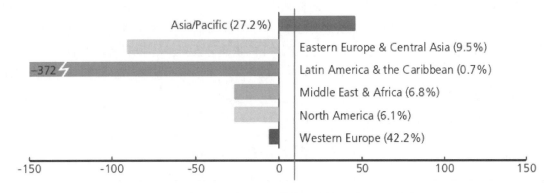

图 3-10　按区域评价——与整体平均的差别——阿拉木图

中东及非洲地区

表 3-6　中东及非洲的金融中心

金融中心	GFCI 18 排名	GFCI 18 得分	GFCI 17 排名	GFCI 17 得分	较上期变化 排名	较上期变化 得分
迪拜	16	704	23	688	▲7	▲16
多哈	22	695	20	691	▼2	▲4
特拉维夫	25	687	27	684	▲2	▲3
阿布扎比	28	679	26	685	▼2	▼6
约翰内斯堡	33	669	32	662	▼1	▲7
卡萨布兰卡	44	657	42	645	▼2	▲12
麦纳麦	50	647	46	641	▼4	▲6
利雅得	57	629	14	698	▼43	▼69
毛里求斯	64	622	68	598	▲4	▲24

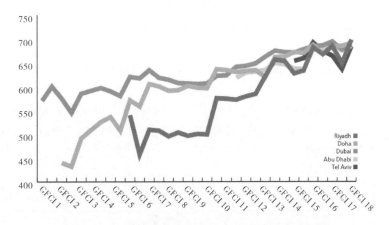

图 3-11　中东及非洲五大金融中心的历次 GFCI 情况

中东地区在过去8年中的进步，尤其是多哈，一直保持平稳增长（如图3-11所示）。利雅得知名度的上升遭到了许多评论家的质疑，但是专业人士仍然认为它是一个适合企业经营的地方。总体来说，迪拜和多哈会继续在中东地区称雄。

迪拜的全球平均得分由GFCI 17的688分上升为704分。来自北美、中东及非洲地区的受访者给予了看好的评价。如图3-12所示。

迪拜作为中东地区的经济与贸易中心，被称为中东－北非地区的"贸易之都"。历年来，动荡的中东对迪拜经济与金融业的发展并无多大影响，迪拜反而成为油价上涨的最大受益者。迪拜政府于2004年创立了DIFC，将金融服务业作为仅次于旅游业的重点开发产业，世界各国的投资机构也因此加速进驻。迪拜国际金融中心可同时向中西方之间的25个国家提供金融服务，这将进一步促使迪拜加速成为国际金融市场和资本链上的重要一环。

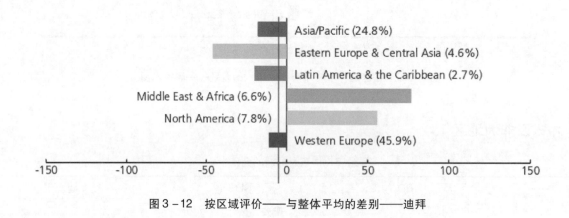

图3-12　按区域评价——与整体平均的差别——迪拜

多哈是卡塔尔第一大城市和经济、交通、文化中心，波斯湾著名港口之一。多哈全球平均得分从GFCI第17期的691分上升到695分。对多哈最高的评价来自于北美受访者。如图3-13所示。

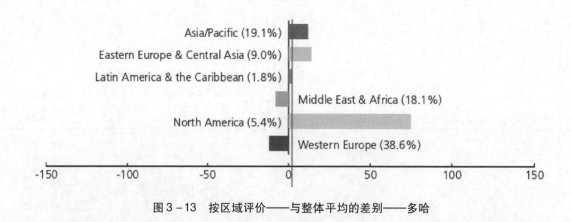

图3-13　按区域评价——与整体平均的差别——多哈

特拉维夫的整体平均评价从GFCI 17的684分上升至687分。中欧和中亚最看好特拉维夫的竞争力（如图3-14所示）。特拉维夫是以色列的经济核心和枢纽，被称为"硅溪"，也被称为"世界第二硅谷"。特拉维夫拥有以色列唯一的一个证券交易所——特拉维夫证券交易所（TASE）。

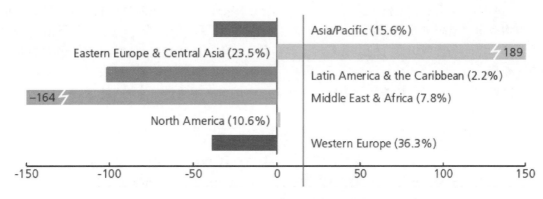

图 3-14 按区域评价——与整体平均的差别——特拉维夫

拉美及加勒比海地区

表 3-7 拉美及加勒比海地区金融中心

金融中心	GFCI 18		GFCI 17		较上期变化	
	排名	得分	排名	得分	排名	得分
圣保罗	31	672	43	644	▲12	▲28
开曼群岛	34	668	39	650	▲5	▲18
里约热内卢	35	666	47	638	▲12	▲28
汉密尔顿	42	659	41	648	▼1	▲11
维京群岛	43	658	34	657	▼9	▲1
巴拿马	52	638	48	637	▼4	▲1
墨西哥城	69	616	56	623	▼13	▼7
巴哈马	75	606	69	597	▼6	▲9

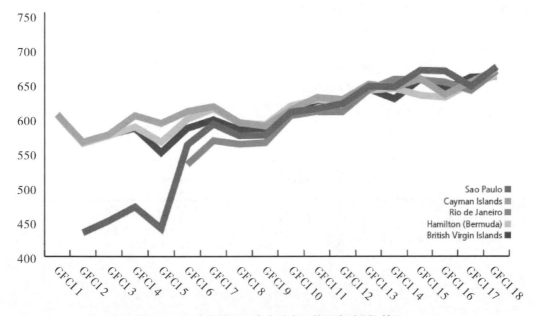

图 3-15 南美地区五大金融中心的历次 GFCI 情况

圣保罗在 GFCI 18 中依然是拉丁美洲排名第一的金融中心，与里约热内卢一起，在 GFCI 18 的得分与排名中均取得了显著进步（如图 3-15 所示）。墨西哥是区域中为唯一一个得分下滑的金融中心。开曼群岛和巴哈马表现出良好的上升趋势。政治和经济状况摧残着巴西，但它依旧顽强抵抗，并且在不断地变强。

来自不同地区的受访者对拉美及加勒比地区排名前三的金融中心的评定差别如图 3-16 所示。

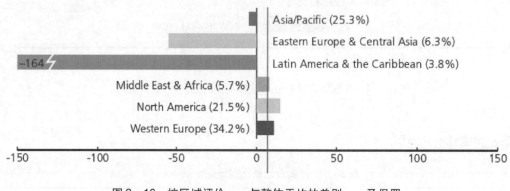

图 3-16　按区域评价——与整体平均的差别——圣保罗

圣保罗的总体平均得分是 672 分，与 GFCI 17 的 644 分相比，得分大幅提升。来自北美及西欧地区的受访者给予的评价高于平均水平。

作为拉丁美洲排名第一的金融中心，圣保罗的银行金融体系是较发达完善的，国际著名的银行驻巴西总部和国内各大银行的总部大都设立于此。圣保罗证券交易所（BOVESPA）是拉美最大的证券市场，上市公司总市值为 1.3 万亿美元。而圣保罗期货交易市场（BM&F）是拉美最大的期货交易市场。

开曼群岛的平均得分为 668 分，与 GFCI 17 的 650 分相比有大幅提升。来自亚太、北美、中东及非洲地区的受访者都给予了高于平均水平的评价。如图 3-17 所示。

开曼群岛是世界著名的离岸金融中心和"避税天堂"，金融服务业是其主要的经济来源，金融业的成长受到群岛赞成课征法治税和账户保密的鼓励。世界最大的 25 家银行都在开曼设有子公司或分支机构。岛内的金融业、信托业总资产已超过 2500 亿美元，占欧洲美元交易总额的 7%。每年平均约有 4300 家公司在此注册成立。全球 700 多家银行在开曼群岛都有分支机构。

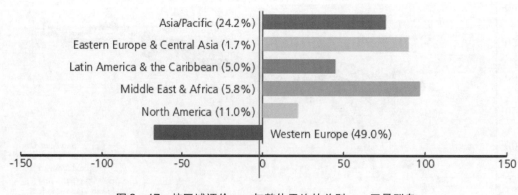

图 3-17　按区域评价——与整体平均的差别——开曼群岛

北美地区

表 3-8　GFCI 18 北美地区金融中心

金融中心	GFCI 18		GFCI 17		较上期变化	
	排名	得分	排名	得分	排名	得分
纽约	2	788	1	785	▼1	▲3
多伦多	8	714	11	704	▲3	▲10
旧金山	9	712	8	708	▼1	▲4
华盛顿	10	711	12	703	▲2	▲8
芝加哥	11	710	9	707	▼2	▲3
波士顿	12	709	10	706	▼2	▲3
蒙特利尔	17	703	18	693	▲1	▲10
温哥华	18	702	15	696	▼3	▲6
卡尔加里	39	662	33	661	▼6	▲1
洛杉矶	49	650	—	—	—	—

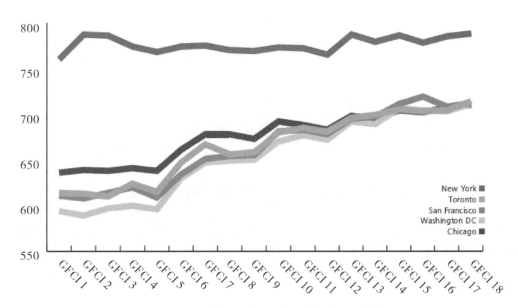

图 3-18　北美地区五大金融中心的历次 GFCI 情况

北美地区所有金融中心在 GFCI 18 中的得分都有所上升，其中洛杉矶是本期指数的新晋成员。由于亚洲金融中心的不断发展壮大，旧金山、芝加哥、波士顿、温哥华和卡尔加里在 GFCI 18 排名中均出现了小幅下滑。而多伦多依然是加拿大主要的金融中心，现已成为仅次于纽约的北美第二金融中心（如图 3-18 所示）。

对于北美地区领先的金融中心的不同区域评估差别如图 3-19 至图 3-21 所示。

纽约的整体平均得分是 788 分，与 GFCI 17 期中的 785 分相比有所上升。拥有强劲综合实力的纽约，是美国乃至全世界的经济中心，其金融市场的完善与发达程度是毋庸置疑的。位于曼哈顿下城的华尔街，长不超过 1 英里、宽仅 11 米，聚集着世界级的银行、证券交易所、保险公司等金融机构，纽约证券交易所更是每天上演着巨额的交易。这与纽约拥有一个完整、立体化的金融体系密切相关。

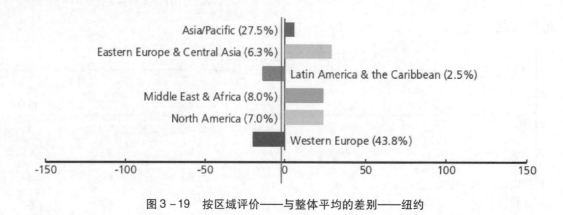

图3-19 按区域评价——与整体平均的差别——纽约

多伦多的整体平均得分为714分,相对GFCI 17中的704分有所提升。北美受访者(与少数东欧受访者)给予多伦多高于平均值的评价。

多伦多作为加拿大主要的金融中心,汇集了加拿大最大的5家银行、50多家外资银行总部以及11家证券公司,拥有的资产超过2500亿加元,而落户多伦多的加拿大5家最大的保险公司管理了全国九成以上的保险金总额。按照市场资本总额衡量,多伦多证券交易所是北美第三大、全球第七大证券交易市场。

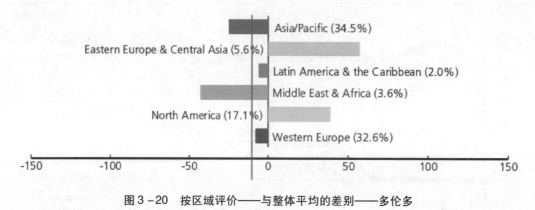

图3-20 按区域评价——与整体平均的差别——多伦多

旧金山的平均得分为712分,相对于GFCI 17的708分有所提升。旧金山是美国重要的国际金融中心,排名仅次于纽约。除了风险投资行业特别发达之外,旧金山还是美国仅次于纽约的第二大银行服务业中心。旧金山金融区的蒙哥马利街道被称为"西部的华尔街",旧金山联邦储备银行、富国银行总部都汇集于此。

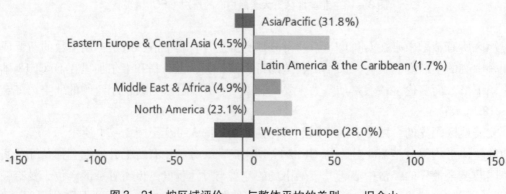

图3-21 按区域评价——与整体平均的差别——旧金山

亚洲/太平洋地区

表 3-9 GFCI 18 亚太地区金融中心

金融中心	GFCI 18		GFCI 17		较上期变化	
	排名	得分	排名	得分	排名	得分
香港	3	755	3	758	—	▼3
新加坡	4	750	4	754	—	▼4
东京	5	725	5	722	—	▲3
首尔	6	724	7	718	▲1	▲6
悉尼	15	705	21	690	▲6	▲15
大阪	20	699	31	668	▲11	▲31
上海	21	698	16	695	▼5	▲3
深圳	23	694	22	689	▼1	▲5
釜山	24	690	24	687	—	▲3
台北	26	686	25	686	▼1	—
墨尔本	27	685	28	677	▲1	▲8
北京	29	676	29	674	—	▲2
大连	41	660	51	632	▲10	▲28
吉隆坡	45	656	38	652	▼7	▲4
曼谷	48	651	50	633	▲2	▲18
马尼拉	55	631	62	611	▲7	▲20
孟买	59	627	53	626	▼6	▲1
雅加达	73	610	57	618	▼16	▼8

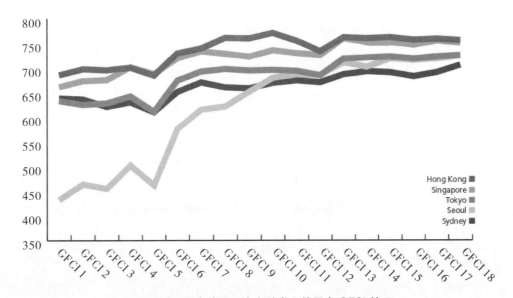

图 3-22 亚太地区五大金融中心的历次 GFCI 情况

在 GFCI 第 18 期中，除了香港和新加坡，亚洲/太平洋地区领先的金融中心的评分均有所上升。香港、新加坡、东京和首尔在 GFCI 中都保持了前 10 的领先位置。从图 3-22 可知，在过去的 4 年里，亚太地区金融中心表现较为稳定。首尔继续保持了长期积极的趋势，现在几乎与东京在同一水平。这些金融中心自 2007 年到 2009 年间呈现快速但动荡的上升走势，2009 年以后一直到 2015 年保持着稳定走势。

香港的整体平均得分从 GFCI 第 17 期的 758 分下降到 755 分，被受访者最多的西欧给予了低于平均值的评价。如图 3-23 所示。

"东方之珠"香港是继纽约、伦敦后的世界第三大金融中心，被称为"纽伦港"，在世界享有极高的声誉；同时，与东京、新加坡、上海在全球范围内已形成相对稳固、集聚的地区金融中心组团。香港是国际和亚太地区重要的航运枢纽和最具竞争力的城市之一，经济自由度指数连续 21 年位居世界首位。

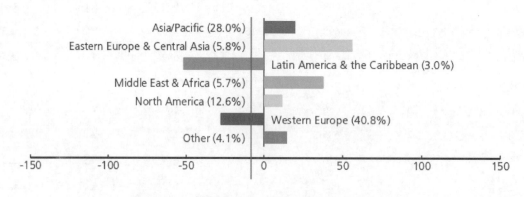

图 3-23　按区域评价——与整体平均的差别——香港

新加坡整体平均得分从 GFCI 第 17 期的 754 分下降到 750 分。北美受访者给予了新加坡最高的评价，而受访者最多的西欧却给予了低于平均值的评价。如图 3-24 所示。

新加坡也是全球第四大外汇交易中心，拥有完善的金融体制，吸引了许多区域财务中心在此落户。

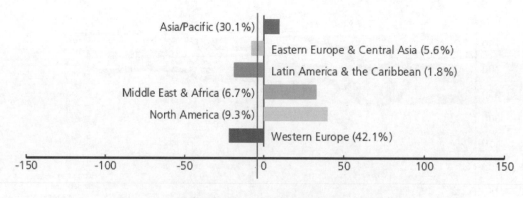

图 3-24　按区域评价——与整体平均的差别——新加坡

东京是亚太地区第三大金融中心，整体评价得分从 GFCI 第 17 期的 722 分上升到 725 分。亚太地区的受访者给予东京大幅低于平均值的得分。如图 3-25 所示。

自 2013 年香港排名首次超越东京以后，东京被挤出全球金融中心前三。与成长性强的上海、香港、新加坡等亚洲金融中心相比，东京显得缺乏活力。但在金融市场、服务水平以及产业支撑方面，东京仍然位于前三，保持住其一直以来的实力，可与欧美金融中心相抗衡。

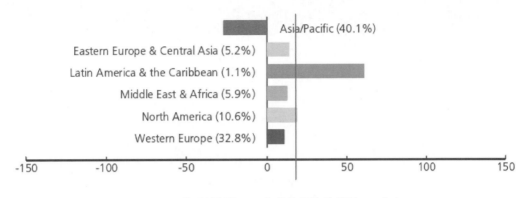

图3-25　按区域评价——与整体平均的差别——东京

行业分类指数

行业分类指数是通过建立GFCI统计模型并运用不同行业的受访者的问卷调查数据进行分类分析得到。GFCI第18期数据库将指标归类为投资管理、银行业、政府监管、保险业、专业服务等五大领域。

表3-10反映了在行业分类指数排名前12的金融中心的基本情况。

表3-10　GFCI第18期行业分类指数排名前12位

排名	投资管理	银行业	政府监督	保险业	专业服务
1	伦敦（+1）	伦敦（-）	伦敦（-）	伦敦（+1）	伦敦（+1）
2	纽约（-1）	纽约（-）	纽约（-）	纽约（-1）	纽约（-1）
3	香港（+1）	香港（-）	香港（-）	香港（-）	香港（-）
4	新加坡（-1）	新加坡（-）	新加坡（+1）	新加坡（-）	新加坡（-）
5	东京（-）	东京（-）	东京（-1）	东京（-）	东京（+1）
6	首尔（+7）	波士顿（+5）	首尔（+1）	旧金山（+3）	悉尼（+12）
7	苏黎世（-1）	芝加哥（+7）	苏黎世（-1）	苏黎世（+3）	芝加哥（-1）
8	卢森堡（+11）	华盛顿（+7）	卢森堡（+31）	芝加哥（-2）	多伦多（+8）
9	多伦多（+3）	旧金山（+10）	多伦多（-1）	华盛顿（-2）	旧金山（-4）
10	芝加哥（-2）	苏黎世（-4）	芝加哥（-）	波士顿（+4）	波士顿（-1）
11	悉尼（-4）	首尔（-4）	悉尼（-3）	多伦多（+13）	苏黎世（-2）
12	迪拜（+6）	悉尼（-1）	迪拜（+7）	首尔（+2）	温哥华（+12）

GFCI第18期综合排名前4的金融中心均进入了5项行业分类指标的前5名。以下图示（图3-26至图3-30）是本期排名前5位金融中心在过往5期报告中的行业分类指数变化示意。

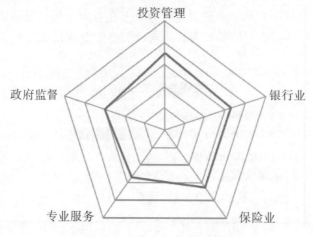

图3-26 伦敦行业分类指数雷达

伦敦在5个细分方面均表现出综合全球金融中心的实力。纽约则在政府管理以及专业服务两个方面稍微落后。

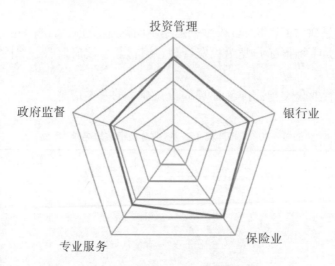

图3-27 纽约行业分类指数雷达

香港在专业服务方面存在些许落后,其他4个方面则表现非常优异。

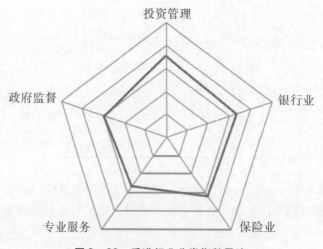

图3-28 香港行业分类指数雷达

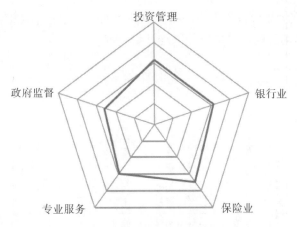

图 3-29 新加坡行业分类指数雷达

新加坡的整体表现略逊于排名前 3 的金融中心，特别是在政府管理方面存在较大差距。东京的 5 个方面均落后排名前四的金融中心，尤其是在专业服务方面差距明显。

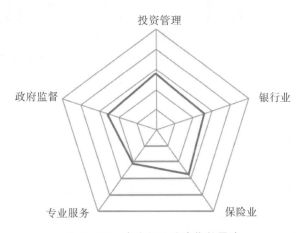

图 3-30 东京行业分类指数雷达

机构规模

通常来说，通过分析榜首几大金融中心评分因受访者所在机构的规模不同而带来变化是一项很有用的工作。

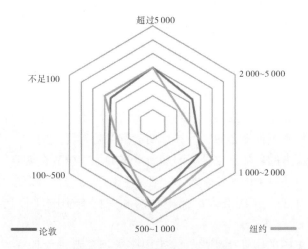

图 3-31 伦敦与纽约的比较

图 3-31 显示，纽约在大规模机构方面的得分更高，而伦敦则在小规模机构方面的得分更高。图 3-32 比较了受访者对排名前五的金融中心的平均评价情况。

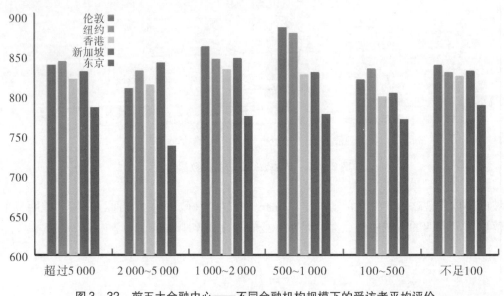

图 3-32　前五大金融中心——不同金融机构规模下的受访者平均评价

第二节　世界风投城市分析

十大风险投资城市

世界级城市，指在社会、经济、文化或政治层面直接影响全球事务的城市。世界城市的基本特征可以概括为三个方面：一是具有雄厚的经济实力，二是具有巨大的国际高端资源流量与交易，三是全球影响力大。这些特征使得世界级城市具备风险投资活跃地的主要条件。传统上，把英国伦敦、美国纽约、法国巴黎和日本东京称为"四大世界级城市"。下面从城市概况、产业发展、相关政策这三方面分析这 4 个城市。

纽约

1. 城市概况

纽约是美国第一大都市和第一大商港，它既是美国的金融中心，也是全世界金融中心之一。纽约的核心是曼哈顿岛，这里集中了世界金融、证券、期货及保险等行业的精华。位于曼哈顿岛南部的华尔街既是美国财富和经济实力的象征，也是美国垄断资本的大本营和金融寡头的代名词。

纽约不仅是金融中心，还是美国文化、艺术、音乐和出版中心，有众多的博物馆、美术馆、图书馆、科学研究机构和艺术中心，美国三大广播电视网和一些有影响的报刊、通讯社的总部都设在这里。

除此之外，纽约也是美国的工业中心之一。市内多数河流都通大西洋，港口规模巨大，设备优良，终年不冻。纽约也是铁路交通重要枢纽。纽约有3个国际机场，其中著名的肯尼迪国际机场承担着全国50%的进出口货物空运业务和35%的国际客运业务。

2. 产业发展

（1）健康医疗。近年来，随着生物医药市场的火爆，纽约正试图将自己打造成"生物医药产业中心"。

（2）软件服务。现今，软件的开发和服务成为各高科技公司争夺的领域。如移动互联网时代的ERP软件、办公/协作软件正在改变"企业"传统组织结构。

（3）金融服务。世界金融中心之一的纽约，拥有众多著名的金融机构，其金融服务业的发展程度可以说是目前世界上最为成熟的，竞争也是最为激烈的。国际上可与纽约抗衡的竞争对手目前只有伦敦。

（4）文化产业。纽约不仅是世界金融重镇，也是世界文化之都。繁荣的文化造就了纽约发达的文化产业。更重要的是，纽约文化产业的诞生和发展始终没有背离发展文化的初衷。目前，纽约文化产业已经成为纽约著名的"旅游景点"，参观博物馆、观看百老汇演出、听一场纽约交响乐团的音乐会已是旅游的重要内容。在曼哈顿岛不足60平方公里的土地上，比如时报广场、百老汇、林肯公园、大都会博物馆等文化地标比比皆是。

（5）交通物流。由于纽约位居大西洋东北岸，邻近全球最繁忙的大西洋航线，再加上港口条件优越，又以伊利运河连接五大湖区，因此奠定了其成为全球重要航运交通枢纽及欧美交通中心的地位。

3. 相关政策

纽约政府对本市的高新科技十分重视，出台了如下优惠政策。

（1）政府给力。"硅巷"刚开始建立时，纽约市政府实行减税计划和曼哈顿优惠能源计划。2010年以来，纽约市投入大量资源扶持新创公司社群，向应用科学和工程学院的大学提供免费土地和高达1亿美元的基础设施资金。纽约市引进知名大学、投资20亿美元建设大学园区和初创企业孵化器。纽约市还以媒体、医疗和环保为三大核心领域，实施人才培养计划。纽约市市长发起一项名为"科技天才管道"的倡议，旨在为纽约发展最为迅速的科技产业提供优秀的人力资源。

（2）公私合营。1997年，纽约市政府与纽约商业区联盟和楼房业主们结成了公私合作伙伴，吸引世界各地新的信息技术公司落户"硅巷"。2000年6月，纽约市政府组织成立了新媒体理事会，理事会成员代表新媒体企业、贸易委员会、教育文化机构和政府部门，关注问题涉及从数字化艺术直至税收问题等各个方面。

（3）研发投入。以2010年为例，纽约GDP在美国城市中排名第33位，研发经费支出排名第6位，研发强度为1.52。

伦敦

1. 城市概况

伦敦是欧洲最大的城市和最大的经济中心。金融业是伦敦最重要的经济支柱，与纽约并列为世界上最大的金融中心，目前也是世界上最大的国际外汇市场，还是世界上最大的欧洲美元市场。伦敦城是世界上最大的国际保险中心，也是伦敦最大的金融中心，分布有许多银行、保险公司和金融机构。伦敦证券交易所是世界上最重要的证券交易中心之一。高度活跃的金融业，使得有一半以上的英国百强公司和100多家欧洲500强企业均在伦敦设有总部。全球大约31%的货币业务在伦敦交易。

伦敦是英国的政治、经济、文化、金融中心和世界著名的旅游胜地，有数量众多的名胜景点与博物馆。伦敦是多元化的大都市，是一座种族、宗教与文化的大熔炉，居民来自世界各地。伦敦的航空运输十分发达，有希思罗机场和盖特威克机场。希思罗机场位于伦敦西郊，是欧洲客运量最大的机场。伦敦港是英国最大的港口，也是世界著名的港口之一。

2. 产业发展

（1）金融服务业。伦敦拥有宽松的融资环境和强大的融资能力，伦敦创意产业对外资的吸引力和融资能力高居世界各大都市榜首。伦敦政府协同金融界和民间投资者积极支持有发展潜质的创新型个人或企业，建立政府、银行、行业基金、创意产业间紧密联系的融资网络。

（2）文化创意业。创意产业是指源于个人创造力、技能与才华的活动，而通过知识产权的生成和取用，这些活动可以创造财富与就业机会。伦敦支持产业集聚区建设，打造文化品牌，以规模优势赢取国际竞争力。伦敦政府积极开展国际创意产业的交流活动，通过举办与创意产业相关的展览、研讨会、讲座，扩大国际影响，开拓海外市场，提升行业的国际声誉，制定行业标准，成功打造"国际创意之都"的形象。

（3）高端制造业。2008年，英国政府推出"高价值制造"战略，鼓励英国企业在本土应用先进的技术和专业知识生产出世界级的高附加值产品和相关服务，以保证高价值制造业在促进英国经济增长中的助推作用。政府的中心思路在于：高度重视创新升级，通过鼓励高附加值设计与发明创造，抢占高端制造业制高点。根据2014年的统计数据，制造业已占英国增加值总额10%、出口总额54%。这一领域集聚了3/4的研发投入，直接就业人口达250万人。

（4）高新科技。对于总部位于伦敦的科技公司来说，2014年是投资打破纪录的一年。风险资本融资总额达到14亿美元，是2013年的2倍。而全英科技公司融资总额达21亿美元，伦敦科技公司就占了其中65%。这凸显了作为首都城市的重要性，同时也表明政府正兑现其2010年许下的打造"科技城"的承诺。同样，2014年也是IPO（Initial Public Offerings，首次公开募股）的好年份，政府参与和帮助许多有前途的科技公司在伦敦证交所上市。

3. 相关政策

为了吸引更多的投资，政府在相关方面出台了系列政策。

（1）对出版业也给予政策上的支持，图书、期刊、报纸免征增值税。

（2）推出了"高价值制造"战略，希望鼓励英国企业在本土生产更多世界级的高附加值产品，以加大制造业在促进英国经济增长中的作用。

（3）推出了系列资金扶持措施，在高价值制造创新方面的直接投资翻番，每年约5000万英镑，并重点投资那些能保证英国在全球市场中占据重要地位的技术和市场。在2013—2014年度，英国资助了14个创新中心、特殊兴趣小组等机构的建设，涉及领域包括生物能源、智能系统和嵌入式电子、生物技术等。

（4）通过出口推广、教育及技能培训、协助融资、税收减免及开放规则、保护知识产权和容许每个地区保留本地文化发展的自主权等政策，大力推动创意产业。规划创意产业蓝图，倡导创意产业的概念，培养公民创意生活与创意环境，发掘大众文化对经济层面的影响力。对创意产业提供补救对策，如保护知识产权、促进文化产品输出、提供从业者教育和训练等。

东京

1. 城市概况

东京是日本国的政治、经济、文化中心，是海陆空交通枢纽和全球最大的经济中心之一；是世界上最大的都市圈，是现代化国际都市和世界著名旅游城市之一。

日本的主要公司都集中在东京。东京金融业和商业发达，对内对外商务活动频繁。素有"东京心脏"之称的银座，是当地最繁华的商业区。

东京拥有全球最复杂、最密集且运输流量最高的铁道运输系统和通勤车站群，其中东京地铁系统每日平均客运量达1080万人次，繁忙程度居全球地铁第一位。铁路、公路、航空和海运组成了一个四通八达的交通网，通向全国及世界各地。

2. 产业发展

（1）汽车产业。汽车产业是日本第一支柱产业，占日本经济比重达45%～50%。汽车产业的成长具有各产业的协调发展、要素市场发达、产业聚集、劳动生产率高、国内市场大等特点。日本政府选择了贸易保护政策、现代管理制度、义务教育制度等有利于汽车产业发展的制度和政策。

（2）文化产业（动漫）。动漫作为日本第二支柱产业，占日本经济比重达18%～25%。日本动漫在商业设计上面向全民，广泛的覆盖面成为产业成功的基础。除了广泛的受众群，日本动漫产业还有一套完整的产业链。

（3）数字媒体产业。数字媒体产业作为日本第三支柱产业，占日本经济比重达15%～17%。日本的数字媒体已经高度发达。此外，日本家用电器产业占日本经济比重达4%～11%。

3. 相关政策

日本政府对汽车行业制定了相关政策。

（1）政府扶持创汽车奇迹。日本政府为复兴产业，实现经济自立，提高劳动生产率，出台了一系列产业振兴政策，对汽车产业发展采取了多种措施。

（2）政府直接投资某些基础设施。政府资助债务重的汽车企业，鼓励本国企业通过与外国企业的合作，进口散件组装生产外国品牌，加速掌握技术。但只允许技术合作，不允许外资介入。

（3）政府提请议会制定具体的法规。日本汽车工业发展早期颁布的《汽车制造事业法》规定："凡是在本国一年间生产汽车3000辆以上者，都必须事先经过政府许可。"这种汽车公司半数以上的持股人必须是日本国民。政府给予汽车企业发展以实物或金融奖励和补贴。

巴黎

1. 城市概况

巴黎是法国最大城市，欧洲第七大城市，GDP（国内生产总值）位居欧洲城市之首。巴黎是世界的时尚中心，也是法国的经济和金融中心，在政治、科技、文化、教育、时尚、艺术、娱乐、传媒等领域对世界都有重要影响力。巴黎的纺织、电器、汽车、飞机等工业都非常发达，时装和化妆品工业更是举世闻名。巴黎设有许多世界性的大银行、大公司、大交易所，它们以巴黎为基地积极开展国际性业务，构成了一个国际性营业网。

作为著名的世界艺术之都之一，巴黎是印象派发源地、欧洲油画中心、欧洲文化中心、欧洲启蒙思想运动中心，以及举世闻名的文化旅游胜地。世界美术最高学府巴黎国立高等美术学院蜚声世界。巴黎还是一座"世界会议城"。

2. 产业发展

（1）旅游业。巴黎是法国第一大旅游"热区"，每年接待的国内外游客达数千万，为其带来了可观的收入，并提供了大量的就业机会。

（2）服装。巴黎时装在世界的先导地位，得益于时装在法国人心目中的艺术形象。法国历届政府对服装产业都非常重视。服装被认为是第八种艺术，服装设计师享有较高的社会地位。巴黎的服装产业力量雄厚，产业链完整。巴黎除拥有强大的服装设计和制作能力外，其与服装相配套的饰品、鞋帽、服装商业、服装信息业以及服装设计教育都相当发达。

（3）文化传媒。据统计，法国近50%的电影和电视剧是在巴黎拍摄完成的，投入的资金占法国影视产业投资总额的65%。这也凸显出巴黎大区在法国影视产业中的优势地位。影视产业所带来的收益不仅体现在创收和扩大就业上，还间接地促进了巴黎旅游业的发展。

（4）香水。在法国，香水业的发展可以说和时装业的发展是相辅相成的。各名牌时装公司几乎都保留自己品牌的香水，当然也有几家自开始就是经营香水的名牌商号保留了下来。法国是世界上最大的香水和化妆品出口国。

3. 相关政策

巴黎政府大力支持旅游业和文化传媒业。2001年，巴黎大区创立了影视产业基金，对本国和外国影视公司利用巴黎地区资源拍摄的影片给予资助。这对阻止法国电影生产制作外流、吸引影视公司在巴黎拍片发挥了积极作用。符合资助条件的影片经过评选予以确定，一部电影故事片或动画片最高可获得56万欧元的资助，电视剧最高可获得40万欧元资助，纪录片资助额最高为9万欧元。

芝加哥

1. 城市概况

芝加哥是著名的国际金融中心之一，是全美人口第三大城市、美国第二大商业中心区和最大的期货市场，其都市区新增的企业数一直位居美国第一位，被评为美国发展最均衡的经济体。

芝加哥工业部门齐全，重工业占优势，轻工业也很发达，是美国最大的钢铁和肉类加工工业基地，农业机械、运输机械、化学、石油化工、电机、飞机发动机、印刷等也在全国居领先地位，还有木材加工、造纸、电子、纺织、服装、面粉等工业部门。芝加哥交通运输业发达，交通四通八达，被称为"美国的动脉"，是美国最大的空运中心和铁路枢纽，也是世界上最大的内陆港口。

芝加哥是美国主要文化教育中心之一，拥有世界顶级学府芝加哥大学和享誉世界的芝加哥学派。芝加哥被誉为"摩天大楼的故乡"。芝加哥常见的别名包括"风城""芝城"等，是世界著名的旅游胜地。

2. 产业发展

（1）钢铁工业。芝加哥水利交通便利，靠近煤矿铁矿产地，消费市场广阔。钢铁业发展时间较久，钢铁工业占美国第一位，有著名的美国钢铁公司和加来钢厂。从传统工业到新型工业的成功转型，钢铁产业既带来巨大经济利益，同时也带动了地区经济的发展。

（2）肉类加工。芝加哥是全球最大的肉类加工基地。肉类加工行业的内销外销都十分繁荣。

（3）金融服务。在芝加哥的服务业中，最重要的就是金融业了。目前，芝加哥的金融业、银行业、证券业、保险业一应俱全，尤以证券业中的商品、期货和期权为中心。如美国最大的商品期货交易集团CME GROUP（芝加哥商业交易所集团）在2010年达到了31亿笔期货与期权合约的交易量，涉及总资产近1000万亿美元。至此，芝加哥已成为当仁不让的世界金融风险管理之都。

（4）文化教育。芝加哥学派是许多不同学科学派的统称，因这些学派都源自芝加哥大学（或芝加哥市），故名芝加哥学派。其中最著名的当属芝加哥经济学派和芝加哥社会学派。

（5）谷物牲畜。芝加哥期货市场是世界上最大的谷物期货交易市场，它支配和影响着全球谷物的价格。芝加哥期货交易所是当前世界上最具代表性的农产品交易所。2006年10月17日，美国芝加哥商业交易所和芝加哥期货交易所合并成全球最大的衍生品交易所——芝加哥交易所集团。

3. 相关政策

芝加哥之所以在金融领域崛起，与该市一系列金融产业激励政策密切相关。

（1）采用"税收增量融资区（TIF）"开发老城区。税收增量融资区得以成功，关键在于必须保持对投资商的吸引力，促使房地产不断增值，从而实现有效投资的良性循环。当然，政府还能对该地区增值的房地产征税。

（2）针对中小型工商企业专门设立了"小企业进步基金"，提供最多5万美元的项目资助，帮助其改善位于芝加哥市税收增量融资区的设施设备。而"实验室设施基金"则是向处于初期阶段的技术企业提供资金援助，帮助其建造占地0.5万～5万平方英尺的实验室，为其提供至多25%的建设符合标准的基础实验室的资金，资助资金最多可达140万美元。

波士顿

1. 城市概况

波士顿是美国最古老、最有文化价值的城市之一，是美国东北部高等教育和医疗保健的中心，是全美人口受教育程度最高的城市。它的经济基础是科研、金融与技术，特别是生物工程。波士顿是美国最大的医疗研究中心和第二大生物科技中心。

波士顿学府林立，被誉为世界科技教育与研究的重镇。波士顿的大学是影响该市和整个区域经济的主要因素。全市现有大专院校80多所，为全国各州之冠。著名学府有哈佛大学、麻省理工学院、波士顿大学等。另外，从事特殊教育的贺拉斯曼聋哑学校、马萨诸塞盲校也很有特色。波士顿还是一个印刷与出版业中心，各级政府每年都拨出大笔款项支援教育事业的发展。

波士顿的产业经历了从以制造业为主向以服务业为主的高级化过程。在每一个经济发展阶段，波士顿都有相应的产业支撑其经济快速稳定发展。

波士顿港是美国东海岸的主要海港之一，也是西半球最古老、仍然活跃的商港和渔港之一。

2. 产业发展

（1）医疗保健（生物工程）。波士顿是全球级的生物医药研发中心，吸引了大批企业落户于此。波士顿的医疗机构集聚，是官产学研究美结合的典范。政府、企业、学校、科研四个因素的良性互动，为波士顿健康医疗产业的顺利发展提供了重要保障。

（2）教育培训。波士顿区域及附近聚集了众多著名大学。在全球化大背景下，大学与大学之间的交流合作也愈加紧密，教育培训逐渐产业化。

（3）金融服务。波士顿股票交易所是美国历史上第三家股票交易所，世界第三大投资管理中心，是美国成长最快的股票交易所。波士顿是开放式基金的发源地，得到波士顿政府鼎力支持的基金业在金融业中一枝独秀，共同基金的起步也带动了波士顿财富管理业的发展。

（4）旅游。波士顿的另一个主要支柱是旅游观光业，名列美国前五名。

3. 相关政策

波士顿政府对文化、医疗健康、财富管理这三方面尤为重视。

（1）文化。波士顿政府启动支持文化创意产业的计划。2005年，波士顿地方政府启动了支持文化创意产业项目，这一项目主要是为了帮助创意商业和个人实现潜在成功。项目主要集中在电影、媒体、设计、视觉艺术/工艺，并且提供金融、场所等方面的支持，以此推动经济发展和创造就业机会。波士顿是全美国唯一清楚定义创意经济并且对其进行研究和综合分析的城市。

（2）医疗健康。政府推动医疗健康产业的主要措施有三个方面：一是对科研项目的经费支持和政府采购。例如，波士顿是全美获得国家卫生研究所资助最多的城市。二是为市场主体提供优惠政策支持，主要涉及税收、融资。例如，为帮助企业削减成本，政府设立"经济开发鼓励项目"，对州和地方税收予以免税。三是提供良好的公共服务，建立了强大务实的公共信息交流与服务平台，主要形式包括生物谷官方网站、发表通讯及网络期刊等。

（3）财富管理。在波士顿财富管理中心的发展过程中，政府强有力的政策是最为关键的因素。20世纪中叶，波士顿政府推行城市复兴计划，鼓励发展现代服务行业，对现代服务公司实行有利的税收政策，成功实现了产业转型，也为基金管理行业提供了良好的发展环境。

硅谷

1. 城市概况

美国加州圣塔克拉拉谷地，最早是研究和生产以硅为基础的半导体芯片的地方，因高科技公司云集于此而得名"硅谷"。其主要特点有：从业人员具有高水平的知识和技能，其中科学家和工程师占较大比例；增长速度比传统工业快得多，并且处在不断变化之中，产品更新换代的周期较短；研究开发费用在销售额中占的比例较高；产品面向世界市场。

"硅谷"是美国高科技人才的集中地，更是美国信息产业人才的集中地，这里有斯坦福大学和加州大学伯克利分校两所主要的研究型大学。以"硅谷"为中心，分布着3000多家高科技产业和许多研究开发机构，其中最大的是具有3500多人的斯坦福研究所。除了进行高层次研究和培训的研究型大学，当地还有州立旧金山大学、州立圣荷西大学和州立海沃德大学等专门培养大批高级技术人员和管理人员的大众化教育机构。大学与产业部门互相依托、互相促进，使得教学、科研、生产三者协调发展。知识信息的创造、加工、传播和应用，使得"硅谷"的科技和经济迅速发展，"硅谷"被誉为"美国新技术的摇篮"。

2. 产业发展

（1）微电子技术产业。"硅谷"以微电子工业为主导，集中了数千家电子工业企业，是美国乃至世界电子工业的中心。"硅谷"的每一项重要发明，都会影响到全世界电子工业的发展。

（2）半导体产业。"硅谷"生产的为军事工业配套的光学仪器占重要地位。美国国防部一直维持着对"硅谷"半导体元件稳定的订货量，其订货额一度占"硅谷"总产值的40%。

3. 相关政策

政府除了加强"硅谷"的基础设施外，主要是通过制定恰当、有效的政策和法律来为"硅谷"人才营造良好的工作和生活环境。

（1）制定和修改移民法。法律规定，来自世界各地的人，只要学术、专业上有突出成就，不考虑国籍、资历、年龄和信仰，一律允许优先进入美国，并且每年留出2.9万个移民名额专门用于引进外国的高科技人才。

（2）实施H-IB签证计划。1990年，美国开始实施专门为吸纳国外人才的H-IB签证（用于招聘科技人员的签证）计划，每年签发6.5万个，有效期为6年。"硅谷"地区每年虽约占H-IB总配额的43%，但仍然难以满足需求。"硅谷"的高科技公司时常不断向国会施加压力，要求扩大H-IB签证的数额。1998年，美国国会通过一项法案，将1999年和2000年H-IB名额从6.5万个增加到11.5万个。为了进一步满足美国的经济发展对科技人才的需要，2000年5月，时任总统克林顿向国会提出，从2001年至2003年，美国对高科技人才引进的名额增加至20万个。此前，美国众院移民小组委员会通过法案，在2000年至2003年，将撤销有关外国技术人员在美国工作所必需的签证方面的限制。

（3）实施外国留学生政策。积极吸引外国留学生，是美国吸引外国人才的重要手段。1946年，美国实施"富布赖特计划"，每年提供奖学金，接受各国学生及学者赴美学习。美国各大学也相继推出各自的留学政策。据美国科学基金会调查，1999年，有75%攻读博士学位的外国留学生以"研究助理"身份获得大学全额奖学金。

（4）颁布多部就业和劳动法规。20世纪30年代以来，美国颁布了20多部有关就业和劳动保护方面的法规，以减少和避免就业领域存在的种族、身份、宗教歧视等行为，为来自不同国家和地区的人才提供了充分的权利保障。

（5）执行比较宽松的商业秘密保护法。在美国许多州，商业秘密保护法（雇员受雇时要签订一份保证书，主要用于防止将来雇员跳槽、辞职时泄露商业秘密）的执行非常严格，但在"硅谷"所在的加州地区，商业秘密保护法远不如其他州执行得那么严格。

（6）建立知识产权保护和专利制度。美国是世界上实行知识产权制度最早的国家之一，已基本建立起一套完整的知识产权法律体系。美国联邦政府机构对知识产权的介入很深，管理上比较缜密和严格。特别是对政府拨款产生的专利权的管理，宏观上有政策指导，具体项目上也有专门机构操作、经营。另外，政府还制定法律，允许大学、科研机构、非营利机构和企业拥有利用联邦资助的知识产权，以推进产学研的合作。

首尔

1. 城市概况

首尔是韩国的首都，也是韩国最大的城市，是韩国的经济、科技和文化中心；其都市区内大型商圈数量和铁道系统密度等，皆位居世界各大型都会区前茅。首尔是世界十大金融商业城市之一，物价昂贵，消费者物价指数居世界第五，在亚洲仅次于东京。

首尔与日本、东南亚及欧美各国有航线相连，各国游客可方便地自由来往于首尔与东南亚及欧美各国之间。在国内，首尔同釜山、仁川等主要城市也有高速公路相通，交通十分方便。首尔地下铁路有13条线，通行长度居世界第五位，客运量居世界第四位。地下铁路拥有最先进的设施，售票和收费系统全部实现自动化。首尔既是世界设计之都，也是一个高度数字化的城市。首尔的服饰享誉海内外。

2. 产业发展

（1）半导体。韩国是继美国和日本之后的第三大半导体生产国。在韩国，半导体不仅是IT高端产品的核心部件，更是通过结合汽车、机械等国内传统产业，正在不断拉动韩国经济全球化发展的引擎。

（2）汽车。虽然韩国的汽车制造历史很短（仅50多年），但如今它已经发展成为世界第五大汽车制造国，第六大汽车出口国。

（3）家电。韩国家电产业通过承接国际产业而迅速崛起，如三星、LG已成为全球知名品牌。

（4）旅游。韩国各地区的外国游客占比中，首尔地区游客占了一半以上的比例。

3. 相关政策

首尔政府出台了多方政策来帮助当地的发展。

（1）创业及资金支持政策。一是保证信用有限。每个风险企业，最高可获得100亿韩元的资金支持。二是设立技术信用保证基金。风险企业最高可获得10亿韩元以下的周转资金支援。三是规定了股份公司设立规模的特例，即一般企业的注册资金为5000万韩元，经过认定后的风险企业，注册资金保准可以降低到2000万美元。四是对产业产权等出资比例的特例，允许以技术入股，并放宽比例限制。五是申报专利享有有限审查的权利。

(2) 人力支援政策。一是教师的留职制度。规定教师如果在外面创办风险投资企业，可以留职两年。二是允许教育公务员等兼职的制度。三是对股票期权的特例，对一般企业而言，允许以面值购买总股票的10%；而对风险企业，则允许购买总股票的50%。四是兵役特例。兵役特例规定，硕士毕业，到有两名以上的理工科硕士研究生的风险投资企业或研究所工作5年，就可以免除兵役。

(3) 场地支援政策。一是规定了实验室工厂的特例。允许教授、研究人员利用自己实验室作为风险工厂，并可以组织博士生、硕士生搞研究，生产产品。这一特例为教授创业创造了空间。二是对城市型工厂登记的特例。城市型工厂主要集中在首尔。由于大城市租金高，为培育风险企业，政府专门画地造楼，并给予建筑物做补偿，确定楼宇为风险企业办公楼，以极其低廉的租金招租，供风险投资企业开办工厂或作为小型实验室，解决了大城市租金较高的问题。三是指定促进培育风险企业地区特例。中央鼓励地方政府（地方自治团体）在区域内设立一个促进培育风险企业的地区，给予地方在基础设施方面的支援，如道路、信息、水电、资金、税率等。目前，地方自治团体已经建立了具有不同特色的风险企业培育地区。四是政府成立创业保育中心（风险投资企业孵化器），创业保育中心租金非常便宜，有技术、想创业的人可进入中心2年，经政府审查后还可以延长。

布鲁塞尔

1. 城市概况

布鲁塞尔是比利时的首都和最大的城市，也是欧洲联盟的主要行政机构所在地，有"欧洲之都"之称。另外，还有200多个国际行政中心及超过1000个官方团体在此设立办事处；每年，名目繁多的国际会议在此召开。

布鲁塞尔有1000多年的历史，名胜古迹甚多，是欧洲著名的旅游胜地。布鲁塞尔是欧洲历史悠久的文化中心之一，设有布鲁塞尔自由大学、皇家科学和医学院、法语语言文学院等高等院校。布鲁塞尔艺术宫为绘画、音乐、戏剧等艺术爱好者提供活动场所，大部分街区都有类似的小艺术宫。每年在此举办国际音乐比赛。有30所剧院，以国家剧院最大。还有原子型博物馆、滑铁卢纪念馆、雨果旧居等。

布鲁塞尔是欧洲重要的交通枢纽，通过航空、铁路和公路，可迅速到达欧洲其他各地。

2. 产业发展

(1) 工业。布鲁塞尔地处安特卫普－布鲁塞尔－沙勒罗瓦工业地带的轴心部分，又称ABC工业发展轴心，是全国最大的工业中心。拥有全国1/5的从业人员，集中了全国1/4的机械制造业和化学工业、1/3的服装业、2/5的印刷业和3/5的皮革工业。电器工业和面粉、榨油、啤酒等食品工业也很发达。

(2) 咨询服务业。作为"欧洲之都"的布鲁塞尔，服务业占其产业的很大部分。除了一些著名的啤酒生产商如Cantillon Brewery之外，布鲁塞尔的产业都来自于面向欧盟组织和众多国际组织办事机构的服务行业。

(3) 旅游业。布鲁塞尔有1000多年的历史。名胜古迹甚多，是欧洲著名的旅游胜地。布鲁塞尔会议多，这是布鲁塞尔发展旅游业的主要"借力点"。据国际协会联盟的统计，2011年，布鲁塞尔组织了464次国际会议，占全球同类国际会议的4.5%。

3. 相关政策

(1) 布鲁塞尔的"税收转移"政策。从2016年开始，每年89欧元/户的地区税将被取消，而作为一种产业聚集税的所得税将增加1%。物业税上调12%。但是，居住在布鲁塞尔地区的业主将会收到 120 欧元/年的返款。

从 2017 年起，贷款的税额减免将被取消。另一项优惠措施则是，购买一栋房产将有 22500 欧元的印花税返款。这项返款仅适用于价格在 50 万欧元以下的房产。价格在 50 万欧元以上的房产仍适用布鲁塞尔地区 12.5% 的印花税。

自 2017 年起，布鲁塞尔地区的居民将享有 0.5% 的所得税减免。该措施旨在让布鲁塞尔变得对中产阶级个人及家庭而言更具吸引力。

（2）公交价格全面放开。自 2016 年起，布鲁塞尔公交公司 MIVB 出售的普通车票和年票价格不会上涨。由于儿童的学生年票价格下降，有孩子的家庭将从中受益。学生年票或家庭第一个孩子的年票价格从 120 欧元/年下调至 50 欧元/年。家庭第二个孩子的票价仍为 50 欧元/年。布鲁塞尔地区政府还通过了在未来 10 年间对 MIVB 总额为 52 亿欧元的投资计划。

深圳

1. 城市概况

深圳是中国改革开放后建立的第一个经济特区，是中国改革开放的窗口，已发展成为有一定影响力的国际化城市，创造了举世瞩目的"深圳速度"；深圳同时享有"设计之都""钢琴之城""创客之城"等美誉。

深圳市域边界设有中国最多的出入境口岸。深圳也是重要的边境口岸城市，皇岗口岸实施 24 小时通关。深圳地处珠江三角洲前沿，是连接香港和中国内地的纽带和桥梁，是华南沿海重要的交通枢纽，在中国高新技术产业、金融服务、外贸出口、海洋运输、创意文化等方面占有重要地位。深圳一直是中国本土创业投资最活跃的地区，创业投资机构数量和管理创业资本额占全国 1/3，对深圳地区高新技术产业发展做出了重要贡献。

深圳是中国经济中心城市，经济总量长期位列中国大陆城市第四位，是中国大陆经济效益最好的城市之一。2014 年 6 月 4 日，深圳建设国家自主创新示范区获批，成为我国首个以城市为基本单元的国家自主创新示范区。每年在深圳举办的中国国际高新技术成果交易会（简称"高交会"）被誉为"中国科技第一展"。

2. 产业发展

（1）金融产业。深圳的银行、证券、保险业机构、外资金融机构数量以及从业人员比例均居全国前列。深圳是全国证券资本市场中心之一，作为全国两家证券交易所之一的深圳证券交易所进入规模化、市场化发展新阶段。2014 年，深圳证券交易所上市公司达到 1618 家。深圳是中国第一个保险改革试点城市。

（2）文化传媒。文化产业在深圳正在成为充满生机与活力的"第四大支柱产业"。深圳已经形成了新闻出版业、广告业、文化产品制造业等一批骨干文化产业，其中印刷、媒体、文化旅游等产业，在全国处于领先地位。深圳是中国动漫产业基地之一，是中国最早为海外加工动画作品的城市。深圳是中国内地著名会展城市，已成为全球第三大钟表专业展城市，家具、珠宝首饰等传统产业产品展会日趋规模化、国际化。

（3）旅游业。深圳引入港资经营酒店，香港经验和内地需求相结合，使酒店服务水平在全国走在前列。深圳旅游业依靠"旅游+文化"的发展模式，焕发了强大的生机。

（4）高新科技。深圳高新技术的三大领域包括电子信息、生物医药以及新能源新材料产业。深圳每万人发明专利拥有量居中国大陆各城市首位。深圳也是《自然》杂志评选出的"中国科研实力十强城市"之一。在近 30 年时间里，高新技术产业已逐步发展成为深圳经济的第一增长点和第一大支柱产业，深圳正在成为中国高新技术产业化最重要的基地之一和国家创新型城市。深圳高新技术产业已具备相当规模，形成了以电子信息产业为主导的高新技术产业集群，成为全国高新技术成果产业化的重要基地。

3. 相关政策

深圳鼓励扶持风险投资的主要政策包括：

（1）税收优惠。一是根据创业投资企业实现的营业税、企业所得税的地方留成部分享有的税收补贴。投资额50%以上在深圳的创业投资企业，自备案之日起3年内，对其所缴纳的营业税和企业所得税形成深圳地方财力部分予以50%资助。由于营业税是地方税，所得税地方留成为40%。二是根据所投资企业实现的营业税、企业所得税的地方留成部分享有的税收补贴。创业投资企业投资种子期的创业企业实现营业税、企业所得税形成深圳地方财力部分，自缴纳营业税、企业所得税之日起，按照该创业投资企业占被投企业的股权比例，前2年予以100%资助，后3年予以50%资助，最高资助额不超过其对创业企业投资额。

（2）一次性奖励或补助。总部设于深圳的创业投资机构，注册资本在2亿元以下至10亿元以上的，一次性奖励500万～2000万元。具体而言，注册资本在10亿元以上的，一次性奖励2000万元；10亿元以下5亿元以上的，一次性奖励1000万元；5亿元以下2亿元以上的，一次性奖励800万元；2亿元以下的，一次性奖励500万元。

（3）租（购）房补贴。一是对创业投资机构的租（购）房及购地补贴。对创业投资机构新购置自用办公用房的，按购房房价给予5%的补贴；新租赁自用办公用房的，连续5年给予房租补贴，其中前3年每年按房屋租金市场指导价的30%给予补贴，后2年按房屋租金市场指导价的15%给予补贴。另外，需要购买土地建设自用办公用房的，按所缴地价款（含配套费等）的30%，由市政府给予项目建设奖励金。二是对创业投资机构高管个人的住房津贴。对创业投资机构副职待遇以上的高管人员，按每人每月1000元的标准给予住房津贴。

第二章 文化创意城市

第一节 世界商业文化城市

上海

1. 商业文化传播的条件

20世纪上半叶，有"东方巴黎"之称的上海曾经是远东地区最重要的贸易与工商城市。上海是中国最早引进并消化了西方现代商业模式的城市，激烈竞争的商品市场以及以城市中产阶级为主力的消费群体的形成，也使上海最早成为一座消费型城市。以印刷技术为龙头的相关技术、材料和产业的引进与发展，为商业文化的传播提供了必要的技术前提。报刊及广播等现代传媒业的发达，为商业文化的传播提供了丰富的媒介与载体。

2. 19世纪末上海"在地化"策略

19世纪末20世纪初期，由于中国近代历史社会主要矛盾与社会体制的转型，上海开始呈现出不同以往的历史面貌。传教士、外籍侨民所带来的移民式的文化传播、近代中国商业中心的重要地位和自由开放的思想环境，让上海出现了"在地化"与"本土化"策略之间的历史碰撞。面对广阔的中国市场，外国资本企业与民族资本企业开始了漫长而激烈的竞争，除了价格、质量等固定因素外，恰当的营销方式成为如何最大化赚取销售利益的竞争手段。特别是广告、商品包装的宣传与设计，更是成为中外企业相互竞争、占据中国最大市场的焦点。

上海街景

当时，广告与包装成为吸引中国消费者最有力的途径，特别是在烟草行业。外来的烟草公司利用一张张精美别致的香烟片，打开了中国人现代化的审美眼界，同时也推动了中国早期特别是上海早期商业美术的传播与发展。为了能尽快地落地生根，洋商开始在文化亲近性上大做文章，以中国古典小说为题材的香烟画片就这样诞生了。《三国演义》《西游记》《水浒传》《红楼梦》《昭君出塞》等几乎每一部经典名著都推出了一套属于自己的香烟牌子，如此别出心裁的促销手段，一下子就受到了老百姓的喜爱。

中国古典小说宣传画

北京

1. 京商文化

北京的特色商业文化是京商文化。虽然"京商"的概念在近几年才被提出,但北京商业的发展及北京商业文化的形成则在悠久的历史中逐渐积淀。京商文化是在北京城市商业发展中形成的,诚实守信、开拓敬业、团结协作、海纳百川都是商业文化的特色和商业发展的灵魂。

北京自古就是典型的移民城市,也是巨大的消费城市。京商商人来自全国不同的地方,不同的商业文化在北京融合交汇,并结合北京的特质而升华成复杂的商业文化。京商包括了数以百计的商业行业,有数以万计的历史上存在过的商业字号,涉及来自全国不同地域并带有不同文化特点的商人。各地不同的商业文化在京城汇聚,使京商文化具有典型的"海纳百川、兼收并蓄"的特点,这种特点也反映了京商文化开放、包容的特点。

作为一座现代化开放的城市,北京具有很大的包容性。大栅栏、前门、王府井随处都能感受到传统文化与现代文化的交融。在同仁堂、全聚德、月盛斋身上,可以感受到老字号与现代市场理念的融合。

京商文化是北京商业发展的源泉,京商文化的品牌提升不仅有助于企业扩大品牌影响力,更可供现代京商借鉴,汲取其养分并发扬壮大,促进北京流通现代化的建设。近年来,北京品牌发展初具规模,国际品牌专卖店开店年均增速在44%以上。截至目前,世界顶级品牌100强中,已有90家进入北京;同时,北京已经拥有41%的世界顶级零售品牌,位居全球第六和内地城市之首。此外,北京本土品牌发展国内领先。世界品牌实验室发布的2013年中国500最具价值品牌排行榜中,北京有98个品牌入选,占全国的19.6%,品牌数居全国第一。在全国430家老字号中,北京也以67家位居全国之首。图3-34反映了北京地区入选中国品牌500强所占比例(2013年)。

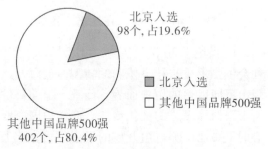

图3-34 北京地区入选中国品牌500强所占比例
数据来源:世界品牌实验室。

2. 尽显传统文化内涵的经营方式

在近代的北京,中国传统文化中的城市仪制规范得以最完美地体现。北京的商界也是如此,来自全国各地的商人要在同一个城市里和平共处,就必须共同遵守一些基本的商业行为规范。诚信,就是北京商人十分重视并恪守的职业道德。北京商界出现过不少历时逾百年而越来越兴盛的企业,讲求货物品质、诚信待客的经营方针即是他们生存发展的宗旨。北京商人的另一大特点是在业务交往过程中把人际关系看得很重。北京的商人们总是以一种和气、友善、谦恭、自然节制的态度进行人际互动,并在此基础上从事他们的经济活动。这种独特的商业文化魅力,在很多著名作家的文学作品及电影戏剧中有过传神的展示,如话剧《茶馆》中的王掌柜、《四世同堂》中的齐掌柜等人的形象已成为某种符号而留存在人们的记忆中。

3. 文化消费与高档消费独步海内

北京商业中的文化消费与高档消费的市场规模庞大，相应的商品和商人的数量也明显多于其他城市，这也是近代北京商业的一大特点。在近代北京，纸业、书业、出版业、影像业、古玩业等都已经成为独立的行业，其他如笔墨、乐器、簿册等文化用品商店也数量众多。庞大的文化用品市场，使得近代北京的商业浸润在浓重的文化氛围之中。近代北京商人成功地将文化用品作为一种特色的商品门类来经营，确实是一种有见地的创举。隆福寺街发展成为内城的文化街，就是一个突出的实例。1898年京师大学堂创立，1912年京师大学堂更名为"北京大学"，并从景山东侧迁移到沙滩。最盛时在此开业的有三槐堂、聚珍堂、修经堂、修文堂、宝文书局、文殿阁、三友堂、带经堂、宝会斋等20多家书店，占据了隆福寺东段的半条街。这些书铺除买卖经、史、子、集、珍本、善本等古旧书籍外，像三槐堂、聚珍堂等实力较强的书铺还曾刻板印制了大量古书。这条街吸引的不光是北京大学的师生，北京的各类文化人也是这里的常客，就是许多外地的文化人来北京也少不了到隆福寺一游，以寻找一些难得的新书旧籍。

香港

1. "楼上"文化

在工商大厦或老式居民楼二层以上落户的商铺，被香港人称作"楼上铺"。从服装饰品、医药百货、家居用品，到教育中心、美发沙龙和饮品食肆，这些以经营项目繁多著称的店铺几近包罗万象。再加上外观上的绚丽多彩和个性十足，其已成为香港商业形态中一个不可或缺的靓丽部分。随着传统制造业的北移，香港经济自20世纪80年代初开始转型，由此出现一批空置的工厦，它们也正在逐渐转变用途。

香港街景

"楼上铺"作为香港昂贵地租和店主追求个性的共同产物，已成为代表香港文化的一种新标志。有意思的是，它们也延伸到一些品牌中，比如有的品牌干脆用"楼上"二字来命名。"楼上"燕窝庄成立于1998年，公司一开始就以"楼上铺"形式经营。"楼上"的产品丰富，燕窝、冬虫夏草、日本海参干鲍、海味、滋补品等，逐渐吸引了不少客户光顾，目前已有25间分店。虽然做出了名气，"楼上"燕窝却仍旧选择将大多数店铺开在大厦楼上，因为其深谙"酒香不怕巷子深"的道理。

为使大众更了解"楼上铺"，专门介绍这类店铺的搜索网站也应运而生。摸上楼（Go Up Mall.com）网站创建于2011年，已经有超过1000家楼上商家加入。创办人张尤忠说，希望通过网站渠道的宣传，让市民和游客更多了解香港"楼上铺"的文化，在楼上的空间里也可以享受购物消费的乐趣。张尤忠说，20世纪90年代在观塘的工业大厦开始出现"楼上铺"，商家以批发的形式售卖货品。接着，中环、铜锣湾的老式居民楼也出现零星的楼上咖啡店。近10年，在铜锣湾的波斯富街、崇光百货商场后面的居民楼里，"楼上铺"更如雨后春笋般涌现。

2. 文化与商业的相互融合

每年暑假来临，整个香港就把目光聚焦在书展上，全城都被有形的图文书籍、无形的文化气息和因书带来的狂热和快乐重重包围。事实上，从人口比例来看，香港书展参加人数达到了人口总数的1/7，可以说是全球大众化程度最高的书展之一。人均购书额、图书销售总额也逐年攀升。据有关机构估算，香港各大参展商在书展上的营业额可占全年的10%。香港书展的供应商以零售经营为主，对广大读者群开放，使读者在书展活动中拥有很大的自由度。这既有利于建立良好的文化传播产业链，使新出图书得到更好的推广，又有利于培养读者的阅读兴趣，营造全民阅读的氛围，促进整个文化大环境的繁荣发展。由此可见，文化与商业并不冲突，而是互相融合、相得益彰的。只要把文化项目做精做细，并融合当今时代的创意，就能更好地实现文化与商业的共赢。

香港书展盛况

新加坡

1. 新加坡河区域

新加坡河位于新加坡东南部的市中心，从西部的金生桥源起，向南倾入滨海湾蓄水池。河道曲折复杂，总长约3.2公里。整条河流经新加坡的中央商务区、商住居民区以及市中心。这里是移民最先迁入和商业最繁荣的地带，也是新加坡曾经的经济动脉。如今，这里是新加坡一处重要的旅游景点和娱乐景点。

新加坡河区域主要分为三个区域：休闲娱乐区（驳船泊头区）、商业娱乐区（克拉码头区）和宾馆住宅区（罗伯逊码头区）。驳船码头区位于新加坡河入海口处，岸上分布着莱佛士时期建设的市政府建筑群。曾经的仓库已被改造为各国风情餐厅和酒店，游客可以在岸边用餐并且欣赏历史建筑，这里是游客休闲放松的最佳场所之一。

新加坡河区域图

2. 克拉码头商业文化

克拉码头区域曾经是建造和修补船只的地方，是货栈、仓库和商店集中的码头区，存有大量移民时代留下的排屋，因此历来人口非常密集，流动性大。在1985年的新加坡河概念规划中，克拉码头被定位为充满活力的"嘉年华村"。经改造和重新定位后，如今的克拉码头有近200家商店、酒吧和餐厅，每月平均吸引50万消费人群，已经成为新加坡购物、休闲、旅游、餐饮的热点区域。

新加坡河区域遗留的一些商铺，其建筑形式多为东西方混合式，多利克式的柱子、圆形

新加坡克拉码头

拱门、高窗和中国式瓦屋顶，这些建筑元素都凸显着殖民时期的特色，在改造利用过程中，对于这些具有较高历史和文化价值的传统建筑予以充分保留，供游客参观。克拉码头区域曾经被仓库、厂房、传统店屋等历史建筑所充斥，这些历史建筑通过功能置换，现在已被改造成商店、餐厅、旅馆、咖啡厅、酒吧、高档住宅等，以适应商业和旅游的需要。

克拉码头曾经是以"跳蚤市场"闻名的传统贸易区，后来以二手商品店和古董店闻名，在改造开发过程中保留了原有的二手交易市场功能，同时将之改造为艺术品展示与交易的新空间，从而丰富了区域的文化活力，提升了区域的价值品位。此外，区域内遗留下来的民俗和节日庆典活动也得到保护，成为对外展示新加坡文化的窗口。

纽约

纽约时尚业

纽约是最崇尚市场经济的商业中心，纽约市政府一直高度重视时尚产业的发展，着力为时尚产业营造良好的发展环境，关闭了23家制造大牌赝品的工厂，收缴价值6000万美元的伪劣商品，并强制造假商向纽约市民赔偿150万美元。

纽约成为世界最著名的国际时尚中心之一，这与其作为美国的经济中心城市地位密切相关。以下因素在推动纽约时尚中心城市的成长中也起了十分关键的作用。

高度发达的商业会展业是纽约成为国际时尚中心的重要基础。纽约有美国最大的服装零售市场，年销售额达到150亿美元，税收7.68亿美元；纽约也是美国最大的服装批发地，有5000多家服装展示室，每年75个展会吸引57.8万买手前来采购，买家可以非常方便地买到各种型号、各种风格的服装。特别是，纽约形成了女装一条街等有特色的服装销售集中区域，确保了纽约在世界女装行业的领先地位。纽约时装周一年两季的500个活动吸引了23.2万专业人士参与，直接就产生了5.32亿美元的消费额，全年所产生的经济效益达到8.65亿美元。该时装周已经有了70年的历史。

纽约时尚业已经形成了从商业市场开拓、服装设计、模特、摄像、人才培训等互相支持、相互依存的产业集群。零售商、批发商、生产商、设计师和服装材料供应商等密切合作，迅速反应，零售商和设计商还可以直接监督产品选材、生产的质量，这使纽约的零售服装始终处于时尚产品销售的最前沿，销售的是高端产品，而外地的模仿、盗版难以做到如此迅速。纽约曼哈顿区更是该市服装业最集中的地区。纽约市共有8所时尚设计专业院校。帕森设计学院成立于1896年，1970年与纽约的新学院大学合并，在世界时尚领域享有盛誉；纽约时装学院成立于1944年，每年毕业生超过1000人，很多人选择留在本地发展。

纽约服装加工业具有扎实的基础。服装的消费需求变化莫测。纽约服装批发、零售业与服装设计、生产的企业紧密结合在一起，促使服装加工业成为全市最大的制造业。纽约的时尚产业雇用了17.3万人，每年对当地经济贡献100亿美元，服装加工是其中的关键行业，目前仍生产大约3%全美国销售的服装，雇用2.4万人，每年20亿美元的经济产出，每3个制造业从业人员中就有一个在服装业。纽约销售商销售的高档时装，大多量小、价高，要求生产反应速度快，能满足特定客户的需要。如Primo Coats企业在百老汇地区专门销售价值3000美元左右的高档外套，已经有30多年的历史，其销售的产品大多由纽约当地的小作坊生产出来，这也相应决定了纽约80%左右服装企业的员工规模都在20人以内。

纽约市良好的发展环境吸引了846家服装时尚企业的总部入驻，这几乎是排名第二位的巴黎拥有服装时尚类大公司总数的2倍多，比巴黎、伦敦、米兰服装时尚企业总部的总和还要多。

东京

经济全球化及经济要素在全球范围内的流动，催生了世界城市（global city, world city）。所谓世界城市,是指集聚了全球意义上的经济、政治、文化的中枢职能,因而对全球政治、经济、文化具有控制力和影响力的城市。世界城市是城市发展的高级阶段,位居世界城市体系金字塔的顶端,在20世纪90年代以前,纽约、伦敦和东京为三大世界城市,而最新的世界城市排名中,东京几乎同巴黎相当,形成了四大世界城市格局。和蒸蒸日上的纽约、伦敦相比,东京有着更加综合的经济结构。作为巨型都市圈,东京不仅集聚了金融和各种高级商务服务业,而且还拥有规模可观的高新技术、内容产业(contents)、批发业、制造业等多种产业活动,形成较完整的"全套型"(也称almighty,全能型)。

东京的信息通信产业:城市型知识服务产业、信息中心

2009年,东京信息通信业领域的事业所数量近2.6万家,从业人员规模达85.3万人,分别占全国的33.0%和49.4%。2010年,通信产业的销售额高达58.5万亿日元,在信息通信业十二大行业中,有十一大行业的销售额占全国的60%以上;而且从长期趋势来看,信息通信产业是东京产业中最具活力、增长最坚实的产业部门之一。

在东京的信息通信业中,不得不提到的是动漫产业。日本的动漫产业规模仅次于美国,居世界第二,而日本动漫产业90%以上集中在东京,特别是高度聚集在杉并区、武藏野市、练马区、三鹰市,仅杉并区就有71家动漫企业。日本的文化创意产业高度向东京集中,这与东京较高的城市多样性、相关产业集聚度、高品质城市生活、专业化人才集聚地、面对面接触利益显著等因素有直接关系。

东京是日本的金融中心。几乎所有城市银行、大型保险公司、大规模证券公司、信用银行的总部都设置在东京。而且,海外银行和跨国保险公司等金融机构的日本法人、分店也都选择东京。东京共有1万多家金融机构,占全国总数的12.3%;从业人员超过40万人,占全国25.7%;金融业产值长期超过10万亿日元,占全国比率基本保持在约38%水平。如图3-35所示。

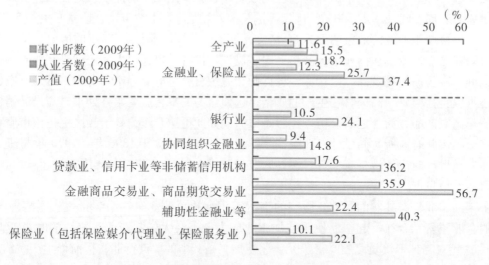

图3-35 按中等产业分类的东京金融、保险业在全国的地位

伦敦

伦敦创意文化所具有的活力,与这座城市在全球经济、金融、教育等领域所具有的中枢地位密切关联。虽然英国总体经济增长乏力,但创意经济在英国经济中的比重却在稳步增加。伦敦的创意产业总值约占英国创意产业总产出的1/4。

伦敦的两大核心竞争力:金融服务+文化创意

"二战"后,英国经历了殖民帝国的瓦解和制造业竞争力的日益下降,政治经济实力不可同日而语,但其文化和意识形态影响力依然保持着强势。在英国的国家战略规划中,文化是其在国际综合国力的竞争中争夺话语权、发挥影响力的重要手段,也是在其失去殖民帝国之后依然跻身于世界大国俱乐部的重要筹码。

英国政府关注并且有意识地提升其文化和意识形态的影响力,将文化影响力作为维护与别国关系的重要手段,甚至是一项发展战略,积极推动文化外交,塑造英国正面形象。丰富的文化资源、帝国时代留下的无形资产、富有远见的战略与完备的管理体制、蓬勃发展的创意产业,确保了英国在全球化的进程中始终保持着世界文化强国的地位。

在英国能否保持世界文化大国地位这个问题上,伦敦扮演着举足轻重的角色。伦敦是英国传统的政治、商业、文化的中心城市。然而,随着"二战"后英国整体经济在西方世界的相对下滑,伦敦的经济在国际经济中的地位也日趋下降;与此同时,工业化所导致的城市环境污染问题也日益严峻。

面临上述挑战,20世纪70年代以来,伦敦敏锐地抓住全球产业升级的时代机遇,率先进行金融创新,并大力发展包括咨询、广告、设计、教育、科技研发在内的专业服务行业,作为后工业化时代经济复兴的抓手。到80年代,伦敦成功地实现了后工业化时期的经济结构调整,金融服务业成为伦敦的经济支柱。自90年代以来,伦敦政府在坚持金融业优先的同时,又积极开拓文化创意产业,构建起目前国际上架构最完整的文化产业政策,并大力扶植其发展。至此,金融服务业与文化创意产业构成了伦敦城市的两大核心竞争力。

伦敦文化具有宏观的全球视野和巨大的活力。伦敦政府始终坚持建设"世界文化之都"的核心战略,确定城市文化发展的基本方向,积极推动城市文化建设,不断激发城市文化活力,及时调整文化发展策略,不断完善制度保障,充分而合理地利用伦敦文化资源和区位优势,从而使得21世纪的伦敦依然拥有影响世界文化市场的一流竞争力。

米兰

1. 时尚产业

米兰的第三产业发达,服务业所占比重接近3/4。米兰在时尚业、商业、设计业、贸易、体育文化和工业等领域都有较强的影响力。时尚产业是米兰最突出的产业,意大利主要时尚企业的总部都设在米兰,因此米兰又有"时尚之都"的美誉。与之相配套,米兰的会展业十分发达,时装、家具和皮革等展览会都是国际领先的博览会之一。时尚产品的消费带动了商业领域,米兰在世界消费最高城市排名中位于第11位。米兰是欧盟和世界主要的金融中心之一,它有证券交易所和105家银行。除第三产业外,米兰的工业门类齐全,汽车、飞机、摩托车、电器、铁路器材、金属制造、纺织服装等相关企业的实力雄厚,化工、医药和食品等工业也十分发达。

米兰街景

2. 时尚产业发达的原因

米兰的时尚产业能在世界独领风骚,长期保持产业竞争优势,并保持时尚产品的出口顺差,主要是在政府规划的正确指导下,通过产业集聚将制造业技术与时尚品牌相结合。通过产业网络合作,促进企业间的配合和使得它们发挥各自的优势。米兰的产业网络涵盖了研发设计、原料、专业机械、制造、营销以及支持性的公共服务等,具有极强的产业关联性。基于产业网络的商业模型,使得米兰的企业能迅速把握技术变迁的脉搏，快速反应和开发新产品。

米兰是意大利时尚产业的核心和相关制造业的引擎，它引导着整个意大利的时尚体系。米兰的时尚产业网络已经形成了一套独特且完整的体系：设计新颖、技术创新、生产精湛、销售完善，几个环节相辅相成和互相促进。

此外，米兰的时尚产业网络中还有自己独特的元素，比如包括品牌设计、会展平台和媒体平台。米兰的时尚品牌众多、历史悠久、分布广泛。

3. 商会和行业协会

米兰的商会和行业协会在米兰产业发展中起着重要的推动作用。在米兰，主要协会机构包括米兰商会、意大利对外贸易委员会（ICE）、意大利纺织服装产业联合会（SMI–ATI）、意大利国家服装协会（CNMI）、意大利国家制鞋企业协会（ANCI）、意大利制鞋制革和制皮具行业的机械制造商协会、意大利服装及个人配件联合商会（FIAMP）、意大利奢侈品制造商协会（ALTAGAMMA）等。其中，米兰商会代表所有企业利益，迄今已有700多年的历史，是欧洲最古老的商会之一，多年来为企业发展提供咨询服务，规范企业行为。意大利对外贸易协会（ICE）在促进意大利产品的出口和推动企业与

米兰街景

国外的技术合作等方面发挥着重要的作用，它还给会员提供市场预测和产品需求信息，并协助企业解决贸易争端。意大利纺织服装产业联合会代表纺织、服装行业拥有60万雇员的6万家企业，是最大的世界性组织之一。

柏林

柏林以发展国际文化之都、购物时尚之都、派对之都为目标。柏林的设计产业涵盖了设计机构、设计工作室、工业设计、时尚设计、设计节以及设计产品商店在内的1300多家设计商贸机构，是欧洲新兴的设计产业集聚地，为其实现设计之都发展目标奠定了基础。

柏林设计之都主要内容

柏林创意设计产业的发展及文化之都、时尚之都的建设主要基于三种相互交织的理念：一是"以高起点的设计规划实现城市重建，以大规模的创意文化推动经济发展"的理念，吸引大量艺术设计企业及设计人才，为城市不断注入新的文化创意元素；二是"节能、低碳"的产业设计理念，使柏林由传统的以工业制造业为主的城市向生态、环保、节能的新型文化时尚之都转变；三是"用工业保护设计"的工业设计理念，认为工业产品的质量在很大程度上取决于它们的设计。

柏林设计之都的创意化道路发展来自政府、私营部门以及非营利组织的支持，实虚结合的创意服务平台，节庆及集市活动的开展，大量年轻创意人才的集聚，文化多样性的发展成为世界文化创意的

柏林街景

大熔炉，以及城市的旅游文化建设。其中，政府的支持、完善的平台服务、节事活动的举办以及人才的培养等显得尤为重要。

柏林作为较早加入创意城市网络的设计之都，其独特的城市及工业化发展文脉贯穿了城市创意化发展的整个过程。柏林以其独特的历史文化为基础，实现了设计之都的创意演化过程。尤其是其传统的包豪斯文化设计理念与建筑及工业设计的巧妙结合，实现了艺术与技术的结合，对柏林设计理念及现代设计产业的发展都产生了深远的影响。在此基础上，一方面，柏林政府及相关机构支持并建立了完善的服务平台，在政府的引导下让设计理念真正融入柏林人民的生活，并进行了相关的城市景观设计，塑造具有柏林艺术风格的城市街道空间艺术，且对园林及城市公共空间进行相应的设计规划；另一方面，柏林强调数字媒体设计的发展，这极大地满足了人们对创意设计衍生品的跨区域需求，增强了柏林设计的国际影响力。

莫斯科

阿尔巴特大街

阿尔巴特大街位于莫斯科中心，是一条有着500多年历史的文化商业街。它被誉为"莫斯科的精灵"，浓缩了悠久的历史风情，是俄罗斯街道文化的象征，也是一扇感受俄罗斯平民生活的窗户，它对莫斯科人的意义，就相当于"西单"和"王府井"对于北京人的意义。

著名诗人普希金就诞生和成长于这条大街上。如今，保存有许多古色古香建筑的阿尔巴特大街，仍是各类有个性的画家、艺术家聚集的地方。

阿尔巴特大街

阿姆斯特丹

1. 商业贸易活动对阿姆斯特丹的影响

阿姆斯特丹曾是世界贸易中心，这些世界商业贸易活动不仅奠定了阿姆斯特丹以航运、保险和金融为主导的服务业的基础，而且为制造业（如造船业等）的发展奠定了基础。在阿姆斯特丹作为世界贸易中心兴旺发达的同时，其作为世界金融中心的地位亦日益突出。

阿姆斯特丹

2. 作为世界金融中心的主要表现

从 17 世纪早期到 18 世纪晚期，阿姆斯特丹曾站在世界金融的巅峰。这种至高无上的地位主要表现在：①作为世界贸易的中心，公司信用和商业信用活动主要集中于此。②伴随着商业信用活动的集中，清算业务和货币市场业务也集中于此，并且通过阿姆斯特丹交换银行及其收付的私人代理网络逐步实现制度化。③整个 17 世纪，阿姆斯特丹资本市场是向欧洲皇室提供主权信用的关键市场。到 1780 年，不列颠、瑞典、奥地利、丹麦、俄罗斯、波兰、法国、美国等成为该市场的主要债务国。甚至以阿姆斯特丹为中心的信用同时支持战争双方。④至少从 17 世纪中叶到 18 世纪中叶，阿姆斯特丹相对充裕的资本确保了利率相对于欧洲其他地区比较低。阿姆斯特丹资本的最直接来源在于荷兰的工农业综合体，它保证在高级纺织业、造船业、集约型农业和捕捞业方面占有综合的主导地位。波罗的海、远东、美国的商业网络与阿姆斯特丹的紧密往来，进一步加强了其地位。⑤信息和技术主要集中在阿姆斯特丹。一系列制度化的世界范围的网络使阿姆斯特丹成为一个信息交换中心，这些网络包括商人网络、金融家和股份公司网络、商业报刊网络等。

3. 以阿姆斯特丹为中心的荷兰金融中心的主要特点

①阿姆斯特丹的金融家对各种物质资源的所有权和控制力很强，他们享有社会和政治权力，这种权力对于维系他们在荷兰金融秩序中的主导地位至为关键。②17、18 世纪，大量的国际冲突并没有造成荷兰国际金融秩序的混乱。③虽然荷兰没有发明金融资本主义的制度与实践，但是它把银行业、复式记账法、股份公司、汇票、股票市场综合在一起，使其建立在商业经济的坚实基础上。阿姆斯特丹的各种机构扮演了重要的治理角色，并在金融危机时期发挥其积极的救援作用。

阿姆斯特丹街景

马德里

1. 马德里的经济

如今，马德里已经成为整个西班牙经济的发动机，也是西班牙中央经济区的综合性经济中心。

辐射状的铁路将马德里与国内其他城市和沿海地区联系起来，并有几条连接法国和葡萄牙的国际铁路。巴拉哈斯机场为全国最大的国际航空港。

马德里还是金融和商业中心，南欧文化名城之一，具深厚的文化传统。但其现代西班牙文化中心的地位已被巴塞罗那取代。

马德里自治区是西班牙运输、物流、研发、消费和高新技术产业的中心。国内生产总值（GDP）占全国的 17%，和高新技术相关的外国投资占全国的 72%，国际货运占全国的 60%。马德里大区同时也是西班牙的商业中心和"总部经济"中心。营业额最大的 100 家西班牙公司有 64 家总部设在马德里自治区。西班牙 75 家最大的企业集团中有 49 家总部落户于该区，全国性电信运营商也聚集在该区。该区 70.7% 的人口拥有手机，43% 的家庭装有电

马德里街景

脑，远远高于全国平均水平。

马德里是全国大多数企业及外企聚集的重地，同时又拥有为数众多的新兴科技公司，其中 IBM 更是在 2005 年决定于马德里建立一家面向整个欧洲、非洲和中东的分处。马德里的博览会（IFEMA）包括了欧洲很多重要的企业，诸如 SIMO（西蒙电气）、Fitur（西班牙国际旅游交易会）的展出。

马德里巴拉哈斯国际机场 T4 和 T4S 航站楼设计新颖，运转能力强大。它的落成，巩固了其作为世界重要机场及连接欧洲和美洲之间的地位。

2. 马德里的体育

同西班牙其他地区一样，马德里自治区内最受欢迎的体育运动自然也是足球，最著名的两支球队要数皇家马德里队和马德里竞技队。2014 年，皇家马德里队和马德里竞技队分别淘汰各自的对手，双双杀入欧冠决赛。这是欧洲冠军联赛自举办以来第一次上演同城德比，最终皇马加时夺冠。

迪拜

迪拜不仅是中东最大的自由贸易中心，更是世界著名的经济、金融中心。多年以来，石油为迪拜贡献的 GDP 比例仅有 6%，这个繁华耀眼的"黄金之城"大部分收入来源于自由贸易区。

1. 不断攀升的旅游收入

对迪拜来说，自贸区带来的绝不只是"黄金"，它更成为国家发展的绝对引擎。在频繁的国际交流中，这个阿拉伯国家在国际上的传统印象正在改变，随之而来的是不断攀升的旅游收入。从 2004 年开始，旅游收入已经成为迪拜财政收入的主要组成部分。

2. 迪拜的对外贸易

迪拜最大的贸易区杰贝阿里自由贸易区对外关系负责人瓦尔普拉萨德·劳（Varprasad Rao）表示，迪拜所处的地理位置决定了它无论在时区上还是交通上都能成为连接东西方世界的纽带。不仅如此，长达 734 公里的海岸线更为迪拜提供了丰富的港口资源，使得这里成为世界最繁忙的货物集散地之一。为形成海陆空全方位的地域优势，迪拜政府还着力打造了"4 小时经济圈"和"8 小时经济圈"的航空线，将迪拜和世界主要中心城市紧密连接起来。

迪拜

迪拜海关提供的可查数据显示，2010 年 1—10 月，迪拜对外贸易额达 4750 亿迪拉姆（约合 1301 亿美元），比 2009 年同期增长 19%。其中，出口 565 亿迪拉姆（约合 154.8 亿美元），同比增长 36%；进口 3000 亿迪拉姆（约合 821.9 亿美元），同比增长 14%；转口 1180 亿迪拉姆（约合 323.3 亿美元），同比增长 22.9%。而在这 10 个月中，迪拜自贸区贡献的外贸额达 2650 亿迪拉姆（约合 726 亿美元），同比增长 22%。

3. 迪拜 GDP 的构成

迄今，在迪拜 GDP 的构成中，批发和零售贸易以 30% 的比例排名第 1，排名第 2、第 3 的则为运输、通信业和房地产业，它们分别以 890 亿迪拉姆、415.4 亿迪拉姆和 403 亿迪拉姆的产值占据迪拜 GDP 的前三位，而这些大部分都来自于永不停歇的自贸区。

4. 两大贸易区

众多自贸区中共有 8 个较活跃的自贸区，其中杰贝阿里自由贸易区和迪拜机场自由贸易区是迪拜最大的经济贸易区，两大贸易区不仅提供了迪拜大部分的进出口贸易额，更在管理和发展的探索上起到了重要作用。

5. 日益完善的"软实力"

"迪拜能给商人提供安全感。"有商人称，而这种安全感来自于多方面。首先在金融方面，迪拜实行自由和稳定的经济政策，使其在各国之间以及国际工商界赢得良好的声誉。其次，迪拜良好的治安和完善的法律体系使得社会安全得到极大的保障。最后，大规模的招商会和展览也是迪拜吸引投资的法宝。

苏黎世

作为西欧重要的经济、金融和文化中心，苏黎世是世界著名的国际大都市和国际足球联合会总部所在地。苏黎世是瑞士最大的城市，也是全欧洲最富裕的城市。苏黎世地区的国内生产总值为 2100 亿瑞士法郎（1600 亿美元）或每人 58000 瑞士法郎（45000 美元，2005 年）。

苏黎世

1. 产业概况

苏黎世的经济以工业为主，尤以机器和铁路设备制造业最为重要；机器制造业占全国生产总值的 1/4，还有毛纺织、丝纺织、化学、电机、造纸、印刷等工业。铁路线以苏黎世为中心辐射到全国各地。农业生产高度现代化。

2. 金融业

瑞士联合银行、瑞士信贷银行、苏黎世金融服务集团，以及许多私人银行的总部都设于苏黎世。由于瑞士银行的保密能力，使苏黎世成为离岸银行业务的世界主要中心。金融方面的账户大约占整个城市 1/4 的经济活动。瑞士证券交易所的总部亦设于苏黎世。

苏黎世不仅是瑞士最大的金融中心，而且是西欧重要的金融中心，这里集中了 120 多家银行，其中半数以上是外国银行，故享有"欧洲百万富翁都市"的称号。

3. 时尚时装业

中世纪以来，苏黎世即是阿尔卑斯山以北的丝织业中心。13～15 世纪的苏黎世，以丝绸闻名于欧洲。始于 1904 年的瑞士汽车制造商，推出了高级时装 TURICUM。每年有超过 20 万的欧洲人选择 TURICUM 羽绒皮草制品，包括英国、丹麦、摩洛哥的王室贵族，都先后采用 TURICUM 高端定制品。经过娱乐时尚界明星、艺人、设计师的传播，更多的北美人、亚洲人、澳洲人也渐渐了解 TURICUM。追求高级原料工艺、精致化限量生产的原则，既是 TURICUM 的高贵传统，也是瑞士羽绒皮草制品的优胜之处。

巴塞罗那

巴塞罗那是加泰罗尼亚的港口城市，是享誉世界的地中海风光旅游目的地和世界著名的历史文化名城，也是西班牙最重要的贸易、工业和金融基地。巴塞罗那港是地中海沿岸最大的港口和最大的集装箱集散码头，也是西班牙最大的综合性港口。

1. 第一产业

巴塞罗那具有悠久的商业传统，但其作为欧洲大陆最早工业化的地区之一，反而不为人所知。巴塞罗那的冶铁技术自中世纪开始已相对先进，可以制作精良的各种枪炮火器。除了各种与武器相关的贸易发达之外，这里的皮革加工制品当时也远近驰名。

工业原以机械、纺织、印刷、食品等著称，尤以造船和纺织工业历史最为悠久，为全国最大的造船工业和纺织工业中心。第二次世界大战后，汽车、化工、精密仪器、塑料等工业迅速发展。工业总产值占全国的1/5，是西班牙最大的工业中心。葡萄酒品种繁多，尤以陈年佳酿著称。有酒类博物馆，还有驰名世界的加泰罗尼亚蛋奶甜食和面食等食品。市郊及其周围地区的农业，特别是地中海式水果园艺业颇为发达。巴塞罗那是全国最大的海港和重要的铁路航空枢纽，进出口贸易占全国总额的40%以上。出口纺织品、船舶、化工原料、水果罐头等，进口机械、石油、棉花、谷物等。

2. 第二产业

得益于其艺术和创造的传统，巴塞罗那的工业设计优势十分明显。同时，因众多的特色建筑，巴塞罗那能面向全世界举办众多的博览会，这同时带动了旅游业、酒店业的发展。巴塞罗那港在货运和客运方面都是地中海西岸的重要港口。

巴塞罗那一共有9座建筑被联合国教科文组织列入世界文化遗产名录。

巴塞罗那同欧洲各地交通便利，是理想的短期旅游胜地。极具魅力的巴塞罗那海港，以它绝佳的地理位置和齐全的装备设施，成为各游轮公司钟爱的停靠之地。早在2002年，巴塞罗那港共迎接了633艘游轮，84.3万游客，比2001年增长了28%。游轮的终点站直接和市中心与购物带相连，游客可以很快在市中心的各名胜古迹游览或是在欧洲最大的5公里长的购物带购物。

巴塞罗那一方面保持着老城区古香古色的风貌，另一方面又拥有现代建筑林立的新建区，拥有罗马时期遗留下的加泰罗尼亚绘画。圣家赎罪堂（Sagrada Família）和高迪的各座极具特色的现代派建筑，已经成为城市的标志，每年有上百万的游客专程前来一睹它的风采。

第二节 世界艺术文化城市

一、艺术文化城市的类型

世界公认的纽约、伦敦、巴黎、布宜诺斯艾利斯等十大艺术城市，将城市的功能性和艺术欣赏性进行了融合。根据城市和艺术的结合方式，可将艺术城市分为四种类型。一是综合型艺术城市。通常为世界知名的大都市，在满足居民日常生活需求的前提下，保留历史文化内涵，重塑城市功能。二是创意型艺术城市。创意型艺术城市的整体环境着力于对艺术创造力的培植，形成艺术创意氛围。三是工业艺术城市。城市化进程往往跟随着工业化的脚步，各种各样的工业城市达到了城市物质发展的需要后无不面临着转型。四是旅游艺术城市。巴黎被人们誉为"世界文化艺术之都"，它包容了不同时代的风格，体现了自然景观与人文景观的和谐共生。以巴黎为代表的这类旅游艺术城市创造的艺术氛围，在文化和艺术层面的标杆作用，吸引着人们前仆后继前来感受其城市艺术的魅力。

二、艺术文化城市的评价指标

艺术城市建设提升城市品位，提高人们的生活质量，进而增强城市的软实力、综合实力和竞争力。关于艺术城市的评价指标和评价体系，当今并没有权威的定义和模式。我们在参考现有文献基础上，考察世界公认的主要艺术城市的基本特征，归纳了若干艺术城市的评价标准。一是城市环境的艺术性。这里包括城市的道路交通系统是否在满足"通""达"出行基础上，运用创意设计，使道路具备艺术性、趣味性、创新性和观赏性；城市公共绿化是否能够融自然生态条件和该城市历史传统文化为一体，使绿地、公共休闲场所系统具有文化性和可识别性；城市建筑是否诠释艺术城市的文化特质，是达到人工环境与自然景观的完美结合。二是文化艺术载体建设水准。城市的艺术载体，即基础设施建设具有重要的指标意义：公共图书馆、博物馆、美术馆、电影院、剧院、画廊和各种艺术表演场馆成为艺术城市必备的设施。三是教育、科研、人才培养水平及社会环境。艺术城市需要拥有世界级的文化教育机构，拥有丰富的人才资源，尤其注重培养设计、美学等方面的人才；城市的社会环境良好，具有极大的包容性，可以成为各类艺术家的乐园。四是文化创意市场资源。艺术城市将其城市文化和创意相结合，在尊重传统文化的基础上创造有时代特色的文艺作品，并形成完整的文化产业链，形成艺术和市场的无缝衔接。五是市民的文化艺术消费水平。市民文化艺术的消费意愿决定着艺术产业链的终端需求，催生了文化艺术产品的供给，保障艺术市场的运作良性循环。

三、艺术文化城市的排名

"口碑排行榜"等网站公布了2013年世界知名艺术城市排名位列前十的是纽约、伦敦、柏林、洛杉矶、巴黎、墨西哥城、东京、马德里、布宜诺斯艾利斯、迈阿密。研究这些艺术城市的个性和共性，将为我国的艺术城市建设提供有益的借鉴。

《漫旅》杂志2015年世界最佳文化艺术城市排名见表3-11。

表3-11　2015年世界最佳文化艺术城市排名

城市	得分
法国巴黎	97.668
意大利佛罗伦萨	96.87
日本东京	96.829
意大利罗马	96.71
美国纽约	96.307
英国伦敦	95.175
俄罗斯圣彼得堡	94.323
美国华盛顿特区	94.232
意大利威尼斯	94.011
以色列耶路撒冷	94
奥地利维也纳	93.973
西班牙巴塞罗那	93.428
西班牙马德里	93.171
美国旧金山	92.513
土耳其伊斯坦布尔	92.454

巴黎——时尚的旅游艺术城市

法国虽然没有英国的制度设计创意，没有德国制造业的精细与强大，没有美国经济科技之发达，但艺术成就、时尚和浪漫一直是高卢民族引以为自豪的。作为时尚之都、浪漫之都、服饰之都和文化艺术之都的巴黎，它既是欧洲文艺复兴的摇篮，有着千年的历史文化底蕴，重视传统文化与古建筑的保护，又追求现代城市建设的和谐与统一。凭借法国政府的文化支持与资金资助，巴黎的时装、电影等文化艺术产业很好地实现了传统文化与现代文化、法国本土文化与世界文化的融合，赢得了广泛的世

巴黎

界审美认同，是世界先锋艺术的催生地，更是世界时尚潮流的领航者。巴黎的美术馆和博物馆多达百座，其中卢浮宫美术馆、奥赛美术馆和蓬皮杜文化艺术中心最具代表性。据统计，巴黎有 75 个有规模的图书馆、50 个剧场、200 个电影院、15 个音乐厅，巴黎歌剧院是世界上面积最大的歌剧院。巴黎的教育、科研及艺术创新力很强。巴黎著名的法兰西学院、巴黎大学、巴黎高等师范学校、国家科学研究中心等为文化创意产业提供智力保障支持，由这些机构创作的作品层出不穷，在世界广泛传播。巴黎作为世界时尚之都，各种奢侈品和时装设计所代表的文化和审美价值深受世人喜爱与推崇，也是其文化创意产业重点行业之一。迄今，巴黎聚集了法国 55% 的设计公司，成为其艺术城市建设的中坚力量。巴黎文化艺术国际化程度高，影响力巨大。举办大型国际会议是衡量一个城市是否国际化的一个重要指标，巴黎号称"世界会议之城"，几乎每天都有国际性会议在这里举行。它以明媚的风光、丰富的名胜古迹、多姿多彩的文化艺术活动以及现代化的服务设施吸引众多的国际会议在此召开。联合国教科文组织、经济合作与发展组织的总部均设在巴黎，足见巴黎之文化艺术魅力和强大的国际影响力和吸引力。

纽约——典型的综合性艺术城市

有着世界"经济首都"之称的纽约，也是公认的世界艺术之都，其多元性和富有自由和个性的创造精神使之成为当之无愧的综合性艺术城市，无论在政治、经济，还是在文化创意方面，纽约都引导着世界潮流。如果说美国是种族与文化的大熔炉，那么纽约便是现代建筑、现代商贸（金融）和现代艺术的大熔炉，凡经它提炼的物体或文化，就能充满活力，且变得更加美丽动人。纽约虽然不及东方大都市的历史悠久，但其持续和富有开发精神的发展，使得纽约不但规模宏大，各种文化特色因子荟

纽约

萃。作为综合性艺术城市，其鲜明特色就是城市面貌丰富，城市精神包容，艺术富有自由与个性。纽约能成为综合性艺术城市也离不开政府部门的引导和科学规划。纽约市政府在不同时期对构建艺术城市均做出科学的审视和合理规划。2006 年，纽约市政府提出《纽约 2030 规划》，谋划了未来 25 年更加绿色和城市整体更加美丽和谐的发展图景。该规划设定了土地、水、交通、能源、空气质量等 6 个方面的建设目标，还包括吸引世界各地艺术特长生到纽约开展职业生涯，通过各种手段培养新一代艺术人才，设立基金为新的艺术品牌发展提供贷款，等等。纽约能成为一个综合性艺术城市，也离不开众多的文化艺术载体。纽约拥有数量庞大的世界级的博物馆和图书馆。据统计，到 2012 年，纽约市

共有360家博物馆，1279家图书馆，其中公共图书馆200多家，还有280多家电影院，390多家剧院，500多家书店，1500多个公园和游乐场所。在纽约运作的私人或公共的艺术画廊约有600家，几乎每周都有新的展览，这些展览包括绘画、摄影、装置、视觉和多媒体。纽约市每2万人拥有一家剧院，每3万人拥有一家电影院。纽约大都会艺术博物馆为世界四大博物馆之一，被誉为"五千年艺术史的百科全书"，每年接待观众540万人次。

文化艺术教育实力雄厚也是纽约市能让世人推崇的重要原因。"二战"以来，战争促使一大批艺术家移民到美国，大批画廊也不断涌入纽约。这给纽约带来巨大的艺术人才资源优势。纽约拥有丰富的文化艺术机构和蜚声国际的艺术教育机构。如著名的茱莉亚音乐学院、全美最优秀的美术学院之一的纽约大学蒂什文科学院、派特学院、美国芭蕾舞学院，还有众多大型艺术社区、慈善基金会等。

伦敦——古老的工业城市焕发创意

伦敦以它悠久的历史、现代新潮和金融之都的形象吸引着来自世界数以万计的游客。伦敦古老而新奇，多元而富有创意，是一座种族、宗教、艺术与文化的大熔炉。这座活力四射的城市不断向世人展示着经典与新兴艺术，成为受人尊敬和喜爱的世界艺术城市。伦敦作为古老的工业和富有现代创意的艺术城市，离不开政府对文化创意产业的大力支持。伦敦1997年就成立了城市创意工作任务领导小组，专门研究如何通过创意艺术产业带动经济发展，在此基础上又专门设立伦敦市文化战略委员会，负

伦敦街景

责规划、协调和发展伦敦市的各类文化机构，并制定实施了伦敦文化发展战略。伦敦居民较高的文化艺术消费水平也促进了艺术创意的需求和发展。伦敦市2010年人均GDP超过8.9万英镑，市民接受高等教育的比例超过2/3，他们对文化创意产品具有较高的欣赏能力和消费意愿，使得伦敦总体呈现出较旺盛的文化艺术消费特征，城市管理部门还不断加以引导、指导和扶持。伦敦不断加强文化艺术公共设施的建设，每年有约5000万人次访问公共图书馆、艺术馆和展览馆，较高的文化艺术消费能力是伦敦文化艺术创意产业得以发展的强大动力所在。伦敦有300多座博物馆和美术馆，闻名遐迩的有大英博物馆、国家美术馆、国家肖像画博物馆、泰特美术馆等，857家画廊、4处世界文化遗产，18901个各种类型的历史文化遗址。伦敦对历史文化艺术的保护和利用也是有口皆碑的，为这座古老的工业城市发展成为艺术创意城市奠定了坚实的物质基础。伦敦现有383个公共图书馆，平均每10万人口就拥有5个公共图书馆；有802家书店，平均每10万人口就拥有10个书店，人均艺术设施拥有量居世界前茅。雄厚的文化教育实力和强大的城市传播力为伦敦成为创业型艺术城市插上了翅膀。城市的教育智力资本是伦敦创意产业发展的重要驱动因素。在文化艺术教育方面，伦敦在众多世界级城市中排名第一，特别在艺术教育方面使其他城市难望其项背。伦敦现有专业的公立文化艺术高等教育机构11所，专业的私立文化高等教育机构46所。艺术院校中，公共艺术和设计专业在校学生3.5万人；综合性院校中，艺术设计在校生1.6万人。伦敦也是现代报业的发源地，是全球重要的传媒中心，拥有包括英国广播公司（BBC）和路透社在内的多家电视广播媒体。伦敦城的舰队街是过去几个世纪英国报业的集中地，有众所周知的《泰晤士报》《金融时报》等。伦敦电影委员会登记的伦敦电影拍摄基地有12000个，还拥有1850个出版企业和7000个学术杂志社，伦敦的传媒业为其国际艺术城市形象的塑造起到了重要作用。

好莱坞（Hollywood）——世界电影的盛会

好莱坞，又称荷里活，位于美国西海岸加利福尼亚州洛杉矶郊外，依山傍水，景色宜人。

"好莱坞"一词往往直接用来指美国的电影工业,由于美国许多著名电影公司设立于此,故经常被与美国电影和影星联系起来。好莱坞是世界闻名的电影中心,每年在此举办的奥斯卡颁奖典礼则是世界电影的盛会。

好莱坞不仅是全球时尚的发源地,也是全球音乐电影产业的中心地带,拥有世界顶级的娱乐产业和奢侈品牌,引领并代表着全球时尚的最高水平,比如梦工厂、迪士尼、20世纪福克斯、哥伦比亚影业公司、索尼公司、环球影片公司、WB(华纳兄弟)、派拉蒙等这些电影巨头,还有像 RCAJ Ⅳ E

好莱坞

Interscope Records 这样的顶级唱片公司都汇集在好莱坞的范畴之内,这里的时尚与科技互相牵制发展,拥有深厚的时尚底蕴和雄壮的科技做支持,一直被全球各地争相模仿。

好莱坞云集了大批世界各地顶级的导演、编剧、明星、特技人员。今天的好莱坞是一个多样的、充满生机和活力的地方。它在美利坚合众国文化中已经具有了重大的象征意义。

威尼斯——意大利水城

威尼斯(Venice)是意大利东北部重要的港口城市。威尼斯实际上是一个建在离陆地4公里左右的群岛上,城市建筑之间靠100多条水道和400余座桥梁连接。威尼斯大约有10万人口,面积只有不到7平方公里。威尼斯古城大约始建于452年。14世纪前后,这里已经发展成为意大利最繁忙的港口城市,被誉为整个地中海最著名的集商业贸易与旅游于一身的水上都市。

威尼斯街景

威尼斯城内古迹甚多,有大大小小120多座教堂,另外还有依水而建的120座钟楼、64座男女修道院、40多座宫殿,都隔河相邻,十分别致。威尼斯的房屋建筑风格各异,房屋的门窗、走廊上雕刻着精美的图案和花纹。夜间泛舟威尼斯,独有一番情趣。每年都有成千上万的游客来到威尼斯,感受其美丽、温馨和浪漫。

圣彼得堡——俄罗斯"北方首都"

圣彼得堡位于俄罗斯西北部,波罗的海沿岸,是俄罗斯的中央直辖市,是世界上人口超过百万的城市中位置最北的一个,又被称为俄罗斯的"北方首都"。

圣彼得堡是一座文化名城。俄国许多著名诗人及作家,比如普希金、莱蒙托夫、高尔基等人都曾在此生活和从事创作。

圣彼得堡市内现有53所国立高校,40多所非国立高校,400多个科研机构,2000多个图书馆,80多个剧院,100多个剧团,45个美术馆,62个电影院,3675个体育设施,其中体育场38座。城市以其众多的历史文化古迹著称。城市的历史中心和相

圣彼得堡

关历史古迹以及市郊的宫殿花园建筑等36个项目共计4000余个建筑、历史和文化遗迹被列入世界文化遗产名录。

布宜诺斯艾利斯——世界图书之都

布宜诺斯艾利斯是阿根廷的首都和最大城市。布宜诺斯艾利斯不仅是阿根廷的政治中心，也是经济、科技、文化和交通中心。全市拥有8万多家工业企业，工业总产值占全国的2/3，在国民经济中占有举足轻重的地位。

布宜诺斯艾利斯是阿根廷乃至拉丁美洲重要的文化中心。它集聚了阿根廷1/3的大学、101个博物馆、数百家图书馆及影剧院和文化中心。2011年，布宜诺斯艾利斯当选"世界图书之都"，其浓厚的文化传统和气息可见一斑。布宜诺斯艾利斯还是世界著名节庆之都，其文化节庆活动贯穿全年。

布宜诺斯艾利斯是一个历史悠久、多民族以及多元文化的移民城市，具有极强开放性与包容性的城市文化品格。

雅典——西方文明的摇篮

希腊首都雅典（Athens）位于巴尔干半岛南端，三面环山，一面傍海。雅典是希腊最大的城市，面积90万公顷，人口385万。

雅典对欧洲及世界文化曾产生过重大影响，自古就有"西方文明的摇篮"之美誉。雅典是驰名世界的文化古城，历史上曾创造了辉煌的古代文化，许多珍贵的文化遗产流传至今，构成世界文化宝库的一部分。雅典在数学、哲学、文学、建筑、雕刻等方面都曾取得过巨大成就。

帕提侬神庙是崇奉雅典娜女神的神殿，是希腊全盛时期建筑和艺术雕刻的代表作，建于公元前5世纪。后来，神庙几次遭战火破坏，只在西边保留着一些石柱和建筑物。

雅典的黄昏

位于雅典市中心的希腊历史文物博物馆是雅典的另一重要建筑。这里陈列着从公元前4000年以来的大量文物、各种器具、精巧的金饰及人物雕像，生动地展现了希腊各个历史时期的灿烂文化，是古希腊史的一个缩影。希腊是奥林匹克运动会的发源地。

雅典是希腊全国科研和文化的中心，最高科研机构雅典科学院、著名的雅典卡博季斯特利亚斯大学、雅典国立麦措翁工学院都设在这里。

马德里——欧洲之门

西班牙首都马德里（Madrid）是欧洲著名的历史名城，是西班牙中央经济区的综合性经济中心，也是运输、物流、研发、消费和高新技术产业的中心。在历史上，马德里因其战略位置重要而素有"欧洲之门"之称。马德里如今已成为欧洲的门户和汇集各民族及其文化的城市，成为西班牙的政治、经济和文化的中心，每年接待500多万来自世界各地的游客，很快成为一座拥有多元文化、热情好客的首都城市。

马德里是一个融合了传统艺术与开放的新观念的城市，是欧洲音乐、歌剧、舞蹈、电影、绘画、建筑及设计的先锋。市内有60多个广场、50座博物馆、18家图书馆和100多个雕塑群，这座1992年被评为"欧洲文化名城"的古城洋溢着浓烈的历史氛围。马德里共有1962座古建筑，其中包括阿尔卡拉门、西比勒斯大桥、太阳门或哥勒斯宫这样的标志性建筑，这些古迹也使马德里成为一座真正的博物馆型城市。凡是来到马德里观光的游客，毫无疑问将会认识到，无论是白天还是夜晚乃至黎明，马德里都是世界上最欢乐、喧闹的首都之一。

宝莱坞

宝莱坞（Bollywood）是对位于印度孟买电影基地的印地语电影产业的别称。宝莱坞时常被误解为所有的印度电影，而实际上，它只代表部分印度电影产业。宝莱坞是世界上最大的电影生产基地之一，拥有数亿观众。宝莱坞和印度其他几个主要影视基地构成了印度的庞大电影业，每年出产的电影数量和售出的电影票数量居全世界第一。宝莱坞对印度乃至整个印度次大陆、中东以及非洲和东南亚的一部分流行文化都有重要的影响，并通过南亚的移民输出传播到整个世界。宝莱坞电影现已逐渐进入到西方电影观众和电影人的视野。

宝莱坞

诺莱坞

诺莱坞（Nollywood），该词发源于尼日利亚（Nigeria），因此以其首字母冠名为"Nollywood"，类似于美国的好莱坞和印度的宝莱坞。尼日利亚因年产数千部影视作品而被视为非洲的好莱坞。

尼日利亚目前每年出品 1500～2000 部影视作品，涵盖了社会各个阶层，拥有非常广泛的收视人群。如果单从拍摄的影片数量上看，尼日利亚的诺莱坞已经是仅次于好莱坞和宝莱坞的世界第三大电影王国。相较于好莱坞电影，非洲人更喜欢尼日利亚人拍的电影。西方电影中的非洲总是被打上"贫穷""饥荒""艾滋病"的烙印。而尼日利亚人钟情于让黑人变得"阳光"的电影，电影题材涵盖社会各个层面，围绕着男女爱情、穷人发财和贪污腐败等展开。诺莱坞为满足"多部族、多文化、多语言"的非洲特色，也深挖各部族的传统传说和名人轶事。

戛纳

戛纳（Cannes）是法国南部的一个市镇，邻近地中海。这里海水蔚蓝，气候温和，阳光明媚，与尼斯和蒙特卡洛并称为南欧三大游览中心。

戛纳国际电影节是世界最大、最重要的电影节之一，也是世界四大电影节之一。每年 5 月举行一次，为期两周左右。戛纳国际电影节的最高奖为"金棕榈奖"，相当于奥斯卡的"最佳影片"，奖杯为金制棕榈枝——源于戛纳本地沙滩上随处可见的棕榈树。

金棕榈枝

柏林

德国首都柏林（Berlin）是德国最大的城市和政治、经济中心，现有居民约 350 万人。柏林无论是从文化、政治、传媒还是科学上都称得上是世界级城市。柏林扮演了一个欧洲大陆上航空与铁路交通枢纽的角色，同时它也是全球焦点城市之一，以崇尚自由生活方式和现代精神的年轻人和艺术家而闻名。

柏林位于东西欧交通要道。柏林城市仿佛沉浸在一片绿色海洋中，施普雷河从南面缓缓流过市区，普鲁士风格的古建筑与现代化的商业摩天大楼交相

柏林

辉映。

柏林每年都吸引着数百万游客来此观光旅游。作为一座开放、国际化和好客的大都会，柏林从未像现在一样充满创意和生机，代表着世界眼中的德国形象：快乐奔放，充满活力，宽容友爱，轻松随意。

柏林还有数不胜数的博物馆，展示着这座城市辉煌灿烂的艺术和文化。

布达佩斯——多瑙河明珠

布达佩斯（Budapest）是匈牙利首都，也是该国主要的政治、商业、运输中心和最大的城市。

布达佩斯有"东欧巴黎"和"多瑙河明珠"的美誉。布达佩斯最重要的名胜都位于多瑙河畔。在多瑙河西岸岩石陡峭的山上矗立着自由碑和城堡，山下有盖勒特浴场。多瑙河下游是布达佩斯技术和经济大学的主楼。今天，城堡里是国家图书馆、匈牙利国家画廊和市博物馆。

在多瑙河东岸也就是平缓的佩斯一边，矗立着匈牙利国会大厦和匈牙利科学院，继续向南是国家歌剧院和艺术宫。

罗马

古罗马指从公元前9世纪初在意大利半岛（即亚平宁半岛）中部兴起的文明，经历罗马王政时代。公元前510年罗马建立了共和国，逐步征服了意大利半岛。到公元395年，罗马帝国分裂为东西两部。西罗马帝国亡于476年，东罗马帝国（即拜占庭帝国）则在1453年被奥斯曼帝国所灭。

古罗马文化早期在自身的传统上受伊特鲁里亚、希腊文化的影响，吸收其精华并融合而成。

公元3世纪后，罗马经济、政治转入危机阶段，文化逐渐衰落；同时，基督教迅速传播，基督教文化开始形成。古罗马文化对后世西方国家文化有相当影响。古罗马对西方文明最重要的贡献之一就是其完备的法律体系，包括市民法（仅适用于罗马公民）、自然法（适用于所有人）和国家关系法（用于调节罗马人与其他民族之间的关系）。从公元2—6世纪，罗马法经历了一个不断补充和完善的过程，至公元534年，在东罗马帝国国王查士丁尼的主持下编撰完成并颁布施行，后人称之为民法大全（又被称为法的阶梯）。该法典对西方文明的影响仅次于《圣经》，其基本思想和原则已融入西方乃至世界各国的法律中。

洛杉矶——天使之城

洛杉矶（Los Angeles）是一座位于美国西海岸的城市，被称为"天使之城"。

洛杉矶是一个儿童和成人的乐园。从市区坐公共汽车约40分钟即可到达好莱坞。自从1911年在此成立了第一家电影公司后，这里迅速成为世界的电影中心。

洛杉矶的文化和教育事业也很发达。这里有世界著名的加州理工学院、加利福尼亚大学洛杉矶分校、南加利福尼亚大学，还有亨廷顿图书馆、格蒂博物馆等。洛杉矶公共图书馆藏书量居全美第三位。洛杉矶还是世界上屈指可数的举办过两届夏季奥运会的城市。

第三章 现代服务业城市

现代服务业城市（Modern Service Industry City）是伴随着信息技术和知识经济的发展而产生，用现代化的新技术、新业态和新服务方式改造传统服务业的一种高级形态城市类型。它通过向社会提供高附加值、高层次、知识型的生产服务和生活服务的服务业来创造需求，引导消费。现代服务业城市发展，本质上也是社会进步、经济发展、社会分工专业化的体现。

现代服务业城市的分类及具体内容见表3-12。

表3-12 现代服务业的分类和具体内容

分类	基础服务	生产和市场服务	个人消费服务	公共服务
具体内容	通信服务 信息服务	金融、物流、批发、电子商务、农业支撑服务、中介咨询等专业服务	教育、医疗保健、住宿、餐饮、文化娱乐、旅游、房地产、商品零售	政府公共管理服务、基础教育、公共卫生、医疗以及公益性信息服务

现代服务业城市具有"两新四高"的时代特征。"两新"指的是新服务领域和新服务模式。新服务领域指的是该城市充分适应现代城市和现代产业的发展需求，突破了消费性服务业领域的限制，形成了新的生产型服务业、知识型服务业和公共服务业的新领域；新服务模式，即是通过服务功能换代和服务模式创新而产生新的服务业态。"四高"是指高文化品位和高技术含量，高增值服务，高素质、高智力的人力资源结构，高感情体验、高精神享受的消费服务质量。

第一节 世界配送中心

一、国际配送中心

国际配送中心也称为全球配送中心，是向区域、国际范围内用户提供配送服务的配送中心，在国际物流系统中处于非常重要的地位。国际配送中心是国际物流活动中进行商品、物资等集散的场所，就范围而言，可以大到某些小国家和城市，小范围的可以具体到港口码头、保税仓库、外贸仓库等。

二、国际配送中心的作用

（1）结合了高效率的信息情报网，能够迅速、准确地掌握流通过程中的库存情况，从而避免了库存积压和库存量分布不均。

（2）国际配送中心的建立有利于形成快速、有效的发送体制，在提高顾客服务水平的同时，降低发送费用。

（3）通过国际配送中心集中进货，使工厂与仓库之间按计划、有规律地进行大批量运输成为可能，有利于降低运输费用。

（4）对于品种、规格繁多的商品，通过国际配送中心进行配售，有利于减少中间环节，提高流通效率。

（5）在国际配送中心，顾客可以在一张订单上同时订购几种、几十种商品，这样就可以大大缩短订购时间和费用。此外，配送中心可以根据顾客的订单，对许多商品进行统一加工和包装，从而降低加工成本，节省包装材料。

三、国际配送中心的主要特征

（1）经营规模大，辐射范围广，配送设施机械化，自动化程度高。
（2）配送方式采用大批量、少批次和集装单元。
（3）配送对象为超大型用户，如区域配送中心和跨国企业集团。
（4）存储吞吐能力强。

四、配送中心城市

随着城市经济规模的扩大和城市物流向集约化方向发展的趋势，城市配送中心应运而生。

城市配送中心是以某一城市为配送服务范围的配送中心。城市配送中心是从整个城市对物流服务的需求出发，依据各个城市自身的不同特点建立起来，为城市居民生活、经济的建设发展服务的。

路易维尔

路易维尔位于美国南部和中西部交界处，（如下图中黑点所示）是美国肯塔基州最大的城市，面积为1032平方公里，是美国第16大城市，2010年人口普查约为75万人，有美国"最南边的北方城市"和"最北边的南方城市"之称。路易维尔长期以来是一个安宁恬静、人口较少、适合居住的地区。

美国地图（局部）

1995年的一次数据统计显示，路易维尔的经济实力在15个地区中处于倒数第二的位置，在全美318个"都市经济区"中排第173位。从20世纪90年代中期以来，路易维尔市开始觉醒，不断发展它的支柱产业，比较突出的行业是制造业、医疗服务业和物流业，而物流是重中之重的新兴支柱产业。路易维尔拥有方便快捷的交通网络，尤其是航空和高速公路相当发达与便捷。

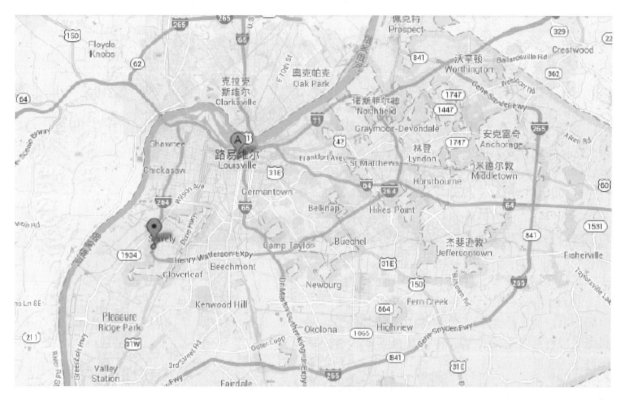

美国的交通图（局部）

路易维尔政府不断发展交通运输等基础设施，凭借其密集的州际高速公路、较好的飞机场、靠近海岸内河和大湖，以及在航空、铁路和水路等方面的优势，成为许多物流相关企业理想的投资地。

从20世纪90年代中期开始，UPS集团就把大型清关公司总部设在路易维尔，并在1999年开始在路易维尔建立了全球最大的物流转运中心——UPS"世界港"。"世界港"的建立，使路易维尔市的经济实力大大增加，从而逐渐成为美国重要的偏上水平的城市。"世界港"作为航空中转站，吸引了众多的企业，不管是物流相关企业还是产品的供需双方，纷纷来路易维尔市落户。因此，"世界港"的建立把世界各地的物流企业和客户有效而紧密地联系在了一起，使得路易维尔市成为美国重要的引擎城市之一。

从空中俯瞰，"世界港"的中心是四层楼高的庞大的处理中心，它是一个长方形的建筑（图中白色区域所示），另外还有3条向外延伸的走廊，是通往飞机停靠的航空港（如图中浅灰色部分所示）。建筑高25米，墙面是白色的，整个建筑由柱子支撑。

UPS"世界港"每天可以处理上百万件包裹，凭借的是信息技术的

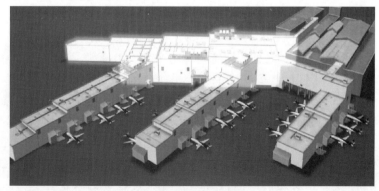

路易维尔的"世界港"

先进性。例如，凭借条形码技术和分拣区的物理结构技术等，每天可以处理上百万件包裹，速度之快、分拣之精准，无人能比。

路易维尔凭借"世界港"庞大的规模、现代化的设备和有效的管理手段，成为 UPS 的全球空中货物的集散中心和世界航空配送中心的核心，同时也是整个 UPS 环球配送网络的心脏。

法兰克福

法兰克福（Frankfurt）的正式名称为美因河畔法兰克福（Frankfurt am Main），是德国的第五大城市，位于德国西部的黑森州境内，美因河右岸，临近美因河与莱茵河的交汇点，坐落在陶努斯山南面的大平原上。

德国法兰克福机场（简称 FRA）是欧洲大陆最重要的机场之一，也是德国最大的机场，距市中心西南 16 公里。法兰克福机场占地 21 平方公里，拥有 2 座航站楼、4 条跑道和其他航空设施，以及南机场货运城和门希霍夫发展区域（位于机场西北部）。由于位于德国的心脏地带和欧洲的中心，法兰克福机场从其地理位置的优势中受益匪浅。它是汉莎航空公司、汉莎货运航空公司和星空联盟的总部所在地。同时，法兰克福又是全球金融中心之一，是德国最主要的贸易、物流和金融枢纽。法兰克福是欧洲最高效的骨干枢纽机场，由于位置正处于欧洲中部，因而能从欧盟东扩中受益，并且相对于欧洲其他机场来说更靠近亚洲，从而使得该机场享有得天独厚的优势。

德国地图（局部）

法兰克福机场另外的一个优势是它拥有航空、铁路和公路网络，这意味着它可以大幅拓展领地，影响范围在以机场为中心的 200 公里之内，该范围内共有 0.35 亿人口，这比任何一个欧洲枢纽机场的覆盖范围都要大。法兰克福机场每年处理 240 万吨空运货物，欧洲 67% 的航空货物运输、54% 的邮件流转是在法兰克福机场进行的。

鹿特丹

鹿特丹（Rotterdam）是荷兰第二大城市，位于荷兰的南荷兰省，莱茵河与马斯河汇合处。鹿特丹是欧洲第一大港口，20 世纪 80 年代曾是世界上第一大港口。整座城市分布在马斯河两岸，距北海约 25 公里，有新水道与北海相连。港区水域深广，内河航船可通行无阻，外港深水码头可停泊巨型货轮和超级油轮。鹿特丹是连接欧洲、美洲、亚洲、非洲、大洋洲五大洲的重要港口，素有"欧洲门户"之称。鹿特丹地势平坦，低于海平面 7 米左右。市区面积 200 多平方公里，港区 100 多平方公里。市区人口 57 万，包括周围卫星城共有 102.4 万人。

鹿特丹港位于北纬 51°55′、东经 4°30′，地处莱茵河与马斯河的入海口，是西欧国际贸易主要进出口港，内陆交通十分发达，经济腹地包括荷兰、法国、德国、比利时等工业发达的国家，为欧洲内陆大约 4 亿家企业服务。

荷兰地图（局部）

鹿特丹港始建于16世纪，港口早期的码头多建于新马斯河北岸，后扩展至南岸。港口和工业区域占地105平方公里，是欧洲最重要的石油化工、集装箱、铁矿石、煤炭、食品和金属运输港口。

鹿特丹港有三座较大的港区：一是马斯平原港区。这是由吹填土形成的陆域，港区面积33平方公里，港区水深23.5米，可停靠25万吨级矿砂船和30万吨级油船。二是欧罗港区，总面积36平方公里，水深约22.65米，可停靠20万吨级油船，1万标箱的世界最大集装箱船也可以毫无阻碍地进入鹿特丹港，主要吞吐原油和石油化工产品，港区附近建有炼油厂和石油化工厂。三是鲍特莱克港区。这是最早建成的港区，总面积12.5平方公里，港区水深12.65米，可停靠6万吨级船舶，装卸货物的种类主要是矿石、石油和散粮等。鹿特丹港还有50万吨级干船坞；在欧罗港区和马斯平原港区的南面开凿了与老马斯河相通的哈特尔运河，在海水与河水交界处还建有一座大型的船闸。

鹿特丹港

目前，荷兰有两个非常重要的支柱：鹿特丹港以及阿姆斯特丹斯希普霍尔国际机场。对于鱼、肉、饲料、水果、粮食等货物的运输来说，鹿特丹港特别重要。因为其靠近重要的蔬菜和水果种植地区，港区四周高速公路纵横交错，通往内地的水路运输网络非常发达，而且，鹿特丹港与欧盟国家水果进出口中心所在地的巴伦德雷赫非常靠近。更有意义的是，鹿特丹港拥有一个传统的水果交易市场，来自欧洲各地的水果商云集于此，各种水果从分布在市场附近的专用码头进进出出，非常方便。目前，荷兰通过其总长为2808公里的铁路，总长为116500公里的高速公路，可以通航50载重吨以上船舶，总长5046公里的内河航道，还有航空线等运输方式，与欧洲内地市场始终保持紧密联系。任何货物从鹿特丹港或者阿姆斯特丹港出发，不管目的地是英国还是欧洲大陆，货物离开鹿特丹港后可在24小时内运到。空运货物可以通过50英里外的阿姆斯特丹国际机场或鹿特丹国际机场进出。

鹿特丹港

温哥华

温哥华是加拿大不列颠哥伦比亚省平原地区的一个沿岸城市，是加拿大仅次于多伦多、蒙特利尔的第三大都会，也是加拿大西海岸最大的工商、金融、科技和文化中心。同时，温哥华是加拿大西部第一大城市，地处太平洋沿岸，是横贯全国的公路和铁路的西端终点，其南部是美国西北部第一大城市西雅图。

温哥华港是加拿大第一大天然良港。从地理位置上看，亚洲无疑是温哥华港最重要的贸易地区。与北美西海岸其他

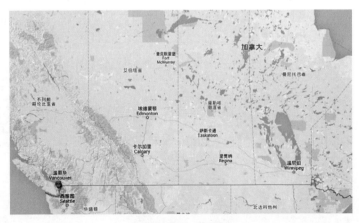

加拿大地图（局部）

港口相比，温哥华距亚洲的海上距离较短，无论从时间上还是从海运成本方面来说，温哥华港的地理位置都具有战略优势。2011年，港口的年吞吐量为1.2亿吨，集装箱运输在近10年来发展很快，从1994年的40多万标箱发展到2011年的集装箱外贸箱量为250万标箱，港口近96%的货物是外贸货。温哥华港是加拿大最大的深水港，自然水深平均在15米以下，也是北美最大的港口之一。如今的温哥华港是加拿大最繁忙的枢纽港，其方便快捷的海上、空中、公路及铁路形成的多式联运网络，对世界上160多个国家和地区与加拿大的海上贸易起着重要的促进作用。温哥华港现有28个海运码头。大部分码头位于布拉德湾沿岸，坐落在温哥华的市中区。温哥华港4个集装箱专用码头共有20多台超巴拿马型吊机，年吞吐能力为370万标箱。

温哥华港

温哥华港经营的业务主要有散货、件杂货、集装箱、汽车滚装和邮船客运四大类。散货占港口总吞吐量的69%，件杂货占13%，集装箱占总量的17%；此外还有很重要的客轮运输。

神户港

神户港位于日本西部近畿地方兵库县，是日本最大的集装箱港口，也是世界十大集装箱港口之一。它既是主要的国际贸易中心，又是日本最大的工业中心之一，现为阪神工业区的核心之一。神户港的北部有1.5万吨级泊位22个，为集装箱专用码头。整个神户港建有180多万平方米各种类型的仓库。港区装卸设备先进，装卸效率很高。有40多条航线通往世界各地，国内航线更密如蛛网。装卸设备有各种岸吊、门吊、集装箱吊、浮吊及跨运车等，其中浮吊最大起重能力达200吨。码头最大可泊15万载重吨的船舶。主要出口货物为机械、车船、纺织品、钢铁及家用电器等，进口货物主要有粮谷、棉花、原油、矿石、天然橡胶及食品等。

神户港

横滨港

横滨港位于日本关东地区南部，东临东京湾，南与横须贺等城市毗连，北接川崎市，是日本的第三大城市，面积435平方公里。横滨港是日本最大的海港，也是亚洲最大的港口之一。

横滨港不仅输出本地生产的工业品，而且输出整个京滨工业带生产的工业品。

横滨港的码头港区总共有10个，大中小泊位共245个，其中万吨级以上120个，最大水深23米，可靠20万吨级油轮。全年货物吞吐量1.2亿吨左右，主要出口货物为钢铁、船舶、车辆、化工产品、机械设备、罐头食品及纺织品等；主要进口货物有原油、煤、纤维制品、矿石、食品及机械等。

横滨港

千叶港

千叶港是日本本州东南部重要的工业港市,是千叶县的首府,位于东京湾东北岸,面积269.8平方公里。公元12—19世纪中叶,千叶便成为联系江户和东京湾沿岸地区的中转商业港。

千叶港是日本最大的工业港口,它是在第二次世界大战后迅速发展起来的重化工业港市,主要工业有石油、钢铁、电力及石油化工等。港区主要码头泊位有43个,岸线长达8852米,最大水深为18米,装卸设备有各种岸吊、集装箱吊、浮吊、输送机、铲车及拖船等。

千叶港

大阪港

大阪位于日本西部,是大阪府的府厅所在地,也是政令指定都市之一。大阪市面积223平方公里。

大阪是日本第二大城市。轻重工业都很发达,以冶金、金属加工和化工为突出,拥有以钢铁、机械制造、金属加工为主的重工业和以纺织、印刷、食品、造纸和化工为主的轻工业。大阪港是日本现代化对外贸易大港之一,自古以来就是京都的海上门户,市内河道纵横,现为阪神工业区的核心,轻重工业综合发展,其工业产值仅次于东京,居日本第二位。主要工业有石油化工、钢铁、金属加工、运输机械及电机等。大阪港自北向南分为北港、内港及南港3个港区。港区主要码头泊位有39个,岸线长10460米,最大水深12米,装卸设备有各种岸吊、门吊、集装箱吊、浮吊、拖船及滚装设施等,港区有普通仓库面积134万平方米,冷藏库89万立方米,集装箱理货场地面积近56万平方米。码头最大可泊3.5万载重吨的船舶。

大阪港

香港

香港简称"港",全称为中华人民共和国香港特别行政区。香港地处中国华南地区,珠江口以东,南海沿岸,北接广东省深圳市,西接珠江,与澳门特别行政区、广东省珠海市以及中山市隔着珠江口相望,其余两面与南海邻接。

香港是全球高度繁荣的国际大都会之一,全境由香港岛、九龙半岛、新界等三大区域组成。管辖陆地总面积1104.32平方公里。

香港地处亚洲中心和繁盛的南中国珠江三角洲要津,地理位置优越,是一个不冻不淤的天然深水良港,是区域内重要的货物中转港及集散地。香港的港区海底多为岩石基底,泥沙小,航道无淤积。港内有3个海湾和两个避风塘能躲风避浪。另外,由于九龙半岛向南

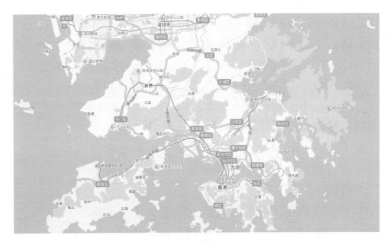

香港地图

伸入海中，消减了风浪，使港区相对平静。香港是自由港，有80多条海运航线，通往世界120多个国家和地区近1000个港口，每年进出港旅客超过1000万人次。香港的维多利亚港区最大，掩护条件良好。港宽1.6～9.6公里，面积5200公顷，可停泊长305米的大型船舶。港区有72个远洋船系船浮筒，其中44个可系泊137～183米长的船舶，28个可系泊长137米以下的船舶，57个为台风时系船浮筒。此外还有香港当局和私人的系船浮筒2000多个，可系泊待靠码头船舶，也可进行海上过驳倒载作业，周转期仅2.7天。

香港目前共有9个集装箱码头，共24个专业泊位，岸边水深为12.5～15.5米，能配合及足够容纳最新的集装箱船只靠泊。自1970年建成集装箱码头以来，集装箱装卸作业量平均每年增加11%，集装箱船的装卸时间平均13.2小时。港口设置航标290个，许多航标都装有雷达反射器。

香港港区

香港国际机场设有两所航空货运站，位于南跑道以南，共占地21公顷，营运商分别是香港空运货站有限公司和亚洲空运中心有限公司。空运货物清关系统与两个航空货运站、4家综合速递公司（DHL、FedEx、TNT及UPS）及海运码头连接，确保货物资料及通关的电子数据交换及时传送。香港空运货站有限公司备有先进的自动化货物处理设施，能以具竞争力的价格提供多项货运服务，包括处理一般及特殊货物、文件处理、停机坪飞机服务，以及进口货物预先清关服务。海运码头提供一站式服务，连接机场与珠江三角洲内多个河港，促进了机场与货运腹地之间的空运货物联运服务；机场空运中心

香港国际机场

是机场岛上主要的存仓服务营运商，有超过50家货运代理商、物流服务公司及辅助服务供应商营运。

上海

上海简称"沪"或"申"，中华人民共和国直辖市，中国国家中心城市，中国的经济、金融、贸易、航运中心。地处长江入海口，隔东海与日本九州岛相望，南濒杭州湾，西与江苏、浙江两省相接。上海辖15个市辖区、1个县，总面积6340平方公里。上海是中国的经济、交通、科技、工业、金融、会展和航运中心之一。2014年，上海GDP总量居中国城市第一、亚洲第二。上海港货物吞吐量和集装箱吞吐量均居世界第一，是一个良好的滨江滨海国际性港口。

上海市区地图

上海港是我国最大的港口，也是著名的国际中转港。上海约有60%的货物通过上海港进出，上海对外贸易进出口货物通过港口运输量更是高达98%以上。

国际国内著名的集装箱船运公司纷纷在上海设立机构，开展业务。上海港现有岸线总长达240公里，港界水、陆域总面积3600多平方公里。拥有各类码头泊位1202个，其中万吨级以上泊位125个，码头线总长87.6公里，吞吐能力25352万吨。公用码头泊位212个，码头线总延长为25.2公

里，其中生产性泊位 137 个，码头线延长为 21.4 公里，吞吐能力 13660 万吨；货主专用码头泊位 990 个，码头线总延长为 62.4 公里，其中生产性泊位 514 个，码头线延长 0.36 公里，吞吐能力 11692 万吨，最大靠泊能力为 10 万吨级。

上海港共有集装箱专用泊位 24 个，码头线总长 6787 米，其中经营外贸集装箱业务的泊位 21 个，码头线长 6196 米；有集装箱堆场 241.6 万平方米，集装箱合理通过能力为 850 万标准箱。

上海港

上海机场的航空枢纽战略规划是内地同行中唯一得到国家批准的航空枢纽战略规划。虹桥国际机场和浦东国际机场的定位十分明确，浦东国际机场将致力于打造国际航空枢纽港，虹桥国际机场将起到辅助作用，主要服务于内地点对点航班，并在特殊气候情况下起到浦东国际机场临时备降机场的作用。浦东国际机场位于上海浦东长江入海口南岸的滨海地带，占地 40 多平方公里，距上海市中心约 30 公里，距虹桥国际机场约 40 公里。目前，浦东国际机场日均起降航班约为 560 架次，航班量已占到整个上海机场的 60% 左右。通航浦东国际机场的中外航空公司已达 48 家，航线覆盖 73 个国际（地区）城市、62 个国内城市。

虹桥国际机场位于上海市西郊，距市中心仅 13 公里，多年来它一直是上海空港的代名词。其先进的基础设施和各种导航、通信、保障系统，均符合目前世界上各类飞机的起降要求。在上海机场顺利实现航班东移后，虹桥国际机场在起降国内航班的同时继续保留国际航班的备降功能。目前，虹桥国际机场日均起降航班 540 架次左右。

深圳

深圳，别称鹏城，位于中国南部海滨，毗邻香港，地处广东省南部、珠江口东岸；东临大亚湾和大鹏湾，西濒珠江口和伶仃洋，南边深圳河与香港相连，北部与东莞、惠州两城市接壤。辽阔的海域连接南海及太平洋。

深圳先后建成蛇口、赤湾、妈湾、东角头、福永、盐田、下洞、沙鱼涌、内河 9 个港区，分为西部港区和东部港区。西部港区位于珠江口东岸入海前沿，主要包括蛇口、赤湾、妈湾、东角

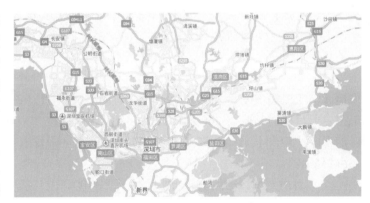

深圳市区地区

头和福永等港区；东部港区位于南海大鹏湾西北部，主要包括盐田和沙鱼涌、下洞等港区。此外还有内河港区。东西港区均与香港九龙半岛隔海相望。

港口水域面积 106 平方公里，陆域面积 16 平方公里。截至 2011 年年底，深圳港共拥有各类泊位 172 个，其中万吨级以上泊位 69 个，集装箱专用泊位 45 个，港口综合吞吐能力约 2 亿吨，集装箱吞吐能力 1925 万标准箱。有 47 家国际班轮公司在深圳港开辟了 238 条集装箱国际班轮航线，是中国国际班轮航线密度最高的城市之一。深圳港集装箱吞吐量连续 9 年位居世界集装箱港口第四位。

深圳港口

深圳宝安国际机场（以下简称"深圳机场"）位于深圳市宝安区，机场飞行等级为4F级，是区域性枢纽机场，中国第四大航空港，为世界百强机场之一。深圳宝安国际机场是中国境内第一个实现海、陆、空联运的现代化国际空港，通航城市92个，通航航线167条，基地航空公司9家，城市候机楼26座，机场综合实力排名连续10年位居中国内地城市第四位。2011年，深圳机场货邮吞吐量82.8万吨，航空器起降22.4万架次。

深圳宝安国际机场

深圳机场到广州、东莞、惠州等市的交通时间都在2小时之内，这对吸引周边地区的空运货物非常有利。京九、京广两条贯穿中国南北的铁路在深圳会合，又使深圳具有吸引远距离航空货源的能力。另外，深圳机场拥有自己的货运码头，最大可靠泊船舶为1200吨，建有海关监管进口仓和海关监管出口仓，并且码头设施配有50吨吊机一台。深圳机场码头划属为国家一类口岸。

第二节　世界自贸区

自由贸易区（Free Trade Zone）通常指两个以上的国家或地区，通过签订自由贸易协定，相互取消绝大部分货物的关税和非关税壁垒，取消绝大多数服务部门的市场准入限制，开放投资，从而促进商品、服务、资本、技术和人员等生产要素的自由流动，实现优势互补，促进共同发展，如北美自由贸易区、美洲自由贸易区、欧盟、中国－东盟自由贸易区等。狭义的自由贸易区，是指一国国内，一个或多个消除了关税和贸易配额、并且对经济的行政干预较小的区域，往往是自由港的延伸，如巴拿马的科隆自由贸易区、德国汉堡自由贸易区等。

（1）自由贸易区的来源与发展。自由贸易区从自由港发展而来，通常设在港口的港区或邻近港口地区，尤以经济发达国家居多。早在20世纪50年代初，美国提出，可在自由贸易区发展以出口加工为主要目标的制造业。60年代后期，有发展中国家利用这一形式，并建成特殊工业区，发展成出口加工区。80年代开始，许多国家的自由贸易区向高技术、知识和资本密集型发展，形成"科技型自由贸易区"。

（2）自由贸易区的类型与功能（见表3-13）。

表3-13　自由贸易区的类型与功能

类型	功能
对外贸易区	仓储、转运、产品分类包装
自由贸易区	仓储、转运、产品分类包装、货品深层加工再出口
自由港	仓储、转运、产品分类包装、休闲消费
转口港	仓储、转运
自由贸易特区	仓储、转运
加工出口区	加工制造
关税特惠区	仓储、加工制造、转运
经济特区	以工业为主，并结合贸易、通信、科技、金融及居住与休闲旅游之功能
保税区	仓储、加工制造、转运、贸易

(3) 全球六大知名自由贸易区（见表 3-14）。

表 3-14　全球六大知名自由贸易区简介

自由贸易区	宣布成立时间	贸易协定签署国/城市
北美自由贸易区（NAFTA）	1994 年 1 月 1 日	美国、加拿大、墨西哥
欧盟（EU）	1991 年 12 月	法国、德国等欧洲各国
中国-东盟自由贸易区（CAFTA）	2010 年 1 月 1 日	中国与东盟十国
欧盟与墨西哥自由贸易区	1999 年 11 月 24 日	欧盟与墨西哥
美洲自由贸易区（FTAA）	1994 年	以迈阿密为首的美洲各国
巴拿马科隆自由贸易区	1948 年	以巴拿马、科隆为中心

一、亚洲自由贸易区

日本横滨港

日本位于亚欧大陆东端，陆地面积 377880 平方公里，包括北海道、本州、四国、九州 4 个大岛和其他 6800 多个小岛屿。领海面积 31 万平方公里。由于海域辽阔，利于发展对外贸易。日本在亚洲地区的 FTA（Free Trade Agreement 自由贸易协定）战略按三步骤走。第一步，分别与韩国、东盟老五国（新加坡、马来西亚、泰国、印度尼西亚和菲律宾）缔结双边 FTA。第二步，以东盟老五国双边协定为基础，按照一定的加入条件，吸收其他东盟国家的加入，以完成与东盟整体的 FTA 关系；同时，日韩 FTA 形成后，日韩共同探讨扩大地区合作范围的可能性。第三步，以日韩 FTA 和日本-东盟 FTA 为轴心，吸收中国加入，最终实现"10 + 3L"亚洲自由贸易区的长期目标。

日本自由贸易的发展尤以横滨港最为繁荣。

横滨港位于日本本州中部东京湾西岸，仅次于东京、大阪，是日本的第三大城市，是日本最大的海港，也是亚洲最大的港口之一。横滨港已与 60 多个国家和地区有贸易往来，主要是美国、中国和东南亚以及中东各国。横滨港以输出业务为主，出口额占贸易额的 2/3 以上。出口商品主要是工业制成品，有机器、汽车、钢铁、化工品、日用品等；进口货物主要有原油、重油、铁矿石等工业原料和粮食。

中国台湾自由贸易区发展概况

台湾自由贸易区的发展优势见表 3-15。兼具自由贸易区特点的出口加工区制造业蓬勃发展，是台湾外向型经济成功转型的标志之一。

3-15　台湾自由贸易区的发展优势

公共服务	出口加工区基础设施和服务设施完备
税收政策	（1）投资企业进口自用机器设备、原料、半成品等免征进口税，产品出口免征出口税 （2）营业后头 5 年免除营业税、商品税和企业所得税，5 年后的企业所得税也只课 18% （3）利用再投资，其数额低于年所得额的 25% 时，免征所得税
发展导向	以高科技、高附加值产业为发展导向，进行扩区转型规划
发展趋势	相继成立物流园区、临广园区等以海空联运为主的仓储转运区

近年来，设置自由贸易港区（简称"自由港区"）是台湾建设亚太地区营运中心的第一大策略。自由港区要求设置在国际港口或空港附近，通过简化贸易管理和海关监管程序，促进货物自由流通，扩大港区深加工增值业务，提高货物中转集散能力。其中主要以基隆港自由贸易港、台北港自由贸易港、台中港自由贸易港、高雄港自由贸易港、桃园（航空）自由贸易港发展最为迅速。

基隆港自由贸易港开发总面积为0.68平方公里，含7个深水码头，岸线1480米，分东西两个区。主要以集装箱物流为主，东西各布置一个集装箱储运场，共有桥式起重机13台，储运场面积13.6万平方米，可储放2层集装箱共4034标准箱。目前，入区厂商共8家，有好好国际物流、阳明海运等企业，主要从事仓储、物流、包装、转口、转运、组装、重整、修配、展览、技术服务、港区货栈等业务。

台北港自由贸易港作为亚太枢纽，第一期面积为0.79平方公里，包括3个散杂货中心、临时油品储运中心及车辆物流中心。目前，入区厂商只有东利物流公司，主要从事汽车的进出口业务。

台中港自由贸易港开发总面积共计5.36平方公里，分为两期三区域开发，功能发展目标：拓展集装箱、大宗货及散货业务，发展化学品及油品储运中心，引进加工、制造业，从事生产、物流与加工作业。目前，入区厂商共7家，有台

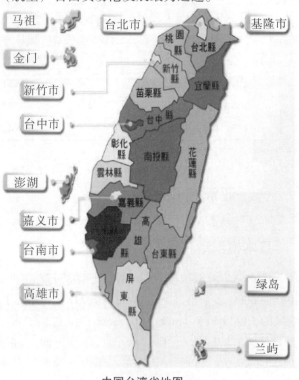

中国台湾省地图

湾燃油等企业，总投资金额达92亿元新台币，占5个自由贸易港区合计数的38.65%，领先其他各港区。

高雄港自由贸易港一期总面积3.98平方公里，共有31个集装箱码头。另有由5个港区组成的以散货码头为主的自由港区第二期，面积为1.55平方公里。高雄港自由贸易港的功能目标是，依托高雄港临近的各个功能区域（包含高雄多功能经贸园区、加工出口区、小港国际机场及各内陆集散站等），发展以集装箱为主的综合物流，争取成为"国际运行中心"。目前，入区厂商共11家，都是台湾及国际上比较著名的港航物流企业，如集运公司、阳明海运公司等。

桃园（航空）自由贸易港是台湾唯一的空港自由贸易港，占地约0.45平方公里，提供包括航空货运站区、物流专区、加值园区、商务中心等不同功能的服务。目前有劲永国际、威刚科技等40多家企业进入，是台湾自由贸易港中进入厂商最多的，其中70%为电子业。

中国香港自由港发展概况

香港是一个历史悠久的自由港，也是现在国际上著名的港口之一，自20世纪80年代以来，就跃居为世界第七大港。

香港自由贸易区的发展有以下原因：一是贸易自由。香港对进出口贸易基本上没有管制，不存在关税壁垒和非关税壁垒，凡符合惯例的贸易行为均畅通无阻。除个别受管制货物外，一般货物不受进口配额或其他许可证规定所限。除了酒类、烟草等少数商品外，进口货物无须缴付关税或其他进口税（如增值税或消费税等）。二是金融自由。香港的货币市场是全球最开放的市场之一，资金可自由流通及调度。资金经营自由，没有国民待遇和非国民待遇之分，本地银行与外国银行享受完全平等的待遇。外汇市场完全开放，企业可以在香港银行开立多种货币账户，采用不同货币营运业务或进行投

资。三是人员进出自由。外人到港,无论是办企业,还是探亲、旅游,手续都十分简便。四是投资自由和企业经营自由。香港政府对外来投资,除了金融、电信、公共运输、公用设施及部分大众媒体等,对新投资项目不设任何管制。对本地公司及外商一视同仁,实行少干预、无补贴政策,为所有有意在香港营商的公司提供公平的经营环境。商品与劳务支付的价值也基本上保持充分的自由竞争状态。

新加坡自由港发展概况

新加坡在英国殖民时代就以自由转口贸易为主,本身为一个自由港。1969年9月,新加坡为协助裕廊工业区的发展,积极改善转口贸易的各项设施,以吸引外资前来投资。因此,在该工业区的裕廊内划设了第一个全国自由贸易区。新加坡的自由贸易区适应了世界潮流,允许外商在区内直接投资经营工商业,对多数进出口商品提供免征关税的优惠,及在金融、服务、人员、资金、物资的进出方面提供相当的自由范围。目前,新加坡自由港成为仅次于香港的世界第二大整合型货柜港口。

新加坡港区

新加坡现有6个港区,除北岸的森巴旺码头区外,其余5个港区在岛的南岸,从东向西依次为裕廊港区、帕西班让港区、克佩耳港区、丹绒帕嘎货柜码头区和特洛克亚逸港区。6个港区泊位总长约13500米,仓库面积84万平方米,露天码头堆场32万平方米。

为吸引全世界销往亚太地区的货物集中于新加坡转运及强化货物集散地的功能,自1996年9月起,新加坡政府于机场及港口附近设置自由贸易区,自国外进口的货物,可暂免征关税及消费税,并在海关监管最少的情形下,在区内从事储存、重新包装、分类、拆装封货柜及制造等行为。在所划设的自由贸易区,均以围墙方式和外界隔开,进出自由贸易区的出入口均设有海关检查站,加以控管。除樟宜国际机场的自由贸易区负责空运货物外,其余6个自由贸易区均负责海运的货物。

韩国自由贸易区发展概况

马山出口加工区总面积为79万平方米,是韩国国家级工业区。该自贸区自成立以来一直践行了"吸引外国直接投资,建立出口商品基地"的建区宗旨,被世界加工贸易协会评为成功范例。近年来,韩国通过试点,将仁川、釜山-镇海、光阳等划为经济自由区。

仁川地区

2003年8月,仁川市被政府指定为自由经济区,以吸引国外投资和促进跨国商业发展。仁川自由经济区由松岛、永宗和青萝三个地区组成,规划开发面积2万公顷,计划投资125亿美元。自由经济区将在2020年前分两期开发,将创造484万个新就业岗位,国内生产总值年增长达到1个百分点,成为韩国向东北亚中心起飞的平台。将松岛地区建成国际商务和高新技术中心,包括国际业务区的知识信息产业区和尖端生物产业区,还有未来型住宅区,引进国际商业中心、IT、BT、有关研发的世界企业,成为尖端知识产业的产地。把仁川机场所在的永宗地区开发为航空和国际物流中心;青萝地区辟为国际金融和旅游中心,设有超高层国际金融中心和供外国人工作和居住区,配备全面的体育设施及各种花卉区、公园等,将其建设成美丽的新城市。

釜山地区

釜山-镇海经济自由区位于在建中的釜山新港周围，包括釜山市江西区以及庆尚南道镇海市各一部分，总面积104平方公里。自由区分为新港湾·物流·流通区、商务居住区、海洋运动娱乐休闲区、专业教育·研发区、知识产业区等5个区，区域之间互相联合。新港湾总面积为324万平方米，采用官民合资的形式投资，总投资额达76亿美元，到2011年建成30个泊位。CSX、三星、韩进等公司进行了投资。港湾腹地工业园总面积为93万平方米，总投资额达4.6亿美元，鼓励对物流、仓储、组装加工、包装设施等进行投资。釜山科学产业园总面积为65万平方米，鼓励对汽车零部件、高新技术、新材料、IT、研发等领域进行投资，其中外国人专用园区总面积为9.2万平方米。同时，机械、电子、专业教育、研发区623万平方米，物流、流通、休闲娱乐区656万平方米，尖端零部件、材料区388万平方米。自由区税收7年减100%，之后3年减50%。租用期为50年，每年按照土地价格1%为基准，政府还对土地收购费及建筑物租用费的各30%、50%进行2年补贴，此外还有雇佣补助金、教育训练补助金、顾问费用等资金方面的支援。

东南亚自由贸易区发展概况

印度尼西亚巴淡自由贸易区

巴淡自由贸易区距离新加坡仅20公里，地处马六甲海峡太平洋与印度洋国际航道。巴淡自由贸易区实行税收优惠政策，免征进出口税、增值税、奢侈物品增值税。该区现有50多万人口，其中产业工人占16万多人。该区已经成为一个工业中心和投资热点地区。

巴淡自由贸易区地图

马来西亚柔南经济特区

柔南经济特区位于亚洲大陆最南端，面积约2200平方公里。马来西亚利用其紧邻新加坡的优势和廉价的土地、劳动力，学习中国的"深港经验"，吸引新加坡和其他国家的资金，着重发展高科技、房地产（吸引新加坡人来置业）、物流业。对外资的优惠措施表现在对外资控股比例的放宽、吸引外国资金、外国劳力自由进入、免税、减税等，目前已吸引外资30亿美元以上。

菲律宾苏比克湾自由港

苏比克湾自由港拥有亚洲一流的海港，曾是美国海军在海外的第二大军事基地，1992年归回菲律宾后，成为菲律宾经济发展的明珠，世界上半数的集装箱船队都在这里停泊。该港区是关税特惠区，投资者享受关税税率优惠，允许免税进口多种商品，外国投资者都享受多种免税待遇，外汇管制也很宽松，允许外商在几乎所有领域都拥有100%的股权。港口的收费仅相当于菲律宾其他大港口的一半。对外商的签证和居住也提供多种便利。港区内还有1.2万公顷天然热带雨林，宜于开展旅游业。

二、欧洲自由贸易区

德国汉堡自由港

汉堡自由港依托汉堡港而建立，由一条被称为"关界围墙"（长23.5公里，高3米）的金属栅栏与其他港区隔开。汉堡自由港面积约16.2平方公里，拥有180多万平方米储存区，建有160万平方米的集装箱中心，并设有火车站。外国货物从水上自由进出港区，有的须申报，有的无须申报，均不征关税；外汇交易均不作限制，方便企业间进行贸易活动。

汉堡港

比利时安特卫普港

安特卫普港拥有现代化的EDI信息控制与电子数据交换系统。考虑到开放式港口难以实行自由港制度，安特卫普港对整个港口实行更加灵活的管理制度，注重单证管理而非实物管理。该港在邻近区域设有六种类型的保税库区，而且海关允许在一个仓库区里设立各种类型的保税仓库，便于物流企业的操作更加灵活。安特卫普港还实行一种叫作临时存储的管理方式。这种海关临时存储区也可以不设在港区内，只需要提前作简易申报即可进行临时存储，不必得到海关批准。经过海运到达的货物，可以在海关指定位置暂时保存45天，而以其他方式进入的货物，保存期为20天。安特卫普港还设有自由区和自由仓库两个区域，主要用于国际中转和转口贸易的需要，可以实现货物长期的保税中转存放。

爱尔兰香农自由贸易区

1959年，为吸引外资、促进经济发展，爱尔兰政府决定成立香农自由空港开发公司，负责推进当地航空业的发展。1960年，香农开发公司围绕香农机场进行深层开发，在紧邻香农国际机场的地方建立了世界上最早以从事出口加工为主的自由贸易区，以免税优惠和低成本优势吸引外国特别是美国企业的投资。香农自由贸易区占地600英亩，拥有国际先进水准的基础设施，航空运输、陆运与海运交通极为便利；周边高校科研力量雄厚，有着良好的科研与实业相结合的传统；区内提供鼓励投资的优惠的税收、融资、财政等方面的经济支持。目前，区内有110家外商投资企业，雇员总数约7500人，年出口额约25亿欧元，主要有航空运输、租赁及相关服务企业、信息通信技术企业、研发中心、工程技术设计和组装企业、国际金融及财务服务企业、国际物流服务与管理等企业、制药、电子及机械设备等制造业企业，包括通用电气公司、西屋公司、富士通等跨国公司。

三、美洲自由贸易区

美国对外贸易区发展概况

对外贸易区是在美国领土内为国际贸易企业提供便利的指定的区域，分为两类：一类是综合性自由贸易区（称为对外贸易区），主要从事贸易，以方便货物进出、加快货物流转、提高国际贸易效益、增加就业等为目的；另一类是单一性的自由贸易区（称为贸易分区），主要从事加工业，以提高产品附加值、扩大出口为目的。

对外贸易区的目的是鼓励美国企业参与国际商业活动，促进投资，避免就业机会流向海外。对外贸易区完全是企业化经营,依靠服务收费来维持运转。国际贸易活动均可在区内开展,可以存储、展示和销售、重新包装、组装、分类、清洁、搭配国内货物进行加工。货物在区内没有存储时间的限制,也不规定何时必须通关、出口或销毁。

在对外贸易区内经营可以减少货物丢失,降低保险费用,保险商可给予较低的费率;降低运输成本,可以采用最经济的运输方式;降低管理成本,区内企业与海关合作,可以降低查验费用;区内货物可以保税展示;配额商品的灵活性,入区货物不要求提供进口配额,一旦取得配额,货物可及时进入国内市场;获得金融支持,可以用区内货物作为抵押进行融资。对外贸易区从经济上鼓励美国和外国公司在美国境内创造就业机会,对美国的国际贸易收支带来了正面的影响。

拉美自由贸易区发展概况

马瑙斯自由贸易区

为平衡巴西经济的发展,巴西国会于1957年通过法令,成立马瑙斯自由港,并于1967年将自由港改为自由贸易区。马瑙斯自由贸易区面积1万多平方公里,亚马逊黄金水道使万吨远洋巨轮可直达这里。自由贸易区由工业区、商业区和农牧区三部分组成。马瑙斯自由贸易区内生产并在本国销售的产品,免征工业产品税;对以农业和亚马逊地区植物为原料加工而成的产品,免征工业产品税。企业10年内免征所得税,此后5年内只征50%。所有外来投资企业免征城市房地产税、垃圾服务税、公共清洁税、公共场所和道路保养税,以及营业执照税。此外,在区内购买用于工业生产的地皮时,只需象征性地支付1雷亚尔/平方米(1雷亚尔约合1美元)。截至2005年年底,马瑙斯自由贸易区吸引了30多亿美元外资、19亿美元本国投资,世界著名企业,如德国西门子、日本丰田和韩国三星投资该区,成为巴西西北部经济龙头,催生了20世纪60年代末至70年代中期巴西经济连续7年高速增长的"巴西经济奇迹"。

巴拿马科隆自由贸易区

巴拿马科隆自由贸易区成立于1948年,设在巴拿马运河的大西洋入海口处,利于存仓售现和商品的周转。当地政府专门立法给予投资者保障和优惠。在自由区注册公司,手续简便、审批快。巴拿马的本国货币仅为辅币,其合法货币为美元。贸易结算也使用美元,投资者不用为货币的贬值而担忧。在巴拿马的银行存款不纳税,无外汇管制,利润自由汇出汇入。自由贸易区货物进口自由,无配额限制,不缴进口税;用于转口的货物自由、不缴税。自由贸易区内货物自由流动。所得税为

巴拿马科隆自由贸易区

8.6%。科隆自由贸易区内店铺林立,集中了世界各大名牌产品,年贸易额为130亿美元,以轻纺、服装、工艺、日用品和家电产品为主,成为拉美贸易的集散地和转口中心。

智利伊基克自由贸易区

伊基克自由贸易区位于智利北部,是面向南美国家的重要进出口市场和南美各国同太平洋国家之间的主要贸易集散地之一。自由区1975年创建,由自由区公司管理委员会统一管理和提供服务,总占地面积240公顷,露天仓库和车辆存放地面积20多公顷。另有若干占地600平方米的工业大棚,主要用于小工业产品组装等;区内设有多家商业展销和零售点及金融企业。任何本国或外国公民均可申请,经批准后可在自由区成立公司,从事商业、工业和贸易活动,可无限期地仓储货物,可转口或销售至智利或其他国家。区内企业享有免缴一切所得税的权利,入区的智本国商品免缴增值税。主要进口市场是中国、美国、日本、韩国、德国、印度尼西亚、巴西和墨西哥,主要进口产品为家电、轻纺、汽车、家具和机械设备等。

四、中东、非洲自由贸易区

阿联酋自由贸易区

阿联酋共有 14 个比较活跃的贸易自由区，外资可 100% 独资，不受阿联酋公司法规定的外资 49%、内资 51% 条款的限制；外国公司享受 15 年免除所得税，期满后可再延长 15 年的免税期；资本和利润可自由汇出，不受任何限制；无个人所得税；进口完全免税；货币可自由兑换，不受限制；注册手续简便；拥有现代化的高效通信设施和基础设施；能源供应充足；拥有优美可人的工作环境。迪拜杰贝阿里自由贸易区是阿联酋最大的自由贸易区，成立于 1985 年，面积 135 平方公里，有可以进出各种船舶的港口，有 67 个泊位、15 公里长的码头、一个集装箱站和现代化的装卸设备。目前，区内有各类企业 6000 多家，中国企业达 300 多家，22% 的公司从事工业生产，75% 的公司进行贸易、仓储和分销，3% 的公司从事服务行业，其中有世界 500 强 100 多家，美国石油集团公司（BP）、柯达（KODAK）、索尼（SONY）、卡西欧（CASIO）、诺基亚（NOKIA）以及国际商业机器公司（IBM）等均在此设有地区分部，成为西亚和非洲销售产品的转运站。

埃及自由区

埃及目前共有亚历山大、开罗、塞得港等 11 个自由区，投资项目、进口机器设备、原材料等免除关税、销售税和其他一切税费；按销售额（出口额）的 1% 纳税，免除其他税费。埃及投资及自由区总局于 2006 年开始实施推动吸引国内外投资、带动世界先进科技向埃及本土转移等新举措。这些举措主要包括：①允许在自由区储存资本性产品和中间产品的生产原料；②与自由区的投资商协会合作协调，通过国内、国际援助机构对区内新建项目和扩建项目融资；③委托公共自由区主席对新建项目签发初步批件；④建立对投资商监督、检查的新机制，简化监管程序；⑤对自由区接入天然气，作为项目主要能源供应，降低项目生产成本。

毛里求斯自由港

1992 年 6 月，毛里求斯通过了将路易港建成自由港的法案，成立了自由港管理局，使路易港成为一个地区性的商品仓储、分拨、交易中心和商品转运港口。转口贸易发展迅速，目前港内有 350 家企业。

第四章 高科技产业城市

第一节 世界孵化器城市

美国旧金山

美国加利福尼亚州的旧金山,经圣克拉拉至圣何塞近50公里的一条狭长地带,是美国重要的电子工业基地,也是世界最为知名的电子工业集中地,称为"硅谷"。它是随着20世纪60年代中期以来,微电子技术高速发展而逐步形成的,其特点是以附近一些具有雄厚科研力量的美国一流大学,如斯坦福大学、加州大学伯克利分校和加州理工学院等世界知名大学为依托,以高技术的中小公司群为基础,并拥有思科、英特尔、惠普、朗讯、苹果等大公司,融科学、技术、生产为一体。

目前它已有大大小小电子工业公司达1万家以上,所产半导体集成电路和电子计算机约占全美1/3和1/6。生物、空间、海洋、通信、能源材料等新兴技术的研究机构纷纷出现。该地区客观上成为美国高新技术的摇篮,是世界上孵化器最多的城市,美国著名的孵化器Angelipad就位于旧金山。

德国慕尼黑

德国慕尼黑被称为德国"加州"、欧洲"硅谷"。慕尼黑曾被评为德国最具经济活力的城市。德国的经济成就得益于其20世纪60年代制定的高科技产业战略:发展民用电子机械比原子弹更重要。因此,德国在计算机、半导体和集成电路等方面迅速赶上美国和日本,慕尼黑更是发展为德国最重要的新经济中心。微软总裁比尔·盖茨认为:以慕尼黑为核心的巴伐利亚州是今日"欧洲高新技术的麦加圣地"。

美国《新闻周刊》称慕尼黑是全球最有经济活力的十大城市之一,经济区内有18000家IT和生物技术企业,其汽车、机械、电气、医学、化工业等居欧洲顶尖地位,拥有宝马、奥迪、西门子、英飞凌、戴姆勒·奔驰宇航等众多全球知名公司,是微软、思科等多家跨国公司欧洲总部驻地。

法国格勒诺布尔

格勒诺布尔是法国东南部城市,伊泽尔省首府。有机器制造、冶金、电机、电子、化学、纺织、造纸等工业,物理、微电子产业发达。格勒诺布尔拥有欧洲首个微技术和纳米技术研究中心,也是世界三大微技术和纳米技术研究中心之一(另外两个是美国纽约东菲什基尔和中国台湾新竹),还有享誉世界的核能研究中心,其通信设施建设在法国数一数二。拥有8000多家生产电子产品的基地,是法国电脑、电子、科学技术开发中心。

瑞典西斯塔科技城

西斯塔科技城位于瑞典斯德哥尔摩市西北部,是世界上最具创新活力的地区之一。西斯塔科技城对全球无线信息通信产业的发展发挥了重要作用，引领全球通信技术的爱立信公司总部位于园区中心，在其带动下，许多全球知名跨国公司，如诺基亚、IBM、甲骨文、英特尔、康柏、摩托罗拉、微软等，先后在科技城设立了研发中心或生产基地。该科技城约有12万居民、750家公司，其中大约450家公司属于电信、无线电、微电子、软件等领域。

斯德哥尔摩市政府、西斯塔当地企业、高等院校以及其他科研机构等联合成立了西斯塔科技城公司，负责整个地区的产业、商业及社区发展。在发展产业的同时，还着重完善了居住、商业、娱乐等设施，把西斯塔打造成宜居宜商的科技城，而不仅仅是科技园。

日本筑波

筑波市是东京的卫星城，位于东京东北60公里的茨城县筑波山麓。

筑波市拥有约300家研究机关企业和约13000名研究人员（博士学位取得者约5600人），是世界上屈指可数的学术研究城市。筑波市集中了数十个高级研究机构，以设备精良、人才众多、研究基础雄厚著称。筑波市还拥有著名的筑波大学。

筑波市也是市容整洁、环境优美的田园城市。筑波附近的筑波山，是位列富士山之后的日本第二大名山，有"西之富士、东之筑波"的说法。筑波山中腹的梅林也是远近闻名。

加拿大多伦多

多伦多是加拿大经济中心的第一大城市，位于加拿大心脏地区，接近美国东部工业发达地区，如底特律、匹兹堡和芝加哥等。汽车工业、电子工业、金融业及旅游业在多伦多经济中占有重要地位，加拿大最大的汽车制造厂设在此地，其高科技产品占全国的60%。世界各国大约有500家公司在多伦多设有科研中心，IBM在多伦多设有最大的软件开发试验室。这是继美国洛杉矶之后全球第二大的多媒体开发城市。多伦多与隔湖相望的美国芝加哥类似，是经济较为多元化的城市，拥有先进制造业部门，还在知识密集型服务业部门（如金融服务业、商务服务业、信息服务业）占据了一席之地。

印度班加罗尔

班加罗尔是印度重要的高新技术城市，现今为印度南部经济、文化中心之一。班加罗尔分新旧两城：旧城为商业区，新城为工业区。它是印度重要的重工业中心，有机械、电器、化工、飞机、钟表、金属加工等工业，还有传统的地毯编织业、棉纺织、丝纺织和现代化的制革业。

印度35%的IT人才都在班加罗尔打拼，他们创造的收入在印度GDP中占据了很大比重。微软、惠普、3M（明尼苏达矿物及制造业公司）等世界知名企业都在这里设立了办事处。除此之外，生物科技也是它的一个拳头产品。班加罗尔也是印度政府工业投资的重点地区之一，有印度主要的飞机制造厂、电器、通信设备、机床、汽车制造、制药等工厂。

班加罗尔也是印度最富裕和最有活力的城市，它的崛起离不开城市南郊的电子城。电子城从20世纪80年代开始兴建，逐渐发展成为全球第五大信息科技中心，班加罗尔也由此成为"印度的硅谷"。

中国北京中关村

北京中关村是中国科教智力和人才资源最为密集的区域，拥有以北京大学、清华大学为代表的高等院校40多所，以中国科学院、中国工程院所属院所为代表的国家（市）科研院所206所；拥有国家级重点实验室112个，国家工程研究中心38个，国家工程技术研究中心（含分中心）57个；大学科技园26家，留学人员创业园34家。

园内聚集着以联想、百度为代表的高新技术企业近2万家，形成了下一代互联网、移动互联网和新一代移动通信、卫星应用、生物和健康、节能环保、轨道交通等六大优势产业集群，集成电路、新材料、高端装备与通用航空、新能源和新能源汽车等四大潜力产业集群和高端发展的现代服务业，构建了"一区多园"各具特色的发展格局，成为跨行政区的高端产业功能区。

以色列特拉维夫

特拉维夫位于以色列西部平原，濒临地中海，与美国西海岸的加州地理位置类似。据特拉维夫市政府统计，以色列67%的新创企业总部在特拉维夫及周边地区，200多家著名跨国企业中的大多数，如谷歌、微软、通用汽车、夏普等公司的研发中心也坐落在这里。根据Startup Genome（是一家大数据社区，利用大数据给投资者做决策）2012年年底公布的统计数据，特拉维夫创业环境排名世界第二，仅次于美国加州著名的"硅谷"。

特拉维夫拥有多家创投基金，这让刚起步的新创公司很容易得到投资。创投基金、世界一流的研发中心、200多个新创企业孵化器加速器，共同构成了特拉维夫优良的创业生态环境。特拉维夫市政府还对新创企业实行一揽子优惠与鼓励政策，包括对新创软件开发企业减免超过60%的市政税，免费提供一对一的创业咨询和培训，提供独具特色的廉价"共同工作空间"，让"创客"们有很多碰撞、交流和学习的机会。这些都使特拉维夫真正变为一个大创业基地。

第二节　100个高新技术城市

1. 中国四川绵阳九院

绵阳九院，全称中国工程物理研究院（CAEP），又叫科学城、中物院或839。属于国家高度保密单位，创建于1958年，是国家计划单列的我国唯一的核武器研制生产单位，是以发展国防尖端科学技术为主的集理论、实验、设计、生产为一体的综合性研究院。

绵阳是中国唯一的科技城，素有"富乐之乡""西部硅谷"的美誉。绵阳国家高新产业技术开发区，坚持走创新发展之路，勇于开拓，锐意进取，在科技创新、产业发展、成果孵化、体制机制创新等方面都取得了不凡成就，并初步建成了电子信息产业园、生物科技产业园、新材料产业园等产业园区和绵阳出口加工区。同时，该区还拥有中国西部留学生与博士创业园以及博士后工作站、国家级创业服务中心、国家重点生物工程专业孵化器和正在建设中的绵阳集成电路设计产业化基地，形成了以电子信息产业为龙头，以生物医药产业、新材料产业为支柱的产业结构体系。

2. 中国北京

北京是中国最大的科学技术研究基地，有中国科学院、中国工程院等科学研究机构和号称"中国硅谷"的北京中关村科技园区，每年获国家奖励的成果占全国的1/3。1998年以来，这里每年都成功举办以高新技术产业为主题的大型国际活动——北京高新技术产业国际周。2014年，北京市研究与试验发展经费支出1286.6亿元，相当于地区生产总值的6.03%。全市研究与试验发展活动人员35.3万人。专利申请量与授权量分别为138111件和74661件，其中发明专利申请量与授权量分别为78129件和23237件；全年共签订各类技术合同67278项，技术合同成交总额3136亿元。

3. 中国上海

上海紫竹高新技术开发区是中国著名的高新技术开发区，是集科研、人才、资本、产业等优势，运用市场化运作方式而设立的新型高新技术产业开发区，以集成电路与软件、新能源、航空、数字内容、新材料和生命科学等六大类产业作为主导产业，通过吸引各类国家级工程中心、跨国公司研发中心以及高科技企业，形成上下游产品衔接的产业链基地和研究开发基地。主要利用上海交通大学、华东师范大学和高新区内科研机构的科研成果，建立完善的孵化体系和硬件设施，支撑科研成果产业化的转化。

高新区由大学园区、研发基地和紫竹配套区三部分组成。大学园区以上海交通大学、华东师范大学为主，通过校企互动合作，充分发挥大学的科研和人才优势。研发基地瞄准世界科技革命中的新兴产业领域和传统产业的新型发展发向，吸引各类研发机构和高科技企业入驻；并大力促进 EDA 平台、IP 平台、设计企业孵化中心、多项目芯片加工服务中心和创业投资中心等技术支撑平台建设。

4. 中国广州

广州地处珠江三角洲北缘，西江、北江、东江三江汇合处，濒临南中国海，隔海与香港、澳门特别行政区相望，地理位置优越，是"海上丝绸之路"的起点之一，被称为中国的"南大门"。广州已成为工业基础较雄厚、第三产业发达、国民经济综合协调发展的中心城市。广州有著名的广州高新技术产业开发区，地处广州中心城市组团与东南部组团的交会处，知识密集、人才荟萃，区内有华南理工大学、暨南大学、华南农业大学等高等院校 12 所，有中科院广州分院、广东农科院等科研机构 44 个，国家级重点实验室 3 个，各类科研人员 2 万多人，为高新技术企业的发展提供了良好的技术人才依托。

广州经济技术开发区与广州高新区合署办公是区域经济资源共享、优势互补、联动发展模式的创新，是实现新的经济增长点与经济发展制高点有机统一的机制创新，是推进市场经济条件下政府促进经济发展的体制创新。

5. 中国深圳

深圳地处珠江三角洲前沿，是连接香港和中国内地的纽带和桥梁，是华南沿海重要的交通枢纽，在中国高新技术产业、金融服务、外贸出口、海洋运输、创意文化等多方面占有重要地位。它是中国最早的经济特区和计划单列市、副省级城市，创造过"深圳速度"。深圳在中国的制度创新、扩大开放等方面承担着试验和示范的重要使命。

深圳建立了以市场为导向、以企业为主体、以国内高等院校和科研院所为依托的研究开发体系，自主创新能力不断增强。自 1992 年以来，高新技术产品产值年均增长 46.5%、专利申请量保持 30% 以上的快速增长。全市拥有自主知识产权的高新技术产品产值比重达 58.9%。深圳每万人发明专利拥有量居中国大陆各城市首位，是《自然》杂志评选出的"中国科研实力十强城市"之一。

6. 中国南京

南京地处长江下游，濒江近海，是国家四大科研教育中心之一，有高等院校 79 所，在校大学生 71.16 万人，省级以上科研机构近 700 家，国家重点学科居中国第三位，两院院士 83 人，仅次于北京、上海。是中国重要的综合性工业生产基地、现代服务中心、现代服务业基地和先进制造业基地，电子化工生产能力居全国第二位，车辆制造规模居第三位。

南京是中国重要的交通、通讯、港口枢纽。2011 年，港口城市空间价值居大陆第四，被国家 9 个部委列为中国投资硬环境"四十优"城市，中国城市综合实力"五十强"第五名，"中国国际形象最佳城市"第三位，"最具吸引力中国十大城市"第七位。

7. 中国天津

天津位于环渤海经济圈的中心，新能源产业是天津的标志性产业。天津滨海高新区 2005 年被原信息产业部批准为"国家（天津）化学与物理电源产业园"，2008 年被国家发改委批准为"天津国家新能源高技术产业基地",2010年被科技部批准为"国家风力发电高新技术产业化基地"。

天津滨海高新区新能源产业分为储能电池、风力发电、太阳能三大板块,每年保持30%～40%的增长速度,2011年新能源产业产值达到220亿元。培育出国内技术水平最高的锂离子电池生产企业,市场份额稳居全球前五、中国锂电的代表性品牌——力神电池。近年来,天津滨海高新区引进并支持发展了一大批新能源产业项目,其中包括投资146亿元的力神新能源产业园项目,积极抢占动力电池和新能源汽车的制高点;投资超100亿元的英利光伏产业基地项目,生产能力达到40亿瓦,产值超400亿元;以及宏大中源400兆瓦太阳能电池项目、明阳风电天津产业基地项目;等等。这些项目投产后,将推动天津滨海高新区成为全国最受瞩目的新能源产业基地。

8. 中国武汉

武汉是中国重要的高新技术城市,经过10多年的发展和建设,逐步建立起以武汉东湖新技术开发区、武汉经济技术开发区两大国家级开发区为依托的"两区多园"格局和以钢铁、汽车、机械、高新技术为支柱的工业发展新格局,集中力量,突出重点,发挥武汉自身的科技、人才、产业等优势,以光电子信息产业为突破口,建设光电子信息产业基地,形成鲜明的城市产业特色,促进资源高效配置和国家高新技术产业布局的优化。

武汉作为中国光通信技术的重要发源地,结合国际光电子信息产业的发展趋势,把光电子信息产业作为大发展的主导产业,不断增强城市竞争力,谋求竞争发展的主动权。

9. 中国西安

西安作为西部唯一的综合性国家高技术产业基地,其科技实力与人才优势相当明显。西安是中国中西部地区最重要的国防科技工业和高新技术产业基地,电子信息产业基地,航空、航天工业的核心基地,是中国科技实力最强、工业门类最齐全的特大型中心城市之一。西安现有国家级开发区及产业基地4个,国家级大学科技园2个,国家级科研基地9个,是全国首批5个服务外包基地城市之一。全市高技术企业总数达到1161家,以创新研发为重点的科技型中小企业3500多家,各类科技企业孵化器和孵化平台100多家。

10. 中国杭州

杭州地处长江三角洲南翼,东临上海,自然地理环境优越。在最近的十九年,杭州作为中国沿海开放城市,经济上也得到了巨大的发展。杭州的信息化工业在全国属于中上水平,是我国重要的IT研发和制造业基地。杭州教育产业发达,拥有包括著名学府浙江大学在内的34所高等院校;同时,杭州还是国家软件产业基地、国家软件出口创新基地、国家动画产业基地、国家数字娱乐示范产业基地、国家知识产权保护示范城市、国家版权保护示范城市。有众多高科技企业落户杭州。

11. 美国洛杉矶

洛杉矶位于美国加州西南部,是美国的第二大城市,仅次于纽约;是美国西部最大都会和最大的海港;同时也是全世界的文化、科学、技术、国际贸易和高等教育中心之一,还拥有世界知名的各种专业与文化领域的机构。洛杉矶是美国石油化工、海洋、航天工业和电子业的最大基地,它是美国科技主要中心之一,拥有科学家和工程技术人员的数量位居全美第一。

12. 美国波士顿

波士顿是美国马萨诸塞州的首府和最大城市,是新英格兰地区最大的城市;同时也是美国东北部高等教育和医疗保健中心,是全美人口受教育程度最高的城市。波士顿教育资源丰富,世界著名的麻省理工学院、哈佛大学、波士顿学院均在此处。波士顿的大学是影响该市和整个区域经济的主要因素。

从高新技术产业分布看，波士顿的主导产业是信息产业和生物技术产业。目前，波士顿软件类企业有2000余家，从业人员10余万，年产值超过100亿美元，占美国的10%左右；无线通信类企业有200多家，机器人制造企业80多家，多媒体游戏企业70多家。波士顿被认为是美国五大生物谷之一（其他为旧金山、马里兰、奥斯汀、北卡罗来纳三角地区），聚集着500多家生物技术公司，全球新药的研发有近1/10以波士顿为基地。

13. 美国纽约

纽约是美国人口最多的城市，也是全世界最大的都会区之一。逾一个世纪以来，纽约在商业和金融方面发挥巨大的全球影响力。纽约是一座世界级城市，直接影响着全球的经济、金融、媒体、政治、教育、娱乐与时尚界。因此纽约也被公认为"世界之都"。目前，纽约正热情地拥抱高新技术产业，高科技的产业集群如雨后春笋般在曼哈顿和布鲁克林登波区涌现。过去几年，纽约高新技术从业人员数量年均增长接近30%，仅谷歌一家公司就有1200个工程师在纽约工作；在对风投的吸引上，纽约去年已排名全美第二，仅次于"硅谷"，高新技术产业发展得极为迅速。

14. 美国旧金山

旧金山是美国太平洋沿岸仅次于洛杉矶的第二大港市，是美国的"硅谷"所在地。旧金山以高技术的中小公司群为基础，并拥有思科、英特尔、惠普、朗讯、苹果等大公司，融科学、技术、生产为一体，智力和科技发达。此外，该地区的生物、空间、海洋、通信、能源材料等新兴技术的研究也非常发达，客观上成为美国高新技术的摇篮。

15. 美国马里兰

马里兰州位于美国东部，紧靠首都华盛顿，是美国的高科技之乡，从联邦政府获得的科研经费在全美各州中名列第二。从巴尔的摩到华盛顿的高速公路两旁聚集着一大批世界上最优秀的科学家和工程师，以及237家美国最重要的科研机构和实验室等。马里兰州有300余家生物技术公司和联邦研究机构，从业人员约2万人，有"生物之都"的美称。作为医药开发与临床前研究服务方面的领导者，马里兰州在获得美国国家卫生研究院科研经费方面全国第一，生物技术企业的密集程度在全美名列第三，所创造的总利润居全美第五。美国国内大部分与生物有关的研究机构都设在马里兰，包括国家卫生研究院（NIH）、国家食品与药品管理局（FDA）、国家农业部农业研究中心及生物医学研究技术项目等。

16. 美国奥斯汀

奥斯汀是美国得克萨斯州的首府，也是得克萨斯大学的所在地，众多高科技企业集聚于此，又因濒临得州丘陵地带，故有"硅丘"之称。近年来，奥斯汀在高科技方面的发展规模之大、速度之快，是美国其他城市，甚至世界其他国家难以比拟的。奥斯汀地方政府制定优惠政策，吸引高科技公司创业、发展；同时，得克萨斯大学为奥斯汀的发展提供了充足的人力资源；另外，奥斯汀的技术孵化和风险投资基金体系健全，为高新技术的发展提供了充足的动力。

17. 美国北卡三角园

北卡三角园位于美国北卡罗来纳州的罗利、杜兰和查佩尔希尔3个主要城市之间的交接地带，并被北卡罗来纳大学、北卡罗来纳州立大学和杜克大学3所名校环绕，因此而得名。

北卡三角园是全球170家跨国企业的发源地，其中包括IBM、思科、葛兰素史克、先正达、RTI、瑞士瑞信银行。北卡罗来纳州是生物科技的先锋，该科技园是美国第三个拥有最多生物科技公司的州科技园。美国最重要的科学研究项目有24%是在三角园研究成功的，每年世界上最重要的学术刊物发表的科研论文，有21%是由三角园科学家撰写的，三角园科学家每年获得的技术专利约占美国的29%。三角园的教育资源相当发达，北卡罗来纳州有15所高校、58个社区学院，其中北卡罗来纳大学、北卡罗来纳州立大学和杜克大学均属美国最好的研究性大学之一，为三角园的发展提供了充分的技术支持。

18. 美国华盛顿

华盛顿是美国的首都，位于美国的东北部，靠近弗吉尼亚州和马里兰州。随着信息社会、知识经济特别是高新技术产业化的发展，华盛顿地区的经济发展很快，有近万家高新技术公司、技术密集型公司集聚此地，使该地区发展成为美国重要的高新技术中心之一。目前，该地区是全球最大的生物科学基地和仅次于"硅谷"的IT中心，整体经济表现甚至超过"硅谷"，居全美之冠。大大小小的公司在通信、信息技术、系统集成、空间科技以及生物科技领域表现出了优秀的创新能力。

19. 美国休斯敦

休斯敦是美国得克萨斯州的第一大城，全美国第四大城市，墨西哥湾沿岸最大的经济中心。休斯敦是世界著名的太空城，是约翰逊宇航中心的所在地。这座投资15亿美元的综合机构拥有NASA（美国国家航空航天局）最大的研发设施之一，汇集了全国科学和工程方面最优秀的高科技专业人员。休斯敦的航空界包括150多家从事飞机或航天器制造、太空研究和技术的公司。休斯敦有190多家生命科学和生物技术公司及学术合作机构；超过100家先进的医院和保健诊所以及多家全国一流的研究机构，拥有雄厚的技术基础设施、研究机构、商业公司市场和强大的融资实力。休斯敦的得州医学中心是美国和世界上最大的医学中心之一，该中心在癌症和心脏研究方面最为著名。

20. 美国阿尔伯克基

阿尔伯克基是美国新墨西哥州最大城市，高科技产业非常出名，现已成为美国核能、宇航科研基地。这里有美国研制核武器的研究中心洛斯阿拉莫斯国家实验室，有世界著名的英特尔（Intel）公司电脑芯片制造厂，有AT&T（美国电话电报公司）通信技术公司、森迪亚国家实验室，还有航天、航空技术中心等高科技部门；这里也是率先使用放射性同位素来识别癌肿瘤的地方。教育科研资源丰富，市内有新墨西哥大学、菲尼克斯大学、阿尔伯克基理工学院等，为科学研究提供了动力。

21. 美国芝加哥

芝加哥位于美国中西部的伊利诺伊州，东临壮丽的北美五大湖之一密歇根湖，是著名国际金融中心之一，全美人口第三大城市（仅次于纽约和洛杉矶）。芝加哥地处北美大陆的中心地带，是美国第二大商业中心区和美国最大的期货市场，其都市区新增的企业数一直位居美国第一位，被评为美国发展最均衡的经济体。芝加哥拥有美国最高的10座摩天大楼中的4座和曾经的世界第一高楼西尔斯大厦，被誉为"摩天大楼的故乡"。同时，芝加哥还是美国铁路、航空枢纽和世界最重要的文化科教中心之一，拥有世界顶级学府芝加哥大学和享誉世界的芝加哥学派。

22. 德国慕尼黑

慕尼黑是德国巴伐利亚州的首府，是德国主要的经济、文化、科技和交通中心之一，也是欧洲最繁荣的城市之一。慕尼黑处于新兴的高科技工业区，其中工业产业和激光技术、纳米技术等为园区的主要建设方向。慕尼黑高新科技园区是德国电子、微电子和机电方面的研究与开发中心，被称为"巴伐利亚硅谷"。慕尼黑是高科技产业中心，宝马、西门子等世界性的大企业总公司就设在这里。慕尼黑工科大学的科研开发堪称世界一流。

23. 德国法兰克福

法兰克福位于德国西部的黑森州境内,是德国乃至欧洲工商业、金融服务业和交通中心之一,在德国人口最多的50个大城市的排名中,其经济活力位居首位。德国最大的100家工业企业中,有20家总部设在法兰克福。法兰克福是德国最重要的铁路、公路和航空交通枢纽,法兰克福机场已成为全球最重要的国际机场和航空运输枢纽之一。化工是法兰克福最大的工业部门,其次是机械、汽车和医药等,著名的特种化工企业德固赛公司也设在法兰克福。此外,生物和转基因等高新技术已发展成为该市新的重点产业。

24. 德国汉堡

汉堡是德国三大州级市之一,也是德国最重要的海港和最大的外贸中心、德国第二金融中心,是德国北部的经济和文化大都市。汉堡商业企业多与港口、外贸相联系。主要有电子、化工、橡胶、食品等工业。除美国西雅图外,汉堡港是世界上第二大飞机制造地,生产"空中客车",有着"世界桥城"的美称。汉堡是德国北部重要的交通枢纽,是欧洲最富裕的城市之一,也已成为德国的新闻传媒与工业制造业中心。汉堡港是世界级大港,被誉为"德国通往世界的大门",世界各地的远洋轮来德国时,都会在汉堡港停泊。

25. 德国柏林

柏林是德国首都,也是德国最大的城市。柏林无论是从文化、政治、传媒还是科学上讲,都称得上是世界级城市。柏林的高科技产业发展非常著名,闻名于世的阿德勒斯霍夫高科技产业园区就位于柏林。这个高科技园区是"德国最成功的高科技产业园区之一",也是"柏林最著名的媒体区",同时也是"全球最大的15个工业园区之一"和"欧洲最现代化的科技园",还是"欧洲最大的综合性一体化技术园区"。目前,园内高新技术企业遍布,有相关校外科研机构12家,包括许多科学家和专家学者。此外,还有柏林洪堡大学的6个科研机构,分别是信息研究所、数学研究所、化学研究所、物理研究所、地理研究所和心理研究所。

26. 德国德累斯顿

德累斯顿是德国重要的文化、政治和经济中心,也是德国重要的科研中心,拥有德国大城市中比例最高的研究人员,是"德国硅谷"的核心。德累斯顿工业大学是世界上最古老的科技大学之一。德累斯顿及其周边地区涵盖电子和微电子领域,拥有近800家相关企业,是欧洲最大的微电子技术中心。

德累斯顿拥有许多具有世界影响力的科研机构。弗劳恩霍夫协会从事应用研究,在德累斯顿下设有11个研究机构,包括光电子技术协会、高能陶瓷技术协会、电子等离子体协会、集成电路协会、材料和组件技术协会、纳米技术中心,还有一些部门的总部设在德国其他城市。马克斯·普朗克协会则致力于基础研究领域,在德累斯顿设有3个研究机构:分子细胞生物学和基因技术研究所、固体化学物理学研究所和复杂系统物理学研究所。莱布尼茨学会则在德累斯顿下设4个研究机构,包括生态学与区域发展学会、聚合体研究学会、固态与材料研究学会和罗森道夫研究中心。罗森道夫研究中心致力于核医疗学,是德累斯顿最大的研究机构。

27. 德国不来梅

不来梅是德国西北部的一个城市,港口、造船、渔业和食品加工是其传统产业。工业支柱产业为汽车制造和航空航天。全球奔驰轿车销量的近1/4在不来梅生产;空客公司不来梅分厂是仅次于汉堡的第二大飞机研发和生产基地,主要负责宽体飞机机翼的生产和组装。不来梅的航空航天研究非常出名，欧洲最大的航天企业阿斯特里姆集团在不来梅的基地参与生产阿里亚娜运载火箭，承建国际空间站的欧洲部分——哥伦布研究实验室，并与其他公司及研究机构协作研制了支持和监测空间站运行的分析与诊断中心。

28. 德国汉诺威

汉诺威是德国下萨克森州的首府，是工业高度发达的城市，是著名发明家西门子的诞生地。工业以机械（机车、汽车、拖拉机、电工器材和精密机械）、化工等制造业为主，有全国最大的轮胎厂，并有钢铁、橡胶、钾肥、染料、纺织等部门。制造业尤为突出，更有全球驰名的乳胶漆制造商 ZERO（赛乐菲）公司。除商业、金融、保险业外，展览会议业、旅游业也蓬勃兴起，当地每年都会举办全世界最大的信息技术展览，新机器、新设备、新技术层出不穷，吸引数以百万计的参观者，代表了数字化、科技化的最新技术水平。

29. 德国斯图加特

斯图加特是德国南部仅次于慕尼黑的工业城市，有电子、汽车、机械、精密仪器、纺织、食品等工业，是世界著名汽车城，也是奔驰汽车公司所在地和保时捷公司的发源地。斯图加特地区共有15万多家公司，该地区以高科技产业著称，其中最著名的有戴姆勒（即著名的梅赛德斯-奔驰生产商）、保时捷、博世、惠普、IBM 等德国及世界著名的公司，这些公司都将它们的总部设在这里。除了这些国际大企业，斯图加特还拥有1500家中小企业。斯图加特地区拥有德国最密集的科学、理论及调研机构。

30. 德国卡尔鲁斯厄

卡尔鲁斯厄是德国西南部城市，位于莱茵河上游的中部区域，是德国最温暖的城市之一。该市以科研教育闻名，建有核反应堆、原子研究中心。卡尔鲁斯厄在德国因特网的发展中，至今都起了一个非常重要的角色。卡尔鲁斯厄的 SAP 公司经营着欧洲最大的计算机中心，德国大约40%的网站是由卡尔鲁斯厄管理的。在卡尔鲁斯厄大学周围，大概有2500家从事因特网和电讯通信的公司，所以卡尔鲁斯厄被誉为"德国的因特网首都"。

31. 德国达姆施塔特

达姆施塔特是黑森州著名的科技文化城市，以化学、机械、电气和信息产业为主，拥有达姆施塔特技术大学、德国计算中心、欧洲航天研究操作中心等声誉卓著的学府和科研机构。达姆施塔特的许多巨型公司，对达姆施塔特的经济起了巨大的促进作用。德国电信网络部研发中心也设在达姆施塔特。

32. 法国格勒诺布尔

格勒诺布尔位于法国东南部，属于法国外省经济实力最强及欧洲经济实力排名第七的大区——罗纳-阿尔卑斯大区，其工业门类主要包括微电子、电力、供电、信息、电脑、造纸、食品加工、冬季运动服装等。格勒诺布尔在信息、网络与计算机技术领域占据了特有的重要地位，它的通信设施建设在法国是数一数二的。格勒诺布尔为法国著名的科学城，全市两万多科技人员在各实验室、研究所工作。最著名的科研单位有核能研究中心、信息技术和电子研究所；国际性高科技研究机构，法、德、英合作的中子反应堆（已有20年历史），欧洲十国合作的同步加速器，德、法合作的天文观测研究中心及强磁场研究所等。

33. 法国索菲亚科技园

索菲亚科技园是法国科学园区中的一个成功典范，位于尼斯和科达苏尔之间，该园区目前占地

2400公顷，是一个集政府机构、私营公司、研究所、教育培训机构、生产工艺中心和公共服务硬件设施为一体的综合园区。目前已成为法国最具国际化的地区，25平方公里范围内聚集着来自全球60多个国家的1300多家高科技机构和研发型企业，拥有来自60多个国家的科技人员3万多名。索菲亚科技园是欧洲的第一个技术科技园区，拥有最重要的技术枢纽核心，每年营业额达44亿欧元。

34. 法国图卢兹

图卢兹市是法国西南部比利牛斯大区的首府，大城市，是法国和欧洲航空与宇宙工业中心，是空中客车、达索战斗机的生产基地，还有众多实力雄厚的电子和制造业公司。图卢兹又是法国著名的大学城，是仅次于巴黎的法国第二大大学城，现有大学生11万人。此处大学和研究机构密集，拥有4所大学、25所高等专科学校。法国每年约16%的工程师毕业于图卢兹。其中，图卢兹社会科学大学（又称图卢兹一大）是欧洲最早的大学之一，建于1229年。另外还有400多家研究机构，研究人员达10500人，以航空航天、信息、生物技术和经济学研究著名。

35. 法国里昂

里昂是法国东南部大城市，是法国第二大都市区，常被称为"外省首都"。里昂也是法国重要的工业城市和化学纤维的主要产地，机械、电子、重型汽车、计算机等实力雄厚。科研和教育事业发达，拥有20余所高等院校和科研机构，是除巴黎之外最重要的教育和文化中心。里昂依然是世界高级丝绸的重要产地。人造丝和化纤的广泛应用，带动了整个纺织业的发展。法国纺织研究院在这里设有分院，从事丝绸等方面的研究。传统丝织业同现代科技相结合，绽放出了新的异彩。里昂还是著名的发明之乡，在历史上出过许多发明家、科学家。

36. 法国里尔

里尔是法国北部最大的城市，法国第五大城市。里尔的老城是欧洲最美的老城，是"欧洲建筑的活化石"。里尔历史悠久，中世纪早期已成为大都市，工业革命时期以后则成为法国最大的工业城市之一。里尔也是整个法国北部的经济、教育、交通和文化中心，拥有近百家跨国企业和数十所高等教育机构，大区有综合性大学7所、工科性大学15所、商学院6所、高等技术学校4所，大区科研能力雄厚，总计有4000名科技人员。

37. 法国波尔多

波尔多是法国西南的一个港口城市，是继巴黎、里昂、马赛之后的法国第四大城市。波尔多是欧洲的军事、航空研究与制造中心，还是法国战略核弹研究和物理实验的核心，拥有原子能研究中心和兆焦激光计划等许多高端技术机构。波尔多市的通讯业堪称一流，是西南欧洲的信息传递枢纽。波尔多市工业门类齐全，高新技术已引入到众多的传统工业，无论是机电，还是农副食品的交易，其销售额都逾120亿法郎。高科技劳动力和一流的工程技术人员给波尔多市的发展带来了勃勃生机，拥有专业证书人员的比例在法国是最高的。波尔多市正因其石油化学工业、硫化学工业、森林化学工业、化肥工业以及具有百年历史的理化学堂而成为一个化学工业之都，化工增值达50亿法郎，市郊区还汇集着电气、电子、宇宙航空、化学药品等尖端产业。

38. 瑞典斯德哥尔摩

斯德哥尔摩是瑞典首都，也是该国第一大城市。设有科学院、大学和原子能研究中心。斯德哥尔摩是瑞典的经济中心，其工业总产值和商品零售总额均占全国的20%以上。拥有钢铁、机器制造、化工、造纸、印刷、食品等各类重要行业。全国各大企业的总部有45%设在这里。服务业是斯德哥尔摩最大的产业，提供了大约85%的就业职位。城市北部的西斯塔卫星城是北欧最大的资讯科技中心，不仅瑞典本国的通讯巨头爱立信，多家世界一流的计算机、电子、通讯企业，如微软、IBM、诺基亚、惠普也在此落户，中国的华为通讯、中兴电子等也在此设有研发基地。

39. 瑞典哥德堡

哥德堡位于瑞典西海岸卡特加特海峡，是瑞典第二大城市，也是斯堪的纳维亚最重要的港口城市。作为世界重要港口之一，哥德堡港如今有450多条航线通往世界各个港口，每年进出港船只达3万余艘。港口拥有近20公里长的船坞，港口分为自由港、集装、散装、滚装、汽车、客运和油港等12个作业区，均采用电脑进行现代化管理。哥德堡有著名的查尔姆斯理工大学和哥德堡大学，还有许多从事科学、技术和未来新技术的基础研究和应用研究的研究所，已经发展成为一个综合性高科技工业城市。

40. 瑞典乌普萨拉

乌普萨拉位于瑞典东海岸，是瑞典最古老的城市之一，也是瑞典第四大城市。乌普萨拉大学始建于1477年，是北欧最古老的大学，已有4万名学生，历史上曾产生过9位诺贝尔奖获得者。乌普萨拉大学校长迄今为止仍然是瑞典级别最高的大学校长。

乌普萨拉主要工业有制药业、信息技术产业、机械工具产业、造纸、食品加工和纸浆业。乌普萨拉的医药研究非常出名，在生物工程学方面处于领先地位，其中制药业规模在全瑞典名列第一，产品覆盖了整个北欧地区。瑞典国家药品监管局即设在该省。省内还有3座瑞典最先进的核电站以及一座最大的水电站。

41. 挪威特隆赫姆

特隆赫姆是挪威第三大城市，是挪威著名的教育、科技和医疗研究中心，因这里集聚了众多的科技研发机构，被称作"挪威科技之都"。市内有挪威科技大学、挪威科学和工业研究基金会和挪威国家石油公司研究中心。其中，挪威科学和工业研究基金会是挪威最著名的应用研究与开发机构，是北欧最大、欧洲第四大的科研机构。

42. 日本东京

东京是日本首都，是日本政治、经济、文化、教育中心和海陆空交通的枢纽。东京是亚洲第一大城市，世界第二大城市，是全球最大的经济中心之一。日本的主要公司都集中在这里。东京同它南面的横滨和东面的千叶地区共同构成了闻名日本的京滨叶工业区。主要工业有钢铁、造船、机器制造、化工、电子、皮革、电机、纤维、石油、出版印刷和精密仪器等。东京的GDP总量居世界城市第一名，是世界上拥有最多财富500强公司总部的城市。此外，东京的高新技术水平也处于世界前列，以机器人产业和科技汽车产业闻名。

43. 日本横滨

横滨是仅次于东京、大阪的日本第三大城市，人口数量仅次于东京，位居全国第二。市内有位于东京湾西岸的横滨港，沿岸设有大量的港埠设施与伴生的工业与仓储产业。横滨地处全国四大工业区之一的京滨工业区的核心，工业发达，主要以钢铁、炼油、化工、造船业为主，全市有大小工厂8300多家，工业生产总值居全国第三位，许多著名公司的总部设在横滨，如日立软件、松下通信、日产汽车、NTT软件等。

44. 日本大阪

大阪是日本次于东京、横滨，人口第三多的城市；GDP位列亚洲第二，仅次于东京，居世界第六位。大阪是阪神工业地带的核心,工业生产规模仅次于东京(区部)。轻重工业综合发展,化学、机械、钢铁、金属加工、出版、印刷、电机最为重要。有国立大阪大学等多所高等学校和大阪城,周围卫星城市相互毗连,为东海道城市地带的一环,中小企业多,高新技术发达,以机器人研究闻名。

45. 日本筑波科学城

筑波科学城坐落在东京东北约60公里的筑波山麓。科学城分为生物研究实验区、土木建筑研究区、文教研究区、理工科研究区和公共设施等5个小区。科学城内设有拥有最先进的质子加速器的宇宙研究中心和工业试验研究中心(包括工业技术院的9个研究所、农业科研实验中心、研究人类的灵长类试验站、高空气象台等)。筑波城现为日本最大的科学中心和知识中心,集中了数十个高级研究机构和两所大学,并以设备精良、人才众多、研究基础雄厚著称。另外,筑波高能物理研究所是国际上重要的高能物理研究中心之一。

46. 日本名古屋

名古屋是日本三大都市圈之一。名古屋大都市圈集合了日本大量的制造业企业和著名高校,形成了日本国内工业出货额第二位的中京工业核心地带。名古屋工商业繁荣兴旺,是全国三大商业批发中心之一,聚集了许多大型商业企业。如爱知丰田汽车销售公司和松板屋百货公司等,都是全国驰名的大商业企业。名古屋的航空航天制造业非常发达,著名的三菱重工航空宇宙制造所工厂就位于此。

47. 日本京都

京都是日本人的精神故乡,是日本文化的源点和象征之地。京都的现代工业已形成了高科技企业群。例如,岛津制作所主要生产先进的医疗设备和航空航天设备;京都精密陶瓷从事开发应用陶瓷新材料,生产高级照相机等科技尖端产品;立石电机开发生产多种先进电气机械,如自动检票机、电脑自动门、电子医疗器械等;瓦考鲁(音译)公司是日本服装工业中的佼佼者,该企业生产的妇女高级内衣居世界一流水平,远销国际市场。位于福知山市的长田野工业区集中有42家企业,如神户制钢所(焊条)、绿十字(医药)、武田药品(医药)、汤浅电池(蓄电池)等产品在日本享有一定声誉。

48. 日本川崎

川崎是日本本州中南部港市,也是全国最大的重工业城市之一,与东京和横滨街区连成一片,形成京滨工业地带。工业结构以重工业和化学工业为主,炼油占工业产值的26.4%,加上电机、化学、钢铁、运输机械(主要是造船、汽车),合占工业总产值的80%。近年来,川崎市内集中了许多尖端科技的研究所,川崎的医药研究先进,世界首例新型诺如病毒就是由川崎医药研究所职员发现的。

49. 加拿大蒙特利尔

蒙特利尔的第一大支柱工业是航天航空业,这里有仅次于波音和空中客车之后的第三大航空器生产厂家——庞巴迪飞机制造公司、普惠公司、贝尔直升机公司等,国际中小型飞机市场的一半被蒙特利尔的厂家所垄断,贝尔直升机公司的产品占了国际直升机市场的一半。生物工程是蒙特利尔的第二大支柱工业,加拿大50%的生物工程公司及发明专利都是在蒙特利尔注册的,加拿大第一头克隆牛诞生在蒙特利尔。蒙特利尔的第三大支柱工业是电脑及多媒体。近年来,蒙特利尔市政府推动建设了多媒体城,在财政上给予高新企业极大的优惠,两年不到的时间里,创造了7600个就业岗位,形成了类似于美国的"硅谷"效应。蒙特利尔的第四大支柱工业是电子通讯,这里有领先于世界同行业的光电纤维和网络通信产品生产企业"北方电讯公司",其生产规模和水平目前都领先于美国的同类企业。

50. 加拿大多伦多

多伦多是加拿大经济中心，同时也是加拿大第一大城市。多伦多信息服务业企业的密集度居全加拿大之首，是加拿大的技术心脏，是北美第三大信息服务业集群所在地，仅次于旧金山和纽约。多伦多的竞争优势在于其产业的深度与广度，关注全球业务的开发商和制造商提供了涉及软件、硬件、新媒体、通信设备、半导体、有线和无线服务等多元部门，渗透了几乎所有经济领域。很多世界领先的高技术公司因此迁来多伦多，如全球最大的信息软件公司 SAS 加拿大公司，将加拿大总部设在多伦多市中心。汽车工业、电子工业、金融业及旅游业在多伦多经济中占有重要地位。加拿大最大的汽车制造厂设在此地，其高科技产品占全国的 60%。

51. 加拿大渥太华

渥太华是加拿大首都和政治文化中心，加拿大第四大城市。渥太华是加拿大的科学文化中心，国家级、市级和大企业公司级的科研机构遍布全市，最有影响的自然科学和社会科学研究机构分别是加拿大国家自然科学研究院和加拿大北美学会。这两大研究机构集中了全国最有影响的自然科学家和社会学者，每年有大量的学术成果问世。渥太华市区北部是高技术集中发展的地区，被人们称为"北硅谷"，几百家大中小高技术公司云集于此。

52. 加拿大温哥华

温哥华是仅次于多伦多、蒙特利尔的加拿大第三大城市，也是加拿大西海岸最大的工商、金融、科技和文化中心。哥伦比亚省大约有 65% 的高科技行业集中在大温哥华地区，其主要工业包括软件业、电讯、无线电通信、新媒体、生化和能源。这些行业的主要客户都在美国。温哥华的科技业蓬勃发展，特别是生化和环保控制系统的设计与生产居世界领先地位。

53. 加拿大卡尔加里

卡尔加里又称卡城，是艾伯塔省经济、金融和文化中心。世界上包括中国在内的众多石油公司（中石油、中石化和中海油）都在这里设有常驻机构，很多能源公司的加拿大总部就设在这里。因此，卡尔加里是加拿大的能源中心以及北美第二大能源中心。

卡尔加里高科技行业亦取得了长足进步，其测绘学、GPS 定位、地质成像技术享誉世界。卡尔加里 SMART 公司率先研发出世界上第一款交互式电子白板。卡尔加里的航空与防务工业主要涉及飞机维护修理和航空定位技术。

54. 加拿大伦敦市

伦敦市是加拿大第十大城市，也是加拿大最重要的工业城市。伦敦市拥有十几所医疗和研究机构，包括罗伯兹研究所（加拿大最大的私人捐资的医疗研究机构）、洛桑医疗研究所（加拿大第三大研究机构）以及加拿大外科技术和高等机器人中心（CSTAR）等，为生物医学、生物科技、医疗设备、临床试验、医疗影像、异种器官移植、机器人手术、动物研究等各医学领域进行全方位的研究。伦敦市的斯蒂勒（Stiller）生物科技商业中心也是加拿大生物医疗技术商业化的中心。

斥资 2.5 亿美元的通信基础设施建设可以支持 240 家 IT 企业落户于此。伦敦市也是加拿大国家研究院综合制造科技所的所在地。100 公里内有六大汽车制造企业和超过 60 家汽车配件供应商，吸引来自德国、奥地利和美国的汽车产业部门来此投资设厂。

55. 韩国首尔

首尔是韩国最大的城市，也是韩国的经济、科技和文化中心，其都市区内大型商圈数量和铁道系统密度等，皆位居世界各大型都会区前茅。首尔是世界设计之都，也是一个高度数字化的城市。2010年，其数字机会指数（数字机会指数是指由国际电信联盟公布的、衡量一国信息通信发展程度的指标）排名世界第一。首尔高科技技术发达，尤其是半导体产业，其主力产品交流电源专用半导体光源 ACRICHE 曾被欧洲最权威杂志 *Elektronik* 选定为"最优秀产品"。首尔半导体最早在全球开发出交流驱动 LED 模组 - Acrich，被全球 40 多个国家的 500 多家照明公司选用。近年来，首尔半导体增长速度迅速，已荣升世界顶级 LED 芯片制造商之列。

（来自山东国际商务网，转自驻韩国代表处）

56. 韩国釜山

釜山是韩国第一大港口和第二大城市，其地理位置十分优越，历史上一直是东亚大陆和海洋文化交流的纽带和桥梁。釜山工业仅次于首尔，涉及纺织、机械、化工、食品、木材、水产品加工等各领域，其中机械工业尤为发达，造船、轮胎生产居韩国首位。韩国唯一的证券交易所韩国交易所也设在釜山。釜山镇海经济自由区的建立，进一步巩固了釜山地区贸易中心和金融中心的地位。

韩国 28 个国家级重要工业园区有 8 个设在釜山。其中龟尾工业园区以半导体、信息通讯、电子、纤维产业著称，昌源工业园区被称为韩国机械产业的摇篮，蔚山工业园区以汽车、造船、石油化工为主，温山工业园区非金属工业发达，安静工业园区以能源及造船工业为主，泗川市的晋泗工业园区为外国专用工业园，绿山工业园区中小企业聚居，马山有出口加工区。

57. 韩国浦项

浦项是韩国庆尚北道的一个城市，是世界最大的钢铁公司之一——浦项制铁公司的总部所在地。韩国浦项制铁公司成立于 1968 年，为全球最大的钢铁制造厂商之一，也是韩国十大财团之一，这里聚集了大量来自世界各地的科学家。该公司每年为全球超过 60 个国家的用户提供 2600 多万吨钢铁产品。浦项还是韩国有名的高科技工业城市以及海洋旅游城市。

58. 韩国清州

清州市是忠清北道的政治经济、教育文化、旅游观光中心，也是金属活字印刷术诞生的千年古城。清州经济发达，清州产业园区从成立以来已设立了 4 个产业园区，共有 220 家企业，是韩国中部地区最大的产业园区。主要产业有半导体、陶瓷、生物、食品。区内有世界 500 强企业海力半导体、LG 化学、世界产量第一的韩国陶瓷等。四通八达的交通物流网络使清州形成了优越的投资环境，是尖端产业的理想投资地。

随着韩国第四次国土综合计划的实施，清州升级为国家高新尖端技术信息区域，有望发展成产、学、研一体的高新技术产业基地和供应基地。以尖端产业为支撑的清州市逐渐成为韩国中部地区经济的领头羊，交通发达、教育资源丰富、综合配套能力雄厚的优势为其提供了强有力的保证。

59. 韩国仁川

仁川港是韩国第二大港，也是首尔的外港。仁川港有规模广大的产业经济腹地，主要有炼钢、机械、汽车、造船、化工、电子、车辆制造、金属加工、石油及纺织等。仁川的高科技产业非常发达，仁川和京畿道的高科技产业值占韩国高新技术产业值的 60% 以上，仁川科技产业主要以半导体材料及生物医疗闻名。

60. 韩国水原

水原是首尔的卫星城市。水原市教育事业发达，公共和服务设施齐全。水原市经济实力和工业基础雄厚，科学技术发达。主要产业有电子、电器、化纤、服装等。其中，著名的三星电子、SK 纺织均有不少生产工厂位于水原。同时,水原市还是韩国农业研究的中心,国立首尔大学农学院和韩国政府农业厅所属的几个研究所均设在水原。

61. 韩国大田

大田广域市是韩国中部的科技中心城市,被誉为韩国的"硅谷",有超过70所先进的实验室坐落在这里,使其成为国家的高科技集聚地。目前,大田市的国民经济总额占韩国国民经济总额的20%,是支撑韩国实现经济腾飞的成功典范。

大田市有著名的大德科学城,占地面积27.6平方公里。大田市116家政府和民间的科研和教育机构中有近70家集中于此;韩国中部地区约2000家高科技企业中,有900余家落户大德,形成了总体规模现代、科研设施先进、人文精英荟萃的专业化科研基地,同时它又是科研与成果转化融为一体、科研与产业密切结合的高科技企业孵化基地。

62. 印度班加罗尔

班加罗尔是印度第三大城市。高科技公司在班加罗尔的成功建立,使其成为印度信息科技的中心。班加罗尔是印度科技研究的枢纽,印度科学学院是印度历史最为悠久的大学和研究所,其他重要的研究院还有印度天文物理学学院、拉曼研究学院、贾瓦哈拉尔·尼赫鲁高等科学研究中心、印度国家生物学中心等。

印度35%的IT人才都在班加罗尔打拼,他们创造的收入在印度GDP中占据了很大比重。微软、惠普、3M等世界知名企业都在这里设立了办事处。除此之外,生物科技也是它的一个拳头产品。班加罗尔也是印度最富裕和最有活力的城市,其崛起离不开城市南郊的电子城。电子城从20世纪80年代开始兴建,逐渐发展成为全球第五大信息科技中心。

63. 印度海得拉巴

海得拉巴是印度第六大城市,同样是一个发展IT业的宝地。这里兴建的高新科技园区吸引了当今全球顶尖IT业巨头。微软在美国本土以外的第一个软件开发中心就设在海德拉巴,IBM、爱立信、摩托罗拉、通用电气等大公司也都十分看好海得拉巴这座软件王国,欧洲的巴安公司已经决定把全公司80%的全球研究工作转移到海得拉巴。

64. 印度金奈

金奈是印度第四大城市,它东临孟加拉湾,是印度最大的人工港,海、空、铁路和公路交通发达,是南印度的旅游中心,被称为印度南部的"门户"。同时,金奈还是一座新兴的科学城市,高科技及信息产业发展迅速。因金奈地理位置优越,环境优美,科技发展迅速,世界上许多著名高科技公司,如诺基亚、索尼爱立信等跨国公司均在此投资。

65. 印度新德里

新德里是印度共和国首都,是全国政治、经济和文化中心,是印度北方最大的商业中心之一,也是印度铁路与航空交通中心。主要产业为IT、电信、餐饮住宿服务、金融、媒体和旅游业。新德里积极实行发展核电战略,核电技术非常发达。

66. 英国布里斯托尔

布里斯托尔是英国西南部的最大城市和商业、教育、文化中心,是英国重要的航天、高科技及金融贸易中心,拥有一个国际机场。

布里斯托尔的航天技术非常发达,航天工业始于1910年,历史悠久,实力强大,是世界著名的飞机制造商之一；同时，布里斯托尔也是一批跨国公司的欧洲总部所在地，许多高科技公司，如惠普、SGS汤普森都在当地投资设厂，并且电信业尤为发达，多媒体技术的研发与应用在世界居领先地位。

67. 英国伯明翰

伯明翰是仅次于伦敦的英国第二大城市。在伯明翰的四周有无数大工厂，其工业产值占全国工业产值的1/5；附近城市密集，并有煤、铁资源，现为全国主要制造业中心之一。工业部门繁多，以重工业为主。是世界最大的金属加工地区之一，常被形象地称为"英格兰的大心脏"。伯明翰的高性能应用材料研究非常发达，主要研究能够实际应用的特殊的金属材料，如TiAL合金、纳米结构高温陶瓷等。

68. 英国曼彻斯特

曼彻斯特是英国第二繁华城市，也是世界上第一座工业化城市，是英国重要的交通枢纽与商业、金融、工业、文化中心。曼彻斯特发展新兴工业，以电子、化工和印刷为中心，是拥有重型机器、织布、炼油、玻璃、塑料和食品加工等700多种行业的国际化城市。

曼彻斯特的新材料研究非常出名，位于曼彻斯特的曼彻斯特大学是世界著名高校，曼彻斯特大学国家石墨烯研究所是石墨烯研究和商用的领先机构，推动学术界和产业界共同研究石墨烯的应用。目前，已有40多家企业与曼彻斯特大学的235名研究人员合作开展石墨烯和相关二维材料的研究。英国国家工程和物理科学研究委员会和欧洲区域发展基金分别出资3800万英镑和2300万英镑建立了曼彻斯特大学国家石墨烯研究所。

69. 英国利兹

利兹是英国英格兰西约克郡最大的工业城市，是位于英国经济最发达地区中心的一个商业重镇，也是150家英国股票上市公司的总部所在地。

工业革命后，利兹成为英国显要的制造工业中心，后来又成功地转变成以服务业为主（占70%）的经济中心。在英国各大城市中，利兹市的失业率一直最低。利兹是一个文化、艺术和商业城市，是英国除伦敦外向个人提供教育机会最大的基地，拥有利兹大学和利兹市立大学等著名院校。城市的主要产品有煤炭、钢铁、能源、工程、化工及高科技电子产品和材料。

70. 英国剑桥

剑桥市位于伦敦北，从13世纪末创办剑桥大学的第一所学院彼得学院起，剑桥作为一座大学城存在至今。剑桥大学是一所世界顶级研究型大学，是世界上最杰出的大学之一，至2010年已诞生了97位诺贝尔奖获得者。

剑桥的生物研究非常著名，剑桥拥有除美国以外最大的生物技术机构公司群，以及国际知名的研究机构，包括英国医疗研究委员会、巴布拉汉姆研究所、维康基金会等。在过去的3年中，有536家信息技术公司和202家生物科学公司在此投资了8.29亿英镑的资金，这主要依托于剑桥大学独特的科学技术力量，从DNA分子结构的发现到最近Sanger中心在人类基因组项目方面的进展，都体现了该地区的生物科技实力。世界上医学和化学诺贝尔奖得主中，有20%以上来自剑桥地区，此地集中了世界最具影响力的生物科技、制药、医疗器械公司。

71. 英国牛津

牛津是英国最具学术气质的城市，它是英国皇族和学者的摇篮，现在牛津已经成为熙熙攘攘的世界城市。尽管还是那个古老的大学城，但遍布城市各个角落的商业企业，特别是高科技企业使牛津这座古老的城市焕发出了青春和活力。

牛津高新技术研究水平居世界前列。牛津也致力于把分子生物学应用于临床,把核磁共振原理应用于医疗诊断,在发现人体的免疫系统和应用基因工程技术用于临床问题方面,牛津也起到了领导作用。该校在艾滋病毒、移植手术和遗传病研究等方面也很有潜力;同时,牛津的固体物理、高磁学、激光研究、基本粒子研究和大气物理学等均在世界上占领先地位。

72. 英国爱丁堡

爱丁堡是英国著名的文化古城,造纸和印刷出版业历史悠久,造船、化工、核能、电子、电缆、玻璃和食品等工业闻名于世,同时它也是重要的运输枢纽和航空港。

爱丁堡拥有知名电子企业苹果IPOD,第一只克隆羊"多利"是它的特殊"公民"。爱丁堡也是世界上独立举办科学节的最大城市之一。爱丁堡国际科学节是欧洲最大、同时也是世界第一大科学与技术盛典。这个节日是英国最古老的节日。爱丁堡是英国的医药研究中心,爱丁堡大学的医学院也是世界上最古老和具权威的学院之一。

73. 英国格拉斯哥

格拉斯哥是苏格兰最大的城市和经济中心及港口城市。目前,格拉斯哥的经济结构中,金融和商务服务、通信、软件、生命科学和旅游业已成为支柱产业;该市的工业朝着多样化、高科技的方向发展。现在,除造船、机械、钢铁等传统工业外,这里还有电子电气设备、精密仪器、汽车、炼油、化学、食品、卷烟、纺织、印刷等多种工业。格拉斯哥市有自己的国际机场,并且有便利的公路和铁路交通与欧洲相连。近年来,南郊卫星城东基尔布赖德建成了新兴的计算机工业中心,有"苏格兰硅谷"之称。

74. 英国诺丁汉

诺丁汉是英国仅次于伦敦的第二大贸易集散地,也是英国最古老的城市之一。它的经济发展较快,制造业、高科技、建筑业、服务业等相对发达。诺丁汉以生物医学研究出名,拥有世界著名药业公司Boots(博姿)和迅速发展的生命科学创新中心——诺丁汉生物城,诺丁汉被英国政府命名为"科学之城"。位于诺丁汉的两所大学以强大的研究力量而闻名。诺丁汉的女王医学中心是英国顶尖研究和教学型医院之一。

75. 芬兰图尔库

图尔库是芬兰第二大海港和重要工业基地,位于芬兰西南端海岸,现为芬兰西南部的区域中心,工业颇发达,造船业规模居全国首位。图尔库还是芬兰通往西方的门户,是芬兰最大的客轮和渡轮的停泊港口,是芬兰的商业、文化和科技中心。图尔库的3所大学和科技园在生物化学、ICT和药物研究领域成就卓越。图尔库科技园区坐落在图尔库市郊,高低错落的建筑群中入驻有300多家高科技研发机构。这里是科技成果产业化的"孵化器","孵"出的高科技企业5年以上存活率高达85%~90%。芬兰有一半的医药产业集中在图尔库。图尔库科技园区根据当地优势,从培育新的经济增长点入手,将生物和通信作为两大重点发展领域,目标是促进科技成果商业化,打造"生物图尔库"和"通信图尔库"。

76. 芬兰赫尔辛基

赫尔辛基不仅是芬兰政治、经济、文化和商业中心,同时也是芬兰最大的港口城市和最大的工业中心。芬兰的高新技术创新能力举世公认,被称为"移动硅谷",赫尔辛基为其中的典型代表。赫尔辛基的因诺波利科技园被誉为"芬兰硅谷",在科技园附近有芬兰最大的理工科大学——赫尔辛基工业大学，有芬兰科研实力最强的科研院所——芬兰科技开发中心（由 10 个研究所组成），还有像诺基亚这样的跨国公司总部和研发中心。

77. 芬兰埃斯波

埃斯波市是芬兰第二大城市，其医疗和社会服务在全国占领先地位，各类教育、文化机构足以为全市提供各种文化教育机会。埃斯波市是芬兰乃至斯堪的纳维亚半岛地区最大的技术密集中心，电子通信、计算机技术、工程和软件生产是埃斯波市的主导产业。该地区拥有几所著名的技术大学和研究机构，如赫尔辛基工业大学、芬兰技术研究中心等。此外还有 20 多所各类实验室，进行从木材加工到空间技术等各种不同学科的研究。目前，埃斯波市 8000 家公司中有 500 家从事高技术产业，将近 700 家主营计算机，其中最大的公司有 Neste 能源公司、诺基亚电子通信公司、Orion 医药公司和 Qutokumpu 矿产金属和电子公司。

78. 芬兰奥卢

奥卢是芬兰第六大城市，曾经是个工业城市，现在则以高科技城市自居；同时，奥卢也是芬兰最年轻的城市之一，是世界最先进的科学、教育、文化中心之一，是欧洲的"生活实验室"之一，整个城市都在实验新技术。奥卢拥有众多处于世界领先地位的高新技术及其产品，其中最为著名的有移动通信技术及其产品，闪烁炼铜和镍技术及其设备，幅宽 11 米、速度达到 1800 米/分的造纸机，用于气象探测的温度和湿度传感器，卫星用太阳能电池，宇宙探测器的太空望远镜镜片，超导电缆结构网，等等。

79. 新加坡

新加坡是亚洲的发达国家，被誉为"亚洲四小龙"之一。新加坡的经济属外贸驱动型经济，以电子、石油化工、金融、航运、服务业为主，高度依赖美、日、欧和周边市场，外贸总额是 GDP 的 4 倍。新加坡高新技术研究非常发达，有著名的新加坡科学园，这是本地企业与跨国企业的研发中心与生产聚集区。同时，它的农业生物园也非常出名，包括海洋微生物与谷物的生产、微生物与细菌、基因工程、动物疫苗等。

80. 中国台湾

台湾位于中国大陆东南沿海的大陆架上。台湾推行出口导向型工业化战略，经济社会发展突飞猛进，缔造了举世瞩目的台湾经济奇迹，跻身于发达经济体之列。台湾制造业与高新技术产业发达，半导体、IT、通信、电子精密制造等领域全球领先。高新技术产业已取代劳动密集型产业，服务业与高新技术产业合计比例过半。台湾当局相继成立新竹科学工业园区、南部科学工业园区等科学园区，大力鼓励厂商投资集成电路、电脑等高新技术产业，耗能少、污染低、附加价值高的高新技术产业取代传统产业，成为台湾重要的经济命脉，电子信息产业在全球产业链中举足轻重，全球大多数电脑电子零组件都在台湾生产。

81. 以色列特拉维夫－雅法

特拉维夫－雅法，通常简称为特拉维夫，是以色列第二大城市。特拉维夫是以色列最大的都会区，是该国人口最稠密的地带，也是以色列的经济枢纽。特拉维夫都市区高度集中了以色列大部分高科技产业，拥有除美国"硅谷"之外全球最集中的高科技企业群，创造了多项世界第一，全球顶尖的高科技包括英特尔、IBM、微软、惠普、雅虎、谷歌，在这里都设有研发中心。这个熙熙攘攘的城市已经成为最繁荣的高科技城市，并被美国《新闻周刊》称作世界十大最具影响力的高科技城市之一。

82. 以色列海法

海法是以色列第三大城市。产生了3位诺贝尔奖获得者的海法，是一座名副其实的"创新之城"，很多本国及国际的高技术公司，如英特尔、微软、谷歌、飞利浦及IBM等均在此设有分公司，进行生产与研发，苹果公司在美国之外建立的第一个研发中心，也选址在以色列理工学院附近的海法科技园。海法市有著名的高科技工业园、Matam科技园，它们是以色列最大、最早的工业园区。当地和国际技术中心，以其国际突破和国际发明的国际高科技研发公司著称，像埃尔比特系统、英特尔、微软、飞利浦、卓然、谷歌、雅虎等高科技企业均入驻，跨国公司的研发中心让海法处于技术发展的前沿地带。

83. 以色列荷兹利亚

荷兹利亚是以色列特拉维夫区西部的一座沿海城市，是以色列最为富裕的城市之一，也是以色列夜生活最繁华的地方。荷兹利亚是以色列著名的高科技城市之一，市里设有荷兹利亚科技工业园，工业园内有100家公司，行业包括电脑控制系统、集成电路板、剪裁、医学设备、芯片、油漆等，其高科技产品出口占全以色列的25%。亚马逊流行的Kindle阅读器大部分就是由荷兹利亚工业园研发的。

84. 俄罗斯莫斯科

莫斯科是俄罗斯的政治、经济、文化、金融、交通中心以及最大的综合性城市，同时它还是俄罗斯乃至欧亚大陆上极其重要的交通枢纽，是俄罗斯重要的工业制造业中心和科技、教育中心。莫斯科也是俄罗斯最大的军事工业中心，航空、航天、电子等工业均集中在这里。除此之外，莫斯科还有1000多所科研机构，科学工作者人数达20多万人。除国家科学院外，还设有全国性的艺术、医学、教育和农业研究院。莫斯科的航空航天以及特殊钢料研究非常出名，出口到世界各地。

85. 俄罗斯圣彼得堡

圣彼得堡位于俄罗斯西北部，是全俄重要的水陆交通枢纽，是世界上人口超过百万的城市中位置最北的一个，又被称为俄罗斯的"北方首都"。圣彼得堡市在俄罗斯经济中占有重要地位，是一座大型综合性工业城市，是俄罗斯通往欧洲的窗口，也是一座科学技术和工业高度发展的国际化城市。圣彼得堡还是俄罗斯重要的医学研究教育基地以及海洋研究基地，它有欧洲十大著名医科大学之一的巴甫洛夫医科大学和米奇尼科夫医学院，有世界唯一的儿科医学院、圣彼得堡国立医科大学、药剂学院等一批俄罗斯优秀的医科大学，当地还有几十所医学研究院和科学院。同时，它还有圣彼得堡国立海洋技术大学，这是俄罗斯唯一一所能够培养世界级海洋工程师和专家的大学。

86. 俄罗斯新西伯利亚

新西伯利亚是俄罗斯国内仅次于莫斯科与圣彼得堡，人口第三多的城市。新西伯利亚州是西伯利亚重要的工业区之一，工业一直是其重要经济部门。新西伯利亚是俄罗斯著名的高新技术城市，新西伯利亚科技园是唯一由俄罗斯总统签署命令成立的科学技术园区，致力于纳米技术、信息技术、动力电子、生物制药和仪器制造五大领域的科研，目前拥有30个包括自然科学、技术科学等在内的综合科研实体，是俄罗斯东部地区最大的科研中心。新西伯利亚科技园目前拥有100多个科研机构、20多所高等院校、3万余名研究人员，是俄罗斯科学院系统中规模最大、科研力量最强的分院，在此聚集的学者研究领域广泛，从信息技术到核物理，从理论遗传学到太空计划皆有所涉及。

87. 澳大利亚墨尔本

墨尔本是澳大利亚维多利亚州的首府，是澳洲文化、工业中心，是南半球最负盛名的文化名城。

墨尔本也是全球生物科技的中心城市之一和全澳的科技中心，澳大利亚以及世界各国的大多数生命科学、电子、高科技、能源企业总部或是澳大利亚（澳纽）总部都设立于墨城东南部的莫纳什大学周边地区。

88. 澳大利亚珀斯

珀斯是西澳大利亚州的首府，也是澳大利亚第四大城市。珀斯是澳大利亚著名的最佳居住城市和高科技城市，也是澳大利亚科技创新的核心地区。珀斯市有著名的西澳洲科技园，它是澳大利亚全国科技园和孵化器组织的创立成员之一，园区的发展和管理水平在全球范围内处于领先地位，被国际科技园协会评为澳洲科技园之首，全球科技园排名中名列第九。科技园企业中80%是私人企业，20%为政府部门拥有。这些企业代表的领域范围有信息通信技术、资源能源、环境保护、生物制药、生物技术、服务领域等。科技园下一阶段的发展目标是进入一个更宽广的技术区域，包括大学、研究、工业和社会机构。科技园现共有工作人员2600人，年产值超过5亿澳元。

89. 澳大利亚布里斯班

布里斯班是澳大利亚昆士兰州首府，位于澳大利亚本土的东北部，是澳大利亚人口第三大都会，仅次于悉尼与墨尔本。布里斯班是一个高速发展的城市，其中布里斯班的技术四角区尤为著名，在国际上有很大的影响力。布里斯班的许多学术机构在其各自的领域中都位于最尖端，它们向对合资项目、创新技术和发明感兴趣的公司广开大门。布里斯班技术四角区是来自工业、学院和政府的专门知识与设施的结合。技术四角区的核心在于澳大利亚最先进的研究和发展设施中。在布里斯班市内和周围有4所大学，即昆士兰大学、昆士兰技术大学、格里菲斯大学和邦德大学。通过技术四角区提供的设施包括矿物研究中心、信息技术中心、植物生物工艺学中心和药物设计与发展中心。技术四角区拥有世界上第一个活塞冲击管道，可模拟风速达每秒4公里以上的超音风，技术四角区为大小企业提供了一件十分重要的东西——将理想转化为现实的机会。

90. 澳大利亚悉尼

悉尼是澳大利亚新南威尔士州的首府，澳大利亚金融、交通、旅游中心，是大洋洲最大的城市和港口，是世界著名的国际大都市，全澳最大的高科技园区及大型跨国公司办公集中地。毗邻麦考瑞大学的麦考瑞科技园区是澳洲闻名遐迩的高科技高就业城。麦考瑞大学是澳大利亚首个NASA（国家航空和宇宙航行局）附属的天体生物研究中心所在地，也是全球仅有的4个类似的中心之一。许多著名的国际大公司也纷纷把澳大利亚总部设在了麦考瑞科技园。

91. 意大利罗马

罗马是意大利首都，也是意大利政治、经济、文化和交通中心，是世界著名的历史文化名城。罗马是古罗马帝国的发祥地，因建城历史悠久而被昵称为"永恒之城"。罗马是意大利著名的高科技中心，通信卫星研究非常发达，在罗马市内有意大利蒂布尔蒂纳国家高科技区从事通信卫星及其地面站设备的研究与开发，产品全部供应国际市场，迄今已为世界各国生产62颗通信卫星及21座全套地面接收系统。

92. 西班牙马德里

马德里是西班牙首都，是西班牙最大城市及经济中心，也是欧洲著名的历史名城。马德里大区同时也是西班牙的商业中心和"总部经济"中心，西班牙75家最大的企业集团中，有49家总部落户于该区。全国性电信运营商也均聚集在该区。该区70.7%的人口拥有手机，43%的家庭装有电脑，远远高于全国平均水平。马德里是全国大多数企业及外企聚集的重地，同时又拥有为数众多的新兴科技公司。

93. 西班牙巴塞罗那

巴塞罗那是西班牙第二大城市，为全国最大的造船工业和纺织工业中心，汽车、化工、精密仪器、塑料等工业迅速发展；工业总产值占全国的1/5，是西班牙最大的工业中心。同时，巴塞罗那还是世界闻名的智慧城市，是旅游业、金融业、文化业和高科技产业高度发达的地区。巴塞罗那市议会与思科合作进行城市基础设施建设、服务管理和日常业务，拥有大量的研究和专业技术人员。这座城市正成为智慧城市产品开发、新产品测试的大实验室，创新中心将成为长期的经济增长和高科技技术创新和创业基地。

94. 爱尔兰都柏林

都柏林是爱尔兰的首都，是爱尔兰最大的港口和最大的制造业城市，有酿酒、服装、纺织、化工、大型机器制造、汽车、冶金等工业。都柏林有"欧洲大学城"之称，人均受教育水平高，著名的都柏林大学、圣三一学院和都柏林城市大学都在此地。都柏林是500多家跨国公司的欧洲总部所在地，尤其是高科技公司，如微软、英特尔、谷歌、雅虎、IBM等，所以有"欧洲的硅谷"之称。

95. 荷兰埃因霍温

埃因霍温是荷兰的第五大城市，在科技领域排名第一，一个多世纪以来一直是飞利浦电子研究和发展设施的基地。埃因霍温是一个充满创新的城市，也是荷兰第四大工业城，并且是欧洲四大高科技聚集地之一。埃因霍温的高科技园区是很多大公司的大本营，里面有来自50多个国家的5000多生意人，那里的经济网络催生了很多高科技成果，十分重视现代信息与通信科技，CD-R（compact disk）也是在那里发展起来的。

96. 荷兰阿姆斯特丹

阿姆斯特丹是荷兰最大的城市，同时也是荷兰第二大港，港口完全实现了现代化。阿姆斯特丹的高科技非常发达，诸多高科技公司都选择这里作为创业基地。阿姆斯特丹是"创业公司理想的跳板"，还是整个荷兰高科技投资的焦点，孵化基础好。这里拥有全荷兰规模最大的学生群体，有荷兰最大的科技大学代尔夫特理工大学，以及这座大学中全国领先的医学专业。最近，Netflix一家在线影片租赁提供商和Uber（优步）都决定将自己的欧洲总部设在阿姆斯特丹。另外，阿姆斯特丹的农业科技化也处于世界先进水平。

97. 比利时鲁汶

鲁汶市作为欧洲知识生产的中心已经有悠久的历史，与美国的"硅谷"和英国的剑桥科技园相比，鲁汶也同样具有发展高新技术园区的良好条件。在地理区域上，鲁汶有鲁汶大学和微电子研究中心的优势，在信息与通信技术领域、生物技术领域和新材料领域等许多高技术领域均有丰富的知识源泉。结合鲁汶的地理特点和学科优势，鲁汶自然地形成了信息与通信技术领域、生物技术领域和新材料领域的高技术产业集中地。除了数字信号处理技术以外，生物芯片技术和新材料技术也正形成新的产业群。生物技术和微电子芯片技术正好是鲁汶大学和校际微电子中心的两个优势领域，这是鲁汶发展生物芯片工业的良好基础。新材料也是鲁汶大学的传统优势学科领域，机械、化学、物理、冶金等学科的优势组合已经产生了一批新材料领域的公司，涉及计算机辅助测试与制造、半导体检测系统以及形状记忆合金等。

98. 瑞士苏黎世

苏黎世市是苏黎世州的首府，坐落在苏黎世湖畔北岸，是瑞士第一大城市，已有2000年的历史，它既是全国最大的金融和商业中心，又是瑞士重要的文化城市，交通和服务业也居全国首位。苏黎世还是瑞士文化、教育和科研中心之一，苏黎世联邦理工学院、苏黎世大学等院校均是举世闻名的高等学府，苏黎世的科学家在纳米技术、太空研究等领域进行了具有突破性的研究。

99. 瑞士巴塞尔

巴塞尔是瑞士的第三大城市（仅次于苏黎世和日内瓦），是瑞士最具经济活力的地区，也是世界最具生产力和创新力的城市之一。巴塞尔为约30万瑞士及外国居民提供了工作机会。巴塞尔的成功首先来自以科学为基础的工业世界创造力，其次来自化学医药工业。医药和化学工业的大企业构成了巴塞尔经济的支柱，借助其出色的市场适应能力和创造力，使得这些总部位于巴塞尔的公司在几十年甚至上百年来在国际上取得了巨大成功。由于众多的企业和新建企业，巴塞尔如今是一个有国际影响力的生物技术基地、瑞士最重要的生命科学基地，也是从巴塞尔延伸至斯特拉斯堡的跨国"生物谷"与瑞士之间的连接枢纽。此外，巴塞尔还拥有很多从事基础研究和实用研究的公立和私立科研机构。

100. 爱沙尼亚塔林

塔林是爱沙尼亚共和国首都，是爱沙尼亚的最大城市和经济、文化中心，同时也是爱沙尼亚重要的港口。爱沙尼亚是全球互联网与通信技术最发达的国家之一。塔林很重视高科技的发展，现在除了旅游业，新兴的资讯科技工业也成了爱沙尼亚的经济支柱之一。Skype（是一款网络流行的即时语言沟通工具）等都是爱沙尼亚人开发的。10个爱沙尼亚人就有8个拥有手机；塔林几乎都能无线上网，包括在加油站等。美国《纽约时报》甚至形容塔林为"波罗的海的硅谷"。

第五章　总部经济城市

总部经济城市（Headquarters Economic City）是伴随着经济全球化而来，在知识经济、信息化以及企业组织变革的背景下产业集群发展的一种高级形态城市。

总部经济城市的发展需要具备 5 个一级指标，即商务设施、研发能力、专业服务、政策优势和开放程度。具体见表 3-16。

表 3-16　总部经济城市发展的主要 5 个指标

商务设施	该区域必须具备便捷获取信息和高效异地信息沟通的信息通道；同时，在城市的区位选择、交通网络构建、基础设施的供给以及内部环境都具备无法比拟的优势
研发能力	拥有高素质的人力资源和教育资源，增强该区域研发能力，能够使公司以"最经济原则"进行知识密集性价值活动的创造
专业服务	该区域由众多专业化服务体系支撑（服务体系包括金融、保险、商贸、会展、航运、物流、旅游、法律以及电子商务等诸多领域）
政策优势	凭借优惠的政策，吸引大量的优秀人才到该区域就业发展。这是总部经济城市发展的重要条件
开放程度	在接纳优秀人才、聚集众多资源方面的开放度高，无论在信息、交通运输等交流平台上都具备强大的优势。这些是发展总部经济城市的强大推进力

总部经济城市以其知识性、集约性、辐射性和共赢性为主要特征，这些特征在城市的建设进程中越来越彰显其重要的作用，成为推动城市经济快速发展的重要推动力。

第一节　国际CBD城市

全球权威咨询公司科尔尼公司发布了"2014 年全球化城市指数（GCI）"，该指数以 CBD（Central Business District，中央商务区）大城市的国际影响力、全球市场以及文化等综合实力为衡量标准，对全世界 84 个大规模的 CBD 城市进行排名（见表 3-17）。其中，纽约、伦敦、巴黎、东京、香港、洛杉矶、芝加哥、北京、新加坡、华盛顿被称为新时代的世界十大国际都市。

表3-17 2014年全球化城市指数排行榜

排名 2014	排名 2012	城市	商业活动（30%）	人力资本（30%）	信息交换（15%）	文化体验（15%）	政治参与（10%）	全球城市指数（%）
1	1	纽约	18.51	18.51	9.26	9.26	6.17	61.70
2	2	伦敦	17.43	17.43	8.72	8.72	5.81	58.10
3	3	巴黎	15.69	15.69	7.85	7.85	5.23	52.30
4	4	东京	14.16	14.16	7.08	7.08	4.72	47.20
5	5	香港	12.39	12.39	6.20	6.20	4.13	41.30
6	6	洛杉矶	11.40	11.40	5.70	5.70	3.80	38.00
7	7	芝加哥	11.04	11.04	5.52	5.52	3.68	36.80
8	14	北京	10.53	10.53	5.27	5.27	3.51	35.10
9	11	新加坡	10.29	10.29	5.15	5.15	3.43	34.30
10	10	华盛顿	10.02	10.02	5.01	5.01	3.34	33.40
11	9	布鲁塞尔	9.63	9.63	4.81	4.81	3.21	32.09
12	8	首尔	9.78	9.78	4.89	4.89	3.26	32.60
13	16	多伦多	9.72	9.72	4.86	4.86	3.24	32.40
14	12	悉尼	9.69	9.69	4.85	4.85	3.23	32.30
15	18	马德里	9.54	9.54	4.77	4.77	3.18	31.80
16	13	维也纳	9.09	9.09	4.55	4.55	3.03	30.30
17	19	莫斯科	8.85	8.85	4.43	4.43	2.95	29.50
18	21	上海	8.82	8.82	4.41	4.41	2.94	29.40
19	20	柏林	8.82	8.82	4.41	4.41	2.94	29.40
20	22	布宜诺斯艾利斯	8.67	8.67	4.34	4.34	2.89	28.90
21	15	波士顿	8.58	8.58	4.29	4.29	2.86	28.60
22	17	旧金山	8.16	8.16	4.08	4.08	2.72	27.20
23	23	法兰克福	8.01	8.01	4.01	4.01	2.67	26.70
24	24	巴塞罗那	8.01	8.01	4.01	4.01	2.67	26.70
25	32	墨尔本	8.01	8.01	4.01	4.01	2.67	26.70
26	26	阿姆斯特丹	7.89	7.89	3.95	3.95	2.63	26.30
27	29	迪拜	7.89	7.89	3.95	3.95	2.63	26.30
28	37	伊斯坦布尔	7.80	7.80	3.90	3.90	2.60	26.00
29	26	迈阿密	7.65	7.65	3.83	3.83	2.55	25.50
30	30	蒙特利尔	7.62	7.62	3.81	3.81	2.54	25.40
31	25	苏黎世	7.62	7.62	3.81	3.81	2.54	25.40

（续上表）

排名 2014	排名 2012	城市	商业活动（30%）	人力资本（30%）	信息交换（15%）	文化体验（15%）	政治参与（10%）	全球城市指数（%）
32	28	罗马	7.23	7.23	3.62	3.62	2.41	24.10
33	27	斯德哥尔摩	7.05	7.05	3.53	3.53	2.35	23.50
34	33	圣保罗	7.02	7.02	3.51	3.51	2.34	23.40
35	34	墨西哥城	6.90	6.90	3.45	3.45	2.30	23.00
36	39	亚特兰大	6.81	6.81	3.41	3.41	2.27	22.70
37	31	慕尼黑	6.72	6.72	3.36	3.36	2.24	22.40
38	38	休斯敦	6.69	6.69	3.35	3.35	2.23	22.30
39	35	日内瓦	6.51	6.51	3.26	3.26	2.17	21.70
40	40	台北	6.39	6.39	3.20	3.20	2.13	21.30
41	45	孟买	6.27	6.27	3.14	3.14	2.09	20.90
42	43	曼谷	6.21	6.21	3.11	3.11	2.07	20.70
43	42	哥本哈根	6.18	6.18	3.09	3.09	2.06	20.60
44	41	米兰	6.00	6.00	3.00	3.00	2.00	20.00
45	44	都柏林	5.43	5.43	2.72	2.72	1.81	18.10
46	NA	布达佩斯	5.25	5.25	2.63	2.63	1.75	17.50
47	NA	布拉格	5.25	5.25	2.63	2.63	1.75	17.50
48	NA	温哥华	5.25	5.25	2.63	2.63	1.75	17.50
49	50	开罗	5.25	5.25	2.63	2.63	1.75	17.50
50	NA	达拉斯	5.22	5.22	2.61	2.61	1.74	17.40
51	54	雅加达	5.16	5.16	2.58	2.58	1.72	17.20
52	55	波哥大	4.92	4.92	2.46	2.46	1.64	16.40
53	49	吉隆坡	4.89	4.89	2.45	2.45	1.63	16.30
54	46	特拉维夫	4.77	4.77	2.39	2.39	1.59	15.90
55	47	大阪	4.74	4.74	2.37	2.37	1.58	15.80
56	53	里约热内卢	4.68	4.68	2.34	2.34	1.56	15.60
57	48	新德里	4.56	4.56	2.28	2.28	1.52	15.20
58	NA	圣地亚哥	4.41	4.41	2.21	2.21	1.47	14.70
59	52	约翰内斯堡	4.26	4.26	2.13	2.13	1.42	14.20
60	NA	华沙	4.08	4.08	2.04	2.04	1.36	13.60
61	NA	利马	4.08	4.08	2.04	2.04	1.36	13.60
62	NA	阿布扎比	3.99	3.99	2.00	2.00	1.33	13.30

（续上表）

排名 2014	排名 2012	城市	商业活动（30%）	人力资本（30%）	信息交换（15%）	文化体验（15%）	政治参与（10%）	全球城市指数（%）
63	51	马尼拉	3.81	3.81	1.91	1.91	1.27	12.70
64	NA	多哈	3.72	1.86	1.86	1.24	12.40	
65	NA	利雅得	3.45	3.45	1.73	1.73	1.15	11.50
66	60	广州	3.30	3.30	1.65	1.65	1.10	11.00
67	57	加拉加斯	3.27	3.27	1.64	1.64	1.09	10.90
68	56	内罗毕	3.15	3.15	1.58	1.58	1.05	10.50
69	58	班加罗尔	3.06	3.06	1.53	1.53	1.02	10.20
70	61	胡志明市	2.67	2.67	1.34	1.34	0.89	8.90
71	NA	开普敦	2.67	2.67	1.34	1.34	0.89	8.90
72	NA	清奈	2.28	2.28	1.14	1.14	0.76	7.60
73	65	深圳	2.16	2.16	1.08	1.08	0.72	7.20
74	59	拉各斯	2.16	2.16	1.08	1.08	0.72	7.20
75	63	达卡	2.13	2.13	1.07	1.07	0.71	7.10
76	62	卡拉奇	2.07	2.07	1.04	1.04	0.69	6.90
77	NA	麦纳麦	2.04	2.04	1.02	1.02	0.68	6.80
78	NA	卡萨布兰卡	1.89	1.89	0.95	0.95	0.63	6.30
79	64	加尔各答	1.80	1.80	0.90	0.90	0.60	6.00
80	NA	亚的斯亚贝巴	1.71	1.71	0.86	0.86	0.57	5.70
81	NA	突尼斯	1.59	1.59	0.80	0.80	0.53	5.30
82	NA	拉合尔	1.44	1.44	0.72	0.72	0.48	4.80
83	NA	金沙萨	1.41	1.41	0.71	0.71	0.47	4.70
84	66	重庆	1.14	1.14	0.57	0.57	0.38	3.80

数据来源：科尔尼全球化城市指数。

注：科尔尼全球化城市指数基于5个方面的指标对城市进行排序，这5个方面包括商业活动、人力资本、信息交流、文化体验和政治参与。

美国纽约

1. 城市概况

纽约大都市区人口2120万，面积32400余平方公里，是世界上最大的都市区之一。曼哈顿是纽约的中心区，总面积57.91平方公里，占纽约市总面积的70%，人口150万人，被誉为"纽约的心脏"。这里有著名的华尔街、帝国大厦、联合国总部和中央公园等，使该岛中的部分地区成为纽约的CBD。

2. 商业活动

纽约的商业活动主要是以高盈利的第三产业，比如国内外的大银行、证券公司、保险公司、中央银行等金融机构与金融监管机构为主导，其次是会计、法律、咨询、信用等与金融服务相关的中介服务业，以及其他高增值的现代服务业。以华尔街为主，这里曾经集中了纽约证券交易所、世界贸易中心、投资银行、政府和市办的证券交易所、信托公司、联邦储备银行、各公用事业和保险公司的总部以及美国洛克菲勒、摩根等大财团开设的银行、保险、铁路、航运、采矿、制造业等大公司的管理处，让面积不足1平方公里的华尔街CBD金融区聚集了全球近3000家外贸、金融、证券大厦等，成为美国和世界的金融、证券交易的中心。

3. 发展模式

纽约属于主要以金融商务服务业为主导产业的集群发展模式。纽约现代服务业的快速发展，提高了服务产品的供给能力，扩大了全球市场的需求，从而吸引了大量服务业集群聚集在曼哈顿城区。以华尔街为中心的金融贸易集群包括了大银行、金融、保险、贸易公司等。

英国伦敦

1. 城市概况

伦敦市是英国的首都，位于英格兰南部，总面积约为1500平方公里，伦敦市区面积319平方公里，相当于北京四环以内的区域。伦敦市下辖33个区、14个市区、19个郊区。

2. 产业状况

伦敦作为全球的金融中心，拥有最多的外国银行、全球最大的国际保险市场、全球最大的外汇交易量以及全球最大的基金管理中心等。据数据分析，伦敦城的国际银行业务占全球国际银行业务总额的20%~30%。

2015年，伦敦城十大核心银行资产排名显示，大量外国银行聚集于伦敦城，使伦敦的银行数居世界其他金融中心之首。

伦敦作为证券业务的中心，主要受益于其他金融中心一定程度的管制政策，这样导致大多数欧洲美元、欧洲日元、欧洲加元等国际债券都汇聚于伦敦发行。据不完全统计，欧洲债券的一级发行额的60%~70%在伦敦，全世界70%~80%的国际欧元债券也在伦敦交易。

在保险业方面，伦敦仍然是全世界最大的国际保险市场，几乎涵盖了世界各地任何类型的保险业务。目前，全球20家顶尖的保险公司也都在这里有自己的公司。

在外汇交易量上，伦敦长期以来一直都是世界上外汇交易量最大的中心，交易外汇票据的伦敦贴现市场仍然是世界上最大的贴现市场。伦敦每天的交易量达6000多亿美元，是华尔街的2倍，管理着全球4万多亿美元的资产。

巴黎拉德芳斯区

1. 城市概况

巴黎是法国的首都，是欧洲大陆最大的城市，也是世界上最繁华的大都市之一。拉德芳斯是巴黎都会区首要的中心商务区，拥有巴黎都会中最多的摩天大厦，在不足1平方公里的新区里集中了1200家企业，新区所有企业的年营业额相当于法国一年的政府预算，11万人在这里工作，是欧洲最大的办公区。

2. 产业状况

拉德芳斯的副中心已经成为欧洲最卓越的商务办公区，现今已成为欧洲大陆上最大的新型国际商务办公区，聚集着法国一半以上的大企业总部。共有 3600 家公司，其中 50% 为外国公司，26% 为全球前五十大公司的总部，70% 为法国前二十大公司的总部，这些大公司几乎都透过资讯分配及电传科技的发展和进驻，几乎都是 EMC（易安信，是一家美国信息存储资讯科技公司，主要业务为信息存储及管理产品、服务和提供解决方案）成员，而其客户常常就在邻近的四周。

目前，在拉德芳斯已经有 700 多家大企业的总部或办事机构设立在此，员工总数超过 10 万人，来往这里的法国以及世界各国的企业家终年不断，城区内的企业年营业总额达万亿法郎以上。法国人常把拉德芳斯称作"巴黎的曼哈顿"，一方面是因为这里有大型企业、财团、跨国公司的集中办公区，另一方面则因为其建筑风格与结构完全是美国式。

3. 发展规划

拉德芳斯规划用地 750 公顷，先期开发 250 公顷，其中商务区 160 公顷，公园区（以住宅区为主）90 公顷。优美的环境和完善的设施，每年吸引了约 200 万游客慕名而至，成为巴黎的次中心区。

东京新宿区

1. 城市概况

新宿区是日本东京都内 23 个行政区之一，随着东京都厅（政府）的迁入而日益繁荣，如今已成为东京的重要商业和办公中心。

2. 产业状况

（1）现代服务业产业群。经营性的服务型产业是现代服务业的主要组成部分，它包括信息处理服务业、信息提供服务业、软件业、律师事务所、会计师事务所、专利事务所、税务事务所、职业介绍所、猎头公司等。

（2）IT 相关产业群。新宿的 IT 产业群包括计算机软件公司、各种网站、游戏软件开发公司、动画制作公司等。目前，日本全国有 IT 产业的公司达到 36000 家，其中 45% 的公司集中在东京。

（3）现代文化产业群。首先，以电视转播为核心，以节目、广告制作和相关咨询、中介为产业链的产业群体大部分都集中于东京，节目制作业、录音业等相关产业又大多集中在东京西部的新宿周边。其次是流行的时尚相关产业群，包括服装、服饰产品的设计、广告、批发和销售等。最后是动画制作产业群。东京是世界动画产业最发达的城市，被誉为"世界动画之都"。日本共有动画制作公司 331 家，其中有 261 家集中在东京及其周边，动画公司总数在日本占有绝大多数。

香港中环

1. 城市概况

香港位于中国的南部，东连珠江口，西望澳门、珠海。香港面积为 1104 平方公里，人口 718.4 万人。

2. 产业状况

作为亚太地区国际金融中心的香港，拥有高度发达的金融运行系统。金融业是香港经济的支柱之一，包括银行、证券、保险、基金管理和其他相关服务等。政府的政策是维持和发展适当的法律监管、基础设施和行政架构，以期为所有市场参与者提供公平的竞争环境，维持金融和货币体系的稳定，并使香港有足够的能力与其他主要的金融中心竞争。

香港中环CBD作为香港的核心商务区，目前已经形成了包括银行体系、外汇市场、货币市场、证券市场、金银贸易、保险行业以及投资管理等金融运作系统，它们既各自独立，又互相依存，互为补充，共同为资本的顺畅流通和增值提供保障。

香港的金融市场在高透明的监管下运作，各项监管规划都符合国际标准。在自由的市场经济情况下，香港特区政府尽量不干预金融市场的运作，为金融机构提供了一个有利的经营环境。同时，香港的地税政策和简单的税制，为各类商业企业提供了更多的自主权和创新空间，而完善的法制则保证了市场的公平竞争，吸引了大批外国金融机构进驻香港，为香港的繁荣奠定了基础。

洛杉矶

1. 城市概况

洛杉矶位于美国西南部的太平洋沿岸，面积为1214平方公里。截至2013年数据统计，洛杉矶－长滩－圣安娜都会区拥有13485631人，大洛杉矶地区所涵盖的范围更大，包括5个县，人口大约为1800万。

洛杉矶作为美国的第二大城市，是一个多中心的大城市。这些次中心城市主要可以分为四种类型：第一类是以购物商城为基础而发展起来的次中心城市，这里分布着各种各样的购物城和商贸中心。第二类是那些位于大都市区国际机场、港口附近的次中心城市，这里汇聚了众多的商业购物中心、办公大楼、酒店和公寓，形成了一个高密度就业的次中心。第三类是以郊区工业园区为核心的次中心，工业园区最大优势是产业集群化。洛杉矶高科技宇宙航空和电子产品公司、办公楼和工业园区所组成的高效交易的聚集区主要分布在圣费尔南多峡谷和从洛杉矶国际机场至长滩大型港口的沿线地区。第四类是得益于战后产业郊区化而形成的郊区县的中心城市。

2. 产业状况

洛杉矶的产业结构以三大支柱产业为主，分别是军事国防、生物医药和文化娱乐产业。这三大支柱产业依旧在全球遥遥领先，成为洛杉矶实现跨越式发展的重要原因和动力，使得洛杉矶区域产业发展成功实现了从资源主导向创新主导的转变。洛杉矶地区企业重视基础科学、高新科技的研究与开发，技术创新主要是以原创型、主导型的创新。同时，风险资本运作通过有限伙伴关系这一主要组织形式，不仅为企业提供资金，也提供技术和管理方面的支持。

芝加哥卢普区

1. 城市概况

芝加哥是美国第三大城市。卢普区是芝加哥的行政区，辖区内拥有目前美国第二大中央商务区，是城市高附加值产业活动聚集的核心区域。该区包括100个街区，占地约2.59平方公里，聚集了超过10万就业大军，占芝加哥市约1/6的就业人口。这里不仅是单一的商务区，还聚集了大量的高等学府，教育氛围浓厚。

2. 产业状况

卢普区作为芝加哥的CBD，聚集了大量高产值、高附加值的金融服务业部门，带动了零售业、娱乐业、交通运输业、会展业等多个服务业部门的发展。其中，总部设在芝加哥中心商务区的企业有美联航、雅培、波音、摩托罗拉、Walgreen连锁药店、麦当劳、卡特皮勒物流公司、Exelon能源公司、The Allstate Corporation 保险公司、机械与工业部件制造商等。芝加哥大都市区前十五大企业雇主，雇佣员工总数超过22万人，占芝加哥大都市区就业人口的6%。

在金融业上，芝加哥是美国中西部重要的金融中心，也是世界金融中心之一。芝加哥证券交易所是美国境内仅次于纽约市的最大证券交易所。芝加哥交易局是世界上最大、最早的期货、期权交易市场，它的股票成交额在美国国内名列前茅。同时，芝加哥是美国一些大银行和大金融机构的总部和分支所在地，拥有300多家美国银行、40多家外国银行分行和16家保险公司。世界《财富》500强企业中，芝加哥有33家，美国《福布斯》500强企业中，有47家在此落户。芝加哥在金融衍生产品交易领域从业人数达3.35万人，排名全美第二，仅次于纽约市的17.49万人。在高等教育方面，这里集中了芝加哥大学商学院、西北大学等，还有伊利诺伊州最大的大学城，堪称世界最大的大学城之一。

北京

1. 城市概况

北京CBD位于北京市建国门至朝阳门、东二环至东三环之间。在北京城市总体规划布局中，商务中心区是首都经济"一线两翼"中具有巨大发展潜力的东翼。这种区位优势有利于发展现代商务服务业，聚集大量工商企业，发挥商务中心区的集散功能。

2. 产业状况

在行业结构方面，CBD区域专业服务业、金融业、传媒广告出版业聚集度较高，从业人口位列前三，其中以咨询顾问等高端服务业为主的专业服务业从业人员最多，达到81166人，占区域办公人口的17.11%，金融业从业人员74549人，占区域从业人口的15.72%，传媒广告出版业人口43872人，占区域从业人口的9.25%。以上三大产业从业总人数199587人，占区域从业人口的42.08%。

CBD区域有内资企业11000余家，国家工商总局注册企业100余家，个体工商户5200余家，内外经济户口总数达到21000家。外资银行、保险公司及其代表机构约150家，律师事务所、会计师事务所、咨询等中介机构192家。CBD区域写字楼出租率大都维持在90%左右。其中，金融、银行、保险及证券占20%，会计、法律、咨询等专业服务业占16%，旅游、娱乐、物流等商业服务占15%，电信以及信息技术占15%，制造、工程设备占13%，石油、化工以及制药业占11%，贸易业占10%。由此可以看出，北京CBD中的产业以商业服务业为主，占总比重的76%，经过多年的发展，CBD已经撑起北京2.2%的GDP。

新加坡

1. 城市概况

新加坡是亚洲的发达国家，被誉为"亚洲四小龙"之一，是继纽约、伦敦、香港之后的第四大国际金融中心，也是亚洲重要的服务和航运中心之一。

2. 产业状况

（1）电子业是新加坡经济的支柱产业之一，约占本国制造业产值的26%，从业人员约达91000人。

（2）工程也是新加坡支柱产业之一，占新加坡制造业产值的26%，从业人员约达35000人。世界十大自动化控制公司中已有9家在新加坡开展业务。

（3）基于良好的国家信用、完善的政府监管机制以及健全的法律制度，新加坡拥有600多家本地和外国金融机构,从而成为世界领先的国际金融中心。

（4）化工业是新加坡重要的产业,化工业产值高达300亿元新币以上,其中仅石油业的产值就占新加坡国内生产总值的5%。

（5）新加坡是全世界宽带普及率最高的国家之一。在"智慧国2015"总体规划中,新加坡致力于在数字时代下实施资讯通信策略的宏伟蓝图。除了创造大约8万个就业机会之外,资讯通信技术产业产值还将增至260亿元新币。

华盛顿

1. 城市概况

华盛顿哥伦比亚特区位于美国的东北部,靠近弗吉尼亚州和马里兰州。市区面积178平方公里,是美国政治、文化、教育的中心。中心地块是由纽约大街、马萨诸塞大街和F街以及G街围城的三角形构成的。其3条轴线与3个顶角象征着这个国家建立在立法、司法和行政三权分立的基础上,具有强烈的政治色彩,给人以鲜明的印象,由此形成华盛顿的城市规划特色之一。

2. 产业状况

华盛顿的经济在很大程度上同联邦政府或与国防部、能源部、国家健康署、食品药品管理局等政府机关相关。因此,作为政治中心和文化中心的华盛顿几乎不受经济萧条的影响。

管理国家是华盛顿的主要职能。美国的最高立法机关、最高行政机关、最高司法机关都发挥着强大的政治职能。华盛顿也是美国的文化中心,除了汇聚大量的尖端大学之外,这里还有国会图书馆、华盛顿纪念碑、林肯纪念碑以及肯尼迪艺术中心等文化机构。

同时,华盛顿也是全美和国际的媒体中心,具有重要的国际影响力。据统计,XM卫星广播和国家公共广播以及《美国之音》的总部设在华盛顿。NBC、ABC、CBS、Fox以及CNN等美国主要的广播公司以及来自海外的BBC、CBC和半岛电视台都有重要分支机构在华盛顿。

第二节　中国100万左右人口CBD城市

武汉

1. 城市状况

武汉位于华中地区,具有优越的地理位置,犹如围棋棋盘上的"天元",被誉为中国经济地理的"心脏"。

武汉是全世界水资源最丰富的特大城市之一,有"百湖之市"之称。在正常水位时,湖泊水面面积803.17平方公里,居中国城市首位。武汉湿地资源居全球内陆城市前三位。

2. 产业状况

2014年,武汉市地区生产总值达到10069.48亿元,迈入中国城市"万亿俱乐部",居华中首位,15个副省级城市中位列第三。按可比价格计算,比2013年增长9.7%。其中,第一产业增加值350.06亿元,第二产业增加值4785.66亿元,第三产业增加值4933.76亿元。根据已经公布的数据,2014年,GDP过万亿元的城市为上海、北京、广州、深圳、天津、重庆、苏州、武汉、成都。武以12.88亿元优势超过成都，位列第八位。

（1）工业。武汉是中国重要的工业基地，拥有钢铁、汽车、光电子、化工、冶金、纺织、造船、制造、医药等完整的工业体系。全年规模以上工业销售产值11113.66亿元，规模以上工业产品销售率96.6%。

（2）零售业。武汉共有武商集团、中商集团、中百集团、汉商集团4家纯商业上市公司，武汉广场曾创造了全国零售单体经济效益"十连冠"的中国零售业记录。武汉也是国际独立零售商联盟（IGA）中国区总部。

3. 金融业

武汉是同时具备金融市场、金融机构、金融产品三要素的城市。金融机构在汉签约入驻的后台服务中心达31家，位列全国第一。有包括东亚银行、法国兴业银行、日本瑞穗实业银行等金融机构31家，证券、期货业单位102家，保险公司54家。武汉还是中国人民银行在中部地区唯一的跨省级分行——武汉分行所在地，银行密度居全国第五。2011年年末，有上市公司57家，总数居全国第七，武汉还是除上交所和深交所之外唯一合法的场外交易市场——"新三板"的全国首个扩容试点城市。

成都

1. 城市概况

成都市是四川省省会，位于华西地区东部，西南地区最大平原——成都平原腹地。成都市总面积为12390平方公里，人口1442.8万（2014年数据）。

2. 产业状况

成都致力于构建中国中西部的金融中心，欲执中西部"总部经济"之牛耳，目前共有130家世界500强在这里投资兴业，有上百家全球研发中心落户于此。2014年，全市实现地区生产总值10056.6亿元，居副省级市第四位（仅次于广州、深圳、武汉），比上年增长8.9%。

成都商业综合体数量居全国第一，在建购物中心面积居全球第二。截至2015年6月，在蓉的世界500强企业的数量达到268家，其中境外500强企业达199家。

南京

1. 城市概况

南京位于长江下游中部富庶地区，江苏省西南部。2014年，南京市常住人口总量为821.61万人，2013年城镇化率为80.5%，排全国第七位，主城已完全城镇化。南京还是中国四大园林城市之一，也是联合国人居署特别荣誉奖获得城市。

2. 产业状况

2014年，南京的产业结构：第一产业占据2.6%，第二产业占据41.6%，第三产业占据55.8%，第三产业比重位列国内第五（前4位为北京、上海、广州、深圳）。2014年，中国区域中心城市竞争力评估，南京仅次于深圳、广州。

南京是中国服务外包基地和国家软件出口创新基地，是中国唯一的国家科技体制综合改革试点城市。软件产业是南京着力培育的第一大主导产业和支柱产业，2013年，软件和信息服务业收入2620亿元，其中软件业务收入2309亿元，位于北京、深圳、上海之后，居中国第四、江苏省第一，规模占全国的7.5%，占江苏省的44.6%。会展业是南京重要的产业，南京会展经济在中国各大城市中仅次于北京、上海、广州和深圳。2014年，商务部发布《中国会展行业发展报告2014》，南京在国内城市展览业发展综合指数排名中，名列中国第五。文化产业也是南京国民经济支柱性产业。2013年，文化产业实现增加值440亿元，占GDP比重达5.4%。主城区服务业占GDP比重平均达到82%，鼓楼、玄武、秦淮三区服务业占比超过90%。

佛山

1. 城市概况

佛山位于广东省中部，地处珠三角腹地。佛山是著名侨乡，祖籍佛山的华侨和港澳台同胞约达140万人。

2. 产业状况

2010年，全市生产总值达5651亿元，增长14.3%，进入"5000亿元俱乐部"。

佛山是中国历史上较早对外开放的商埠之一。目前，全市外资经济占GDP比重26.5%，有48家世界500强企业在佛山投资了90个项目。

专业镇和工业园区是佛山产业发展的一个显著特色。全市共有国家级、省级特色产业基地35个，国家级产业集群升级示范区3个，省级产业集群升级示范区9个，中国产业名都、名镇41个，省级专业镇34个。目前，佛山正加快建设"3+9"特色产业基地，全力打造"白色家电之都""平板液晶显示产业基地""陶瓷之都"。

以生产性服务业促进制造业发展，以生活性服务业提升城市品质。佛山是全国流通领域物流示范城市，拥有一批投资规模大、辐射能力强的物流交易配送中心。佛山创意产业园以陶瓷产业为主，经济特征较强，聚集了陶瓷设计与研发、软件开发、无线射频识别等行业近千家企业。佛山结合自身产业优势和特点，整合会展资源，形成了家电、陶瓷、家具、机械等19个行业性、区域性会展品牌。佛山是珠三角经济区重要的商贸中心之一，陶瓷、不锈钢、童装、针织、有色金属、家具、木工机械、花卉、塑料等专业市场在全国占有重要地位。佛山运用现代工业生产理念和科技手段，推动传统农业向观光、生态、都市、外汇农业转变。全市现有国家级农业龙头企业2家，省级农业龙头企业11家，省级以上农业标准化示范区11个，无公害农产品生产基地116个，绿色食品8种，获农业类省名牌产品29个。顺德区是"中国鳗鱼之乡"，高明区"合水粉葛"和三水区"乐平雪梨瓜"成为国家地理保护标志。海峡两岸农业合作试验区架构基本形成，国通物流是全国农业保税项目、全国供港澳农产品中转处理中心。

东莞

1、城市概况

东莞位于珠江口东岸，是广东重要的交通枢纽和外贸口岸，是全国4个不设县的地级市之一。东莞控东江和广州水道出海之咽喉，有海岸线115.94公里（含内航道），虎门港湾是建设深水港的良好地址。

2. 产业状况

东莞经济以外向型为主，特别是工业，大部分的资金、原材料和产品销售都离不开国际市场。东莞利用外资从"三来一补"起步，逐步发展合资、合作企业和外商独资企业。

在制造业上，东莞实力雄厚，产业体系齐全，是全球最大的制造业基地之一，制造业总产值占规模以上工业总产值的90%以上，形成以电子信息、电气机械、纺织服装、家具、玩具、造纸及纸制品业、食品饮料、化工等八大产业为支柱的现代化工业体系。

2013年，东莞市规模以上工业实现增加值2112.65亿元，比2012年增长11.3%。在第三产业上，2013年，东莞市金融业实现增加值240.22亿元，增长18.6%。2013年年末，东莞市有各类金融机构121家，其中银行类机构33家，保险类机构52家，证券期货类机构36家。全社会固定资产投资1383.94亿元，比2012年增长18.2%。全年社会消费品零售总额1486.66亿元，比2012年增长9.8%，扣除物价因素影响，实际增长9.1%。

在旅游业上，2013年年末，东莞市有星级酒店89家，其中五星级酒店22家。东莞市有旅行社64家，全年接待国际及港澳台游客418.04万人次，增长0.8%。其中接待外国游客138.28万人次，增长2.6%；接待港澳台游客279.76万人次，下降0.1%。国际旅游外汇收入14.50亿美元，增长14.2%。全年接待国内游客2408.29万人次，增长3.4%。国内旅游总收入346.43亿元，增长13.1%。

杭州

1. 城市概况

杭州位于中国东南沿海，是长三角中心城市之一。杭州现辖8个城区和5个县（市），全市面积16596平方公里，其中市区面积3068平方公里；全市户籍人口666万，其中市区人口414万。

杭州具有典型的"江南水乡"特征。浙江省内最大河流钱塘江由西南向东北流经全市大部分地区。杭州市地处中北亚热带过渡区，温暖湿润，四季分明，光照充足，雨量丰沛。

2. 产业状况

钱江新城作为杭州的CBD，其金融中心地位日益凸显，总部经济效益已现。目前有1670家企业入驻，注册资金5000万元或税收500万元以上规模企业53家，金融企业38家，企业总部10家。同时，杭州正在积极利用互联网技术打造一座智慧商城，率先迈入了商业4.0时代。目前，杭州大厦已经拥有自己的公众号、电子商务公司、APP等诸多线上平台。

苏州

1. 城市概况

苏州坐落于富庶的长江三角洲地区的中心，是江苏省的东南门户，上海的咽喉，苏中和苏北通往浙江的必经之地，地理位置十分优越。

2. 产业状况

"十二五"期间，苏州市重点发展金融业、科研技术、信息传输、软件和信息技术以及租赁商务等服务业领域，通过推进集聚区发展、二三产业分离、重点企业培育、创新引领、人才支撑、品牌打造、服务标准化及重大项目推进等八大工程，一大批像紫光数码这样的服务业企业应运而生，并异军突起。

依托苏州城市发展规划和产业空间布局，以创新为主线，以骨干产业带为主轴，以南北多点产业布局为两翼，形成"一轴两翼"的服务外包空间布局框架。依托"一轴两翼"，深入实施苏州服务外包产业"东进上海、西育太湖、优化沿江、一体化发展"的空间布局战略。"一轴"是苏州服务外包"能级提升、创新引领"轴，是"东进上海、走向国际"的核心承载区域，辐射和带动"两翼"的发展；"两翼"是苏州服务外包"突出特色、跨越发展"，是"特色化、一体化"的重要承载区域，支撑和推动"一轴"的发展。

沈阳

1. 城市概况

沈阳位于辽宁省中部,以平原为主。

2. 产业状况

沈阳是以重工业为主的城市,主要以重工、冶金、矿山设备、鼓风机、机床、电机、飞机制造等支柱产业为主,主要企业有沈阳北方重工、三一重工、沈阳机床、沈阳鼓风机、沈飞、黎明、远大集团等。

经过几年的努力探索,沈阳目前已逐步形成了符合沈阳地区特点的建筑产业现代化发展模式,即通过政府工程项目引导和政策鼓励支持,以工程建设市场化为引领,完善产业园区建设和技术标准编制,形成建筑产业现代化工程项目应用与配套产业链建设良性互动,实现现代建筑产品应用与装备制造协调发展的良好局面。

西安

1. 城市概况

西安市位于陕西省中心、黄河流域中部关中盆地。目前已开通西安至北京、广州、长沙、深圳、武汉、郑州、石家庄的直达高铁线路。

2. 产业状况

未来,大西安将被打造成国际一流旅游目的地、国家重要的科技研发中心、全国重要的高新技术产业和先进制造业基地,以及区域性商贸物流会展中心、区域性金融中心。

西安将呈现"一心八区"的商业分布。一心:大西安"中心区"。八区:①沣渭新区。国际化大都市发展的引领区,是城市特色功能区和生物产业聚集区;是人居环境适宜的新型都市商务中心和西部地区重要的生物及环保产业基地。②泾渭新区。以装备制造业为主导,以生态、旅游、居住为一体的综合性新区。③浐灞新区。集会展、国际合作交流、现代服务、居住等功能为一体的新区。④澔滈新区。以创意文化产业为主导的科技产业片区。⑤空港区。⑥高新区,属于高新技术研发区。⑦物流区,属于国际港务能源产业承接区。⑧生态区,即生态、农家休闲养生区。

哈尔滨

1. 城市概况

哈尔滨地处中国东北北部地区,黑龙江省南部。哈尔滨被誉为欧亚大陆桥的明珠,是第一条欧亚大陆桥和空中走廊的重要枢纽。哈南工业新城中心商务区位于哈尔滨南部,是哈南工业新城的核心地区,北部与平房老区毗邻,是哈尔滨实现"南拓"战略的重要地区。规划总用地7.1平方公里,全区总建筑面积870万平方米。居住人口6万人,就业人口12万人。全区绿化用地面积131公顷,占总用地的19%,其中公园绿地占总用地的15%。

2. 产业状况

汽车、医药、食品、电子信息产品制造业四大支柱产业,成为拉动经济快速增长的主动力。三产业大力推进旅游、交通、邮电通信、金融保险、科技、信息等新兴行业发展。旅游方面形成了以冰雪旅游、狩猎旅游、避暑度假旅游、边境旅游等风格独特的系列产品，旅游业已成为第三产业中发展最迅速的新兴行业。

第三节　中国300万左右人口CBD城市

昆明

1. 城市概况

昆明地处云贵高原中部，是中国面向东南亚、南亚开放的门户枢纽，国家级历史文化名城。昆明市下辖6个市辖区、1个县级市、4个县、3个自治县。全市人口721万人，常住人口629万。

2. 产业状况

昆明在工业、建筑业上形成了以机械、冶金、烟草加工等为主的体系，是云南省的工业基地和西南地区重要的工业城市。昆明的第三产业在国民经济中的比重日益增大，商贸、旅游、信息、现代服务业快速发展，对全市经济社会的发展起到了重要的带动作用和促进作用。外资银行有泰京银行、恒生银行、汇丰银行、泰华农民银行、东亚银行、马来亚银行等。本地银行有富滇银行。

郑州

1. 城市概况

郑州位于河南省中部偏北，黄河下游，占地面积6405.3平方公里，人口821.8万。

2. 产业状况

郑州是中国内陆中西部地区主要大城市之一，是中国中部地区第二大城市和主要经济中心，是中原城市群地区的中心城市，对周边区域具有一定的辐射带动作用。

郑州是内陆地区热点投资城市，吸引了大量海外和国内沿海地区的投资。

长沙

1. 城市概况

长沙位于我国中部偏南地区，作为"3+5"城市群的核心，长沙东连长江三角洲，南靠珠江三角洲，西连西部经济长廊，并担任西部地区资源输出的桥头堡。同时，长沙与武汉、郑州等城市一起联手促就中部经济辐射圈的形成，成为中国经济的结构性一环。

2. 产业状况

长沙拥有4个国家级开发区：长沙国家生物产业基地（位于浏阳市）、长沙经济技术开发区（位于长沙县）、长沙高新技术产业开发区（位于长沙市高新区）以及宁乡经济技术开发区（位于宁乡县）。长沙产业发展比重呈"二、三、一"发展模式，其中一、三产业的总和约占产业总量的50%。第二产业约占总量的50%，在第二产业中，轻、重工业几乎各占一半比例，且重工业所占比重呈逐年上升的趋势。

长沙的六大支柱产业分别是工程机械、汽车及零部件、家用电器、电子信息、中成药以及生物医药、新材料。这六大产业集群已经成为长沙产业发展的重点。

南昌

1. 城市概况

南昌地处江西中部偏北，赣江、抚河下游，濒临我国第一大淡水湖鄱阳湖西南岸。占地面积7402平方公里，人口504.3万。

2. 产业状况

南昌的汽车制造、冶金、机电、纺织、化工、医药等现代化工业体系，和以电子信息、生物工程、新材料、软件、服务外包等为代表的新兴高新技术产业在国内外具有一流的水平。南昌实行外向型经济发展战略，扶植大企业，大力发展出口加工工业，实现了经济起飞。南昌是国家创新型城市，拥有国家级以上工业园区8个，规模企业近1000家。南昌小蓝工业园是全省世界500强企业入驻最多的工业园区。已有福特、日立、惠普、微软、沃尔玛、麦当劳、麦德龙、肯德基、ABB、家乐福、可口可乐、百事可乐、联邦快递、马士基、默克制药、贝塔斯曼等上百家世界500强落户。南昌是华中地区的重要金融中心之一，正在加速建设红谷滩中央商务区（CBD），已拥有渣打银行、大新银行两家外资银行。

长春

1. 城市概况

长春地处中国东北松辽平原腹地，地域辽阔，面积20604平方公里。长春的CBD在长春市的南部新城，是全市"三城两区"战略的核心区域，总面积32.95平方公里。

2. 产业状况

长春是中国汽车工业的摇篮，是国内最大的汽车生产制造基地，并且已经成为中国最大、最具竞争力的汽车工业城市；拥有国际知名的汽车制造业集群、国内汽车智力最密集区、中国最大的汽车服务基地。

长春南部新城分四大功能区，中央商务区以商业、商务发展为主题，总建筑体量为500万平方米。

青岛

1. 城市概况

青岛中央商务区用地面积2.46平方公里，规划人口5.4万人，建筑面积约为500万平方米，是全新的中央商务区。这里集中了大量的办公楼、酒店、商场和住宅。中央广场项目总的建筑面积约为157000平方米，为现场形成了一条重要的战略轴线，形成城市网络。

2. 产业状况

青岛诞生了海尔、海信、青岛啤酒、双星等一批品牌企业。青岛拥有中国质量管理奖5个，国家工商总局认定的中国驰名商标73个，先后荣获"中国品牌之都""中国十大品牌城市"等称号。2014年，全市生产总值8692.1亿元，按可比价格计算，增长了8%。

厦门

1. 城市概况

厦门市位于中国东南沿海,福建省南部。厦门观音山中央商务区位于厦门思明区,是厦门迄今为止在建的规模最大、档次最高的商务营运中心区,是海峡西岸真正意义上的中央商务区。

2. 产业状况

厦门以第三产业为主,服务业发展水平与福建省的主要城市相比处于领先地位。截至2012年,全市共实现地区生产总值2817.07亿元,增幅呈稳中有升的态势,较2012年年初提升4.4个百分点。其中,第一、第二、第三产业增加值分别是25.21亿元、1374.01亿元和1417.85亿元。

汕头

1、城市概况

汕头位于韩江三角洲南端。汕头市土地总面积共2064.4平方公里,辖6区1县;人口539万。汕头港临近西太平洋国际黄金航道,距香港、台湾高雄均不足200海里。

2. 产业状况

汕头的民营经济发展迅速,已占全市经济总量2/3以上,实现了从以农业经济为主向现代工业、服务业各业并举综合发展的转变,从闭塞落后向开放、繁荣、充满活力的现代海滨城市转变,经济社会发展实现了历史性跨越。

Volume IV 第四卷

国家/地区低碳城市
Low-carbon Cities

世界各国低碳经济政策概述

城市的最大载体是地球,地球上最大的资源消费者也是城市,城市也是最大的温室气体排放者,城市的发展模式及城市居民的生活方式,对于应对气候变化、改变世界起着至关重要的作用。那么,怎样让更多的城市成为低碳城市,城市居民如何实现低碳化生存,一直是业界思考的问题。世界主要发展中国家、发达国家和地区就发展低碳经济达成共识:以经济发展模式由"高碳"向"低碳"转型为契机,通过市场机制下的经济手段推动低碳经济的发展,以减缓人类活动对环境的破坏,并逐渐达到一种互相适应的良性发展状态。如英国、德国、法国、美国、巴西、日本、韩国以及中国等国家越来越重视环境保护,并以此作为经济发展战略的重要组成部分。这些国家通过制定绿色经济政策,积极推动低碳绿色增长。一些国家更是把开发新能源、发展低碳产业作为重振经济的重要动力。

英国

英国的绿色经济主要体现在绿色能源、绿色生活方式和绿色制造等方面。2009年7月15日,英国发布了《英国低碳转换计划》《英国可再生能源战略》,标志着英国成为世界上第一个在政府预算框架内特别设立碳排放管理规划的国家。按照英国政府的计划,到2020年,可再生能源在能源供应中要占15%的份额,其中40%的电力来自绿色能源领域,这既包括对依赖煤炭的火电站进行"绿色改造",更重要的是发展风电等绿色能源。在住房方面,英国政府拨款32亿英镑用于住房的节能改造,对那些主动在房屋中安装清洁能源设备的家庭进行补偿。在交通方面,新生产汽车的二氧化碳排放标准要在2007年基础上平均降低40%。同时,英国政府还积极支持绿色制造业,研发新的绿色技术,从政策和资金方面向低碳产业倾斜,确保英国在碳捕获、清洁煤等新技术领域处于领先地位。

德国

德国发展绿色经济的重点是发展生态工业。2009年6月,德国公布了一份旨在推动德国经济现代化的战略文件,在这份文件上,德国政府强调生态工业政策应成为德国经济的指导方针。德国的生态工业政策主要包括六个方面的内容:严格执行环保政策,制定各行业能源有效利用战略,扩大可再生能源使用范围,可持续利用生物智能,推出刺激汽车业改革创新措施及实行环保教育、资格认证等方面的措施。为了实现从传统经济向绿色经济转轨,德国除了注重加强与欧盟工业政策的协调和国际合作之外,还计划增加政府对环保技术创新的投资,并通过各种政策措施鼓励私人投资。德国政府希望通过筹集公共和私人资金,建立环保和创新基金,以此推动绿色经济的发展。

法国

法国的绿色经济政策重点是发展核能和可再生能源。2008年12月,法国环境部公布了一揽子旨在发展可再生能源的计划,这一计划有50项措施,涵盖了生物能源、风能、地热能、太阳能以及水力发电等多个领域。除了大力发展可再生能源之外,2009年,法国政府还投资4亿欧元,用于研发清洁能源汽车和"低碳汽车"。此外,核能一直是法国能源政策的支柱,也是法国绿色经济的一个重点。

美国

美国选择以开发新能源、发展绿色经济作为此次全球金融危机后重新振兴美国经济的主要动力。美国政府的短期目标是促进就业,拉动经济复苏;长期目标是摆脱美国对外国石油的依赖,促进美经济的战略转型。美国政府绿色经济政策可以进一步分为节能增效、开发新能源、应对气候变化等多个方面。其中，新能源的开发是核心。2009年2月15日，美国出台了《美国复苏与再投资法案》，投资总额达到7870亿美元。《美国复苏与再投资法案》将发展新能源作为重要内容，包括发展高效电池、智能电网、碳储存和碳捕获、可再生能源如风能和太阳能等。在节能方面最主要的是汽车节能。此外，为应对气候变暖，美国力求通过一系列节能环保措施，大力发展低碳经济。

巴西

巴西的生物燃料技术目前居于世界领先地位，从20世纪70年代开始，巴西政府十分重视对绿色能源的研究。巴西政府还通过补贴、设置配额、统购燃料乙醇以及运用价格和行政干预等手段鼓励民众使用燃料乙醇。随着各国对乙醇燃料兴趣的日益高涨，巴西政府已经制订了乙醇燃料生产计划。根据这项计划，到2013年，巴西燃料乙醇的年产量将扩大到350亿升，其中大约100亿升将用于出口，成为世界最大的乙醇出口国。

日本

日本注意宣传推广节能减排计划，提出建设低碳社会。2009年4月，日本政府公布了名为《绿色经济与社会变革》的政策草案，目的是通过实行削减温室气体排放等措施，强化日本的绿色经济。

2009年5月，日本正式启动支援节能家电的环保点数制度，将日常的消费行为变成社会的主流意识，集中展示绿色经济的社会影响力。在对企业执行国家节能环保标准的监督管理方面，日本有一套完整的"四级管理"模式——首相→经济产业省→其下属的资源能源厅→各县的经济产业局。在相关政策的引导下，日本企业纷纷将节能视为企业核心竞争力的表现，重视节能技术的开发。日本政府还通过改革税制，鼓励企业节约能源，大力开发和使用节能新产品。

韩国

韩国提出，通过低碳绿色增长重振韩国经济。2008年全球金融危机开始的时候，韩国就提出了低碳绿色增长的经济振兴战略，依靠发展绿色环保技术和新再生能源，以实现节能减排、增加就业、创造经济发展新动力等政策目标。2009年7月，韩国公布绿色增长国家战略及5年计划。未来5年间，韩国将累计投资107万亿韩元发展绿色经济。韩国政府还计划在大城市开展"变废为能"活动，充分利用废弃资源。到2012年，在全国建立14个"环境能源城"；到2020年，建成600个利用农业产品实现能源40%自给的"低碳绿色村庄"。此外，韩国政府还计划在未来4年内拥有200万户使用太阳能热水器的"绿色家庭"。

第一章 国家/地区低碳政策

第一节 政策指导及制定

日本

1. 完善法律

日本是为低碳经济立法较为完善的国家。早在1979年，为应对石油危机，降低对石油的依赖，日本政府颁布实施了节约能源法，之后又制定了合理用能及再生资源利用法、废弃物处理法、化学物质排出管理促进法、环境保护法、循环性社会形成推进基本法以及2010年能源供应和需求的长期展望等法案。

全面推动各项节能措施的实施，严格控制全社会各行业对能源需求的增长。2000年，日本推出绿色采购法，将低碳管理由生产领域深入到消费领域，规定国家机关和地方政府等单位履行优先采购绿色产品的义务并公布年度绿色采购数据，以立法形式要求机关、企事业单位和公民履行绿色采购义务。

2. 财政补贴

太阳能发电在日本是非常普及的。为了在家庭方面也能够普及太阳能发电，1994年，日本实施了家用太阳能发电设备的补贴政策，但2005年该政策的终止导致日本国内的家用太阳能发电设备销售量大幅下降。2008年金融危机爆发后，为了制造新的经济增长点，力争主导世界环境话语权，日本政府决定于2009年恢复已中断4年的家用太阳能补贴政策，对安装太阳能设备的用户发放7万日元/千瓦的补贴，使安装家用太阳能发电设备的费用在今后3～5年内减半。此外，从2009年开始，日本政府向购买清洁柴油车的企业和个人支付补助金，希望通过这一举措推动环保车辆的普及，并逐渐增强日本清洁柴油车生产企业的国际竞争力。

对使用节能设备的企业给予总投资额1/3～1/2的补助，对企业和家庭引进高效热水器给予固定金额的补助；使用指定节能设备的中小企业可获得设备标准进价30%的特别折旧或者7%的税额减免。

3. 制定低碳经济的战略方针

2007年6月，日本内阁会议审定通过"21世纪环境立国战略"，提出"建设国际循环型社会"的战略方针。2008年，日本政府提出了"福田蓝图"，其减排目标是，到2050年温室气体排放量比目前减少60%～80%，将日本打造成为世界首个"低碳社会"。

4. 发展新能源

20 世纪 70 年代石油危机爆发后，日本开始探索替代能源，以减轻对传统能源的严重依赖。30 多年来，在政府大力扶持、企业主动跟进及全民积极参与下，以太阳能、风能为代表的新能源产业迅速发展，规模效应带动成本降低，有效提升了企业竞争力，加快了新能源产品的市场应用和推广。据统计，2006 年日本新能源供给占初级能源的 2.2%，预计到 2010 年新能源所占比例将达到 3%，相当于 1910 万桶原油。日本新能源利用主要包括太阳能发电、太阳热利用、风力发电、生物质能源、废弃物热、地热发电、天然气混合循环发电、温度差能源、冰雪热等形式。其中，以太阳能和风能发电最为普遍。

5. 发展低碳技术

日本对有效削减二氧化碳等温室气体排放的捕捉及封存技术高度重视并给予大力支持，计划 2009 年开始进行大规模试验，2020 年前投入使用，同时继续投资化石能源减排的技术，建成烟气脱硫的环保产业。2004 年，日本公布"新产业创造战略"，将燃料电池等七项技术作为重点研究领域。2007 年，日本投资开发低碳排放的动力系统和燃料，以达到有效减排目标。2008 年，"低碳技术计划"提出面向 2050 年日本低碳社会情景的十二大行动，开发新一代环保汽车，研制高性能蓄电池。确定重点技术领域创新，包括超燃烧系统技术、超时空能源利用技术、节能型信息生活空间创新技术、低碳型交通社会构建技术和新一代节能半导体元器件技术，鼓励产学研密切合作，创新公关。

6. 实行能耗标准管理

政府在汽车、电器等产品生产领域，确定能源消耗最低行业标杆，并要求其他企业在规定时间内达到标准，否则予以惩罚。日本碳基金是由政府信贷机构和私人机构投资建立的，主要用于购买减排量，以完成减排目标。日本政府对企业的节能减排管理人员实行"节能减排管理师"制度，对能源消费量不同的企业实施分类管理，对各类建筑物实行用能管理，对用能超标的建筑物配备能源管理员并定期向政府提交用能计划。

7. 全民参与计划

日本社会各机构开展错时上下班、弹性工作制和在家办公等形式，学校开展"可持续开发教育"，贯彻低碳社会和可持续社会理念，高校通过"环境领导者培育项目"培养环境人才，社会通过音乐、电视、时装等活动宣传低碳环保意识。

8. 其他综合措施

日本推出一系列减排措施：①碳排放交易制度。企业自主设定减排目标，并经政府审核通过后采取具体措施进行减排，同时通过剩余碳排放量的买卖实现产业整体减排。②特别折旧制度。对节能汽车、家电、住宅、建筑等引进节能设备，可获得设备进价 30% 的特别折旧或 70% 的税额减免。③碳标识制度。把商品在生产过程中的温室气体排放量在产品标签上标示出来，引导消费者使用碳排放低的商品。

英国

1. 完善法律

2003 年，英国贸工部发布的《我们未来的能源——创建低碳经济》的能源白皮书中提出，到 2050 年英国能源战略的主要任务是从根本上把英国变成一个低碳经济的国家。2008 年公布的气候变化法案在以往全国二氧化碳排放计划之上,明确地规定了全新的、更具法律约束力的全国性排放目标,即在1990年的基础之上,到2050年,英国碳排放至少要减少80%,2020年以前至少要减少34%。

2009年4月,英国通过立法,成为全球首个实施"碳预算"的国家,也成为首个把实现温室气体减排目标纳入法律框架的国家。碳预算体系要求,从2008年开始,以5年作为一个减排周期,每个周期设定3个碳预算,以实现2050年的减排目标。同年7月,英国政府又发布了英国低碳转换计划以及3个配套的计划——英国低碳工业战略、可再生能源战略及低碳交通计划。通过法律法规对企业的活动进行约束,有利于降低企业的二氧化碳排放,走绿色发展之路。

2. 财政补贴

为了赶超其他欧盟国家,完成欧盟2020年可再生能源目标,英国出台了一系列可再生能源补贴政策。2008年颁布能源法案对可再生能源进行补贴。2010年2月2日,英国能源与气候变迁部(DECC)宣布,从2010年4月1日起,英国将推行新的"可再生能源电力强制收购补助计划"。此次补贴对象锁定为规模小于5MW(百万瓦)的小型太阳能发电系统家庭用户,补贴金额为每年返还900英镑,补贴年限为10~25年不等。同一天,英国政府还公布了"可再生能源供暖补贴"政策,它是全球首例以类似补贴电价的形式,鼓励可再生能源供暖的措施。该政策规定从2011年4月起,每户采用可再生能源供暖的家庭平均能获得1000英镑的补贴。

3. 推行能源使用税

英国政府在其2000年制订的《英国气候变化计划》中提出了一项实质性的政策手段,即"气候变化缴款"。它是从2001年开始,所有向非民用的工业、商业和公共部门提供能源产品的供应商都必须缴纳的一种能源使用税。"气候变化缴款"的计税依据是煤炭、油气及电能等高碳能源的使用量,如果使用生物能源、清洁能源或可再生能源,则可获得税收减免。该税的征收目的主要是用来减少雇主所承担的社会保险金和用于提高能源效率及可更新能源的开发、使用。该税种一年可筹措11亿~12亿英镑。其中,8.76亿英镑以减免社会保险税的方式返还给企业,1亿英镑作为节能投资的补贴,0.66亿英镑拨给碳基金。据测算,至2010年,英国每年可减少250多万吨的碳排放(相当于360万吨煤炭燃烧的排放量)。

4. 发展低碳技术

英国和德国在技术领域把低碳发电站技术作为突破口,努力建设低碳发电站,同时大力发展清洁煤技术、碳分子技术等研究项目,调整产业结构,积极寻找减少碳排放的有效方法。英国政府建立的碳基金,大力扶持低碳技术的开发与应用。建立研究中心,致力于能源创新和推进关键技术开发应用。2003年以来,英国先后成立了能源研究中心、能源技术研究所、国家核试验等研究机构。

英国非常注重低碳技术的开发和应用,尤其是碳捕获和埋存技术。碳捕获和埋存技术指的是将煤炭燃烧时释放出的含碳气体捕获并液化后埋于地下的清洁煤技术。该技术的适用范围广,投入成本低,因此与风能、太阳能、核能相比具有较大的优势。

5. 低碳社区的建设

英国也重视低碳社区的规划和建设。始建于2002年的伯丁顿低碳社区,是世界自然基金会和英国生态区域发展集团倡导建设的首个"零能耗"社区,成为引领英国城市可持续发展建设的典范,具有广泛的借鉴意义。伯丁顿社区零能源发展设想在于最大限度地利用自然能源、减少环境破坏与污染、实现零矿物能源使用,在能源需求与废物处理方面基本实现循环利用。

6. 公众参与计划

在英国，无论是政府还是社会团体及各社区，都对节能减碳状况密切关注。政府每年都通过出版物及其他媒体，向公众免费发布节能减碳状况的信息。在介绍节能减碳状况的同时，还向公众说明形成低碳生活形态与经济社会可持续发展的关系，而且还建立起众多的教育项目，对大众特别是中小学生进行节能减碳方面的教育，使他们能够对减碳有深入的了解。在政府及社会各民间团体的长期宣传教育下，全国上下已经形成了一种大家共同关心节能减碳、保护生态环境人人有责、形成低碳生活形态全民参与的良好风尚，节能减碳的生态环保意识成为英国的一种生活主流价值。目前，英国已初步形成了以市场为基础，以政府为主导，以全体企业、公共部门和居民为主体的互动体系，从低碳技术研发推广、政策发挥到国民认知等诸多方面都处在世界领先位置。

7. 其他综合措施

英国政府推出一系列政策鼓励低碳经济发展：气候变化税于2001年4月1日开始实施。根据工商企业各部门的煤炭、天然气和电能的使用数量差别纳税，不同能源品种税率也不同。2002年，英国率先启动碳排放交易制度，是最早实施温室气体排放贸易制度的国家。碳基金成立于2001年，是由政府投资设立的以企业模式运作的独立公司，资金主要来源于气候变化税、垃圾填埋税和贸易与工业部的部分资金，帮助企业等部门解决减排过程中的技术、资金和管理等问题，主要活动内容是低碳技术开发与应用、投资低碳项目等。英国还实行可再生能源配额政策，要求所有注册的电力供应商所生产的电力有一定比例来自可再生能源，并且配额应逐年增加。制定和实施碳足迹管理标准。《商品和服务在生命周期内的温室气体排放评价规范》规定了产品在企业间和企业到消费者间每一环节的排放要求。2009年4月，布朗政府宣布将"碳预算"纳入政府预算框架，使之应用于经济社会各方面，英国也因此成为世界上第一个公布"碳预算"的国家。

美国

1. 推行节能标准

为了建立节能的国家标准和标识体系，1992年，美国环保署（EPA）推出了著名的"能源之星"（Energy Star）商品节能标识体系，符合节能标准的商品会贴上带有绿色五角星的标签，并进入美环保局的商品目录而得到推广。1995年，美国能源部（DOE）也加入"能源之星"计划，并将"能源之星"的认证范围由计算机和监控器扩大到了其他办公设备产品和居民加热及冷却设备。现在，"能源之星"认证的产品范围涵盖办公设备、家用电子、家用电器、冷暖空调、照明产品，甚至是商业和工业建筑等50多类产品。"能源之星"是普通民众购买耗能产品的决策依据，也是美国联邦政府的采购依据。美国政府采购法明确规定联邦政府采购的耗能产品，必须是"能源之星"认证或联邦能源管理办公室指定的节能产品，凡涉及用能产品的服务采购，包括公共建筑的设计、建造、改建或维修，供应商必须提供"能源之星"认证的节能产品。这项措施促使"能源之星"标识制度获得极大成功，并成为加拿大、日本、欧盟、澳大利亚等诸多国家的节能标准。

美国政府通过"煤研究计划"支持能源部国家能源技术实验室进行清洁煤技术开发，积极发展高效利用煤炭资源的技术——清洁煤技术，并促使其从研发阶段向市场阶段推进。

2. 完善法律

美国布什总统时期签署了两个重要能源法案：2005年能源政策法和2007年能源独立安全保障法。在这两项法案中，布什政府明确提出未来10年汽油使用量和减排目标。2009年6月，美国众议院通过温室气体总量控制与交易法案和清洁能源安全法案，表明了美国低碳经济转型目标的确立。法案规定了电力、石油、制造业的减排标准、进度目标、对可再生资源的利用、二氧化碳回收等技术要求，并规定了建筑、交通、电器、公共事业等行业的能源效率标准。另外还有一条突出的贸易规定：从 2020 年起，将对不接受污染物减排标准的国家实行贸易制裁，对高耗能产品进口征收排放关税。这是美国政府将低碳管理由国内扩展至国际的率先做法。

3. 税收减免政策

奥巴马上任以来，极力推动新能源产业及绿色经济的发展。2010 年年初开始，美国联邦政府便不断公布多项节能优惠政策，鼓励民众推行节能的生活方式。美国联邦税务局指出，截至 2010 年 12 月 30 日，购买节能的生物质炉、暖气、通风设备、空调、热水器等，最多可享受 30%、最高至 1500 美元的减税；截至 2016 年 12 月 31 日，购买燃料电池并且使用于日常住所（不包括度假屋）的家庭，参与抵税金额为产品总价的 30%，但不得超过每 0.5 千瓦容量获得最多 500 元抵税的上限；截至 2016 年 12 月 31 日，如购买及安装地热设施、太阳能板、太阳能热水器、小型风能设备四类产品，可享受年终抵税，抵税金额为每个家庭购买节能设备总价的 30%，抵税金额不设上限。

4. 加大资金投入

2009 年 2 月，奥巴马政府宣布了以发展新能源为重点的美国复兴和再投资计划，计划在 3 年内投入 1500 亿美元，使得美国新能源产量与现在的能源产量相比增加 1 倍；同年 2 月，美国再度增加用于新能源开发和利用方面的投资，投资总额高达 7870 亿美元，主要用于发展高效电池、智能电网、碳储存和碳捕获以及可再生能源（包括风能和太阳能等）。

5. 提高能源利用效率

美国在建筑、交通等行业分别出台了提高能源使用效率的经济政策和措施。在建筑方面，政府规定对使用先进的节能环保型建筑材料的企业和居民予以奖励；在交通方面，政府制定二氧化碳减排目标，依据不同车型设立不同的燃料使用标准。

6. 制定新能源政策

新能源政策指出，在未来 10 年，美国将大幅减少对中东和委内瑞拉进口石油的依赖，并对石油公司征收暴利税。具体措施为，当油价高于 80 美元/桶时，将对美国国内石油采掘公司征收高额税收，这部分税收除用于新能源技术的研发外，一部分还将补贴给消费者。

奥巴马上台后致力于推行"绿色新政"：制定"总量控制与交易制度"，对主要排放企业实施法律约束且逐年下降的总量限额，在企业实施减排后，可将多余的配额用于交易、存储和借贷。制定碳关税，规定从 2020 年起对不接受污染物排放标准的国家实行贸易制裁，对高能耗产品进口征收特别的二氧化碳排放关税，从国际贸易领域提高企业竞争力。实行碳抵消策略，对参加排放权交易的企业，在超过配额的情况下，可以通过植树造林等方式实现碳排放抵消。

7. 发展新能源技术

美国主张通过技术途径解决气候变化问题。2007 年 11 月，美国进步中心发布"抓住能源机遇，创建低碳经济"报告，承认美国已经丧失在环境和能源领域关键绿色技术优势，提出创建低碳经济的 10 步计划。2007 年 7 月，美国参议院提出了低碳经济法案，表明低碳经济的发展道路有望成为美国未来的重要战略选择。《美国复苏与再投资法案》将发展新能源作为重要内容，包括发展高效电池、智能电网、碳储存和碳捕获、可再生能源如风能和太阳能等。在节能方面最主要的是汽车节能。此外，为应对气候变暖，美国力求通过一系列节能环保措施大力发展低碳经济。

丹麦

1. 实行低碳社区

丹麦低碳城市发展的典型代表是低碳社区。低碳社区主要是从全球气候变化的影响和减少碳排放的国家能源政策目标出发，努力发挥地方政府在节能应用中的先锋作用，大多采取以低碳化节能示范性项目为先导进行社区节能实践。低碳社区一般遵守10项原则：零碳、零废弃物、可持续性交通、可持续性和当地材料、本地食品、水低耗、动物和植物保护、文化遗产保护、公平贸易以及快乐健康的生活方式。

2. 制定国家能源发展战略

丹麦政府非常重视国家能源战略的制定，在能源发展战略目标的指导下，通过制定能源政策引导能源利用方式的改变，建立并严格执行明确的节能利用激励机制，并注重能源利用的过程管理和能源战略的实施。

在丹麦，可再生能源发电占到其总发电量的30%，在过去的25年中，丹麦经济增长了75%，但能源消耗总量却基本维持不变，创造了独特的"丹麦模式"。在丹麦的可再生能源发电量中，绝大多数来自风能。目前，在丹麦的陆上和海上共安装了5000多台风机，总装机容量达3200兆瓦，这些风机为整个国家提供了大约20%的电力供应。

在丹麦哥本哈根，电力供应大部分依靠零碳模式，大力推行风能和生物质能发电，随处可见通体白色的现代风车，有世界上最大的海上风力发电厂。

3. 实行全民参与

丹麦在城市建设中把提高市民素质放在首位，政府积极宣传垃圾回收知识，组织学生到垃圾处理厂实践。电视台播放宣传片，倡导绿色出行。号召市民在生活中使用节能灯、节能建筑、风能等，举办气候创新夏令营。国家教育部要求在所有教学大纲中增加与气候相关的内容，电视台播放关于丹麦气候变化的电视片，打造生态城市，带动其他城市低碳化发展。

德国

1. 完善法律

德国也推出了可再生能源法，保证可再生能源的地位，提出大力发展风能，促进风能设备更新换代。制定可再生能源发电并网法，对可再生能源发电的并网与价格提供保护。可再生能源供暖法促进可再生能源用于供暖。热电联网法积极推行热电联产技术，规定使用此技术生产获得补贴。

2. 税收政策

德国也开征生态税，对企业废水排放、固体废弃物污染按全国统一标准课税，并将相应税收收入用于污染治理。对工业企业及居民的废气、废水排放设置严格限制，帮助其安装环保设施，实施环保项目；对投资可再生能源的企业给予税收优惠政策，并将环境保护作为评价企业业绩的指标。德国于2008年启动了"产品碳足迹"项目，对产品碳足迹进行分析和标明。联邦经济部与复兴信贷银行建立节能专项基金，用于促进中小企业提高能源效率；以热电联产技术生产出来的电能获得补贴；政府拨款用于民间建筑节能改造。

3. 发展低碳技术

德国于2006年8月推出德国高技术战略，以加强技术创新，争取其技术领域位于世界前列。为此，国家教育与研究部制定战略，联邦教研部投资支持气候保护技术。

德国政府在2007年便制定了气候保护高技术战略，在未来10年内，德国政府将陆续投入10亿欧元用于研发气候保护的高技术。同时，德国工业界也将投入一定的资金，用于开发气候保护的技术，通过更新现有电力设备以及发展新型海上风能等措施，大力促进可再生能源的利用。

4. 财政资金支持

为了达到气候保护目的，加强气候保护方面的基础研究，特别是节能领域的基础研究，德国联邦教研部建立了持续资助能源研究的机制。联邦教研部2008年拨出3.25亿欧元用于能源研究，其中至少1.25亿欧元用于资助项目，大约2亿欧元用于资助亥姆霍兹国家研究中心。到2010年，项目资助的金额预计将超过4亿欧元，研究重点将集中在能源效率和可再生能源领域，对其资助将增加30%以上。

印度

1. 完善法律

印度政府先后颁布了固体废弃物管理和公共清洁法、促进建立循环社会基本法、促进资源有效利用法、家用电器回收法、促进容器与包装分类回收法、建筑及材料回收法、食品回收法及绿色采购法，为低碳经济发展提供了法律依据和保障。

2. 其他综合措施

作为发展中大国的印度，十分重视低碳经济的发展，减少温室气体的相对排放量，并采取了一系列的措施：一是加大对新能源的开发投入。增加太阳能、风能、核能和生物能方面的投入，研发新型生物能源技术，以提高能源利用效率。二是提出"绿色印度"项目。改善目前水资源浪费严重的现状，提高水资源的利用效率，同时增加森林覆盖率，减少温室气体的排放。

巴西

巴西近年来在发展低碳经济方面采取了一系列的措施。

（1）通过大力宣传，增强民众的环保意识。在普通民众中开展环保教育，建立环保意识，鼓励公众改变生活、消费习惯，如自觉减少对森林的乱砍滥伐、减少驾车出行次数或使用公共交通工具等。

（2）利用自身优势大力发展生物燃料技术。巴西把大力发展乙醇燃料以及生物采油技术的研发和推广作为重点发展对象，在运用本国先进技术的同时，通过补贴、设置配额以及行政干预等手段，实现低碳排放的目标，推动低碳经济增长。

（3）颁布一系列金融支持政策。巴西政府推出了一系列金融政策，以支持低碳产业的发展。例如，国家经济社会开发银行推出了各种信贷优惠政策，为生物柴油企业提供融资支持。巴西中央银行设立了专项信贷资金，鼓励小农庄种植甘蔗、大豆、向日葵、油棕榈等，以满足生物柴油的原料需求。

意大利

在发展低碳经济方面，意大利注重系列措施的配套实施。这些措施主要有：完善技术保障体系，广泛传播能源-环境文化，大规模利用生物燃料的示范行动以及推广农业能源示范项目等。

韩国

为了更好地推行"绿色增长"兴国战略，韩国政府宣布从2009年7月13日起，要求所属部门在采购办公用品时一律选用最高效的节能产品，对因公车辆的采购也要优先考虑小排量汽车、混合动力车，使之占年采购量一半以上，并设置小排量汽车和混合动力车的专用停车场。

加拿大

2007年5月，加拿大政府发表了题为《让科技成为加拿大优势》的新科技发展战略。2008年，加拿大政府细化了此项发展战略。其中，在环境科技上，政府拨款6600万加元支持制定工业废气排放法规框架，并对生物燃料排放进行科学分析和研究。另外，政府承诺5年内拨款2.5亿加元支持汽车工业执行创新计划，主要开发环保型汽车的战略性大项目。在能源领域，继续支持开发清洁能源。政府计划到2020年90%的电力需求将由零排放能源，如水电、核电、清洁煤和风能提供。为此，政府将继续支持生物燃料、风能和其他替代能源的研究，计划拨款2.3亿加元执行生物能源技术计划。另外，政府还拨款3亿加元支持核能发展，包括开发先进重水反应堆和更新实验室的技术设备。

芬兰

1990年，芬兰在全球率先实施了碳税。碳税是根据化石燃料燃烧后排放碳量的多少，针对化石燃料的生产、分配或使用来征收税费。碳税使得使用污染性燃料的成本变高，促进公共事业机构、商业组织及个人减少污染性燃料的消耗并提高能源的使用效率。另外，碳税在成本方面提高了绿色清洁能源（太阳能、风能、生物能等）的竞争力，使它们能与价格低廉的污染性燃料相抗衡。碳税收入还可以用于发展低碳技术、开发低碳能源，促进就业与长期经济发展。

法国

2007年萨科齐上台后，为了落实其竞选纲领，新政府举办了全国环境协商大会，制定了GRENELLE法令。为鼓励广大民众实施节能改造工程，GRENELLE法令制定了可持续发展净纳税额免税优惠、生态零利息贷款、增值税减至5.5%等税收优惠措施。其中，可持续发展净纳税额免税优惠规定，业主购买或建设低能耗住宅（不高于50KWH/M^2/年），其申请贷款的利息可连续7年享受40%的纳税额减税优惠；如果所购买住宅未达低能耗标准，那就只能享受第一年40%、后4年20%的优惠。

第二节 实践与措施

低碳城市目前已成为世界各国的共同追求。据《国外城镇化：比较研究与经验启示》一书介绍，目前，国外低碳城市发展有如下几种典型模式：丹麦模式——低碳社区，英国模式——应对气候变化的城市行动，瑞典模式——可持续行动计划，日本模式——低碳社会行动计划，美国模式——低碳城市行动计划。

丹麦

丹麦低碳城市发展的典型代表是低碳社区。低碳社区一般遵循10项原则：零碳、零废弃物、可持续性交通、可持续性的当地材料、本地食品、低水耗、动物和植物保护、文化遗产保护、公平贸易以及快乐健康的生活方式。丹麦贝泽的太阳风社区是由居民自发组织起来的公共住宅社区，竣工于1980年，共30户。该社区最大的特点就是公共住宅的设计和可再生能源的利用。公共住宅是指为了节约空间、能源、资源而建立共用健身房、办公区、车间、洗衣房和咖啡厅的私人住宅或公寓。社区以太阳、风作为主要能源形式，强调尽量使用可再生能源和新能源，采用主动式太阳能体系。社区公共用屋和住宅上设置有600平方米的太阳板，地下有两个容量为75立方米的聚热箱。太阳能满足了该社区30%的能量需求，风能占社区能量总消耗的10%左右。公共用屋的地下室还设置了固体废弃物焚化炉，其产生的热能供居民使用。社区内还设有菜园，不仅加强了区内物质循环，还增加了自然景观的生产性。

英国

英国是低碳城市规划和实践的先行者。英国政府2001年设立碳信托基金会，与能源节约基金会联合推动了英国的低碳城市项目（LCCP）。首批3个示范城市（布里斯托、利兹、曼彻斯特）在低碳城市项目提供的专家和技术支持下制定了全市范围内的低碳城市规划。低碳城市规划重点在建筑和交通两个领域推广可再生能源应用，提高能效和控制能源需求，各种措施的制定、实施和评估均以碳排放减少量为标准，同时强调技术、政策与公共治理手段相结合。伦敦低碳城市建设有几个政策方向：改善现有和新建建筑的能源效益，推行绿色家居计划；发展低碳及分散的能源供应，在市内发展热电冷联供系统及小型可再生能源装置等；引进碳价格制度，根据碳排放水平，向进入市中心的车辆征收费用；严格执行绿色政府采购政策，采用低碳技术和服务；等等。

瑞典

瑞典是世界上最早实施可持续发展战略的国家之一，在解决环境问题时，瑞典不仅关注新能源的开发利用，还会对人类社会对于环境的依赖行为进行研究，进而从国家经济状况、法律环境、社会环境出发，制订综合性的可持续发展方案。汉马贝湖城是斯德哥尔摩多年来最大的城市建设项目。该区计划采用生态循环系统，旨在创建生态和环境敏感型建筑与生活方式。包括：能源和自然资源的消耗下降到最低限度，尽可能使用可再生能源；在尽可能低的基层范围内完成生态系统的循环，如利用废热为住房供暖；使用对环境或人体健康有害成分最少的建材；尽量不开车。

日本

作为《京都议定书》的发起国和倡导国，日本提出打造低碳社会的构想，并制订了相应的行动计划。日本认为，低碳社会应遵循的原则是：减少碳排放，提倡节俭精神，通过更简单的生活方式达到高质量的生活；从高消费社会向高质量社会转变，与大自然和谐共存；保持和维护自然环境成为人类社会的本质追求。日本富山市是日本低碳城市中的先行者。该市人口约42万，是日本海沿岸的工业城市。为了实现减排目标，富山市从交通工具、生活方式和城市建设等各方面改变社会形态，并采取了各种措施。例如，积极推动公共交通建设，争取在20年内使居住在公共交通便利地区的人口占总人口比例由30%增加到40%；同时大力引进清洁能源车，发展新能源；在市郊生态城建立回收加工各种废弃油料、木料和厨余垃圾的设施等。

美国

西雅图是全美低碳城市的典范。从1990年到2008年，西雅图碳排放量减少了8%，低碳行动是其成功的关键。西雅图形成了大企业带头、以本地气候合作项目为平台、城市各个部门共同参与的气候行动。主要包括以下内容：一是公众参与；二是家庭能源审计；三是阻止城市继续向外无限扩大，把重心重新放回中心城市建设；四是积极改善电力供应结构；五是第三方评估减排结果。

以上国家，在低碳发展方面进行了有益探索，为世界其他国家的低碳城市建设提供了范例。

国务院发展研究中心"中国新型城镇化道路、模式和政策"课题组发布的"低碳城市化"专题报告，对国际上推动低碳城市化的具体策略进行了总结，认为主要有四个重点。

（1）重视依法推进低碳城市建设。发达国家在低碳城市建设过程中特别注重从法制、规则的角度将低碳城市建设目标、过程等进行详细规范，并借助制度规则形成对低碳城市建设过程中各方行动者的约束和激励机制。从国际范围来看，低碳城市建设相关的立法保障大多分散在能源保障和能源安全、应对气候变化、发展循环经济等相关领域中。大致分为两类：一类是以美国为代表的侧重将低碳城市建设与应对能源危机相关的立法，另一类是以英国、日本为代表的侧重将低碳城市建设与应对气候变化相关的立法。

（2）科学全面的规划设计。国外低碳城市的规划经验表明，要规划一个低碳城市，首先要了解影响城市发展的无形因素，即城市经济、社会、文化、环境、市民的价值观念、生活方式、消费习惯等。其次要关注城市规划引出的有关社会贫富分布、公平、援助等问题。国外低碳城市规划作为战略性规划具有较强的权威性、可操作性和实用性，规划内容涉及领域也比较广泛，但因为大多数城市都已处于后工业化发展阶段，温室气体排放来源主要集中于消费领域，因此在低碳规划中，侧重于空间布局和基础设施、交通、建筑和生活方式等方面。

（3）高度综合的策略措施和多维度的支撑体系。首先，从实施效果和最终作用进行划分，低碳城市发展策略主要包括"减缓"和"适应"。其中减缓类措施主要以降低温室气体排放、提高能源使用效率为最终目标；适应类措施则指为了提高城市对气候变化所导致的不良影响的抵抗能力。其次，从策略作用的领域类别划分，土地使用、交通运输、建筑、自然资源、供水和废弃物处理五个方面，低碳城市策略均有相应的具体措施和行动内容，同时注重不同领域之间的协同效应，以求实现经济社会效益最大化。最后，从策略的最终执行和客观属性划分，综合性的低碳城市发展战略，既应包括具体的低碳技术项目应用，又应包含以公共政策为主的引导与规范机制。

（4）低碳城市发展的资金保障机制。地方政府已经承担了环境消费中较大比例的公共投资和公共开支，城市需要额外的财政来源来资助减缓和适应气候变化，因此需要创新财政和金融机制来提供资金保障。中央政府可调整那些对城市建筑环境、交通和能源有影响的税收。同时，政府间转移支付将环境指标纳入补偿地方政府的环境支出中来考虑。还可以探索新的金融措施以改变现有的财政手段，缓解应对气候变化所引起的预算压力。一方面，碳金融可能有助于城市寻找额外的和互补的资金；另一方面，调整清洁发展机制使得城市更容易采用它，特别是对于多部门的城市减排项目。此外，还可探索公私合营的有效模式，应用于基础设施项目的设计、筹资、施工，甚至经营。

第二章　欧洲低碳城市

第一节　欧洲低碳城市规划战略

丹麦奥登赛低碳城市规划战略

奥登赛是丹麦最古老的城市之一，是世界闻名的童话小说家安徒生的故乡。在中世纪时期，奥登赛曾经是丹麦神职人员的中心。1853年，奥登赛成为第一座拥有现代水系统和天然气系统的城市。1865年，随着铁路的建成，城市的工业开始快速发展。冶金业、纺织业、食品业成为城市重要产业。现在，奥登赛是一个蓬勃发展的现代化城市，既是贸易重镇，也是教育中心，已成为丹麦第三大城市。

早在20世纪70年代，奥登赛就未雨绸缪地大力建设自行车道；如今，已经建成了超过550公里的自行车道网络，针对自行车的创新政策大行其道。市中心26%的市民使用自行车出行，这对于提升公共健康指数、改善城市环境、减少废气排放等产生了一系列积极效果。

自1999年开始推行的"自行车复活"战略，主要是针对城市中心区域已经接近饱和的交通容量而制定的。政府采用的具体交通策略还包括将每周日定为"无车日"、市中心的"无车化"措施、全民自行车措施等。在自行车专用道的建设方面，长达550公里的自行车专用道占城市道路比率为80%；1～1.5米的宽度既节约用地，又能避免骑车人超车所致的安全隐患；自行车专用道高出机动车道路5厘米，为骑车人的安全多了一份保障；自行车专用道全部采用优质沥青铺设，并经过特殊打磨进行防滑；所有自行车专用道在2005年进行了全覆盖检查；在轻轨、地铁或公交站点设有专门供自行车停放的设施；红绿灯系统经过改进，按照自行车的行驶速率进行变换；十字路口设有自行车转弯专用道；在一些学生骑车上学的必经之路，政府甚至建设了专门供自行车使用的高架桥。

安全、人性化的自行车专用车道的设计，以及细致、完善的自行车安全出行措施，解决了市民改用行车方式的后顾之忧。同时，经验也证明，改善自行车的出行环境并非修建自行车道那么简单，配套设施的建设也至关重要。比如，舒适方便的停车场所，以及沿线设置的充气站、维修点、骑车人服务处、清洗泵站、行李寄存箱等。

哥本哈根低碳城市规划战略

1. 制订2025气候计划

2012年，哥本哈根提出2025气候计划。该计划既是一份整体规划，又集合了4个领域的具体目标和倡议，包括能源消耗、能源生产、移动性以及市政倡议，以实现世界第一座碳中和城市的目标；该计划不仅能够保护哥本哈根城市免受洪水灾害侵袭，同时还将哥本哈根创造成为一个拥有蓝绿休闲空间的宜居城市。

该计划为哥本哈根暴雨管理方案制订了整体框架，并提供了具体计划说明。它将气候变化所造成的水量增加视为一种资源而非难题，在中心街道、城市广场和建筑物之间设置可以灵活兼顾休闲娱乐和滞留、蓄水的蓝绿休闲区域。该计划向人民展示了防洪投入所产生的社会经济效益以及建设城市蓝绿基础设施的国际新视角。

该计划旨在提倡更环保、更美好的居民日常生活。主要包括如下方面：一是创新资源。引导市民将垃圾视为可再生资源，使当地资源得以以新的方式回收利用。二是在家里节约能源。家居生活蕴藏着40%的节能量，通过改变居民的生活习惯来减少用电量。三是辅助气候适应计划，帮助城市更好地抵御越来越强烈的降雨。

2. 建设自行车网络

为鼓励市民骑车出行，哥本哈根建成了覆盖整个市区的自行车道路网络。调查显示，每建成一条新的自行车道，该路段的骑车人数就增加20%，而汽车行驶量减少10%。包括自行车高速路在内，哥本哈根港口及其附近的运河周边共有8座自行车和行人桥梁已经规划或在建。从2012年到2013年，哥本哈根市民的自行车出行率从36%上升到41%，而小汽车通勤上下班比例则降至12%。哥本哈根地区正在建设28条从郊区到市中心的自行车高速路，全部采用分离式设施。在更大范围内的大哥本哈根都市区，已有超过1000公里的分离式自行车专用道和几百公里普通自行车道。1公里自行车专用道的成本可以在5年内收回。

德国法兰克福/曼海姆/斯图加特低碳城市规划战略

法兰克福人口67.3万，面积248平方公里，人均GDP约66300欧元。在"绿色城市索引"评估中，法兰克福有4项（建筑、交通、废物与土地使用、水资源）的评估高于平均值，其余4项位于平均值。其最为突出的指标是"多样交通模式"，有64%的居民通勤实现无小汽车化（32%依靠自行车和步行），居全德之首。2011年，法兰克福开启了一个新的综合交通控制中心，可以通过一个14平方米的监视器观测管制整个城市的交通状况，包括停车和流向引导、信号灯控制等。

法兰克福拥有3座大型和120座中小型热电联产站，通过燃气—蒸汽循环利用，为城市的运转提供了总计24000千瓦的能源。另外，法兰克福还拥有欧洲最多（1000余个）的"被动式绿色建筑"（太阳能采光、自然通风等低能耗设计）。

曼海姆人口31万，面积145平方公里，人均GDP约43600欧元。曼海姆在"水资源"分项中的成绩最高：城市年人均水资源消耗58立方米（欧洲绿色城市平均93），给水系统浪费率仅5%（欧洲绿色城市平均23%）。

斯图加特人口67万，面积207平方公里，人均GDP约52200欧元。该市仅"碳排放"一项的评估位于平均值，其余7项高于平均值。斯图加特的"建筑节能和低能耗"分项指标成绩最为优异：其居住建筑能耗388焦耳/平方米，居于全德和欧洲之首。主要原因之一是城市管理部门开展的"能源服务"项目采用计算机监测系统来追踪建筑耗能（占城市总体耗能的60%），并为建筑使用者传授节能知识，提供资金支持和技术开发。

德国柏林/莱比锡低碳城市规划战略

柏林是德国的首都和最大的城市，人口340万，市域面积892平方公里，人均GDP约21400欧元。在与欧洲其他城市比较的"绿色城市索引"项标准评估中，柏林有6项高于平均值，其余两项（能源和环境管治）位于平均值。特别是其"碳排放指标"（年人均5.6吨）为德国最低，也是在"碳排放"分项的得分中列于"高于平均值"的仅有的两个德国城市之一（另一个是纽伦堡）。

1990年，东、西德的合并促使原东柏林关闭了大量的工业企业，从而实质性地降低了二氧化碳和污染物的排放。1996年，柏林市政府和柏林能源署合作签署了《柏林节能合作契约》，双方通过战略合作提供专业技术和资金支持，以实现提高公共建筑能源使用效率并每年节能25%的目标。在这一举措下，柏林通过对学校、办公室、场馆等公共建筑的技术更新，节省了1100万欧元的能源成本。柏林的另一项突出举措是修建了一个容量为6万吨的生物发酵站，与堆肥废弃物一起运作，每年可产生2000吨的生物燃气，节省了约250万升的传统柴油燃料。

莱比锡人口55万，面积297平方公里，人均GDP约23300欧元。在评估中，除"碳排放""交通"和"环境管治"位于平均值外，其余5项均"高于平均值"。与其他欧洲绿色城市相比，其最为突出的指标是最低的"人均垃圾产量"、最高的"废物循环利用率"和第二低的"水资源消耗率"。莱比锡每年都有两个重要的绿色事件——莱比锡环境节和生态节，意在倡导公众的环保意识。莱比锡环境节持续两周，开展一系列的环境议题沙龙、讲座和体验游等项目；生态节则是莱比锡环境节期间举办的庆典活动，额外提供100个展台，主要以家庭为单位参加。

德国弗莱堡低碳城市规划战略

弗莱堡在1996年就制定了节能减排的具体目标：到2010年，城市的二氧化碳排放量降低25%，2030年降低40%。弗莱堡通过采取一系列措施，使交通和能源部门的排放得到明显的控制。更重要的是能源供应公司拿出一定比例的资金建立奖励基金，作为交通和房屋建设项目在气候保护方面的奖励。

弗莱堡市市长迪特萨洛蒙博士说："绿色之都"的城标涵盖了诸多理念，这些理念相互补充而不是相互冲突，其中一个重要的理念就是让生活更美好，这些理念完美地体现在地区环境和气候保护的政策中。与此同时，科研和经济发展紧密结合，共同致力于技术创新、推动高品质增长和创造具有发展前景的就业岗位。如今，环保经济早已成为本市最重要的经济支柱之一。

法国阿尔萨斯低碳城市规划战略

阿尔萨斯大区面积达8280平方公里，人口约160万，其中约一半集中于斯特拉斯堡、科尔马和米卢斯三大城市。

1. 可持续发展交通

阿尔萨斯拥有发达的公共交通，这不仅有利于居民的出行，更减少了二氧化碳的排放，使城市进一步迈向"无碳化"。在阿尔萨斯，多种完备高效的出行方式可供人选择：高速火车、自助式自行车、船舶、有轨电车等。最值得当地人骄傲的，是他们拥有法国第一辆有轨电车，其经过现代化改造升级后，至今仍服务于市民。

目前，斯特拉斯堡还拥有法国最大的自行车网络，自行车专用道长达500公里，出行率占到了10%。还有自行车专用停车场，市民可按天、按月租用自行车。另外，斯特拉斯堡还兴起了"汽车共享"项目，只要成为相关协会会员，就可以分享使用城市19个有轨电车车站里的公用汽车。

2. 绿色节能建筑

在建筑方面，从废弃工业占地的规划翻新到低耗能居所的修建，阿尔萨斯致力于从建筑设计及利用建筑材料来推进能源环保。例如，建筑的典型代表——阿尔萨斯布克斯韦尔高中，建筑一侧立面是呈倾斜角度的太阳能水幕墙体，由电脑自动控制，可以随着室外温度和日照强度的变化自动开闭，不仅可以遮阳降温，还能有效减少能源消耗。夏天时，水幕从倾斜的玻璃隔热墙上垂帘而下，外观清新自然，同时达到降温隔热的环保效果。

3. 清洁能源

面对能源危机和环境保护，阿尔萨斯从容应对，几年前出台的气候计划已开始积极引着市民改变他们的行为，实现向低碳生活方式的转变。在阿尔萨斯，电力的生产达到100%无碳化，其中60%得益于核能，近40%得益于水力发电，1%由其他可再生能源提供。

芬兰维累斯低碳城市规划战略

维累斯是芬兰坦佩雷市与累佩拉市交界处的一片新城市地区，也是芬兰正在进行的最大的城市开发项目之一。整个开发区面积为1256公顷，人口约30万。维累斯创造绿色城市的具体方法是通过提供高质量的服务、多样化的居住选择和极具吸引力的商业贸易岗位。由于维累斯是一个典型的处于森林中的"绿色地区"，优美的自然环境和丰富多样的生态结构是这个区域最为核心的个性特征。因此，特殊的地理和自然条件使得维累斯在规划的一开始就明确了建设生态城市的目标和原则。紧密结合自然，实现城市结构、功能与环境的和谐共生，是维累斯开发建设的宗旨。最基本的规划目标是保护敏感脆弱的生态环境，考虑地段内丰富的地形地貌以维护区域有价值的自然特征，保持生态多样性，改善地区微气候和现存水系统等。

维累斯城市的生态规划主要包括六大概念：一是优化城市结构、建筑、公共空间和交通系统，充分考虑区域的微气候环境，防止交通噪声和其他有害辐射。二是减少汽车交通，提倡公共交通并开辟充足的步行和自行车空间，通过弹性的停车系统实现灵活管理。三是促进能源保护，增强能源系统的性能以减少热量损失，改善能源使用的意识，减少耗电。四是强化信息技术，提供不同种类电话、网络活动的可能性。五是保护自然环境，在土地利用规划中考虑当地景观结构，维护生态多样性，对暴雨带来的水流进行控制和生态管理。六是考虑社会的可持续发展，积极组织市民参与。

荷兰海尔许霍瓦德低碳城市规划战略

海尔许霍瓦德市是位于荷兰首都阿姆斯特丹北部约30公里处的一座郊外卫星城市，人口约5.2万。城市开发以同心圆形式从市中心向外扩散，其中，"太阳城"社区位于该市最南端，是在地势低洼的农业地上建设起来的可持续新区。

"太阳城"社区容纳了4000余名居民，提供1500套住房以及配套设施，整体造价较高，政府几年来一直在高额补贴。每栋太阳能房屋造价在20万～50万欧元。房屋设计有特殊的地热供暖系统，住户们一般配有两个电表，一个是太阳能电表，另一个是普通电表。太阳能电池板产生的多余电量存储在公共供电系统里，每年年终通过计算而得出的最终电能可获得一笔收入。

"太阳城"社区的住宅类型丰富，学校、托儿所及医院等基础服务设施完备，步行范围内即可达。提倡"贫富混居"，社区多样性显著。区内车行道和人行道分离，交通设施便利。"太阳城"内有公园、绿地、池塘等开放空间，宽阔的池塘通过循环处理解决了净化水质的问题，塑造了良好的亲水空间。

"太阳城"社区今后将继续扩大光伏发电，积极采用地热和生物质等可再生能源，运用蓄热及设施高隔热化等技术，力争到2030年建成完全不依赖系统电力的"零能耗城市"。

英国伦敦低碳城市规划战略

英国是最早提出"低碳"概念并积极倡导低碳经济的国家。伦敦市政府认为，转用低碳技术的成本，比处理已排放的二氧化碳所需要的成本低。节能及提高能源效率等措施，不会令原有的生活品质下降；相反，加强开发应对气候变化的技术，有助于伦敦发展成为环保技术的研发中心。

伦敦市低碳城市建设有几个政策方向：

(1) 帮助商业领域提高减少碳排放的意识，鼓励所有人在商业投资时都要向低碳一体化过渡。

(2) 降低地面交通运输的排放。引进碳价格制度，根据二氧化碳排放水平，向进入市中心的车辆征收费用，致力于使伦敦成为欧洲国家中电力汽车的首都。

(3) 改善现有和新建建筑的能源效益。推行"绿色家居计划"，向伦敦市民提供家庭节能咨询服务，要求新发展计划优先采用可再生能源。

（4）发展低碳及分散的能源供应。在伦敦市内发展热电冷联供系统、小型可再生能源装置风能和太阳能等，代替部分由国家电网供应的电力，从而降低因长距离输电导致的损耗。

（5）市政府以身作则。严格执行绿色政府采购政策，采用低碳技术和服务，改善市政府建筑物的能源效益，鼓励公务员养成节能的习惯。

瑞士巴塞尔/苏黎世低碳城市规划战略

从1965年至今，无论湖泊治理还是河道疏浚，瑞士政府均通过立法严格保护水资源。针对莱茵河的治理问题，瑞士采取了一系列的环保措施。巴塞尔首先建立了一套监测系统和应急程序，一旦发生灾难性污染，及时提醒，有助于把对莱茵河的威胁降至最低。巴塞尔利用自身特殊的自然环境，把莱茵河水引到树林里，通过天然过滤系统，在土壤中进行生物净化，以获得高质饮用水。此外，针对船舶将带油污的水未经处理就排入莱茵河的情况，巴塞尔港口设立了一艘舱底油污水处理船，该船上装有污水处理设施，能够将危害生态环境的舱底油收集起来用于火力发电。

在苏黎世，全部污水都会在污水处理厂经多道净化流程处理。处理过程中产生的生物气将被转化为电能和热能，供应全城约3/4的能源需求。在饮用水的监控上，苏黎世采取生物检测系统来确保水质的安全。

巴塞尔、苏黎世水治理的成功，一是源于政府的先见性。瑞士政府采取了强制性的法律政策，投入巨资进行全面的水源治理，从水源的每个环节入手，不同城市又有不同的举措。二是源于全体居民的自觉意识，将节水护水意识贯彻到每天24小时的行动中。

第二节　欧洲低碳城市政策措施

近年来，欧盟将低碳经济看作"新的工业革命"，采取了一系列有力的措施推进低碳产业发展，期望能够带动欧盟经济向高能效、低排放的方向转型，并在全球应对气候变化行动中充当急先锋，力图发挥领导者角色。

在发展低碳经济问题上，欧盟不仅提出的口号最响，行动也走在了其他国家和地区之前。从排放指标的制定到科研经费的投入、碳排放机制的提出，从节能与环保标准的制定再到低碳项目的推广，等等，欧盟均率先出击，推出了全方位的政策和措施，统领各成员国大力发展低碳产业。

欧盟发展低碳经济的主要措施：

（1）目标制定。2007年3月，欧盟27国领导人通过了欧盟委员会提出的欧盟一揽子能源计划。根据计划，欧盟到2020年将温室气体排放量在1990年基础上至少减少20%，将可再生能源占总能源耗费的比例提高到20%，将煤、石油、天然气等一次性能源消耗量减少20%，将生物燃料在交通能源消耗中所占比例提高到10%；到2050年，将温室气体排放量在1990年的基础上减少60%～80%。这一目标的制定，在欧盟气候和能源政策方面具有里程碑意义。

2008年12月，欧盟峰会在布鲁塞尔举行，欧盟各国最终敲定气候变化妥协方案。该方案要求欧盟到2020年将其温室气体排放量在1990年的基础上减少20%。该目标的实现有赖于27国完成各自的国内减排目标，而且要在整个欧洲碳交易机制的范围内进行。2013年以后的第三阶段，欧洲排放交易体系规定，污染性工业企业和电厂等，可购买碳排放许可权。

该方案还规定，到2015年，将汽车二氧化碳排放量减少19%。各国设定限制性目标，到2020年，欧盟可再生能源使用量占欧盟各类能源总使用量的20%；鼓励使用"可持续性的"生物燃料；到2020年将能源效率提高20%。新方案还包括提供12个碳捕获和存储试点项目，利用创新技术收集电厂排放的二氧化碳并将其埋入地下。这些试点项目资金将来源于碳交易收益。预计到2020年，碳交易能带来几百亿欧元的收入。

(2) 科研计划。2007年年底，欧盟提出了战略能源技术计划，这是欧洲建立新能源研究体系的综合性计划。该计划包括欧洲风能启动计划，重点是大型风力涡轮和大型系统的认证；欧洲太阳能启动计划，重点是太阳能光伏和太阳能集热发电的大规模验证；欧洲生物能启动计划，重点是在整个生物能使用策略中，开发新一代生物柴油；欧洲二氧化碳捕集、运送和储存启动计划，重点包括效率、安全和承受性的整个系统要求，验证在工业范围内实施零排放化石燃料发电厂的生存能力；欧洲电网启动计划，重点是开发智能电力系统，包括电力储存；欧洲核裂变启动计划，重点是开发第Ⅳ代技术。

2008年2月，欧盟运输、通信和能源部长理事会在布鲁塞尔通过了欧盟委员会提出的欧盟能源技术战略计划，同意在以下方面采取措施：①在能源工业领域增加财力和人力投入，加强能源科研和创新能力；②建立欧盟能源科研联盟，以加强大学、研究院所和专业机构在科研领域的合作；③改造和完善欧盟老的能源基地设施，建立欧盟新的能源技术信息系统；④建立由欧盟委员会和各成员国参加的欧盟战略能源技术小组，协调欧盟和成员国的政策和计划。该计划将鼓励推广包括风能、太阳能和生物能源技术在内的"低碳能源"技术，促进欧盟未来建立能源可持续利用机制。

(3) 机制建设。2005年，欧盟启动了碳排放交易机制，涉及的工业部门覆盖发电和供热企业、炼油企业、金属冶炼加工企业、造纸企业和其他高耗能企业。按照这一机制，各成员国应制订每个交易阶段二氧化碳排放的"国家分配计划"，为有关企业提出具体的减排目标，并确定如何向企业分配排放权。该机制共分为三个交易阶段，即2005—2007年、2008—2012年和2013—2020年。

2006年3月，欧盟委员会发表《欧盟能源政策绿皮书》，提出强化对欧盟能源市场的监管，开放各成员国目前基本封闭的能源市场，制定欧盟共同能源政策；鼓励能源的可持续性利用，发展可替代能源，加大对节能、清洁能源和可再生能源的研究投入；加强与能源供应方的对话与沟通，建立确保能源供应安全的国际机制；在与外部能源供应者的对话中，欧盟应"用一个声音说话"。

(4) 标准与立法。2006年10月，欧盟委员会公布了能源效率行动计划，这一计划包括降低机器、建筑物和交通运输造成的能耗，提高能源生产领域的效率等70多项节能措施。计划建议出台新的强制性标准，推广节能产品。

2007年1月，欧盟委员会通过一项新的立法动议，要求修订现行的燃料质量指令，为用于生产和运输的燃料制定更严格的环保标准。从2009年1月1日起，欧盟市场上出售的所有柴油中的硫含量必须降到每百万单位10以下，碳氢化合物含量必须减少1/3以上；同时，内陆水运船舶和可移动工程机械所使用的轻柴油的含硫量也将大幅降低。从2011年起，燃料供应商必须每年将燃料在炼制、运输和使用过程中排放的温室气体在2010年的水平上减少1%，到2020年整体减少排废10%，即减少二氧化碳排放5亿吨。

(5) 项目投资。2008年12月，欧盟各成员国一致同意，发起了"欧洲经济复苏计划"。50亿欧元中的一半左右将用来资助低碳项目。具体分配如下：10.5亿欧元用于7个碳捕获和储存项目，9.1亿欧元用于电力联网，还有5.65亿欧元用于开发北海和波罗的海的海上风能项目。

2009年3月，欧盟委员会宣布在2013年之前投资1050亿欧元用于支持欧盟地区的"绿色经济"，促进就业和经济增长，保持欧盟在"绿色技术"领域的世界领先地位。款项全部用于环保项目以及与其相关的就业项目，其中540亿欧元用于帮助欧盟成员国落实和执行欧盟的环保法规，280亿欧元用于改善水质和提高对废弃物的处理和管理水平。

第三章 亚洲低碳城市

第一节 亚洲低碳城市规划战略

韩国松岛低碳城市规划战略

韩国松岛新城是仁川广域市在一个面积为 15000 英亩的人工岛屿上兴建的国际中央商务区,人工岛在仁川海岸线通过填海造地的方式建造,规划人口规模为 25.2 万人,20 世纪 90 年代末期开工,预计 2020 年竣工。

新城建设依照绿色生态城市进行设计,从世界各地引进了一些标志性景观,如纽约中央公园、威尼斯运河、伦敦汉普斯德特希思公园等。整个工程耗时多年,总投资达 400 亿美元。面积达 100 英亩的中央公园建有生态博物馆,一条人工海水运河穿行其中,风力涡轮机为运河水流提供动力,不断地从海洋中抽取流动的海水。

松岛新城是世界上第一个完全采用概念的城市,建设了电子信息平台,打造了较为完整的服务系统,一张无形的大网把整个城市连为一体,社区、公司和政府机构等实现全方位信息共享。

智能化只是这个城市的手段,清洁和节能才是它的目的。松岛新城的公共交通系统先进,包括连接首尔的地下火车和海水运河上的水上电动出租车,均使用清洁能源。停车场隐藏在水下,以减少热气和废气对城市的影响。岛上居民的新鲜淡水用量可以减少为日常量的 1/10——这主要归功于智能的建筑方式、雨水收集系统和污水处理系统,而在自家屋顶上种植植物的设计,则可免除热岛效应。岛上设置有中央垃圾收集系统,无论干湿垃圾,都会由这个自动的中央系统收集。所有这些都意味着松岛新城将成为世界上最清洁的城市之一。

日本横滨低碳城市规划战略

横滨是日本仅次于东京的第二大城市,2008 年被评为日本的生态示范城市之一,人口以每年 0.5%～1% 的速度缓慢增长,2009 年的城市人口为 365 万。为了缓解人口增长和经济活动集中给环境带来的压力,推动日本社会走向零废弃物循环,横滨于 2003 年开始 G30 行动计划。G30 行动计划以 2001 财年作为基线,旨在到 2010 年减少废弃物数量的 30%。该计划确定了所有利益相关者的责任,明确了污染者付费制度和生产者责任延伸原则,以减少浪费。

为了实现 G30 行动计划中涉及的目标,政府在横滨城市范围内广泛开展环境教育和宣传活动,提高公众意识。公众参与活动的热情很高,80% 的民众参加了邻里、社区、协会组织的研讨会和各种活动,计划得到了传播和推广。

横滨 G30 行动计划中所制定的目标是:到 2025 财年,减少 30% 以上的温室气体排放量;到 2050 财年,减少 60% 以上的温室气体排放量,另外,在 2004 财年的基准上,增加 10 倍的可再生能源使用量;继续缩减焚化炉数目,削减二氧化碳排放量并节省运营成本。

横滨的经验表明，利益相关者之间的密切合作对实现城市治理环境污染的目标起到至关重要的作用。目标的切实实现有赖于公众力量的逐步推进，公众已成为计划实施的积极参与者。

日本千叶低碳城市规划战略

日本千叶新城位于日本千叶县中部，面临东京湾，是下川县最大的城市，也是县政府所在地。千叶的生态城市建设堪称范例。

在产业发展中，突出对循环经济的重视和投入。比如，加强农业研究中心建设，继续保持和发挥农、水产品加工的传统特色的同时，按照生态原则对新兴的以钢铁、电力、石油和化学为中心的重工业和化学工业等企业进行改造，并通过政策引导和资金支持，加大对将废弃物转换为再生资源的企业的扶持力度，提升循环产业在经济中的比重。

千叶新城建设以商务活动、居住休闲、教育科研以及生态保护等混合功能为主，共同构建集合"职、住、学、游"为特色的复合型城市。

千叶新城建设生态城市采取如下措施：

（1）实现建筑低碳化。以办公类建筑为例，技术革新的关键在于减少空调和照明用能源消费。对已经建成的建筑进行节能改造。

（2）改变城市居民生活方式。千叶政府不但要推广低碳生活理念，更注重普及低碳技术并引导人们选择低碳物品。

（3）号召民众广泛参与。千叶政府在进行城市环境规划时积极倡导民众参与设计与维护，听取民众对环境规划的意见，鼓励民众参与自己生活周边公共环境的日常管理。这样做更能让城市规划符合大众的需要，更能培养出民众对生活环境的热爱和主动维护的意识，也能节省大量公共维护管理的费用。

（4）实施绿色支援政策。绿色支援是政府促进生态城市建设的重要举措，即对于注重生态环境营造的设计开发项目给予一定的植物资源援助。比如，政府免费提供树木，施工由开发部门负责，维护和管理则直接交给项目周边的居民负责。

日本大阪低碳城市规划战略

日本大阪市河流面积占城市总面积的10%，其市中心由4条河流所围绕，形成世界少有的"水上回廊"，以"水上回廊"为中心的"节能之城"的建设，随着都市再生计划的实施而展开。

2005年7月，大阪制订了大阪生态城市计划，并得到日本经济产业省和环境省的批准。该计划提出了培育环保领域产业、建设环保型城市的目标，确定了以"完善民间再利用设施"为重点的一系列举措。例如，建设采用新技术新系统的再利用设施、建设能够处理中小企业等有害产业废弃物的再利用设施、建设有助于防止地球变暖的再利用设施，以及将废弃物最终处理场改建成循环型社会示范区，等等。政府立法严格限制企事业单位的废弃物排放，居民也要承担废水排放和处理费用。

大阪政府的主要举措之一是将大阪建设成"节能环保、资源再利用"的循环型社会。

日本北九州低碳城市规划战略

日本北九州市的面积为485平方公里，位于九州地区的北面。北九州市生态城镇的具体政策是实施3R措施，即减排、再利用和循环利用。整个过程分为两个阶段。第一阶段是1997年至2002年，这个阶段主要执行"循环利用"的方针；第二阶段是2002年至2010年，这个阶段的重点是"再利用"。

北九州市确定生态城镇发展的目标：

（1）促进环保、循环产业的发展和创新，使循环经济和产业成为北九州市的新产业。

（2）通过企业、商家、地方政府和消费者以及本地居民的大力协作，建立一个物质循环利用的社会。

（3）在实施生态城镇项目中通过若干利益相关者的合作和各自发挥不同的作用，实现生态城市的发展目标。这些利益相关者包括地方政府、商业团体、研究机构和市民。

北九州市政府在生态城镇项目中的作用包括：

(1) 提供硬件，即基础设施和其他公共设施，包括给排水、道路以及土地等。
(2) 提供软件，即资金支持和人力资源的支持。
(3) 提供"一站式"服务。

第二节 亚洲低碳城市政策措施

日本

日本是石油、煤炭和天然气等主要资源匮乏的国家，能源自给率仅4%左右，日本所需石油的99.7%、煤炭的97.7%、天然气的96.6%都依赖进口。

在遭受20世纪70年代石油危机重挫后，日本政府在国内广泛实施了节能及能源多元化战略，积极寻找污染很小或可再生的新能源。经过近30年的积累，新能源开发利用展现出扭亏为盈的倍增趋势，使日本经济抵抗风险的能力不断增强，大大降低了对传统能源的依赖程度。日本在新能源应用领域拥有许多世界领先的技术，为日本发展低碳经济、实现低碳社会奠定了基础。

2008年6月，时任日本首相福田康夫提出日本新的防止全球气候变暖对策，即"福田蓝图"。"福田蓝图"指出，日本温室气体减排的长期目标是：到2050年，日本的温室气体排放量比目前减少60%～80%。2008年7月26日的内阁会议通过了依据"福田蓝图"制订的"低碳社会行动计划"，提出了数字目标、具体措施及行动日程。

2008年7月，日本政府"地区活性化统合总部"选定了横滨市、北九州市、富山市等6个市作为大幅减排温室气体的首批"环境示范城市"。这些示范城市均设定了至2050年为止将二氧化碳排放量减少50%以上的目标。具体措施包括推动节能住宅的普及、充分利用生物资源、建设以路面电车为中心的城市交通等。

日本创建"环境模范城市"的目的是打造低碳社会，以城市为单位推动生产生活方式的转变和改善城市功能。具体举措包括减少垃圾数量、开展"绿色能源项目""零排放交通项目"和推广节能住宅等。这些举措有助于大力发展低碳技术，在实现城市发展的同时最大限度地减少对环境的危害。

不丹

不丹这个被称为"喜马拉雅山下香格里拉"的国家，在1980年对外开放前，几乎是生人止步。全球64亿人，一年只有约6000人有机会亲临这块神秘的土地。

不丹今天的成果，来自他们清楚自己要什么与不要什么。他们要追求平等，不要因为追求经济发展而出现失衡的社会与环境。

不丹多数为山区，梯田垂直落差极大，农民在梯田上建冬、夏双屋，依气候移居，夏种稻、麦，冬种马铃薯。以多样性的作物维持地力的自然循环，他们拒绝人工施肥、洒药的恶性循环。不丹是全世界森林覆盖率最高的国家之一，法令明定森林覆盖率必须在60%。在不丹发展现代化过程中，曾经一度让森林覆盖率低于六成，但目前已快速回升，到达72%。

不丹对于经济与环保，以及经济与文化的平衡观念，比许多发达国家更为先进。政府为了保护森林，特别推动修法，甚至写入宪法。喜马拉雅山系是年轻地质，十分脆弱，但在不丹，放眼望去却一片苍翠。为了保育森林，贫穷的不丹不惜放弃开采山中珍贵的矿石，甚至连在山中溪里钓鱼都是非法的，为的是保存稀有的喜马拉雅山系鱼种。

中国

创建低碳城市是落实科学发展观的客观要求，是实现城市创新发展、科学发展和转型发展的根本途径，是城市发展的新方向。研究城市的低碳发展，既有理论价值，也有现实意义。

城市几乎是我们面临的所有社会和环境病症的根源，但也是解决问题的钥匙。改革开放近 40 年来，我们主要是追求物质效益和土地规模扩张的城镇化，这种城镇化给资源环境带来巨大压力，是不可持续的，必须转向以人为本的城镇化。从环境角度来看，过去 30 多年走的是一种"灰色城镇化"道路，大部分工业企业都是先污染后治理，累积的结果使中国城市常受垃圾围城、黑臭水体以及雾霾的困扰。我国未来必须按照绿色发展理念的要求，从"灰色城镇化"转向"绿色城镇化"。按照《国务院关于深入推进新型城镇化建设的若干意见》要求，坚持走以人为本、四化同步、优化布局、生态文明、文化传承的中国特色新型城镇化道路。其中，加快建设绿色城市、智慧城市、人文城市等新型城市，正是未来低碳生态城市建设的重要任务。

随着国家出台一系列的政策措施，生态城市从绿色建筑转向生态城区的区域化建设。住建部科技发展促进中心在 2013 年 3 月下发《"十二五"绿色建筑和绿色生态城区发展规划》，明确提出在自愿申请的基础上，确定 100 个左右不小于 1.5 平方公里的城市新区按照绿色生态城区的标准因地制宜进行规划建设。在进一步落实国务院的绿色建筑行动方案的同时，将绿色建筑引向区域发展、规模化发展。同时，进一步集中整合相关资源。低碳生态城市建设涉及众多领域，需要政府多个部门共同参与。中央各部委从各自职责的角度提出了多种类型的试点，既有推动低碳生态城市建设的积极作用，也有多头分散、难以形成合力的弊病。中共中央办公厅、国务院办公厅印发的《关于设立统一规范的国家生态文明试验区的意见》及《国家生态文明试验区（福建）实施方案》，要求统一规范各类试点示范。这就为整合发改委、住建部和环保部门的各类低碳、生态城市试点示范指明了方向。

此外，推动低碳生态城市的长效机制建设正在建立。推动低碳生态城市的发展必须建立规划引导、指标体系评估、资金保障等方面的长效机制。例如，深圳坪山国家低碳生态示范区积极实行"计划—建设—评估—反馈"机制，明确实施环节、实施效果等责任主体，建立长效推动机制。又如，山东省 2015 年出台了《山东省省级建筑节能和绿色建筑发展专项资金管理办法》，对绿色生态城区建设目标的落实起到了很好的督促作用。

第四章 其他地区低碳城市

第一节 其他地区低碳城市规划战略

巴西库里蒂巴低碳城市规划战略

库里蒂巴在世界上以其规划,特别是快速公交系统及其公交导向的发展而著名,堪称城市发展和建设的典型范例,是世界上最宜居的城市之一。

库里蒂巴市市长大力推行库里蒂巴总体规划,特别是运用这个规划所提出的土地利用、道路系统和公共快速交通一体化的规划发展理念,同时将土地利用方式及其相应的控制性指标与道路等级和公交网络综合地联系起来进行空间布局,形成主要交通干道,特别是快速公共交通走廊沿线混合型的、高密度的开发。这些快速公共交通走廊因此成为城市的主要发展轴。

库里蒂巴没有地铁系统,主要依靠导向型、隔离式的快速公共汽车体系。城市主要的发展地区基本上是沿着公共交通走廊进行布局,与其他车辆分离的公共汽车专用道使公共汽车的速度得以提高,其他常规的公共汽车将周边其他地区与快速公共交通走廊衔接起来,形成全市范围的一个整体的公交网络。

公共交通的高效率、通达性和便利性,促使当地的居民放弃私人小汽车,日常出行基本上是以公共汽车为主。目前,城市80%的出行是依靠公共汽车完成的。库里蒂巴的燃油消耗仅是同等规模城市的25%,因此污染也远低于同等规模的其他城市的水平。

在库里蒂巴,城市房管局负责低收入阶层住宅的筹资、规划、建设、分配和管理工作。除了来自中央和州政府所提供的低收入住宅建设资金,库里蒂巴市政府利用城市规划管理权利,通过"开发权转移"机制,为低收入阶层的住宅筹集建设资金。开发商可以通过为低收入阶层住宅建设基金提供资金,作为获取规划许可或提高一定的容积率的条件。

绿色交换有利于对环境的保护,也为低收入或失业群体提供了生活的基本保障。生活在棚户区的低收入或无业群体,可以将装着垃圾的垃圾袋拿到社区中心换取公共汽车的车票或食物。绿色交换所兑换的食品都是从当地农民手中购买的。这个项目使农民的粮食有了销路,也因此增加了农民的收入。

澳大利亚悉尼低碳城市规划战略

作为澳大利亚人口最稠密的城市,同时也是世界公认的最适宜人居住的城市之一,悉尼一直保持着良好的自然和生活环境。这些都得益于城市规划者对绿色发展理念的坚持。悉尼市政府出台的可持续发展的悉尼2030战略计划,在2013年间实现的主要目标有以下六个:

(1) 实现20%建筑碳减排。
(2) 太阳能光电利用,每年节约80万美元。

（3）自行车出行率增长113%，平均工作日高峰期约2000辆出行。

（4）完成13个小公园生态提升、51栋屋顶绿化、26栋立体绿化外墙，绿化面积86140平方米。

（5）新增14个雨水花园，总数达到107个。

（6）雨水、中水回用计划一期实现0.5亿升。暴雨水收集与再利用。

2012年3月以来，悉尼大都市区安装了超过2600盏LED高效街道与公园照明灯，减少了超过25%的能源使用量。大都市区还将在接下来的3年内更换6500盏传统路灯，全部用高效LED灯代替。LED灯耗能仅占传统路灯的40%，同时减少40%的碳排放。

悉尼市政府计划投资430万美元，在悉尼多个选址的公共建筑房顶上安装超过5500块太阳能板，每年减少碳排放2250吨，解决大都市区12.5%以上的能源需求。

另外，悉尼市政府还根据其可持续发展的悉尼2030战略计划的发展方向，提出努力在2030年达到室内居民出行50%依靠步行、10%依靠自行车的目标。为了实现这一目标，悉尼市政府着重打造"国际步行之都"的形象，推出其首创的"文化漫步"自助游指南应用软件。2014年10月，悉尼成为"走向21世纪"会议的主办城市。该会议推崇发展健康、可持续发展、高效率社会的理念，是国际引领社会健康步行风潮、宜居环境的峰会。

澳大利亚布里斯班低碳城市规划战略

2007年，布里斯班市政府发布气候变化和能源行动计划，制定了实现可持续发展目标的长、短期行为措施，拟定了削减温室气体排放量、废水重利用、恢复40%的自然栖息地等若干项具体行动纲领。

为了有效地实施该行动计划，政府率先开展了"智慧城市"项目。该项目通过为企业和个人提供节约能源的方式，改善环境并节省资金，也积极动员企业和个人参与到项目中来，促进行动计划的进一步完善。

"智慧城市"项目的目标是减少每户家庭每年的碳足迹，二氧化碳从2006年的16吨减少到2026年的4.5吨。为了鼓励家庭参与，政府采取了退税和赠款措施来支持环境可持续发展项目的开展。

"智慧城市"项目的措施：使用高效节能灯具，使用更高效的空调机，安装太阳能电池板和太阳能热水系统，减少车辆尾气排放，在家里安装雨水箱，持续回收和保护水资源，签署绿色能源计划，实行在城区内种植2万棵树的计划。

作为亚热带城市，布里斯班不可避免地出现了水资源稀缺等问题。面对这种情况，布里斯班实行水资源综合管理，包括供水、废水处理、雨水回收和土地战略性管理等。目前，市政府正着手大力恢复河道，鼓励种植原木苗木，并通过赞助社区活动以减少非法倾倒等行为。

保护水资源、改善城市生态、构建宜君环境等任务迫在眉睫。布里斯班市政府几年来持续为之付出努力，"智慧城市"项目、市区重建项目的实施为其他遇到同样问题的城市提供了可资借鉴的案例。

澳大利亚阿德莱德低碳城市规划战略

在城市功能和结构方面，阿德莱德市的城市商业区、居民区、工业区等功能机构布局清晰、结构合理、区分明确。为了使整个城市保持一致，城市的街道被设计成为南北两个片区，托伦斯河以南为商业区，以北为住宅区，沿着河道设有成片绿地和自然护坡以及步行系统，为市民游憩提供了一个良好的环境。

阿德莱德市将"以人为中心"作为城市规划的指导思想，以为人们提供舒适的生活环境为宗旨。政府大量收购未开发利用的土地、废弃的工厂等，按照城市规划布局道路、绿化、河流以及各种配套设施，然后将土地出售给开发商，政府将从中获得的收益用来进行学校、医院等公共配套服务设施的建设。在城市基础设施建设方面，凡是涉及公众利益的道路、管线、停车、绿化等基础设施，均以政府投资为主，一次性的资金投入使工程进度得到保证。供电、电信等基础设施方面，政府规划部门和相关单位衔接，保证同步规划、设计与施工。

阿德莱德市的城市交通实行"行人优先、公车优先"策略，道路路网密集程度高、通达性好，道路规划注重将车辆引导到城市主干道，为市民提供了一个安静、舒适的居住环境。

城区内还规划了交错成网的步行系统和自行车系统，为居民活动提供了极大的便利。更值得一提的是阿德莱德市的停车系统，整个系统以停车楼为主，辅以道路停车。共设有40多个停车楼，多数由政府投资建设，每个停车楼面积为2万~4万平方米，采取按时段收费的办法，高峰时段额度较高。公交系统实行部分路段免费，营运和维护费用政府埋单。

美国伯克利低碳城市规划战略

美国生态城市倡导者理查德·雷吉斯特所率领的"城市生态"组织自1975年就开始在美国西海岸的滨海城市伯克利进行了卓有成效的生态城市建设实践。经过40多年的努力，伯克利已经建成一座典型的亦城亦乡的生态城市。其理念和做法在全球产生了广泛的影响。

伯克利在居住区建设方面，通过建设太阳能绿色居所来继续推行生态城市建设的思想，在节约能源方面的有益工作包括隔热绝缘材料、再生能源、太阳能热水器、太阳能空气加热器、被动和主动节能系统、太阳能和其他能源温室等。政府通过《伯克利住宅节能条例》等相关规范的制定，号召人们节约能源，并成立了第一个市政节能机构来指导伯克利市的能源节约和管理工作。

伯克利在城市交通系统建设方面遵循"依靠就近出行而非交通运输实现可达性"等可持续发展的理念。市内交通除公交等日常交通工具以外，鼓励市民减少对小汽车的依赖。政府于1970年首次实施"自行车计划"，鼓励市民以自行车代替小汽车；兴建自行车道，宣传自行车知识等。

在生态环境建设方面，伯克利对生态脆弱地区采取下级式保护方法，自然保护区、城市公园与社区公园相互衔接。伯克利的土地利用贯彻了生态保护理念，以集中布置商业功能、最大限度地发挥土地价值为原则。

被誉为全球"生态城市"建设样板的美国加州伯克利，其实践建立在一系列具体的行动项目之上，如建设慢行车道、恢复废弃河道、建造利用太阳能的绿色居所、通过能源利用条例来改善能源利用结构、优化配置公交线路、提倡以步代车等。清晰、明确的目标的提出，既有利于公众的理解和积极参与，也便于职能部门主动组织规划实施建设，从而保障了生态城市建设能够稳步地取得实质性的成果。

美国加州欧文低碳城市规划战略

欧文市在国际上享有盛誉，被称为全美最成功的统一规划城市社区，并且是美国一些知名企业的总部所在地。宜人的气候、优良的学区、理想的治安状况等，使其成为许多人选择在此居住的原因。

20世纪五六十年代，加州大学欧文分校开始在这片土地上规划，一个5万人的城市蓝图就此展开，逐渐发展成当今的欧文市。欧文占地宽广，沿太平洋拥有长达9英里的海岸线，区域地势起伏，分为南部滨海地区、中部地区以及北部高山地区三大部分，拥有山脉、峡谷、湖泊、溪流、湿地、海洋等丰富的自然资源。

规模较大的自然保护区相对独立，对于维护区域生态环境和保护生物物种有重要作用。每个大型居住区都有社区公共绿地和水体，为居民亲近自然提供了大量空间，形成了完整的生态系统。

宜人的环境、大量受过良好教育和技术培训的劳动力、全美最安全的社区、充足的优良住宅供应和众多生活娱乐设施等，使得这里汇聚了众多技术产业集群，如医疗设备制造商、生物医疗公司、电脑软件和硬件生产商和汽车设计公司等。生机勃勃的商业环境使其成为南加州"技术海岸"中心。

欧文的居住区开发奉行土地自然资源匹配原则和集约化发展原则，以减少人类居住活动对于自然环境的影响。居住用地贯穿整个区域布置，并且将主要自然保护区和产业发展带分隔。开发强度依据区域资源特性而定，在生态环境相对脆弱的滨海以及湿地区域和山地保护区附近开发低密度住宅。居住区的设计遵循人与自然和谐的理念，主要目的在于控制人类居住活动的蔓延，以村落为单位提供社区配套，方便居民在步行范围内解决基本生活需求，从而达到减少使用汽车的目的。

美国克利夫兰低碳城市规划战略

克利夫兰的生态城市建设可谓一场全面的社会生态运动，涉及交通能源、环境保护、公共管理、社区行动等方方面面，涵盖从"区域—城镇"到"社区—建筑"的多个层次。如今，克利夫兰已经成为美国最宜居的城市之一。

克利夫兰曾经以运输和制造业而闻名。在经历了20世纪60年代开始的城市大衰退，以及80年代以来依靠文化事业复兴城市之后，市政府提出了城市内部改造与区域整合相结合的、全面的生态城市议程，构建了一套城市内部环境建设与区域协调联动，政策法规制定与实施管理相配套的、全面的生态城市建设理论和实践体系。其生态城市建设包括空气质量、气候改良、能源、绿色建筑、绿色空间、基础设施、政府领导、邻里特色构建、公共卫生、交通选择、水质保持以及滨水区建设等多个层面。

克利夫兰市特别强调，建设生态城市需要从统筹整个大湖地区的环境建设行动进行考虑，生态城市的建设规划应当与邻近郡、所在州乃至联邦等各级有关规划相协调。具体举措有：关注耗能的降低及废弃物的减少；对拥有更健康室内环境的绿色住宅的推广；重视生产生活的节能和太阳能/燃料电池等可再生能源的广泛利用；倡导城市居民积极改变生活习惯，以便于生态城市观念的落实；政府加强规划，不断制定法规、完善措施，从资金和管理上重点落实。

新西兰奥克兰低碳城市规划战略

2006年，奥克兰地区等8个地方当局与中央政府签订长期的可持续框架协议，称为"START"协议。该协议对气候变化、全球资源枯竭、人口结构变化等影响奥克兰发展的各项因素进行评估，在此基础上制定战略方向。

"START"协议包括愿景、目标、初步基础、原理以及一些潜在反应（其中包括催化剂项目、长期可持续发展指标等）。学者、企业家和社会各界人士通过召开研讨会、发表论文等形式围绕人性、繁荣、宜君、生态环境等四个可持续发展原则来综合考量。

2007年9月，《奥克兰可持续发展框架（ASF）》修改版得到批准，其目标和愿景与中央政府达成共识。主要内容包括：调整现有的区域战略和项目，如增长战略、路上运输战略、经济发展战略等；调整未来的区域战略和计划；引导单一区域发展；适应性较强的方法的使用；务必采取的战略对策的跟进。

第二节 其他地区低碳城市政策措施

澳大利亚

澳大利亚是世界上人均温室气体排放污染最严重的国家之一。为应对环境气候变化带来的影响，降低温室气体的排放量，澳大利亚坚持政府主导、政策引导，建立和实施了一系列特色鲜明的低碳发展计划和措施。特别是澳政府在建立强制性法规标准、经济激励措施和碳交易等政策措施方面走在世界前列。

（1）法律保障。澳大利亚在2007年新政府成立之后，批准了《京都议定书》，并相继出台了一系列有关应对气候变化的法案。2007年出台了《澳大利亚温室气体和能源数据报告法案》，2008年出台了《国家温室和能源报告实施条例》和《碳请求和交易法案》，2009年提出了一个总量限制交易计划——《澳大利亚碳污染减排计划》，提出了减少温室气体排放、立即采取措施适应不可避免的气候变化以及推动全球实施减排措施三大减碳计划，明确了2050年达到2000年气体排放40%的长期减排目标。

（2）政策引导。澳政府建立气候变化政策部，整合相关部门资源，促进政府与产业互动，全方位建设一个低碳经济环境。采取财政资助、补贴、奖励措施，对实施清洁生产的企业减免排污费、提供无息贷款、设立"清洁生产奖"等措施和手段，大力推行清洁生产。通过制订国家清洁生产计划，率先在汽车工业、玻璃工业、印刷工业和塑料工业等领域进行清洁生产试点和示范。对家庭购买太阳能系统均给予资金奖励，促使家庭节能减碳。2010年7月"减少碳排放计划"正式实施后，对于因此而增加的成本，澳大利亚政府对低收入家庭采取退税及其他福利措施予以补贴，对受影响的企业则通过"气候变化行动资金"和"电力系统调节计划"予以支持。

（3）经济调节。澳大利亚率先成立了以碳排放权交易为目的的温室排放交易系统，鼓励企业减少碳排放。全球第一个碳交易市场——澳大利亚新南威尔士温室气体减排交易体系于2003年1月正式启动，对该州的电力零售商和其他部门规定排放份额，对于额外的排放，通过该碳交易市场购买减排认证来补偿。除此之外，澳政府非常重视经济手段在低碳发展中的作用，在推进环境保护时，实施了征收环境费和环境税、经济补贴和税收减免、押金返还制度等一系列经济措施，引导市场主体参与到低碳建设中来。如果某个企业污染了环境，政府强制企业拿出一部分资金在当地或者在其他地区参与环境保护活动。

（4）技术创新。澳大利亚注重低碳经济技术创新，持续投资于研究开发、示范推广关键的低排放技术。政府设立可再生能源专项基金，计划7年投资5亿澳元，重点用于热能技术升级与太阳能开发利用，促进可再生能源技术的研究开发和商业化。赞助创立了全球碳捕集与封存研究院，加速碳捕集与封存项目在全球范围内的发展，致力于协调碳捕集与封存知识在全球的共享。

（5）全民参与。澳政府积极引导全社会和公众广泛参与低碳建设，在制订低碳计划目标时，澳各级政府和业界、公众会进行许多对话，使公众能够了解并参与到低碳政策的制定中。政府部门始终做表率，发挥模范作用，对政府大楼进行节能改造，促进低碳技术在建筑节能市场的应用。引导公众从成本低、效果佳的小事做起。比如，减少瓶装水的饮用，减少私家车的出行，等等。在政府的倡导下，2007年3月31日，澳大利亚悉尼市有超过220万户的家庭和企业关闭灯源和电器一小时，成为"地球一小时"活动的实践先驱和积极倡导者。

Volume V

第五卷

智慧城市与企业

Smart Cities and Enterprise

第一章 世界各国/地区国家政策

在全球经济日益深化、国际政治经济格局变化的背景下,世界城市体系的结构、格局也将随之调整,全球城市网络的建构基础也在逐步完善。在此前提下,云计算、互联网、高科技等因素有望成为全球城市节点的新基础。全球城市的功能体系则更加多样化和综合化,流动与创新功能之间的关系也更趋均衡,云计算、互联网、物联网等在全球的发展也将逐步深化。下面,我们从中国、美国、欧盟、韩国、日本等国来分析云计算、互联网、物联网与各国的联系与影响。

第一节 世界各国/地区国家政策指导

一、中国

1. 云计算政策

目前,我国在法律产业政策及法律法规方面对云计算的发展都予以了重点关注。早在2010年,工信部和发改委联合发布了关于做好云计算服务创新试点工作的通知,引导云计算产业的发展,且在一些产业政策方面也给予了大力支持。这些都是扶植云计算产业创新发展的重要政策;同时,政府也把云服务纳入到了政府的采购目录。

2014年,我国云计算产业规模达6500亿元左右,增速为55%,预计未来几年我国云计算产业将保持50%~60%的增长率。

2015年1月31日,国务院印发了《关于促进云计算创新发展培育信息产业新业态的意见》(以下简称《意见》),这是国务院出台的第一个针对云计算的意见,说明云计算产业发展已初具规模,引起了国家的高度重视,以促进云计算创新发展,积极培育信息产业新业态。

《意见》强调,加大对云计算骨干企业的培育扶持力度,要求到2020年形成若干具有较强国际竞争力的云计算骨干企业。这无疑将为云计算产业发展带来重大机遇。同时,为保障产业发展,《意见》还提出包括完善市场环境、加大财税政策扶持力度、完善投融资政策和建立健全标准规范体系等七条措施。

在信息保护方面,云计算的发展所带来的法律上的最大挑战,就是个人信息保护的问题。在这个互联网高度发达的时代,信息确实是数字经济中一个关键的资源,而且,互联网很多的创新和应用,都高度依赖了个人的信息。云计算的发展,实际上极大地冲击了传统的个人信息保护制度。但是,各国在个人信息保护方面,既不断地加强创新,同时又加强个人信息保护,在两者之间做好平衡。

2. 互联网政策

中国互联网是全球第一大网。网民人数最多,联网区域最广(如图 5-1 所示)。但中国互联网整体发展时间短,网速可靠性、科技性则需更上一层楼。

2014 年 11 月,李克强出席首届世界互联网大会时指出,互联网是大众创业、万众创新的新工具。其中,"大众创业、万众创新"正是此次政府工作报告中的重要主题,被称作中国经济提质增效升级的"新引擎",可见其重要作用。

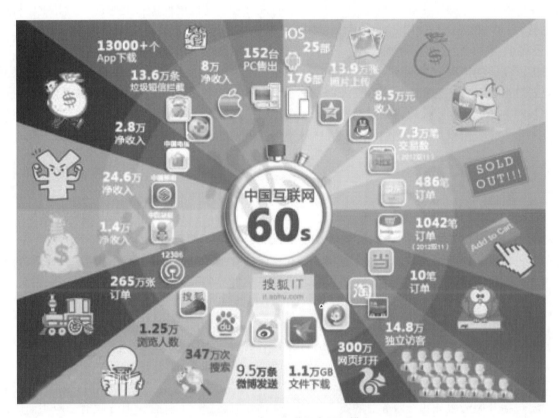

图 5-1 中国互联网发展规模

2015 年 7 月 4 日,经李克强总理签批,国务院日前印发了《关于积极推进"互联网+"行动的指导意见》(以下简称《指导意见》),这是推动互联网由消费领域向生产领域拓展、加速提升产业发展水平、增强各行业创新能力、构筑经济社会发展新优势和新动能的重要举措。

中国网络日趋完善,网民网技日益提高,网络技术创新发展,网络应用重心转化,已经从生活娱乐逐步向社会经济领域渗透,网民对网络信任和安全的要求也日渐提高,网民对互联网的信任与发展期盼稳中求快,而在可用基础上构建可信网络是人心所向。

3. 物联网政策

近年来,中国物联网产业在相关政策的培育下,处于高速发展时期。从 2009 年以来,中央和地方政府对物联网行业在资金和政策上均给予了大力的支持。

2011 年,工信部制定了《物联网"十二五"发展规划》,重点培养物联网产业 10 个聚集区和 100 个骨干企业,实现产业链上下游企业的汇集和产业资源整合。而就在 2010 年,我国物联网的总产值已经达到了约 1900 亿元,2011 年的产业规模超过 2600 亿元,2012 年甚至已经超过 3600 亿元,年增速接近 40%。

相关专家预测，2016 年，中国物联网整体市场规模将达到 8500 亿元；至"十二五"末，年复合增长率将超过 30%；2017 年将超过万亿元级。未来 3 至 5 年，物联网核心细分产业（如传感器等）的增速将会维持 35% 以上的年复合增速。

据"物联中国"网站报道，传感器产业已直接从中受益。2010 年，我国传感器制造业规模以上企业（年销售收入 500 万元以上）实现销售收入 440.27 亿元。在物联网市场规模大幅增长的带动下，2015 年，中国传感器市场规模有望达到 1200 亿元以上。据中国电子信息产业发展研究院预测，从 2010 年至 2015 年之间，中国传感器市场年复合增长 31%。而在应用发展方面，目前占据中国物联网市场主要份额的应用领域为智能工业、智能物流、智能交通、智能电网、智能医疗等。其中，智能工业占比最大，为 20%。不仅如此，中国移动物联网基地自建成以来，投资金额已达到约 10 亿元，主要用于云端产品的开发，包括智能交通、智能家居、教育、金融、市政管理、城市安防等领域。

在国家高层的推动下，各级地方政府部门也扬鞭奋起，北京、上海等 28 省市开始制定物联网产业的规划政策，努力打造无线城市、发展物联网示范工程、培育物联网产业、攻坚物联网核心技术、举办物联网主题展会，积极抢占物联网发展的制高点。产业分布上，国内物联网产业已初步形成环渤海、长三角、珠三角以及中西部地区等四大区域集聚发展的总体产业空间格局。其中，长三角地区产业规模位列四大区域之首。

二、美国

美国是一个高度发达的资本主义超级大国，其政治、经济、军事、文化、创新等实力领先全球。作为军事科技发达的超级大国，其高等教育水平和科研技术水平也是当之无愧的世界第一，其科研经费投入之大、研究型高校企业之多、科研成果之丰富堪称世界典范。

1. 云计算政策

美国是最早推进电子政务的国家，也是云计算发展的引领者。

美国联邦首席信息官（CIO）早在 2010 年就发布了"改革联邦 IT 管理的 25 点实施计划"，其中非常重要的一条就是在联邦机构中实施"云计算优先"策略，并制定了"联邦云计算战略"。战略的主要内容包括开展云服务和云服务商的安全认证，推动政府数据中心整合，上线政府云应用商店，完善云计算标准，等等，并强制要求各联邦机构拿出一定比例的应用迁移到云上。

虽然美国政府在应用云计算技术中仍存在诸多问题，一些进展也未达到预期，但联邦云计算战略正在逐步推进。美国政府的云计算战略一方面可以为政府机构提高 IT 系统运行效能，减少不必要的成本支出；另一方面也为云计算企业提供了巨大的市场机会，极大地拉动了美国云计算产业的发展。

美国的发展经验值得全球学习和借鉴。主要体现为三点：一是凸显高层战略推动的重要性，建立高层战略；二是高度重视安全问题，建立完整流程的管理机制；三是制定务实的相关政策，正确引领发展。

2. 互联网政策

信息技术成为经济发展的支柱。美国是当今世界信息产业的第一大国，拥有英特尔公司、微软公司、国际商用机器公司（IBM）等世界上一流的超级跨国公司，而网络信息系统的安全是美国经济得以繁荣和可持续增长的基石，一旦网络信息系统受到破坏，美国的经济将受到重创。

美国从国家战略全局上谋划网络的正常运行并确保国家和社会生活的安全与稳定。早在 2003 年 2 月 14 日，美国正式将网络安全提升至国家安全的战略高度，制定了国家网络安全战略。

目前，美国社会的运转对计算机网络的依赖性日益加重，计算机网络已经渗透到美国政治、经济、军事、文化、生活等各个领域。各种业务处理基本实现网络化，美国的整个社会运转已经与网络密不可分；一旦出现网络危机，将可能导致美国整个社会陷于瘫痪。2005年8月，美国东北部和加拿大的部分地区发生的大范围停电事故，引发了电网日常运作的崩溃，社会运转迅速陷于停顿，其中7个主要机场和9个核反应堆被迫关闭，5000多万居民的生活受到了严重影响，位于纽约的世界银行总部也因网络中断而暂停工作。网络安全对国家安全的影响可见一斑。

网络系统成为攻击重点。网络攻击不受国界、武器和人员的限制，如何防范网络攻击已成为美国不得不认真对待的重大战略问题。"9·11事件"发生后，一些恐怖分子利用网络之便向美国计算机网络频频发起攻击，特别是对那些要害部门的网络进行破坏，从而危害美国及其盟友国家民众的安全，"网络恐怖主义"浮出水面。

网络安全成为信息技术的薄弱环节。虽然各种杀毒软件和防火墙不断升级，但各种病毒还是不断入侵，网络安全方面的信息技术相对滞后，网络安全始终受到严重威胁。

3. 物联网政策

美国政府高度重视物联网的发展。早在2008年，IBM就提出了"智慧地球"的理念，迅速得到了美国联邦政府的响应，《2009年美国恢复和再投资法案》提出，要在电网、教育、医疗卫生等领域加大政府投资力度，带动物联网技术的研发应。发展物联网已经成为美国推动经济复苏和重塑其国家竞争力的重点。

美国国家情报委员会（NIC）发表的《2025年对美国利益潜在影响的关键技术报告》中，把物联网列为六种关键技术之一。此间，国防部的"智能微尘"、国家科学基金会的"全球网络研究环境"（GENI）等项目也都把物联网作为提升美国创新能力的重要举措。与此同时，以思科、英特尔、高通、IBM、微软等为代表的大型科技企业、产业界也在强化核心技术，抢占标准建设制高点，纷纷加大投入，用于物联网软硬件技术的研发及产业化。

在2013年开幕的CES（国际消费类电子产品展览会）国际展上，美国电信企业再次将物联网推向了高潮。美国高通已于2013年1月7日推出物联网开发平台，全面支持开发者在美国运营商AT&T的无线网络上进行相关应用的开发。与此同时，思科与AT&T合作，建立无线家庭安全控制面板。

市场研究公司IDC预计，到2016年，仅在美国，为计算机和手机之外设备提供无线连接服务将为一些公司带来近10亿美元的收入。

三、欧盟

欧洲联盟简称欧盟，总部设在比利时首都布鲁塞尔（Brussel），是由欧洲共同体发展而来的，创始成员国有6个，分别为法国、德国、意大利、荷兰、比利时和卢森堡。该联盟现拥有28个会员国。

1. 云计算政策

欧盟意在弱产业、强监管。欧盟云计算相对美国较为滞后，为了发展本土云计算产业，欧盟对云计算采用强监管机制。2013年6月，欧盟议会通过了关键信息基础设施（CIIP）——面向全球网络安全的决议，其中将云计算纳入了关键信息基础设施范畴，也就意味着加大对云计算的监管力度。欧盟希望，到2020年，云计算能够在欧洲创造250万个新就业岗位，每年能够创造1600亿欧元的产值，即达到欧盟国民生产总值的1%。

欧盟委员会希望云计算能够为欧洲经济带来转机，欧洲绝不能错过这一技术提供的发展机遇。云计算技术有助于在经济领域实现规模化成本节约。根据欧盟委员会提供的数据，在欧洲采用云计算的组织机构中，80%的组织机构运营成本降低了10%～20%。

2. 互联网政策

在互联网高度发达的21世纪，欧盟同样积极地制定了相关的互联网政策，引领互联网的发展。

欧盟委员会在2014年公布了一项网络安全战略，就如何预防和应对网络中断和袭击提出全面规划，以确保数字经济安全发展。欧盟出台这一战略的根本目的，在于构建一个公开、自由和安全的网络空间。

欧盟在网络安全方面有五项优先工作：一是提升网络的抗打击能力，二是大幅减少网络犯罪，三是在欧盟共同防务的框架下制定网络防御政策和发展防御能力，四是发展网络安全方面的工业和技术，五是为欧盟制定国际网络空间政策。要求关键机构在遭受网络袭击时要向欧盟汇报，包括重要基础设施的提供商、关键的网络企业及公共行政部门。同时，欧盟还要求各成员国制定相应战略，成立专门机构以预防和处理网络安全风险和事故，并与欧盟委员会共享早期风险预警信息。

3. 物联网政策

欧盟十分重视物联网方面的发展，并且发布了相关政策扶持和引领物联网的发展，促进欧盟经济社会发展。为了加强政府对物联网的管理，消除物联网发展的障碍，欧盟制定了一系列物联网的管理规则，并建立了一个有效的分布式管理架构，使全球管理机构可以公开、公平、尽责地履行管理职能。

早在2009年6月，欧盟就颁布了《欧盟物联网行动计划通告》（以下简称《通告》），以确保欧盟在构建物联网的过程中起主导作用。《通告》提出了14项物联网行动计划，发布了《欧盟物联网战略研究路线图》，提出了欧盟到2010、2015、2020年三个阶段物联网研发路线图，并提出物联网在航空航天、汽车、医药、能源等18个主要应用领域，以及识别、数据处理、物联网架构等12个方面需要突破的关键技术领域。目前，除了进行大规模的研发外，作为欧盟经济刺激计划的一部分，物联网技术已经在智能汽车、智能建筑等领域得到普遍应用。

欧盟委员会在2009年11月以政策文件的形式对外发布了物联网战略，提出要让欧洲在基于互联网的智能基础设施发展上领先全球，通过了ICT（信息、通信和技术）研发，计划投资4亿欧元，启动90多个研发项目，提高网络智能化水平。同时，欧盟委员会还将于接下来的3年中每年新增2亿欧元进一步加强研发力度，同时拿出约3亿欧元专款，支持物联网相关公司合作短期项目建设。

为了完善隐私和个人数据保护，欧盟还提出了持续监测隐私和个人数据保护问题，修订相关立法、加强相关方对话等；执委会将针对个人可以随时断开联网环境开展技术、法律层面的辩论。

此外，为了提高物联网的可信度、接受度、安全性，欧盟积极推广标准化，将根据现有物联网实际情况进行改善，并推动制定新的标准，确保物联网标准是在各相关方的积极参与下，以一种开放、透明、协商一致的方式达成，把欧盟的经济产业提升到一个新的高度。

四、韩国

1. 云计算政策

2013年，美国商业软件联盟对全球云计算应用进行排名，韩国因其宽松的云计算发展政策及良好的云计算应用环境，排在前列。韩国是亚洲地区网络覆盖率较高的国家，其互联网、移动互联网、基于RFID射频技术的物联网，如智能家电、数字化电器等都居世界前列。韩国一向重视信息技术的研发，注重利用信息技术提高政府工作效率，改进社会公共管理。

在云计算政策方面，早在1998年，韩国政府就出台了"计算机化的韩国21世纪"计划。2009年12月，韩国政府制定了云计算全面振兴计划，其核心内容是通过政府率先使用云计算服务，为云计算开创国内初期需求，推动云计算产业发展，创造云计算应用的社会环境。韩国希望通过这一计划的实施，使韩国能在2014年前成为世界上云计算应用水准最高的国家。韩国政府计划在2010年到2014年间，投入6146亿韩元，推进云计算服务的全面振兴，借此振兴国家信息技术产业，争取使国内云计算市场规模翻番，达到2.5万亿韩元，韩国的云计算产业要达到全球市场的10%。2011年5月，韩国行政安全部、放送通讯委员会及知识经济部联合发布了云计算扩散和加强竞争力的战略计划，决定从2012年起在政府综合计算机中心引进云计算系统，供政府各部门使用，政府还要建立大型云检测中心，规范政府云计算应用。

通过一系列推进云计算发展的计划，大力培育参与云计算的中小型企业，通过政策与资金支持，提高企业的国际竞争力。韩国的云计算产业发展迅速，一些大型云技术公司开始出现，国内各大企业纷纷投入资金到云计算产业中。（部分内容来源：中国社会科学网文/孔建会编选：中国电子商务研究中心）

2. 互联网政策

韩国是全球公认的互联网基础设施最为完善的国家之一，拥有全球令人羡慕的网速。这首先归功于韩国国家层面对网络战略的"超前"规划。

韩国政府很早就意识到信息产业孕育的巨大潜力。早在金大中总统时期，韩国就已将建设优质网络上升为国家战略，并制定了详细的实施计划。以宽带普及为例，为实现"光纤到户"，从20世纪末开始，韩国先后投入数十亿美元建设光纤主干线网络，并向网络运营商提供财政补贴和政策扶持，鼓励其将宽带接入每一个家庭、学校、政府办公室。到2005年，韩国就已基本实现了"百兆宽带接入"计划。据经合组织数据，当前韩国宽带覆盖率达人口总量的97%，远远高于全世界绝大多数国家。

韩国电信市场竞争非常激烈，必须通过提供更快的网速、更低的价格来吸引客户。尽管韩国国内市场狭小，但却拥有SK、KT和LG三大电信运营商，市场竞争充分。为了打破三大运营商的垄断，韩国于2010年引入了移动虚拟运营商（MVNO）制度，并出台了大量配套政策支持，以此引导市场进一步降低通信资费。

移动虚拟运营商通过租用三大运营商的基础网络开展服务，因而省去了建设网络基础设施的巨额投资。而且，移动虚拟运营商战略目标明确，采取了低价和差异化竞争手段，主攻对价格敏感、对服务要求相对低一些的消费群体。

由于移动虚拟运营商的平均话费标准要比三大运营商的低30%左右，因此被韩国消费者亲切地称为"廉价移动"。在低价优势的带动下，短短数年时间，韩国"廉价移动"服务从无到有，发展迅速，共有30多家企业获发牌照，成为搅动韩国移动服务市场的"鲶鱼"，极大地冲击了原有的三大运营商寡头垄断格局。数据显示，2014年，"廉价移动"用户占韩国手机用户总数约8%。

发达的网络带来了大量的经济红利，从而形成良性循环。发达的网络与商业、金融、娱乐、教育、交通、医疗等领域和行业的充分融合，释放出巨大的"互联网+"效应，为韩国运营商带来了大量的增值服务以及随之而来的新收益源。比如，近年来，VOD（视频点播）在韩国迅速发展，成为新型的视听传播渠道。目前，韩国宽带业务约20%的收入来自于VOD。再比如，2011年，韩国手机网络游戏市场规模约为4200亿韩元，但到2012年，随着4G网络的开通，市场规模增长了89%，2013年更是激增了191%，市场规模达到2.3万亿韩元。

尽管韩国运营商一直在"贴身肉搏"，价格战不断，但正是得益于相关附加增值服务收入的大幅上升，整体收入却并没有受到影响，且一直稳中有升。以韩国KT公司为例，2014年第四季度该公司的APRU值环比提高1.3%，较2013年同期提高了9.7%。这反过来又促使韩国运营商继续加大网络基础设施投入，提升网速，优化服务，从而形成了良性循环。

3. 物联网政策

韩国与日本类似，将物联网这一技术的发展纳入了信息产业的范畴。从1998年推动互联网普及的"计算机化的韩国21世纪"计划到2011年对RFID（射频识别）、云计算等技术发展的明确部署规划，十几年来，韩国政府先后出台了多达8项国家信息化建设计划，其中，"U-Korea"战略是推动物联网普及应用的主要策略。

自2010年之后，韩国政府从订立综合型的战略计划转向重点扶持特定的物联网技术——致力于通过发展无线射频技术、云计算等，使其成为促进国家经济发展的新推动力。

2004年，韩国提出为期10年的"U-Korea"战略，目标是"在全球最优的泛在基础设施上，将韩国建设成全球第一个泛在社会"。2006年，韩国"U-IT839计划"提出要建设全国性宽带（BcN）和IPv6网络，建设泛在的传感器网（USN），打造强大的手机软件公司；把发展包括RFID/USN在内的8项业务和研发宽带数字家庭、网络等9方面的关键设备作为经济增长的驱动力。

为推动USN在现实世界的应用并进行商业化，韩国在食品和药品管理、航空行李管理、军火管理、道路设施管理等方面进行了试点应用。2009年，通过了"基于IP的泛在传感器网基础设施构建基本规划"，将传感器网确定为新增长动力，确立了到2012年"通过构建世界最先进的传感器网基础设施，打造未来广播通信融合领域超一流ICT强国"的目标，并确定了构建基础设施、应用、技术研发、营造可扩散环境等四大领域的12项课题。

韩国通信委员会（KCC）决定促进"未来物体通信网络"建设，实现人与物、物与物之间的智能通信，由首尔市政府、济州岛特别自治省、春川市江原道三地组成试点联盟，建设物体通信基础设施。其中首尔市的建设重点是与日常生活相关的业务，济州岛聚焦于建设基于无线通信技术的环境测量智能基础设施，春川市江原道则致力于打造智能化娱乐化城市，将物联网市场确定为新增长动力，推动韩国经济的新增长。

五、日本

作为一个高度发达的资本主义国家，日本资源匮乏，极端依赖进口，高度发达的制造业是其国民经济的主要支柱。日本的科学研发能力十分强大，拥有大量的跨国公司和科研机构。

1. 云计算政策

十几年来，随着云计算技术在世界范围内风起云涌，日本政府看到了云计算对未来科技发展与社会发展的巨大影响，适时制定了一系列相关政策，推动云计算产业发展。日本是个资源匮乏的国家，人口众多，老龄化问题严重，云计算技术在降低资源消耗、简化用户使用、集中提供服务方面，正好适应日本的发展需要。因此，日本政府抓住这一发展机遇，大力推进云技术的发展与应用，希望在未来的国际竞争中取得一席之地。

从21世纪初起，日本就积极推进全国范围内的信息基础设施建设，使国家的信息基础设施达到世界一流水平。2001年，日本根据国家信息发展需要，制定了信息技术基本法，并将其作为国家各项信息化发展战略计划的基础性文件。2004年5月，日本政府提出了"E-Japan战略"。2009年7月，信息技术战略总部发布了日本中长期信息技术发展战略"I-Japan战略"，规划了日本2015年前数字化发展蓝图。日本还成立了隶属首相官邸的IT战略总部，研究信息技术发展趋势，制定国家信息化战略。

经过十几年的不断发展，无论是在基础设施方面，还是在技术应用方面，日本都居于世界前列。政府的大力推动与完善的政策制度，吸引企业积极参与到云计算的研发与应用中。一些大型企业利用云计算向社会提供服务，取得了较好的经济效益与社会效益，云计算的研发与应用取得了长足的发展。2013年，美国一家行业组织——商业软件联盟对全球24个较为发达的国家应用云计算水平进行排名，日本因其良好的云计算应用环境及云计算技术水平，位列第一，成为世界云计算应用水平最高的国家。

2. 互联网政策

日本互联网宽带市场的发展历史并不长，2000 年左右才开始成形，但目前在普及率、速度及应用程度方面已经处于全球领先地位。当时，在日本政府补贴下，民众购买电脑时只要同时办理上网业务，直接返现金 4 万日元以上。很多人笑称："只要上网，接近白送电脑。"

2007 年，日本宽带上网用户首次过半，达到 50.9%；2008 年，光纤上网用户首次高于 ADSL 用户。现在，日本 10 M 以上带宽的上网用户已经达到网民总数的 6 成以上。

日本最新推出的移动互联网 Wimax2＋，不仅携带式小盒可以在全国随时随地使用，下载速度更是达到惊人的 220 M，每个月费用仅为 3691 日元（约合 184.55 元人民币）。

在日本大大小小的商业中心、车站、机场、酒店、餐厅、快餐店和咖啡厅等均设有无线上网的接入点，而且这些服务基本都是免费的。日本的一些公众服务机构，如政府部门、非营利组织和学校等也提供免费的网络服务。

为了完善网络环境，进一步吸引外国游客，日本政府 2015 年 4 月还决定，2020 年东京奥运会前，在全国各地再设置约 3 万个免费高速 WiFi 接入点。中央政府通过补贴等方式，向设置 WiFi 接入点的地方政府和中小企业提供支持，从而推动经济发展。

3. 物联网政策

日本是世界上第一个提出"泛在网"战略的国家，从日本物联网业务发展现状来看，最热门的业务无疑是自动贩卖机、交通运输管理、监控及电子钱包业务。

早在 2004 年，日本政府在两期"E-Japan"战略目标均提前完成的基础上，提出了"U-Japan"战略，其战略目标是实现无论何时、何地、何物、何人都可受益于计算机通信技术（ICT）的社会。物联网包含在"泛在网"的概念之中，并服务于"U-Japan"及后续的信息化战略。

通过这些战略，日本开始推广物联网在电网、远程监测、智能家居、汽车联网和灾难应对等方面的应用。2009 年 3 月，日本总务省（MIC）通过了"数字日本创新计划"，将物联网广泛应用于"泛在城镇""泛在绿色 ICT""不撞车的下一代智能交通系统"等项目中。2009 年 7 月，日本 IT 战略本部发表了"I-Japan"战略，作为"U-Japan"战略的后续战略，目标是"实现以国民为中心的数字安心、活力社会"，强化了物联网在交通、医疗、教育、环境监测等领域的应用。2012 年，全日本总计发展物联网用户（放号量）超过了 317 万，主要分布在交通、监控、远程支付（包括自动贩卖机）、抄表等九个领域。

日本通信行业对物联网发展寄予厚望，预计将来会在遥测、电子支付、数据备份等多种行业大力发展物联网，以此突破日本市场业已饱和的手机放号，从而带来新的巨大商机。

第二节　世界各国/地区政策措施

随着 IBM 公司将业务重点由硬件转向软件和咨询服务，并于 2008 年 11 月提出了"智慧地球"的理念，引起了美国乃至全球的关注。通过建设智慧城市，可以利用先进的信息技术，实现城市智慧式管理和运行，进而为城市中的人创造更美好的生活，促进城市的和谐、可持续成长。因此，智慧城市在世界各地得到了大力的发展。"智慧地球"发展至今已在全球开出了灿烂的花朵。

本节将重点展示世界各国的智慧城市在政治、经济、产业、文化等方面的政策和措施。

一、中国

中国已成为世界上最具有发展潜力的经济大国之一,人民生活总体上达到小康水平。为建设智慧中国,我国在经济层面上发布了一系列的政策,推行了许多有用的措施,在建设智慧中国上迈出了一大步。

1. 中国经济政策

为了发挥市场在资源配置中的决定性作用,加强和完善政府引导,统筹物质、信息和智力资源,推动新一代信息技术创新应用,加强城市管理和服务体系智能化建设,积极发展民生服务智慧应用,强化网络安全保障,有效提高城市综合承载能力和居民幸福感受,促进城镇化发展质量和水平全面提升,我国发布了《中共中央国务院关于印发〈国家新型城镇化规划(2014—2020年)〉的通知》(中发〔2014〕4号)和《国务院关于促进信息消费扩大内需的若干意见》(国发〔2013〕32号)。文件精神主要体现在以下方面:

(1) 公共服务便捷化。基本建成覆盖城乡居民、农民工及其随迁家属的信息服务体系,公众获取基本公共服务更加方便、及时、高效。

(2) 城市管理精细化。实现城市规划和城市基础设施管理的数字化、精准化水平大幅提升,推动政府行政效能和城市管理水平大幅提升。

(3) 生活环境宜居化。居民生活数字化水平显著提高,水、大气、噪声、土壤和自然植被环境智能监测体系和污染物排放、能源消耗在线防控体系基本建成。

(4) 基础设施智能化。宽带、融合、安全、泛在的下一代信息基础设施基本建成。电力、燃气、交通、水务、物流等公用基础设施的智能化水平大幅提升,运行管理实现精准化、协同化、一体化。

(5) 网络安全长效化。城市网络安全保障体系和管理制度基本建立,基础网络和要害信息系统安全可控,重要信息资源安全得到切实保障,居民、企业和政府的信息得到有效保护。

到2020年,建成一批特色鲜明的智慧城市,聚集和辐射带动作用大幅增强,综合竞争优势明显提高,在保障和改善民生服务、创新社会管理、维护网络安全等方面取得显著成效。

根据国开行与住建部下属的中国城市科学研究会签订的《"十二五"智慧城市建设战略合作协议》,国开行将在"十二五"的后3年内,提供不低于800亿元的投融资额度支持中国智慧城市建设。根据该协议,国开行与住建部将以推进城镇化为引领,加强在智慧城市试点示范区基础设施建设、智慧城市综合运营平台、城镇水务建设和运营项目、建筑节能与绿色建筑项目等领域的合作。作为探索中国新型城镇化发展的重要举措,中国智慧城市试点数量已经增至近200个,其中第一批试点城市中,有80多个城市签订了智慧城市创建任务书,意味着这些试点城市进入了实质创建期。这个措施为我国智慧城市的建设提供了有力的资金支持。

2. 中国智慧产业

传统的农业生产模式存在土地资源浪费、生态环境恶化、农耕文化流失等问题。发展智慧农业是提高农业资源利用效率、改善农村环境、传承农耕文化的重要举措。智慧农业的发展,要求产业与科技相融合,用技术推动生产全过程,提高农业资源利用效率、提高产出率、降低浪费、杜绝污染。中国智慧农业产业发展,旨在为推动中国智慧农业产业发展提供依。智慧农业综合运用云计算、传感器网络等多种技术,实现信息支持、大田信息采集、生产数据收集等各个环节的连接,实现农业生产智能控制。智慧农业效率高,有利于农业经营模式的变革。用机械智能体系代替传统的田间地头巡查,提高了农业生产效率,减少了人力资源成本,降低能源消耗,实现农产品生产工厂化,提前预测农业生产的风险,推动传统农业向现代农业转化。智慧农业减少了资源浪费,节约了成本,优化了农产品品质，减少了农药污染。我国的智慧农业产业正在蓬勃发展（如图 5 - 2 所示）。

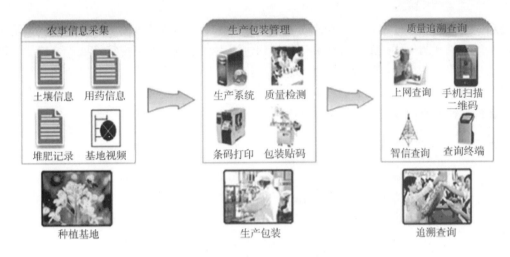

图 5 - 2　中国的智慧农业发展概况

智慧、绿色正成为中国建筑产业发展的两个关键标签。2016 年，中关村智慧建筑产业绿色发展联盟（以下简称"联盟"）在京成立。联盟是在中关村科技园区管理委员会的指导支持下成立的国际性、行业性、非营利性行业组织，以提升科技创新、服务互联网 + 智慧建筑产业、推动传统产业转型升级与快速发展为导向，凝聚产业优势力量，整合产业优质资源，为产业升级与发展服务。

二、澳大利亚

澳大利亚是世界上唯一一个国土覆盖整个大陆的国家，拥有很多独特的动植物和自然景观，是一个奉行多元文化的移民国家。作为南半球经济最发达的国家和全球第 12 大经济体、全球第四大农产品出口国，澳大利亚也是多种矿产出口量全球第一的国家，因此被称作"坐在矿车上的国家"。同时，澳大利亚也是世界上放养绵羊数量和出口羊毛最多的国家，也被称为"骑在羊背上的国家"。澳大利亚人口高度都市化，近一半国民居住在悉尼和墨尔本两大城市，全国多个城市曾被评为世界上最适宜居住的地方之一。

1. 澳大利亚经济政策

伊普斯维奇（Ipswich）位于昆斯兰州东南地区的西部走廊，距布里斯班市区距离 18 公里。2011 年，伊普斯维奇市发布"20 年经济发展计划"。根据该计划，预计将会增加 29.2 万新居民、12 万个工作岗位。目前，正在进行市中心的重建工作，主要是将数字技术用于招商引资和公共安全保障。该计划的环保标准将使该市成为澳大利亚最可持续发展的城市。2031 年，该计划完成后，标志着澳大利亚一个新型城市的出现。

《昆士兰东南部基础设施规划方案》（*South East Queensland Infrastructure Plan and Program*，SEQIPP）中，涵盖了交通、水利、能源、健康、教育、职业教育和培训、体育娱乐、乡村发展等方面的基础设施、法律服务、活动中心、社区安全和工业发展等。该方案成为澳大利亚最大的基础设施项目。根据该方案，政府计划投资 1342 亿美元用于基础设施建设中。其中，977 亿美元用于交通设施，15 亿美元用于水源管理，38 亿美元用于社区服务项目，68 亿美元用于健康领域，54 亿美元用于能源设施方面，30 亿美元用于教育以及培训项目。剩余的 160 亿美元用于已竣工的项目上。

同时，伊普斯维奇市政府还帮助人们重返职场，该市的一些弱势的社会成员可以从委员会试点方案中获取重要支持和帮助。该经济政策大大推动了伊普斯维奇市建设智慧城市的进程。

2. 澳大利亚文化政策

澳大利亚可持续学校计划是一个独立、整体的框架，它把可持续发展教育整合入澳大利亚的学校教育体系，使它们成为一体化的体系协调运作，促进澳大利亚教育的可持续发展。可持续学校是以可持续发展思想为指导理念的办学模式。澳大利亚可持续学校计划的策略：①共享资源和经验；②为学校提供实践支持；③在可持续发展监督和相关的报告上，为学校发展一个框架和相关的体系；④重视可持续发展的调研和评价。

3. 澳大利亚交通政策措施

澳大利亚作为全世界城市化最高的国家之一，也面临着交通拥堵的问题。为此，澳大利亚政府运用智能交通系统和各项措施来解决这个问题。

墨尔本在发展交通事业的过程中，将交通信息化、交通基础设施建设和交通政策有机结合，形成了一套较为完善的交通体系。其主要特点表现在：①道路管理信息化水平高；②对路口普遍进行科学规划（所有路口基本都进行了交通渠化，较大的路口采用导流岛、导流带渠化出左转、右转和直行的车道）；③交通标志、标线和交通信号灯设置完善、规范、醒目；④采用ETC收费制式，提高了道路通行能力和解决了道路瓶颈效应问题；⑤交通控制智能化，使道路运营更加安全、顺畅；⑥交通应急预案全面、详细，能够快速地解决道路突发事件。

澳大利亚研发的SCATS（最优自动适应交通控制系统）非常成功。该系统隶属于新州道路管理局（RTA）的交通管理中心（TMC），能够控制悉尼市及其周围主干公路的2200多个路口及3000个交通信号，监控覆盖面积达3600平方公里。悉尼市拥有汽车约300万辆。在上下班交通高峰期，对进出城交通要道还有专门的系统进行科学的调节。如在悉尼港大桥采用自动调整路向的电子路向调节系统（TELCS），平均每天5次以4种模式自动根据车流状况调整路向。SCATS系统可以大规模减少交通停顿、延误和油耗。

同时，政府亦采取一定的措施，为了缓解早高峰交通压力，采取"早起免费乘车"措施，即如果市民在早上7点之前到达车站，就可以免费乘坐地铁。这是为了改善交通而采取的措施。政府希望这项措施能鼓励市民早起出行，减轻高峰时段的交通拥堵。

免费停车区。停放在免费停车区的车子至少要载3人以上。这是市政管理部门为鼓励居民搭车出行、减少出行车辆、保护环境和缓解停车位不足而采取的积极措施。

推行自行车出行计划，提倡环保，全民健康。政府推出的自行车出行计划，则从全民健康的角度来解决城市拥堵问题。兴建自行车车道，以改善骑车者和步行者的安全状况。为了鼓励市民骑车出行，市区一些繁忙路段的路边机动车停车位将被取消，为自行车道和公共交通让行。

三、美国

美国在IBM公司推出智慧城市的概念后积极响应，并表示也将积极推行智慧城市的建设。

1. 美国经济政策

2006年，美国俄亥俄州哥伦布市积极开发绿色经济住房项目，完成后的建筑有顶尖的保温功能、室内气体过滤系统、节能家电等，在提高能源效率的同时，帮助居民降低生活成本。2009年，6家哥伦布地区的制造厂商参加了环保局的试点项目——"经济、能源与环境"（E3项目），政府提供补助及绿色基金，公用事业单位提供技术评估，金融企业为有潜力的厂商提供贷款，多方协作帮助制造商走向绿色生产。2010年，哥伦布市政府利用740万美元的节能津贴启动了一系列改造，用于减少建筑物中能源浪费。

2. 美国文化政策

美国南达科他州米切尔市教育政策与措施。米切尔市是借助农业经济发展起来的城镇。米切尔技术学院（MTI）投资 4000 万美元，建设以新技术为支撑的校园，可培养百余名通信和数据技术人员；天使投资网络的兴起以及新通信公司的孵化，促进了资金的流动和技术的发展；工程咨询和软件公司，使米切尔市成为专业知识、服务中心和 ICT 人才的培养基地。

俄亥俄州哥伦布市的超级计算机中心（Ohio Supercomputer Center，简称 OSC）成立于 1987 年，为俄亥俄州立大学的研究人员及俄亥俄州各行业提供超级计算机服务和计算机科学专业知识。长期以来，政府对 OSC 的投入毫不吝啬，仅 2011 年，OSC 获得的政府科研经费就达 1.4 亿美元。与许多纯粹的空中楼阁式研究学院不同，OSC 除了致力于科技研发，还十分注重产学研结合以及与市民的互动。产学研合作让 OSC 与企业一起开发新产业和服务，为企业提供培训和教育服务；与市民的互动则引领了社会的价值导向，信息技术的重要意义在潜移默化中渗透到社会的基因当中。同样，身为著名研究机构的巴特尔纪念研究所则在其研究领域之外还致力于 STEM 教育。STEM 代表科学（Science）、技术（Technology）、工程（Engineering）和数学（Mathematics），并参与建立了包括哥伦布市在内的俄亥俄州 STEM 学习网络。与传统理念有所不同，STEM 教育强调以跨学科和跨组织合作的方式培养学生，在调查和解决实际问题的过程中培养学生分析和创造的能力。研究所更像是学者、商业领袖和机构成员编织而成的网络系统，既为培养学生提供切实可行的方案，也为产学研各方的交流提供平台。

3. 美国交通政策措施

美国哥伦布市为实现能源利用的绿色改革，政府开展了包括改造城市建筑物、铺设清洁能源设备和促进公共交通等诸多举措。与美国许多城市取消自行车道和人行道，强化车道形成鲜明对比的是，哥伦布市大力修建、完善自行车道，以减少机动车辆的使用。绿色理念增加了哥伦布城市运作的效率，从而能够将资源使用在更加面向未来的地方。

美国圣何塞市的智能道路照明工程。加利福尼亚州的圣何塞市为美国第 10 大城市，该市每年的路灯照明花费为 350 万美元。智能控制联网技术以新型灯具的效率为基础，通过诸如失效路灯的早期排查、停电检测、光输出平衡以及调光等功能来降低成本和改善服务，同时使城市的街道和公路更安全美观。

4. 美国政治政策措施

阿灵顿县是美国弗吉尼亚州东北部的一个"城市"县，位于波托马克河西岸，哥伦比亚特区对岸。阿灵顿原来是特区的一部分，但美国国会在 1846 年 7 月 9 日退其回给弗吉尼亚州。阿灵顿面积 67.7 平方公里，是美国面积最小的县级行政单位。阿灵顿国家公墓和五角大楼（美国国防部总部）、国防高级研究计划局（DARPA）都位于本县。过去，优越的地理位置给阿灵顿县带来了很多好处。但是后来，由于美国国防部要求空出 320 万平方英尺的土地用于国防科技建设，这对阿灵顿县造成了很大影响，因此他们一直在试图寻找解决的途径。

"阿灵顿之路"在降低联邦政府决定方面起到了不可估量的作用。这一由 40 多名市民组成的咨询委员会，可以影响一切用于科技的土地决定，并与电信公司 TMP 进行合作，改善公民议政的方式。

四、欧盟

欧洲联盟，简称欧盟（EU），总部设在比利时首都布鲁塞尔（Brussel），是由欧洲共同体发展而来的，创始成员国有 6 个，分别为法国、德国、意大利、荷兰、比利时和卢森堡。该联盟现拥有 28

个会员国,正式官方语言有 24 种。1991 年 12 月,欧洲共同体马斯特里赫特首脑会议通过《欧洲联盟条约》,通称《马斯特里赫特条约》(简称《马约》)。1993 年 11 月 1 日,《马约》正式生效,欧盟正式诞生。欧盟从最开始的经济共同体,到现在的政治经济共同体,经历了巨大的变化,为促进世界的和平发展和经济发展都做出了巨大的贡献。

欧盟经济政策

在发展经济方面,欧盟推出了智慧城市经济计划,即"欧洲智慧城市计划",给出了 2010 年到 2020 年的"计划路线图",主要内容涉及战略目标、具体目标、为实现目标所采取的行动、公共及私人投资以及关键绩效指标。欧盟的不同国家、不同城市结合自身特点和实际需要,进行了一系列的智慧城市建设活动。

在欧盟的带动下,欧洲各个国家积极发展本国智慧城市的建设,有些还取得了不俗的成绩。表 5-1 为部分欧洲的智慧城市发展建设要点。

表 5-1 部分欧洲的智慧城市发展建设要点

城 市	建设内容要点
巴塞罗那	智慧城市战略的主要构成:智慧社区,生活实验室方案,基础设施,为城市居民提供新服务、开放的资料或者公开的数据等
马德里	重点投资领域:城市光纤 IP 网络和基于 IEEE 802.11b 标准的无线局域网络;宽带基础设:500 英里的光纤连接 86 个位置,包括行政办公室、小学、体育中心、垃圾回收厂等
奥卢	能源消耗系统:可以远程读取住宅里的大多数仪表数据,并可以据此测量住宅每天甚至每小时所消耗的能源情况;全市范围内的网络;基于奥卢 IP 的无线传感器网络;奥卢城市生活实验室;城市相互交流项目(开发 uBI 热点、提供无线接入点以及高速互联网接入来为物理、虚拟和社会空间提供充足的互动)与鼓励市民去参加慢跑运动项目
赫尔辛基	生活实验室、移动应用程序(集群)、创新城市项目
阿姆斯特丹	智慧城市项目的目标:通过智能技术使城市环境更加友好,能源更加节约;绿色能源基础设施:太阳能电池板、家用风力发电机以及电动汽车充电站
格罗宁根	智能城市项目的三个主题:改善客户服务,开发"无线格罗宁根",通过撤销行政管制来减少繁文缛节与官僚作风
利勒桑	专注于在行政管理流程上扩大 IcT 的使用,并引入数字形式和工作流程序设计作为工具
不来梅港	旅游观光和当地信息系统:基于 WiFi、固定和移动的(比如公共汽车)访问点来向用户提供适时的信息,由"七项框架计划项目"资助的"未来欧洲总线系统"项目
奥斯特霍尔茨-沙姆贝	以市民为导向的试点项目,地理编码系统工具(方便提供地理定位服务)
科尔特赖克	提高无线网络的覆盖率,1777 项目(市民可以使用该电话号码了解各种市政服务),流程描述,窄播屏幕,智能点,Mypage 和电子身份验证
卡尔斯塔德	智慧城市的试点项目:电子办公室、业务流程项目与 My page,健康和社会保健项目,电子政府授权
斯德哥尔摩	交通拥堵费,多光纤解决方案以及开放式网络
塞萨洛尼基	智能区,创新集群和技术创新区的建立

（续上表）

城　市	建设内容要点
曼彻斯特	智慧城市中的智慧市民：使用数字技术来促进社区参与、能力建设和社会资本的提升，曼彻斯特数字化开发机构项目（包括光纤到户、曼彻斯特的"互联网中心"、低碳的开放数据网络、智慧创新与人、绿色数字宪章、数字和创造性的技能），生活实验室项目
诺福克郡	智慧城市项目的两个领域：通过客户简介更多地了解客户信息，将服务的信息和客户需求结合起来
爱丁堡	业务流程改变的试点工作：新的互联网存在形式与无线服务试点（提供免费无线互联网接入）
里斯本	正在开发的项目以提高城市生活质量和将市民诉求视为积极的意见表达为中心，涉及公共机构、私人企业、大学、研发中心、协会以及地方政府之间充满活力的合作、创造与决策过程。城市管理层面：努力改进公共交通系，根据公共建筑和服务的能源使用情况对实时数据进行收集，允许对基础设施进行优化并对介入的优先顺序进行定义。参与式预算：用户如何表达对城市需求的意见以及如何为城市发展进行评估的项目，生活实验室方法

数据来源：王广斌、崔庆宏：《欧洲智慧城市建设案例研究内容、问题及启示》，载《中国科技论坛》2013 年第 7 期。

五、新加坡

新加坡在智慧国家的建设上可以说是世界的榜样，新加坡在 2015 年对外宣布要将新加坡建设为世界智慧国家。

1. 新加坡文化政策

新加坡在 2006 年提出了为期 10 年的"智慧国家 2015 计划"。该计划在教育方面制定了非常多有益民众的措施。其主要目标包括：到 2015 年，新增工作岗位 8 万个，至少 90% 的家庭使用宽带，电脑在拥有学龄儿童的家庭中的渗透率达 100%。

在教育方面，新加坡教育部门推出了新加坡未来学校计划，鼓励学校使用资讯通信技术手段，如全方位虚拟环境和教学游戏，提升学习体验。通过在教学中使用最新的应用软件，开发 3D 仿真学习情景模拟，创新课程体系方法，培养师生自主创新能力，使学生的创造性思维、互动协作能力得到全面发展，也使新加坡走在了信息科技运用的最前端，为其在 2015 实现所有学校都能使用信息科技的目标奠定了坚实的基础。

除了学校教育，新加坡还推出了许多针对不同人群的教育计划。例如，针对年长者推出了银发族资讯通信计划，让 50 岁以上的银发老人亦可以享受到数字化的生活方式。针对贫困人士推出了新电脑加强计划，并设立了启发基金，帮助贫困家庭学生配备电脑，同时为已有电脑但无力负担互联网消费的贫困家庭提供宽带服务。另外，还为残疾人士推出了资讯通信访问中心（IAC），提供 2800 余种 IT 课程，帮助残疾人士学习与产业相关的技能。这些计划同时也带动了新加坡的"银发族产业"的发展。

2. 新加坡政治政策

政府作为城市的主导者和引领者，积极地铺陈下一代资讯通信基础，作为数字经济活动的基础，也不遗余力地推出各项方案，助力主要经济领域善加利用科技来转型。而在智慧城市建设的过程中，政府服务的电子化也尤为重要，电子政府无疑是智慧城市的助推器。新加坡政府认识到这一点，以优质的电子项目提升公共服务水平并进而提高生产力。拥有一个遍布式智能型资信基础设施，无疑地为电子政府发展打了一支强心针,巩固并推动各个项目的推出。新加坡电子政府的发展也始终走在世界的前列,经过30多年持续不断的发展,新加坡电子政府的成就有目共睹,并且一直保持着与时俱进的创新精神。

新加坡电子政府的成果:

(1) 在线服务。新加坡电子政府采取的是"市民、企业、政府"的合作模式。新加坡的市民和企业可以全天候访问并享受1600项便利的政府在线服务。

(2) 新加坡通行证。市民通过新加坡通行证(SingPass),即可享受相关电子政府服务。例如,在网上查询交通出行信息、办理住房申请和税务申报等。

(3) 身份识别码。政府为企业组织提供了统一的与各政府机构进行互动的唯一身份识别码(UEN)。此举提高了政府的工作效率,为企业用户带来了极大的便利。企业可在线办理商务许可服务、工作许可服务,还能通过电子商务中心查询和参与政府招标与采购项目。

"电子政府2015"具体创新项目:

(1) 具体包括增强公众对参与公众咨询活动的意识,同时鼓励他们更多地参与其中。REACH门户网站将进一步强化,成为提供所有政府民意征询活动新闻和更新的官方渠道。同时,移动和社交应用程序也将被引入一些新的功能和渠道。

(2) 政府还将探索公众参与的新平台。例如,用来了解民众想法和倡议的"众包"工具。"众包"是指通过公开征集,将工作外包给一群人或一个团体,利用Web 2.0技术实现大众协作。REACH正在研究如何在新加坡实施这种新型民众参与模式。它将与政府机构合作,确定可能的主题和实施此类项目的机制,包括建立一个能被所有政府机构使用的众包平台。

(3) 侧重改造公共部门的基础设施和加强公职人员的相关能力。具体方案包括建设下一代"整体政府"的资讯通信基础设施,从而促进跨部门的协作,并支持作为"电子政府2015"规划一部分而陆续推出的新项目。例如,政府也将搭上云计算这趟有望成为未来营运方式主流的列车,将建立一个私有云(政府云,G-Cloud),在安全和多租户环境中提供共享服务。

政府将采取多管齐下的方式去推动政府部门对云计算的使用。例如,非敏感服务可使用市场上可取得的一般云计算服务,如果涉及安全和敏感的政府功能,则建设仅供私用的中心政府云计算基础设施。另外,数据计量学分析也是新加坡政府正在发展的领域,政府需要了解怎样可以有效地从政府数据中挖掘对政策制定与规划有用的信息。政府在过去很多年里收集了大量的数据,数据计量学分析将有助于政府机构提高营运规划及服务质量。因此,新加坡正在探索政府内部基于数据计量学分析的共享服务,包括共同的数据分析工具、共享的平台与咨询服务。

六、日本

日本是一个高度发达的资本主义国家,高度发达的制造业是其国民经济的主要支柱。其科学研发能力十分强大,拥有大量的跨国公司和科研机构,每年科研经费约占全国GDP的3.1%,该比例位居发达国家榜首。此外,以动漫、游戏产业为首的文化产业和发达的旅游业也是其重要象征。日本在环境保护、资源利用等方面堪称典范,其国民普遍受到良好的教育,拥有较高的生活水平和国民素质。至今,日本仍较好地保存着以茶道、花道、书道等为代表的传统文化。

日本的智慧产业

目前,动漫产业成为一门蓬勃发展的文化产业。日本素有"动漫王国"之称,尽管发展历程不足百年,但其动漫产业在文化产业乃至整个国民经济中起着举足轻重的作用。日本现有4300多家动漫公司,动漫产业额已超230万亿日元。2008年后,动漫产业占日本GDP达10%以上,与电器制造、汽车并成为日本国民经济的三大支柱。目前,全球播放的动漫作品中有六成以上来自日本,在欧洲，这个比例高达八成。日本的动漫产业源于其漫画产业，而后逐渐发展成漫画、动画和电子游戏相互衍生，共同发展的经济整体。如图 5-3 所示。

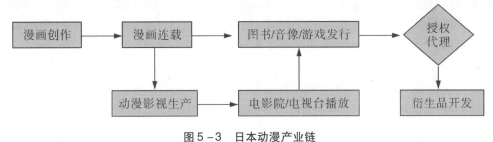

图 5-3 日本动漫产业链

总的来说，日本动漫产业主要具有以下四个特点：

（1）动漫产业体系完善，产业链上各个环节衔接紧密，形成了从漫画销售、动画播映、授权衍生品销售的完整产业体系。

（2）产业规模效应形成。日本具有庞大的动漫消费人群，通过动漫出版物和衍生品对成功品牌的复制和扩张，动漫品牌的价值得以重新挖掘。

（3）各环节商业模式明确，都具有良好的现金流支撑业务，产业链条上不存在薄弱环节。

（4）依靠持续经营，在动漫作品具有较大成功率的基础上，通过规模化的生产和运营，保证企业获得稳定的收益。

七、韩国

自 20 世纪 60 年代以来，韩国缔造了举世瞩目的"汉江奇迹"，是拥有完善市场经济制度的经合组织发达国家。韩国资讯科技产业多年来一直较强，制造业与科技产业发达，除高速互联网服务闻名世界外，内存、液晶显示器及等离子显示屏等平面显示装置和移动电话都在世界市场中具领导地位。首尔发布的 *Smart Seoul* 2015（《智慧首尔 2015》）计划带我们走进韩国这几年的智慧城市发展之路。

1. 韩国的交通政策

韩国二氧化碳的排放量位居世界第 9，占世界二氧化碳排放量的 1.7%；二氧化碳排放量增加率在 OECD（经济合作与发展组织）各国中排名第一（韩国的二氧化碳排放量增加率为 99%，日本和美国分别为 19% 和 16%）。为实现"智能绿色城市"的信息化发展目标，在全国各地区中率先制定了长期绿色政策，从运用智能电网、云计算以及提供智能交通信息、智能环境信息等方面制定了一系列措施。表 5-2 为韩国的"智慧城市"发展目标。

表 5-2 韩国的减碳计划及目标

分类	主要目标	信息化促进方向
减少温室气体	到 2030 年为止，减少 40% 的温室气体	二氧化碳减排信息化
创造就业岗位	到 2030 年为止，创造 100 万个绿色岗位	（Inventory，能源管理）
亲环境建筑	到 2030 年为止，实现 100 幢建筑的绿色建筑化，所有新建筑都应义务成为亲环境建筑物	支援智能建筑（Smart Building）的信息化
绿色交通	到 2020 年为止，所有大众交通工具转为绿色汽车，大众交通工具分担率扩大到 70%，修自行车专用车道	拐进绿色交通的信息化

来源：*Smart Seoul* 2015.

2. 韩国的智慧产业

新一代新兴信息通信技术的加速发展，不断创新产业形态和商业模式，促进技术、网络、应用、服务深度融合。这些新兴产业所蕴藏的巨大能量，既满足了人们越来越高的服务需求，也给现代产业体系注入新的内涵，成为促进经济社会向网络化和数字化迈进的重要载体。

"智慧首尔2015"计划指出，20世纪60至70年代，首尔制造业的成长带动了韩国经济的发展，但现在与其他国家相反，首尔的经济增长率反而低于国家的经济增长率，以知识为基础的产业比重（排名）与其他国家城市比较起来较低。首尔政府认为，IT和非IT之间、技术和产业间融合等数字整合的扩大催生了新产业，促进了社会各领域的变化，为培养可以发挥首尔优势的ICT产业，创造基于公共信息的民官合作新产业，"智慧首尔2015"计划中特别提出，要发展全球化的创意经济，在扶持安全保护企业，培养应用软件高级专门人才，开放和利用公共信息，建设"一次性综合窗口"，构建民官电子文件绿色沟通体系，确立"世界城市电子政府组织（WeGO）"准国际机构的地位，增加电子政府网络体验和海外访问团等领域，提出了一系列措施。

3. 韩国的政治政策

首尔在2015年已经实现智能手机办公，解决了市民的需要；市民在任何公共场所都可以免费使用无线网络；行政、福利、生活等所有领域都将通过信息技术服务市民，实现了使用智能机器的"灵活办公"；构筑社会安全网；首尔的民事申请将简洁化。2014年开始，韩国市民可以通过使用智能手机、平板电脑，实现81项首尔市行政服务；将由首尔市、区及市的下属机关提供的3万余项教育、文化体育设施、医疗等公共服务的预约工作，统合到一处进行，以方便市民。

八、瑞典

瑞典（Sweden），全称瑞典王国，北欧五国之一，首都斯德哥尔摩。

智慧改变交通，IBM和斯德哥尔摩的合作已经有了很好的示范。在斯德哥尔摩，四通八达的公共交通网络能够为70%的上班族提供服务，但平均每天仍有45万辆汽车驶过城市中央商务区，严重的交通拥堵时有发生。市政府官员与瑞典公路管理局经过认真讨论，认为可以通过改造道路使用模式，将拥堵控制在一定范围内。但是，要想改造道路使用模式，公路局需要准确动态地测量并且跟踪道路使用情况，据此收取使用费。于是，IBM为瑞典公路管理局设计、构建并且运行了一套先进的智能收费系统，包含摄像头、传感器和中央服务器，确定交通工具并根据车辆出行的时间和地点收费。这一举措将交通量降低了20%，废气排放量减少了12%。在IBM公司的助力下，斯德哥尔摩在通往市中心的道路上设置了18个路边控制站，通过使用RFID技术以及利用激光、照相机和先进的自由车流路边系统，自动识别进入市中心的车辆，自动向在周一至周五（节假日除外）6：30到18：30之间进出市中心的注册车辆收税。通过收取"道路堵塞税"，减少了车流，交通拥堵降低了25%，交通排队所需的时间下降了50%，废气排放量减少了8%～14%，二氧化碳等温室气体排放量下降了40%。由于在环保方面的出色表现，2010年2月，斯德哥尔摩被欧盟委员会评为首个"欧洲绿色首都"。

九、荷兰

荷兰位于欧洲西偏北部，是著名的亚欧大陆桥的欧洲始发点。荷兰是一个高度发达的资本主义国家，以海堤、风车、郁金香和宽容的社会风气而闻名。

首都阿姆斯特丹的移动交通工具包括轿车、公共汽车、卡车、游船等，其二氧化碳排放量对该市的环境造成了严重的影响。为了有效地解决这个问题，该市实施Energy Dock项目，该项目通过在阿姆斯特丹港口的 73 个靠岸电站中配备 154 个电源接入口，便于游船与货船充电，利用清洁能源发电取代原先污染较大的产油发动机。

乌特勒支大街是位于阿姆斯特丹市中心的一条具有代表性的街道，狭窄、拥挤的街道两边满是咖啡馆和旅店。平时，小型公共汽车和卡车来回穿梭运送货物或者搬运垃圾时，经常造成交通拥堵。2009 年 6 月，该市启动了气候街道（The Climate Street）项目，用于改善之前的状况。该项目着眼于深夜灯光自动减弱装置，在太阳能 Big Belly 垃圾箱内配置了内置垃圾压缩设备，此举使垃圾箱空间使用率提高了 35 倍。该计划还为沿街的商户安装智能电表，使之与节能电器连接。专家可通过能源可视屏随时掌握能源消耗情况，基于智能电表，可以降低或关闭未使用的家用电器或电灯。商户在向气候局的能源办提供一份能源账单后，在购买节能电器或节能灯时有享受优惠的机会。

十、丹麦

丹麦，北欧五国之一，是一个君主立宪制国家，拥有两个自治领地，一个是法罗群岛，另外一个是格陵兰岛。

丹麦首都哥本哈根市素有"自行车之城"的称号。近年来，为了实现零排放的目标，哥本哈根设法鼓励市民骑车出行。2010 年，哥本哈根开始推广一种智慧型自行车，让骑车变得更轻松。这种自行车的车轮装有可以存储能量的电池，并在车把手上安装射频识别技术（RFIT）或是全球定位系统（GPS），通过信号系统，保障出行畅通。与此同时，政府还大力完善沿途配套设施建设，如建立服务站点、提供简便修理工具等，为自行车出行提供便利。数据显示，这种新型自行车与配套设施确实效果不错，越来越多的市民延长了骑车的距离。预计到 2015 年，哥本哈根市民往返城郊选择自行车出行的人数比例将达到 50%。

十一、巴西

巴西即巴西联邦共和国，是南美洲最大的国家，享有"足球王国"的美誉。

里约热内卢不仅是巴西乃至南美的重要门户，同时也是巴西及南美经济最发达的地区之一，素以巴西重要的交通枢纽和信息通讯、旅游、文化、金融和保险中心而闻名。为了更好地管理整个城市，也为了迎接 2016 年夏季奥运会，里约热内卢市长请 IBM 公司设计了里约热内卢市的城市运营中心系统。身穿白色套装的市政机构管理人员坐在控制室内巨大的屏幕墙前静静地工作着，屏幕上显示着里约热内卢城市动态监控视频，包括各个地铁站、主要路口的交通状况。天气预测系统预报城市未来几天的降雨情况，目前的交通事故处理状况、停电处理状况，以及其他问题处理及其进展等状态。通过该系统，可以快速掌握整个城市的信息，然后对各种突发情况进行预测或者做出快速反应。该系统的运行大大提高了里约热内卢的智能性。

第二章 智慧城市

智慧城市（Smart City），就是运用信息和通信技术手段来感测、分析、整合城市运行核心系统的各项关键信息，从而对包括民生、环保、公共安全、城市服务、工商业活动在内的各种需求做出智能响应。其实质是利用先进的信息技术，实现城市智慧式管理和运行，进而为城市中的人创造更美好的生活，促进城市的和谐、可持续成长。

第一节 智慧城市政策指导

一、维也纳的智慧城市建设之路

维也纳在"世界十大智慧城市"的评选中脱颖而出，一举夺魁。维也纳是唯一一个在所有评选指标上都靠近前十的城市：区域绿色城市（第四），创新城市（第五），数字化管理（第八）。其中"生活质量"一项排名首位，成为全球最宜居的城市。

2011年年初，维也纳市市长提出了智能城市发展目标，让维也纳在未来的城市发展中，对所面临的能源和气候挑战做出应对，并实现经济和科技的现代化能力。

具体来讲，维也纳智能城市发展规划包含多个发展计划，如城市供暖和制冷计划。维也纳市人口占奥地利总人口的20%，但能耗只占全国的12%～14%，这主要得益于该市的智能供暖和制冷系统。

在城市供暖方面，维也纳禁止用填埋的方式处理垃圾，而主要将固态垃圾与废水进行回收利用，通过燃烧和气化技术使垃圾转化成新能源，满足地区暖气和热水需求，同时又减少二氧化碳排放。目前，维也纳市共有3座大型专业现代化垃圾焚烧厂和1座世界领先的污水处理厂。

在城市制冷方面，维也纳为大医院和办公建筑接入了采用节能技术的城市制冷系统，这使得维也纳目前城市的制冷系统能源需求只占到传统制冷系统的10%。

2011年，奥地利接受欧盟委员会发起的行动——与1990年相比，到2050年碳排放量减少80%。为达到这一目标，维也纳市政府大力推行绿色出行，修建新的自行车道，生产清洁环保的电车。按照智能城市交通发展目标，到2020年，维也纳市民自驾机动车出行比例将从2001年的32%减少到25%，而自行车的使用率提高到8%，整个公共交通使用率也将从2001年的35%提高到40%。此外，政府还将在市区设立更多的步行区，将徒步出行的比例保持在27%。

在城市建设的其他方面同样也能感受到维也纳在减碳、节能方面所做的努力。新建的建筑物不仅一如既往地保持了精美、华丽的艺术风格，同时也以最低能耗标准建成修筑。城市里，太阳能屋顶、清洁的生活垃圾焚烧发电厂比比皆是。减碳，成为这个"多瑙河女神"不变的追求。

为建设更智慧、可持续发展的城市。维也纳提出许多大胆的智能建设项目，如"2050年智能能源计划""2020年道路计划"以及"2012—2015年行动计划"，并且持续不断地评估建设项目的进展情况。同时，与社会各界合作，会同多方力量，努力把维也纳打造成节能减碳、土地合理利用、交通顺畅的欧洲领先智慧城市。

二、伦敦——未来智慧城市的范本

2009年，英国政府推出了一份叫作《数字英国》的纲领性文件，主题是通过改善基础设施，推广全民数字应用，提供更好的数字保护，从而将英国打造成世界的"数字之都"。在计划中设定了五大目标：①升级包括有线网、无线网、宽带网在内的数字网络，使英国拥有能保持其在全球数字通信领域竞争力的基础设施；②打造良好的数字文化创意产业环境；③鼓励从英国民众角度提供数字内容；④完善政府电子政务建设；⑤开发基础设施、技能，使政府能够广泛地提供在线公共服务和商务界面。

《数字英国》还制定了具体的行动规划。包括：

（1）2012年，英国实现至少2Mbps的宽带普遍服务，同时，国家资助铺设下一代高速光纤网络。在移动通信方面，实现移动频谱自由化，提高3G覆盖率，加快下一代移动服务的发展。在广播方面，2015年全面升级到数字广播，届时英国所有的国家广播电台和地方广播电台将停止传统的模拟信息服务。广播也将全面转向数字化。在互联网管制方面，大力发展合法的下载市场，使消费者和制造业均受益，并推动立法，授予英国通信和媒体监管机构监管非法下载的权力，打击在互联网上非法传播音乐和视频，单方面切断屡犯不改者的互联网服务。

（2）无处不在的WiFi。英国是世界上非高峰期使用因特网费用最低的国家，高峰期的上网费用也比OECD（经济合作与发展组织）国家的平均水平低。英国有170万企业与因特网相连，90%的雇员在办公时可以使用网络。政府的目标是到2015年让1500万家中小规模的企业在网上交易。

（3）数字科技：政府支持和资源共享。英国有世界级水准的学术和研究资源。在所有来英国设立公司的企业当中，有2/3左右都会在英国从事研发活动。从事研发活动的公司可以享受到英国世界级水准的学术和研究资源。英国的学术机构在世界名列前茅，全球最好的科技型大学中有两所在英国，欧洲前5所最好的大学中英国就占了4所。不但如此，伦敦政府、使馆都大力支持数字化科技信息与知识的分享与传播。

（4）云计算。伦敦市政府2011年启动了一个有趣的、名叫Love Clean Streets的项目。它基于微软云计算技术开发，可以让伦敦数个街区范围内通过上传照片到指定网站的形式协助市政准确定位垃圾并进行清理。该项目启动以来成效显著，伦敦的垃圾清理速度更快，并且有的放矢地处理各种类型的垃圾，让回收公司也开始尝到甜头。这种系统在试点后将在全伦敦开始推广。

三、多伦多——智慧产业带动智慧城市

在全球十大智慧城市排名中，多伦多位居第二。在实践中，多伦多认识到智慧城市的重要性，并在垃圾处理、节能照明方面做得非常好。

多伦多很注重节能环保，为了推行垃圾分类，多伦多市政府制定了一套十分庞大而复杂的系统。在多伦多，住宅垃圾分为三类，用三种颜色的桶加以区别。绿色的桶用来装厨房和家庭垃圾，蓝色的桶用来装可回收垃圾，黑色的桶用来装不可回收的垃圾。多伦多市还在城市基础设施上安装了LED照明装置，是全球第二个响应"打造LED节能照明城市"倡议的城市。从2007年开始，多伦多市计划用10年的时间完成城市LED照明改造，实现节能50%的目标。打造LED节能照明城市之举，将为多伦多节约上百万美元能源成本，温室气体排放量也将减少18000吨。

多伦多推进绿色建筑的模式主要是通过项目实施的。这些项目主要分成三大类型：住宅能源效率提高项目（也叫"绿色屋面"项目）、大型建筑项目、市政建筑项目。这些项目有些是政府主导，但

更多是由非营利组织负责管理。"绿色屋面"项目主要是对建筑物屋顶或者向阳屋面进行升级，使其更加有利于生态环境的养成。2009 年，多伦多市议会颁布的"绿色屋面"法案，是北美地区首个创建"绿色屋面"的法规。该法案规定了包括防水、排水、植被性能、日常维护等十几个"绿色屋面"标准，并提供使用指南。"绿色屋面"项目符合建筑回归自然的特点，推进了多伦多向环境友好型城市发展。项目实施后，多伦多每年减少 1200 万吨的雨水流失。"绿色屋面"项目还为城市的生物多样性做出了贡献。

四、瑞典斯德哥尔摩

斯德哥尔摩是一座由岛屿组成的城市。随着交通堵塞问题的不断加剧，瑞典国家公路管理局和斯德哥尔摩市政厅希望找到一种既能缓解城市交通堵塞，又能减少空气污染的两全之策。在 IBM 的协助下，斯德哥尔摩市找到了解决方案。这是一种创新的高科技交通收费系统，它直接向高峰时间在市中心道路行驶的车辆驾驶者收费。这项计划规定对一天之内不同时点超出城市交通限制的车辆收取费用。该计划旨在将高峰时段市中心的车辆数量减少 10%～15%。瑞典的智慧城市建设在交通系统上得到了最大的体现。智慧改变交通，IBM 和斯德哥尔摩的合作已经有了很好的示范作用。由于在环保方面出色的表现，2010 年 2 月，斯德哥尔摩被欧盟委员会评为首个"欧洲绿色首都"。斯德哥尔摩的环保声誉实至名归。实际上，这个城市大约有 40% 的地块被专门用作绿地。斯德哥尔摩在"西门子绿色城市索引"中排名第二。就像同为斯堪的纳维亚国家的哥本哈根，斯德哥尔摩也有目标在 2050 年实现碳中和。由于对包括城市噪音和污染控制等进行的拥堵管理，斯德哥尔摩成为唯一世界卫生组织推荐的空气污染指数符合严格标准的全球性城市。

第二节 智慧城市政策措施

一、荷兰阿姆斯特丹市

在西班牙 IESE 商学院发布的 2012—2014 全球智慧城市排名中，阿姆斯特丹位居第五。在其中的"城市规划"一项排名中，阿姆斯特丹位居第三，仅次于瑞士的巴塞尔和挪威的奥斯陆。作为欧洲智慧城市的代表，阿姆斯特丹一向以绿色、低碳、环保的形象示人。

1. 政治方面

阿姆斯特丹智慧城市建设的主题是可持续发展，其核心目标是到 2025 年，相比 1990 年减少温室气体排放量 40%；到 2020 年，可再生资源占比达 20%。阿姆斯特丹于 2009 年启动阿姆斯特丹智慧城市计划（Amsterdam Smart City，简称 ASC 计划），旨在提供一个智慧城市创新的平台，以及满足各利益团体的谋合机制，再由民间组织将智慧城市专案落实到市民生活中，不仅将整座城市作为大型试验场域，也号召市民共同参与专案，打造一个由上而下的智慧城市。

2. 技术方面

（1）可持续生活。阿姆斯特丹启动了 Geuzenveld 项目，在一年内为该区域内的 500 多家用户装上了智能电表和能源反馈显示设备。将该设备连接到相关家用设备，测算每月的能源消耗，并基于能源消耗值给出合理的建议，帮助用户节能减排，实现低碳生活。除此之外，用户还能通过相应的网络平台，分享节能经验，获取礼品。此举有效地激发了用户的节能热情，也为其调整能源消耗提供了实际案例，提高了市民在智慧城市建设中的参与度。

（2）可持续工作。阿姆斯特丹启动了 ITO Tower 大厦项目。该项目预计减少碳排放量 300～500 吨/年。该项目通过智能传感器和智能物业管理系统，搜集和分析大厦能源使用的具体数据，对大厦日常照明、供暖、制冷和安保等系统的运作进行实时监控，在不给大厦办公和住宿带来负面效应的情况下，降低能源消耗，实现低能耗运行。目前，坐落在阿姆斯特丹世贸附近的 ITO Tower 大厦已经安装了 360 个记录能耗状况的智能插座，并通过制订能耗计划、使用发光二极管照明等举措，提高员工的节能环保意识，降低能耗。

（3）可持续交通。阿姆斯特丹启动了 Ship to Grid 项目。使用清洁能源发电设施取代燃油发动机，为交通运输工具提供动力，从而减少二氧化碳排放量，是 Ship to Grid 项目的主要目的。

为了实现交通流动量和交通的优化，阿姆斯特丹政府将交通和出行数据向公众开放，并与数据应用开发商合作，为提供实时出行信息和提高出行效率制订解决方案。同时，阿姆斯特丹政府积极致力于鼓励企业创新，开展新产品和移动服务的研发活动。

（4）可持续公共空间。阿姆斯特丹启动 Climate Street 项目。该项目主要涉及三个方面：一是统一采用电动汽车搬运垃圾，缓解街道内的交通运输压力；二是采用智能节能灯和太阳能发电灯照明，大规模使用内置垃圾压缩设备的太阳能 Big Belly 垃圾箱，提高垃圾箱空间利用率；三是为商户安装智能电表、智能插座和能源可视屏，帮助商户了解能源消耗情况，并制订、调整能源使用计划。商户还可以凭借能源账单，在购买节能电器或节能灯时享受优惠。Climate Street 项目使得公共区域内的照明系统节省了 10% 的能源消耗，同时，也普及了可持续的废物利用理念。

（5）可持续交流平台。阿姆斯特丹政府通过 Living Lab 项目创造了一个全民参与、协同创新的智慧城市建设氛围。市民可参与新技术应用实验区的设计，成为共同创新的主体，并通过 AmsterdaOpent.nl 平台和社交媒体，参与地方决策，分享建设意见，与政府交流、互动、合作。

阿姆斯特丹创建了一个从市民到政府全员参与的智慧城市建设模型。智慧城市建设资金由政府和企业共同提供，企业与社区在建设中的双向合作，也使得企业相关技术在城市历史建筑、社会住宅区、新开发社区、城市交通试点等项目试点区域间得以应用。

这种以低碳、绿色和可持续发展为主题，以市场为主体，通过机制设计和制度建设，集中社会力量进行资源优化配置，由试点逐步覆盖到全市的建设模式，为全球智慧城市建设提供了一个成功的案例。

二、中国台湾省台北市

台北市是台湾省经济、政治、文化、旅游、工业和传播中心，拥有十分悠久的历史。早在 2006 年，台北市就被 ICF 评为"年度最佳智慧城市"。其智慧城市建设始终秉承"以人为本"的理念，以电子化政府、网络化社区和数字化生活等为目标，通过建设智慧城市，为市民提供更加优质的生活。

1. 信息与通信科技

台北市的无线宽频网络覆盖率早在 2006 年就达到了 90%，惠及 246 万多人。市内各行政区、人口密集区基本实现了全覆盖。台北市的无线网络接收盒被设计成宫灯的形状，已经成为台北街道上一道靓丽的风景。

台北市政无线网络被广泛应用在台北 e-bus、无线校园、行动医疗、文化快递 PAD 版，以及智慧型运输系统（ITS）、行动救护、无线化市容查报、市府网络电话等领域，方便了市民的日常出行，也有助于市容市貌的维护及相关修理、救护工作的及时开展。台北市无线网络应用取得成功，主要有以下几个原因：一是创新运行模式，开展公私部门合作和整合；二是整合网络，以求产生庞大的网络效应；三是基础建设、应用服务及载具三位一体，共同发展。

2. 可持续交通

公共运输方面，为了提供更可靠的公车服务品质，台北市自1993年起开始建设公车动态资讯系统（e-bus）。通过提供"即时位置"及"预估到站时间"等信息，便于民众提前做好出行规划，降低市民的等车时间。

停车资讯导引系统是智慧型运输系统（ITS）的第二个重要组成部分。通过提供即时停车格位的信息，帮助使用者了解当前停车场的占用率，快速寻找剩余停车格位；同时，有助于提高停车格位的利用率。

台北市整合了市内大众运输系统、共有路外停车场、路边停车计时收费器等缴费系统，推行"悠游卡"作为智能付费方式。"悠游卡"由台北智慧卡票证公司发行，台北市政府是其主要股东之一。

3. 电子政务

台北市一直致力于为市民提供24小时不打烊的市政便民服务系统，通过优化市民服务热线，建立并完善市政网站，推出相关APP等举措，帮助市民了解城市建设进程，咨询、办理相关业务，分享城市最新资讯，为城市建设出谋划策。即便是一个刚来台湾旅游的普通游客，也可以通过LBS（Location Based Service）定位服务，快速获得台北食、医、住、行、育等各个方面的最新资讯，甚至即时分享资讯。

随着时代的发展，智慧城市的定义有了新的变化，然而，智慧城市建设的核心价值依旧是民众的幸福感和企业的核心竞争力。智慧城市的建设从来都不只是发展科技，如何通过科技解决城市问题，优化城市管理和服务职能，让市民获得更大的幸福感才是建设智慧城市所要解决的核心问题。

三、中国台湾省桃园市

在ICF举办的全球智慧城市评比中，桃园市的表现尤为突出。2009年，桃园市斩获"全球智慧城市创新奖"。2013年，桃园市被ICF评为全球七大智慧城市之一。在2016年"全球二十一大智慧城市"的评比中，桃园市脱颖而出。这是该城市第七次获此殊荣。

从2002年开始的E桃园计划到现在的I桃园计划，桃园市一直在循序渐进地推动智慧城市的建设。即便是在经济衰退期，桃园市仍在加强基础设施建设，提出"桃园国际航空城"计划。桃园市在宽屏基础建设、智慧环境永续性和创新智慧生活等领域取得的成绩，已经获得国际肯定。

1. E桃园计划

2002年，桃园市启动数字桃园（E桃园）建设计划，旨在利用网络信息技术改变政府与民众之间传统的面对面交流模式，建立更高效的交流渠道，提升政府工作效率和服务质量。

2. M桃园计划

2005年，桃园市启动移动桃园（M桃园）建设计划。该项建设计划以行动宽频便利生活、工商行销产业效能、安全通报及时守护和市政公务行动办理为四大方向，建设无线网络基础设施，开放无线宽带应用服务，提供多元网络接口，优化信息沟通渠道，并以此吸引技术相关产业进驻桃园市。

桃园市政府积极与相关企业合作，为E桃园建设提供强有力的资金和技术保障。民众不仅可以通过手机或者Pad等联网移动设备，线上办理各项事务、获取相关资讯，还可以就近选择符合条件的部门进行业务申报和缴费。

市政府方面，警政、消防创新应用移动科技让消防人员更快捷、更精确地掌握建筑物消防配置情形，并为远程掌控灾害及治安现场状况和高效决策提供影像数据。

在企业方面，M 桃园建设规划了多媒体行销渠道，加速桃园市无线宽频产业的技术整合，提供与 WIMAX 产业相关应用的实际测试环境，以满足远程视讯会议连接需求及推动其他相关产业进入桃园。

3. I 桃园计划

在 E 桃园建设和 M 桃园建设的基础上，桃园市于 2009 年启动了智慧桃园（I 桃园）建设。其中，桃园国际航空城建设是 I 桃园建设的重点项目之一。

桃园国际航空城建设被誉为台湾省有史以来最大的开发案。台湾当局曾声称，该建设计划为台湾未来 50 年最重要的计划。2009 年年初，台湾有关部门通过了国际机场园区发展条例，为桃园国际航空城建设提供了法源基础。

桃园市的智慧城市建设经验表明，智慧城市建设是一个渐进的过程，每一个阶段都需要有相应的侧重点。政府需要根据当地实际情况，制定合理的建设目标。智慧城市的建设需要相互融合、深化沟通和相互合作，包括信息技术与城市管理之间的相互融合、深化政府与民众之间的沟通以及官方资本和民间资本的合作。政府除了需要具备前瞻性、全局性的战略眼光，还应时刻秉承以人为本的理念。通信、信息等高新技术，也只有融入城市的管理和改造中，不断解决城市问题，优化生活质量，惠及全民，才算是真正实现了其存在的意义。

四、中国香港特别行政区

在 2012 年发布的全球十大智慧城市排名中，香港位居第九。作为全球知名的国际大都会，香港拥有先进和成熟的资讯及通信科技基础设施，以及开放、富有竞争力及安全的营运和生活环境。

1. 信息与通信科技

智慧城市的一个主要含义，就是将信息科技全面应用于城市的发展与管理，香港在这方面的成绩尤为突出。在《经济人》2010 年数码经济排名中，香港位居全球第七，亚太第一；2011 年，谷歌/波士顿咨询公司确认香港为世界领先数码城市之一；《2013 年世界竞争力年报》将"科技基础设施"全球首位的殊荣给予了香港；2013 年 3 月，继"硅谷"和纽约之后，香港被《福布斯》评为全球最被看好的"科技之都"。

信息及通信技术广泛应用于香港社会公共服务及市民生活的每一个环节，主要得益于香港特别行政区政府发布的《数码 21 资讯科技策略》。该策略为香港制定了资讯及通信科技的发展蓝图。之后，随着云计算、大数据、物联网等新一代信息技术的成熟，全球掀起了建设智慧城市的热潮。2014 年，在听取业界专才和团体、学术界、主要使用者及政府部门意见，并向公众公开征询修改意见后，新的《数码 21 资讯科技策略》以"智慧香港，智优生活"为愿景，涵盖了四个重点：善用科技，提升潜能；激励创新，成就未来；发挥优势，拓展产业；贯通资讯，便利市民。

2. 可持续生活

在医疗卫生方面，2008 年 3 月，政府发表了医疗改革咨询文件。在这个文件中，政府提出了要开发一个全港性、以病人为本的电子健康记录互通系统。另外，政府还制订了大量的电子健康记录合作计划，"医健通"就是其中之一。目前，"医健通"主要用于运作医疗券计划和资助计划。为全面实现电子健康记录互联互通，香港医院管理局推出"公私营医疗合作——医疗病历互联实验计划及电子健康记录互通系统"。这个电子健康记录系统可以提供完整的病人专属的健康记录，有助于避免重复检验和治疗。

3. 智慧交通

在城市智能交通方面，综合型的 GIS 系统为城市交通的信息化提供了基础。该系统包括基本制图、专题信息、城市规划信息和地理信息检索等子系统。

香港的智能交通系统涵盖了从宏观到微观交通的各个方面，主要包括区域交通控制系统、互联网上广播闭路电视影像、交通管制及监察系统、自动收费系统、八达通、电子停车收费系统、冲红灯摄影机及行车时间显示系统、行车速度图、交通控制中心、运输资讯系统、香港乘车易和香港行车易智能手机应用程序等。

4. 电子政务

香港政府建立了"香港政府一站通"网站（www.gov.hk）。该网站提供公众最常用的政府服务和政府信息的两个板块："我要知……"和"我想……"

5. 可持续生活

在环境保护方面，香港提出了"净化海港计划"，该计划是香港有史以来最大规模的环境基建，旨在将市区污水集中处理排放。

分析香港的智慧城市建设经验，我们必须肯定其在信息、通信、科技等方面的成绩。然而，不可忽视的是，与欧洲领先的智慧城市相比，香港在节能、低碳等环境保护方面仍需做进一步的努力。

五、美国纽约市

在西班牙 IESE 商学院发布的 2012—2014 全球智慧城市排名中，纽约位居第二。作为美国最大城市及最大商港、世界经济中心之一，纽约将智慧城市的规划周期定为 20 年，采用政府与企业合作的规划模式，以智慧交通为建设重点，采用政府独立投资建网的运营模式，以提升国家竞争力为目标。纽约的智慧城市建设主要包括五个方面：智能交通、垃圾循环、城郊化、信息化和绿色纽约。

1. 政治方面

早在 21 世纪初，纽约就提出旨在促进城市信息基础设施建设、提高公共服务水平的"智慧城市"计划。在"2007 年信息技术战略导向"中，纽约市政府进一步指出信息化的总体目标：市政府转型、政府信息安全访问、信息基础设施、流程再造和快捷服务。2009 年 10 月，市政府宣布启动"城市互联"（Connected City）行动。2010 年，纽约市启动"数字纽约未来发展计划"，其核心内容是利用新一代信息技术手段推动城市可持续发展，通过提升城市宽带接入能力，开放政府数据和信息，鼓励利用 Web2.0 等技术的开发应用，加强市民在城市建设中的参与度，发展具有活力的数字产业，进一步提升纽约市在全球城市范围内的竞争力。

2. 法律方面

2012 年，纽约市通过了开放数据法案；同年 3 月，该法案由市长迈克尔·布隆伯格签署后正式生效。这是美国历史上首次将政府数据大规模开放纳入立法。根据该法案，到 2018 年，除了涉及安全和隐私的数据之外，纽约市政府及其分支机构所拥有的数据都必须实现对公众开放。

3. 技术方面

（1）智慧生活。在医疗健康方面，2005 年，纽约市启动了电子健康记录系统，并于 2009 年由美国联邦政府与纽约市健康和心理卫生局共同推进该系统的建设和升级。在城市基础设施建设方面，2009年，纽约与IBM合作推出IBM业务分析解决方案中心，用来解决"需要建立智慧城市复杂功能不断增长的需求，并帮助客户优化业务流程和业务决策的方式"。目前，IBM已帮助纽约建立了预防火灾和第一反应系统。为了改进下水道的管理，避免由于下水道堵塞带来的城市灾害，纽约市政府建立了全市下水道电子地图，可以清晰显示市内下水管道和相关设施，方便施工人员的下水道清淤等作业活动。

（2）信息与通信科技。在信息通信技术发展方面，纽约市政府加快推进宽带服务校园计划，扩大宽带铺设和数字服务覆盖率，力求将纽约打造成美国最大的无线网络覆盖城市。

（3）智慧交通。纽约市实施了"中城动起来（Midtown in Motion）"项目，利用计算机演算加快城市交通疏导，并在出租车内安装卫星定位系统，以求能实时监测路况，缓解交通拥堵。目前，纽约市已建成一套智能化、覆盖全市的智慧交通信息系统，该系统已经成为全美最发达的公共运输系统之一。

（4）电子政务。纽约市进行了数据资源整合，由信息技术局和通信局牵头，对42个管理部门、55个数据中心进行了整顿，建立了纽约"城市商业快递"网站，覆盖15个行业领域和92%的小企业，可申请31座城市的营业执照等许可证明，工作效率显著提高。

（5）低碳生活。在建立"绿色纽约"方面，2007年，纽约市政府宣布"绿色纽约计划"。按照该计划，到2030年，纽约将为100万新市民提供足够的居所，同时减少城市的碳排放。自该计划推出以来，127个涉及城市生活方面的举措开始实施起来。为了减少建筑物的烟尘排放量，政府还推出了一个由非政府组织和房地产行业共同合作、寻求建筑物多样化燃料能源运营的合作项目，预计在2015年前，完成6000栋建筑物的升级；并鼓励市民在屋顶、天台、阳台、墙体、立交桥等建筑空间上栽种大量的绿色植物、鲜花和农作物，"绿色屋顶公园"成了繁华喧嚣的都市中一道别致的风景。

纽约市智慧城市建设经验告诉我们，建设智慧城市最有效的推动力是无数个活跃的个体。只有大量的个体才能实现对社会运行进行不断地创造、有深度地挖掘和应用。建设智慧城市，需要市民强烈的主人翁意识和广泛的参与。

第三章 智慧社区

智慧社区是社区管理的一种新理念,是新形势下社会管理创新的一种新模式。智慧城区(社区)是指充分借助互联网、物联网,涉及智能楼宇、智能家居、路网监控、智能医院、城市生命线管理、食品药品管理、票证管理、家庭护理、个人健康与数字生活等诸多领域,把握新一轮科技创新革命和信息产业浪潮的重大机遇,充分发挥信息通信(ICT)产业发达、相关技术领先、电信业务及信息化基础设施优良等优势,通过建设 ICT 基础设施、认证、安全等平台和示范工程,加快产业关键技术攻关,构建城区(社区)发展的智慧环境,形成基于海量信息和智能过滤处理的新的生活、产业发展、社会管理等模式,面向未来构建全新的城区(社区)形态。

简单来说,智慧社区是指充分利用物联网、云计算、移动互联网等新一代信息技术的集成应用,为社区居民提供一个安全、舒适、便利的现代化、智慧化生活环境,从而形成基于信息化、智能化社会管理与服务的一种新的管理形态的社区。智慧社区的典型应用包括智慧家居、智慧物业、智慧政务、智慧公共服务等。

智慧社区建设,是将智慧城市的概念引入到社区,以社区群众的幸福感为出发点,通过打造智慧社区,为社区百姓提供便利,从而加快和谐社区建设,推动区域社会进步。基于物联网、云计算等高新技术的智慧社区,是智慧城市的一个"细胞",它将是一个以人为本的智能管理系统,有望使人们的工作和生活更加便捷、舒适、高效。

第一节 智慧社区主要目标

一、提供智能家居服务,构建社区管理信息网络,实现信息资源共享

智能家居以住宅为平台,利用综合布线技术、网络通信技术、安全防范技术、自动控制技术、音视频技术等相关设施集成,智能家居的应用要实现对全宅的舒适系统(灯光、遮阳等)、家庭娱乐(背景音乐、呼叫对讲、视频互动等)、健康系统(空调、新风、加湿等)、安防系统(监控、门禁、人员定位)等智能系统进行管理。可以用遥控器等多种智能控制方式实现,也可用定时控制、电话远程控制、电脑本地及互联网远程控制等多种控制方式,达到节能、环保、舒适、方便的效果。其应用的详细设计有控制主机、智能照明系统、电器控制系统、家庭背景音乐、家庭影院系统、对讲系统、视频监控、防盗保护、电锁门禁、智能遮阳、暖通空调系统、太阳能与节能设备、自动抄表、智能家居软件、家居布线系统、家庭网络、厨卫电视系统、运动与监控检测、花草自动浇灌、宠物照看与动物管制,可以构建高效的住宅设施与家庭日程事务的管理系统,提升家居安全性、便利性、舒适性、艺术性,并实现环保节能的居住环境。

二、提供智能化物业管理

针对智慧化社区的特点，集成物业管理的相关系统，从事停车场管理、闭路监控管理、门禁系统、智能消费、电梯管理、保安巡逻、远程抄表、自动喷淋等相关社区物业的智能化管理，实现社区各独立应用子系统的融合，进行集中运营管理。比如，带有存储芯片和RDIF的门禁卡将实现业主身份的自动识别。一米距离内小区智能门锁将自动开启。在岗保安不再以挂着对讲机为标志，更多将会是集成了智能摄像头、GPS定位、RDIF射频识别、对讲、警报和物业平台系统的大屏触控智能终端。只需要在电梯和所有主要的出入口和路段安装CCD相机，保安就可以在管理中心观看监控录像的所有摄像头，并保存视频。

三、电子商务服务

社区电子商务服务，是指在社区内的商业贸易活动中，实现消费者的网上购物、商户之间的网上交易和在线电子支付，以及各种商务活动、交易活动、金融活动和相关的综合服务活动，小区居民无须出门即可无阻碍地完成绝大部分生活必需品的采购。

四、智慧养老服务

智慧养老服务，其最终宗旨是让老人得到安全保障，子女可以放心工作，政府方便管理。家庭"智慧养老"，实际上就是利用物联网技术，通过各类传感器，使老人的日常生活处于远程监控状态。

第二节 智慧社区的建设计划

一、近期计划

通过综合运用现代科学技术，结合当地实际，整合社区各类资源，加强社区服务能力建设，到2015年，初步建成100个左右的智慧社区示范点。示范点应具备完善的基础设施、高效的社区服务和治理水平、多元化的社区公共服务、智能化的便民利民服务能力，以及具备良好的政策、组织、人才、资金等保障条件。

1. 优化基础设施布局

按照《社区服务体系建设规划（2011—2015年）》要求，力争到"十二五"期末，实现试点社区综合服务设施全覆盖，每百户居民拥有的社区服务设施面积不低于20平方米；大力推进社区信息化建设，改善社区宽带、无线、广播电视网等信息基础设施；建成市级或区级社区综合信息服务平台，为社会治理、公共管理与服务和商业服务提供统一接口；新建社区采用绿色建筑星级认证的面积比例不小于25%；水、电、气、热等资源实现智能化控制和节能管理；推进家居、家电和安防等智能家庭终端产品的广泛应用。

2. 创新社区治理模式

在政府"重心下移、权力下放"的政策指引下，结合社区自治、社区自我管理的要求和政府基层治理的要求，以社区综合信息服务平台为依托，充分发挥社区便民优势与窗口作用，实现30%以上的行政审批事项可以在社区受理，社区治安管控成效明显，通过综合执法实现社区事件反应和处理能力显著提高，社区治理能力初步实现现代化。

3. 提升社区自治和服务能力

通过运用信息技术，实现社区基础设施普查建库，房屋租赁和公共维修基金服务信息化水平明显提升，业主委员会运作良好，社区自治能力有较大改观，以物业为主题的小区安防、便民快递、停车服务等实现智能化，修建管理、环境卫生等物业服务全覆盖，促进社区自治和服务能力显著提升。

4. 完善公共服务能力

遵循"需求推动，资源整合"的原则，以居民需求为驱动，以开放体系推动政府公共服务和社会资源整合，为社区居民提供社区医疗、居家养老、住房保障和宣传教育等创新服务，为专门人群提供定制服务，积极推动市场参与，初步建立多元化社区公共服务模式。

5. 增强便民利民服务智能水平

充分利用智能手机、电视等终端设备，提高家政服务、绿色出行、餐饮、一卡通服务、充值缴费等全方位生活消费服务获取的便捷度，建设商场、校园、医院、车站等主题社区，初步形成具有成熟商业模式、便捷高效的便民利民服务体系。

6. 推动保障条件建设

智慧社区建设推进机制初步建立，多部门联动基础形成，涌现出一批建设运营企业，智慧社区建设进入快车道。

二、中长期计划

1. 总结"十二五"期间建设成果

通过分类总结智慧社区建设模式，争取到2020年，使50%以上的社区实现智慧社区的标准化建设，同时建立可持续发展的社区治理体系和智能化社会服务模式，建立完善的社区服务体系。

2. 基础设施建设全面覆盖

社区综合服务设施广泛覆盖，社区综合信息服务平台高效、智能、协同，社区50%的建筑基本改造为绿色建筑，智能家庭数量显著提升，社区基础设施实现集约化、智能化建设。

3. 形成成熟的社区治理模式

社区政府服务能力和效率全面提升，社区安防和治安管控基本实现智慧化，社区治理基本实现现代化。

4. 建立社区公共服务模式

社区居民方便快捷地享受社区各类公共服务，同时建成多元化、多层次、智能化的社区公共服务体系。

5. 便民利民服务广泛应用

便民利民服务覆盖社区所有居民，服务便利化、精准化，形成可广泛推广、可复制的商业服务模式。

6. 构建健康可持续的智慧社区建设环境

建立权责明晰、集约高效的智慧社区建设推进机构，制定切实可行、引导到位的政策法规，建成一支多层次、高效的人才队伍，通过宣传推广提升政府、科研机构、企事业单位和社会组织对智慧社区建设的认知度、参与度，形成良好的智慧社区建设环境。

第四章 智慧企业

第一节 智慧企业基本概况

一、智慧企业的基本含义及特征

1. 智慧企业的含义

智慧企业，是指以信息为基础、以知识为载体、以创新为特征，充分、敏捷、有效地整合和运用内外部资源，确保处于价值链的关键节点，实现有效管理风险和可持续发展的企业。它是企业发展的现金形态和网络环境下进化的必然阶段。通过云计算、虚拟化、物联网等技术将企业的硬件资源与应用系统进行整合，实现智慧化的管理与服务的新模式。

智慧企业有三个核心（如图5-4所示）。

- 将基于计算机网络的信息服务引入到企业的各个应用与服务领域，实现互联、共享和协作
- 为企业提供一个全面的智能感知环境和综合信息服务平台，提供基于角色的个性化定制服务
- 通过智能感知环境和综合信息服务平台，为企业与外部世界提供一个相互交流和相互感知的接口

图5-4 智慧企业的三个核心

2. 智慧企业的特征

智慧企业具有以下基本特征：基于海量的数据分析、智能化制造、互联互通、社会化分工协作。

（1）基于海量的数据分析。大数据分析，是智慧企业科学决策的基础。企业正常运行的前提条件是获得必要的用户信息、合作伙伴信息和环境信息，并且能针对海量信息进行处理分析。通过大数据分析，从中寻找规律性，就可以了解竞争状况，清晰地洞察用户的使用行为、态度、需求和发展趋势，从而科学地进行市场细分，制定高效的服务和营销战略。除了应用于决策，大数据在其他领域的应用也越来越广。

（2）智能化制造。近年来，我国东部沿海地区陷入用工短缺、人员成本上升、员工流动率高的困境。造成这种困境的原因主要有三个方面：一是近年来中西部地区的快速发展，民工呈现回乡

潮；二是伴随着我国人口结构老龄化，适龄工人比例呈现减少趋势；三是工人工资和社会保障水平的提高，加剧了企业用工成本。据统计，中国沿海地区劳动力的工资正以每年10%～20%的速度递增。

调查同样显示，企业引入智能设备存在两大障碍：一是成本过高。首先是智能设备的购买投入高昂，其次是设备的后期维护成本较高。相比之下，目前人力成本仍然相对低廉。二是企业内部缺乏相应配套，主要包括管理配套、人才配套、辅助配套和设备配套。目前世界上最先进的汽车——特斯拉跑车，已在美国进行工业化生产，并且在生产过程中应用了智能机器人和人工智能技术。Google也建立了手机生产线，Nexus Q的生产全部由机器人生产线一条龙完成，全过程无人工参与。

（3）互联互通。智慧企业的第三个特征是互联互通。互联互通是在不同主体节点之间建立有效连接，使得信息畅通无阻，合作协调高效。为了实现高效协同，绝大部分物体将会通过网络相互连接、互通信息、互传指令，共同完成某项任务。

互联互通的内容包括四个层次：一是最底层系统之间的对接，按照标准化的接口，系统之间统一数据格式，实现设计系统、生产系统、电子商务平台、用户系统、合作伙伴系统的无缝连接，实现数据共享。二是中间层信息流的共享，推动信息流、任务流、信任流和资金流在系统之间无障碍流动。三是主体的互联互通——主体之间本着开放的心态，形成合作伙伴关系，大家取长补短，优势互补，结成利益共同体。四是最高的目标协同层，在系统、信息、主体合作共享的基础上，共同完成某项任务或者实现某一目标。

互联互通的基础是设备联网。设备联网目前已取得突破，也是相对容易实现的部分。未来，所有物体都可以被联网。设备联网的内容及实现情况见表5-3。

表5-3 设备联网的内容及实现情况

阶段	内容及实现状况
第一阶段	计算机、手机、Pad已经实现联网
第二阶段	汽车、个人装备将实现联网
第三阶段	机器设备、家用电器将很快实现联网，智能电视已经实现联网
第四阶段	生活领域的消费品、房屋、家居用品也将实现网络化

据思科公司预测，到2020年，将有超过500亿个传感器连接到物联网。

智慧企业的互联互通，包括两个层次：一是企业内部之间的互联互通，二是企业与外部的互联互通。

（4）社会化分工协作。智慧企业表现出来的重要特征还包括社会化分工协作。智慧企业的分工协作既包括企业内部分工，也包括企业之间的社会分工与合作。互联互通的信息综合管理平台为这种协作提供了基础，这个平台承载了各种信息流和指令流，还肩负流程管理的重任。

上述分析表明，智慧企业应具备的四个基本特征，即基于海量数据的分析、智能化制造、互联互通和社会化分工协作，也是构建智慧企业的根本点和关键点。

表5-4较全面地分析了数字企业、智能企业及智慧企业之间的异同。

表5-4 数字企业、智能企业及智慧企业之间的异同

企业类型	侧重点
数字企业	强调企业信息数字化,并按照企业的运行机制和规律融合到一个能全面反映企业现状综合信息管理系统平台之中,最终为企业的经营活动、管理和决策提供有力的支持和系统服务
智能企业	强调信息沟通和共享知识,基于知识共享实现创新,依托更全面的信息和更强的处理能力,使企业管理服务走向智能化
智慧企业	强调组织的数据精准和业务的敏捷性,通过流程的优化实现组织的动态经营,以组织内外协作和互联互通实现智慧运作,通过绿色、创新管理机制探索全新工作方式和商业模式

二、企业云计算建设的必要性及发展概况

1. 云计算的概念

云计算(cloud computing)是基于互联网相关服务的增加、使用和交付模式,通常涉及通过互联网来提供动态易扩展且经常是虚拟化的资源。

2. 云计算建设必要性

(1)企业竞争情报收集水平有待提高。

(2)各部门信息不畅,情报得不到有效利用。根据调查,这是目前存在的首要问题,高达76.5%的调查样本企业对"各部门信息不畅,情报得不到有效利用"这个问题选择了"严重"或"非常严重"。很多企业的竞争情报服务工作比较封闭,企业内部缺乏健全的"情报共享与情报合作机制"(65%的样本企业选择"严重"或"非常严重"),企业之间、部门之间、员工之间缺乏情报合作与交流,导致重要信息(情报)散失,或者得不到充分利用,难以从企业内部数据中挖掘出有价值的情报。这也证明了企业要提高竞争情报服务工作的水平和能力来支持决策。现阶段,在企业内部建立情报工作制度和流程以及情报共享与合作的机制与文化显得尤为重要。

(3)信息准确度低,利用价值不高。其原因除了企业情报人员的专业素质不足之外,一方面,由于企业信息化程度不够,缺乏有效易用的情报挖掘和分析工具;另外一方面也是由于企业内外部信息交流机制不健全,缺乏情报资源共享与情报合作机制,缺乏行业内组织之间的联系与合作,导致信息网络开发和情报利用不足,从而影响了竞争情报服务的效果。

3. 企业信息化建设的作用及内容

(1)企业信息化建设的作用。①降低投入成本。云计算具有按需、易扩展、先期成本低、升级便利的特点,可以快速部署,迅速见效。云计算意味着没有硬件购置的成本,按需使用,按需付费,直接节省了服务器、电力、制冷及机房等方面的开支。②部署云计算可以让企业从繁忙的内部IT管理中跳出来,使得它们更加专注公司的成长与运营。从客户管理、产品管理、订单管理、物流管理、关务管理、财务管理,到客户沟通、视频会议,各方面的工作都可以通过部署云计算来降低投入成本,而管理运维费用也相应降低。③云计算的应用,对于用户来说是一个保护现有投资,并保证业务连续性和技术平滑过渡的方式,能使企业的运营管理成本大大降低。

(2)企业信息化建设的内容(如图5-5所示)。

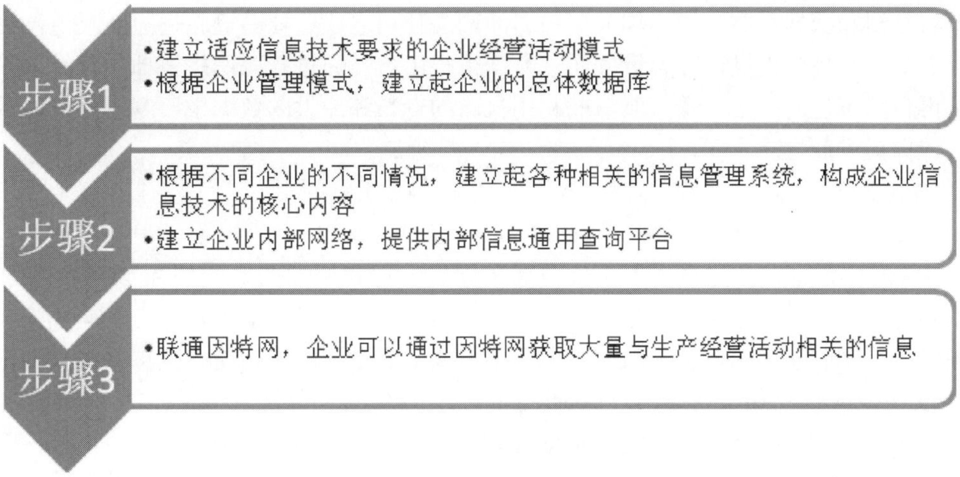

步骤1
•建立适应信息技术要求的企业经营活动模式
•根据企业管理模式，建立起企业的总体数据库
步骤2
•根据不同企业的不同情况，建立起各种相关的信息管理系统，构成企业信息技术的核心内容
•建立企业内部网络，提供内部信息通用查询平台
步骤3
•联通因特网，企业可以通过因特网获取大量与生产经营活动相关的信息

图5－5　企业信息化建设的内容

4. 如何构建企业云计算体系

一般而言，云计算提供商分为三类：一是软件即服务（Software-As-A-Service，SAAS）提供商；二是基础架构即服务（Infrastructure-As-A-Service，IAAS）提供商，提供基于Web的渠道以便客户使用存储和计算功能；三是平台即服务（Platform-As-A-Service，PAAS）提供商，为开发人员提供构建及托管Web应用程序的工具。

中国国际云计算技术和应用展览会于2016年3月4日在北京开幕，工信部软件服务业司司长陈伟在会上透露，云计算综合标准化技术体系已形成草案。工信部要从以下五方面促进云计算快速发展：一是要加强规划引导和合理布局，统筹规划全国云计算基础设施建设和云计算服务产业的发展；二是要加强关键核心技术研发，创新云计算服务模式，支持超大规模云计算操作系统，核心芯片等基础技术的研发推动产业化；三是要面向具有迫切应用需求的重点领域，以大型云计算平台建设和重要行业试点示范、应用带动产业链上下游的协调发展；四是要加强网络基础设施建设；五是要加强标准体系建设，组织开展云计算以及服务的标准制定工作，构建云计算标准体系。企业云计算体系如图5－6所示。

目标和功能
智慧制造企业
集成平台
网络基础
智慧的创新网络
智慧的制造网络
智慧的管理网络
云计算（云制造）
互联网
无线网
物联网
更深入的智能化
更广泛的互联互通
更透彻的感知

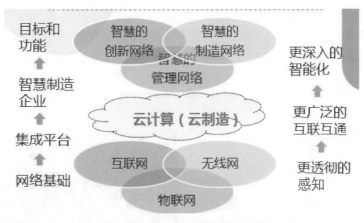

图5－6　企业云计算体系的构建

5. 云计算企业的发展概况

（1）亚马逊。亚马逊是基于Web的计算领域的真正创新者之一，提供现购现付的机制，便于用

户使用虚拟服务器和数据存储空间。作为最知名的网络公司之一，亚马逊在通过亚马逊购物网站向自己的员工及消费者大规模提供计算容量方面一直做得很出色。通过互联网提供原始计算容量对亚马逊来说也许是再自然不过的一个步骤；亚马逊利用自己的专长和庞大的数据中心基础架构，成了资格最老的主要云计算提供商之一。

（2）美国电话电报公司（AT&T）。AT&T在2006年就开始涉足云计算，当时它收购了USinternetworking（USi）公司，这家应用服务提供商的企业客户遍布30多个国家。2008年8月，AT&T宣布推出Synaptic时声称，它已整合了USi公司在美国、欧洲和亚洲的5个"超级互联网数据中心"；这些数据中心将为AT&T云计算网络充当区域网关。其提供的云服务是Synaptic Hosting，这项应用程序托管服务提供了现购现付的机制，以便用户使用集成了安全和网络功能的虚拟服务器和存储容量。

（3）谷歌（Google）。Google应用（Google Apps）是该公司试图把业务范围扩大到消费者搜索市场以外的领域而做出的举措，希望成为企业市场的玩家。Google在2007年2月发布了企业版的Google应用，这是针对竞争对手微软的一项竞争举措；随后又在2008年4月发布了应用引擎（App Engine）。

Google涉足面向企业的软件即服务应用程序加快了业界从套件软件向基于Web的服务转变的步伐，应用引擎（App Engine）在平台即服务市场提供了值得信赖的另一个选择。其提供的云计算服务为Google Apps，这一套在线办公生产力工具包括电子邮件、日历、文字处理和简单的网站创建工具；Postini是一套电子邮件和Web安全服务；Google应用引擎（Google App Engine）让开发人员可以构建应用程序，并把它们放到Google的基础架构上。

（4）微软。使用Windows Azure Platform能给用户带来很多好处，体现在以下几个方面：

1）技术领先。遍布全球的微软大型数据中心可以在确保云服务基础服务平台规模的同时，强化数据模块组合的灵活性。它向用户提供更容易扩展的计算、存储等服务，并且支持负载平衡、灾难恢复等功能。

2）平台开放。可以运行多种类型的应用程序，如NET、RUBY、PHP、JAVA、PYTHON等，帮助开发者用最小的代价集多种应用于一体。

3）成本较少。微软的云服务平台与现有的IT架构并不冲突，所以客户不需要投入巨大的投资，便可逐步实现信息系统的无缝切换，而且它的计费方式是用多少付多少的模式。如在全球知名的Alinean公司的应用案例中，应用Windows Azure Platform为Alinean公司节省的成本达60%以上。

三、物联网简述及企业物联网概况

《中国物联网产业发展年度蓝皮书2010》对物联网的定义是："物联网是一个通过信息技术将各种物体与网络相连，可以帮助人们获取所需物体相关信息的网络。物联网通下一代信息技术和传感设备对信息进行采集，通过无线传感网、无线通信网络把物体与互联网连接起来，实现物与物、人与物之间实时的信息交换和通讯，以达到智能化识别、定位、跟踪、监控和管理的目的。"

1. 国外物联网发展概况

（1）美国。微软总裁比尔·盖茨最先提出关于物联网理念，由于当时互联网仍然处在迅猛发展阶段，而物联网的相关技术还没有完全成熟，此次物联网理念的提出并没有受到战略层面上的重视。1999年，美国麻省理工学院自动化识别中心首次从技术的角度界定物联网的内涵，认为物联网通过在物体上嵌入感知电子标识，以各种通信网络系统组成的大数据传输平台，达到对物质和信息的及时掌握，达到智能管理物质世界的目标。2000年后，随着互联网的深度发展，物联网的相关设备和技术的发展逐渐成熟，物联网已被认为是互联网的下一个发展阶段，就是将人类社会中真实存在的事物相互连接形成网络，从而促使人类能够更好地管理和发展社会资源。2005年，国际电信联盟对物联网的定义，是将所有物体利用遥感技术通过网络平台进行信息交换。国际电信联盟不仅界定了物联网的内涵，还描述了物联网的外延，就是当物联网技术广泛地应用到日常用品上，人们将随时随地进行沟通，不受空间和时间的限制，信息交换的主体也由人与人的沟通扩大到人与物体以及物体之间进行数据连接。在全球金融危机的影响还没有完全消退的大形势下，在绿色经济浪潮兴起之际，2009年，IBM提出"智慧地球"计划，希望美国政府投资物联网基础设施，让其成为振兴美国经济的增长点之一。这也明确了物联网将是下一个推动世界高速发展的"重要生产力"。此后，各国政府开始把物联网纷纷纳入国家战略发展目标中，并将其作为提升本国在国际竞争中的地位的有效手段。2012年，美国政府开始在大数据相关产业投资近2亿美元，以推进"智慧地球"战略的发展。

（2）欧盟。欧盟（欧洲联盟，如图5-7所示）作为一个世界区域最大经济联盟，随美国提出物联网战略后，紧跟其步伐建设物联网。欧盟为了摆脱紧紧困扰它的经济低迷问题，把发展物联网产业的战略作为其"救命的稻草"积极推进，领先于美国提出和制定关于物联网产业各项制度和政策，统一其行业标准规范，在多地建立试点工程和开展研究项目，并拟定未来发展物联网产业的具体实施步骤。欧洲各国在最初推动信息化战略框架，到现在发展物联网产业战略的实施步骤，经过多年信息

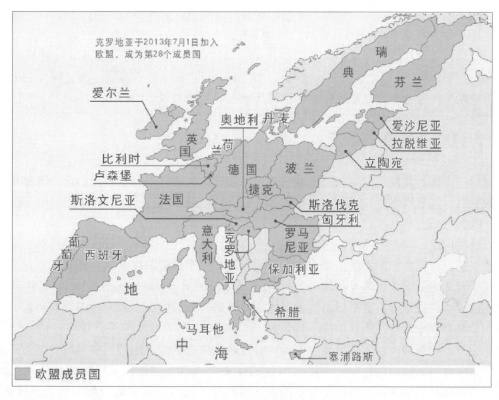

图5-7 欧洲联盟成员国

化基础设施的积淀，其物联网战略的实施计划已经非常全面，包括框架制定、研究路线、实施步骤与范围、标准制定等方面内容。同时，欧盟划分了研究项目的归属机构，如欧洲物联网研究项目组重点、泛在标准转换研究以及欧盟各国之间 IOT 技术的合作。2005 年，国际电信联盟发布《物联网2005》的年度报告，对物联网内涵进行了扩展，提出了任何时刻、任何地点、任意物体之间互联，无所不在的网络和无所不在的计算的发展愿景。2009 年，欧盟提出《欧盟物联网行动计划》，意图使欧洲在互联网的智能集成设施发展上领先全球。在信息通信技术研发领域投资 4 亿欧元，启动 90 多个研发项目，提高网络智能化水平。2011—2013 年，每年增加 2 亿欧元用于研发，投资 3 亿欧元支持与物联网相关的企业进行短期项目研发。

2. 互联网和无线通信网络

互联网的成熟是物联网赖以发展的关键环节。互联网在 20 世纪 60 年代末诞生于美国，在 20 世纪 90 年代渐渐成长，以 Web 的应用得到了发展和推广，走向成熟。在 21 世纪之初，Web2.0 的产生使得互联网在全球范围内使用，而它的用户群体从最初的技术和科研群体扩展到全球所有居民，它让所有用户都可以在网络上建筑自己的私人空间，使每个用户都可以切实参与到网络中。在互联网发展了 40 年后的今天，它仍处在旺盛生命周期的发展阶段，我们一直所关心的是它通往未来的方向。有观点认为，在 Web3.0 时代将会彻底地实现现实与虚拟网络之间的接合；也有观点认为，Web3.0 代表的是感知网络为主，拓展人与人之间的关系，与智能终端设备连接，则可以实现物与物、人与物的交流；还有观点认为，Web3.0 将会拓展更多的应用，这些应用将会带有共同的特征——就是移动性。欧盟则认为，下一代互联网将是以云计算为核心，融合性网络。我们可以看出，无论互联网将如何发展，都是物联网得以实现的现实基础，而这个基础是不可撼动的。

从目前的实际情况看来，两者相比，物联网具有更强大的优势。①物联网可以实现虚拟网络和现实物理世界的无缝链接；②物联网的用户使用起来将更加快捷、方便；③用户可以及时获取更多自己感兴趣的信息，也能够进一步处理和控制信息终端；④物联网可以大大缩减物体之间以及人与物体之间在空间上的距离，加强了我们对物理世界的控制力。⑤从宏观的角度看，物联网的使用可以实现我们的地球成为"绿色家园"的梦想。当然，从物联网发展的另一个方面看，它也存在有待我们去完善和解决的问题。中国移动公司董事长奚国华认为，"物联网将在安全保障方面比传统网络更有优势"。也可以这样理解：我们要提前去研究物联网发展可能带来的安全问题，制定相应的措施，尽早建立统一的物联网产业标准，更好地推动物联网产业向前健康发展。

四、智慧企业互联网概况

数据通信技术使计算机之间可以进行通信并可以实现信息的共享和处理。因此，计算机的应用得到了飞速的发展。局域网络（Local-area network，LANs）实现了在办公室和办公楼内部数据程序打印机、电子邮件等信息的共享。

在更广泛的网络中，如因特网，将全球成千上万的计算机连接起来，计算机到计算机之间的数据传输使用了一系列不同的传输媒体，如普通电话线微波在卫星传输中以及近期出现的光导纤维。光导纤维正在代替普通电话线，实现复合服务数据网络（Integrated Services Digital Network，ISDN）传输。通过这项传输，媒体可以进行数据信息的多媒体同时传输，如语音文本和图像的同时传输。

因特网，是指在全球范围内使用统一因特网通信协议（IP）相互连接，并传输信息的计算机网络的集合。通过连接该网络，人们可以相互传输计算机文件。然而，因特网最具特色的是信息的发布者可以将信息放在与互联网连接的主机上，信息的收集者可以通过连接互联网并使用相应的浏览软件，就可以选择获取其他主机上的信息。全世界各国的各种机构，包括商业和非商业机构甚至个人，纷纷在网上发布信息，这样使因特网实际上变成了一个庞大的信息源。

衡量国际互联网增长的指标主要有两个，一是互联网主机数量，二是互联网域名的数量。

互联网主机（Host），指的是与国际互联网连接的具有独立因特网协议（Internet Protocol，IP）地址的计算机。互联网域名（Domain name），指的是在域名系统内的一个范围标记。如 cn 表示中国的互联网；net. cn 表示中国邮电部负责组建的商业互联网，即 Chinanet 网；edu. cn 表示中国的科研教育网；

bta. net. cn 表示北京地区的 Chinanet 网；www. bta. net. cn 表示北京地区 Chinanet 网的一个服务器。

域名最右边的区域具有最高级别，表示国际代码。由于美国是国际互联网的发起国，它的最高级别域名的表示是一个独特情况，它最高级别域名表示的是网络的类型。美国的网络类型分为六类：com（商业）、edu（教育）、gov（政府）、mil（军队）、org（其他）和 net（网络资源）。

互联网主机数和注册的域名数的增长情况可以帮助我们了解国际互联网最近几年的发展动向。根据 Internet Software Consortium（http：//www. isc. org/）互联网权威的统计，1993 年 1 月，互联网的主机数才 130 万个，到 1997 年 7 月发展到了 2605 万个，到 2002 年发展到 14734 万个，2004 年 7 月达到 28514 万个。同期，已注册的域名数从 1993 年的 2.1 万个增加到 1997 年的 130 万个。2002 年 7 月 31 日统计的全世界域名注册数量增加到 3075 万个，其中，商业域名.com 的注册数量为 2133 万个，占域名总数的 69%。

按应用的特点，企业互联网应用分为以下四类（见表 5 - 5）。

表 5 - 5　企业互联网应用分类

分类	应用	普及率（%）
沟通类	发送和接收电子邮件	83.0
信息类	发布信息或接收消息	60.9
	了解商品或服务信息	67.3
	从政府机构获取信息	51.1
商务服务类	网上银行	75.9
	提供客户服务	46.5
内部支撑类	与政府机构互动	70.6
	网络招聘	53.8
	在线员工培训	26.75
	使用协助企业运作的网上应用系统	20.5

（1）沟通类。利用互联网方式完成交流沟通的通用型互联网应用，主要包括发送和接收电子邮件。

（2）信息类。利用互联网获取、发布信息，并进行交流沟通的互联网应用，包括发布信息或接收消息、了解商品或服务信息、从政府机构获取信息等。

（3）商务服务类。利用互联网辅助企业更好地进行商务活动，如网上银行、提供客户服务等。

（4）内部支撑类。利用互联网辅助企业内部管理、内部工作效率提升的相关互联网应用，包括与政府机构互动、网络招聘、在线员工培训、使用协助企业运作的网上应用系统等。

从行业看，信息传输、计算机服务和软件业对各类互联网应用的使用比例都较高，而交通运输、仓储和邮政业、居民服务和其他服务业开展互联网应用的情况相对较差。受到中国网络零售和B2B电子商务快速发展的推动作用，制造业、批发和零售业等经营实物商品生产和销售的企业，互联网应用的应用水平正在逐渐提升。

1. 微软公司

20世纪70年代，以微软为代表的一大批软件公司的兴起，其背后实际上是以个人电脑、微型服务器为中心的现代计算机产业的形成。90年代，随着互联网的发展，一大批新兴公司的崛起预示着以互联网为中心的新IT产业正在成型。

典型的互联网业务有网络广告、搜索引擎、电子商务、网络视频、网络游戏、无线应用、网络服务。

微软公司主要开发、生产、销售并支持一系列软件产品与计算机设备。公司的软件产品包括操作系统、服务器产品、信息工作者、工商业解决方案、高性能计算应用、软件开发工具以及视频游戏。公司同时提供咨询与产品支持服务、培训认证等。除软件外，公司还销售Xbox 360视频游戏控制器、Zune数字音乐播放器、鼠标键盘等。公司目前有客户端、服务器与工具、在线服务、微软商业、娱乐与设备部门等5个主要的部门。

2. 互联网升级

在信息传导方面，海尔作为传统制造企业，很早就运用了互联网思维战略。海尔提出的"人单合一"的双赢模式，要求每一个员工都直接去接触用户，推动企业平台化、员工创客化、用户个性化。海尔将原先的矩阵方式划分的功能全部变成平台，对这些平台的要求是，形成越来越多的创业公司，即"小微公司"，各个节点都能共同面对用户需求。这样，平台化所形成的生态圈就不仅仅局限在企业内部，而是能够整合社会资源的开放型的生态圈。每一个节点间的信息都是通过网状传递，大大提高了企业内部的沟通效率，并且同外部客户形成良性互动。

面对互联网技术和理念向制造行业加快渗透，如何吸引和守住大量的优秀人才，是传统制造企业所面临的巨大挑战，因此，企业激励机制的改进对于制造企业来说是亟待解决的问题。在未来的制造业企业竞争中，只有把企业的目标收益和员工的目标收益充分匹配时才能创造出最大价值，并最大限度地激发员工的潜力和积极性。在技术之外，资本与个体力量是互联网思维及"互联网+"实践的力量源泉，而激励机制的创新则是互联网+时代的核心竞争力。在这方面，美国通用电气公司的EMS激励机制为其他制造业企业树立了典范。

2014年，西门子发布"2020公司愿景"，宣布将专注于电气化、自动化、数字化增长领域，同时大幅优化业务组合。根据西门子未来的战略发展，西门子的组织架构将更加扁平化，更具客户导向。目前已经撤销业务领域层级，把业务集团数量从16个减至9个，以及单独运营医疗业务，这将强化服务于全公司的职能部门的整合与精简。公司将继续简化内部工作流程，包括战略规划和内部汇报的范围等。通过减少中间层级以及向区域和业务集团下放职权，公司的决策流程正在加快。这些措施预计将带来10亿欧元的生产力提升效益，其中大部分将在2016年年底前实现。

第二节　智慧企业建设案例

案例一：华为技术有限公司

1. 企业概况

华为技术有限公司是一家生产销售通信设备的民营通信科技公司，总部位于中国广东省深圳市龙岗区坂田华为基地。华为的产品主要涉及通信网络中的交换网络、传输网络、无线及有线固定接入网络、数据通信网络及无线终端产品，为世界各地通信运营商及专业网络拥有者提供硬件设备、软件、服务和解决方案。华为于1987年在深圳市正式注册成立。

2007年，合同销售额160亿美元，其中海外销售额115亿美元，并且是当年中国国内电子行业营利和纳税第一。截至2008年年底，华为在国际市场上覆盖100多个国家和地区，全球排名前50名的电信运营商中，已有45家使用华为的产品和服务。2014年《财富》世界500强中，华为排行全球第285位，与2013年相比上升30位。（此数据来自2014年《财富》）

2. 智慧体现

（1）流程重整。华为以市场管理、集成产品开发（IPD）、集成供应链（ISC）和客户关系管理（CRM）为主干流程，辅以财务、人力资源等变革项目，全面展开公司业务流程变革，引入业界实用的最佳实践，并建设了支撑这种运作的完整IT架构。

（2）生产工艺。华为聘请德国有关专家帮助进行生产工艺体系的设计（包括立体仓库、自动仓库和整个生产线的布局），从而减少了物料移动，缩短了生产周期，提高了生产效率和生产质量。

（3）供应链。华为持续建设柔性的供应链能力，赢得快速、高质量、低成本供货保障的比较竞争优势。华为建设了扁平化的制造组织，高效率、柔性地保障市场要货需求并认真推行集成供应链（ISC）变革，保证新流程和系统的落实。华为实施了质量工程技术，供应链能力和客户服务水平得到持续改善，发展与主要供应商的合作伙伴关系，加强采购绩效管理和推行基于业界最佳实践TQRDCE的供应商认证流程。

（4）合作。一方面，与客户和供应商建立更稳固的合作关系，加强与国际、中国主流运营商的战略合作，改善与主要供应商的合作关系，提高供应链的响应速度和服务优。另一方面，扩大与友商的多层次合作。在过去的几年中，启动了与友商在技术、产品和市场等方面多领域多层面的合作，以互相依存，共同抵御风险。与西门子成立了合资公司，专注于TD-SCDMA的研发、生产、销售和服务，共同推动TD-SCDMA的进一步发展。与摩托罗拉在上海成立了UMTS联合研发中心，旨在为全球客户提供功能更强大、更全面的UMTS产品解决方案和高速分组接入方案（HSPA）。

3. 案例分析

华为通过领先的生产工艺，减少了生产过程中的废料率，降低了生产成本。同时，缩短了产品生命周期，这是实现智能生产的体现。标准与产业对华为公司是一项战略性工作，此项工作的驱动力包括保护市场准入、构筑全球品牌、支持互联互通、提升研发质量和做大产业等。最终目标则是成为ICT标准与产业的重要贡献者，以构筑共赢的产业链与生态圈，与业界同行共享市场利益。从销售部的销售数据到售后跟踪调查，多方面获取数据。为实现此目标，华为公司在集团层面设标准与产业部,每个 BU 设相应的标准专利部和产业发展工作组,专职标准与产业队伍人数超过 450 人,形成了技术水平高、能稳定从事标准制定和产业发展的专家群体。图 5-8 反映了 2015 年全球数字需求情况。

图 5-8　2015 年全球数字需求概览

注:此图片来自 2015 年华为官网。

4. 前景展望

华为将主流国际标准与产业紧密结合,与全球主流运营商密切合作,为做大 ICT 产业做出贡献。华为推动 WRC-15 为 IMT 新增至少 500 MHz 全球频段,发布 5G 技术 Vision 白皮书;在 SAE/PCC 领域推动网络能力开放、Service Chaining 等重要议题;领跑 NFV 标准,推动 ICT 融合标准生态环境;促进 Carrier SDN 产业孵化;推动更易互联互通、适当增强的 IP/Internet 领域安全原则;引领 Flex-OTN 标准,是 100 GE/400 GE 以太网标准的主要贡献者;在 IEEE 802.11 启动和引领下一代 WiFi 标准的研究。截至 2013 年年底,华为加入全球 170 多个行业标准组织和开源组织,包括 3 GPP、IETF、IEEE、ITU、BBF、ETSI、TMF、WFA、CCSA、GSMA、OMA、ONF、INCITS、Open Stack 和 Open Daylight 等,在任 185 个职位,其中在 ETSI、CCSA、OMA、OASIS 和 WFA 等组织担任董事会成员。2013 年,华为向各标准组织提交提案累计超过 5000 件。

在全联结的"数字元人"时代,用户将追求实时(Real-time)、按需(On-demand)、全在线(All-online)、服务自助(DIY)和社交化(Social)的体验,这就是 ROADS 用户体验。运营商只有开启数字化转型之路,才能满足用户对 ROADS 极致体验的要求。运营商的数字化转型一般会经历人口红利、流量红利、数据红利和信息红利四个红利阶段。伴随着云、大数据、人工智能等技术的兴起,电信行业重新整合价值链,和 OTT 全面竞合,这些都为运营商经营好四个红利、满足用户的 ROADS 体验需求带来历史性的机遇与挑战。

案例二:箭牌糖类有限公司

1. 企业概况

箭牌糖类有限公司(Wm. Wrigley Jr. Company 以下简称"箭牌公司")是糖果业界公认的领导者之一,产销口香糖、薄荷糖、硬糖和软糖、棒棒糖等多样化产品。箭牌中国是中国最大的糖果公司,也是中国最大的口香糖制造商,拥有广泛的分销渠道和销售网络,超过 200 万个销售网点。2008 年 10 月,箭牌公司完成与玛氏公司的合并交易,成为玛氏公司的一个子公司,合并造就了世界上领先的糖果公司之一。

2. 智慧体现

（1）再造销售预测流程。企业快速结合本行业的丰富经验，清理了层级关系和大区的管理职责，制定了符合实际情况的销售预测工作流程。

（2）IBM为箭牌公司重建销售预测模型。IBM作为箭牌中国销售预测系统的实施商，在认真调研和理解箭牌中国的业务流程和关注点后，IBM专家为箭牌中国设计了以IBM Cognos TM1产品为预测平台的解决方案，并开发了多套客户化的销售预测算法和报表，并与项目组一起进行演练，调整参数。"这些算法加入了业务参数，经过验证与历史数据有较好的吻合，提高了预测算法准确度。IBM设计开发的模型接口灵活，箭牌中国的IT人员可依据市场的变化进行定制化操作。"IBM公司项目经理钟华说。

（3）知识转移。IBM专家给箭牌中国提供了面向系统管理和业务用户、产品使用和应用开发，以及预测模型优化等全方位的培训，从而满足箭牌中国将来灵活多变的客户化业务管理需求。日后，当预测模型发生变化时，箭牌中国的技术人员可以靠自身的力量进行修改和开发新的报表。

3. 案例分析

表5-6 某超市的销售排名

品名	规格（克）
绿箭茉莉花茶无糖薄荷糖	23.8
彩虹迷你筒装糖	30
彩虹糖原味	45
冠生园大白兔原味奶糖	227
绿箭冰柠檬薄荷无糖薄荷糖	23.8
绿箭金属薄荷糖	23.8
绿箭金属罐留兰香糖	23.8
冠生园大白兔奶糖袋装	454
彩虹糖原味罐装	120
不二家棒棒糖支装	125

通过大量的销售数据（见表5-6），调整了参数和数据接口，加快数据储存、传输、交换的速度，快速提升销售预测准确度，重建了销售预测模型。建立模型后，通过历史数据，分析消费者的消费倾向，对下一个销售周期的销售情况进行预测，快速制定高精度的销售计划，可以以销定产，避免产品积压增加经营成本；同时，减少销售黄金期因缺货而影响销售业绩的事情发生。销售预测还可以调动销售人员的积极性，促使产品尽早实现销售。

4. 前景展望

箭牌公司需定期更新销售数据，调整销售指标数据，针对消费者对销售品的需要，企业灵敏洞察，根据用户需求和环境变化快速反应，及时选择恰当的合作关系，以响应变化。把情况反馈到研发及生产部门，从而使其生产出更具竞争力的产品。这促进了整个产品生产周期的良性循环，稳步提高销售业绩。相应的单元互联互通，在统一的指挥下，按照既有工作流程承担各自职责，以完成用户需求为目标,实现高效协同。企业的资源整合能力越强,协同能力越强,竞争力也就越强。企业间的分工协同,最终实现价值链整体的利润最大化。

案例三:特斯拉汽车公司

1. 企业概况

特斯拉汽车公司(Tesla Motors)成立于2003年,总部设在美国加州的硅谷地带。

特斯拉致力于用最具创新力的技术,加速可持续交通的发展。特斯拉在技术上为实现可持续能源供应提供了高效方式,减少全球交通对石油类的依赖;通过开放专利以及与其他汽车厂商合作,大力推动了纯电动汽车在全球的发展。与此同时,特斯拉电动汽车在质量、安全和性能方面均达到汽车行业最高标准,并提供具有尖端技术的空中升级等服务方式和完备的充电解决方案,为人们带来了极致的驾乘体验和完备的消费体验。特斯拉汽车公司生产的几大车型包含 Tesla Roadster, Tesla Model S、双电机全轮驱动 Model S, Tesla Model X。

2. 智慧体现

2014年8月26日,特斯拉宣布将关闭其在美国加州弗里蒙特的工厂,那里上一财年制造了2.2万辆特斯拉汽车。但这家工厂并非永久关闭,而是仅关闭两周,以升级当前生产线,并引入更多机器人。特斯拉创始人兼 CEO 埃隆·马斯克(Elon Musk)显然想要制造更多的汽车。升级生产线后,弗里蒙特工厂每年产量可达到3.5万辆。而到2015年年初,马斯克计划开始建造新的特斯拉汽车 Model X。这意味着,作为一家公司,特斯拉正在扩大其产品范围。从后勤上看,他们的确需要工厂变得更高效,科技含量更高。这也是特斯拉升级工厂的初衷。特斯拉全球季度销量如图5-9所示。

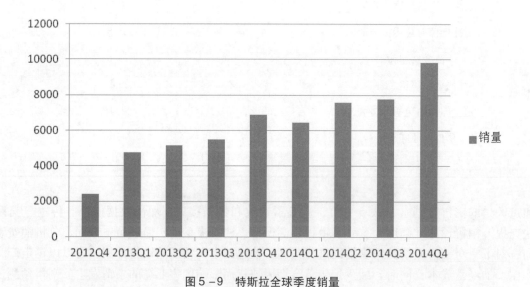

图5-9 特斯拉全球季度销量

注:此图片来自2014年特斯拉汽车(TESLA)电动汽车全球季度销量统计,中商情报网,2015/5/11。

在两周的升级过程中,特斯拉将在工厂中增加新"玩具",并升级旧"玩具"。这里的"玩具"指的是机器人。特斯拉表示,新的生产线将加入25个机器人。此次升级成本达1亿美元。当前,生产线将添加许多硬件和软件设施,从而提高其效率。升级后的工厂产量将提高50%。这对于一家非德国汽车制造商来说,已经非常高效。此外,特斯拉还在建造第二条生产线。随着 Model S 的全线投产,Model X 也将于数月后开始生产。为此,特斯拉不可避免地需要调整其工厂。

即将投产的 Model X 将对当前生产模式形成挑战。Model X 型车最突出的特点是其巨大的"鹰翼门",这种门堪称工程学上的天才设计。它折叠起来时,实际上就是围绕两个点发生旋转。而当门全部展开后,它们实际上并不比正常的越野车车门更高,也不比正常汽车的标准车门宽。但由于其比装有向上开后车门的小轿车空间更大,因此乘客出入更为方便。

但是,要制造和安装有如此多高科技的车门需要更多人力技术,而只有机器人能够提供其所需的速度、力量以及精确度。(来自腾讯科技,2014 年 8 月 26 日)

3. 案例分析

特斯拉跑车已在美国进行工业化生产,并且在生产过程中应用了智能机器人和人工智能技术。实际上,到目前为止,如果没有现代机器人技术,我们可能无法看到 Model X 这样的汽车。如果仅靠人力制造,这种车的成本可能超过 20 万美元。特斯拉制造的高端汽车中,成本却远低于法拉利或宾利豪车,尖端的机器人技术在此间发挥了重要作用。其他汽车制造商也开始使用机器人,但并非向特斯拉机器人那样卓越。当你从经济角度考虑时,机器人给人完美感觉,并且大大降低了人工成本和人为出错率。

4. 情景展望

从长期来看,向机器人领域大量投资可降低公司未来生产成本,因为公司不必雇佣大量工人。但特斯拉从未因机器人取代人类工作而解雇过一名工人。机器人可承担的工作都是从开始就设计好的。机器人的建造有助于特斯拉削减劳动力成本,同时也可以将人类解放出来,从事机器人无法胜任的岗位,比如打造一种生活方式品牌。

按照当前标准计算,特斯拉汽车不能算廉价,这是因为特斯拉汽车中应用了许多最新科技成果。同时,特斯拉也以非常明智的方式经营。比如,Model S 现在被广泛认为是世界上最好的汽车。在性能、安全、技术、驾驶舒适度等方面,特斯拉汽车几乎完胜所有对手。不用怀疑,特斯拉的 Model X 也将碾压所有越野车对手。

有这两大经典车型支持,特斯拉不仅在打造一家单纯的汽车公司,它也在打造一种生活方式。这非常重要。比如,苹果与红牛都已经取得类似成就。这些公司不仅因为它们的产品而变得声名远播,还因为它们都是一种生活方式的选择。当你购买苹果产品时,你实际上正在购买一种硬件品牌。尽管许多手机拥有比苹果更多的技术优势,但人们依然因为其声望而购买。

现在,特斯拉正以同样高效的方式做类似的事情。他们正建立一家生活方式公司,而非仅仅是汽车制造商。特斯拉与苹果和红牛一样,它们都是奢华、时髦、"绿色"公司,都信奉高科技、高质量以及高时尚品位。

为此,当特斯拉正研发第三款车型时,他们已经有了品牌诉求,它是汽车界的苹果。现在,特斯拉的超级充电网络已经遍布英国、欧洲以及美国,甚至可能到达澳大利亚。基础设施正逐渐完善,人们的忧虑将会消失。在未来一两年内,电池技术将获得改进。其他电车也将挤入市场,但特斯拉品牌将独占鳌头,成为你可购买的最好电车。

案例四:西门子股份公司

1. 企业概况

西门子股份公司是全球领先的技术企业,创立于 1847 年,业务遍及全球 200 多个国家或地区,专注于电气化、自动化和数字化领域。作为世界最大的高效能源和资源节约型技术供应商之一,西门子在海上风机建设、联合循环发电涡轮机、输电解决方案、基础设施解决方案、工业自动化、驱动和软件解决方案,以及医疗成像设备和实验室诊断等领域占据领先地位。西门子最早在中国开展经营活动可以追溯到1872年,当时西门子公司向中国出口了第一台指针式电报机,并在20世纪来临前夕交付了中国第一台蒸汽发电机以及第一辆有轨电车。1985年,西门子与中国政府签署了合作备忘录,成为第一家与中国进行深入合作的外国企业。100多年来,西门子以创新的技术、卓越的解决方案和产品坚持不懈地为中国的发展提供全面支持,并以出众的品质和令人信赖的可靠性、领先的技术成就、不懈的创新追求,在业界独树一帜。

2. 智慧体现

在成都高新西区,有一座看起来"不起眼"的工厂。它外观低调朴素,内部却隐藏着巨大玄机。全厂内实现了从管理、产品研发、生产到物流配送全过程的数字化,并且通过信息技术,与德国生产基地和美国的研发中心进行数据互联。它是一个完整的数字化企业平台——西门子工业自动化产品成都生产研发基地(以下简称"西门子成都工厂")。

3. 数字化研发:协同快速

西门子成都工厂承担着西门子全球工业自动化产品研发的角色。之所以能胜任,与NX及Teamcenter等西门子PLM数字化解决方案的全面应用不无关系。研发也是数字化工厂"数据链条"的起点,由研发环节产生的数据将在工厂的各个系统间实时传递,数据的同步更新避免了传统制造企业经常出现的由于沟通不畅产生的差错,也使得工厂的效率大大提升。有数据统计,由于数字化工厂协同快速的研发,可将产品的上市时间缩短50%。

西门子研发中心

由西门子成都工厂研发的新产品诞生于西门子PLM的产品开发解决方案NX软件。它支持产品开发中从设计到工程和制造的各个方面,并集成了多学科仿真,还能够提供全系列先进零部件制造应用的解决方案,这是其他计算机辅助设计软件所无法实现的。研发部门的工程师可以通过NX软件进行模拟设计,还可以在设计过程中进行模拟组装,真正实现"可见即可得"。由于NX软件的应用而实现的数字化设计,可以大大缩短产品从设计到分析的迭代周期,也减少了多达90%的编程时间。产品开发的时间也就相应缩短了。

在NX软件中完成设计的产品,都会带着专属于自己的数据信息继续"生产旅程"。这些数据一方面通过CAM(计算机辅助制造系统)向生产线上传递,为完成接下来的制造过程做准备;另一方面也被同时"写"进数字化工厂的数据中心——Teamcenter软件中,供质量、采购和物流等部门共享。采购部门会依据产品的数据信息进行零部件的采购,质量部门会依据产品的数据信息进行验收,物流部门则是依据数据信息进行零部件的确认。

共享的数据库是Teamcenter的最大特点。当质量、采购、物流等不同部门调用数据时,他们使用的是共享的文档库,并且通过主干快速地连接到各责任方。即使数据发生更新,不同的部门也都能第一时间得到最新的数据,这就使得西门子成都工厂研发团队的工作量变得简单、高效了许多,避免了传统研发制造企业的研发和生产环节或不同部门之间由于数据平台不同造成的信息传输壁垒。

4. 数字化生产:轻松高效

王云龙毕业于成都某院校的电子信息专业,是西门子成都工厂PLC(可编程控制器)装配工位上的一名普通员工。对比身边的大多数同事来说,他还算个新人,但这份工作对于他来说并不复杂,得益于西门子数字化企业平台,将枯燥的制造生产变得轻松。

每天由西门子 MES 系统生成的电子任务单都会显示在王云龙工作台前方的电脑显示屏上,实时的数据交换间隔小于 1 秒,这就意味着他随时可以看到最新的版本。西门子 MES 系统 SIMATIC IT 包揽了传统制造企业生产计划调度的职能。没有了人工抄写的任务单,省去了不同生产线交流的复杂环节。生产订单由 MES 统一下达,在与 ERP 系统高度的集成之下,可以实现生产计划、物料管理等数据的实时传送。此外,SIMATIC IT 还集成了工厂信息管理、生产维护管理、物料追溯和管理、设备管理、品质管理、制造 KPI 分析等多种功能,可以保证工厂管理与生产的高度协同。

在王云龙的工作台上有 5 个不同的零件盒,每个零件盒上都配有指示灯。当自动引导小车送来一款待装配的产品时,电脑显示屏上会出现它的信息,相应所需零件盒上的指示灯亮起,王云龙就知道该安装什么零件了。这是由于传感器扫描了产品的条码信息,并将数据实时传输到了 MES 系统,MES 系统再通过与西门子 TIA(全集成自动化系统)的互联操纵零件盒指示灯,从而代替人完成了思考的过程。这种设计可以满足自动化产品"柔性"生产的需求(即在一条生产线上同时生产多种产品),有了指示灯的帮助,即使换另外一种产品也不会装错零件。

西门子全集成自动化解决方案(TIA)在很大程度上替代了人类的大脑、视觉和手臂。西门子用可编程控制器(PLC)来引导生产流程,用视觉系统来识别质量,用自动引导小车来传递产品。通过 PROFINET 现场总线连接并传送数据,不仅使人的工作变轻松了,更能确保生产各环节的可靠、灵活与高效。

西门子成都工厂总经理 Andreas Bukenberger 针对高效生产给出了具体的数字:西门子成都工厂产品的一次通过率(FPY)可达到 99% 以上。

5. 案例分析

自动化流水线上的传感器会对引导小车上产品的条码进行扫描,扫描得到的数据就会告诉软件系统在该装配环节需要的物料是什么,员工按动按钮,物料就会从物料库自动输送出,并通过流水线上传感器的"指挥",送到指定位置,这一过程是"全透明"且不需要人工干预的。这其中发挥作用的是 ERP、西门子 MES 系统 SIMATIC IT 以及西门子仓库管理软件。而这一切,如果在传统制造企业,都是要靠员工看任务单并亲自去物料库中选取完成的。员工不但要频繁往返于工位和库存地点,还难免因为看错任务单而造成效率低下;当任务单出现更新时,也难保证第一时间告知员工。

物料中间库是车间内物料的中转站,其中的物料是依据精益生产的"以需定产"的原则,每天从物料仓库中提取出备用的。这其中就不得不提到"拉式生产"的概念,即在生产流程的各工序,只在需要时收到货品,零售商也只会在收到顾客实际需要数量时才会从供货商那里进货。通过这种管理,可以保证工厂能够"适时、适量、在适当地点生产出质量完善的产品"。

更大批的物料存储在布局紧凑的高货架立体仓库中。采购的物料经过质量检验之后都会储存在这里,并通过两座升降梯与车间相连。仓库共有近 3 万个物料存放盒,物料的存取并不用叉车搬运,而是通过"堆取料机"用数字定位的模式进行抓取,不必考虑叉车通过的距离,物料库的设计更紧凑,节约了仓库的空间。空余的空间,则为西门子成都工厂的扩产留出了充足的准备。

6. 前景展望

在制造业汇聚的成都高新西区,许多企业都面临着相似的挑战:当低廉的劳动力成本不能再作为"中国制造"在全球市场上的优势标签,制造企业对于变革的需求更为迫切。

为在激烈的全球竞争中保持优势,制造企业要最大化利用资源,将生产变得更加高效;为适应不断变化的客户需求,制造企业必须尽可能地缩短产品上市时间,对市场的响应更加快速;为满足市场多元化的需求,制造企业还要快速实现各环节的灵活变动,将生产变得更加柔性。而高效、快速、柔性,正是数字化企业为制造业带来的最大变化。西门子成都工厂这样的数字化企业的出现,为未来中国制造的变革方向提供了一个良好的参考。

数据显示，通过数字化的工厂规划，可以减少产品上市时间至少30%；通过优化规划质量，可以降低制造成本13%。而在新产品上市比例、设备生产效率、产品交付能力及营运利润率等多个方面，数字化工厂的指标均远远高于传统制造企业。

数字化制造带来的不只是炫目的科技，还有实实在在的收益，以及支撑企业长远发展的竞争力。这将成为未来中国制造可持续发展的根本所在。

西门子工业利用其在数字化企业平台方面的技术优势与丰富经验，正在帮助中国的制造企业实现着这场转型，将继续影响着中国制造。西门子成都工厂只是一个缩影，中国制造业的数字化蓝图正慢慢展开。

案例五：苏州优尔食品有限公司

1. 企业概况

苏州优尔食品有限公司，是江苏一家专门从事豆果、坚果等休闲食品的专业生产厂商，公司正式注册成立于2002年，拥有员工人数近200人，是一家具有进出口自营权的工贸一体型外贸公司。公司自投产以来，本着"质量第一，信誉第一，客户至上，服务至上"的理念，一直从事生产"健康、营养、纯天然"的绿色休闲食品。公司坐落在享有盛誉的太湖西山岛上，景色迷人，季季有果。公司位于国家一级旅游度假区、国家级高新技术农业示范园区，更是有机食品、绿色食品、无公害食品的生产加工基地。优越的地理环境，无污染的水源和原料，保证了优尔产品的高品质。该公司传承日本的先进生产技术，从日本引进全套天然气焙烤流水线（包括全自动摇摆式烘烤机、全自动油炸机、全自动包装机及干燥机等），同时公司大力研发新产品，不断完善质量保证体系。该公司先进的生产设备、创新的加工工艺，充分保证了公司产品的高品质，更好地满足公司客户的需求。优尔休闲豆果的生产宗旨是"高质量、纯天然、无化学添加剂、无农残、无污染"。公司产品均在 GMP（Good Manufacturing Practice）车间生产，并已通过 HACCP、ISO 9001、OU Kosher、BRC 质量保证体系认证。该公司自2006年年初开拓国内市场以来，成功地进入了中国的几大超市系统，在江、浙、沪、徽等地迅速发展，公司比较成功地塑造了良好的中、高档休闲豆果、坚果专业制造商形象。

2. 智慧体现

优尔食品有限公司决定寻找合适的 IT 服务商和信息化管理方案，经接触包括阿里软件在内的多家软件厂商，并详细比较各个方案的优缺点，最终选定阿里软件"外贸版"作为解决方案。一是因阿里软件对外贸行业的运营管理有着深刻的理解，并能够提供良好的后续服务；二是阿里软件"外贸版"的过程管理理念较好地满足了优尔食品外贸工作的相应需求；三是阿里软件"外贸版"解决方案成熟可靠，能快速部署实施。

阿里软件"外贸版"的云计算交付模式：以 SAAS 模式（软件即服务、在线的软件服务模式）提供服务。阿里巴巴旗下子公司阿里软件在云计算设施上提供软件服务，用户通过客户端设备（网页浏览器）使用这些应用程序，无须管理或控制底层的网络、服务器、操作系统、存储系统、应用程序等。

3. 案例分析

阿里软件的外贸流程管理软件"外贸版"是"一站式、按需服务"的外贸业务平台，软件含有客户管理、营销推广、出口业务、核算中心、决策支持、邮件管理、办公助理、外贸实用工具百宝箱等数个全新的 SAAS 功能服务（如图5-10所示）。

一方面，SAAS 服务通过互联网浏览器或 Web Services/Web2.0 程序连接的形式为用户提供服务，使得 SAAS 应用具备了典型互联网技术特点；另一方面，由于 SAAS 极大地缩短了用户与 SAAS 提供商之间的时空距离，从而使得 SAAS 服务的营销、交付与传统软件相比有着很大的不同。SAAS 使得软件以互联网为载体的服务形式被客户使用，所以服务合约的签订、服务使用的计量、在线服务质量的保证、服务费用的收取等问题都必须考虑。而这些问题通常是传统软件没有考虑到的。

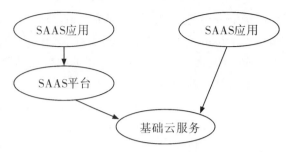

图 5-10　阿里软件的外贸流程管理

云计算是通过将应用直接剥离出去，将平台留下来，做平台的始终做平台，而做云计算资源的人就专心做好自身的调度和服务。这种方式使做 SAAS 的人可以专注于自己所熟悉的业务，为别人提供软件和服务的应用。SAAS 企业一般是做应用的专家，它对自己的应用非常熟悉，但对底层的资源整合不是很熟悉，而云计算恰好就为它解决了这种尴尬局面，成功打通了整个外贸业务链。企业与用户之间保持畅通，一方面可以方便用户即时了解企业的产品和服务信息，促进企业的产品销售；另一方面也可以保证企业随时掌握用户的使用情况、需求信息和满意状况，便于随时调整营销计划。

4. 前景展望

优尔食品有限公司利用 SAAS 对客户、营销推广、出口业务、核算中心、决策支持等的数据加强了整合程度，可以方便地实现整个外贸业务流程的过程管理，提升公司外贸业务绩效，能够通过互联网掌握实时信息。大数据分析，是智慧企业科学决策的基础。企业正常运行的前提条件是获得必要的用户信息、合作伙伴信息和环境信息，并且能针对海量信息进行处理分析。通过大数据分析，从中寻找规律性，就可以了解竞争状况，清晰地洞察用户的使用行为、态度、需求和发展趋势，从而科学地进行市场细分，制定高效的服务和营销战略。企业与用户之间的互联互通，可以借助电子商务平台、移动互联网、售后服务、营销推广等多种多样的方式；沟通的内容既包括从用户端获取需求、行为、态度、购买情况、使用情况及意见和建议等方面的信息，也包括企业向用户端主动提供的企业、产品、服务等信息。

案例六：中化化肥控股有限公司

1. 企业概况

中化化肥控股有限公司（简称"中化化肥"，前身为中化香港控股有限公司）是中国最大的化肥供应商和分销服务商，涵盖资源、研发、生产、分销、农化服务全产业链。本公司于 2005 年 7 月成功收购中国化肥（控股）有限公司（China Fertilizer Holdings Company Limited）及其附属公司（化肥集团）后，在香港联合交易所挂牌上市（股票代码：00297），是中国化肥行业首家在香港上市的企业。中化化肥的主要业务包括化肥原材料、化肥成品的生产、进出口、分销、零售，以及与化肥相关的业务和产品的技术研发与服务。"中化"品牌是唯一在"商品"和"服务"两个领域入选"中国驰名商标"的农资品牌。目前，中化化肥拥有中化、长山、腾升 3 个"中国驰名商标"。中化化肥在国际化肥市场上具有重要影响力，是国际肥料工业协会（IFA）会员单位、国际植物营养研究所（IPNI）全球 17 家理事单位之一。

2. 智慧体现

"我们从前几年发展就已经做了很多系统，包括 ERP、CRM、SRM、OA，主要还是基于桌面电脑,接下来要把这些系统全部推送到移动平台上来,建立一个移动应用服务与管理平台,目前采用了 IBM Worklight 产品,接下来还要对这个平台进行扩展,把我们所有的系统全部扩展到这个系统之上。"中化化肥有限公司信息技术部副总经理黄卿表示,"将来,中化化肥会尝试企业内部的社交网络,来提升内部的沟通效率。中化化肥有将近 1 万员工,除去一线生产人员,在全国还有 5000 多位员工,如果利用社交网络把全国各地这些人组织好,是非常有益的事情。我们提出了未来 3 年的发展蓝图,从对外部的服务来看分为四部分,分别是客户门户网站、供应商门户、投资者支持和内部员工管理。为了支持这四大门户,我们内部要做很多信息系统进行支持,现在我们把移动也放在重要位置,将移动规划也纳入其中。"

CRM 移动客户端上线后,业务人员一边与客户确认,一边将确认单填写好,之后便可直接发送至后台系统使其生效,这样不仅保证了信息的准确,还节约了不少时间。此外,手机或 PAD 上的摄像头、地图等基础功能还能帮助系统采集内容和丰富市场信息,更加有利于决策管理者做出正确的判断。执行人员可以自动查询库存信息、客户信息,并可以直接通过移动设备录入业务确认单,使执行人员从库存查询、业务单据录入等烦琐的工作中解脱出来。

系统上线后,管理人员可通过业务人员随时发回的数据信息轻而易举地了解到每个人的工作情况,并可以通过信息推送向他们发送临时指示。系统还可以将收到的数据处理成直观的图表呈现出来,从而降低了管理者分析数据的困难。当业务人员的移动设备遗失时,管理人员可以通过远程数据提出的功能,完全删除丢失设备上与业务相关的本地数据,并将客户端失效。

3. 案例分析

系统上线后,在中化化肥 17 个分公司推广展开,在近 1 年的应用期间,得到了非常好的反馈。有些分公司通过这个系统对未成功转销售订单的业务进行了跟踪分析,有些分公司利用这个作为业务人员差旅报销的依据。同时他们还反馈,这个系统的使用也大大提高了业务员的绩效和客户满意度。企业移动 CRM 通过满足客户个性化需要,提高客户忠诚度和保有率,缩短了销售周期,降低了销售成本,增加了收入,扩展了市场。

4. 前景展望

CRM 为中小企业员工访问共享知识库提供了一个绝佳的途径(如图 5-11 所示)。它便捷、有效

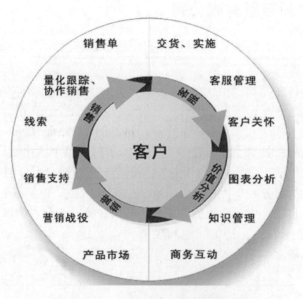

图 5-11 CRM 的共享知识库

地向员工提供了客户的相关信息，帮助他们进行正确的决策，同时也巩固了企业与客户之间的联系，及时判别出客户未来的需求，并设法满足这些需求。借助这一数据库中的客户历史数据，企业能更好地了解客户行为，分析客户喜好，从而有针对性地提供更优秀的产品及服务。

  CRM 可让中小企业了解哪些渠道将会帮助他们提高营收，该怎样把公司中的各种设施、技术、应用、市场等有机结合到一起。作为一种关键的 CRM 组件，销售队伍自动化（SFA）能直接或间接地挖掘客户购买潜力，提高企业盈利水平。此外，CRM 还能帮助中小企业增进客户满意度，打造更多的忠诚客户，加强自己的竞争优势。它帮助中小企业优化了电子商务、广告战略等经营活动，管理并分析了客户组合，改善了市场活动的成效。通过将订单、客户服务、销售、支付、仓库与库存管理、包装，以及退货等流程融为一体，CRM 显著降低了中小企业的经营成本，节省了时间与可用资源。

Volume VI 第六卷

"一带一路"战略
The Belt and Road Strategy

第一章 "一带一路"政策的现状与规划

2013年提出的"一带一路"政策，伴随着国家领导人出访的脚步迈向五大洲四大洋，得到越来越多国家的回应。"一带一路"的魅力究竟在哪里？有学者认为，"一带一路"在全球经济面临深刻挑战的当前，给出了中国方案。传统的全球化格局自2008年金融危机后受到不断挑战，贸易保护主义和一些"逆全球化"的声音在国际政坛上此起彼伏，各国都期待着新的全球治理哲学和治理模式的出现。

习近平主席指出，2008年全球金融危机爆发以来，世界经济复苏步伐缓慢，增长乏力。探其原因，在于上一轮科技和产业革命所提供的动能已经接近尾声，传统经济体制和发展模式的潜能趋于衰退。

"一带一路"战略构想超越了西方经济学中"比较优势"的固有思维，在国际经济合作中更加注重政治互信、经济融合、文化包容，强调打造利益、命运和责任共同体。以印度尼西亚的雅万高铁为例，建成后不仅将提振当地就业，还将为沿线工业、商贸、旅游等经济社会方方面面带来积极影响。

目前，正在谈和已经谈成的高铁合作项目涉及20多个国家，核电领域国际合作的范围也在不断拓展。

一、概述

"一带一路"是指"丝绸之路经济带"和"21世纪海上丝绸之路"。它不是一个实体和机制，而是合作发展的理念和倡议，将充分依靠中国与有关国家既有的双多边机制，借助既有的、行之有效的区域合作平台。"一带一路"战略是目前中国最高的国家级顶层战略。国家发展改革委、外交部、商务部联合发布《推动共建丝绸之路经济带和21世纪海上丝绸之路的愿景与行动》，提出：发挥新疆独特的区位优势和向西开放重要窗口作用，深化与中亚、南亚、西亚等国家交流合作，形成丝绸之路经济带上重要的交通枢纽、商贸物流和文化科教中心，打造丝绸之路经济带核心区。

利用长三角、珠三角、海峡西岸、环渤海等经济区开放程度高、经济实力强、辐射带动作用大的优势，加快推进中国（上海）自由贸易试验区建设，支持福建建设21世纪海上丝绸之路核心区。充分发挥深圳前海、广州南沙、珠海横琴、福建平潭等开放合作区作用，深化与港澳台合作，打造粤港澳大湾区。

截至2015年年底，我国与"一带一路"相关国家贸易额约占进出口总额的1/4，投资建设了50多个境外经贸合作区，承包工程项目突破3000个。2015年，我国企业共对"一带一路"相关的49个国家进行了直接投资，投资额同比增长18.2%。2015年，我国承接"一带一路"相关国家服务外包合同金额178.3亿美元，执行金额121.5亿美元，同比分别增长42.6%和23.4%。

初步估算，"一带一路"沿线总人口约44亿，经济总量约21万亿美元，分别约占全球的63%和29%。"一带一路"作为中国首倡、高层推动的国家战略，对我国现代化建设和中国屹立于世界的领导地位具有深远的战略意义。"一带一路"战略构想的提出，契合沿线国家的共同需求，为沿线国家优势互补、开放发展开启了新的机遇之窗，是国际合作的新平台。"一带一路"战略在平等的文化认同框架下谈合作，是国家的战略性决策，体现的是和平、交流、理解、包容、合作、共赢的精神。同时，"一带一路"战略是伟大"中国梦"的合理延伸。"一带一路"旨在借用古代"丝绸之路"的历史符号，高举和平发展的旗帜，积极主动地发展与沿线国家的经济合作伙伴关系，共同打造政治互信、经济融合、文化包容的利益共同体、命运共同体和责任共同体。

"一带一路"沿线国家/地区

二、框架思路

"一带一路"是促进共同发展、实现共同繁荣的合作共赢之路，是增进理解信任、加强全方位交流的和平友谊之路。中国政府倡议，秉持和平合作、开放包容、互学互鉴、互利共赢的理念，全方位推进务实合作，打造政治互信、经济融合、文化包容的利益共同体、命运共同体和责任共同体。

"一带一路"贯穿亚欧非大陆，一头是活跃的东亚经济圈，一头是发达的欧洲经济圈，中间广大腹地国家经济发展潜力巨大。丝绸之路经济带重点畅通中国经中亚、俄罗斯至欧洲（波罗的海），中国经中亚、西亚至波斯湾、地中海，中国至东南亚、南亚、印度洋。21世纪海上丝绸之路重点方向是从中国沿海港口过南海到印度洋，延伸至欧洲；从中国沿海港口过南海到南太平洋。

根据"一带一路"走向，陆上依托国际大通道，以沿线中心城市为支撑，以重点经贸产业园区为合作平台，共同打造新亚欧大陆桥、中蒙俄、中国-中亚-西亚、中国-中南半岛等国际经济合作走廊；海上以重点港口为节点，共同建设通畅、安全、高效的运输大通道。中巴、孟中印缅两个经济走廊与推进"一带一路"建设关联紧密，要进一步推动合作，取得更大进展。

"一带一路"建设是沿线各国开放合作的宏大经济愿景，需各国携手努力，朝着互利互惠、共同安全的目标相向而行。努力实现区域基础设施更加完善，安全高效的陆海空通道网络基本形成，互联互通达到新水平；投资贸易便利化水平进一步提升，高标准自由贸易区网络基本形成，经济联系更加紧密，政治互信更加深入；人文交流更加广泛深入，不同文明互鉴共荣，各国人民相知相交、和平友好。

三、合作重点

沿线各国资源禀赋各异，经济互补性较强，彼此合作潜力和空间很大。以政策沟通、设施联通、贸易畅通、资金融通、民心相通为主要内容，重点在以下方面加强合作。

1. 政策沟通

加强政策沟通是"一带一路"建设的重要保障。加强政府间合作，积极构建多层次政府间宏观政策沟通交流机制，深化利益融合，促进政治互信，达成合作新共识。沿线各国可以就经济发展战略和对策进行充分交流对接，共同制定推进区域合作的规划和措施，协商解决合作中的问题，共同为务实合作及大型项目实施提供政策支持。

2. 设施联通

基础设施互联互通是"一带一路"建设的优先领域。在尊重相关国家主权和安全关切的基础上，沿线国家宜加强基础设施建设规划、技术标准体系的对接，共同推进国际骨干通道建设，逐步形成连接亚洲各次区域以及亚欧非之间的基础设施网络。强化基础设施绿色、低碳化建设和运营管理，在建设中充分考虑气候变化所带来的影响。

抓住交通基础设施的关键通道、关键节点和重点工程，优先打通缺失路段，畅通瓶颈路段，配套完善道路安全防护设施和交通管理设施设备，提升道路通达水平。推进建立统一的全程运输协调机制，促进国际通关、换装、多式联运有机衔接，逐步形成兼容规范的运输规则，实现国际运输便利化。推动口岸基础设施建设，畅通陆水联运通道，推进港口合作建设，增加海上航线和班次，加强海上物流信息化合作。拓展建立民航全面合作的平台和机制，加快提升航空基础设施水平。

加强能源基础设施互联互通合作，共同维护输油、输气管道等运输通道安全，推进跨境电力与输电通道建设，积极开展区域电网升级改造合作。

共同推进跨境光缆等通信干线网络建设，提高国际通信互联互通水平，畅通信息丝绸之路。加快推进双边跨境光缆等建设，规划建设洲际海底光缆项目，完善空中（卫星）信息通道，扩大信息交流与合作。

3. 贸易畅通

投资贸易合作是"一带一路"建设的重点内容。宜着力研究解决投资贸易便利化问题，消除投资和贸易壁垒，构建区域内和各国良好的营商环境，积极同沿线国家和地区共同商建自由贸易区，激发释放合作潜力，做大做好合作"蛋糕"。

沿线国家宜加强信息互换、监管互认、执法互助的海关合作，以及检验检疫、认证认可、标准计量、统计信息等方面的双多边合作，推动世界贸易组织《贸易便利化协定》的生效和实施。改善边境口岸通关设施条件，加快边境口岸"单一窗口"建设，降低通关成本，提升通关能力。加强供应链安全与便利化合作，推进跨境监管程序协调，推动检验检疫证书国际互联网核查，开展"经认证的经营者"（AEO）互认。降低非关税壁垒，共同提高技术性贸易措施透明度，提高贸易自由化便利化水平。

拓宽贸易领域，优化贸易结构，挖掘贸易新增长点，促进贸易平衡。创新贸易方式，发展跨境电子商务等新的商业业态。建立健全服务贸易促进体系，巩固和扩大传统贸易，大力发展现代服务贸易。把投资和贸易有机结合起来，以投资带动贸易发展。

加快投资便利化进程，消除投资壁垒。加强双边投资保护协定，避免双重征税协定磋商，保护投资者的合法权益。

拓展相互投资领域，开展农林牧渔业、农机及农产品生产加工等领域深度合作，积极推进海水养殖、远洋渔业、水产品加工、海水淡化、海洋生物制药、海洋工程技术、环保产业和海上旅游等领域合作。加大煤炭、油气、金属矿产等传统能源资源勘探开发合作，积极推动水电、核电、风电、太阳能等清洁、可再生能源合作，推进能源资源就地就近加工转化合作，形成能源资源合作上下游一体化产业链。加强能源资源深加工技术、装备与工程服务合作。

推动新兴产业合作，按照优势互补、互利共赢的原则，促进沿线国家加强在新一代信息技术、生物、新能源、新材料等新兴产业领域的深入合作，推动建立创业投资合作机制。

优化产业链分工布局，推动上下游产业链和关联产业协同发展，鼓励建立研发、生产和营销体系，提升区域产业配套能力和综合竞争力。扩大服务业相互开放，推动区域服务业加快发展。探索投资合作新模式，鼓励合作建设境外经贸合作区、跨境经济合作区等各类产业园区，促进产业集群发展。在投资贸易中突出生态文明理念，加强生态环境、生物多样性和应对气候变化合作，共建绿色丝绸之路。

中国欢迎各国企业来华投资。鼓励本国企业参与沿线国家基础设施建设和产业投资。促进企业按属地化原则经营管理，积极帮助当地发展经济、增加就业、改善民生，主动承担社会责任，严格保护生物多样性和生态环境。

4. 资金融通

资金融通是"一带一路"建设的重要支撑。深化金融合作，推进亚洲货币稳定体系、投融资体系和信用体系建设。扩大沿线国家双边本币互换、结算的范围和规模。推动亚洲债券市场的开放和发展。共同推进亚洲基础设施投资银行、"金砖国家"开发银行筹建，有关各方就建立上海合作组织（以下简称"上合组织"）融资机构开展磋商。加快丝路基金组建运营。深化中国-东盟银行联合体、上合组织银行联合体务实合作，以银团贷款、银行授信等方式开展多边金融合作。支持沿线国家政府和信用等级较高的企业以及金融机构在中国境内发行人民币债券。符合条件的中国境内金融机构和企业可以在境外发行人民币债券和外币债券，鼓励在沿线国家使用所筹资金。

加强金融监管合作，推动签署双边监管合作谅解备忘录，逐步在区域内建立高效监管协调机制。完善风险应对和危机处置制度安排，构建区域性金融风险预警系统，形成应对跨境风险和危机处置的交流合作机制。加强征信管理部门、征信机构和评级机构之间的跨境交流与合作。充分发挥丝路基金以及各国主权基金作用，引导商业性股权投资基金和社会资金共同参与"一带一路"重点项目建设。

5. 民心相通

民心相通是"一带一路"建设的社会根基。传承和弘扬丝绸之路友好合作精神，广泛开展文化交流、学术往来、人才交流合作、媒体合作、青年和妇女交往、志愿者服务等，为深化双多边合作奠定坚实的民意基础。

扩大相互间留学生规模，开展合作办学，中国每年向沿线国家提供1万个政府奖学金名额。沿线国家间互办文化年、艺术节、电影节、电视周和图书展等活动，合作开展广播影视剧精品创作及翻译，联合申请世界文化遗产，共同开展世界遗产的联合保护工作。深化沿线国家间人才交流合作。

加强旅游合作，扩大旅游规模，互办旅游推广周、宣传月等活动，联合打造具有丝绸之路特色的国际精品旅游线路和旅游产品，提高沿线各国游客签证便利化水平。推动21世纪海上丝绸之路邮轮旅游合作。积极开展体育交流活动，支持沿线国家申办重大国际体育赛事。

强化与周边国家在传染病疫情信息沟通、防治技术交流、专业人才培养等方面的合作，提高合作处理突发公共卫生事件的能力。为有关国家提供医疗援助和应急医疗救助，在妇幼健康、残疾人康复以及艾滋病、结核、疟疾等主要传染病领域开展务实合作，扩大在传统医药领域的合作。

加强科技合作，共建联合实验室（研究中心）、国际技术转移中心、海上合作中心，促进科技人员交流，合作开展重大科技攻关，共同提升科技创新能力。

整合现有资源，积极开拓和推进与沿线国家在青年就业、创业培训、职业技能开发、社会保障管理服务、公共行政管理等共同关心领域的务实合作。

充分发挥政党、议会交往的桥梁作用，加强沿线国家之间立法机构、主要党派和政治组织的友好往来。开展城市交流合作，欢迎沿线国家重要城市之间互结友好城市，以人文交流为重点，突出务实合作，形成更多鲜活的合作范例。欢迎沿线国家智库之间开展联合研究、合作举办论坛等。

加强沿线国家民间组织的交流合作，重点面向基层民众，广泛开展教育医疗、减贫开发、生物多样性和生态环保等各类公益慈善活动，促进沿线贫困地区生产生活条件的改善。加强文化传媒的国际交流合作，积极利用网络平台，运用新媒体工具，塑造和谐友好的文化生态和舆论环境。

四、合作机制

当前，世界经济融合加速发展，区域合作方兴未艾。积极利用现有双多边合作机制，推动"一带一路"建设，促进区域合作蓬勃发展。

加强双边合作，开展多层次、多渠道沟通磋商，推动双边关系全面发展。推动签署合作备忘录或合作规划，建设一批双边合作示范项目。建立完善双边联合工作机制，研究推进"一带一路"建设的实施方案、行动路线图。充分发挥现有联委会、混委会、协委会、指导委员会、管理委员会等双边机制作用，协调推动合作项目实施。

强化多边合作机制作用，发挥上海合作组织（SCO）、中国－东盟"10＋1"、亚太经合组织（APEC）、亚欧会议（ASEM）、亚洲合作对话（ACD）、亚信会议（CICA）、中阿合作论坛、中国－海合会战略对话、大湄公河次区域（GMS）经济合作、中亚区域经济合作（CAREC）等现有多边合作机制作用，相关国家加强沟通，让更多国家和地区参与"一带一路"建设。

继续发挥沿线各国区域、次区域相关国际论坛、展会以及博鳌亚洲论坛、中国－东盟博览会、中国－亚欧博览会、欧亚经济论坛、中国国际投资贸易洽谈会，以及中国－南亚博览会、中国－阿拉伯博览会、中国西部国际博览会、中国－俄罗斯博览会、前海合作论坛等平台的建设性作用。支持沿线国家地方、民间挖掘"一带一路"历史文化遗产，联合举办专项投资、贸易、文化交流活动，办好丝绸之路（敦煌）国际文化博览会、丝绸之路国际电影节和图书展。倡议建立"一带一路"国际高峰论坛。

五、中国各地方政策措施

推进"一带一路"建设，中国将充分发挥国内各地区比较优势，实行更加积极主动的开放战略，加强东中西互动合作，全面提升开放型经济水平。

1. 西北、东北地方政策措施

发挥新疆独特的区位优势和向西开放的重要窗口作用，深化与中亚、南亚、西亚等国家交流合作，形成丝绸之路经济带上重要的交通枢纽、商贸物流和文化科教中心，打造丝绸之路经济带核心区。发挥陕西、甘肃综合经济文化和宁夏、青海民族人文优势，打造西安内陆型改革开放新高地，加快兰州、西宁开发开放，推进宁夏内陆开放型经济试验区建设，形成面向中亚、南亚、西亚国家的通道、商贸物流枢纽、重要产业和人文交流基地。发挥内蒙古连通俄蒙的区位优势，完善黑龙江对俄铁路通道和区域铁路网，以及黑龙江、吉林、辽宁与俄远东地区陆海联运合作，推进构建北京－莫斯科欧亚高速运输走廊，建设向北开放的重要窗口。

2. 西南地方政策措施

发挥广西与东盟国家陆海相邻的独特优势，加快北部湾经济区和珠江－西江经济带开放发展，构建面向东盟区域的国际通道，打造西南、中南地区开放发展新的战略支点，形成21世纪海上丝绸之路与丝绸之路经济带有机衔接的重要门户。发挥云南省的区位优势，推进与周边国家的国际运输通道建设，打造大湄公河次区域经济合作新高地，建设成为面向南亚、东南亚的辐射中心。推进西藏与尼泊尔等国家边境贸易和旅游文化合作。

3. 沿海和港澳台地方政策措施

利用长三角、珠三角、海峡西岸、环渤海等经济区开放程度高、经济实力强、辐射带动作用大的优势，加快推进中国（上海）自由贸易试验区建设，支持福建建设21世纪海上丝绸之路核心区。充分发挥深圳前海、广州南沙、珠海横琴、福建平潭等开放合作区作用，深化与港澳台合作，打造粤港澳大湾区。推进浙江海洋经济发展示范区、福建海峡蓝色经济试验区和舟山群岛新区建设，加大海南国际旅游岛开发开放力度。加强上海、天津、宁波－舟山、广州、深圳、湛江、汕头、青岛、烟台、大连、福州、厦门、泉州、海口、三亚等沿海城市港口建设，强化上海、广州等国际枢纽机场功能。以扩大开放倒逼深层次改革，创新开放型经济体制机制，加大科技创新力度，形成参与和引领国际合作竞争新优势，成为"一带一路"特别是21世纪海上丝绸之路建设的排头兵和主力军。发挥海外侨胞以及香港、澳门特别行政区独特优势作用，积极参与和助力"一带一路"建设。为台湾地区参与"一带一路"建设做出妥善安排。

4. 内陆地方政策措施

利用内陆纵深广阔、人力资源丰富、产业基础较好的优势，依托长江中游城市群、成渝城市群、中原城市群、呼包鄂榆城市群、哈长城市群等重点区域，推动区域互动合作和产业集聚发展，打造重庆西部开发开放重要支撑和成都、郑州、武汉、长沙、南昌、合肥等内陆开放型经济高地。加快推动长江中上游地区和俄罗斯伏尔加河沿岸联邦区的合作。建立中欧通道铁路运输、口岸通关协调机制，打造"中欧班列"品牌，建设沟通境内外、连接东中西的运输通道。支持郑州、西安等内陆城市建设航空港、国际陆港，加强内陆口岸与沿海、沿边口岸通关合作，开展跨境贸易电子商务服务试点。优化海关特殊监管区域布局，创新加工贸易模式，深化与沿线国家的产业合作。

六、战略载体

"一带一路"战略具体包括以下几条线路：

新亚欧陆桥经济带（西北方向）：通过新的亚欧大陆桥，向西通过新疆连接哈萨克斯坦及中亚、西亚、中东欧等国家，发挥新疆独特的区位优势和向西开放重要窗口的作用，打造丝绸之路经济带核心区。

中蒙俄经济带（东北方向）：连接东三省，向东可以抵达绥芬河、海参崴出海口，向西到俄罗斯赤塔，通过老亚欧大陆桥抵达欧洲。现已开通津满欧、苏满欧、粤满欧、沈满欧等中俄欧铁路国际货物班列，并基本实现常态化运营。

中国－南亚－西亚经济带（西南方向）：通过云南、广西连接巴基斯坦、印度、缅甸、泰国、老挝、柬埔寨、马来西亚、越南、新加坡等国家，通过亚欧陆桥的南线分支连接巴基斯坦、阿富汗、伊朗、土耳其等国家。

海上丝绸之路经济带（南路）：福建为核心区，通过环渤海、长三角、海峡西岸、珠三角等地区的港口、滨海地带和岛屿共同连接太平洋、印度洋等沿岸国家或地区。

七、战略平台

中国－中东欧合作框架：2014年12月16日，李克强在第三次中国－中东欧国家领导人会晤上强调，要充分利用《布加勒斯特纲要》，积极落实《贝尔格莱德纲要》，启动制定《中国－中东欧国家中期合作规划》，以基础设施建设为牵引，以产能合作为抓手，以金融合作为支撑，推进合作不断取得新进展。

八、交通对接

1. 中俄

以中东铁路为主，通过海参崴—绥芬河—哈尔滨—满洲里—赤塔进入老欧亚大陆桥及大连—哈尔滨—满洲里—赤塔进入老欧亚铁路。

2. 中泰"高铁换大米"计划

2014年8月，泰国军政府通过了两条连接中国和泰国的铁路项目。这两条铁路分别为从中部大城府到北部清莱府，以及从中部罗勇府到东北部廊开府的线路，再通过老挝最终与中国境内的铁路相连。此次泰国军政府通过的两条铁路项目，其中一条线路的起点是东北部城市廊开，与老挝首都万象隔河相望，建成后可以连通老挝与中国的铁路，与一直筹划多年的泛亚铁路中线不谋而合。建设将从2015年开始，预计2021年竣工，项目总成本约为7414亿泰铢（约合人民币1430亿元）。

3. 中巴积极推进瓜达尔港建设

2014年11月8日，国务院总理李克强在会见巴基斯坦总理谢里夫时指出，中巴经济走廊是中国同周边互联互通的旗舰项目。瓜达尔港作为重大基础设施项目，成为两国签署的20多项合作协议中的重中之重。中巴经济走廊是一条包括公路、铁路、油气管道、通信光缆等在内的贸易走廊，是新丝绸之路经济带和21世纪海上丝绸之路战略的一条连接线，而瓜达尔港就是这条连接线上的关键节点。预计，巴基斯坦第三大港口在2015年4月运营，从西亚进口的原油通过石油运输线缩短85%的路程。瓜达尔港正全力建设自贸区，众多国内国际公司已在当地建立商展中心，将利用瓜达尔港作为其主要进出口港。未来货物可直接从瓜达尔港经乌塔尔、库兹达、苏库尔直达巴基斯坦北部地区，比传统的卡拉奇运输线路节省400公里。

4. 中国投资匈塞铁路

在第三次中国–中东欧国家领导人会晤上，中国、匈牙利、塞尔维亚三国已达成协议，合作建设匈塞铁路，力争在两年内建成一个符合欧盟标准、适合各方需求的现代化快速铁路。

5. 青藏铁路在2020年以前延伸至中尼边界基隆

2014年年底，中国外长王毅出访尼泊尔时，两国就青藏铁路由日喀则延伸至尼泊尔边境达成协议。2015年3月，尼泊尔外交部公告称，西藏自治区主席洛桑江村周三对到访的尼总统拉姆·巴兰·亚达夫表示，青藏铁路将从日喀则延伸540公里，在2020年延伸至两国边境的基隆。当前，青藏铁路西至日喀则，日喀则距中尼边境的直线距离为253公里，但两国尚无铁路互通，仅有两条公路通道。

6. 中国投资南美洲"两洋铁路"建设

2015年5月20日，国家总理李克强访问巴西，与巴西总统罗塞夫达成共识，启动开展"两洋铁路"的可行性研究。"两洋铁路"将连接巴西和秘鲁，横跨南美洲大陆。

7. 中国拟与泰国开展克拉地峡的修建研究工作

2015年5月18日，泰国克拉运河研究和投资合作洽谈会在广州举行，会上签署了泰国克拉运河项目合作备忘录。拟议中的克拉运河，全长 102 公里，宽 400 米，水深 25 米，双向航道运河，横贯泰国南部的克拉地峡。克拉地峡是泰国南部的一段狭长地带，北连中南半岛，南接马来半岛，地峡以南约 400 公里（北纬 7 度至 10 度之间）地段均为泰国领土，最窄处 50 多公里，最宽处约 190 公里，东临泰国湾（暹罗湾），再向东是南海、太平洋；西濒安达曼海，向西进入印度洋；南端与马来西亚接壤。这条运河修成后，船只不必穿过马六甲海峡，绕道马来西亚和新加坡，可直接从印度洋的安达曼海进入太平洋的泰国湾。与取道马六甲海峡相比，航程至少缩短约 1200 公里，可节省航运 2～5 天时间。初步预估，该计划需耗时 10 年，投资总额 280 亿美元。

九、产业合作

1. 中俄油气管道合作

中俄价值 4000 亿美元的天然气世纪大单正在逐步落实。中石油方面证实，中国国家发改委已经批复了中俄东线天然气管道项目的国内部分线路。按照设计，管道将起自黑龙江黑河市，途经 9 个省区市，止于上海市。中石油将于 2015 年开始建设，争取 2018 年按时完工。2014 年 9 月，该管线俄罗斯境内段已经破土。

2. 中俄丝绸之路高科技产业园（西咸新区）

2014 年 10 月 13 日，陕西省政府与俄罗斯直接投资基金（俄罗斯国家主权基金）、俄中投资基金（中俄跨国主权财富基金）、俄罗斯斯科尔科沃创新中心（俄罗斯国家科技园）在俄罗斯莫斯科共同签署了关于合作开发建设中俄丝绸之路高科技产业园的合作备忘录。由西咸新区沣东新城建设中俄丝绸之路高科技产业园。

3. 中哈（连云港）物流合作基地

先期启用集装箱物流场站，二期拟于主体港区建设粮食泊位和筒仓工程，三期拟于新丝路国际物流园区内联合打造集仓储、加工、贸易、中转于一体的中亚五国连云港物流中转分拨基地。中哈（连云港）物流合作基地共占地 5 平方公里，投资约 20 亿元，全面拓展过境运输业务。

4. 中缅油气管道

2015 年 1 月底，中缅原油管道开始投入使用，这条油气管道南起孟加拉湾，北抵昆明，绕行马六甲。自此，来自中东、北非的石油，开始通过一条新的线路进入中国。中缅原油管道与 2013 年 7 月投产通气的中缅天然气管道平行，两者同属中缅油气管道项目。全长 2402 公里的中缅原油管道，有 1/3 在缅甸境内。

十、金融合作

1. 成立亚洲基础设施投资银行

2014 年 10 月 24 日，包括中国、印度、新加坡等在内的 21 个首批意向创始成员国的财长和授权代表在北京人民大会堂正式签署筹建亚投行备忘录，共同决定成立亚洲基础设施投资银行（以下简称"亚投行"），标志着这一中国倡议设立的亚洲区域新多边开发机构的筹建工作将进入新阶段。亚投行的法定资本为 1000 亿美元，初始认缴资本目标为 500 亿美元左右，实缴资本为认缴资本的 20%。正式签署筹建亚投行备忘录的国家包括孟加拉国、文莱、柬埔寨、中国、印度、哈萨克斯坦、科威特、老挝、马来西亚、蒙古国、缅甸、尼泊尔、阿曼、巴基斯坦、菲律宾、卡塔尔、新加坡、斯里兰卡、泰国、乌兹别克斯坦和越南。

亚投行的成立将弥补现有世界金融体系在亚洲基础设施建设投资上的缺口，并将会有良好的发展前景。一方面，亚投行能继续推动国际货币基金组织（IMF）和世界银行（WB）的进一步改革；另一方面，也是对当前世界银行和亚洲开发银行（ADB）在亚太地区的投融资与国际援助职能的有效补充。据亚洲开发银行预测，2010—2020年10年间，亚太区域基础设施建设需要投入8万亿美元，而亚洲开发银行每年提供的基础设施项目贷款仅为100亿美元。亚投行的建立，将弥补亚洲发展中国家在基础设施投资领域存在的巨大缺口，减少亚洲区内资金外流，投资于亚洲的"活力与增长"。截至2015年4月15日，亚投行的意向创始成员有57家，分别为中国、奥地利、澳大利亚、阿塞拜疆、孟加拉国、巴西、文莱、柬埔寨、丹麦、埃及、法国、芬兰、格鲁吉亚、德国、冰岛、印度、印度尼西亚、伊朗、以色列、意大利、约旦、哈萨克斯坦、韩国、科威特、吉尔吉斯斯坦、老挝、卢森堡、马来西亚、马尔代夫、马耳他、蒙古国、缅甸、尼泊尔、荷兰、新西兰、挪威、阿曼、巴基斯坦、菲律宾、波兰、葡萄牙、卡塔尔、俄罗斯、沙特阿拉伯、新加坡、南非、西班牙、斯里兰卡、瑞典、瑞士、塔吉克斯坦、泰国、土耳其、阿联酋、英国、乌兹别克斯坦和越南。

2. 中国出资400亿美元启动"丝路"基金

2014年11月8日，国家主席习近平宣布出资400亿美元设立"丝路"基金。"丝路"基金是开放的，欢迎亚洲域内外的投资者积极参与。未来5年，中国将为周边国家提供2万个互联互通领域培训名额。以人文交流为纽带，夯实亚洲互联互通的社会根基。

3. 中国开发性金融机构——中国国家开发银行在"一带一路"中发挥"更充分"的作用

国家开发银行副行长李吉平透露，已建立涉及60个国家、总量超过900个的项目。"一带一路"的项目储备库，涉及投资资金超过8900亿美元。而在已签署的近50份协议中，涵盖的领域包括煤气、矿产、电力、电信、基础设施、农业等。已实施的项目数为22个，累计贷款余额超过100亿美元。

十一、国际贸易

2010年11月23日，在温家宝总理访俄期间，中国、俄罗斯、哈萨克斯坦三国联合签署了两项海关便捷通关协议，为中国物资、商品西出和战略物资西进奠定了基础。

1. "渝新欧"国际运输班列

从重庆出发，经西安、兰州、乌鲁木齐，向西过北疆铁路，到达边境口岸阿拉山口，进入哈萨克斯坦；再经俄罗斯、白俄罗斯、波兰，至德国的杜伊斯堡，全长11179公里。这是一条由沿途6个国家铁路、海关部门共同协调建立的铁路运输通道。目前，该通道最大的受惠者是落户重庆的笔记本电脑向西进入欧洲市场。重庆市市长黄奇帆指出，以前中国到欧洲的货物，不管内陆还是沿海的，90%以上都是"一江春水向东流"，先运到沿海，然后走海运到欧洲，需要40天左右。"渝新欧"的运费为每个40英尺集装箱6500美元左右，而相应的海上运费是5000美元左右，"渝新欧"的运费虽然比海运贵1500美元，但从时间效益上来说，"渝新欧"节省了20多天时间，企业的资金可以得到更快地周转。

2. "郑新欧"国际运输班列

铁路货运班列始于郑州，经新疆阿拉山口出境，途经哈萨克斯坦、俄罗斯、白俄罗斯和波兰后到达德国汉堡，全程 10214 公里，运行时间 16 天左右，比走海运到欧洲节约 15 天左右。"郑新欧"国际铁路货运班列沿途经过 5 个国家，历经 2 次转关 2 次换轨。2014 年 9 月 1 日，汉堡至郑州的铁路货运专线首次开通。

3. "蓉欧"快铁运输班列

成都到波兰罗兹的"蓉欧"国际快速铁路货运直达班列于 2013 年 4 月 26 日开通，每周五固定发车。

"蓉欧"快铁将从成都青白江集装箱中心站出发，经新疆阿拉山口出境，途经哈萨克斯坦、俄罗斯、白俄罗斯后，直达波兰第三大城市罗兹奥莱霍夫站，全长 9826 公里，运行时间 12～14 天，并可在 1～3 天内分拨至欧洲任何地方，比当前货运班列节省 8～10 天，比海运节约 1 个月以上，运输成本仅为空运的 1/8 至 1/4。

4. "苏满欧"国际运输班列

"苏满欧"铁路运输专线正式开通后，为进一步提升货运效率，南京和苏州海关、上海铁路局、哈尔滨铁路局、满洲里市政府经过多方协调，于 2013 年 9 月 30 日成功开行首趟"定点、定时、定线、定车次、定价格"的"五定班列"。"苏满欧"班列将原 26 天左右的铁路散货运输时间压缩至 14 天，最短时仅用 11 天，相较传统的海运模式，更是缩短 26 天，成为华东地区运输时效仅次于空运的东欧方向国际物流通道。从运输时间来看，从苏州到华沙 1.12 万公里，"苏满欧"班列运行时间最快为 12 天，比西线的"渝新欧"和"郑新欧"班列分别缩短 5 天和 3 天，为运时最短的亚欧通道。从运输价格来看，"苏满欧"班列每大柜运价 7200 美元，比"渝新欧"和"郑新欧"班列在实际成本上每大柜分别降低 3100 美元和 3500 美元，成本运价最低。从运输效率来看，"苏满欧"班列在满洲里口岸仅需 2～3 小时便可完成查验通关等十余项手续，顺利出境，运输成本最低。

除此之外，东北方向也开通了"粤满欧""津满欧""沈满欧""营满欧""哈满欧"等多条低成本快捷路线。

十二、战略目标的多样性

"一带一路"战略是中国积极参与 21 世纪全球治理和区域治理的顶层设计，是致力于维护世界和平、促进共同发展的体现。在具体目标上还应包括：经济上促进形成互利共赢、多元平衡、安全高效的开放型经济体系；外交上增强我国软实力和巧实力，提高我国经略周边的能力，扩大我国安全战略的回旋空间；文化上充分展示中华文化的独特魅力，全面传播当代中国价值观的核心理念；安全上除了传统的军事领域之外，在非传统安全领域努力开展国际合作。

"一带一路"战略在国内外激起强烈反响。"一带一路"战略的提出，是中国适应经济全球化新形势、扩大同各国各地区利益汇合点的重大战略，是构建开放型经济新体制的重要举措。它顺应了时代要求和各国加快发展的愿望，提供了一个包容性巨大的发展平台，具有深厚的历史渊源和人文基础，能够把快速发展的中国经济同沿线国家的利益结合起来，有利于中国与相关国家和地区实现共享机遇、共同发展、共同繁荣的目标。

"一带一路"建设就总体而言，应当有助于以下一些重大战略目标的实现：①安全高效的陆海空战略通道网络全面形成，"政策沟通、设施联通、贸易畅通、资金流通和民心相通"目标全面实现；②在产业投资、经贸合作、能源金融、人文交流等领域取得突破性进展和重大收获，构建一批全面开放的国际经济合作走廊和海上战略支点，打造陆海统筹、东西互济的全方位对外开放新格局，拓展我国的发展空间，巩固和延长我国的战略机遇期，把我国建成富强民主、文明和谐的现代化国家；③在全球治理结构中占据主导优势，把中华民族伟大复兴的"中国梦"同周边各国人民过上美好生活的愿望对接起来，同地区发展前景对接起来，建立面向亚非欧大陆和连接三大洋（太平洋、大西洋、印度洋）的均衡战略布局，将"一带一路"发展成为同时连接亚太经济圈、欧洲经济圈和非洲经济圈的世界上最长、最大、最具活力和最具发展潜力的国际政治、经济、外交、人文、安全大走廊。

除上述总目标外，"一带一路"战略还应在经济、外交、文化和安全等方面实现如下具体目标：

（1）在经济上实现互联互通，推进贸易投资便利化，逐步形成以点带线，从线到片，促进形成互利共赢、多元平衡、安全高效的开放型经济体系，为我国改革、发展、稳定争取良好的外部条件，使我国的发展惠及更多周边国家。

基础设施方面，以互联互通为关键和抓手，近期应规划实施一批交通基础设施重点项目，远期与沿线国家的6条战略大通道基本建成。

经贸合作方面，重点推进机制建设、自贸区谈判、跨境经济合作区建设及毗邻区规划编制，市场开放度和贸易便利化、标准化程度大大提高，逐步扩大我国与沿线国家的贸易总额。

产业投资方面，重点建设一批工业开发区、产业园区和农业示范园区，逐步扩大我国对沿线国家的直接投资总额。

能源资源合作方面，重点建设一批油气、火电、水电、核电及矿产项目，逐步扩大从"一带一路"沿线国家进口石油、天然气的数量，提高能源安全保障水平，增强我国战略主动性和抗风险能力。

金融合作方面，加快建设亚洲基础设施投资银行、"丝路"基金、上海合作组织开发银行和"金砖国家"开发银行，设立亚洲债券基金，建设亚洲信用体系研究中心，并使之发挥积极作用，争取未来10年与沿线国家和地区达成本币互换协议和本币结算协议，争取人民币成为沿线主要国家储备货币。

区域发展方面，加强东中西互动合作，全面提升开放型经济水平；构建丝绸之路经济带核心区和向西开放新高地，构建面向东南亚、南亚开放桥头堡和重要门户；发挥沿海地区龙头引领作用，构建海上合作战略支点，建设海上丝绸之路排头兵和主力军；发挥内陆腹地战略支撑作用，打造一批内陆型经济开放高地。

开放型经济新体制建设方面，构建"引进来"与"走出去"互动并进、合作共赢的开放型经济新格局，向西开放、海洋强国建设取得成功，以我国为主的亚太自贸区和"一带一路"区域经济一体化新态势基本建立，沿线国家形成共同发展、共同繁荣的利益共同体和命运共同体。

（2）在外交上增进与沿线国家特别是周边国家政治互信和睦邻友好，逐渐增大我国在沿线国家全方位的影响力和控制力，增强我国外交软实力和巧实力，提高我国经略周边的能力，扩大我国安全战略的回旋空间，维护国家主权、安全、发展利益，实现西进、南下、北上、东拓的总体外交布局，形成更为开放、更为包容、更为信任、更为亲和的新的地缘政治经济关系，确立我国新型大国地位，展示负责任大国形象，提升我国在全球治理结构中的话语权和影响力。西进即增强与上海合作组织国家的关系，特别是与中亚国家的关系；南下即扩大与东盟的合作，处理好与印度的双边关系；北上即获取俄罗斯的战略合作；东拓即建立中美新型大国关系，消除日本的疑虑和干扰。

（3）在文化上充分展示中华文化的独特魅力，全面传播当代中国价值观的核心理念，弘扬和传承丝绸之路友好合作精神，精心打造中外文化交流的品牌，努力搭建促进中外文化交流的长效机制，密切我国与沿线国家在教育、文化、旅游、体育、卫生、科技等领域开展全方位的人文交流合作，讲好中国故事，传播好中国声音，阐释好中国特色，提高中国的国际话语权和影响力，提升国家文化软实力和巧实力，形成中华文化"走出去"的整体合力，占领世界文化的制高点，促进人类各种文明之花竞相绽放，让相互尊重、平等包容的理念深入人心，使你中有我、我中有你的命运共同体意识深深扎根，使沿线国家广大民众成为"一带一路"战略的坚定支持者、积极建设者和真正受益者，为深化我国与沿线国家的全面合作奠定坚实的文化基础和民意基础。

（4）在安全上，除了传统的军事领域之外，在信息、灾害、食品、航道、环境保护、公共卫生、跨国犯罪、恐怖袭击等非传统安全领域，努力开展国际合作，搭建地区安全合作新架构，提升提供国际公共产品和服务的能力。近期要维护好国家能源安全，满足反恐战略需要；远期要增强和巩固我国在沿线国家的地缘政治优势，从根本上破除追求霸权主义、强权政治和武力至上的旧安全观，积极宣传和践行我国倡导的共同、综合、合作、可持续的新安全观，建立"一带一路"沿线国家安全对话机制，构建安全合作模式与架构，建立与主要沿线国家的安全合作新方式与新机制，求同存异，凝聚共识，共同担当起维护沿线地区和平与发展的重任，通过合作满足成员国传统领域和非传统领域的安全需要，保障沿线各国持久安全，推动相关国家形成责任共同体，努力走出一条共建、共享、共赢的沿线地区安全之路。

第二章 北线 A 经济带

一、概述

中国国务院总理李克强参加 2013 年中国－东盟博览会时强调，铺就面向东盟的海上丝绸之路，打造带动腹地发展的战略支点。2015 年博鳌亚洲论坛开幕式上，习近平发表主旨演讲，表示"一带一路"建设不是要替代现有地区合作机制和倡议，而是要在已有基础上，推动沿线各国实现经济战略相互对接、优势互补。加快"一带一路"建设，有利于促进沿线各国经济繁荣与区域经济合作，加强不同文明交流互鉴，促进世界和平发展，是一项造福世界各国人民的伟大事业。

1. 北线 A 经济带战略涵盖范围

北线 A 经济带，起自北美洲的美国、加拿大，经过北太平洋、日本、韩国、日本海、海参崴（扎鲁比诺港、斯拉夫扬卡等），到达中国最东端的城市珲春、延吉，走过吉林、长春，跨越蒙古国、俄罗斯，最终到达欧洲。这条线路是连接北美洲、亚洲和欧洲的商业贸易路线，现在成为东方与西方之间在经济、政治、文化等诸多方面进行交流的主要线路。

具体地讲，这是由陆地与海上两个有机部分构成的整体，其一，包括珲春—延吉—吉林—长春（即长吉图开发开放先导区）—蒙古国—俄罗斯—欧洲（北欧、中欧、东欧、西欧、南欧）。这是一条陆上丝绸之路，亦是中国古代经过中亚通往南亚、西亚以及欧洲、北非的陆上贸易交往的通道。其二，同时共同建设途经北美洲（美国、加拿大）—北太平洋—日本、韩国—日本海—海参崴（扎鲁比诺港、斯拉夫扬卡等）—珲春的海上丝绸之路，是海上丝绸之路的重要启泊地。这是沟通中国与海外文化交流和商贸往来的重要通道。随后，随着时代的发展，北线 A 这条"丝路"将成为中国与西方所有政治经济文化往来通道的统称。在此范围内，涉及贸易、金融、投资、能源、科技、交通和基础设施建设等 10 多个领域，尽管有些目前还只是图纸上的规划，然而只要中国能够真正落实其中的20%～30%，规模也是非常可观。表 6-1 反映了北线 A 经济带沿线国家近 3 年的人均 GDP 的排名情况。

表 6-1 北线 A 经济带国家近 3 年世界人均 GDP 排名

排名	国家和地区	2013 年人均 GDP（美元）	2014 年人均 GDP（美元）	2015 年人均 GDP（美元）
1	美国	52 939	54 597	54 596
2	加拿大	52 363	50 398	5 0397
3	日本	38 633	36 332	36 331
4	韩国	25 975	28 101	28 100

(续上表)

排名	国家和地区	2013年人均GDP（美元）	2014年人均GDP（美元）	2015年人均GDP（美元）
5	海参崴（符拉迪沃斯托克市，俄罗斯）	无	无	无
6	蒙古国	4 353	4 096	4 095

备注：（1）2015年世界人均GDP排名部分数据来自国际货币基金组织，2013—2014年数据来自IMF世界经济网站。

（2）鉴于国家的排名每年都有变化，在此不再赘述。

（3）俄罗斯、欧洲在其他表中，不再重复。

2. 北线A经济带国家的基本特点

从选取的美国、加拿大、日本、韩国（除了蒙古国）的地理区位和经济情况来看，大都具有以下特点：一是这些国家都是具有代表性或独具自身优势的发达国家。二是除日、韩外，大多数国家自然资源丰富。三是北线A经济带国家基本属经济、科技、教育发达国家，运输方式俱全，旅游资源在国内占一定的比重，还拥有完整而便捷的交通网络，运输工具和手段多种多样。唯独蒙古国经济以畜牧业和采矿业为主，出口主要为矿产品、纺织品和畜产品等，进口主要有矿产品、机器设备、食品等。

二、发展目标

北线A经济带范围隶属"丝路"新图的"一隅"，囊括了北美洲、亚洲、欧洲三大地区，并横跨其区域主要国家和城镇，是一项长期利好的系统工程。其运行轨迹漫长且绵延，通过共商、共建、共享原则，积极推进沿线国家发展战略的相互对接。为推进实施"一带一路"重大倡议，让新丝绸之路焕发新的生机与活力，以新的形式使北美洲、亚洲、欧洲各国联系更加紧密，形成和平与发展的新常态。

北线A经济带战略，为中国与世界各国的建设性交流提供了机遇，也标志着中国经济外交从低调姿态走向雄心勃勃的"中国圈子"，是一个空前的转变。例如，对美国而言，其在阿富汗撤军的步伐日益推进，以阿富汗为核心的"新丝绸之路"计划举步维艰，而我国的优势则在于拥有大量资金；对俄罗斯而言，尽管其在中亚拥有历史悠久、影响巨大的政治、经济、军事等方面的战略，然而我国在中亚的影响力与日俱增，已经成为中亚五国中4个国家最大的贸易伙伴，中亚与中国的联系将远远超过其与阿富汗、南亚、俄罗斯及欧洲的联系。

据此，美国有必要调整自身中亚政策的目标，加强对中亚及中国在中亚影响力的关注。重视中亚将有助于美国拉近与除中东、东南亚以外地区的穆斯林温和派的关系。而其他国家，如加拿大经济是外向型，许多产品在当地市场有限，中国是最理想的合作伙伴，中方也愿意与加拿大加大经济合作力度。

据中国新闻网报道，鸠山由纪夫在2015年年会上指出，如果"一带一路"能进一步延伸至日韩，不仅有利于地区经济的发展，也有利于推动东亚共同体的建设。韩国的李凤杰在接受记者采访时指出，"一带一路"建设不仅聚焦中国的发展，也是以推动中亚地区、东南亚地区基础设施建设为目标的共同发展。作为中国的近邻，从政府到企业，韩国对"一带一路"建设的关注正在逐步增加。中国"一带一路"建设与韩国息息相关，特别是在中欧间交通网络的建设上，韩国可以直接从中获益。

目前正在讨论推进的中蒙俄经济走廊将横跨亚欧大陆，把中方倡议的"一带一路"同蒙方的

"草原之路"倡议、俄方正在推进的跨欧亚大通道建设有机地结合起来。

蒙古国国家大呼拉尔（议会）主席恩赫包勒德认为，中俄蒙经济走廊倡议将有力推动三国跨境运输便利化，通过修建电力及能源渠道，未来蒙古国对中国的出口将会更为便利。

蒙古国国务部长恩赫赛汗表示，蒙古国对中国提出的"一带一路"倡议响应积极，结合自身国情提出了"草原之路"倡议，这两项国家发展战略紧密相连，对蒙古国经济发展至关重要。恩赫赛汗表示，蒙古国地处中俄两个大国、大市场之间，具有重要的地理位置，通过"草原之路"倡议，蒙古国可以发展高速公路、铁路、天然气管道、石油管道，还可为中俄提供过境运输。随着中蒙两国全面战略伙伴关系的确立，2014年11月，蒙古国提出基于地处欧亚之间的地理优势，准备实施"草原之路"计划，通过运输和贸易振兴蒙古国经济。

三、建设策略

美国

美方认为，"一带一路"建设将可能削弱美国、俄罗斯及其他地区大国在相应地区的影响力。此外，美国不应仅仅重视东亚地区，也应该将西亚地区摆在同等重要的位置。在应对策略上，美国应该重新思考自身的中亚政策，抗衡中国的影响力，此外，还应该组织中俄形成事实上的同盟。

原因包括：

（1）亚洲的崛起呈现整体性趋势，东亚和西亚并举。尽管长期以来亚洲的东部和西部在政治、经济、历史、文化等领域缺乏深入联系，然而这一状况正在逐渐被打破。地区大国纷纷重视"丝绸之路"概念，这反映了东亚和西亚的联系和融合正在稳步提升，双方内部贸易日益紧密。

（2）东亚地区与中东、西亚的联系日益紧密。以中国为代表的东亚国家与以中东为代表的西亚国家的能源和非能源贸易联系比重不断提升，中国与沙特阿拉伯、科威特、卡塔尔、伊朗的贸易额远远高于其与美国的贸易额；西亚国家对东亚的关注也在不断增大，西亚在全球博弈中的分量不断加大。

（3）东亚和西亚之间在海上和陆上的互联互通不断提升。从海上来看，东西方贸易往来的海上核心通道印度洋通航量巨大，其重要性不断提升；从陆上来看，横贯亚欧大陆内部的公路和铁路线路正在形成中。

（4）以伊斯坦布尔、迪拜、新加坡、香港、上海为代表的亚洲金融中心的互动关系也日益密切。

总的来说，"一带一路"合作倡议则为双方的互动开辟了新的空间。

从陆上看，从东亚向西拓展至亚欧大陆的内部，涵盖但不限于中亚、南亚、中东等地区；从海上看，从西太平洋海域向西、向南穿过马六甲海峡，深入印度洋及其沿岸地区。中美在新的陆海战略空间上如何管理双边竞合关系，将成为影响"一带一路"建设前景的重要因素之一。现阶段看来，美方对中国"一带一路"倡议的意图存在较大疑虑，对前景的看法也存在诸多不确定性。由于中国建设"一带一路"倡议尚在起步，合作构想及政策措施尚未完全成形，美方政策界、学术界的反应也处于初步阶段，客观上也为中方提供了向美方增信释疑、增强双方良性互动的机会。具体看来，可以从以下几个方面着手。

（1）强调"一带一路"倡议非战略性和非排他性。正如中国外交部副部长张业遂所阐述的："一带一路"是合作倡议，中国没有特别的地缘战略意图，无意谋求地区事务主导权，不经营势力范围，不会干涉别国内政。

"一带一路"自提出以来一直作为经济合作倡议而非战略构想存在。应通过各种渠道加强对美政界、学界、商界等公共外交，强调"一带一路"倡议的合作性、开放性、非排他性和互利共赢性，淡化零和博弈及对抗的抗美色彩。

(2) 在具体地区和领域探索和加强中美务实合作的基础。中美在"一带一路"沿线地区存在巨大的合作潜力。

以能源资源合作领域为例，在东南亚，中美在"大湄公河次区域合作"（GMS）能源资源互联互通、能源政策方面已经开展一些合作并取得一定成果；在中亚，中美在地区安全事务、管线安全维护等领域拥有共同利益；在中东，中美在确保能源供应稳定、运输安全、价格合理及基础设施建设方面合作潜力很大。

在阿富汗问题、中东热点议题等问题上，中美在维护地区和平稳定等方面存在广泛利益，而这些因素将对"一带一路"建设前景产生重要影响，应努力保持中美的良性互动及沟通。

加拿大

在"一带一路"战略实施以来，中国提出的这一计划覆盖地域辽阔。在亚欧方面，以联通欧亚、促进区域平衡发展为宗旨，力争构建实体经济全球价值链。与此同时，我们不仅仅只是西进，中国还将目光投向东方，比如北美的加拿大。此举措不仅将推动亚欧的贸易、基础设施、投资、资金和人员等五个方面的联系，还将打造利益、命运和责任的共同体。

加拿大驻广州总领事艾伟敦曾在2015年3月25日的媒体见面会上表示，对于中国的"一带一路"战略和新设立的自由贸易试验区，加拿大政府持非常积极和前瞻的态度，认为加拿大企业可以在其中发挥一定的作用。他指出，加拿大非常积极地推动亚太地区的自由贸易，认为这有助于降低企业投资和营商成本，同时加大区域内的贸易和投资。虽然"一带一路"地理上没有涵盖北美地区，但加拿大可以在其中发挥一定的作用。

对于中国新的自由贸易试验区的设立，艾伟敦也表示了高度的关注。林凯文表示，自贸区潜力巨大，它本质上意味着金融和商品交易有了更大的自由度，中国在这方面做得非常系统和有步骤。"从上海自贸区的发展中，我们对中国自贸区政策有了更多的了解，我们希望未来有更大程度的自由化。我们也一直非常有兴趣关注中国新的自贸区，我们需要一点点时间，去更多研究和理解新的自贸区对我们意味着什么。但我们有非常积极的意愿去了解。"

艾伟敦表示，广东自贸区对于加拿大来说非常有吸引力。"我们从自贸区的发展中看到了一个新的趋势，我们也欢迎这个新的趋势，这个趋势就是，自贸区将会通过新的政策实现广东经济的转型，朝着加拿大企业非常有优势的领域转型，比如说高附加值制造、创意、金融、生物技术、环保技术、服务业等，因此，加拿大企业都非常希望在广东的自贸区中大展拳脚。我们都非常期待新的政策不仅会推动商品流动，也会推动人员和思想的流动，会加强人才的聚集和推动人才在加中两国之间更好地流动和协作。"

温哥华港湾新闻中心于2016年4月2日报道，香港驻多伦多经贸处署理处长蔡志杰总结时表示，加拿大企业应该充分利用香港的优势，在"一带一路"策略下打进亚洲以至其他地方的庞大市场。他亦向与会者表示，香港特别行政区政府及香港贸易发展局将于2016年5月在香港联合举办一场"一带一路"高峰论坛，"一带一路"沿线经济体的政府及商界代表将应邀出席，向各界讲述"一带一路"策略下的机遇。

日本

从地缘政治来看，日本和"一带一路"关系式微。作为岛国，日本有自己海上商业贸易路线，基本是以马六甲海峡中转的亚—非—欧路线和直线穿过太平洋的亚—美路线，前者可以说是"一带一路"的半个对手，后者则会因为日美同盟在全球政治地位的下降而失势。

基于日本对中国"一带一路"战略的"制衡"，因此会做出相应的战略调整。对此，中国社科院日本研究所政治研究中心主任吴怀中撰文进行了总结。他认为，日本积极推动其"战略外交"，对中国推动建设的"一带一路"构想和周边依托带形成冲击和干扰。首先，在战略关系上，日本将部分重点"传统友好国家"提升为"全球战略合作伙伴"（印度尼西亚与孟加拉国等）。在安全方面，日本着力加强海洋安全合作。"日本将不间断支援东盟保卫海洋的能力"，配合美国重返亚太战略，开展"日美+X"合作。在经济上，日本争取各种对外经贸体制中的主导权和制高点，加入TPP（跨太平洋伙伴关系协定）谈判，推动基础设施或大型项目的对外出口，确保海外能源资源供应，等等。

总之，"一带一路"框架下的中日关系是合作而非对抗，共建亚洲命运共同体是大家共同的使命。因为"当前世界经济复苏乏力，亚洲各国转型任务艰巨，基础设施互联互通全面展开。中国经济和世界经济高度关联，中方主张各国应真正树立起命运共同体意识"。中国驻日本大使程永华就"一带一路"接受日本经济新闻专访时如是说。诚然，"一带一路"沿线以新兴经济和发展中国家为主体，产业结构互补性强，是最有发展潜力的经济带。程永华强调，"一带一路"不是封闭的，而是开放包容的。日本虽然不在"一带一路"范围和亚投行成员国之内，中方应本着互利共赢的丝绸之路精神，双方都要有大国意识和大国责任感。日方有着对现实影响的考虑和诉求，并不影响两国共同为地区和世界的繁荣发展做出贡献。

韩国

我国"一带一路"建设与韩国有着紧密的联系，特别是在中欧交通网络的建设上，韩方可以直接从中受益，因而韩国有三大主战略。

（1）继续加强与中国的经济相互依存关系，分享中国的经济增长成果。简言之，韩国在中美之间不想踏空任何一方。中韩FTA（自由贸易协定）的签署和生效，是双边经济合作制度化的体现。据韩国贸易协会北京代表处2016年1月17日最新发布的数据显示，2015年第四季度，韩国的对华贸易额达到756亿美元，首次赶超日本（717亿美元），韩国成为中国的第二大贸易伙伴，仅次于美国。这一趋势有望在未来进一步得到加强。在亚洲基础设施投资银行的问题上，韩国表态较晚，但看得出来，韩国其实早就基于本国利益做出了决定。2015年3月26日，韩国政府宣布决定加入亚投行，主要原因在于，首先，对韩国而言，亚投行将是韩国以创始成员国身份参与的首个国际金融机构，加入亚投行有助于韩国扩大在金融外交领域的影响力。换言之，中国倡议的亚投行为韩国等新兴工业化国家提供了在国际金融领域发挥影响力的契机。其次，亚投行成立后，预计在亚洲地区将形成大型基建市场。基建是韩国企业的强项，加入亚投行将有利于韩国国内建筑、交通、电信等行业的有关企业参与相关项目。

（2）将"欧亚倡议"与"一带一路"对接。朴槿惠执政之后，提出多个构想和倡议，包括"东北亚和平合作构想""半岛信任进程""欧亚倡议"等等。中国方面对于有助于实现半岛和平和地区稳定的倡议，都会给予积极赞成。朴槿惠指出，半岛处于欧亚经济圈的最东端，是连接欧亚大陆和太平洋的门户，但南北分断的现实，造成欧亚交流合作的瓶颈。"欧亚倡议"的提出，旨在建立泛欧亚外交、安保、交通、能源、技术、文化等诸多领域的欧亚国家合作体系，形成大市场，降低物流成本，促进欧亚经济圈的形成。从东北亚互联互通的角度来看，韩国的"欧亚倡议"与"一带一路"如果能够形成呼应，将大大改变地区的道路、通关、通信等基础设施基本状况。事实上，在目前无法打通朝鲜通路的情况下，从仁川、釜山等地经海路抵达连云港等地，再搭乘中欧班列进入中亚乃至欧洲，已经成为不少韩国企业的智慧之选。

（3）争取中国在半岛未来发展议题上支持韩国。2015年9月3日，朴槿惠顶住各方压力，出席中国人民抗日战争胜利70周年阅兵仪式，表现出与中国进行战略合作的决心，中韩合作迈向了新高度。朴槿惠参加阅兵仪式后立即赶往上海，出席大韩民国临时政府旧址重张仪式，向韩国、美国、日本的"观众"表明此行的合法性、历史合理性、必要性，争取各方理解。

蒙古国

蒙古国位于亚洲中部，被中国与俄罗斯包围，是仅次于哈萨克斯坦的世界第二大内陆国家，是

"一带一路"北线的重要支点。2014年9月,上合组织杜尚别峰会期间,习近平主席提出建立中俄蒙三国经济走廊。经济走廊将俄罗斯的欧亚大陆桥、蒙古国的"草原之路"同中国的"一带一路"建设连接起来。通过交通、货物运输和跨国电网的连接,打通三国经济合作的走廊建设,推动"一带一路"的战略目标。

建设策略:

透过中国的"一带一路"战略和蒙古国的"草原之路"战略可以发现,中蒙两国互联互通具有以下利益重合点。

(1)"一带一路"战略和"草原之路"战略是中蒙两国在面临同样的国际背景时做出的积极决策。

蒙古国经济发展目前正处于低迷时期,调整政策也是基于其实际需求。蒙古国是一个内陆国家,矿产资源非常丰富,传统的畜牧业、采矿业是其主导产业。2011年蒙古经济增速达到峰值,达17.3%。此后,经济增速明显下滑,2012年为12.3%,2013年为11.8%。受国际大宗商品价格下滑的影响,蒙古国2014年前三季度的经济增速降至7%。2015年上半年,蒙古国与世界122个国家和地区的贸易总额为42.09亿美元,同比减少17.2%。蒙古国政府一直在努力寻求本国经济战略的调整,以实现经济的持续高速增长。而中国作为蒙古国最大的贸易伙伴国,如何巩固中蒙贸易成果,必然成为蒙古国考虑的重要问题。因此,如何实现更好的互利合作是中蒙两国的发展共识。

(2)"一带一路"战略和"草原之路"战略均表明双方重视"草原之路"的发展历史和理念。

(3)"一带一路"战略和"草原之路"战略均体现出双方有消除合作瓶颈的强烈意愿,中蒙均有完善经贸合作基础设施建设的愿望。蒙古国自然资源丰富,一直倡导矿业兴国战略,因此对陆路交通的需求极大,除了每年有5000万吨左右的煤炭出口外,还有大量的铜矿、铁矿等出口。虽然中蒙之间的矿产品贸易额逐年增长,但是大部分靠公路运输,造成运输费用居高不下,自然环境也受到极大污染,通关压力巨大。蒙古国资源的竞争力由于受限于交通运输能力而下降。在未来3~5年,蒙古国矿产出口可能增加7000万吨。因此,中蒙双方都有意将修建铁路等基础设施作为战略对接中需要解决的首要问题。无论是"一带一路"还是"草原之路",都将基础设施建设尤其是铁路建设摆在了最突出的位置。这主要是因为双方的经贸合作水平受限于现有的基础设施建设状况。目前,蒙古国与中国之间仅有一条于1956年通车的铁路,即乌兰巴托—北京铁路。该国际列车线路开通于20世纪50年代,客运和货运速度都亟待提速,特别是换轨压力明显。作为连接亚欧大陆桥最近的通道,蒙古国希望利用其地理优势,一方面为中俄两国贸易运输提供便利,另一方面也可以建立横跨欧亚的运输走廊。因此,建设新的中蒙跨境交通系统,不仅有利于中蒙两国利益,而且也符合东北亚各国的根本利益。

"一带一路"战略助推"草原之路"战略的实现,后者将成为前者的有力对接伙伴。中蒙双方均有加强区域性经济及各方面合作的诉求。因此,蒙古国提出的"草原之路"战略针对性地对接了"一带一路"战略,同时"一带一路"战略也有力地推动着蒙古国"草原之路"战略的实现。

"一带一路"战略和"草原之路"战略除了拥有上述利益重合点之外,在不同层面的合作中也有着丰富的层次和具体内涵。可以预见的是,随着中蒙两国合作的逐渐深化,两大战略之间的对接基础将变得更为扎实。

第三章 北线 B 经济带

一、概况

北线 B 经济带起自首都北京,跨越亚、欧两大洲,到达俄罗斯,以北欧(丹麦、瑞典、挪威、芬兰、冰岛 5 个主权国家)为终点。这条线路被认为是连接亚欧大陆的东西方文明的交会之路。

从选取的北京、俄罗斯、德国、北欧等国的地理区位和经济情况来看,大都具有以下特点:①都是具有代表性或独具自身优势的科技创新国家;②大多数国家历史悠久,文化灿烂,历史底蕴深厚;③这些国家基本属于科技大国,运输方式俱全,旅游资源丰富,人均生产总值遥居世界前列。见表 6-2。

表 6-2 北京、俄罗斯、德国、北欧等国近 3 年来世界人均 GDP

国家/地区	2013 年人均 GDP(美元)	2014 年人均 GDP(美元)	2015 年人均 GDP(美元)
北京	15 284	16 278	17 064
俄罗斯	14 469	12 926	12 925
德国	46 200	47 590	47 589
丹麦	59 950	60 564	60 563
瑞典	58 491	60 086	58 491
芬兰	49 214	49 497	49 496
挪威	102 496	97 013	97 013
冰岛	47 630	51 262	51 261

备注:2015 年世界人均 GDP 排名部分数据来自国际货币基金组织,2013—2014 年数据来自 IMF 世界经济站。北京的数据来自《北京商报》及环球网财经。

二、发展目标

北京

北京市作为中国的首都,是全国的政治中心、文化中心、国际交往中心、科技创新中心,在"一带一路"战略和"京津冀一体化"战略的双重指引下,北京深入实施人文北京、科技北京、绿色北京战略,优化三次产业结构,突出高端化、服务化、具体化、融合化、低碳化,有效控制人口规模,增强区域人口均衡分布,促进区域均衡发展。

在已发布的"一带一路"路线图中，北京作为"一带一路"中线和北线 B 的起始点，在"一带一路"战略中发挥着重要作用，北线 B 连接北京—俄罗斯—德国—北欧，中线连接北京—西安—乌鲁木齐—阿富汗—哈萨克斯坦—匈牙利—巴黎。因此北京将会在"一带一路"战略中连接中亚、东欧、北欧和西欧，成为连接欧亚大陆的重要节点，为北京与亚洲、欧洲的其他国家贸易运输、国际互通交流起到至关重要的作用。

原北京市市长王安顺曾在政府工作报告里重点提到"一带一路"，要求北京市主动融入国家"一带一路"战略，深化对外交流与合作。北京作为国家首都与直辖市，其中央与地方的双重属性让其在区域战略中地位一直很特殊。北京市目前融入"一带一路"战略的明确主体项目是推进构建北京至莫斯科的欧亚高速运输走廊，莫斯科至北京的高铁全长超过 7000 公里，途经哈萨克斯坦。

俄罗斯

目前，中俄两国已开启中俄原油管道、西线天然气输送等项目，还计划加强在俄罗斯油气开采领域的合作，俄罗斯在高铁建设和西伯利亚铁路改造方面也有意吸引中国投资。中俄两国在远东地区基础设施建设领域拥有广阔的发展前景。

丝绸之路计划是从亚洲到欧洲的快速交通要道，其中俄罗斯是一个重要的中转站。俄罗斯利用的机会是，充当中国输往欧洲货物的过境运输国。如果需要，可将境内的跨国运输线路改造成现代化的大型运输走廊。积极利用新的通道不仅能给俄罗斯带来更多的直接收入，还能推动沿线地区经济的发展。"一带一路"项目的实施，将促进沿线国家发展制造业、服务业。中俄双方已达成共识，将围绕欧亚高速运输走廊若干区段的建设项目展开研究，首先是在莫斯科—喀山的高铁项目上进行合作。双方还签署了在高铁运输领域展开合作的备忘录。

对俄罗斯而言，能源产业、冶金行业和国防工业是俄罗斯的重点产业和主要财政收入来源。石油天然气工业长期以来是俄罗斯经济的核心，有色冶金行业是俄罗斯重要的工业部门之一，其产值约占俄罗斯国内生产总值的 2.8%。

俄罗斯名人塔夫罗夫斯基认为，"一带一路"意义巨大，能完善沿线地区的基础设施，扩大贸易额，促进技术发展，创造数百万个新就业岗位，最终提高居民的生活水平。更重要的是，"一带一路"促进了沿线地区人民安康和社会发展，也会极大降低发生地区冲突的可能性。塔夫罗夫斯基强调，中国所有的提议都不是强制性的，而是由其他国家主动参与，这充分表明，中国倡导的是"更加公正、合理的国际治理模式"。

俄科学院远东研究所副所长安德烈·奥斯特洛夫斯基说，丝绸之路计划是从亚洲到欧洲的快速交通要道，其中俄罗斯是一个重要的中转站，"一带一路"加速实施，无论对俄罗斯还是全世界都十分有益，将为欧亚间货物互通有无、往来物流提供更加牢固的保障。他认为，"一带一路"项目的实施，无疑将有助于欧亚经济联盟的发展，将促进沿线国家发展制造业、服务业，促进经济发展。谈到"一带一路"对本国经济和中俄关系的影响，俄罗斯现代发展学院财经教研室负责人马斯列尼科夫表示，俄罗斯当前处于发展的岔路口，很显然，之前依靠石油、天然气出口的经济发展模式已不符合现实要求，俄罗斯需要转变经济发展模式。他指出，俄罗斯转变经济发展模式面临的一个重要难题是基础设施发展滞后。中俄是两个毗邻的大国，这为两国扩大基础设施的合作提供了区位优势。马斯列尼科夫说，"一带一路"战略首先有利于带动俄罗斯远东地区的发展。没有基础设施的发展，俄远东地区经济的发展就无从谈起。因此，俄罗斯需要在"一带一路"框架下加强与中国的合作，中俄两国在远东地区基础设施建设领域也拥有广阔的发展前景。

俄罗斯阿里巴里分析中心分析师米哈伊连卡指出，俄罗斯远东开发战略与中国提出的"一带一路"战略在本质上是相同的。目前，两国已开启中俄原油管道项目、西线天然气输送项目等，两国还计划加强在俄罗斯油气开采领域的合作，俄罗斯在高铁建设和西伯利亚铁路改造方面也有意吸引中国投资。总之，俄罗斯远东地区有大量的基础设施建设项目，加强与中国的合作是俄罗斯的必然选择。

德国

随着"一带一路"的逐渐铺开，连接中国和欧洲的 8 条国际铁路已开始运行。中国推动国际货运铁路的建设主要是为了促进中部和西北部地区经济发展。德国全球和区域问题研究中心研究员周云说，只有融入中亚和中东欧这些经济带，才能带动中国西北部经济的发展。汉堡商会首席执行官汉斯－约格·舒密特－特朗兹欢迎中国建设桥梁、道路和铁路连接邻国。他说，这将有助于邻国的经济发展，对中国和世界而言都是好事。

中欧货运班列始于 2011 年重庆与德国杜伊斯堡之间的路线，现在每周有 4 班国际班列往返于这两座城市之间。重庆与欧洲之间的货运线路有助于中国企业将产品出口至欧洲市场。事实上，杜伊斯堡所在的北威州是中国企业投资最集中的地区，一共有超过 800 家企业落户于此。自中国提出"一带一路"倡议以来，德国各界的反响也十分积极。德国及其他欧洲国家是可以从中获益的。比如说，"一带一路"若能与振兴欧洲经济的"容克计划"对接，双方只要建立透明的对话机制，在生态环境及社会可持续发展方面交换意见，协商决定，欧洲国家的确有利可图。

北欧

今后一个时期，丹麦既可以带动北欧加入"一带一路"物流网络，又可以参与"一带一路"沿途及周边区域的物流联通，将在促进"一带一路"设施联通、贸易畅通等方面发挥更加重要的作用。

中国与北欧经贸合作的阻力和干扰相对较小，丹麦尤其如此。中丹友谊源远流长。丹麦是最早同中国建立外交关系的西方国家之一，并且是唯一与中国签署了全面战略伙伴关系的北欧国家。2008年，自两国建立全面战略伙伴关系以来，双方高层互访更加频繁，政治互信逐步加强，经贸往来不断深化。近年来，丹麦支持中国成为北极理事会观察员，反对欧盟对华光伏产品进行反倾销调查，率先在北欧地区申请成为亚投行创始成员国。这些都为今后两国在"一带一路"框架下进一步提升经贸合作水平创造了更加有利的条件。

积极融入经济全球化进程的丹麦与中国的互补性日益增强。丹麦属开放式小国经济，工农业发达，但由于国土面积较小，原材料和资源相对匮乏，丹麦经济很大程度上依赖于对外贸易，深度参与经济全球化是丹麦经济发展的必然要求。进入 21 世纪以来，中丹经济互补性在两国经贸合作数据上得到了充分体现。中国已经是丹麦在亚洲最大的贸易伙伴，也是欧盟以外第二大贸易伙伴，还是丹麦海外第二大投资目的地国。丹麦海运业是中丹经贸互补的重要受益者。丹麦在海洋运输、绿色能源、环保技术、生物制药、养老保健、有机食品等领域积累了成功经验，这些产业与中国新时期"新型工业化、信息化、农业现代化、城镇化和绿色化"发展战略均有契合之处。2014 年，中丹贸易额首次突破百亿美元，达 106 亿美元，同比增长 16.7%。其中，中国对丹麦出口 65.4 亿美元，增长 14.7%；从丹麦进口 40.6 亿美元，增长 20.1%。丹麦是中国在北欧地区的主要投资目的地国。截至 2014 年年底，丹麦在华投资项目 856 个，总金额达 29.5 亿美元。

三、建设策略

北京

1. 基础建设领域

"一带一路"带动了北京整体的区域发展战略，北京市发挥其在北部地区的核心领导作用，大力推进交通基础设施建设，联合京津冀地区协同发展，推进机场、铁路、高铁、高速公路的基础设施建设，未来，京津、京石、津唐、津秦、津沧等主要城市间，均能实现一小时左右直达。在航空与铁路联运的规划方面，天津机场和京津城际将实现互联，石家庄机场和京石高速实现互联。今后还将建设京九和廊涿两条客运专线，以连通北京新机场。"一带一路"战略重心是基础设施建设，通过高铁等交通设施及工具连接中国和欧亚各个国家。因此，北京建立完善的"东出西联""疏内通外"的省际、区际乃至国际运输大通道，是"一带一路"战略的必然要求，也是战略部署的首要环节。

2. 产业发展领域

"一带一路"战略为北京产业结构调整、首都经济圈发展带来了积极的影响。北京目前形成了以第三产业为主导的产业结构，三产业占比分别为0.8%、22.7%和76.5%。北京的主要产业有金融保险业，以汽车制造业、光机电一体化、新能源、生物医药为主的现代制造业，以通信、信息传输、计算机服务为主的电子信息产业、商贸业、房地产业以及教育文化产业等。

"一带一路"建设将会推进首都经济圈的建设，北京的产业转移可推动自身的产业升级，同时，周边区域在接纳北京转移的产业时可以着重发展制造业高端、新兴的环节，以迎合节能、环保、可持续发展的大趋势。北京东、南、西、北部各区域产业集聚区的发展和产业转移，必将产生较大的溢出效应，对华北和东北地区的产业发展起到较大的促进作用。同时，"一带一路"战略将会凸显北京的优势产业，刺激其向国外发展，深化北京高科技产业以及服务业的主导地位。

俄罗斯

2014年5月，普京明确宣布俄罗斯支持中国"一带一路"倡议。2015年4月，俄罗斯政府宣布加入亚投行。这一系列决定，既有审时度势的战略考虑，也有经济重心转移到东部的经济发展需要。中俄两国建立稳定的全面战略协作伙伴关系，能够不断推动双方在科技、军工、农业、森林加工、能源等领域的密切合作。

俄罗斯在亚洲基础设施银行问题上目的十分明确，就是要借助这一新的金融机构，获得更多金融支持，以开发俄罗斯的远东地区，同时希望能让俄罗斯亚洲落后部分的基础设施项目获得资金来源，以及能在亚洲和俄罗斯基础设施项目之间找到接合点。

中国是俄远东最大、最密切的邻国，可以成为俄方最可靠、最理想的合作伙伴。俄中两国领导人和政府为两个最大的新兴经济体的合作发挥了主导协调作用。俄政府制定其东部地区的开发政策，使中国资本进入俄罗斯远东地区更规范化、制度化和可持续。中国在工业化方面取得很大成就，一大批优质产能企业在满足中国西部开发条件下仍可以"走出去"，寻求新的市场。而俄罗斯希望实现工业生产本地化，这为两国产能合作创造难得机遇。两国在工程设备、电力冶金、建材、资源、能源加工等方面开展互利合作，都具有各自客观需求，双方之间有利益的契合点。

从长远看，中俄双方还可借助共建"一带一路"，进一步加强同沿线国家的经济融合，促进本国经济结构调整，提高抗击金融风险能力，增强经济发展后劲。

"一带一路"与欧亚经济联盟成功对接，首先有利于俄罗斯经济的恢复和发展。普京总统指出，这两大发展战略的对接有助于加强双方在高科技、交通和基础设施等领域的合作，这也是在促进欧亚地区一体化方面迈出的关键步伐，同时还将给亚洲、欧亚地区乃至欧洲带来发展机遇。

德国

德国虽然不是"一带一路"沿线国家，但是从丝绸之路经济带的北线来看，它是从中国出发，经哈萨克斯坦，穿过俄罗斯南部，再经过乌克兰、白俄罗斯一带，最后经波兰等东欧国家到达德国，与西欧相连。而且，北线国家的铁路可以相互连通，构成连接欧亚的铁路干线，这条路线即"第二欧亚大陆桥"。"渝新欧"铁路东起中国重庆，西至德国杜伊斯堡，全程11000多公里，是经过丝绸之路经济带铁路网的北线。

杜塞尔多夫作为两条重要的中欧班列"渝新欧""义新欧"的重要枢纽,将直接从"一带一路"中受益。"中国提出的'一带一路'正在改变杜塞尔多夫——杜塞尔多夫正在和中国一同发展。"杜塞尔多夫市市长盖泽尔指出。据德方统计,北威州已成为中国赴德企业投资的首选地,已有近900家中资企业入驻北威州。与此同时,2700多家北威州企业到中国投资。"杜塞尔多夫乃至北威州,都是中德经贸合作的受益者。"因此,杜塞尔多夫市政府积极牵头,连同北威州政府及议会,于2016年11月份发起了为期6天的首届"新丝路上的蓝色集装箱"活动。这也成为第一个由德方政府牵头发起的、响应"一带一路"倡议的活动。

北欧

随着中国对外开放进入新的更高阶段,在"一带一路"大框架下深化与拓展中丹经贸合作,有利于双方把握机遇,共享三大优势。

1. 共享战略平台优势

聚焦于政策沟通、设施联通、贸易畅通、资金融通、民心相通的"一带一路"大战略,涵盖60多个国家,惠及人口超过45亿,不仅将开辟一条为欧亚贸易投资提供便利的快速走廊,而且正在给区域经济乃至世界经济带来巨大机遇。2014年11月8日,中国宣布出资400亿美元筹建"丝路"基金,直接支持"一带一路"建设。2014年10月24日,亚洲基础设施投资银行(以下简称"亚投行")宣告成立。截至2015年3月31日,五大洲52国提出加入亚投行的申请,其中不乏英、法、德、意、澳等发达国家阵营成员。丹麦贸易与发展大臣表示:"中国主导建立的亚洲基础设施投资银行,将对现有世界秩序带来令人期盼的改变,许多与丹麦息息相关的贸易和发展合作利益,将会与亚投行紧紧相连。"2015年3月28日,丹麦申请成为亚投行首个北欧创始国。亚投行将为"一带一路"有关沿线国家的基础设施建设提供资金支持,促进经济合作,同时也给亚投行成员国带来切实的政治经济利益。

2. 共享巨大的市场优势

丹麦背后是富庶的北欧市场和庞大开放的欧盟市场。据统计,仅在北欧国家就有超过2500万人均GDP超过3.2万欧元的高度富裕的潜在客户,仅在丹麦,人均GDP达5万余欧元的消费者就超过500万人,而且,丹麦比其他北欧国家都更接近中欧和西欧市场。借道丹麦驿站,有利于确立、巩固和提升中国在欧洲市场的优势地位。在中国,不论是13亿人口的消费需求,还是"新型工业化、信息化、农业现代化、城镇化和绿色化"所引领的产业需求,都在加快释放潜能。据统计,近年来,中国的社会消费品零售总额年均增长率都在10%以上。更重要的是,作为世界第一大出口国的中国与其贸易伙伴之间的经贸网络,还涵盖了一个更加广阔的国际市场,这对于中丹双方不论是实力雄厚的大型跨国公司还是广大中小企业而言,都具有强大的吸引力。当前,中小企业是丹麦吸纳社会就业和推动技术创新的主力军,其具有较强的技术优势和创新能力,但在开拓海外市场时却苦于缺乏资金和市场,而中国的资本与市场正好能满足丹麦的要求。如何引领两国更多的中小企业更好更快地进入"一带一路"平台并从中受益,是中丹两国新时期面临的重要课题。

3. 共享产业互补优势

丹麦的海运业、农业、海洋渔业等传统优势产业每年创造大规模的对华服务与商品出口,在赢得中国市场的同时,也在吸引中国资本投向丹麦。在堪称欧洲"风投天堂"的北欧,"药谷"是丹麦的风投重地,生命科学产业吸引的风投占该国整体风险投资的一半以上,中丹在生物技术研发与投资合作方面还有巨大的合作潜力尚待发掘。此外,丹麦在绿色能源、环保、医疗保健、创意设计等新兴优势领域,与中国的新兴产业发展要求形成契合与互补,双方合作前景广阔。与此同时,中国的电信、高铁、核电、航空等优势产业,将携手中国资本一起开拓欧洲市场。

当前和今后一个时期,应着眼于国际经贸合作大格局,着力于中丹经贸合作的关键领域,运筹帷幄,蓄势而发,让丹麦作为"北欧驿站",在"一带一路"经贸发展中发挥更重要的作用。

第四章　中线经济带

中线经济带，是指从北京经郑州、西安、乌鲁木齐、阿富汗、哈萨克斯坦、匈牙利直至巴黎这条注重石油天然气为主的运输线路，它是丝绸之路经济带的三条线路之一，具有"经济带陆地骨架"之称，也享有以石油运输著称的"中巴经济走廊"之赞誉。

一、概述

北京

"一路一带"中线从北京启动"中巴经济走廊"，延伸出丝绸之路经济带与哈萨克斯坦"光明之路"新经济政策。"北京作为'一带一路'的起点，更是'一带一路'文化的源头，文化与科技正是这股源头活水的核心。在过去10年，北京打造了科技中关村"这一世界级的创意经济；未来10年，北京将再度创造"文化定福庄"这一驱动北京、示范全国、影响世界的文化经济支撑，实现首都政治中心、文化中心、科技创新中心、国际交流中心的新城市定位。同时，深化建立京津冀协同合作，促进京津冀文化产业一体化的整体化发展，"科技中关村""文化定福庄"既具中国特色，也具有中国传统色彩的标志，将驱动北京进入转型升级的"双核时代"。

郑州

中原城市群是以郑州为中心，以洛阳为副中心，开封为新兴副中心，新乡、焦作、漯河、平顶山、许昌、济源、长葛等地区性中心城市为节点构成的紧密联系圈，是中国七大国家级城市群之一。中原城市群也是河南省乃至中部地区承接发达国家及中国东部地区产业转移、西部资源输出的枢纽和核心区域。同时，郑州作为中原城市群的中心，地处中国地理中心，是全国重要的铁路、航空、高速公路、电力、邮政电信主枢纽城市，是中国中部地区重要的工业城市。这些优势也将有助于郑州被打造成内陆开放型经济高地。

西安

在"一带一路"战略实施中，西安紧抓发展机遇，以丝绸之路起点的地域优势，成为沟通内陆与亚欧大陆桥和海上丝绸之路的重要节点，承接东部乃至全球产业经济转移，是丝绸之路经济带最大的物流中心，是融汇亚欧丰富多元文化的重要平台，开启了具有深厚历史文化底蕴的国际化大都市繁荣盛景。

乌鲁木齐

"一带一路"战略给新疆带来了前所未有的发展机遇。将来，新疆能够起到桥头堡、高地的作用。驻疆全国人大代表席文海提出：结合丝绸之路经济带和"中巴经济走廊"建设，将巴州（巴音郭楞蒙自治州）纳入南疆四地州同等范畴，与整个南疆片区享受相同优惠政策，促进州域经济发展，打造南疆片区以库尔勒和喀什为核心,遥相呼应的"双子星座",带动整个南疆地区经济社会发展,促进社会稳定和长治久安,并最终形成以乌鲁木齐为"尖端"、库尔勒、喀什为两大支撑的"A"字形发展格局,为新疆打造丝绸之路经济带核心区提供强大助力。

阿富汗

阿富汗位于东亚、中亚、西亚和南亚的结合部,其战略位置十分重要,有"亚洲的心脏"之称,历史上一直是大国角逐之地。阿富汗曾是古丝绸之路途经的重要地区,在"一带一路"规划中,不仅是一个被重点关注的国家,也因其紧邻南亚,处于"一带一路"的战略连接地带,故其战略位置更显重要。

哈萨克斯坦

哈萨克斯坦共和国是一个位于中亚的内陆国家,也是世界上最大的内陆国。与俄罗斯、中国、吉尔吉斯斯坦、乌兹别克斯坦、土库曼斯坦等国接壤,并与伊朗、阿塞拜疆隔里海相望,国土面积排名世界第九位。哈萨克斯坦近年来加强了与俄罗斯等东欧各国的经济、政治、军事等方面的一体化;2015年1月1日,与俄罗斯、白俄罗斯、亚美尼亚等国家成立欧亚经济联盟。

匈牙利

匈牙利是欧洲内陆国家,位于多瑙河冲积平原,依山傍水,西部是阿尔卑斯山脉,东北部是喀尔巴阡山。匈牙利资源贫乏,但山河秀美,建筑壮丽,一年四季受地中海式气候与大西洋暖流的影响,冬暖夏凉。

匈牙利经济发达,人均生活水平较高,自东欧剧变后,匈牙利经济高速发展。到2012年,匈牙利的人均国内生产总值按国际汇率计算已经达到1.27万美元,达到中等发达国家水平。

匈牙利的地理优势决定了其在"一带一路"中作为欧洲门户的作用。匈牙利地处中欧腹地,自古就是兵家必争之地。如今的匈牙利不仅是中欧地区的天然气集散地,也是中国商品在欧洲的集散地。

巴黎

法国是欧洲第二大经济体(德国之后),法国农业出口位居世界第二,仅次于美国,法国的食品加工业也名列世界前茅。法国工业是全产业链的,交通、能源、农业、时尚、旅游、食品加工、烹调等,从高端到时尚,从严肃到浪漫俱全。

巴黎是世界四大国际化都市之一(其余分别为纽约、东京、伦敦)。巴黎位于法国北部巴黎盆地的中央,横跨塞纳河两岸,已有1400多年的历史。在自中世纪以来的发展中,巴黎一直保留过去的印记,某些街道的布局历史悠久,也保留了统一的风格。

巴黎是著名的世界艺术之都、印象派美术发源地、芭蕾舞的诞生地、欧洲启蒙思想运动中心、电影的故乡、现代奥林匹克运动会创始地。巴黎的高等教育蜚声世界,巴黎综合理工大学、巴黎高等师范学院、巴黎大学、巴黎国立美术学院等荟萃于此。巴黎又是世界公认的文化之都,大量的科学机构、研究院、图书馆、博物馆、电影院、剧院、音乐厅分布于全市的各个角落。巴黎是世界著名的时尚与浪漫之都,巴黎是历史名城、会议之都、创意重镇和美食乐园。奥地利诗人里尔克曾说过,"巴黎是一座无与伦比的城市"。

二、发展目标

北京

北京要充分调动各方力量参与"一带一路"建设,围绕积极建言献策、推动经济合作、促进人文交流、传递正面声音等发挥作用。鼓励港澳台同胞、海外侨胞和留学人员将自身事业发展与"一带一路"建设紧密结合,共享发展机遇。引导统一战线各类团体和组织发挥各自优势,广泛开展与"一带一路"沿线国家和地区民间组织及国际组织的交流合作。引导统一战线成员在对外交往中有针对性地进行解疑释惑。北京的各类展会及贸易合作将正向展示中国开放、包容和负责任的大国形象,营造良好的国际环境。

郑州

郑州目前已经拥有多式联运的突出优势,交通物流中心的节点功能业已凸显。郑州正在与丝绸之路经济带沿线国家共谋合作愿景,共同建设物流、贸易、电子商务等经济合作示范区,打造多个互利共赢、合作发展的平台和载体。

郑州已有出口业绩企业1730家,已核准设立的境外投资企业达到36家,占全省总量的一半以上。随着对外开放脚步的不断加快,郑州的产业集聚、转型步伐在加快,新业态、新产业不断涌现,已形成以富士康为龙头的智能终端产业集群,集聚手机整机和配套企业89家,产量占全球的1/8。以E贸易、华南城为带动的线上线下(O2O)新型商贸产业链和以航空物流、"郑欧班列"为带动的现代物流产业链,正助推郑州步入集群集聚、结构优化、转型升级快车道。内陆开放领头羊的城市功能已渐入盛花期。

西安

作为古代丝绸之路的起点,在国家规划中,陕西(西安)是实施"一带一路"战略的重要节点,处于向西开放的前沿位置。因此,融入国家的"一带一路"建设,其发展目标必须要在"西咸一体化""大西安""关中城市群"上做文章。

具体措施如下:

(1)发展国家级航空城试验区,国家级西咸新区,国际港务区、自贸区,国家第一个也是唯一一个内陆港,综合保税区,使馆区,欧亚经济论坛永久会址,以及可能落户西安的上合组织开发银行和中新政府间第三个产业园项目。

(2)发展三星、微软、强生等项目。渭北三大工业组团的崛起,传统的军工工业大市,航空航天科技发达,以及手机、材料、3D打印、航空航天等朝阳产业,再加上陕西能源的巨大优势。

(3)发展西部高铁之都。已建成的郑西、西宝、大西,和在建的西成、关中城际,已审批的西银、西渝,规划中的西武、西包,形成"米"字形高铁枢纽。西安是全国高速公路最大节点城市,控西北、通中亚乃至欧洲的丝绸之路,交通十分便利;机场客流量常年第八并保持高增长。

乌鲁木齐

"一带一路"给新疆带来了前所未有的发展机遇。"我们要通过南亚、中亚,向欧洲辐射,将喀什打造成整个中亚、南亚的节点城市,站在国内国际两个市场上谋求更大的发展。面向国内,我们面对着13亿人口的大市场;面向中亚、南亚,我们同样面对着一个13亿人口的大市场,这两个13亿人口就把喀什推到了改革开放的前沿,由原来的口袋底变成了改革开放的前沿。"驻疆全国人大代表曾存满怀豪情地表示。

阿富汗

历经几十年的战乱,阿富汗现今被列为最不发达国家,经济被破坏殆尽,交通、通信、工业、教育和农业基础设施遭到的破坏最为严重,生产生活物资短缺。农牧业是阿富汗国民经济的主要支柱,农畜产品也是其主要出口货物。工业因战乱几乎全部被损毁,只有有限的轻重工业。2001年,阿临时政府成立后,中阿两国间的经贸活动再度逐渐活跃。

中阿两国贸易结构中,中国出口商品以工业制成品为主,有电器和电子产品、运输设备、机械设备和纺织服装等。据中国驻阿使馆经参处数据显示,自阿富汗进口的商品主要以初级产品为主,有皮毛和建材。自2002年双方恢复关系以来,两国贸易额保持平稳增长态势。

哈萨克斯坦

哈萨克斯坦是中亚最大的经济体,虽然其在金融危机之后经济增速明显放缓,但其经济总量仍相当于中亚其他四国之和,也是世界银行分类中的中高等收入国家。中国和哈萨克斯坦是陆上邻国,经济往来密切。自2011年起,中国成为哈萨克斯坦的第二大贸易伙伴和最大出口市场。

在共建丝绸之路经济带的背景下,中哈两国合作势头强劲,正在实施一大批大型合作项目。比如,中哈连云港物流合作基地投产运营,哈方称之为"找到了东出太平洋最近的出口"。连接中国西部和欧洲西部的"双西"公路,大部分建设路段在哈萨克斯坦境内,目前正在加紧建设。

今天,两位近邻的关系蒸蒸日上,无论在商贸还是外交方面,中哈都已成为彼此的重要战略合作伙伴。哈萨克斯坦的外商直接投资额中,中国占比最高,达到170多亿美元。此外,中国在能源领域已跻身哈国主要伙伴之列。

匈牙利

匈牙利工业基础较好,计算机、通信器材、仪器、化工和医药等知识密集型产品较为发达。汽车工业是匈牙利支柱产业,占匈牙利出口总额的20%。匈牙利有机农业发展迅猛,为国家挣了大量外汇,是目前中东欧地区有机农产品生产和出口大国。

匈牙利投资环境较优,是中东欧地区人均吸引外资最多的国家之一,全国有3万家外资投资企业,外资企业增加值占匈牙利GDP的1/3左右,出口额占匈牙利总出口额的74%。

巴黎

从经济上看,"一带一路"将把有效的中国计划模式引入国际合作中。中国希望与欧洲建立伙伴合作关系,共同开拓第三方市场,在技术研发、贸易往来、政府治理方面形成良性互动。这对欧洲而言是一大机遇。

从国际上看,"一带一路"将引领新一轮多边主义合作潮流。一方面,它将催生新的多边发展机制;另一方面,会增加上合组织等现有机制对欧洲国家的开放性。因此,不仅是法国,整个欧洲都应该抓住上述东西方合作的机遇。不仅欧盟和成员国应行动起来,欧洲地方政府、企业商会、智库大学也应参与其中。

三、建设策略

北京

"一带一路"显示了北京不谋求排他性的区域经济组织的基本立场,而是以北京为对外发展的"平台"和"桥梁",形成全方位的相互开放、互利共赢,打好"北京首都牌"、唱响"国际歌",这将是对北京未来发展的又一个全新的定位。

郑州

郑州的发展取向和路径选择要有远大的目标和更高的眼界，脚踏实地去践行，把郑州建设成为要素交换便利、现代产业繁荣、城市和谐稳定、宜居宜业的国际性商业都市。当下，要牢固树立治理好大气污染的信心和决心，要摆正突击治理与日常防治的关系，各级各部门多一点背水一战的危机感，形成齐抓共管的发力共向。正确处理系统治理与重点治理的关系，既要"抓住重点，马上见效"，又要落实精细化管理硬措施，做到跟踪抓、具体抓、系统抓，形成常态化大气污染防治的有效机制，让蓝天白云成为加速驱动郑州发展的内生动力。

西安

"打造西安内陆型改革开放新高地"，"支持郑州、西安等内陆城市建设航空港、国际陆港，加强内陆口岸与沿海、沿边口岸通关合作，开展跨境贸易电子商务服务试点。"这是"一带一路"战略中对西安的定位与表述。"打造西安内陆型改革开放新高地"，等于把西安放到了上海、深圳一样的地位。

"一带一路"政策给西安经济飞跃带来了最好的天时。西安的优秀人才、尖端产业等基础条件与"一带一路"政策相结合，必将开出灿烂的花朵。无论是古代还是现代，西安都是丝绸之路的起点，拥有最大的地利条件。

新疆

凭借与周边八国接壤的地缘优势，已经被确定为丝绸之路经济带核心区的新疆，2014年已"先行先试"，加快建设丝绸之路经济带核心区的步伐：加快推进喀什、霍尔果斯经济开发区，阿拉山口、喀什综合保税区建设等，打造新疆对外开放的前沿。继阿拉山口之后，新疆第二个综合保税区、南疆第一家综合保税区已在喀什封关运营，新疆已经制定了一系列立足"一带一路"战略、谋求新疆大发展的规划。

阿富汗

阿富汗曾是古丝绸之路途经的重要地区，也因为其紧邻南亚，处于"一带一路"的战略连接地带，故其战略位置更显重要。中国与阿富汗自古以来就是友好邻邦，是古丝绸之路的共同开辟者。

阿富汗矿藏资源较为丰富，但未得到充分开发，这也是"一带一路"大背景下中阿经贸关系的潜在增长点。阿富汗目前已探明的资源主要有天然气、煤、盐、铬、铁、铜、云母及绿宝石等。位于喀布尔南部的埃纳克铜矿已探明矿石总储量约7亿吨，铜金属总量达1133万吨，可能是世界第三大铜矿带，还可能拥有全球第五大铁矿脉，7300万吨煤。即便如此，中阿之间贸易总体上还处于很低的水平，仅排名第46位。

哈萨克斯坦

哈萨克斯坦是中国"一带一路"建设的重要伙伴国家，习近平主席2013年访问哈萨克斯坦，在纳扎尔巴耶夫大学发表演讲时倡议，用创新的合作模式，共同建设丝绸之路经济带。这一倡议也获得了哈总统的积极回应。

匈牙利

2014年，中国、匈牙利、塞尔维亚正式签署合作建设匈塞铁路谅解备忘录，还计划以匈塞铁路为依托打造自希腊比雷埃夫斯港进入中欧的陆海快线。2014年5月，两国开通了北京—布达佩斯直航。中国是匈牙利在欧洲以外第一大贸易伙伴，匈牙利是中国在中东欧第三大贸易伙伴和最大投资对象国，两国经济互补性强，合作潜力和空间很大。中匈两国央行于 2013 年签署 100 亿元人民币本币互换协议，匈牙利将成为中东欧地区的人民币业务枢纽。2014 年年初，欧尔班总理访华，两国领导人发表了联合声明。2015 年 4 月，匈牙利决定加入由中国主导的亚洲基础设施投资银行。

巴黎

法国前总理德维尔潘曾经表示："一带一路"是一个非常有建设意义的方向，因为不仅是把法国和中国联系在一起，而且是将这一路上所有其他国家，即东亚、中亚、东欧的国家联系在一起，所以，"一带一路"并不只是一条路，而是一个网络，是一个平台，把这两国之间，以及多国之间的各个方面领域，所有可以合作的方向融合在一起。比如，发展中国家与发达国家共同参与的国际产能和第三方合作，将会调动更大范围的全球力量，甚至有可能成为扭转世界经济颓势的钥匙。就全球基础设施建设这一问题而言，中国和法国公司其实有很多利益共同点，两国在该领域完全可以实现在重点项目上的合作共赢。

在交通、能源、环境领域，中欧可以共同投资，共同推动合作项目。对外援助是这方面的典型例子。中国对外援助不设政治条件，而欧洲发达国家按照联合国千年发展目标，必须拿出 GDP 的 0.7％ 用于援助欠发达国家，但往往设置许多政治条件，导致钱花不出去。很多情况下，只有通过中国做相关国家的工作，才能让对方接受发达国家的对外援助，帮助发达国家完成全球治理责任。从这个意义上说，中欧合作开发第三方市场，也是全球治理的互补合作。这一特点在"一带一路"沿线 65 个国家，包括中亚、西亚、东南亚、中东、中东欧等地表现得更为明显。

第五章 中心线经济带

一、概述

"一带一路"中心线经济带中心线之路,从中国首批14个沿海开放城市之一、中国十大幸福城连云港起始,经中国内陆中心城市郑州、中国四大古都之一西安,以及兰州、新疆,跨越中亚,最后抵达欧洲。这条线路是连接中亚和欧洲的贸易路线,亦是东方与西方之间在经济、政治、文化等诸多方面进行交流的主要线路。其致力于构建全方位、多层次、复合型的互联互通网络,实现中心沿线各国多元、自主、平衡、可持续的发展。与此同时,中国各个地区各个省市纷纷积极融入"一带一路"的建设和持续发展。

二、发展目标

连云港

丝绸之路经济带东方桥头堡。

首先是建好两个基地。中哈物流中转基地、上合组织出海基地是国家"一带一路"规划中交给连云港的重要任务。连云港将高水平、高标准地建好两大标志性工程,依托港口、连云新城、物流园区、海关特殊监管区和临港产业区打造出海口的核心功能区,为"一带一路"沿线国家和地区提供完善的多式联运、仓储中转、加工增值等基础服务,以及商务、贸易、金融、保税、跨境协作等延伸服务。

其次是扩大双向开放。向西重点是哈萨克斯坦,连云港与之合作有很好的基础。现在,连云港的铁路装卸场站、保税仓库、大宗商品交易中心等项目都纳入中哈共同开发计划。通过发挥中哈合作的"点穴效应",带动与中西部、俄罗斯、中亚、欧洲的交流合作。

郑州

当好打造内陆开放高地的领头羊。

2014年5月,习近平总书记在河南考察时,殷切希望郑州建成连通境内外、辐射东中西的物流通道枢纽,为丝绸之路经济带建设多做贡献。2015年3月28日,国家三部委发布的《推动共建丝绸之路经济带和21世纪海上丝绸之路的愿景与行动》提出,把郑州打造成为内陆开放型经济高地,支持郑州建设航空港、国际陆港,开展跨境贸易电子商务试点,提升"郑欧班列"品牌。实施"一带一路"战略,党中央、国务院对郑州寄予厚望。

西安

打造"一高地六中心"。

西安以深化与中亚地区交流合作为重点，调整发展思路，着力打造"一高地六中心"，即丝绸之路经济带开发开放高地，金融商贸物流中心、机械制造业中心、能源储运交易中心、文化旅游中心、科技研发中心、高端人才培养中心。《关于加快建设丝绸之路经济带新起点的实施方案》确定了五个方面的工作思路：深化亚欧合作，促进政策沟通；建好西安枢纽港，促进道路联通；聚集生产要素，促进贸易畅通；构建"丝路"金融中心，促进货币流通；打好"丝路"文化牌，促进民心相通，努力把西安建成丝绸之路经济带上最具发展活力、最具创新能力、最具辐射带动作用的中心城市。

兰州

建设"一带一路"综合经济走廊。

依托经济、文化、生态战略平台，以重要节点和保税物流区、国际空港、国际陆港为支撑，推进铁、陆、航多式联运，建设连通内陆及东部沿海、西南及长江经济带、华北及京津冀经济区，服务全国、面向"一带一路"的综合经济走廊和物流集散大枢纽。

新疆

打造"末梢"新疆成"前沿"。

新疆地处亚欧大陆地理中心，是向西开放的桥头堡，是丝绸之路经济带上的重要节点和核心地区。新疆周边同8个国家接壤，目前有17个国家一类口岸以及喀什、霍尔果斯两个国家级经济技术开发区。新疆具有向西开放的独特优势，既可以服务周边国家，又可以服务沿线各省区市，发挥丝绸之路经济带核心区的特殊作用。

建设丝绸之路经济带，企业是主体，市场需求是关键，共赢是目标，新疆已经取得一些较好的进展。特变电工、广汇集团、三一重工、陕汽集团、东风汽车等一些企业在格鲁吉亚、哈萨克斯坦、塔吉克斯坦、印度等国家都建设了工业园区。这说明打造丝绸之路经济带核心区，企业是主体，联手可共赢，新疆大有可为。

中亚

中亚即亚洲中部地区，包括哈萨克斯坦、土库曼斯坦、吉尔吉斯斯坦、乌兹别克斯坦、塔吉克斯坦和阿富汗。

中国"一带一路"战略让中亚搭上顺风车。

从经济合作上看，中国与中亚国家有着共同的利益。双方在资源构成、产业结构和工农业产品等方面互补性很强，活跃的商品交易和服务贸易将使双方贸易规模持续扩大，从而带动各国产品生产和服务的发展，提高就业水平。

中亚国家具有丰富的油气、矿产等资源和廉价的劳动力，而中国是最理想的市场。双方土地接壤也为产品运输提供了便利条件。数据显示，中国已成为哈萨克斯坦、土库曼斯坦第一大贸易伙伴，乌兹别克斯坦、吉尔吉斯斯坦的第二大贸易伙伴。中国与中亚密切的经济联系为中亚参与实施"一带一路"提供了现实支撑。

近年来，中国与中亚国家的互联互通取得明显进展：沿陇海铁路、兰新铁路深入中亚地区的铁路干线成为新亚欧大陆桥的重要组成部分；中国已经开通直达哈萨克斯坦、乌兹别克斯坦、塔吉克斯坦的航线；"丝路经济带"首个实体平台——中哈物流合作基地项目一期于2014年5月正式在连云港启动。

中国倡议设立"丝路"基金、亚洲基础设施投资银行等一系列具体步骤，将使中亚五国及其他周边国家实实在在得益于中国改革发展的红利。"一带一路"战略构想正在从蓝图逐渐变成现实。

欧洲

概括起来，"一带一路"给欧洲带来八大机遇。

1. 欧洲经济振兴的机遇

欧洲经济尚未完全走出欧债危机的影响，又遭受乌克兰危机的打击，欧央行不得不推出欧版量化宽松政策，导致欧元不断贬值。为提振欧洲经济，提升欧洲经济竞争力，欧委会提出3510亿欧元的战略基础设施投资计划——"容克计划"。"容克计划"完全可以和"一带一路"对接，推动欧亚互联互通建设，帮助欧洲经济复苏。

2. 欧亚大市场建设和文明复兴的机遇

鉴于欧债危机、乌克兰危机严重冲击欧洲大市场建设成果，欧洲人日渐认识到，只有涵盖俄罗斯的欧亚大市场建设才能平衡好安全与发展的问题，以欧亚文明复兴带动欧洲振兴，是历史的选择。

3. 欧洲地区融合的机遇

"一带一路"的实施，使得中东欧成为中国在欧洲的新门户，尤其是波兰、希腊、巴尔干，匈塞铁路、比雷埃夫斯港成为"16+1"合作的拳头产品，连接陆上与海上丝绸之路的桥梁。"一带一路"倡导的包容性发展，促使中国沿边十几个省份，建立起与欧洲各地区的紧密经贸、投资联系，是欧洲地区融合的机遇。

4. 欧俄和解的机遇

"一带一路"超越古代丝绸之路，特别注重将俄罗斯的远东大开发项目等包容进来，取道莫斯科，与欧亚经济联盟、独联体集体安全组织、上海合作组织等地区架构兼容，目的在于吸纳俄罗斯。将欧亚经济联盟与欧盟对接，是化解乌克兰危机，求得欧洲长治久安的明智之举。

5. 欧盟更便捷参与亚太事务的机遇

"一带一路"让欧洲从陆上、海上同时与亚洲铆合在一起，增加了欧洲参与亚太事务的便利性，也将增加欧盟抓住亚太发展机遇的能力，拓展欧盟在亚太地区的影响力。

6. 提升欧盟全球影响力的机遇

"一带一路"沿线国家，不少是欧洲的前殖民地，故此强调与欧盟的大周边战略对接。这样，汲取欧洲在全球治理、地区治理方面的经验、做法十分必要。"一带一路"是绿色、环保、可持续的，是按照市场化运作和国际规范进行的，这些都是欧洲规范性力量所强调的，本身就体现了欧洲的软实力。

7. 中欧全面战略伙伴关系进一步充实的机遇

在《中欧合作2020战略规划》基础上，中欧正在谈判双边投资协定（BIT），甚至考虑在此基础上研究中欧FTA（自由贸易协定）可行性。"一带一路"计划为此带来更大动力，推动中欧"四大伙伴"——和平伙伴、增长伙伴、改革伙伴、文明伙伴关系的发展。"渝新欧""郑新欧""义新欧"等13条欧亚快线铁路网越来越将中欧铆在一起发展。围绕建设21世纪海上丝绸之路，海洋合作将成为中欧合作新亮点。围绕建设信息丝绸之路，互联网领域的合作也会成为中欧合作的新亮点，完全可以发展为中欧新的机制对话。

8. 跨大西洋关系平衡发展的机遇

"一带一路"强调开放、包容，不排斥域外国家，不谋求势力范围，不搞军事扩张。如今，"一带一路"增加了欧洲向东看的选择，改变了欧洲相对于美国的被动地位，平衡发展跨大西洋关系。

总的来说，从中国出发，欧洲是"一带一路"的终点站。因此，欧洲国家应该认识到，"一带一路"包括铁路、公路等基础设施，还有油气管道、电网、互联网、航线等，是多元网络，是中国对接欧洲、连接欧亚大市场的重要计划，帮助欧洲与中国携手重新塑造世界。

三、建设策略

连云港

连云港将在向东开放上下更大功夫，按照"重点突破日本、夯实做大韩国、巩固深化港澳台和东南亚"的基本思路，进一步扩大与海上丝绸之路沿线国家和地区的经贸文化合作与友好往来。"十三五"时期仍然是连云港发展的重要机遇期。"一带一路"、江苏沿海开发等国家战略的深入实施，将为推动连云港开放发展、创新发展提供巨大的动力，创造良好的条件，带来广阔的空间。

郑州

郑州目前已经拥有了多式联运的突出优势，交通物流中心的节点功能业已凸显。目前，郑州正在与丝绸之路经济带沿线国家共谋合作愿景，共同建设物流、贸易、电子商务等经济合作示范区，打造多个互利共赢、合作发展的平台和载体。有理由相信，随着合作的深入、交往的密切，这些愿景将变为现实。

兰州

充分发挥兰州综合性交通枢纽、西部商贸中心和区域物流中心的地位作用，优化布局，利用在建的兰州铁路综合货场、东川国际物流园区等基础设施，加快兰州国际港务区建设，建设兰州中欧货运班列编组枢纽和物流集散中心，打造中欧运输中转中心城市。

新疆

在"一带一路"的战略中，发挥新疆独特的区位优势和向西开放的重要窗口作用，深化与中亚、南亚、西亚等国家交流合作，形成丝绸之路经济带上重要的交通枢纽、商贸物流中心和文化科技中心，打造丝绸之路经济带核心区。

中亚

中亚有丰富的油气、矿产和旅游资源，但由于地处内陆，交通不便，地区经济发展水平与东亚和欧洲存在差距。对于中亚国家而言，"一带一路"将使中亚受限于交通不便的地缘劣势转变为优势。"丝路经济带"则不仅有可能把中亚变成连接亚太和欧洲的便捷通道，还为拓展中亚各国与外界的联系、扩大国际合作带来可能。

近年来，中国与中亚国家的互联互通取得明显进展：沿陇海铁路、兰新铁路以及中哈（连云港）物流基地铁路专线等深入中亚地区的铁路干线成为新亚欧大陆桥的重要组成部分；依托新亚欧大陆桥开行出口国际班列，构建并畅通了欧亚的国际物流运输大通道，是"一带一路"建设发挥区位优势的必然选择，同时也抓住了中亚各国的战略机遇，成为服务"一带一路"建设的重要环节。

欧洲

2015年，中欧建交40周年之际，双方决定推进"一带一路"，倡议同"欧洲投资计划"等发展战略对接，组建中欧共同投资基金、互联互通平台等，进一步确立了中欧务实合作的新框架。如今，中欧关系正处于历史发展最好时期，面临前所未有的历史机遇。

让人欣喜的是，欧盟高达3150亿欧元规模的"容克计划"与"一带一路"正探索中欧发展战略对接，中国和中东欧国家"16+1"合作与"一带一路"正实践对接，德国正筹划"工业4.0"与"中国制造2025"对接机制。"一带一路"将重新塑造中国和欧洲的地理经济，充分挖掘亚欧大陆市场的巨大潜力。

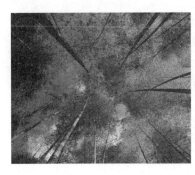

第六章 21世纪新丝绸之路

21世纪海上丝绸之路，是2013年10月习近平总书记访问东盟时提出的战略构想。

中国海上丝绸之路自秦汉时期开通以来，一直是沟通东西方经济文化交流的重要桥梁，而东南亚地区自古就是海上丝绸之路的重要枢纽和组成部分。习近平总书记基于历史，着眼于中国与东盟建立战略伙伴10周年这一新的历史起点上，为进一步深化中国与东盟的合作，构建更加紧密的命运共同体，为双方乃至本地区人民的福祉而提出21世纪海上丝绸之路的战略构想。同时，21世纪海上丝绸之路是中国在世界格局发生复杂变化的当前，主动创造合作、和平、和谐的对外合作环境的有力手段，为中国全面深化改革创造良好的机遇和外部环境。

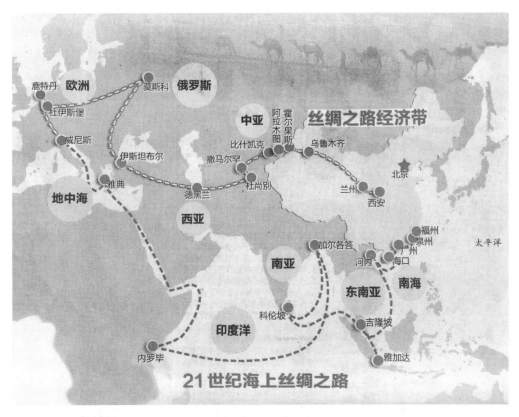

21世纪新丝绸之路

一、概述

1. 历史背景

丝绸之路起始于古代中国，是连接亚洲、非洲和欧洲的古代商业贸易路线，最初的作用是运输中国古代出产的丝绸、瓷器等商品,后来成为东方与西方之间在经济、政治、文化等方面进行交流的主要道路。从运输方式上,丝绸之路主要分为陆上丝绸之路和海上丝绸之路。

海上丝绸之路,是指古代中国与世界其他地区进行经济文化交流交往的海上通道,最早开辟于秦汉时期。从广州、泉州、福州、杭州、扬州等沿海城市出发,抵达南洋和阿拉伯海,甚至远达非洲东海岸。其中,广州从3世纪30年代起已成为海上丝绸之路的主港,唐宋时期成为中国第一大港,明清两代为中国唯一的对外贸易大港,是中国海上丝绸之路历史上最重要的港口,是世界海上交通史上唯一的2000多年长盛不衰的大港,可以称为"历久不衰的海上丝绸之路东方发祥地"。

2. 时代背景

海洋是各国经贸文化交流的天然纽带,共建21世纪海上丝绸之路,是全球政治、贸易格局不断变化形势下,中国连接世界的新型贸易之路,其核心价值是通道价值和战略安全。尤其在中国成为世界上第二大经济体、全球政治经济格局合纵连横的背景下,21世纪海上丝绸之路的开辟和拓展,无疑将大大增强中国的战略安全。21世纪海上丝绸之路和丝绸之路经济带、上海自贸区、高铁战略等都是基于这个大背景下提出的。

21世纪海上丝绸之路的战略合作伙伴并不仅限与东盟,而是以点带线,以线带面,增进同沿边国家和地区的交往,串起连通东盟、南亚、西亚、北非、欧洲等各大经济板块的市场链,发展面向南海、太平洋和印度洋的战略合作经济带,以亚欧非经济贸易一体化为发展的长期目标。由于东盟地处海上丝绸之路(以下简称"海丝")的十字路口和必经之地,将是新"海丝"战略的首要发展目标,而中国和东盟有着广泛的政治基础和坚实的经济基础,21世纪"海丝"战略符合双方共同利益和共同要求。

自2003年中国与东盟建立战略伙伴关系以来,携手开创了"黄金10年"。中国东盟博览会连续举办10年,以经济合作为重点,逐渐向政治、安全、文化等领域延拓,在应对国际金融危机和抗击重大灾害中守望相助、同舟共济,形成了合作交流的良好局面。2010年,中国—东盟自贸区建成,中国成为东盟第一大贸易伙伴,东盟成为中国第三大贸易伙伴,以自贸区升级为标志,关系已进入成熟期,合作已进入快车道。21世纪海上丝绸之路作为重要推力和载体,将从规模和内涵上进一步提升双方贸易政治关系。

随着美国经济模式向出口推动型转变,亚太多国均面临出口市场萎缩的巨大压力,加快建设中国东盟自贸区已成为共识。

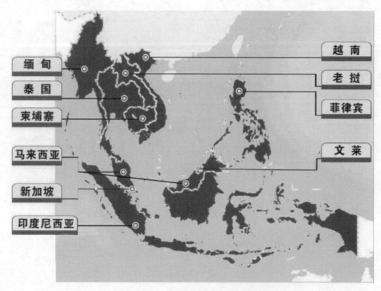

东盟成员国

3. 国际背景

进入21世纪，特别是2008年全球金融危机后，中国在全球经济中的作用开始凸显，政治地位也明显提升，并被看作下一个超级大国。因此，美国在建立"两国集团"（G2）或"中美国"（Chimerica）的愿望落空后，转而实行"重返亚太"或"转向亚洲"（pivot to Asia），并在2013年调整为"亚太再平衡"。客观地看，再平衡政策是盎格鲁－撒克逊的传统地区战略，迥异于"冷战"时期的对苏遏制战略。但从安全与经济角度看，中国显然是美国再平衡的主要对象。

4. 国内背景

在经济方面，2008年11月推出的"四万亿计划"负面效果日益凸显：大量产能过剩，银行不良贷款率明显增多，经济结构调整缓慢，外汇储备增势难止。从政治与安全角度看，对中国来说，海上的周边国家包括韩国、日本及南海沿岸国家。中日未来几年大幅度改善政治与安全关系的可能性不大，中韩之间的关系也由于一些众所周知的原因而存在较大变数，考虑到欧美经济复苏缓慢、市场饱和、贸易保护主义抬头，中国需要培育与开发欧美以外的市场，以保持外贸增长，转移过剩产能，减少外汇储备。在周边国家实施这些计划，让它们进一步分享中国经济增长的成果，无疑是双赢的选择，值得优先实施。外交与安全领域，也需要突破美国的"亚太再平衡"战略，构筑中国自己的安全空间与机制，而从周边开始同样是基于现实的选择。

综上所述，新一届中国政府在经过一段时间的酝酿后，由习近平主席在2013年9月初访问哈萨克斯坦时，提出建设涵盖近30亿人口的"丝绸之路经济带"；同年10月初，在习近平主席访问印度尼西亚时，提出与东盟国家共同建21世纪海上丝绸之路，并在10月底召开了规模空前的周边外交工作座谈会，确定了今后10年周边外交工作的战略目标、工作思路与实施方案。

因此，"一带一路"是中国作为有全球影响力的地区大国，在崛起为世界大国的过程中，针对大周边地区而实行的一项中期战略，旨在和平地突破美国的"亚太再平衡"这一"战略紧身衣"，由近及远地构筑涵盖大周边的区域性政治安全经济网络，其中经济是领域重心，小周边是区域重心。

5. "一带一路"的原则

"一带一路"建设秉承共商、共享、共建原则。

（1）恪守联合国宪章的宗旨和原则。遵守和平共处五项原则，即尊重各国主权和领土完整、互不侵犯、互不干涉内政、和平共处、平等互利。

（2）坚持开放合作。"一带一路"相关的国家基于但不限于古代丝绸之路的范围，各国和国际、地区组织均可参与，让共建成果惠及更广泛的区域。

（3）坚持和谐包容。倡导文明宽容，尊重各国发展道路和模式的选择，加强不同文明之间的对话，求同存异、兼容并蓄、和平共处、共生共荣。

（4）坚持市场运作。遵循市场规律和国际通行规则，充分发挥市场在资源配置中的决定性作用和各类企业的主体作用，同时发挥好政府的作用。

（5）坚持互利共赢。兼顾各方利益和关切，寻求利益契合点和合作最大公约数，体现各方智慧和创意，各施所长，各尽所能，把各方优势和潜力充分发挥出来。

根据《推动共建丝绸之路经济带和21世纪海上丝绸之路的愿景与行动》，提出：发挥新疆独特的区位优势和向西开放重要窗口作用，深化与中亚、南亚、西亚等国家交流合作，形成丝绸之路经济带上重要的交通枢纽、商贸物流和文化科教中心，打造丝绸之路经济带核心区。

利用长三角、珠三角、海峡西岸、环渤海等经济区开放程度高、经济实力强、辐射带动作用大的优势，加快推进中国（上海）自由贸易试验区建设，支持福建建设21世纪海上丝绸之路核心区。

充分发挥深圳前海、广州南沙、珠海横琴、福建平潭等开放合作区作用，深化与港澳台合作，打造粤港澳大湾区。

推进浙江海洋经济发展示范区、福建海峡蓝色经济试验区和舟山群岛新区建设，加大海南国际旅游岛开发开放力度。加强上海、天津、宁波－舟山、广州、深圳、湛江、汕头、青岛、烟台、大连、福州、厦门、泉州、海口、三亚等沿海城市港口建设，强化上海、广州等国际枢纽机场功能。以扩大开放倒逼深层次改革，创新开放型经济体制机制，加大科技创新力度，形成参与和引领国际合作竞争新优势，成为"一带一路"特别是21世纪海上丝绸之路建设的排头兵和主力军。发挥海外侨胞以及香港、澳门特别行政区独特优势作用，积极参与和助力"一带一路"建设。为台湾地区参与"一带一路"建设做出妥善安排。同时，对沿海诸市的定位是：加强沿海城市港口建设，强化国际枢纽机场功能。

二、发展目标

（1）建设21世纪海上丝绸之路，需要把沿线各国人民的利益、命运紧密联系在一起，更需要把"丝路"精神传播出去、传承下去，使古老的海上丝绸之路重现昔日辉煌。

（2）建设21世纪海上丝绸之路，必须明确目标与定位。中国社会科学院院长王伟光指出，中国提出共同建设21世纪海上丝绸之路，是为了适应经济的新形势，扩大与沿路国家的利益互惠，与沿路各国共同打造政治互信、经济融合、文化包容、互联互通、互利共赢的命运共同体，实现沿路国家和地区的共同发展、共同繁荣。

此后，习近平主席在参加G20峰会、上合组织首脑峰会期间以及在其他不同场合，多次提到"命运共同体"这一概念。打造命运共同体，实际上是建设21世纪海上丝绸之路战略构想的进一步深化。这一目标的提出，表达了中国愿与世界其他国家携手共建、同舟共济，实现互惠互利、共同发展的良好意愿，符合历史发展潮流，具有创新意义和现实意义。

（3）建设21世纪海上丝绸之路，必须筑牢政治互信。国务院新闻办公室主任蒋建国指出，无论是朋友之间相处，还是国与国之间交往，都要相互尊重、相互信任。海上丝绸之路沿线各国历史文化不同、发展水平各异、利益诉求多元，尤其需要我们真诚相待、坦诚相见，尊重各自的道路选择，尊重各自资源禀赋差异，求同存异、求同化异，扩大政治互信。只有这样，我们才能在建设21世纪海上丝绸之路的道路上，一起走得稳、走得远、走得好。

（4）建设21世纪海上丝绸之路，必须立足务实合作。中国社会科学院院长王伟光谈道，进入21世纪后，世界各国以海洋为纽带，在市场、技术、信息等方面的交流更加频繁，一个更加注重海洋合作与发展的时代已经到来。近年来，中国与东南亚、南亚、中亚、西亚、非洲等国家和地区的经贸关系日趋紧密，与东盟的贸易额已超过4000亿美元，有望在2020年突破1万亿美元大关。中国与印度、巴基斯坦、斯里兰卡等印度洋沿岸国家的双边贸易额稳步增长。中国作为世界第二大经济体，不仅对外输出资金、技术和投资项目，而且通过各种方式不断增进与各国各地区多层次多领域的交流，取得了显著成果。王伟光的结论是，毫无疑问，在世界经济走势持续低迷、充满风险和变数的今天，建设21世纪海上丝绸之路的积极作用和实践价值是不言而喻的。

（5）建设21世纪海上丝绸之路，必须坚持和平发展。国务院新闻办公室主任蒋建国指出，中国人历来崇尚"己所不欲、勿施于人"，强调"以和为贵""和气致祥""和气生财"。海上丝绸之路开创的和平航海模式，使得不同种族、不同信仰、不同文化背景的国家能够共享和平、共同发展，这是海上丝绸之路持续数个世纪繁荣兴盛的根本保证。中国自古就是世界和平的坚定维护者，发展壮大后的中国依然是维护世界和平、推动世界进步的中坚力量。中国人民愿意和沿线各国人民一道，共同维护人类良知和国际公理，使和平、和谐、和睦成为21世纪海上丝绸之路的主旋律。中国社会科学院院长王伟光指出，30多年改革开放的实践证明，中国要发展，必须创造良好的外部环境，走和平发展道路；必须维护世界和平，促进各国共同发展。这是当今时代的客观要求，也是中国人民的庄严承诺。

（6）建设21世纪海上丝绸之路，必须强调形成合力。新华社社长蔡名照指出，21世纪海上丝绸之路承载着中国人民和各国人民的共同梦想。建设好21世纪海上丝绸之路，需要沿线各国人民共同为之努力。媒体是信息传播的载体和文化交流的使者，对增进各国人民之间的相互了解和友谊，发挥着不可替代的作用。媒体要做21世纪海上丝绸之路建设进程的真实记录者、积极推动者，增进沿线各国人民的认知认同，加深各国人民友谊，凝聚起共商共建共享的强大力量。

福建社会科学院院长张帆则提出，21世纪海上丝绸之路建设属于跨区域、跨部门、跨领域合作，涵盖基础设施、经贸合作和人文交流等各个领域，不仅参与主体多元，需要发挥政府主导作用和民间主体地位，而且研究领域涉及政治学、历史学、社会学等众多学科，需要从多角度、多领域和多视野开展深入研究，集合各学科专家学者的智慧，共同探讨21世纪海上丝绸之路建设路径，找到共同利益交会点，增进合作共识，拓宽合作领域，实现优势互补、共赢发展，不断拓展地缘利益空间。

2013年11月，党的十八届三中全会审议通过的《中共中央关于全面深化改革若干重大问题的决定》明确提出："加快同周边国家和区域基础设施互联互通建设，推进丝绸之路经济带、海上丝绸之路建设，形成全方位开放新格局。"2013年12月召开的中央经济工作会议提出，要不断提高对外开放水平，"建设21世纪海上丝绸之路，加强海上通道互联互通建设，拉紧相互利益纽带"。可见，21世纪海上丝绸之路建设，已上升到国家战略层面，并在不断向前推进和落实。

中国政府在当前提出建设21世纪海上丝绸之路，具有如下有利条件。

（1）中国的经济实力。当前，中国是世界第二大经济体，而且中国的经济实力还在以较快的速度提升。作为世界经济最重要的动力源，中国跟过去相比，具有更强的战略资源动员和投入能力。随着中国经济结构的升级换代和内需的扩大，中国可以向相关国家提供大量产品，并向其开放国内的庞大市场。这使中国与相关国家的经济合作拥有越来越广阔的前景，从而能够吸引更多外部国家的参与。

（2）中国所具有的地缘优势。中国是世界上邻国最多的国家之一，有14个陆上邻国，6个海上邻国，还有一些不接壤的邻国。实际上，中国的不少近邻国家，如越南、菲律宾、马来西亚、文莱、印度尼西亚、泰国、新加坡、柬埔寨、缅甸、印度、巴基斯坦等，本身就是海上丝绸之路的沿线国家。周边外交新局面的开拓，以及中国对周边地区的进一步经营，将对21世纪海上丝绸之路建设起到重要促进作用。

（3）中国是当前国际体系转型过程中的最重要变量。由此导致一个结果：中国的任何行动和倡议，都很容易被国际社会以夸大的方式来加以解读。这带来了不少挑战，但如果能够善加利用，也有其有利之处，主要体现在，当中国提出新的倡议和设想时，更可能受到国际社会的重视和关注。如果我们能够对国际社会的重视与关注善加利用，并在21世纪海上丝绸之路建设的早期，拿出能让国际社会感到信服的成果，则可以为21世纪海上丝绸之路建设创造更有利的国际环境和外部条件。

（4）对于21世纪海上丝绸之路建设，中国总体上是通过和平合作、互利共赢、开放包容的方式推进。这既符合全球化背景下的时代特色，也符合大多数相关国家的利益。通过海上丝绸之路，中国为相关国家和地区提供更多的经济与安全公共产品，实现与有关国家利益上的双赢与多赢，有助于更好地激发相关国家的积极性，使它们的需求和渴望与我们的战略目标更好地相契合。

21世纪海上丝绸之路建设，对中国、对世界都具有重要的战略价值，但它的建设过程可能并不会一帆风顺。从策略上说，下面几个方面值得我们加以注意。

（1）21世纪海上丝绸之路建设是一个长期过程，它的建设没有固定的时间表。我们要量力而行、顺势而为，有些具体项目没有必要在不具备条件的情况下强行推进，导致"欲速则不达"的后果。不能指望中国提出的倡议，即使是对国际社会十分有益的倡议，在国际社会会轻而易举地产生一呼百应的效果，要有其他国家可能会采取观望态度，在建设早期不太积极、投入不足的思想准备。

（2）政府主导，市场运作。从根本上说，海上丝绸之路主要是提供一个通道和平台，它的发展与繁荣需要大量民间力量的自发参与，让民间力量根据市场需求、自身兴趣自主运作，这样才能更好地达到互利共赢的目的。在当前阶段，政府要发挥第一推动作用。但从长期来说，还是要更多地依靠市场的力量、民间的力量，使海上丝绸之路能够真正给相关国家带来重要利益，使它仅仅依靠民间的力量就可以自我持续。只有这样，海上丝绸之路的长期基础才更加稳固，通过它取得的成果才不会轻易被某些国家的消极政策和反对措施所逆转。

（3）以开放的，而不是排他的态度来推进。广泛地从国际社会吸取各种支持力量，把这些力量更有效地凝聚起来，避免在建设过程中产生较高程度的对抗性。

（4）先易后难，合力推进。推动海上丝绸之路建设，需要不同的政府部门，以及政府部门与民间力量的通力合作；同时，需要从经济、社会、文化、民间交流等不同方面的共同努力，使这些努力能够发挥相互配合、互相推动的效果。应努力避免各部门自行其是、互不通气，甚至各搞一摊的状况出现，这需要在21世纪海上丝绸之路建设过程中，建立起有效的沟通和协调机制。

建设21世纪海上丝绸之路是一个庞大的系统工程，如何在这个过程中更好地发挥相关国家内在的主动性，产生国际国内积极联动的效果，是需要随时加以关注的一个重要方面，也是其最终获得成功的根本保证。

三、建设策略

（1）加强政府往来，增进沟通了解，巩固和深化与相关国家在经济、贸易、能源、金融、服务、基础设施等领域的合作，共同建立跨境经济合作区，完善当地基础设施建设，在区内实行更加自由便利的贸易、投资及物流政策，利用双方的互补优势开展各项经济合作，促进地区繁荣。

（2）建立完善基础设施互联互通，推动合作交流国际化，以海洋经济为突破口，共同建立海洋养殖合作基地，探索产业园区双向投资，健全常态化的合作交流机制；构筑双方海上互联互通网络，开拓港口、海运物流和临港产业等领域合作，积极发展好海洋合作伙伴关系。

（3）全面拓宽对外开放合作格局，促进共同发展，抓好信息、通关、质检等制度标准的"软件衔接"，推动政策沟通、道路联通、贸易畅通、货币流通、民心相通，为企业创造更为便利的原产地证书申领和核准环境，推动优惠政策的更好落实。加强与各国海关和签证机构的沟通与合作，建立国际安全合作机制，保证海路资源运输的安全，加强海上战略通道的保障能力。

（4）以海上丝绸之路建设为契机，促进产业结构调整升级，通过技术创新，提高相关产业的技术含量，实现产业升级，提升中国在国际产业分工的地位，实现共赢。

（5）全面提升海上丝绸之路学术研究水平，加强媒体间、文化间的交流与合作，做好民间友好组织的合作与交流工作，提高合作的向心力。

21世纪海上丝绸之路平行推进基础设施互联互通、产业金融合作和机制平台建设，加快实施自由贸易区战略，加深沿线区域经贸合作，加强安全领域交流与合作，筹建亚洲基础设施投资银行，加强基础文化建设，优先发展海上互联互通，在港口航运、海洋能源、经济贸易、科技创新、生态环境、人文交流等领域，促进政策沟通，道路联通，贸易畅通，货币流通，民心相通，携手共创区域繁荣。

21世纪海上丝绸之路的内涵和战略意义。

21世纪海上丝绸之路建设的核心，不在于作为物质载体的相对固定的有形道路，而在于历史上中外之间通过海洋进行的源远流长的物质、文化交往中所蕴含的精神和文化。此外，海上丝绸之路的内涵并不是僵化不变的，而是不断填充时代内容，不断体现新的时代内涵，从而始终处在动态演化过程之中。21世纪海上丝绸之路是一个具有深厚历史渊源，同时具有浓厚时代色彩的概念。

21世纪海上丝绸之路在未来中国的总体外交布局中，具有重要的战略意义，这体现在以下几个方面。

（1）21世纪海上丝绸之路是新时期中国外交总体布局的一个重要组成部分。2013年10月，中央周边外交工作座谈会召开，意味着周边外交在中国外交总体布局中的地位得到进一步提升，也意味着未来一个时期中国外交的主攻方向进一步明朗。

近两年来，中国外交表现出颇为强劲的开拓精神。在这样一种精神状态下，需要进一步厘清的是，未来一个时期中国外交要着力开拓的方向、领域，以及在这个过程中将采取的主要行为方式。在继续重视大国关系、进一步提升对周边的重视程度的前提下，中国外交表现出"重视周边，但不局限于周边"的特点。丝绸之路经济带和21世纪海上丝绸之路，两者的共同特点，是以中国及其周边为依托，通过两条重要的纽带，把中国的影响力、中国发展带来的机遇，更好地辐射到更广泛的区域。

从现实条件上说，虽然周边命运共同体、丝绸之路经济带、21世纪海上丝绸之路三者的建设，在现实情况的复杂性、建设条件的成熟度、推进的难易等方面存在差异，但作为中国外交的顶层设计，周边、陆上、海上，每一个方面都具有不可或缺的价值。这三个方面的宏观战略规划，特别是三方面的相互配合，有助于中国外交在"以我为主"的前提下打开局面，支撑起中国外交作为大国外交的基本格局。从长远来说，如果周边命运共同体建设、"一带一路"建设取得可喜的成就，那么中国在世界上的大国地位基本就能够得到有效确立。

（2）21世纪海上丝绸之路与中国成为海洋强国的进程相匹配。党的十八大报告提出，要提高海洋资源开发能力，发展海洋经济，建设海洋强国。建设海洋强国是中国实现与世界的共同发展，走向世界强国的必由之路。当前，中国经济已发展成高度依赖海洋的外向型经济，海洋经济成为拉动中国国民经济发展的有力引擎，未来中国对海洋资源、海洋空间的依赖程度会继续提高；同时，中国的海洋权益也需要不断加以维护和拓展。这都需要通过建设海洋强国加以保障。

从地缘上说，中国既拥有广阔的内陆腹地，也有着漫长的海岸线。中国所具有的总体实力和地缘特点，决定了其将是一个陆海复合型强国。在中华民族伟大复兴过程中，中国要进行一个规模巨大的海洋转型，这一转型的首要动力来自"冷战"后中国史无前例的外向型发展。陆海复合型国家对外战略的一个重要方面，在于追求陆地与海洋的平衡。丝绸之路经济带、21世纪海上丝绸之路，虽然在建设过程中有先有后，建设速度有快有慢，但从宏观上看，两者在大体相近的时间内被相继提出并加以推进，有助于在中国和平发展的过程中，实现陆海之间的动态平衡，进而盘活中国外交的总体布局。

（3）21世纪海上丝绸之路是中国对外开放战略的重要组成部分。

自1978年以来，经过近40年的改革开放，中国全方位、多层次、宽领域的对外开放基本格局已经形成。21世纪海上丝绸之路建设可以对中国开放型经济体系起到补充、完善和进一步提升的作用。

新时期海上丝绸之路建设，高度契合了国际体系中全球化深入发展的趋势。同时，日新月异的现代运输工具和信息技术的进步，也提供了不断加强中国与海上丝绸之路沿线国家多方面联系的物质条件。与相关国家共同建设21世纪海上丝绸之路，能够密切中国与亚洲、欧洲和非洲各国经贸合作关系，弥补中国由于过去在海洋开拓方面的局限而导致的与相关国家合作不够广泛和深入的状况，进一步完善中国全面开放的对外关系格局。

（4）21世纪海上丝绸之路是中国外交许多新理念的重要试验场所，是不同文明相互交往的重要渠道。

中华文化具有深厚的底蕴，中国与周边、与世界的物质文化交流源远流长。21世纪海上丝绸之路建设涉及30多个国家，包含了不同的文明、不同的政治制度、不同的经济发展水平，国与国之间存在巨大差异，如何在这些国家之间进行有效的合作，本身就是国际关系史上一次重要的实践。

近些年来，中国在国际社会中提出了许多重要的外交理念，例如，命运共同体、亚洲新安全观、"睦邻、安邻、富邻"的睦邻外交政策、"亲、诚、惠、容"的周边外交理念、中非合作"真、实、亲、诚"的四字箴言、太平洋梦、亚洲梦，等等。21世纪海上丝绸之路建设，为这些理念提供了良好的试验场所。这些理念也只有通过中国与世界不同国家不断深入的合作过程，才能真正体现其生命力和价值。

从总体上看，21世纪海上丝绸之路的提出，具有重大的远景战略规划意义，它是中国向国际社会释放的一个信号，也是中国未来会逐渐投入战略资源加以实践的重要方向。中国对国际社会释放的这个信号，有助于激活海洋领域中国与世界上更多国家之间的深度合作，在海洋方向找到经济合作，乃至政治合作、安全合作的突破口，使中国未来的和平发展处于更有利的战略态势。海上丝绸之路的建设，可以把中国的国际影响力更好地拓展出去，并提升中国在印度洋、中东、西亚、北非、东非等地区的话语权。

Volume Ⅶ
第七卷

五大江河经济带
Five-River Economic Belts

人类自诞生始,与江河湖泊的关系就源远流长,以至于沿海(河)文化和内陆文化交织相融,共同促进了人类的进步,也在一定程度上奠定了人类文明的基础。追溯历史可知,埃及的尼罗河、中西非的刚果河、美国最大的河流密西西比河、南美洲北部的亚马逊河、西欧第一大河莱茵河以及中国境内的父亲河——长江,都是现代文明的刻画者。这些流域经过的区域或城市无一不是现代化进程中发展最快的地带,以及经济发展最有潜力的地区。

2016年4月12日,国际货币基金组织(IMF)发布了《世界经济展望》报告。此报告显示,2015年世界GDP总量为77.3万亿美元,总人口为73.16亿,人均GDP为10138美元。而五大江河经济带(尼罗河经济带、刚果河经济带、密西西比河经济带、亚马逊河经济带、莱茵河经济带)的经济实力(按流经国家来计算)为全球经济总量的41.84%,若加上长江经济带(包括整个中国),对全球贡献率则为56.05%。表7-1显示了2015年五大江河经济带GDP和贡献情况。

表7-1 2015年五大江河经济带GDP和贡献率统计

江河经济带	河流长度（公里）	主要国家	GDP排名	人均GDP排名	国内生产总值（亿美元）	人口（万人）	人均GDP（美元）
全球					773 000		10 138
IMF成员国					731 709.85		
尼罗河经济带	6 650	埃塞俄比亚	72	172	616.29	8 976	575
		厄立特里亚	152	171	46.66	672	695
		苏丹	66	133	836.12	3 844	1 979
		南苏丹	161	189	26.27	1 189	221
		乌干达	103	174	247.40	3 989	725
		坦桑尼亚	85	162	449.04	4 768	1 005
		肯尼亚	73	148	614.05	4 423	1 415
		卢旺达	141	170	82.67	1 130	722
		布隆迪	160	188	28.81	942	336
		埃及	32	117	3 307.65	8 843	3 303
		经济带小计			6 254.96	38 776	1 613
		GDP全球比率			0.81		
刚果河经济带	4 700	刚果（金）	89	181	388.73	8 168	437
		刚果（布）	137	137	88.78	437	2 032
		中非共和国	168	187	16.05	479	335
		安哥拉	61	106	1 029.79	2 512	4 100
		喀麦隆	99	156	284.78	2 311	1 232
		赞比亚	106	149	218.89	1 621	1 350
		经济带小计			2 027.02	15 528	1 305
		GDP全球比率（%）			0.26		

（续上表）

江河经济带	河流长度（公里）	主要国家	GDP排名	人均GDP排名	国内生产总值（亿美元）	人口（万人）	人均GDP（美元）
密西西比河经济带	6 275	美国	1	6	179 470.00	32 160	55 805
		加拿大	10	17	15 523.86	3 583	43 332
		经济带小计			194 993.86	35 743	54 554
		GDP全球比率（%）			25.23		
亚马逊河经济带	6 400	巴西	9	74	17 725.89	20 445	8 670
		秘鲁	49	89	1 921.41	3 191	6 021
		玻利维亚	96	126	332.10	1 151	2 886
		哥伦比亚	38	85	2 932.43	4 820	6 084
		厄瓜多尔	63	86	988.28	1 628	6 071
		委内瑞拉	43	77	2 395.72	3 093	7 745
		圭亚那	158	105	31.64	77	4 125
		经济带小计			26 327.47	34 405	7 652
		GDP全球比率（%）			3.41		
莱茵河经济带	1 320	德国	4	20	33 576.14	8 190	40 997
		法国	6	22	24 215.60	6 428	37 675
		瑞士	19	2	6 646.03	824	80 675
		荷兰	17	16	7 384.19	1 694	43 603
		奥地利	30	15	3 741.24	856	43 724
		列支敦士登			50.00	4	125 000
		意大利	8	27	18 157.57	6 080	29 867
		经济带小计			93 770.77	24 076	38 948
		GDP全球比率（%）			12.13		
长江经济带	6 300	中国	2	76	109 828.29	137 462	7 990
		GDP全球比率（%）			14.21		

数据来源：
① 根据IMF 2015年世界经济体GDP和人均GDP（2016年4月版）数据统计得出，其中列支敦士登采用的是2015年的数据。
② 经济带以国家为单位统计。尼罗河与刚果河在几国并存，将国家划入这一经济带，不重复统计。
③ 根据IMF数据，世界GDP总量按77.3万亿美元，总人口按73.16亿统计，世界人均GDP为10138美元。

简言之，很多国家都会把沿江沿河流域的经济开发作为经济发展的战略重点，通过兴建水利工程，充分利用沿江沿河流域巨大的能源蕴藏量，依托水源、土地以及其他自然资源，打造具有一定规模、分工合理、互补互给的产业密集带，从而带动整个流域的经济发展。究其原因，对于交通和贸易而言，河流从古至今都是重要的生活和商业动脉。在欧洲，没有任何一条河流能像莱茵河那样具有巨大的经济意义。所以，五大江河经济带，都是人类文明的象征。

第一章 尼罗河经济带

第一节 尼罗河经济带概况

一、简况

作为世界第一长河,尼罗河孕育了古代埃及文明。尼罗河的人工灌溉对古代埃及中央集权专制主义的加强产生了一定的影响,并且古代埃及创造的辉煌灿烂的文化,绝大多数都与尼罗河有关系。尤为重要的是,尼罗河对古代埃及经济具有极为巨大的影响。尼罗河每年定期泛滥,给埃及带来大量肥沃的土壤和灌溉水源。古代埃及人充分利用尼罗河的水利灌溉,创造了自己独特的农业生产方式,培育了不同于其他地区的农作物品种,并对税收产生了积极的促进作用。

二、地理环境与支流

尼罗河位于非洲东北部,发源于布隆迪高原,全长6650公里,是世界上最长的河流。它隶属热带草原与沙漠气候,流经非洲东部与北部,自南向北注入地中海,与中非地区的刚果河以及西非地区的尼日尔河并列非洲最大的三个河流系统。尼罗河有两条主要的支流,即白尼罗河和青尼罗河。发源于埃塞俄比亚高原的青尼罗河是尼罗河下游大多数水和营养的来源。

三、资源

尼罗河在阿斯旺的多年平均径流量为840亿立方米,即尼罗河的总水量。由于尼罗河流经不同的自然带,水资源的分布亦呈现明显的纬度地带性。流域径流资源总的趋势是由南往北递减。同时,由于非地带性因素(地形)的影响,以及尼罗河干支流各流域自然水文特性和水资源状况各有异同,并结合气候、地形等因素,整个尼罗河流域大致分为4个区域。

1. 东非高原全年丰水区

该区域范围自河源至蒙加拉,面积46.6万平方公里,地处热带雨林、稀树草原,雨量比较充沛,是流域中两大降雨中心之一。由于降雨季节分配比较均匀,加上有众多湖泊调节,径流变化较小。这一地区河床比降大,沿途多瀑布急流,有鲁苏木、欧文、卡巴雷加和富拉瀑布等。水能资源比较丰富。

2. 高原季节丰水区

除了青尼罗河、阿特巴拉河流域外,本区还包括索巴特河上游地区,面积约46.9万平方公里。

自然景观呈现垂直带谱，降雨丰沛，但季节分配很不均匀，绝大部分降雨集中在 5—9 月。干湿季节分明，河水陡涨陡落，形成明显的洪水期和枯水期。这一地区提供的水量占尼罗河干流年径流量的 89%，是尼罗河流域的主要水源。由于落差大、水量多，水能资源最为丰富。

3. 沼泽失水区

该区域范围自蒙加拉至喀土穆，包括杰贝勒河、加扎勒河、索巴特中下游以及白尼罗河等流域，面积达 89.4 万平方公里。自然景观从南往北由热带稀树草原过渡为半荒漠。

4. 水量补给区

该区域范围自喀土穆至河口（除阿特巴拉河流域外），面积达 105.1 万平方公里，自然景观为热带沙漠，降雨稀少，蒸发强烈。这是一个径流上完全依赖上游补给的沙漠失水区。在喀土穆至阿斯旺河段，河流下切很深，有 6 处瀑布，水能资源较为丰富。

四、气候条件

位于流域东南部的埃塞俄比亚高原，由于地形隆起，气候出现垂直带谱，并具有干湿季分明的特点。夏季，形成 7—9 月的"大雨期"；冬季，高原盛行来自西南亚大陆干燥的东北风，形成 10 月至翌年 2 月的干季。3—4 月，苏丹位于低压中心，从印度洋面吸引一股湿润气流，在高原大部分地区形成"大雨期"前的"小雨期"。高原是尼罗河流域最重要的降雨中心。

干燥的东非高原

流域南部，东非高原西北部不仅受来自几内亚湾湿润气流的影响，而且由于地处赤道湖区，太阳辐射强烈，对流旺盛，因此雨量充沛。这也是尼罗河流域的另一个降雨中心。

由尼穆莱往北，雨季缩短，雨量递减，等雨线基本上呈纬向分布。苏丹南部雨季出现在 4—10 月，中北部则限于 7—8 月。喀土穆、栋古拉、开罗年雨量在 25～200 毫米之间。阿西尤特以南经常终年无雨。

五、发展简史

尼罗河流域是水资源短缺的地区。限于流域内各国经济发展水平，水资源的利用仍以农田灌溉为主。随着各国经济的发展及人民生活水平的提高，水资源不足的问题将愈加突出，需要流域内各国加强合作，合理、充分开发尼罗河水资源。为此，以下将介绍尼罗河发展的五个阶段。

1. 19 世纪 20 年代前

这个时期的特点主要是发展引洪漫灌，也开始修建蓄水水库，采用自流引水和提水灌溉。

尼罗河水资源的开发利用始于沙漠失水区。在埃及，水文测量和河水开发利用至少已有 5000 年以上的历史，早在公元前 3400 年，埃及人就掌握了尼罗河定期泛滥的规律，沿尼罗河谷地引洪漫灌，发展农业，随着时间的推移逐渐形成一种传统的灌溉方法——圩垸灌溉。据说，在公元前 2700—2600 年间，埃及人曾在开罗东面 30 公里的一条被称为瓦迪加拉瓦的河上修建了一座叫埃尔发拉的坝，以拦蓄山区的洪水。很早以前，埃及就出现了吊桶汲水灌溉，但是灌溉面积不大，而且冲积物含量很低，因而不能肥田。除埃及外，苏丹北部尼罗河沿岸也发展了类似的传统灌溉农业。

2. 19世纪20年代至20世纪初

这个时期的特点是在继续引洪漫灌的同时，建闸蓄水，引枯水灌溉，提高农田复种指数。

初具规模的常年灌溉始于19世纪20年代。1826年进行了尼罗河岸改善并开挖了深渠系统，从而增加了灌溉面积。1843年，埃及决定在尼罗河上建闸，以控制、抬高枯水位进行常年灌溉并宣泄洪水。1861年，率先在开罗以北23公里罗塞塔和杜姆亚特支流上建成2座水闸，即三角洲闸。这是尼罗河最早出现的大型蓄水工程，标志着埃及的灌溉进入了一个新的时期。至20世纪初，又陆续兴建了齐夫塔、阿西尤特、伊斯纳等水闸。蓄水工程的建成和使用，使埃及在枯水期获得灌溉用水，从此，传统的圩垸灌溉开始向常年灌溉过渡。埃及的灌溉面积从1820年的126万平方百米增至1907年的227万平方百米，复种指数也相应地由1提高到1.43。

3. 20世纪60年代初

这个时期的特点是，修建调节水库，调节年内径流，提高年径流利用率，并开始对河流的综合利用。随着常年灌溉的扩大，复种指数的提高，复种作物需水量的不断增加，自然径流已不能满足灌溉的需要，于是，在亚斯文的尼罗河景观区进一步开发利用的目标就转向主要来自季节丰水区的大量汛期洪水。

苏丹独立后，又在杰济拉灌区西部开辟曼吉尔灌区。1964年，苏丹还在阿特巴拉河建成哈什姆吉尔巴水坝，开辟新的自流灌区以安置因阿斯旺高坝蓄水而迁居的5万苏丹人。水库库容为13亿立方米，可灌溉农田21万平方百米，20世纪60年代第一阶段竣工，灌溉面积已达5万平方百米。上述自流灌区均具有配套的灌溉系统，水渠纵横，井然有序。如杰济拉主灌区和曼吉尔分灌区已成为非洲发展大面积自流灌溉农业的范例。

为了充分开发利用尼罗河水资源，埃及和苏丹于1959年11月签订了新的尼罗河水协议。该协议承认埃及、苏丹的既得利益；同意在埃及兴建阿斯旺高坝，高坝每年净效益为220亿立方米，埃及享有75亿立方米，苏丹则获得145亿立方米。这样，埃及、苏丹两国的份额分别增至555亿立方米和185亿立方米；此外，两国还同意在苏丹兴建沼泽分水工程，从而增加尼罗河水量，费用和利益均由两国平分，并成立常设联合技术委员会监督执行。新的协议体现了开发利用尼罗河水资源所出现的国际协作。

4. 20世纪60年代末

这个时期的特点是，以修建阿斯旺高坝为标志，开始径流的多年调节，提高枯水年的用水保证率，河流的综合利用已初具规模。尼罗河流域已有大型水闸7座，大坝10座，水电装机容量290.1万千瓦，全流域灌溉面积454.8万平方百米，其中尼罗河水所灌溉的耕地面积达446.8万平方百米。

5. 20世纪80年代至今

这个时期的特点是，在继续修建多年调节水库的同时，采取增水、保水、省水等措施，提高水资源利用率，全面进行河流的综合利用。尼罗河是一条国际性河流，随着流域各国用水量的增加，水资源的分配已逐渐成为一个国际政治问题。因此，流域各国应本着平等互利的原则，加强国际合作，共同合理地开发水资源。另外，尼罗河流域是一个涉及许多国家的地理单元，流域水资源的开发利用应有一个统一的规划。从总的发展趋势看，尽管矛盾和困难很多，但是流域各国已有经过协商，合理分配水资源的先例，今后只要进一步加强协商合作，存在的矛盾可望得到解决。

六、特征

尼罗河与其他河流相比有很大的不同，它的最大特点就是：世界上大多数河流的泛滥带来的往往是严重的灾难，但尼罗河水的泛滥带来的却是肥沃的土壤和古埃及文明的生机。

尼罗河的自然泛滥，对农业的发展具有重大的作用，它不仅灌溉了土地，还带来了许多有机物和无机物，肥沃的石灰质淤泥和腐殖土，伴随着洪水的流动，每年被运送到尼罗河沿岸的洪水泛滥区和下游三角洲地区，形成淤积层。据记载，沿岸的洪泛区，每年约淤厚13毫米。这种肥沃的薄层淤泥缓慢而有规律的淤积现象，以一年为周期，长期延续不绝，对增强和保持耕地肥力发挥了无与伦比的巨大作用。更不可忽视的是，通过淤田蓄水可以淋洗土壤盐分，对土壤进行脱盐，保证了土地的持久肥力。

尼罗河的灌溉和它提供的沃土，为古埃及农业的发展提供了得天独厚的条件。

第二节 尼罗河沿岸主要国家

尼罗河源于非洲东北部布隆迪高原，流经卢旺达、布隆迪、坦桑尼亚、肯尼亚、乌干达、刚果（金）、苏丹、埃塞俄比亚和埃及等9个国家，全长6650多公里，最终注入地中海，是世界上流经国家最多的河流。尼罗河流经的主要国家及其GDP见表7-2。

表7-2 尼罗河沿岸主要国家及人均GDP

国家	2013年人均GDP（美元）	2014年人均GDP（美元）	2015年人均GDP（美元）
卢旺达	693	718	722
布隆迪	303	336	336
坦桑尼亚	945	1 006	1 005
肯尼亚	1 322	1 416	1 415
乌干达	694	726	725
苏丹	1 838	1 980	1 979
埃塞俄比亚	525	575	575
埃及	3 205	3 304	3 303
刚果（金）	411	437	437

备注：2015年世界人均GDP排名部分数据来自国际货币基金组织，2013—2014年数据来自IMF世界经济站。

卢旺达

1. 概述

卢旺达是联合国公布的世界最不发达国家之一。经济以农牧业为主，粮食不能自给。1994年的内战和大屠杀使其经济崩溃。爱阵总统上台后，采取了发行新货币、实行汇率自由浮动、改革税收制度、私有化等一系列恢复经济的措施，经济逐步恢复。卢旺达加快发展现代农业，大力开发信息产业，努力缓解能源短缺困难，经济保持较快速度增长。2001—2012年，卢旺达经济年均增长率达8.2%。

2. 地理区位

卢旺达位于非洲中东部赤道南侧，内陆国家。东邻坦桑尼亚，南连布隆迪，西和西北与扎伊尔（刚果民主共和国）交界，北与乌干达接壤，国土面积26338平方公里，在世界各国中名列第149位。首都基加利位于该国中心附近。其境内多山，有"千丘之国"的称谓。主要民族有胡图族、图西族和特瓦族。卢旺达语、英语和法语为官方语言。

卢旺达地理区位

3. 特色分析

卢旺达著名旅游景点是火山国家公园。世界上仅剩大概880只山地大猩猩，这个数量还在增加。在卢旺达的火山国家公园中，游客有机会同山地大猩猩亲密接触，并在大猩猩的生活区参观。

4. 交通

卢旺达交通系统以公路网络为主，通过道路把首都基加利和全国其他大部分主要城市及城镇连接起来。卢旺达通过公路连通了包括乌干达、坦桑尼亚、布隆迪和肯尼亚在内的多个东非国家，还连接到了刚果（金）东部城市戈马和布卡武。该国最重要的贸易路线就是途经坎帕拉和内罗毕到达蒙巴萨的道路。卢旺达的公共交通以分享出租车为主。主要城市间有快速公路连接，还会向主要道路的沿途大多数村庄提供地方服务。旅客可乘长途汽车前往多个邻近国家的目的地。基加利国际机场是全国唯一的国际机场，提供一条国内航线和多条国际航线服务。

布隆迪

1. 概述

布隆迪为农牧业国家，是联合国宣布的世界最不发达国家之一。其发展经济的困难在于国家小，人口多，资源贫乏，无出海口。1991年，布隆迪政府同国际货币基金组织签订第三阶段（1991—1994年）结构调整计划协议，强调优先发展农业，扶植多种经营，发展农产品加工，改善交通运输，扩大对外贸易，整顿国有企业，以及私营化，等等，进行全面改革。

布隆迪经济社会发展存在较多问题。①因本国财力有限，布隆迪发展规划能否顺利实施，在很大程度上取决于外部支持；②由于缺少高素质人才和必要的设备，行政办事效率低下；③市场缺乏透明度；④可供出口商品不多；⑤基础设施落后，社会服务差，市场规模小；⑥失业问题严重。

主要出口产品有咖啡、茶叶、棉花、皮张等，进口工业原料、机器设备和消费品。最大贸易伙伴为欧洲共同体，主要对象是比利时、德国、法国、英国、美国和日本。外援主要来自比、法、德以及欧共体和联合国机构。

2. 地理区位

布隆迪国土面积为27834平方公里，地处非洲中东部赤道南侧，北与卢旺达接壤，东、南与坦桑尼亚交界，西与刚果（金）为邻，西南濒坦噶尼喀湖。境内多高原和山地，大部由东非大裂谷东侧高原构成，全国平均海拔1600米，有"山国"之称。

3. 特色分析

首都布琼布拉倚山面湖，有终年不败之花，四季常熟之果；热带林木苍翠葱茏，奇花异卉争芳斗艳；市内房屋造型各异，风格独特。许多院落围以花树篱墙，花团锦簇；远远望去，整个城市宛如一座大花园，真可谓山城无处不飞花！

坦噶尼喀湖南北纵向呈条状，长达670公里，东西宽仅48～70公里，是世界上最狭长的湖泊，湖面面积约为32900平方公里。是非洲第二大湖（第一大湖是维多利亚湖），湖面海拔高度774米，湖区最深处达1470米，是非洲最深的湖泊，仅次于俄罗斯的贝加尔湖，是世界第二深湖。

4. 交通

布隆迪国内交通几乎全部依靠公路运输，商品进出口须通过坦桑尼亚达累斯萨拉姆港或肯尼亚的蒙巴萨港转运。布隆迪为内陆国家，没有铁路，交通不便。公路总长7500公里。首都布琼布拉为交通枢纽，出口商品须陆运过卢旺达、乌干达抵肯尼亚的蒙巴萨港出海，全长2025公里。

坦桑尼亚

1. 概述

坦桑尼亚是联合国宣布的世界最不发达国家之一。经济以农业为主，粮食基本自给。主要农作物有玉米、小麦、稻米、高粱、小米、木薯等，主要经济作物有咖啡、棉花、剑麻、腰果、丁香、茶叶、烟叶等。农牧业人口占全国人口90%以上，农业产值占国民生产总值的50%左右。原有铁路为达累斯萨拉姆至基戈马和姆万扎的中央铁路以及坦噶至阿鲁沙的乌桑巴拉铁路。1976年建成了连接坦桑尼亚与赞比亚的坦赞铁路。

工业生产技术发展较慢，日常消费品需进口。1986年起接受国际货币基金组织和世界银行的调改方案，连续三次实行"三年经济恢复计划"。坦政府将脱贫作为政府工作重点，执行以经济结构调整为中心的经济改革政策，推进经济自由化和国有企业私有化进程，坚持适度从紧的财政、货币政策，使国民经济得到缓慢回升。同时，密切与西方捐助国和国际金融机构的关系，谋求吸引外资、减免外债和获得更多援助。2001年后，坦成立以总统为首的"国家商业协会"和以总理为首的"投资指导委员会"，减免外资企业税费和高科技产品进口税，出台微型信贷政策，扶植中小企业发展。

2. 地理区位

坦桑尼亚国土面积945087平方公里，其中桑给巴尔2657平方公里。由大陆、桑给巴尔岛及20多个小岛组成。位于非洲东部、赤道以南，大陆东临印度洋，南连赞比亚、马拉维和莫桑比克，西邻卢旺达、布隆迪和刚果（金），北接肯尼亚和乌干达。大陆海岸线长840公里。

3. 特色分析

坦桑尼亚矿产资源丰富，截至2014年，已探明的主要矿产包括黄金、金刚石、铁、镍、磷酸盐、煤以及各类宝石等，总量居非洲第五位。坦桑尼亚的天然气资源储量也非常巨大。根据坦桑尼亚官方公布的数据，坦桑尼亚已探明天然气储量达44万亿立方英尺，预计总储量至少可达200万亿立方英尺。

4. 交通

坦桑尼亚交通运输以公路运输为主。截至2014年，全国分级公路总长91928公里，其中公路局管理33891公里（包括12786公里的干线公路和21105公里的省级公路），其余道路包括市政及区县公路等，由总理府省级行政和地方政府事务部负责管理。

肯尼亚

1. 概述

肯尼亚是撒哈拉以南非洲经济基础较好的国家之一。实行以私营经济为主、多种经济形式并存的"混合经济"体制，私营经济占整体经济的70%。农业、服务业和工业是国民经济三大支柱，茶叶、咖啡和花卉是农业三大创汇项目。旅游业较发达，为主要创汇行业之一。工业在东非地区相对发达，日用品基本自给。2003年，肯新政府出台经济复兴战略，将支持农业和旅游业作为重点，努力改善投资环境，外援开始恢复，制造业和农业均比上年有所增长。一段时期内，肯尼亚经济仍将面临资金不足和电力、交通、通信等基础设施落后等问题的制约。

2. 地理区位

肯尼亚国土面积582646万平方公里，地跨赤道，东与索马里为邻，北与埃塞俄比亚、南苏丹共和国接壤，西与乌干达交界，南与坦桑尼亚相连。东南濒印度洋，海岸线长536公里。国土面积的18%为可耕地，其余主要适于畜牧业。

3. 特色分析

肯尼亚是非洲著名的旅游国家，位于国家中部的非洲第二高峰肯尼亚山是世界著名的赤道雪山，山势雄壮巍峨，景色美丽奇特，肯尼亚国名即来源于此。数十个国家级天然野生动物园和自然保护区是众多野生动物和1000多种鸟类的天堂，是世界上最受欢迎的野生动物巡游胜地之一。有乞力马扎罗山、东非大裂谷、安博塞利国家公园、莱瓦保护区等世界著名景点。

4. 交通

截至2014年9月，肯尼亚全国公路总长15万公里。其中定级公路6.3万公里，沥青路6700多公里，全天候石子路1.8万公里。但大多路况较差。

截至2014年9月，肯尼亚全国铁路总长2765公里。

蒙巴萨港是东中非最大的港口，有21个深水泊位、2个大型输油码头，可停泊2万吨级货轮，总吞吐量可达2200万吨。

全国共有3个国际机场、4个国内机场和300多个小型或简易机场。肯尼亚航空公司开设16条国际航线，与30多个国家通航。

苏丹

1. 概述

苏丹是联合国宣布的世界最不发达国家之一。苏丹经济结构单一，以农牧业为主，工业落后，基础薄弱，对自然及外援依赖性强。1997年，苏政府按照国际货币基金组织的要求实行财经紧缩政策，严格控制公共开支，限制依赖银行借贷开支比例，减少货币发行量，重点扶持优先发展的战略项目，利用石油出口带动经济复苏，通胀率和赤字均明显下降，经济状况趋向好转。1998年和1999年，苏政府均按期偿还了国际货币基金组织贷款，受到该组织好评，并于2000年恢复其会员国的投票权。

2. 地理区位

苏丹位于非洲东北部，红海西岸。北邻埃及，西接利比亚、乍得、中非，南毗南苏丹，东接埃塞俄比亚、厄立特里亚，东北濒临红海，海岸线长约720公里。苏丹国土面积1886068平方公里，为非洲面积第三大国，世界面积第15大国。首都喀土穆。

3. 特色分析

苏丹是非洲野生动物和尼罗河自然风景等最丰富的国家之一。苏丹有连绵700多公里的红海海岸，开发了以划水、潜水、水下摄影等为代表的旅游项目。

苏丹有大量的古文明遗产，因此吸引了众多的国内外游客。这些古代遗迹反映了苏丹人民曾经创造过人类文明的光辉历史。

4. 交通

截至2013年，铁路总长5978公里，公路总11900公里，其中4320公里铺有沥青。有远洋商船10艘，总吨位12.2万吨；内河航线总长5310公里，有轮船300多艘。苏丹港是苏丹的主要商港，年吞吐量800万吨，承担着90%的进出口运输任务。

空运在苏丹运输中占据重要地位，国内90%的运输通过空运进行。2013年，苏丹民航局有大型喷气客机10多架，全国共有民航机场63个，喀土穆、苏丹港、卡萨拉、朱巴、朱奈纳机场为国际机场。苏丹港是主要海港，喀土穆—苏丹港铁路是对外联系的要道。

埃及

1. 概述

埃及在经济、科技领域在非洲长期处于领先态势。埃及是非洲第三大经济体，属开放型市场经济，拥有相对完整的工业、农业和服务业体系。服务业约占国内生产总值的50%。工业以纺织、食品加工等轻工业为主。农业人口占总人口的55%，农业占国内生产总值的14%。石油、天然气、旅游、侨汇和苏伊士运河是其主要外汇收入来源。

2. 地理区位

埃及跨亚、非两洲，大部分位于非洲东北部。埃及地处欧、亚、非的交通要冲，北部经地中海与欧洲相通，西连利比亚，南接苏丹，东临红海并与巴勒斯坦接壤，北濒地中海，东南与约旦、沙特阿拉伯相望。海岸线长2700多公里。

3. 特色分析

埃及博物馆坐落在开罗市中心的解放广场，1902年建成开馆，是世界上最著名、规模最大的古埃及文物博物馆。埃及共发现96座金字塔，最大的是开罗郊区吉萨的三座金字塔。

4. 交通

埃及的铁路由28条线路组成，总长10008公里，共有796个客运站，日运客量达200万人次。截至2014年3月，开罗共有两条地铁线路，总长64公里，共耗资120亿埃镑。

公路总长约49000公里。

埃及有7条国际海运航线，内河航线总长约3500公里。现有亚历山大港、塞得港、杜米亚特、苏伊士等62个港口，年吞吐总量为800万集装箱，海港贸易量为1.01亿吨。苏伊士运河是沟通亚、非、欧的主要国际航道。

埃及共有30个机场，其中国际机场11个，开罗机场是重要的国际航空站。2008年，埃及航空公司正式加入星空联盟。

埃塞俄比亚

1. 概述

埃塞俄比亚位于非洲东北部，是世界最不发达国家之一，以农牧业为主，工业基础薄弱。

2. 地理区位

埃塞俄比亚位于"非洲之角"的中心，是个内陆国，东与吉布提、索马里毗邻，西北和苏丹交界，北接厄立特里亚，南和肯尼亚接壤。

3. 特色分析

东非大裂谷北起西亚的死海约旦河谷地，南出亚喀巴湾经红海，由东北向西南纵贯埃塞俄比亚高原中部。东非大裂谷地形复杂，千姿百态。有时高峰矗立，层峦叠嶂；有时峡谷含幽，湖光秀美。裂谷带火山林立，多姿多彩。其中最为著名的有乞力马扎罗山和位于肯尼亚境内的肯尼亚火山。

在埃塞俄比亚的北部，有11座拉利贝拉教堂隐藏在绿色橄榄树林中。这些教堂坐落在岩石的巨大深坑中。精雕细琢的教堂像庞大的雕塑，与埃洛拉的庙宇一样从坚硬的岩石中开凿而成。

"黄金"温泉是埃塞俄比亚温泉的一大特色。温泉的水面低于海平面，水中盐分极高，受盐及其他矿物质的影响，温泉呈现鲜亮的颜色。

4. 交通

2015年9月20日，由中国中铁公司承建、深圳地铁集团提供运营管理服务的埃塞俄比亚首都亚的斯亚贝巴轻轨正式开通运营。

公路运输占全国总运量的90%。公路总长33856公里（2004年），其中柏油路4362公里，其余为沙砾路。

埃塞俄比亚共有40多个机场，国际航线49条，国内航线30多条，安全系数、管理水平和经济效益均佳。

第三节 尼罗河经济带合作发展策略

尼罗河是非洲跨越国家最多的河流，流域涉及9个国家。尼罗河流域大部分处于干旱半干旱地区，用水压力很大。20世纪80年代以来，随着地区政治局势的逐渐缓和及人口的快速增长，上、下游国家在尼罗河水资源上的竞争和矛盾冲突越来越激烈。在一些国际组织和发达国家的援助下，尼罗河流域国家于20世纪90年代开始了流域管理合作步伐，成立了尼罗河流域合作倡议组织，开展了流域对话及有关联合行动，并协商签署尼罗河流域合作框架协定。究其原因，只有从水资源状况、历史水域分配、当前开发利用与利益冲突、流域管理合作等方面作系统的梳理和分析，才能促进尼罗河流域资源的合理开发及流域的可持续发展策略。因此，尼罗河沿岸国家和地区要遵循如下合作发展策略：

（1）加强区域合作，建立互信，通过磋商解决争端。
（2）建立尼罗河流域国际合作组织，统一管理、规划，共同开发。
（3）加强河流的综合开发和利用。
（4）积极开展全球范围的国际合作，为流域的开发利用寻求更多的资金和技术支持。

（5）提高水资源利用率，防治水污染。

如今，各国要以地区合作发展策略为前提，通过协商或协议综合开发利用尼罗河。

（1）要兴修水利，防治洪涝，保障灌溉，发展特色农业和旅游业。

（2）促进特色农业（长绒棉）的发展。

（3）尼罗河沿岸自然风光迷人，人文景观荟萃，人口稠密，水运便利，可大力发展旅游业。

（备注：本部分内容参考了论文《尼罗河水资源开发利用与流域管理合作策略》及百度的相关资料。）

第二章 刚果河经济带

第一节 刚果河经济带概况

一、简况

刚果河流域拥有仅次于南美亚马逊雨林的世界第二大热带雨林，面积为200万平方公里，占非洲热带雨林总面积的70%，占全世界热带雨林总面积的25%，生物资源非常丰富。刚果河流域养育了非洲2000万人口，给人类提供了丰富的食物来源。这个地区聚集着大部分非洲野象和绝大部分平原猩猩，非洲大陆60%以上的生物集聚在此。

二、地理环境与支流

刚果河自源头至河口分上、中、下各不相同的三段。上游的特点是多河流、湖泊、瀑布和险滩；中游有由7个大瀑布组成的瀑布群，被称为博约马（旧称斯坦利）瀑布；下游分成两汊，形成一片广阔的湖区，称为马莱博湖。

刚果河左岸支流多发源自安哥拉、赞比亚，右岸支流多发源自喀麦隆、中非，干流流经赞比亚、刚果（金）和刚果（布）。刚果河全长约4700公里，流域面积约370万平方公里，其中60%在刚果民主共和国境内，其余面积分布在刚果共和国、喀麦隆、中非、卢旺达、布隆迪、坦桑尼亚、赞比亚和安哥拉等国。

三、资源

刚果河流域相当一部分地区以赤道气候占优势，有同样广阔的常绿林。此巨大河流还形成了非洲最大的生物地理屏障之一。比如，黑猩猩和倭黑猩猩被刚果河隔断，只有刚果河以北才有黑猩猩。刚果河中有各式各样的爬行类动物，其中以鳄鱼为最显著的种类；河中也有半水生的乌龟以及几种水蛇。树林中的鸟类连同东非山区的鸟类构成非洲大陆最独特的本土品种。

四、气候条件

刚果河流域具有非洲最湿润的炎热气候和最广袤、最浓密的赤道热带雨林。刚果河有终年不断的雨水供给，流量均衡。稠密的常绿森林和受赤道气候重要影响的刚果河流域同样广阔。森林区的外边是热带大草原带。刚果河上游河段年平均降雨量约1300毫米，年平均径流深约200毫米，在全流域属少水区。中游地区气候湿润，年雨量 1500～2000 毫米，年径流深约 500 毫米，盆地中心年径流深可达 1000 毫米，是全流域的多水区。

五、经济特色

（1）渔业。几乎所有沿河岸生活的人都从事捕鱼业。他们将渔网系在桩上或者系在他们自己在急流中所建造的堤坝上。

（2）种植业。尽管条件不佳，所有这些人同时也是农耕者。他们主要种木薯，在田边竖起岩墙防洪水。

（3）伐木业。虽然刚果河流域有着非洲大陆最重要的木材资源，但是伐木业仍然极不发达，主要是因为内地太难进入，而且将木材运至海滨的运费太贵。

（4）交通运输。刚果河是非洲最重要的航行体系，单单在刚果（金）境内可航行的水路就达 14000 公里。刚果河 3 条主要路线都汇合在下游终点的金沙萨。这个网络促进了远离海岸的内陆地区的经济发展。

（5）电力。刚果河及其支流构成了非洲最稠密的水道网，水量充沛，是非洲水能资源最丰富的大河，全流域有 43 处瀑布和数以百计的险滩急流，水能理论蕴藏量达 3.9 亿千瓦，居世界大河的首位，可开发的水能资源装机容量约 1.56 亿千瓦，年发电量 9640 亿千瓦/小时。

刚果河的水能资源主要集中在上游及下游。刚果河的水力发电潜力可达已知世界资源的 1/6。

六、特征

刚果河流域是继南美洲的亚马逊河流域之后的世界第二个热带雨林地区，享有地球的"第二个肺叶"之美誉，可见其对生态调节的重要性。由于流经赤道两侧，获得南北半球丰富降水的交替补给，具有水量大及年内变化小的水情特征，河口年平均流量为每秒 41000 立方米，最大流量达每秒 8 万立方米。河口成较深溺谷，河槽向大西洋底延伸 150 公里，在河口外形成广阔的淡水洋面。干支流多险滩、瀑布和急流，以中游博约马瀑布群和下游利文斯通瀑布群最为著名。

第二节　刚果河沿岸主要国家

刚果河位于中西非，全长约 4700 公里，流域面积约 370 万平方千米，为非洲第二长河。刚果河流经安哥拉、赞比亚、中非共和国、喀麦隆、刚果（布）、刚果（金）等国，其人均 GDP 见表 7-3。

表 7-3　刚果河沿岸主要国家及人均 GDP

国家	2013 年人均 GDP（美元）	2014 年人均 GDP（美元）	2015 年人均 GDP（美元）
安哥拉	5 245	5 273	4 062
赞比亚	1 845	1 871	1 576
中非共和国	335	380	379
喀麦隆	1 290	1 290	1 234

(续上表)

国家	2013 年人均 GDP（美元）	2014 年人均 GDP（美元）	2015 年人均 GDP（美元）
刚果（布）	3 223	3 159	2 031
刚果（金）	411	437	437

备注：2015 年世界人均 GDP 排名部分数据来自国际货币基金组织。2013—2014 年数据来自 IMF 世界经济站。

安哥拉

1. 概述

安哥拉经济为世界成长最快速的经济体之一，但遭到 1975 年至 2002 年的内战破坏后，现今仍在重建中。

安哥拉经济以农业为主，产木薯、谷类、香蕉、大蕉、棉花、木材、玉蜀黍、棕榈油、蔬菜、麻、咖啡及烟草。矿产则有钻石、铁、石膏、沥青、盐、石灰石、磷酸盐及锰。有炼油工业，主要分部于卡宾达的滨海地带，产品占近年出口收益的 75% 以上。亦有食品加工、造纸、纸浆、水泥及纺织工业。在安哥拉的沿岸共蕴藏了 80 亿桶石油，内陆也有出产钻石。经济潜力巨大。

2. 地理区位

安哥拉位于非洲大陆西海岸，北面是刚果共和国，东与赞比亚接壤，南邻纳米比亚，东北部与刚果民主共和国毗连，西面濒临大西洋。海岸线长 1650 公里，陆地边界 4837 公里，国土面积 1246700 平方公里。

3. 特色分析

姆苏鲁岛位于安哥拉首都罗安达以南，乘坐机动快艇约 15 分钟即可到达，是安哥拉著名的旅游景点和国内外游客周末休闲度假的胜地。

安哥拉人类学博物馆是国内最著名的博物馆之一，每年参观者数以万计。博物馆有两层主要建筑，始建于 18 世纪，原是葡萄牙富人的宅邸。

安哥拉军事博物馆是安哥拉最著名的建筑之一，始建于 1575 年，是葡萄牙殖民者在罗安达湾与小岛交会处构筑的一座城堡，也是罗安达市开埠建城的标志，国家独立后改为军事博物馆。

4. 交通

以公路运输为主。多年内战使交通设施遭到严重破坏。据安哥拉政府估计，修复和重建约需 100 亿美元。

公路总里程 7.5 万公里，其中 1.8 万公里为柏油路面，其余为沙石土路面。2010 年，公路运送旅客 2.01 亿人次，货物 445.9 万吨。

铁路总里程 2800 公里，有本格拉、纳米贝和罗安达—马兰热 3 条主干线。本格拉铁路全长 1350 公里，与刚果（金）的铁路连接，曾是南部非洲铁路运输干线之一。

赞比亚

1. 概述

赞比亚经济主要包括农业、矿业和服务业，其中矿业占重要地位。国家独立后至 20 世纪 70 年代中期，经济发展较快，此后，由于国际矿业市场价格下跌、政府国有化政策失误等原因，经济陷入困境。

多民运执政以来，大力推行经济私有化和多元化，积极吸引外资，经济保持较快增长。2005年达到重债穷国完成点，获巨额债务减免，外债由2005年年底的55亿美元降至2006年年底的6.35亿美元。2008年受国际金融危机影响，矿业遭受较大冲击，经济下滑。2009年经济明显复苏。2010年，矿业公司复产、增产势头良好。2011年，经济继续保持增长势头，世界银行将赞比亚列入低水平中等收入国家，在2014年前被列为不发达国家。然而，在2014年人类发展指数报告中，赞比亚的人类发展指数已达到"中"等水平，意味着赞比亚已发展成一个发展中国家。

2. 地理区位

赞比亚国土总面积75万平方公里，大部分属于高原地区。东北邻坦桑尼亚，东面和马拉维接壤，东南和莫桑比克相连，南接津巴布韦、博茨瓦纳和纳米比亚，西面是安哥拉，北靠刚果（金）、坦桑尼亚。

3. 特色分析

卡里巴湖是世界上最大的人工湖之一，湖长282公里，最大宽度32公里，总面积2000平方公里。沿湖建有一些娱乐休闲度假村，并可租船在湖上泛舟游览、垂钓。

莫西奥图尼亚瀑布是赞比西河上中游交界处的大瀑布。瀑布带成"之"字形峡谷，绵延达97公里。主瀑布最高122米，宽约1800米，被岩岛分割成5股，泻入宽仅400米的深潭，磅礴的气势极为壮观。

4. 交通

截至2014年，赞比亚全国公路总长3.73万公里，其中柏油路7000公里左右。公路运输量约占赞国内货运总量的83.4%。

截至2014年，赞比亚全国铁路总长2100公里，由坦赞铁路（赞境内为886公里）和其他一些线路组成。赞国内货运15.3%左右依靠铁路。

截至2014年，赞比亚有4个国际机场，即卢萨卡、恩多拉、利文斯敦和姆富韦国际机场，5个二级机场和5个简易机场，共有11家航空公司经营国际客货运业务。

中非共和国

1. 概述

中非共和国（以下简称"中非"）是联合国公布的世界最不发达国家之一。经济以农业为主，工业基础薄弱，80%以上的工业品靠进口。钻石、咖啡、棉花、木材是其经济四大支柱。20世纪90年代初，中非曾3次同国际货币基金和世界银行达成协议，执行结构调整计划。因政局持续动荡，战乱不止，生产无法正常进行，经济形势不断恶化。博齐泽总统上台后，整顿林业、矿业，严格审查并重新签发开采许可权，打击偷税漏税，整治贪污腐败，努力争取外援，取得一定成效。受国际经济和金融危机影响，中非木材、钻石出口收入大幅下降，经济受到一定影响。2009年6月，中非达到重债穷国减债倡议完成点，获得7.63亿美元债务减免。2012年年底以来，中非局势再次动荡，经济遭受重创，政府财政再次陷入困境。

2. 地理区位

中非是非洲大陆中央的内陆国家，东与苏丹和南苏丹交界，南同刚果（布）和刚果（金）接壤，西与喀麦隆毗连，北同乍得为邻。

3. 特色分析

马诺沃贡达圣佛罗里斯国家公园位于中非北部地区，面积为17400平方公里，被联合国教科文组织列入世界遗产名录中。

中非有很多著名的历史性纪念碑，如布阿尔的巨石遗址、恩代莱的苏丹纪念碑、班吉的巴泰勒米·波冈达纪念碑和位于博班吉的陵墓等。

4. 交通

中非境内无出海口，亦无铁路，空运规模很小，主要靠公路和河运。公路总长24578公里，其中国家级公路5400公里，地方公路3910公里，乡村便道15268公里。内河航运对外贸起重要作用。全国共有内河航道7080公里。进出口物资多由水路经刚果（布）运输，乌班吉河（刚果河支流）是主要的国际运输线，班吉是全国最大的河港，年吞吐量约30万吨。

全国有12个中型机场和50多个简易机场。年均客流量为10万人次。班吉姆波科为国际机场，有定期航班通往巴黎、杜阿拉、恩贾梅纳等地。

喀麦隆

1. 概述

农业和畜牧业是喀麦隆国民经济的主要支柱，有一定工业基础。独立后实行"有计划的自由主义""自主自为平衡发展"和"绿色革命"等经济政策，国民经济发展较快，20世纪80年代初期，经济增长率曾达到两位数，人均国内生产总值一度达到1200美元。1985年后，由于受国际经济危机的影响，经济陷入困难。喀政府采取了一些措施，但收效甚微，与国际货币基金组织签署的四期结构调整计划均未完成。1994年，中非法郎贬值后，喀经济形势开始好转，通货膨胀得到控制，外贸结构改善，工农业增产，财政收入大幅增加。喀政府加大经济结构调整力度，加强财政管理，推进私有化，国内生产总值连续保持增长。2000年，喀顺利完成第五期结构调整计划，并被批准加入重债穷国减债计划。2000年至2003年，喀在国际货币基金组织资助下实施第二个减贫促增长计划。2006年，世界银行、国际货币基金组织确认喀达到重债穷国减债计划完成点，喀外债获大幅减免。

2008年以来，受国际金融危机影响，喀财政关税和出口产品收入骤减，外部投资和信贷收紧，失业人数增多。2009年，喀政府公布2035年远景规划，重点是发展农业，扩大能源生产，加大基础设施投资，努力改善依赖原材料出口型经济结构，争取到2035年使喀成为经济名列非洲前茅的新兴国家。喀政府积极平抑国际金融危机的负面影响，实施重大基础设施项目，解决能源供应短缺等问题，改善投资环境，经济平稳增长。喀麦隆是非洲联盟的创始国之一，在非洲政治经济领域，尤其是撒哈拉以南非洲地区扮演着重要的角色。作为中部非洲经济与货币共同体成员国之一，喀麦隆经济在共同体经济总量中占有很大比例，是中部非洲地区政治经济强国之一。

2. 地理区位

喀麦隆位于非洲中西部，南与赤道几内亚、加蓬、刚果接壤，东邻乍得、中非，西部与尼日利亚交界，北隔乍得湖与尼日尔相望，西南濒临几内亚湾。海岸线长354公里。全境类似三角形，南部宽广，往北逐渐狭窄，乍得湖位于它的顶端。南北最长距离约1232公里，东西约720公里。

3. 特色分析

喀麦隆由于其地质与文化的多样性，有"小非洲"的美誉，其自然地理风貌相当丰富。当地的最高峰是西南部的喀麦隆火山,大城市则有杜阿拉、雅温得及加鲁阿等,在那里栖居了超过 200 个种族与语言族群。喀麦隆以其国家足球队及本土音乐风格著称。

4. 交通

喀麦隆运输比较发达,公路交通占全国运输总量的 85% 以上。截至 2012 年 11 月,全境拥有公路总里程 5 万公里,其中 3.4 万公里由喀麦隆公共工程部负责,4000 公里为优等沥青路。

截至 2012 年 11 月,喀麦隆米轨 1342 公里,实际运营里程 1016 公里,年均客运量 150 万人次,货运量 145 万吨。2012 年 2 月,喀麦隆政府发布建设规划,拟投资 49765 亿非洲法郎,铺设覆盖全国、总长 3200 公里的准轨铁路。

截至 2012 年,喀麦隆共有 8 个机场,包括 3 个国际机场和 5 个二级机场,有定期航班飞往欧洲和非洲十余个国家。

截至 2012 年,喀麦隆共有 4 个港口。喀麦隆海运公司是全国最大的海运公司。

刚果（布）

1. 概述

刚果共和国,也叫作刚果（布）,经济的两大支柱是石油和木材。20 世纪 80 年代初,因大规模开采石油,经济迅速发展,人均国内生产总值一度达 1200 美元,进入非洲中等收入国家行列。1985 年后,历经国际市场石油价格下跌、多党民主化浪潮和西非法郎贬值等因素的冲击,经济连年滑坡,陷入严重困境,1997 年人均外债 2400 美元。1997 年内战使经济几陷瘫痪。1999 年下半年起,国际石油价格大幅上升,国家石油收入增加,经济形势逐步好转。政府重点恢复和发展能源、水利、交通、通信和教育等领域,加大对外开放力度,改善投资环境,着力整顿经济秩序,惩治腐败,增加石油产销透明度。政府财政收入明显改善,经济持续保持恢复性增长。

2. 地理区位

刚果共和国位于非洲中西部,赤道横贯中部,东、南两面邻刚果（金）、安哥拉,北接中非、喀麦隆,西连加蓬,西南临大西洋。海岸线长 150 多公里,国家总面积为 34.2 万平方公里。

3. 特色分析

布拉柴维尔是刚果共和国的首都和全国政治、文化中心,位于刚果河（扎伊尔河）下游北岸,隔河与刚果（金）首都金沙萨相望。这里四季常青,芒果、椰子、旅人蕉成行成队,绿阳如盖,是座美丽的热带城市,有"花园城"之称。

4. 交通

大洋铁路是刚果共和国仅有的一条铁路,也是非洲最早的铁路之一,1934 年由法国殖民者修建。总长 886 公里,其中主干线长 510 公里,连接首都布拉柴维尔和港口城市黑角,系国家东西交通命脉。公路总长 2 万公里,其中沥青路 1200 公里。内河航线总长约 5000 公里。黑角港是非洲西海岸三大海港之一,最深水位达 13.2 米,可停泊 230 米长 34 英尺深巨轮,年吞吐量为 1000 万吨左右,拥有两个集装箱码头和两个大型木材装卸码头。全国有 23 个机场,其中布拉柴维尔和黑角有国际航空站。

刚果（金）

1. 概述

刚果民主共和国,也称作刚果（金）,是联合国公布的世界最不发达国家之一。农业、采矿业占经济主导地位，加工工业不发达，粮食不能自给。20世纪90年代初起，因政局持续动荡，经济连年负增长。1996年的内战和1998年的地区冲突，使国民经济雪上加霜，濒于崩溃。

2001年，卡比拉当选总统及2003年组成临时过渡政府后，大幅调整经济政策，推行市场经济，放松经济管制，加强与国际金融机构的合作，宏观经济状况逐步改善。2002年，宏观经济出现拐点，由原来持续负增长转为正增长。

2006年12月卡比拉继任总统后，新政府继续奉行稳健的经济政策，并启动国家重建计划和"五大工程"，宏观经济继续保持恢复性增长。2011年，卡比拉蝉联总统后提出国家"现代化革命"战略，表示未来5年将大力发展农业、矿业，大力开发水电资源，实现经济社会发展的现代化目标。

2010年7月1日，国际货币基金组织和世界银行宣布刚果民主共和国达到重债穷国减债倡议完成点，截至2011年年底，111亿美元债务被减免。

2. 地理区位

刚果（金）面积234.5万平方公里，是非洲面积第二大的国家，仅次于阿尔及利亚。刚果民主共和国位于非洲中西部，赤道横贯其中北部，东接乌干达、卢旺达、布隆迪、坦桑尼亚，北连南苏丹、中非共和国，西邻刚果共和国，南接安哥拉、赞比亚。海岸线长37公里。

3. 特色分析

加兰巴国家公园地处上扎伊尔区，占地约5000平方公里。公园里有宽阔的草地、稀疏的林带、几座花岗岩山和大片沼泽地。多种多样的生态环境，为许多大型哺乳类动物的繁衍生息提供了理想的条件。

4. 交通

内河航运和空运占重要地位，陆路运输落后。

截至2014年，刚果民主共和国全国河流总长2.3万公里，其中1.5万公里可通航。主要航道为刚果河和开赛河，一般可通行150吨～400吨船只，有2785公里航道可通行800吨～1000吨船只。

空运相对发达，截至2014年，国内航线约3.9万公里，非洲航线约1.4万公里，洲际航线约2.4万公里，与布鲁塞尔、巴黎、约翰内斯堡、亚的斯亚贝巴、内罗毕、利伯维尔及杜阿拉等有定期航班。金沙萨、卢本巴希、布卡武和基桑加尼各有1个国际机场，全国共有35个普通机场。

截至2014年，全国原有公路总长14.5万公里，其中一级公路58129公里，乡村公路87300公里，城市公路网7400公里。由于长年战乱破坏和缺乏维护，大部分公路无法正常通行，许多二级公路和乡村公路遭损毁，仅剩5万公里的主干道（其中沥青路仅占1.8%），平均每百平方公里只有7公里长的道路。

截至2014年，全国铁路全长6111公里，其中电气化线路858公里。

第三节　刚果河经济带合作发展策略

刚果河流域是继南美洲的亚马逊河流域之后的世界第二个热带雨林地区，享有地球上"第二个肺叶"之美誉。刚果河上支流众多，构成总长约16000公里的航运水道系统，对促进内陆的经济发展发挥着重要作用。刚果河流域的水力蕴藏量占世界已知水力资源的1/6，但目前尚未进行大规模开发。金沙萨以下建有大型水利枢纽。刚果河流域各国依据各种水利枢纽建立水电站或电力工程，从而促进各区域间的合作发展。

地区合作开发策略

1. 治理开发

刚果河上游地势平坦，水流和缓，宜于通航，干支流通航里程约2万公里，其中刚果民主共和国境内1.25万公里，有1000多公里全年可通航。刚果民主共和国全国可开发装机容量1.2亿千瓦，年发电量7740亿千瓦/小时。从海拔270米的金沙萨开始，至马塔迪一段，河床狭窄，两岸陡立，水流湍急，最大水深达150米，落差约280米，且水流变化很有规律，这对开发水电极为有利。

2. 已建工程

20世纪70年代建成的2个水电站——英加1号和英加2号是第一阶段工程。

英加1号电站于1972年投入运行，正常水头50米，引用流量140立方米/秒，装机6台，容量35万千瓦，保证出力30万千瓦，发电量24亿千瓦/小时。

英加2号电站于1981年投产，水轮机平均水头56.2米，最大水头62.5米，引用流量315立方米/秒，容量140万千瓦，保证出力110万千瓦，发电量96亿千瓦/小时。

3. 开发计划

第二阶段计划是继续使用上游的松戈水库，并修建英加3号电站。英加3号可根据用电增长情况分建英加3A、英加3B和英加3C三个电站，装机容量分别为130万千瓦、90万千瓦和120万千瓦。

英加1号、2号、3号水电站群都是利用右岸与河道平行的恩科科洛山谷，采用无坝引水方式，引用流量根据电站投入运行情况而逐渐增大。由于不在干流上筑坝，投资较小且便于分期开发。这两个阶段的5个水电站全部建成后，亦仅利用英加地区全部水能资源的15%。

规划的第三阶段是全面开发阶段，即拦截刚果河，利用其流量和水头的全部水资源，修建大英加工程。这是一座巨型电站，装机容量约为3900万千瓦，居世界未来第一位。

此外，刚果民主共和国在刚果河各支流上修建了20余座中、小型水电站，共计装机容量101万千瓦。

刚果共和国在刚果河流域内可开发的装机容量约1800万千瓦，年发电量1100亿千瓦/小时。赞比亚、坦桑尼亚、布隆迪、卢旺达、中非、喀麦隆、安哥拉等国，都有部分国土位于刚果河流域内，估计共有可开发水电装机容量约1800万千瓦，年发电量800亿千瓦/小时。

第三章　密西西比河经济带

第一节　密西西比河经济带概况

一、简况

密西西比河因为支流众多，又被美国人尊称为"老人河"，与尼罗河、亚马逊河和长江合称世界四大长河，是北美大陆流域面积最广的水系，两岸多湖泊和沼泽。密西西比河位于北美洲中南部，是北美洲最长的河流，水系全长6275公里，流域面积298万平方公里。密西西比河在其漫长的岁月中，滋润着美国大陆41%的土地。

这个北美洲的河流之冠，与其主要支流加在一起按流域面积计算，是仅次于南美洲亚马逊河和非洲刚果河，位居世界第三流域面积（约310万平方公里）的大河。密西西比河作为高度工业化国家的中央河流大动脉，已成为世界上最繁忙的商业水道之一。这条曾经难以驾驭的河流如今已经由人类控制利用并取得一些硕果。

二、资源

自然资源以河流生态为主。密西西比河及其洪泛平原共哺育着400多种不同的野生动物，北美地区40%的水禽都沿着密西西比河的路径迁徙。从明尼苏达的菰沼泽开始到三角洲地带的海岸沼地，动植物繁盛的小片地区在河流沿线屡见不鲜。在这些地区，繁茂的自然植被、相对独立的自然环境以及由莎草、水池草和黍类等组成的植物，为水禽提供了良好的栖息地。据估计，总数达800万只的鸭、鹅和天鹅冬天聚集在飞行之路的下游部分，还有更多的其他鸟类经由这条路飞向拉丁美洲。

河里有鲇鱼、鼓眼鱼和亚口鱼，还有鲤鱼和欧洲鳄针鱼。钝吻鳄已极少，只有在最冷僻的回水域才会见到。

三、气候条件

冬、春季降水通常发生在自西向东移动的气旋暴风雨通过时的锋面附近。冬季月平均降水量在南方为127毫米或以上，俄亥俄流域大部地区76毫米以上，大平原西部和北部不到25毫米。夏季和初秋的降雨多为阵雨和雷雨，以及较弱的锋面暴风雨。月平均降雨量在路易斯安那州南部及田纳西州和北卡罗来纳州山区为152毫米，大平原仅51～76毫米。

流域东半部气候潮湿，冬、春季田纳西河流域、俄亥俄河流域和密西西比河流域南部流量大。自得克萨斯州中部至北达科他州东部有一条南北延伸的亚热带湿润气候带，既不完全潮湿，又非半干旱。西面为大平原半干旱气候，沿落基山脉山脊以高山气候为主。

四、发展简史

密西西比河为北美洲河流之冠，是高度工业化国家的中央河流大动脉，是世界上最繁忙的商业水道之一。密西西比河干流流经明尼苏达州、威斯康星州、艾奥瓦州、伊利诺伊州、密苏里州、肯塔基州、田纳西州、阿肯色州、密西西比州、路易斯安那州，整个水系流经美国本土48个州中的31个州，还包括加拿大的两个州。每年，密西西比河仅旅游、捕鱼和休闲娱乐产业的产值就达到214亿美元，为流域各地提供了351000个工作岗位。密西西比河同时也支撑着价值126亿美元的航运业，提供35300个相关工作岗位。全国一半的谷物和大豆都经由密西西比河上游运出。

五、特征

密西西比河在美国具有很高的历史地位和价值，也是美国文化和娱乐休闲的宝库。但历史上的密西西比河灾害比较频繁。20世纪初期，中下游地段河水不断发生泛滥，城镇乡村的建筑大部分被摧毁，农田和果园遭到破坏，工业和交通几乎全部瘫痪，导致许多人背井离乡，流离失所，经济损失非常严重。

1928年，美国政府制定了全面整治密西西比河的防洪法案和干支流工程计划，干流中下游河段均以堤坝防洪。经过60多年的努力，河流得到整治，流域内已获得了防洪、航运、水电、灌溉、养鱼等综合经济效益。如今，生气勃勃的工业城镇星罗棋布，繁忙的船队与轻快的游艇使美国这条源远流长的大河充满了生机。

第二节　密西西比河沿岸主要城市

密西西比河沿岸城市有明尼阿波利斯、圣保罗、圣路易斯、孟菲斯、巴吞鲁日、新奥尔良、迪比克、德梅因、芝力奇、堪萨斯城、印第安纳波利斯、纳什维尔。

明尼阿波利斯

1. 概述

明尼阿波利斯是明尼苏达州最大城市，位于该州东南部，跨密西西比河两岸，面积151.3平方公里，市区人口407207人（2014年）。东与圣保罗毗邻，组成著名的"双子城"，包括附近郊县在内，面积12626平方公里，人口约占全州总人口一半以上。

2. 特色分析

明尼阿波利斯市内有22个轻盈秀丽的小湖，曲径环湖，绿树成荫，花草繁茂。市内还有大小公园156座。

明尼阿波利斯也是著名的文化城。设在这里的明尼苏达大学（University of Minnesota）（1851年）最负盛名，已培养出14位诺贝尔奖得主。其他高等学府还包括奥格斯伯格学院（1869年）、邓迪工学院（1914年）、明尼阿波利斯工艺美术学院（1886年）等。这里还有以演出古典戏剧著称的蒂尤·格思里剧院，它被认为是纽约百老汇之外最佳的剧场。明尼苏达交响乐团与美国最优秀的乐团相比也毫不逊色。

圣路易斯

1. 概述

圣路易斯是美国密苏里州东部大城市,位于密西西比河中游河畔,几乎处于美国的几何中心,在地理位置上具有重要的战略意义。

圣路易斯在1764年由法国皮毛商人建立,名字来源于法国国王路易九世。因其对天主教传播的贡献,路易九世死后被教皇授予"圣"尊号,圣路易斯城也就因此得名。

截至2015年,圣路易斯市人口为315685人,大都会区人口为2811588人,是密苏里州第一大城市和美国第20大城市。

圣路易斯曾于1904年举办过第三届夏季奥林匹克运动会和世界博览会。

2. 地理区位

圣路易斯濒临密苏里州的东界,位于密西西比河和密苏里河的交汇处,与伊利诺伊州的东圣路易斯城隔河相望。圣路易斯的地标建筑圣路易斯拱门就是圣路易斯位于美国地理中心的极好体现。

3. 特色分析

圣路易斯在建城前大多以草原和稀树森林为主,主要树种包括橡树、枫树、山核桃木等,具有典型的奥索卡山脉的特征,而河滨地区则以美国梧桐为主。如今,圣路易斯城大部分的居民区种植的也是本地的各种行道树。

城市附近的大型哺乳动物包括野狼和白尾鹿,而北美灰松鼠、野兔和负鼠等也很常见。大型鸟类包括加拿大黑雁、野鸭以及在密西西比河沿岸栖息的白鹭、苍鹭和鸥等。圣路易斯城位于北美许多候鸟的迁徙路线上,冬天在岩石链桥周围可以看到很多白头鹫。

巴吞鲁日

1. 概述

巴吞鲁日是密西西比河流域的一个重要的工业城市,是化学和石油工业中心,同时也是美国第四大港口城市。这里的夜生活丰富多彩,船上赌场和船上餐厅随处可见。每年,这里的剧场都会安排很多表演。近年来,这里许多新的风景名胜、博物馆和餐厅向公众开放。

2. 地理区位

巴吞鲁日在密西西比河东岸,新奥尔良西北116公里处。

3. 特色分析

巴吞鲁日是一个拥有迷人风景的城市,其独特的风土人情、丰富的音乐遗产以及美丽的自然风景让这座城市变得特别迷人。内河游船观光、种植园、美国南方烹饪,还有热情的法裔路易斯安那人(Cajun)和克里奥耳人(Creole)都让这里变得与众不同。

新奥尔良

1. 概述

新奥尔良是美国路易斯安那州南部的一座海港城市,同时也是该州最大的城市。2013年,新奥尔良市的 GDP 超过 1800 亿美元，是该州经济最发达的城市。

新奥尔良曾在 2005 年 8 月遭到五级飓风卡特里娜袭击，损失惨重，导致人口急剧下降。1997—2004 年，新奥尔良市区人口超过 79 万人，但随着 2005 年的飓风袭击，导致居民纷纷撤离此地，现如今该市的人口只有 37 万多人，是美国继底特律之后第二个市区人口出现大规模下降的大城市。

2. 特色分析

新奥尔良最有特色的建筑大多聚集在法语区老城。在西班牙统治新奥尔良的 40 年间，法语区的两场大火把法国老式建筑烧了个精光，尤以 1788 年那场火灾最为惨重。

如今，法语区老城的街道非常狭窄，各家各户紧密相连，斑驳的老墙之上，二楼的雕花栏杆小阳台常常被绿色的垂吊花草布满，一年四季都绚烂艳丽。这法语区老城里最不可思议的华美景象，往往就藏在一面面最不起眼的砖墙后面——或是浮华艳丽的西班牙式豪宅，或是类似北京四合院一样的天井小院，内里奇花异草争芳斗艳，好一座秘密花园！

除了法语区老城，城市中最有特色的建筑便是墓地。新奥尔良的墓葬与美国其他地方全然不同，个个都是地上"悬棺"。这是因为新奥尔良这片地方，地表下面就是沼泽，因此不宜将棺木埋于地下。

新奥尔良与众不同的烹饪方法和独具风味的食物，也是其吸引众多游客前往游览的原因。

第三节　密西西比河经济带合作发展策略

美丽富饶的密西西比河发源于美国西部偏北的落基山北段的群山峻岭之中，逶迤千里，曲折蜿蜒，由北向南纵贯美国大平原，把美国划分为东西两半，最后注入墨西哥湾。密西西比河支流众多，重要的就有 54 条，这些支流如枝丫一般分布在整个流域之中，与主河一起构成美国内陆最大的航运网。仅密西西比河两岸的著名河港（自北至南）就有 8 个之多。1811 年，"新奥尔良"号汽轮首航密西西比河，从河口溯流而上，开辟了 3000 公里航道。从此，内河运输量步步上升，时至今日，年运输量在 2 亿～3 亿吨，大部分是煤、焦炭、钢铁、化工产品、建筑材料、硫磺等。

密西西比河的地区合作发展策略主要体现在其河道的治理上。密西西比河是美国的黄金水道，担负着巨量的国内航运任务，肩负着降低国内运输成本、促进流域资源流动、协同流域区域发展的重任。所以，以美国为主的密西西比河区域合作发展战略如下：

（1）必须有全局意识和法治意识。
（2）必须有一定的前瞻性。
（3）那是一个持续开发和不断改进的过程。
（4）依靠现代计算机技术、物联网技术和精确定位技术手段对航道进行精细化管理。

第四章 亚马逊河经济带

第一节 亚马逊河经济带概况

一、简况

亚马逊河是南美洲人民的骄傲,它浩浩荡荡,千回百转,流经秘鲁、厄瓜多尔、哥伦比亚、委内瑞拉、圭亚那、苏里南、玻利维亚和巴西等国,滋润着700多万平方公里的广袤土地,孕育着世界上最大的热带雨林。这里的热带原始森林占全球热带雨林总面积的60%以上,对净化大气环境、维持全球生态系统起着极其重要的作用。亚马逊河是南美第一大河,也是世界上流域面积和流量最大的河流之一,其长度在世界河流中位居第二,仅次于尼罗河。亚马逊河每秒钟把116000立方米的水注入大西洋,流量比密西西比河多10倍,比尼罗河多60倍,占全球入海河水总流量的1/5。

二、地理环境与支流

安第斯山脉中一个海拔5597米山峰中的一条小溪,距离的的喀喀湖约160公里,距利马约700公里。溪水先流入劳里喀恰湖,再进入阿普里马克河,然后再与其他河流一起汇合成亚马逊河主干流。

亚马逊河流域占南美洲总面积的40%,支流数超过1.5万条,分布在南美洲大片土地上,流域面积几乎等同整个澳大利亚。

三、资源

亚马逊河蕴藏着世界上最丰富多样的生物资源,其数量多达数百万种。亚马逊河作为淡水观赏鱼主要产地而闻名,其丰富绮丽的淡水热带观赏鱼一直牵动着全世界观赏鱼爱好者和生物学家的心。亚马逊河还有一个世界自然奇观——涌潮,它可以和我国的钱塘江大潮相媲美。巴西人把亚马逊海潮称为"波波罗卡",涌潮时游人争相前往。每逢涨潮,涛声震耳,声传数里,气势磅礴。

亚马逊河流域亦是世界上最重要的生物基因宝库,多达数百万种的动物和植物品种在此地繁衍生长,其中仅亚马逊河中的鱼类就达2500多种,使亚马逊河流域成为世界上公认的最神秘的"生命王国"。

四、气候条件

亚马逊河流域内大部分地区为热带雨林气候,上游属于高原山地气候,年降雨量2000毫米以上。

亚马逊河沉积下的肥沃淤泥滋养了 650 万平方公里的地区。这里同时还是世界上面积最大的平原（面积达 560 万平方公里）。平原地势低平坦荡，大部分在海拔 150 米以下，因而这里河流蜿蜒曲折，湖沼众多。多雨、潮湿及持续高温是其显著的气候特点。

五、发展简史

亚马逊河流域的发展最早是从欧洲人的探险开启的。早年，河流是进入森林深处的唯一通道。奥雷利亚纳是远涉亚马逊河的第一个欧洲人，1541—1542 年，他从秘鲁安第斯山的主河道顺流而下，直达大西洋。19 世纪初，德国探险家洪堡偕同法国植物学家邦普朗（Aime Bonpland）绘制了当时还鲜为人知的亚马逊和奥利诺科水系之间的卡西基亚雷河地区的地图。后来，在第二次世界大战期间，美国政府派遣数十名美国科学家和技术人员到亚马逊河地区进行调查，研究可实际利用的自然和人力资源，并制订未来的开发计划。自 20 世纪 60 年代后，人类对于亚马逊流域的生态环境给予了更多的关注，特别是不断扩大的经济开发对其所造成的影响。

第二节　亚马逊河沿岸主要国家

亚马逊河流经秘鲁、厄瓜多尔、哥伦比亚、委内瑞拉、圭亚那、苏里南、玻利维亚和巴西等国，最终在巴西的马腊若岛附近流入大西洋。亚马逊河沿岸主要国家及人均 GDP 见表 7-5。

表 7-5　亚马逊河沿岸主要国家及人均 GDP

国家和地区	2013 年人均 GDP（美元）	2014 年人均 GDP（美元）	2015 年人均 GDP（美元）
秘鲁	6 686	6 457	6 021
厄瓜多尔	5 859	6 297	6 071
哥伦比亚	8 031	7 928	6 084
委内瑞拉	7 295	8 218	7 745
圭亚那	3 730	4 029	4 125
苏里南	9 029	9 325	9 036
玻利维亚	2 793	2 943	2 886
巴西	11 894	11 921	8 670

备注：2015 年世界人均 GDP 排名部分数据来自国际货币基金组织，2013—2014 年数据来自 IMF 世界经济网站。

巴西

1. 概述

巴西是南美洲最大的国家，享有"足球王国"的美誉。国土总面积 851.49 万平方公里，居世界第五。总人口 2.01 亿。与乌拉圭、阿根廷、巴拉圭、玻利维亚、秘鲁、哥伦比亚、委内瑞拉、圭亚那、苏里南、法属圭亚那 10 国接壤。巴西共分为 26 个州和 1 个联邦区（巴西利亚联邦区），州下设市。历史上，巴西曾为葡萄牙的殖民地，1822 年 9 月 7 日宣布独立。巴西的官方语言为葡萄牙语。

巴西拥有丰富的自然资源和完整的工业基础，国内生产总值位居南美洲第一，为世界第七大经济体,是"金砖国家"之一,也是南美洲国家联盟成员。

巴西的文化具有多重民族的特性,巴西作为一个民族大熔炉,有来自欧洲、非洲、亚洲等地区的移民。足球是巴西人文化生活的主流运动。

2. 地理区位

巴西位于南美洲东南部,东临南大西洋,北面、西面和南面均与南美洲任意一个国家接壤(智利除外)。北邻法属圭亚那、苏里南、圭亚那、委内瑞拉和哥伦比亚,西界秘鲁、玻利维亚,南接巴拉圭、阿根廷和乌拉圭。海岸线长约7400公里。领海宽度为12海里,领海外专属经济区188海里。

巴西是一个自由市场经济与出口导向型经济的国家。国内生产总值超过1万亿美元,是世界第七大经济体,美洲第二大经济体。

巴西是拉丁美洲面积最大、人口最多、经济实力较强的国家,巴西铁矿砂的储量排名全球第五大,是全球第二大铁矿砂出口国,铝土的出产也仅次于澳大利亚,有较强的工业潜力,铀、锰、镍等矿产也潜在巨大存量。淡水资源约占全球淡水资源的12%,因此也充分利用水资源发展水力发电,水力发电总量占全国发电量高达86.5%。

农业方面,咖啡、可可、甘蔗、玉米、大豆等产量都居全球之冠。畜牧牛的数量居世界第二,仅次于印度。

工业方面,在飞机机体制造、生物能源领域较有长足发展,但电子业和精密工业基础薄弱,重工业能力较为粗放也不理想,大致居于天然物料出口的国际地位。政府近年采取系列税负减免措施,吸引电子业外资设厂,但还存在法令规章烦琐、税负项目多且重、行政效率低以及多数地区基础公共设施缺乏等在短期内难以改善的问题。

巴西自然条件得天独厚,巴西的旅游业久负盛名,为世界十大旅游创汇国之一。巴西是一个可以让人远离尘嚣的原始热带天堂,大片未被开发的雨林延绵千里,纯净的热带沙滩围绕在岛屿四周。而巴西人更用他们的活力与欢乐感染着游客。地域广阔的巴西充满了街道狂欢、异域沙滩文化、桑巴音乐和各色各样的美食。巴西是一个多民族的、多姿多彩的国家,她以节日众多闻名于世。

秘鲁

1. 概况

秘鲁是南美洲国家联盟的成员国。秘鲁孕育了美洲最早人类文明之一的小北史前文明,以及前哥伦布时期美洲的最大国家印加帝国。现在的秘鲁是总统制议会民主共和国,全国划分为25个地区。安第斯山脉纵贯国土南北,西部沿海地区为干旱平原,东部有亚马逊盆地的热带雨林。秘鲁是发展中国家,人类发展水平为中等,全国约有50%人口生活在贫穷之中,主要经济有农业、渔业、矿业以及制造业。

秘鲁人口为30946000人(2013年),民族包括印第安原住民、欧洲人、非洲人和亚洲人。官方语言是西班牙语。各民族文化传统的融合在艺术、饮食、文学和音乐等领域创造了多元的表达方式。

2. 地理区位

秘鲁位于南美洲西部,面积为1285216平方公里。北邻厄瓜多尔、哥伦比亚,东接巴西,南接智利,东南与玻利维亚毗连,西濒太平洋。海岸线长2254公里。

3. 经济特色

秘鲁是传统农矿业国,经济水平居拉美中游。

秘鲁是闻名世界的古印加文化发祥地,旅游景点甚多,如利马、皇家费利佩城堡、帕恰卡马克遗址、国家博物馆、黄金博物馆、库斯科、马丘比丘、帕拉卡斯自然保护区、纳斯卡地画等。

厄瓜多尔

1. 概况

厄瓜多尔是南美洲国家联盟的成员国之一。厄瓜多尔原为印加帝国的一部分，1532年沦为西班牙殖民地。1809年8月10日宣布独立，但仍被西班牙殖民军占领。1822年彻底摆脱了西班牙殖民统治。1825年加入大哥伦比亚共和国。1830年大哥伦比亚共和国解体后，宣布成立厄瓜多尔共和国。建国后，厄瓜多尔政局一直动荡，政变迭起，文人和军人政府交替执政达19次之多。1979年8月，文人政府执政，结束了自1972年以来的军人统治。

厄瓜多尔实行总统制，总统为国家最高行政首脑。外交上奉行独立、自主、和平的外交政策。

2. 地理区位

厄瓜多尔位于南美洲西北部，北与哥伦比亚相邻，南接秘鲁，西滨太平洋，与智利同为南美洲不与巴西相邻的国家。

3. 经济特色

厄瓜多尔经济发展分为3个时期，即可可时期、香蕉时期和石油时期。主要有石油和采矿业、制造业、建筑业和电力工业等。2011年，农牧业产值为35.97亿美元。香蕉、可可、咖啡为传统出口农产品。2011年，服务业产值达299.39亿美元，占国内生产总值的47.85%。

厄瓜多尔是一个旅游发达的国家，拥有丰富的文化和多姿多彩的地理面貌。厄瓜多尔的科隆群岛由于具有独特的生态系统，有"活的生物进化博物馆"之称，被联合国教科文组织宣布为"人类的自然财富"。其他主要旅游景点有基多老城、面包山女神石雕像、独立广场等。

玻利维亚

1. 概况

玻利维亚属温带气候。公元13世纪为印加帝国的一部分，1538年沦为西班牙殖民地，1825年8月6日宣布独立。为纪念解放者玻利瓦尔，取名玻利瓦尔共和国，后改为现名。1952年4月爆发人民武装起义，民族主义革命运动领导人帕斯·埃斯登索罗就任总统。此后，军事政变频繁，政局长期动荡。1983年10月恢复民主政体。

2. 地理区位

玻利维亚东北与巴西为界，东南毗邻巴拉圭，南邻阿根廷，西南邻智利，西接秘鲁。

3. 经济特色

玻利维亚是拉美主要矿产品出口国，工业不发达，畜牧产品可满足国内大部分需求，粮食需大量进口。近年来重视发展旅游业，但旅游基础设施相对落后。2003年，旅游业收入3.22亿美元，成为继大豆和天然气之后的第三大创汇产业。主要风景旅游点有的的喀喀湖、殖民遗迹、耶稣传教区和亚马逊河流域地区等。

哥伦比亚

1. 概况

哥伦比亚共和国位于南美洲西北部，人口主要以印欧混血为主。西部有沿海平原，由西、中、东三条平行的科迪勒拉山脉构成的高原，山间有宽阔的谷地，南部有一系列火山锥，西北部为马格达莱纳河下游冲积平原，水道众多，湖沼广布。哥伦比亚国内经济、交通、旅游业发达，为资源丰富的发展中国家。哥伦比亚有宏观经济长期稳定和良好增长的前景。

2. 地理区位

哥伦比亚共和国，西临太平洋，北临加勒比海，东通委内瑞拉，东南通巴西，南与秘鲁、厄瓜多尔相接，西北与巴拿马为邻。

3. 经济特色

历史上，哥伦比亚是以生产咖啡为主的农业国。20世纪80年代后，国内生产总值一直保持3%～6%的增长速度。

桑托斯政府继续将施政重心锁定在经济和社会发展领域，把矿业、建筑业、农业、基础设施和产业创新作为拉动经济增长和就业的五大动力。

哥伦比亚的名胜古迹名扬世界，公元16、17世纪所建的大学、博物馆、天文台、教堂等古老建筑迄今保存完好。作为拉美重要的旅游中心之一，哥伦比亚旅游资源较发达。主要旅游区有卡塔赫纳、圣玛尔塔、波哥大、圣安德列斯和普罗维登西亚群岛、麦德林、瓜希拉半岛、博亚卡等。

圭亚那

1. 概况

圭亚那位于南美洲东北部，全称为圭亚那共和国，1966年脱离英国独立。圭亚那印第安语意为"多水之乡"。国民主要是印第安人和黑人，多信奉基督教、印度教和伊斯兰教。圭亚那是南美洲唯一以英语为官方语言的国家，也是英联邦成员国。圭亚那虽地处南美洲，为南美洲国家联盟的成员国，但传统上及历史上与加勒比海诸岛的关系比较密切。

2. 地理区位

圭亚那位于南美洲北部，东北濒大西洋，东邻苏里南，西北接委内瑞拉，南交巴西。面积21.497万平方公里，其中陆地面积为19.685万平方公里，水域面积为1.812万平方公里。

3. 经济特色

圭亚那经济以初级产品生产为主，铝矾土、蔗糖和大米为三大经济支柱。圭政府执行稳健的宏观经济政策和适度扩张的财政政策，加大对公共设施的投入，并进行大规模糖业改造，经济稳中有升。

凯尔图尔大瀑布是境内著名大瀑布，又名"老人瀑布"。瀑布从一片砂岩的峭壁上飞泻而下，激起阵阵烟雾，景色壮观。周围的热带原始森林多珍禽异兽。

苏里南

1. 概况

苏里南共和国位于南美洲北部，是南美洲国家联盟的成员国之一，国名源于当地原住民苏里南人。该国旧称荷属圭亚那，原为荷兰在南美洲的殖民地，1954年成为荷兰王国海外自治省，1975年独立。苏里南无论以面积还是人口排名，都是南美洲最小的一个国家，也是西半球不属于荷兰王国组成体的地区中，唯一一个使用荷兰语为官方语言的国家。苏里南是一个种族、语言、宗教上极为多元的国家，穆斯林人口占苏里南的13%，其比例在所有美洲国家中最高。

2. 地理区位

苏里南位于南美洲北部，北滨大西洋，南临巴西，东临法属圭亚那，西临圭亚那。

3. 经济特色

苏里南国民经济主要依靠铝矿业、加工制造业和农业，并开始积极发展石油工业。苏里南自然资源丰富，但经济基础相对薄弱，经济发展不平衡。居民多从事农业，主产稻米，次为香蕉、甘蔗、柑橘等。

铝土矿的开采和提炼在经济中占重要地位，产量居世界前列。其他工业有制糖、食品和木材加工等。

委内瑞拉

1. 概况

委内瑞拉玻利瓦尔共和国位于南美洲北部，是南美洲国家联盟的成员国之一，首都加拉加斯。委内瑞拉国土面积912050平方公里。海岸线长2813公里。

委内瑞拉为石油输出国组织成员，是世界上重要的石油生产国和出口国。石油产业是其经济命脉，该项所得占委内瑞拉出口收入70%以上。

2. 地理区位

委内瑞拉北临加勒比海，西与哥伦比亚相邻，南与巴西交界，东与圭亚那接壤。

3. 经济特色

委内瑞拉属拉丁美洲地区经济较为发达的国家之一，是世界上重要的石油生产国和出口国。石油工业在经济中具有极其重要的地位，其收入占财政总收入的70%以上，原油产量居拉丁美洲的前列。此外还开采铁砂金、金刚石、煤等。其他工业有石油化工、钢铁、制铝、电力、化学制品、建材、纺织、食品加工、烟草、橡胶、木材等。农业在经济中所占比重较小，主要农产品有甘蔗、棉花、大米、高粱、咖啡、可可等。主要饲养牛、猪等牲畜。主要出口石油及其副产品、铁砂等，主要进口机器、工业原料、运输设备、化工产品、食物等。主要贸易对象是美国、哥伦比亚、德国、日本、加拿大等。旅游业收入在经济中占重要地位，主要旅游地区是安赫尔瀑布和玛格丽特岛等。

第三节　亚马逊河经济带合作发展策略

早在1953年，巴西政府成立亚马逊经济开发管理局，开始组织对亚马逊地区进行有计划的开发。1966年，亚马逊地区开发管理局取代亚马逊经济开发管理局，以一种军事行动的方式对亚马逊地区进行大规模开发，规划亚马逊开发区的面积约达500万平方公里，大部分位于北部地区。自20世纪70年代宣布要发展穿越亚马逊地区的高速公路起，20世纪末是亚马逊历史上的一个转折点。

亚马逊河流域幅员辽阔，面积达700万平方公里，约占南美洲大陆面积的1/3。这里资源丰富，特别是森林，占世界森林总面积的1/5。为了开发亚马逊地区，并在开发中进行互助合作，1976年11月，时任巴西总统埃内斯托·盖泽尔和时任秘鲁总统弗朗西斯科·莫拉莱斯·贝穆德斯·塞鲁蒂会晤时，提出了成立一个亚马逊地区组织，共同开发亚马逊地区的设想。1977年3月，巴西将合作范围扩大，向亚马逊地区有关国家正式提出建立地区一体化组织的倡议。在1977年11月至1978年5月的半年时间里，南美八国代表举行了3次筹备会议，最终于1978年7月3日正式签署了《亚马逊合作条约》，旨在共同加速开发亚马逊地区。巴西、秘鲁、玻利维亚、厄瓜多尔、哥伦比亚、圭亚那、苏里南和委内瑞拉八国外长在条约上签了字。《亚马逊合作条约》于1980年8月3日正式生效。

《亚马逊合作条约》声明，缔约国独自使用和利用各自领土内的自然资源是其固有权利，并规定该条约不吸收其他国家参加。根据该条约，各成员国共同努力并采取联合行动，促进亚马逊地区各自领土的协调发展，对各成员国产生公平、互利的结果；促进环境保护和合理使用自然资源。各成员国保证：①该地区商业通航自由；②合理利用水力资源；③在保持生态平衡、保护动植物资源以及在该地区经济、社会发展方面进行科技合作；④促进卫生保健事业；⑤协调修建交通、通信设施；⑥发展边境贸易、旅游。

《亚马逊合作条约》的签订，是对拉美一体化的新贡献。同时，《亚马逊合作条约》组织规定，每年召开一次由各成员国高级外交代表参加的合作理事会，"检查条约的宗旨和目的之实施情况"，制订和落实各项合作计划。

1980年10月23日，《亚马逊合作条约》成员国在巴西的贝伦召开第一次外长会议，并发表了《贝伦声明》。会议重申各成员国对该地区各自领土的自然资源拥有主权，反对外来机构对这一地区的干涉和使该地区国际化的任何企图。

第五章 莱茵河经济带

第一节 莱茵河经济带概况

一、简况

莱茵河是具有历史意义和文化传统的欧洲大河之一,也是世界上最重要的工业运输大动脉之一。它发源于瑞士境内的阿尔卑斯山北麓,西北流经列支敦士登、奥地利、法国、德国和荷兰,最后在鹿特丹附近注入北海。全长约1230公里,流域面积22.4万平方公里,德国境内占16万平方公里,年平均流量为1500立方米/秒。目前约有1亿人生活在莱茵河岸。

莱茵河是欧洲一条著名的国际河流,主要流经德国,在德境内长度达865公里。德国60%以上的工业都集中在莱茵-鲁尔、莱茵-美因、莱茵-内卡等流域经济带上,并打造出多个沿河都市圈。同时,其沿途的瑞士、列支敦士登、奥地利、法国和荷兰都留下了它的足迹,是目前世界上航运量最大的内陆运河。

二、地理环境

莱茵河发源于瑞士境内的阿尔卑斯山北麓,西北沿线流经6个国家,最后注入北海。它由造山运动形成,由上、中、下三条河流水系组成。上游有两条源流,即前莱茵河和后莱茵河。莱茵河中部是该河景色最为壮丽且最富有民间传奇色彩的一段,在此长145公里的地段,西有洪斯吕克山脉、东有陶努斯山脉,两山之间形成一段曲折而深邃的峡谷。莱茵河最后一段位于边境城镇埃默里希的下方、荷兰的三角洲区域中。

莱茵河还通过一系列运河与其他大河连接,构成一个四通八达的水运网。莱茵河运费低廉,这是莱茵河成为工业生产区域主轴线的主因。现有1/5的世界化工产品在莱茵河沿岸生产。

三、发展简史

18世纪中叶,莱茵河已经是欧洲航海工业的重要基地。随后,由于航运和煤炭资源的开发,莱茵河沿岸成为重要的传统工业基地。到20世纪50年代中期,传统工业逐渐失去竞争优势,环境污染问题也日趋严重,引发了民众的强烈不满。为综合治理沿岸环境,重振莱茵河流域经济,70年代,由德国政府主导,对该区域经济进行重新规划和结构调整,一方面大力治理污染,另一方面推动沿岸产业从重工业向轻工业和新兴产业转型升级,最终使莱茵河重现清洁和富庶,从而完成了全球最具现代化的流域经济的转型。昔日"雾霾笼罩""不见天日"的德国鲁尔区,经过发展循环经济,推动产业结构调整,如今基本实现了零排放。

四、特征

莱茵河具有"黄金水道"之称。莱茵河全年水量充沛,自瑞士巴塞尔起,通航里程达886公里;两岸的许多支流,通过一系列运河与多瑙河、罗讷河等水系连接,构成了一个四通八达的水运网。莱茵河所流经的是欧洲的主要工业区,人口稠密。德国的现代化工业区鲁尔就在其支流鲁尔河和利珀河之间。在这两条河之间,通过4条人工开凿的运河和74个河港与莱茵河连成一体,7000吨海轮可由此直达北海。莱茵河的航道就像公路一样,每隔一定距离就有一块里程碑,上面标注着公里数。

莱茵河不仅保证了鲁尔区的工业用水,还为鲁尔区提供了重要的运输条件。正是依靠着这种便利的运输条件,大批铁矿砂和其他矿物原料才能源源不断地从国外运到这里。鲁尔工业区与荷兰内河航运网之间运输十分繁忙,每天船只来来往往,货运量居世界前列。

第二节 莱茵河沿岸主要城市

欧洲的莱茵河流域经济带已成为世界上最受瞩目、最具活力的经济带之一。莱茵河流域首先是形成了便捷的交通网络,很好地利用了内河网、公路、铁路等运输线,令城市和城市间的交通更加便捷。同时,由国家主导进行整体规划,出台大的政策来支持经济带发展。

巴塞尔(瑞士)

1. 概述

巴塞尔是瑞士的第四大城市(仅次于苏黎世、日内瓦和伯尔尼),坐落于瑞士西北的三国交界处,西北邻法国阿尔萨斯,东北与德国南北走向的黑森林山脉接壤,莱茵河在此东注北涌穿城而去,将巴塞尔一分为二,即位于西岸的大巴塞尔区和位于东岸的小巴塞尔区。巴塞尔是瑞士最具经济活力的地区,也是世界最具生产力和创新力的城市之一。巴塞尔为约30万瑞士及外国居民提供了工作机会。

2. 特色分析

医药和化学工业的大企业构成了巴塞尔经济的支柱。借助它们出色的市场适应能力和创造力,这些总部位于巴塞尔的公司在几十年甚至上百年来在国际上取得了巨大成功。巴塞尔如今是一个有国际影响力的生物技术基地、瑞士最重要的生命科学基地,也是从巴塞尔延伸至斯特拉斯堡的跨国"生物谷"与瑞士之间的连接枢纽。

3. 交通

巴塞尔位于莱茵河湾与德、法两国交界处,是连接法国、德国和瑞士的最重要交通枢纽,3个国家的高速公路在此交会。巴塞尔市内有3个火车站,分别属于法、德、瑞三国,1个跨越瑞、法两国国界的国际机场和1个莱茵河工业内河港口。

斯特拉斯堡(法国)

1. 概述

斯特拉斯堡在传统上是一个典型的航运与贸易之城。在中世纪的汉撒同盟时代,斯特拉斯堡和美茵茨、法兰克福一同作为莱茵河流域的主要港口而兴起。法国占领斯特拉斯堡以后，又在18、19世纪先后开挖了莱茵-马恩运河和莱茵-罗纳运河，均以斯特拉斯堡为起点，可以方便地通过水路到达巴黎和里昂，斯特拉斯堡因此成为法国与中欧地区进行贸易（主要是粮食贸易）的枢纽，酿酒业（包括葡萄酒和啤酒）和食品业（如香肠和鹅肝酱）也发展起来。该市至今是法国唯一大量消费啤酒的城市，同时也盛产法国葡萄酒（如里斯灵葡萄酒）。进入现代，上述两条运河因多小型闸门，已经不适应现代航运的需要。但是，莱茵河航运仍然发挥着重要作用，5000吨级的船舶可以从荷兰鹿特丹直航斯特拉斯堡。斯特拉斯堡第一产业为农业，其农业化水平非常高，大部分都实现了机械化操作和自动化生产。第二产业为工业，该市发展了炼油、合成橡胶等工业部门。斯特拉斯堡的另一个主要经济部门是第三产业，特别是新兴的旅游业。

2. 地理区位

斯特拉斯堡位于法国东北部，阿尔萨斯大区的北部和下莱茵省的东部，东侧隔莱茵河与德国相望。

3. 特色分析

斯特拉斯堡的历史中心位于伊尔河两条支流环绕的大岛，被称为"小法兰西"，这一区域拥有中世纪以来的大量精美建筑。1988年被联合国教科文组织列为世界文化遗产，这也是首次一个城市的整个市中心区域获此荣誉。

4. 交通

斯特拉斯堡是法国东部重要的铁路枢纽，也是连接德、法两国最大的铁路口岸。恩茨海姆国际机场（也称斯特拉斯堡机场）是法国东部重要的航空枢纽之一。

卡尔斯鲁厄（德国）

1. 概述

卡尔斯鲁厄是德国西南部城市，面积约173平方公里。卡尔斯鲁厄是德国联邦最高法院和德国联邦宪法法院的所在地。

2. 特色分析

1901年，卡尔斯鲁厄的人口数超过了10万，成为一个相对的大城市。1950年，城市人口数增加到了20万。1971年，城市人口达到其历史最高点，288000人。受到德国人口负增长的影响，卡尔斯鲁厄的人口总数在20世纪80年代有一定下降。2005年9月，卡尔斯鲁厄拥有人口284686，接近了历史最高点。卡尔斯鲁厄的外籍居民中，土耳其人和意大利人占据了前两位。

3. 交通

卡尔斯鲁厄拥有非常健全的交通网络，覆盖了卡尔斯鲁厄的周边城市，有轨电车甚至通到了法国最东北的城市威桑堡。这个庞大的交通网得益于"电车/火车轨道共享"（Tram-Train/Track-Sharing）模式，周边小城的居民只需乘坐电车便能到达卡尔斯鲁厄市中心，方便了小城居民出行，同时也增加了贸易机会。

曼海姆（德国）

1. 概述

从1896年城市开始扩建，到今天，曼海姆已发展成为法兰克福—斯图加特之间重要的经济中心和交通枢纽，拥有德国第二大的调车枢纽和欧洲最大的内河港口。历史上，曼海姆是一座大学城，这座曾经的普法尔茨皇城如今也是欧洲都市圈莱茵-内卡三角洲的经济和文化中心。

一些重要的发明也源自曼海姆：1817年，卡尔·德莱斯（Karl Drais）在此发明了世界上第一辆两轮自行车。1886年，卡尔·本茨制造的世界上第一辆汽车驶上街头。1921年，传奇的兰茨农用车也紧随其后问世。此外，曼海姆人尤里乌斯·哈特里也在1929年建造了世界上第一架火箭式飞机。

2. 地理区位

曼海姆位于莱茵河上游河谷的北部，是莱茵河和内卡河的交汇处。城区分布在莱茵河的右岸和内卡河的两岸。曼海姆同时也处于欧洲都市圈莱茵—内卡三角洲内，这个有着约235万人口的密集型都市圈，范围包括黑森州南部、莱茵兰-普法尔茨州西南部、巴登-符腾堡州的曼海姆、海德堡以及莱茵-内卡尔县。

路德维希港（德国）

1. 概述

路德维希港是德国西南部城市，在莱茵河左岸，是德国莱茵河上第二大港，面积77.68平方公里。

路德维希港是一个不受县管辖的城市，莱茵-普法尔茨县的管理部门也设于此。世界最大的化工集团康采恩-巴斯夫集团总部设在路德维希港。

2. 特色分析

路德维希港建于1606年，19世纪因发展化学工业而兴起，同对岸的曼海姆组成联合港。是化学工业公司所属工厂的所在地，主产炸药、染料、塑料、氨肥、磷肥、药品等，还有冶金、玻璃、机械、纺织等部门。是铁路枢纽和商业中心。第二次世界大战时遭到严重破坏，战后重建为现代化城市。

威斯巴登（德国）

1. 概述

威斯巴登是德国中西部城市，黑森州首府。德国威廉皇帝称威斯巴登为"北欧的尼斯"，民间则赋予她"别墅之城"的美誉。除了作为黑森州的政治中心，威斯巴登也是德国著名的温泉疗养胜地，素有"满城泉水满城花"之誉，早在罗马帝国时期就已为人所知，威斯巴登这个地名就是由温泉名演变而成。其历史悠久的赌场更是吸引着欧洲乃至世界各地的游客纷至沓来。此外，作为酿酒业中心，威斯巴登以出产塞克特著称。

2. 特色分析

这座城市拥有2000多年悠久的历史，可以追溯到古罗马时期。罗马人发现了这里的温泉，并为他们的士兵在草地上修建了一座洗澡堂，因此诞生了"威斯巴登"的名字，意思是"草地上的澡堂"。这些温泉一直到今天还在使用，不仅用于疗养，也用于健身和室内取暖。

18世纪，拿骚-乌辛根侯爵将其官邸迁至威斯巴登的比布里希皇宫；19世纪，这里又是拿骚公爵统治国家的施政中心。由于气候宜人，而且多温泉，威斯巴登逐渐成为国际知名的疗养胜地。

讲到威斯巴登，就不能不提其周边森林茂密、丘陵起伏的莱茵高地区。早在罗马时期，这里就开始种植葡萄；今天，莱茵高地区是举世闻名的葡萄酒产区。

美因茨（德国）

1. 概述

美因茨是德国莱茵兰-普法尔茨州的首府和最大城市，位于莱茵河左岸，正对美因河注入莱茵河的入口处。美因茨自称是莱茵河地区狂欢节的中心，其附近的大城市有威斯巴登、达姆施塔特和法兰克福。

2. 特色分析

美因茨的市中心和一些相邻的市区显示着大城市的风格，而另一些偏远的市区则依然保留着其村庄的结构，尤其在老城区里还保留着中世纪狭窄、弯曲的胡同以及过去的桁架式建筑。

美因茨的市容呈现出不同时期的建筑物：现代的市政府大楼和希尔顿饭店与巴洛克、文艺复兴时期的法庭（今天州政府）、条顿骑士团大厦（今天州议会）和选帝侯宫并列。城市周围的许多居民区也保留了20世纪60年代的建筑风格。

波恩（德国）

1. 概述

波恩曾经是德意志联邦共和国首都，位于科隆以南约30公里，科布伦茨以北约60公里，人口约30万，为北威州十大城市之一，至今仍是德国重要的政治中心。拥有2000年历史的波恩是德国最古老的城市之一。1770年12月16日，作曲家贝多芬出生在这座城市。

2. 特色分析

波恩是欧洲一座著名的文化城市，建于1786年的波恩大学，是欧洲最古老的高等学府之一，校舍主楼是普鲁士时期的宫殿式建筑，师资力量雄厚，教学设备齐全，马克思和著名诗人海涅都曾在这里学习过。坐落在市中心的大教堂，建于1050年左右，顶端为96米高的方形塔，被视为波恩的象征。坐落在哥德斯山顶的哥德斯堡，是欧洲著名的古建筑。

波恩城市建设中的一个突出特点是，许多古老建筑在重新修缮后被辟为博物馆和文化机构，从而得到充分利用。音乐家贝多芬于1770年诞生于波恩市中心的一幢房子里，并在这里生活了22年。1889年，他的故居被辟为博物馆，馆内陈列着贝多芬当年的手稿、文献及乐器等。

波恩是欧洲绿化最好的城市之一，冬季芳草不衰，春季姹紫嫣红，被誉为"绿色的城市"。

科隆（德国）

1. 概述

科隆是德国西部莱茵河畔名城和重工业城市。这是一座古老而美丽的城市，也是一座现代化气息极强的大都市。市中心高楼大厦鳞次栉比，商店比比皆是，各种商品琳琅满目，是一个繁华的商业城市。

2. 特色分析

科隆是一个以罗马式教堂和哥特式大教堂闻名于世的城市。屹立在莱茵河边的科隆大教堂高157.38米，它有两座哥特式尖塔，北塔高157.38米，南塔高157.31米。科隆大教堂是目前世界上最高的双塔教堂，已成为科隆市的象征和游客向往的名胜之地。站在高高的塔顶极目远望，莱茵河犹如一条白色的缎带从旁飘过。教堂前的广场还是人们举行各种庆祝活动的场所，每年的5—9月，每逢周末，人们都要在此举行民俗庆典活动，场面十分热闹。

杜塞尔多夫（德国）

1. 概述

位于莱茵河畔的杜塞尔多夫紧邻世界著名的鲁尔区，是欧洲人口最稠密、经济最发达地区北莱茵-威斯特法伦州的首府，是德国广告、服装、展览业和通信业的重要城市，欧洲物流中心城市。

2. 特色分析

杜塞尔多夫是世界性的会展城市，与法兰克福、汉诺威、巴黎、科隆、米兰、慕尼黑、巴塞罗那、柏林、博洛尼亚、巴塞尔、纽伦堡同为12个国际会展一线城市。杜塞尔多夫国际船艇展是全世界船艇类最大的展览会之一，也是欧洲最大的船艇展。杜塞尔多夫国际医院及医疗设备展览会和德国医疗展、欧洲生物医药大会都曾在杜塞尔多夫圆满举行。

杜塞尔多夫是德国的时装之都，也是世界著名的时装城市。每年举行大型时装展览会和交易会。

杜塞尔多夫是德国广告、服装和通信业的重要中心。市内共有约1000家广告公司，其中包括了以杜塞尔多夫为基地的德国三大广告公司。

杜塞尔多夫在化学和医药学领域，特别是生命科学和生物技术方面具有独特优势。这些领域的企业巨头和顶尖的研究机构聚集在这个基础设施一流的城市中。全球化学和生命科学领域的知名企业，如拜耳、汉高、强生、孟山都和3M医疗，以及德国名列前茅的生物技术公司都纷纷选择这里及其周边地区作为办公地点。

3. 交通

杜塞尔多夫国际机场是继法兰克福和慕尼黑后，德国的第三大机场，年均搭客量约160万人。机场离市区8公里。另外，位于杜塞尔多夫北部80公里外的威斯机场是欧洲廉价航空公司使用的机场。

鹿特丹（荷兰）

1. 概述

鹿特丹是荷兰第二大城市，市区面积200多平方公里，港区100多平方公里。市区人口57万，包括周围卫星城共有102.4万人。鹿特丹同时也是欧洲第一大港口，亚欧大陆桥的西桥头堡（东桥头堡是中国连云港市），位于莱茵河与马斯河汇合处。经过半个多世纪的发展，荷兰已成为一个经济发达的国家，它是欧共体最早成员国之一，人均国民生产总值位居欧洲前列。工业门类齐全，拥有欧洲最大的炼油厂，造船业很发达，石油化工、家用电器、电子仪器、乳品加工、人造黄油在国际上享有盛誉。此外，还有汽车装配、工程机械、铁路器材、轻工业（纸张、服装、咖啡、茶、可可、香烟、啤酒）等制造部门。

2. 地理区位

鹿特丹是连接欧、美、亚、非、澳五大洲的重要港口，素有"欧洲门户"之称。鹿特丹气候冬季温和，夏季凉爽。1月最冷，平均气温1℃；7月最热，平均气温17℃。年降水量700毫米。

3. 特色分析

鹿特丹的饮食文化实在是多彩多姿。通常，荷兰料理都标榜有"妈妈的味道"。用青豆熬成的爱尔登汤，犹如一篇抒情诗。鹿特丹人的晚餐，通常是把肉和蔬菜一起熬煮，再加上马铃薯。梵·高名作《食薯者》有这方面的描绘。在德夫哈芬，您会发现恍若风景画的荷兰旧街、博曼斯美术馆、博物馆，以及迄今为止世界最大、最为壮观的防潮工程——三角洲工程。

杜伊斯堡（德国）

1. 概述

杜伊斯堡是德国西部鲁尔区重要工业城市，中世纪为一座商业城市，现为全国最大河港，以吞吐煤、铁矿石、石油、建筑材料等为主。载重8000吨的船队可上溯莱茵河至此。杜伊斯保还是全国主要钢铁工业中心，全国7个具有400万吨以上炼钢能力的钢铁厂中有5个在本市。

2. 交通

杜伊斯堡是一个国际性的贸易和物流中心，拥有十分发达的公路、铁路和航运网。从杜伊斯堡火车总站出发，8分钟就能到达位于杜伊斯堡与杜塞尔多夫交界处的杜塞尔多夫国际机场。

杜伊斯堡港是欧洲最大的内河港，同时它还是一个海港，海船沿莱茵河入海驶往欧洲、非洲等地区。港区的中心位于鲁尔河的河口，它已有200年的历史。杜伊斯堡港的年吞吐量大约4000万吨。每年有超过2万艘船只在这里停泊。如果加上许多大型公司在这里用自己的码头转运的货物，杜伊斯堡港的总吞吐量可以达到7000万吨。

第三节 莱茵河经济带合作发展策略

为了实现促进地区合作发展的目的，也为了改善莱茵河的水质，20世纪60年代以来，莱茵河流域各国采取了一系列的措施，如建立一些国际性的管理机构，制定有关协定、条约，增加投资费用，加大对重点污染源、重点污染工业区及污染严重的河流的治理，大力兴建污水处理设施，等等。经过各国10多年的努力，形成了行之有效的国际合作，莱茵河的水质也得到了很大改善。

莱茵河流域通过有效的国际合作，较好地实现了航运、发电、供水、旅游、防洪、灌溉、生态保护等多项河流服务功能，维持了河流生态系统健康，实现了水资源的可持续发展。

莱茵河流域管理经历了"先污染，后治理""先开发，后保护"的曲折历程。过度的水资源开发在带来经济利益的同时，也带来了诸多意想不到的后果：河流一度丧失了应有的生命活力，导致灾害频发；严重的工业污染，一度使莱茵河成为"欧洲的下水道"；水生生物种群数量大幅度减少，河流生态系统恶化。沿岸国家开始更加审慎地思考对河流的管理，加强了国际对话与合作，建立了交流对话平台，成立了"保护莱茵河国际委员会"，共同订立了一系列莱茵河保护国际公约，建立了有效的国际合作机制。其中最主要的是建立了莱茵河流域治理中的政府合作模式。

流域治理中的政府合作模式是当代区域一体化下政府合作的一种重要形式。国际上较为成功的范例是莱茵河治理中的政府合作。各个国家都建立了针对莱茵河的具体保护措施。例如，法国把其境内的莱茵河分为6个流域，分阶段进行水质测量和监测。德国在1962年便设立了一个综合性的监测项目；1976年，这个项目转变成一个完全连续的监测系统，这个系统包含15个水质检测站，分布在莱茵河及其主要支流上。

莱茵河流域内的国家，经济发展水平很不平衡；同时，莱茵河对各国经济发展所起的作用各不相同。在百多年的探索实践中，流域各国形成了一套丰富而又实用的政府间合作治理模式。一是成立了"保护莱茵河国际委员会"。旨在全面处理莱茵河流域保护问题并寻求解决方案。初期仅为流域内各国政府和组织提供咨询和建议，后来逐渐发展成为流域有关国家部长参加的国际协调组织。二是签署了具有法律效力和制度约束力的《伯尔尼公约》，奠定了莱茵河流域管理国际协调和发展的基础。三是设立由政府间组织（如河流委员会、航运委员会等）和非政府组织（如自然保护和环境保护组织、饮用水公司、化工企业、食品企业等）组成的观察员小组，监督各国工作计划的实施。四是签署了一系列流域水环境管理协议。五是规划实施了莱茵河流域可持续发展20年计划。

第六章 长江经济带

长江是我国第一大河,世界第三长河,干流经过青、藏、川、滇、渝、鄂、湘、赣、皖、苏、沪九省二市,全长 6300 公里,流域面积 180 万平方公里,约占全国总面积的 1/5。

第一节 长江经济带概况

2014 年"两会"期间,李克强总理勾勒出中国区域经济发展的新诗篇——"由东向西、由沿海向内地,沿大江大河和陆地交通干线,推进梯度发展"并"依托黄金水道,建设长江经济带"的战略构想。这预示着长江经济带建设已正式上升为国家战略。长江横贯东、中、西部,连接东部沿海和广袤的内陆,依托黄金水道打造新的经济带,有独特的优势和巨大的潜力。各大城市群积极贯彻落实党中央、国务院关于建设长江经济带的重大决策部署,调整区域结构,实现中国经济升级。

一、国家政策

1. 概念的提出

长江经济带概念的提出已逾 30 年,前后经历了三个发展阶段。

第一阶段是 1984—1985 年间,首先由中国生产力经济学研究会提出了"长江产业密集带"战略。该战略指出,以长江流域若干超级城市或特大城市为中心,通过其辐射作用和吸引作用,连接各自腹地的大中小型城市和广大农村组成的经济区。

第二阶段是 20 世纪 90 年代始,随着浦东开发和三峡工程建设等重大决策的相继实施,特别是 1992 年 6 月中央召开了长三角及长江沿江地区经济规划会议,提出了发展"长三角及长江沿江地区经济"的战略构想。长江经济带的龙头、龙尾角色基本明确,战略构想范本雏形形成,其特色是区域合作或协作基本形成。

第三阶段是党的十四届五中全会进一步明确指出,要建设以上海为龙头的长三角及沿江地区经济带。至此,"长江经济带"总战略上升到议事日程。

2. 政策的解读

长江是货运量位居全球内河第一的黄金水道,长江通道是中国国土空间开发最重要的东西轴线,在区域发展总体格局中具有重要战略地位。主要体现在以下 10 个方面:

(1) 长江经济带覆盖上海、江苏、浙江、安徽、江西、湖北、湖南、重庆、四川、云南、贵州等 11 个省市,面积约 205 万平方公里,人口和生产总值均超过全国的 40%。长江经济带横跨我国东、中、西三大区域,具有独特优势和巨大发展潜力。改革开放以来,长江经济带已发展成为我国综合实力最强、战略支撑作用最大的区域之一。在国际环境发生深刻变化、国内发展面临诸多矛盾的背景下，依托黄金水道推动长江经济带发展，有利于挖掘长江中上游广阔腹地蕴含的巨大内需潜力，促进经济增长空间从沿海向沿江内陆拓展；有利于优化沿江产业结构和城镇化布局，推动我国经济提质增效升级；有利于形成上中下游优势互补、协作互动格局，缩小东、中、西部地区发展差距；有利于建设陆海双向对外开放新走廊，培育国际经济合作竞争新优势；有利于保护长江生态环境，引领全国生态文明建设，对于全面建成小康社会，实现中华民族伟大复兴的"中国梦"具有重要现实意义和深远战略意义。

（2）以邓小平理论、"三个代表"重要思想、科学发展观为指导，深入贯彻党的十八大和十八届二中、三中全会精神，认真落实党中央和国务院的决策部署，充分发挥市场配置资源的决定性作用，更好发挥政府规划和政策的引导作用，以改革激发活力、以创新增强动力、以开放提升竞争力，依托长江黄金水道，高起点高水平建设综合交通运输体系，推动上中下游地区协调发展、沿海沿江沿边全面开放，构建横贯东西、辐射南北、通江达海、经济高效、生态良好的长江经济带。

（3）改革引领、创新驱动。坚持制度创新、科技创新，推动重点领域改革先行先试。健全技术创新市场导向机制，增强市场主体创新能力，促进创新资源综合集成，建设统一开放、竞争有序的现代市场体系。

（4）通道支撑、融合发展。以沿江综合运输大通道为支撑，促进上中下游要素合理流动、产业分工协作。着力推进信息化和工业化深度融合，积极引导沿江城镇布局与产业发展有机融合，持续增强区域现代农业、特色农业优势。

（5）海陆统筹、双向开放。深化向东开放，加快向西开放，统筹沿海内陆开放，扩大沿边开放。更好推动"引进来"和"走出去"相结合，更好利用国际国内两个市场、两种资源，构建开放型经济新体制，形成全方位开放新格局。

（6）江湖和谐、生态文明。建立健全最严格的生态环境保护和水资源管理制度，加强长江全流域生态环境监管和综合治理，尊重自然规律及河流演变规律，协调好江河湖泊、上中下游、干流支流关系，保护和改善流域生态服务功能，推动流域绿色循环低碳发展。

（7）具有全球影响力的内河经济带。发挥长江黄金水道的独特作用，构建现代化综合交通运输体系，推动沿江产业结构优化升级，打造世界级产业集群，培育具有国际竞争力的城市群，使长江经济带成为充分体现国家综合经济实力、积极参与国际竞争与合作的内河经济带。

（8）东、中、西互动合作的协调发展带。立足长江上中下游地区的比较优势，统筹人口分布、经济布局与资源环境承载能力，发挥长江三角洲地区的辐射引领作用，促进中上游地区有序承接产业转移，提高要素配置效率，激发内生发展活力，使长江经济带成为推动我国区域协调发展的示范带。

（9）沿海沿江沿边全面推进的对内对外开放带。用好海陆双向开放的区位资源，创新开放模式，促进优势互补，培育内陆开放高地，加快同周边国家和地区基础设施互联互通，加强与丝绸之路经济带、海上丝绸之路的衔接互动，使长江经济带成为横贯东中西、连接南北方的开放合作走廊。

（10）生态文明建设的先行示范带。统筹江河湖泊丰富多样的生态要素，推进长江经济带生态文明建设，构建以长江干支流为经脉、以山水林田湖为有机整体，江湖关系和谐、流域水质优良、生态流量充足、水土保持有效、生物种类多样的生态安全格局，使长江经济带成为水清地绿天蓝的生态廊道。

二、背景与历史

长江是人类文明的摇篮。一览世界文明史、经济史，生产要素基本都遵循着向条件优越的大江大河沿岸聚集，以至形成经济产业带或经济走廊，这是一条普遍的规律，长江流域亦不例外。

1. 中华的"金腰带"

如果说，一代伟人在南海边画了"一个圈"，开启了改革开放的恢宏史诗；那么，新一届党和国家领导人调整战略布局，在中国腹地画的"一条线"，必将舞活"一条龙"。

长江无疑是中华的"金腰带"。它上至云贵川，下至江浙沪，其大小支流正展开前所未有的航道建设；它经济总量大，综合实力强，城市分布密布，文化底蕴深厚；它承东启西、辐射南北，是缩小地区差距、促进区域协调发展的重要抓手。

这一战略构想，既尊重了经济规律，又汲取了国际经验。如世界各国城市和经济带的地域分布，沿海、沿江、沿铁路干线集聚是其基本特征，美国密西西比河、欧洲莱茵河、俄罗斯伏尔加河等莫不如此。而长江航运承载力早已跃居世界第一，具备战略升级条件。所以说，此中华"金腰带"在"一带一路"战略中熠熠生辉。且随着沿海改革开放前沿阵地基础的夯实，开放开发具备由"沿海先行"向"内陆开发"过渡的条件。经济腹地广阔、有黄金水道支撑的长江经济带，在内陆大开发中必将脱颖而出。

2. 传说中炎帝的故乡

长江是传说中炎帝的故乡。关于炎帝的出生地，至今没有定论。事实上，炎帝是一个神化了的人物，它是远古人类在与大自然的斗争中集体智慧的集中体现。在今天，"炎帝"和"黄帝"作为中华五千年文明的象征被载入世界文明的史册，因此中国人也被称为"炎黄子孙"。

3. 长江是国家的生态中心

长江是一条承载生命、滋养生命的生态长河。"国家的战略方向是明确的，既要发展的长江，也要生态的长江。"党的十八大将生态文明建设纳入中国特色社会主义事业"五位一体"的总体布局，将生态文明建设提升到关系人民福祉、关乎民族未来的长远大计来抓。习近平总书记从为实现"中国梦"提供更加坚实的水利支撑和保障的高度，围绕国家水安全保障做了重要讲话，提出了"节水优先、空间均衡、系统治理、两手发力"的治水思想。李克强总理指出，长江生态安全关系全局，要按照科学发展的要求，处理好发展和保护的关系，确保一江清水绵延后世、永续利用，走出一条绿色生态的新路。全面推进水利综合执法，提升水行政执法能力和人才队伍水平，维护良好的水事秩序，促进水生态文明建设，为长江经济带建设保驾护航。

长江经济带作为一个充满生命力和活力的经济体，最根本的是水和生态，充足的环境容量是长江经济带实现可持续发展的基础，良好的水质和生态是长江经济带可持续发展的重要载体。

三、战略定位与意义

长江经济带的战略定位：一是依托长三角城市群、长江中游城市群、成渝城市群；二是做大上海、武汉、重庆三大航运中心；三是推进长江中上游腹地开发；四是促进"两头"开发开放，即上海及中巴（巴基斯坦）、中印缅经济走廊。长江经济带中上海为"龙头"，武汉为"龙腰"，重庆为"龙尾"，这三大城市也分别是上海协调会（上海市、江苏省）、武汉协调会（湖北省、湖南省）、重庆协调会（重庆市、四川省）的中心城市，因此具有一定的现实意义。

四、发展简史

长江经济带经历了四个发展阶段。

（1）1985 年，国家"七五"计划提出东、中、西部概念，要求加快长江中游沿岸地区的开发，大力发展同东部、西部地带的横向经济联系。

（2）2005年，沿江九省市签订《长江经济带合作协议》，但因行政壁垒等限制，使得长江流域航运和经济被割裂，协议效果不佳。

（3）2013年，国家发改委会同交通运输部召开《依托长江建设中国经济新支撑带指导意见》起草工作会议，上海、重庆、湖北、四川、云南、湖南、江西、安徽、江苏9个省市与会。

（4）2014年年初，李克强总理提出，要依托黄金水道，建设长江经济带；随后，政治局会议提出，要"推动京津冀协同发展和长江经济带发展"；接着，李克强总理在重庆召开座谈会，研究依托黄金水道建设长江经济带，为中国经济持续发展提供重要支撑。

五、主要优势

长江经济带具有得天独厚的综合优势。

（1）交通便捷，具有明显的区位优势。长江经济带横贯我国腹心地带，经济腹地广阔，不仅把东、中、西三大地带连接起来，而且还与京沪、京九、京广、皖赣、焦柳等南北铁路干线交会，承东启西，接南连北，通江达海。

（2）资源优势。首先是具有极其丰沛的淡水资源，其次是拥有储量大、种类多的矿产资源，此外还拥有闻名遐迩的众多旅游资源和丰富的农业生物资源，开发潜力巨大。

（3）产业优势。这里历来就是我国最重要的工业走廊之一，我国钢铁、汽车、电子、石化等现代工业的精华大部分汇集于此，集中了一大批高耗能、大运量、高科技的工业行业和特大型企业。此外，大农业的基础地位也居全国首位，沿江九省市的粮棉油产量占全国40%以上。

（4）人力资源优势。长江流域是中华民族文化的摇篮之一，人才荟萃，科教事业发达，技术与管理先进。

（5）城市密集，市场广阔。1995年，沿江九省市拥有大小城市216个，占全国城市数量的33.8%；城市化水平约为50%，比全国平均水平高21个百分点；城市密度为全国平均密度的2.16倍。上海浦东开发开放和三峡工程建设将产生数千亿元的投资需求，而且这一地区人口密集，居民收入水平相对较高，各种消费需求也十分可观，对于国内外投资者有很强的吸引力。

综合而言，长江经济带的内部发展并不均衡，从以上海为中心的长江三角洲依次向西，长江流域的各个地区经济发展出现了明显的落差。长江经济带纵贯我国东、中、西部，长江横向经济带将触角伸入到了欠发达的内陆地区，将我国的经济串联成"T"型结构，成为中国经济新的支撑带和增长极。

第二节 长江沿岸主要城市

长江经济带覆盖了11个省市，面积约205万平方公里，人口和生产总值均超过全国的40%。近年来，长江经济带首尾两大战略金融核心区，即江北嘴、陆家嘴已逐步发展成为中国最具影响力并和国际经济关联密切的金融中心。同时，依托黄金水道推动长江经济带的发展战略也辐射到了长江周边的主要沿岸城市，该战略成为打造中国经济发展的新支撑带的一股强劲的旋风。

按照综合竞争力的综合得分高低及集散程度，将长江沿岸41个城市划分为长江经济带的一级中心城市、二级中心城市、地区中心城市和一般城市4个层次。一级中心城市对长江经济带具有巨大影响和带动力，在全国空间发展战略中都具有极为重要的作用；二级中心城市对长江经济带具有显著带动力的战略增长极；地区中心城市一般在省级行政单元内部区域空间具有辐射影响力。

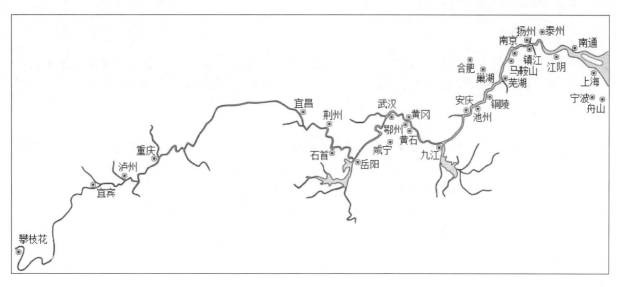

长江沿岸 29 个中心城市

长江经济带的一级中心城市只有上海 1 个，二级中心城市有 11 个，地区中心城市 15 个，一般城市 14 个，城市体系呈比较明显的金字塔形分布，结构比较合理。一级中心城市、二级中心城市主要分布在长江经济带的下游沿海地区。这一区域的城市空间扩张和城市化水平已经达到一个很高的层次。中游和上游有 2 个二级中心城市，但大部分为一般城市。

一级中心城市 1 个：上海。

二级中心城市 11 个：重庆、南京、武汉、苏州、杭州、南昌、成都、无锡、宁波、长沙、合肥。

地区中心城市 15 个：南通、扬州、常州、镇江、舟山、芜湖、安庆、铜陵、池州、九江、岳阳、黄石、宜昌、泸州、宜宾。

一般城市 14 个：万州、涪陵、江津、荆州、攀枝花、嘉兴、黄冈、巢湖、湖州、马鞍山、绍兴、鄂州、咸宁、水富。

长江经济带中长三角城市群为"龙头"，长江中游城市群为"龙腰"，渝蓉城市群为"龙尾"。

一、一级中心城市——上海

1. 概述

上海简称"沪"或"申"，是我国四大直辖市之一，是国家历史文化名城，拥有深厚的近代城市文化底蕴和众多历史古迹。上海是中国的经济、交通、科技、工业、金融、会展和航运中心之一。同时，作为远东最大的都市之一，上海有"中国的商业橱窗"之称，其 2014 年 GDP 总量居中国城市第一，亚洲第二。上海港货物吞吐量和集装箱吞吐量均居世界第一，是一个良好的滨江滨海国际性港口。上海是一个国际性大都市。

2. 地理区位

上海地处长江入海口，与日本九州岛相望，南濒杭州湾，西与江苏、浙江两省相接，并与安徽相隔，共同构成以上海为龙头的长江三角洲城市群。上海是中国大陆首个自贸区。

上海属北亚热带湿润季风气候，四季分明，日照充分，雨量充沛。上海气候温和湿润，春秋较短，冬暖夏凉。1 月份最冷，平均气温约 4℃；通常 7 月份最热，平均气温约 28℃。

3. 经济特色

新中国成立之前，上海曾是远东第一金融中心，股票、黄金、外汇等金融市场规模雄踞亚洲第一。上海是全球第二大期货交易中心，仅次于芝加哥；全球最大黄金现货交易中心；全球第二大钻石现货交易中心，全球三大有色金属定价中心之一。上海是中国金融中心，上海几乎囊括了全中国所有的金融市场要素：上海证券交易所、期货交易所、中国金融交易所、上海钻石交易所、黄金交易所、金融衍生品交易所、银行间债券市场、中国外汇交易中心、中国资金拆借市场、国家黄金储备运营中心、国家外汇储备运营中心、上海清算所（中国人民银行清算总中心）、中国人民银行上海总部（央行征信系统中心、支票节流数据处理中心）、中国四大银行（中国农业银行、中国银行、中国工商银行、中国建设银行）上海总部、各大外资银行大中华总部、中国反洗钱资金监控中心、上海银行间同业拆放利率、中国保险交易所。

4. 交通

上海拥有两大机场，即上海虹桥国际机场和上海浦东国际机场。上海空港是东方航空、中国国际货运航空、中国货运航空和中国最大的两家民营航空（春秋航空和吉祥航空）的主要基地。

上海拥有轨道交通系统共13条，包括地铁、高架轻轨和磁悬浮线等，营业里程400余公里，居全国前列，已形成初步的网络格局。

上海地铁于20世纪90年代初正式营运，是中国大陆地区继北京、天津之后第三个拥有地铁交通的城市。

二、特色城市分析

成都

1. 概述

成都简称"蓉"，四川省省会，1993年被国务院确定为西南地区的科技、商贸、金融中心和交通、通信枢纽。2015年11月，经国务院批复，成都被定位为国家重要的高新技术产业基地、商贸物流中心和综合交通枢纽，是西部地区重要的中心城市。成都历史悠久，文化灿烂，是首批国家历史文化名城、中国最佳旅游城市和南方丝绸之路的起点。2600多年的建城史孕育了都江堰、武侯祠、杜甫草堂、金沙遗址等众多名胜古迹。

2. 地理区位

成都位于四川盆地西部，成都平原腹地，境内地势平坦、河网纵横、物产丰富、农业发达，自古就有"天府之国"的美誉。成都东与德阳、资阳毗邻，西与雅安、阿坝接壤，南与眉山相连。

3. 城市建设

2014年，全市实现地区生产总值（GDP）10056.6亿元，居副省级市第四位（仅次于广州、深圳、武汉），比上年增长8.9%。其中，第一产业实现增加值370.8亿元，增长3.6%；第二产业实现增加值4561.1亿元，增长9.8%；第三产业实现增加值5124.7亿元，增长8.6%。按常住人口计算，人均生产总值70019元，增长8.0%。一、二、三产业比例关系为3.7:45.3:51.0。全年地方公共财政收入1025.2亿元，比上年增长14.1%；其中税收收入774.9亿元，增长16.4%。全年公共财政支出1340.0亿元，增长15.3%。

全年城镇新增就业24.3万人，其中持"再就业优惠证"人员实现再就业7.2万人，"4050"等就业困难人员实现再就业1.9万人。农村劳动力转移到非农产业就业新增9.1万人。农村劳动力劳务输出人数为216.9万人。年末城镇登记失业率为2.87%。

成都是西部地区的军事中心，解放军五大战区之一的西部战区机关驻成都市青羊区北较场。成都也是中西部地区设立外国领事馆数量最多、开通国际航线数量最多的城市。

重庆

1. 概述

重庆简称"巴"或"渝"，别称巴渝、山城、渝都、陪都、雾都，是我国直辖市之一，是国家中心城市、超大城市、世界温泉之都，是长江上游地区经济中心、金融中心和创新中心，是政治、文化、科技、教育、艺术等中心，也是国务院定位的国际大都市。重庆还是中西部地区水、陆、空综合交通枢纽。重庆具有3000多年历史，旅游资源极为丰富，既拥有集山、水、林、泉、瀑、峡、洞等为一体的壮丽自然景色，又拥有融巴渝文化、移民文化、三峡文化、陪都文化、都市文化于一体的浓郁文化景观。自然风光尤以长江三峡闻名于世。

2. 地理区位

重庆位于中国西南部、长江上游地区，东南临湖北和湖南，南接贵州，北连四川，东北与陕西和湖北相连。

3. 城市建设

2014年，重庆市实现地区生产总值14265.40亿元，比2013年增长10.9%。全市人均地区生产总值达到47859元（7791美元）。全年一般公共预算收入1921.88亿元。其中税收收入1281.70亿元，一般公共预算支出3303.72亿元。全市城镇常住居民人均可支配收入25147元，农村常住居民人均可支配收入9490元。

贵阳

1. 概述

贵阳是中国西南地区重要的中心城市之一，全国重要的生态休闲度假旅游城市。

"贵阳"因位于境内贵山之南而得名，已有400多年历史。贵阳是贵州"金三角"旅游区的依托点，是贵州旅游业的支撑点。在联合国亚太组织等七大机构的八大硬指标中，贵阳以"具有夏季，特别是最热月平均气温舒适度的优势"荣获"中国避暑之都"的称号。

2. 地理区位

贵阳位于贵州省中部，东南与瓮安县、龙里县、惠水县、长顺县接壤，西靠平坝县和织金县，北邻黔西县、金沙县和遵义县。

贵阳是一个多民族杂居的城市，汉族人口占大多数，布依族次之，苗族人口居贵阳第三位，除此之外，还有回族、侗族、彝族、壮族等20多个少数民族。

3. 城市建设

2014年，贵阳市实现生产总值2497.27亿元，比上年增长13.9%。分产业看，第一产业增加值108.02亿元，比上年增长6.6%；第二产业增加值976.59亿元，比上年增长13.9%；第三产业增加值1412.66亿元，比上年增长14.3%。人均生产总值55018元，比上年增长12.6%。第三产业比重继续提高。全市第一产业、第二产业和第三产业增加值占地区生产总值的比重分别为4.3%、39.1%和56.6%。与上年比，第一产业、第三产业比重分别提高0.4个和1.2个百分点，第二产业比重下降1.6个百分点。

贵阳是中国西南地区重要的中心城市之一，是国务院确定的"黔中经济区"和"泛珠三角经济区"内的重要中心城市，是一座以资源开发见长的综合型工业城市，主要工业产品和工业行业在中国居于重要的地位。

昆明

1. 概述

昆明是中国面向东南亚、南亚开放的门户城市，国家级历史文化名城，我国重要的旅游、商贸城市以及西部地区重要的中心城市之一。昆明地处云贵高原中部，是滇中城市群的核心圈、亚洲5小时航空圈的中心，国家一级物流园区布局城市之一。昆明是全国十大旅游热点城市，首批中国优秀旅游城市。

2. 地理区位

昆明位于中国西南云贵高原中部，南濒滇池，三面环山。昆明市下辖6个市辖区、1个县级市、4个县、3个自治县。截至2013年年末，昆明市常住人口为657.9万人，比上年末增加4.6万人，人口自然增长率5.59‰，城镇人口比重为68.05%。昆明市人口以汉族为主，占全市常住人口的86.16%。

3. 城市建设

昆明是中国面向东南亚的国家一级物流园区布局城市之一，是面向西南开放的门户城市。昆明的发展首位度、产业支撑度、经济集中度、文化多维度、社会集聚度"五度"加权高，经济发展的市场体系覆盖全省，经济发展触角延伸全省，资源运作半径辐射全省。

昆明正在努力建设成为中国面向西南开放的区域性国际城市。昆明区位独特，地处"9+2"泛珠三角区域经济合作圈、"10+1"中国－东盟自由贸易区经济圈和大湄公河次区域经济合作圈的交会点。随着昆明至曼谷国际公路的通车、泛亚铁路的规划建设，以及正在建设中的昆明国际空港等重大基础设施的实施，昆明面向东南亚、南亚开放的"桥头堡"作用日益凸显。2014年全年实现地区生产总值3712.99亿元，按可比价计算，比上年增长8.1%。

拉萨

1. 概述

拉萨是西藏自治区的首府，西藏的政治、经济、文化和宗教中心，也是藏传佛教圣地。拉萨自2005—2015年连续10年荣膺旅游城市的桂冠。2015年11月1日，拉萨获评"2015中国十大活力休闲城市"称号。

2. 地理区位

拉萨位于西藏高原的中部、喜马拉雅山脉北侧。截至2015年，拉萨市辖2个市辖区、6个县，共64个乡（镇、办事处），269个村委会（社区居委会）。面积29518平方公里（2013年），人口55.94万（2012年）。

3. 城市建设

2012年，全市实现地区生产总值（GDP）260.04亿元，比上年增长12.2%。2012年，三产业比重依次为4.1%、34.9%、61.0%，分别拉动经济增长0.3、5.0和6.9个百分点。2013年，拉萨市预计实现地区生产总值312亿元，较上年增长20%，占全区总量的39%；社会消费品零售总额150亿元，增长20%，占全区总量的51.9%。

武汉

1. 概述

武汉地处江汉平原东部，是国家历史文化名城，中国中部地区的中心城市，全国重要的工业基地、科教基地和综合交通枢纽。武汉因其独特的地理位置，是中国内陆最大的水陆空综合交通枢纽之一，是承东启西、接南转北的国家地理中心，历来有"九省通衢"之称。武汉是中国高等教育资源最集中的五大城市之一，科教综合实力居全国大城市第三位。近代的武汉作为中国民主革命的发祥地，几度成为全国政治中心。民国时期，汉口高度繁荣，被誉为"东方芝加哥"，武汉三镇综合实力曾仅次于上海，位居亚洲前列。武汉是中国优秀旅游城市，每年举办武汉国际旅游节。武汉是中国重要的工业基地，拥有钢铁、汽车、光电子、化工、冶金、纺织、造船、制造、医药等完整的工业体系。

2. 地理区位

武汉地处长江中下游平原，江汉平原东部，是国家区域中心城市（华中）、副省级市和湖北省省会。

3. 城市建设

2015年，武汉市国内生产总值达11000亿元，继续领先成都，位列全国城市第八位。

2014年，武汉市地区生产总值（GDP）10069.48亿元，迈入中国城市"万亿GDP俱乐部"，居华中地区首位，15个副省级城市中位列第三，以12.88亿元优势超过成都，位列中国大陆第八位。居民收入方面，2014年，武汉市城镇常住居民人均可支配收入达33270元，比上年增长9.9%，农村常住居民人均可支配收入16160元，增长12.3%，均高于当地经济增速。

长沙

1. 概述

长沙是国家首批历史文化名城，国家综合配套改革试验区之一，国家级"两化融合"试验区之一，国家"十二五"规划确定的重点开发区域，南中国综合性交通枢纽。长沙是楚文明和湘楚文化的发源地，有文字可考的历史长达3000多年，因屈原和贾谊的影响而被称为"屈贾之乡"。长沙又称"楚汉名城"，马王堆汉墓和走马楼简牍等重要文物的出土反映其深厚的楚文化以及湖湘文化底蕴，位于岳麓山下的岳麓书院为湖南文化教育的象征。历史上涌现众多名人，留下众多的历史文化遗迹，成为首批国家历史文化名城。2016年2月23日，长沙市在CCTV"中国经济生活大调查"2015年度十大最具幸福感省会城市中名列第一。

2. 地理区位

长沙地处湖南省东部偏北，湘江下游和长浏盆地西缘。长沙市辖芙蓉区、天心区、岳麓区、开福区、雨花区、望城区 6 个区，长沙县、宁乡县 2 个县，代管浏阳市 1 个县级市。面积 11819.5 平方公里，人口 731 万（2014 年）。

3. 城市建设

地区生产总值：初步核算，截至 2015 年 12 月，全市实现 GDP 8510.13 亿元，同比增长 9.9%。在 GDP 中，第一产业实现增加值 341.78 亿元，增长 3.6%；第二产业实现增加值 4478.20 亿元，增长 8.8%；第三产业实现增加值 3690.15 亿元，增长 12.1%。在 GDP 累计增幅中，第一、二、三次产业分别拉动 0.1、5.0、4.8 个百分点，三次产业对 GDP 增长的贡献率分别为 1.1%、50.3%、48.6%。

南昌

1. 概述

南昌是江西省省会，是江西省的政治、经济、文化、商业、教育、科技和交通中心，长江中游城市群中心城市之一，鄱阳湖生态经济区核心城市，中国重要的综合交通枢纽和现代制造业基地。南昌是中国首批低碳试点城市，曾荣获国家创新型城市、国际花园城市、国家园林城市、国家卫生城市、全国文明城市、国家森林城市、全球十大动感都会等称号，2006 年被《新闻周刊》评选为世界十大最具经济活力城市。南昌地铁 1 号线在 2015 年 12 月 26 日开通试运营，成为中部地区第四个拥有地铁的城市。

2. 地理区位

南昌地处江西省中部偏北，赣江、抚河下游，濒临中国第一大淡水湖鄱阳湖西南岸，自古就有"粤户闽庭，吴头楚尾""襟三江而带五湖"之称。6 个市辖区、3 个县，面积 7402.36 平方公里，人口 524.02 万（2014 年）。截至 2013 年年底，南昌全市共有 38 个民族，汉族人口占 99% 以上。少数民族均为散居性质，回族人口最多。

3. 城市建设

南昌市经济发展迅速，在全球发展最快的 20 个城市中名列第 15 名，是中国乃至全球未来最具发展潜力的城市之一。2013 年实现地区生产总值 3336.03 亿元，按可比价格计算，比上年增长 10.7%。全年财政总收入 558.02 亿元，比上年增长 11.6%。到 2015 年，南昌市生产总值突破 4000 亿元。第一产业：南昌农业现代化水平极高，拥有煌上煌、国鸿、正邦、英雄、益海嘉里、双汇等一批高新技术农业企业，大大提高了农业产品的技术含量。第二产业：南昌市工业发达，南昌市的汽车制造、冶金、机电、纺织、化工、医药等现代化工业体系和以电子信息、生物工程、新材料、软件、服务外包等为代表的新兴高新技术产业在国内外具有一流的水平。第三产业：金融。南昌市是中国中部重要的金融中心，正在建设南昌市红谷滩中央商务区，现有外资银行有标准渣打银行、大新银行等。

宜昌

1. 概述

宜昌是中部地区的重要交通枢纽城市，长江航线、3 条铁路、5 条高速贯穿辖区。三峡大坝、葛洲坝等水电设施是辖区经济的有力支撑。综合实力多年连续位居湖北第二位。由于特殊的经济地理区位，宜昌也被称为湖北省域副中心城市。随着我国对外开放由沿海向内地梯次推进，长江开放开发、西部大开发战略的实施和三峡工程的兴建，宜昌处于承东启西的战略部位，是重庆和武汉之间重要的豫州、庐州、德胜军、淮南西路等治所，有"江南唇齿，淮右襟喉""江南之首，中原之…"，历为江淮地区行政军事首府。

…拥有3所国家实验室和4座重大科学装置，是仅次于北京的国家重大科学工程布局重点城…是全国首座国家科技创新型试点城市，同时也是世界科技城市联盟会员城市，是中日韩围棋…永久举办地。合肥是首批三座中国国家园林城市之一，自然景色锦绣多姿，文化古迹甚多。

…月23日，合肥在CCTV"中国经济生活大调查"2015年度十大最具幸福感省会城市中名列…

地理区位

…位于安徽省正中央，长江、淮河之间，下辖4个市辖区、4个县、1个县级市。面积…平方公里。人口769.6万（2014年）。合肥市是个多民族散杂居地区，有43个少数民族。…人口4.8万人，约占全市总人口的0.6%。

城市建设

…年，合肥全市生产总值4672.9亿元；按可比价格计算，比上年增长11.5%，涨幅高于全…平均水平，居中国中部省会城市第四，居武汉、长沙、郑州之后。2015年，合肥地区生产…亿元，财政收入1000.5亿元，全社会固定资产投资累计完成2.36万亿元，规模以上工业…到9300亿元，社会消费品零售总额达到2183亿元，城镇居民人均可支配收入达到32080…居民人均可支配收入达到15890元。

…京

概述

…简称"宁"，是江苏省省会，地处中国东部地区，长江下游，濒江近海。"江南佳丽地，金…"。南京拥有6000多年文明史、近2600年建城史和近500年的建都史，是中国四大古都之…"六朝古都""十朝都会"之称，是中华文明的重要发祥地。是中国南方的政治、经济、文化…拥有厚重的文化底蕴和丰富的历史遗存。南京是国家重要的科教中心，自古以来就是一座崇文…城市，有"天下文枢""东南第一学"的美誉。截至2013年，南京有高等院校75所，其中…高校8所，仅次于北京、上海；国家重点实验室25所、国家重点学科169个、两院院士83…居中国第三。

地理区位

…位于长江下游中部地区，江苏省西南部，是国家区域中心城市（华东），长三角辐射带动中…发展的国家重要门户城市，也是"一带一路"战略与长江经济带战略交会的节点城市。全…11个区，总面积6597平方公里，2013年建成区面积752.83平方公里，常住人口818.78万，…人口659.1万人。南京市共有55个民族，其中汉族占总人口的98.76%，少数民族约9.92…

城市建设

…年，南京被国家列为全国15个经济中心城市之一；2004年，经济中心定位指数排名列中国…六，仅次于北京、上海、广州、深圳和天津；2008年，总部经济发展能力列中国第五，排在…上海、广州、深圳之后。2014年，中国区域中心城市竞争力评估，南京仅次于深圳、广州…京、上海）。2015年，南京产业结构显示，第一产业占2.4%，第二产业占40.3%，第三产…

区域性中心城市。宜昌市享有"世界水电之都"的美誉。

2. 地理区位

宜昌地理位置居中，在长江经济带中，东接武汉，西连重庆，是东〔……〕资源的接合部，是国家实施西部大开发战略由中线进入西部的起点。〔……〕5县，面积21227平方公里，人口410.45万（2014年）。

3. 城市建设

21世纪初，宜昌市经济综合实力多年排行湖北省地市区前列，以〔……〕现生产总值1547.32亿元，比上年增长15.8%，连续7年实现两位数以〔……〕产业增加值176.50亿元，增长5.2%；第二产业增加值890.12亿元，〔……〕480.70亿元，增长13.5%。三次产业结构由上年的11.8:55.4:32.8变〔……〕成全地域财政总收入301.45亿元，增长27.9%。

荆州

1. 概述

荆州，古称江陵，湖北省地级市，是春秋战国时楚国都城所在地。〔……〕中游两岸，江汉平原腹地，是国务院公布的首批24座中国历史文化名〔……〕国家园林城市；是长江中游重要的港口城市，中南地区重要的工业基地〔……〕经济带钢腰"之称。2012年入选"2012年度中国特色魅力城市200强"〔……〕建城历史长达2600多年，是楚文化的发祥地和三国文化的中心。

2. 地理区位

荆州位于湖北省中南部，江汉平原腹地，长江自西向东横贯全市。有〔……〕辖荆州、沙市两区，江陵、公安、监利三县和松滋、石首、洪湖三市，总〔……〕面积59平方公里，人口75万。荆州市是一个以汉族为主、少数民族分〔……〕少数民族，3.34万人，约占全市总人口0.35%。

3. 城市建设

2013年，荆州市实现地区生产总值1334.93亿元。其中，第一产业〔……〕二产业完成增加值596.2亿元；第三产业完成增加值419.64亿元，增〔……〕23.9:44.7:31.4。

2013年，荆州市财政总收入113.17亿元。其中地方公共财政预算收〔……〕入94.61亿元，税收占财政收入的比重为83.6%，其中，国税收入47.9〔……〕元。全年公共财政预算支出190.65亿元。

合肥

1. 概述

合肥，安徽省省会，古称庐州、庐阳，是安徽省的政治、经济、教育〔……〕皖江城市带核心城市，合肥都市圈中心城市，长三角城市经济协调会城市〔……〕城市，同时也是华东地区综合交通和通信枢纽之一。自秦建制至今已有〔……〕

区域性中心城市。宜昌市享有"世界水电之都"的美誉。

2. 地理区位

宜昌地理位置居中，在长江经济带中，东接武汉，西连重庆，是东部发达的经济科技与西部丰富资源的接合部，是国家实施西部大开发战略由中线进入西部的起点。宜昌下辖5市辖区、3县级市、5县，面积21227平方公里，人口410.45万（2014年）。

3. 城市建设

21世纪初，宜昌市经济综合实力多年排行湖北省地市区前列，以2010年为例，宜昌全市当年实现生产总值1547.32亿元，比上年增长15.8%，连续7年实现两位数以上增长速度。分产业看，第一产业增加值176.50亿元，增长5.2%；第二产业增加值890.12亿元，增长19.1%；第三产业增加值480.70亿元，增长13.5%。三次产业结构由上年的11.8:55.4:32.8变化为11.4:57.5:31.1。全市完成全地域财政总收入301.45亿元，增长27.9%。

荆州

1. 概述

荆州，古称江陵，湖北省地级市，是春秋战国时楚国都城所在地。荆州位于湖北省中南部，长江中游两岸，江汉平原腹地，是国务院公布的首批24座中国历史文化名城之一，中国优秀旅游城市，国家园林城市；是长江中游重要的港口城市，中南地区重要的工业基地和轻纺织基地，素有"长江经济带钢腰"之称。2012年入选"2012年度中国特色魅力城市200强"。荆州历史悠久，文化灿烂，建城历史长达2600多年，是楚文化的发祥地和三国文化的中心。

2. 地理区位

荆州位于湖北省中南部，江汉平原腹地，长江自西向东横贯全市。截至2012年10月，荆州市下辖荆州、沙市两区，江陵、公安、监利三县和松滋、石首、洪湖三市，总人口640万，其中中心城区面积59平方公里，人口75万。荆州市是一个以汉族为主、少数民族分散杂居的城市。全市有31个少数民族，3.34万人，约占全市总人口0.35%。

3. 城市建设

2013年，荆州市实现地区生产总值1334.93亿元。其中，第一产业完成增加值319.09亿元；第二产业完成增加值596.2亿元；第三产业完成增加值419.64亿元，增长10.2%。三次产业结构为23.9:44.7:31.4。

2013年，荆州市财政总收入113.17亿元。其中地方公共财政预算收入71.95亿元。全年税收收入94.61亿元，税收占财政收入的比重为83.6%，其中，国税收入47.96亿元，地税收入46.74亿元。全年公共财政预算支出190.65亿元。

合肥

1. 概述

合肥，安徽省省会，古称庐州、庐阳，是安徽省的政治、经济、教育、金融、科技和交通中心，皖江城市带核心城市，合肥都市圈中心城市，长三角城市经济协调会城市，长江中下游城市群副中心城市，同时也是华东地区综合交通和通信枢纽之一。自秦建制至今已有2200多年历史，曾为扬州、合州、南豫州、庐州、德胜军、淮南西路等治所，有"江南唇齿，淮右襟喉""江南之首，中原之喉"之称，历为江淮地区行政军事首府。

合肥拥有3所国家实验室和4座重大科学装置，是仅次于北京的国家重大科学工程布局重点城市。合肥是全国首座国家科技创新型试点城市，同时也是世界科技城市联盟会员城市，是中日韩围棋三国赛的永久举办地。合肥是首批三座中国国家园林城市之一，自然景色锦绣多姿，文化古迹甚多。2016年2月23日，合肥在CCTV"中国经济生活大调查"2015年度十大最具幸福感省会城市中名列第三。

2. 地理区位

合肥位于安徽省正中央，长江、淮河之间，下辖4个市辖区、4个县、1个县级市。面积11408.48平方公里。人口769.6万（2014年）。合肥市是个多民族散杂居地区，有43个少数民族。少数民族人口4.8万人，约占全市总人口的0.6%。

3. 城市建设

2013年，合肥全市生产总值4672.9亿元；按可比价格计算，比上年增长11.5%，涨幅高于全国、全省平均水平，居中国中部省会城市第四，居武汉、长沙、郑州之后。2015年，合肥地区生产总值5600亿元，财政收入1000.5亿元，全社会固定资产投资累计完成2.36万亿元，规模以上工业总产值达到9300亿元，社会消费品零售总额达到2183亿元，城镇居民人均可支配收入达到32080元，农村居民人均可支配收入达到15890元。

南京

1. 概述

南京简称"宁"，是江苏省省会，地处中国东部地区，长江下游，濒江近海。"江南佳丽地，金陵帝王州"。南京拥有6000多年文明史、近2600年建城史和近500年的建都史，是中国四大古都之一，有"六朝古都""十朝都会"之称，是中华文明的重要发祥地。是中国南方的政治、经济、文化中心，拥有厚重的文化底蕴和丰富的历史遗存。南京是国家重要的科教中心，自古以来就是一座崇文重教的城市，有"天下文枢""东南第一学"的美誉。截至2013年，南京有高等院校75所，其中"211"高校8所，仅次于北京、上海；国家重点实验室25所、国家重点学科169个、两院院士83人，均居中国第三。

2. 地理区位

南京位于长江下游中部地区，江苏省西南部，是国家区域中心城市（华东），长三角辐射带动中西部地区发展的国家重要门户城市，也是"一带一路"战略与长江经济带战略交会的节点城市。全市下辖11个区，总面积6597平方公里，2013年建成区面积752.83平方公里，常住人口818.78万，其中城镇人口659.1万人。南京市共有55个民族，其中汉族占总人口的98.76%，少数民族约9.92万人。

3. 城市建设

1981年，南京被国家列为全国15个经济中心城市之一；2004年，经济中心定位指数排名列中国大陆第六，仅次于北京、上海、广州、深圳和天津；2008年，总部经济发展能力列中国第五，排在北京、上海、广州、深圳之后。2014年，中国区域中心城市竞争力评估，南京仅次于深圳、广州（不含北京、上海）。2015年，南京产业结构显示，第一产业占2.4%，第二产业占40.3%，第三产业占 57.3%，第三产业比重位列国内第五（前四为北京、上海、广州、深圳）。

杭州

1. 概述

杭州简称"杭"，浙江省省会，位于浙江省北部、钱塘江下游、京杭大运河南端，是浙江省的政治、经济、文化和金融中心，中国七大古都之一，中国重要的电子商务中心之一。

杭州以风景秀丽著称，素有"人间天堂"的美誉。杭州是吴越文化的发源地之一，历史文化积淀深厚。其中主要代表性的独特文化有良渚文化、丝绸文化、茶文化以及流传下来的许多故事传说。

2. 地理区位

杭州市域面积为 16596 平方公里，辖 9 个区、2 个县，代管 2 个县级市。2015 年常住人口为 901.8 万人。杭州得益于京杭运河和通商口岸的便利，以及自身发达的丝绸和粮食产业，历史上曾是重要的商业集散中心。后来依托沪杭铁路等线路的通车以及上海在进出口贸易方面的带动，轻工业发展迅速。杭州以汉族为主，少数民族散杂居。

3. 城市建设

2013 年，全市实现地区生产总值 8343.52 亿元，比上年增长 8.0%。其中：第一产业增加值 265.42 亿元，第二产业增加值 3661.98 亿元，第三产业增加值 4416.12 亿元，分别增长 1.5%、7.4% 和 9.0%。人均生产总值 94566 元，增长 7.4%。三次产业结构由 2012 年的 3.3:45.8:50.9 调整为 2013 年的 3.2:43.9:52.9。

第三节 长江经济带合作发展策略

打造中国经济支撑带和具有全球影响力的开放合作新平台，推动长江经济带地区合作发展策略，是党中央、国务院审时度势、谋划中国经济新棋局做出的既利当前又惠长远的重大战略决策。长江经济带发展战略是各省最直接、最现实、最受益的重大发展机遇，是从城市协同发展的愿景出发，聚集各地区域之间、城市之间影响力和协同合作能力，是对城市的组织能力、对外服务能力和联系强度的综合评定，表现出城市区域协同发展的控制力、影响力和辐射力。其涵盖了综合经济能力、交通信息交流能力、科技和创新能力三大协同发展能力要素。且随着长江经济带上升为国家战略，长江黄金水道有望再次迎来快速腾飞的"黄金期"。

一、现状：各个城市群雏形初现

"以沿江综合运输大通道为轴线，以长江三角洲、长江中游和成渝三大跨区域城市群为主体，以黔中和滇中两大区域性城市群为补充，以沿江大中小城市和小城镇为依托。"2014 年 9 月，国务院发布的《国务院关于依托水道推动长江经济带发展的指导意见》为长江经济带五大城市群建设勾勒出了清晰的图景。在 2014 年 12 月中央经济工作会议后，长江经济带发展更是上升为国家重点战略，五大城市群亦积极筹谋，不断融入长江经济带新格局，而分工、合作、竞争，则是五大城市群托举起长江经济带永恒的基调。

1. 雏形初现

长江经济带横贯东西 11 个省市，流域内五大城市群雏形初现。

中国基础最优良、发展前景最强的城市群当属长三角。据《中国城市群发展报告 2014》中显示，长三角城市群仍然经济总量最大，牢牢占据着中国经济的霸主地位，同时生活质量指数也遥遥领先，是较为理想的宜居城市群。

2. 龙头示范

以上海为中心的长三角城市群将起到龙头的示范带头作用。长江经济带快速发展起来以后，有利于形成上中下游优势互补、协作互动格局，能够缩小中国东、中、西地区经济发展的差距，这也必然会影响到整个东、中、西部经济的发展，推动经济走上协调发展的轨道。显然，长三角城市群是长江经济带五大城市群的龙头，肩负着带动全流域发展之重任。特别是要通过自由贸易区建设，为全国体制机制创新和新一轮开放开发探索新路、提供示范。

3. 中部脊梁

以武汉为中心的长江中游城市群正发挥着中部脊梁的作用。与此同时，以武汉城市圈、环长株潭城市群、环鄱阳湖城市群为主体建构的长江中游城市群，作为长江经济带中部脊梁，正发挥着连接长江上下游城市群及产业衔接的作用，着力打造中部地区开放高地。

长三角、长江中游，以及位于长江上游的成渝城市群构成了长江经济带的三大引擎。除此之外，还有两大次一级引擎：覆盖贵阳、安顺、遵义、都匀、凯里等城市的黔中城市群，以及囊括昆明市、曲靖市、玉溪市、楚雄彝族自治州的滇中城市群，这两个城市群作为长江经济带西向开放的先锋和"桥头堡"，正积极融入西南国际经济合作圈。

4. 上游重点

长江中上游地区将成发展重点。在产业合作领域，长三角地区产业转移溯江而上渐成常态，武汉、重庆、成都、贵阳等中西部城市承接产业转移已成共识。随着长江经济带大交通格局的构建和生态规划的倒逼，以及行政壁垒的逐渐打破，长江经济带产业格局优化提升将进一步加速，五大城市群间的产业合作将更趋频繁。另外，长江经济带贯通东西，意在挖掘中国西部诸地，谋求对中亚腹地的开发开放。可以预见的是，长江经济带的重点发展潜力和空间较大区域，将主要集中于长江经济带中上游地区。

二、前景：统筹规划是打开前景的关键

建设长江经济带城市群前景广阔，它将开启我国东、中、西部地区的协同发展，打通沿海与内地的阻隔，迎来新一轮的增长。这一经济带上的长江中游城市群、成渝城市群，未来可能形成继珠三角、长三角、环渤海湾三大城市群之后新的第四、第五大城市群，从而加速中国城市化的进程。然而，长江经济带城市群能否快速发展，形成有竞争力的经济带，需要改变目前的各地为政、人地割据发展的现状，统筹规划、整体发展。首先是如何打破区域行政壁垒、革除各自为政的顽疾，实行多方合作共赢。长江经济带城市群要想快速发展，必须克服制约我国区域发展的行政壁垒，建立协调机制。以交通为例，长江经济带各区域应该依托长江黄金水道，统筹铁路、公路、航空、管道建设，加强各种运输方式的衔接和综合交通枢纽建设，加快多式联运发展，建成安全便捷、绿色低碳的综合立体交通走廊，从而形成合力，增强对长江经济带发展的战略支撑力。

除此之外，长江经济带城市群各省还应避免"内向思维"，要勇于创新，有领跑者的心态而不是

盲目跟跑。各地在发展中要有外向的思维，采取积极的创新战略，迎接长江经济带的发展黄金期，引导产业梯度合理布局和有序转移，培育形成具有国际水平的互补多样产业集群，从而实现长江经济带城市群的协同共生发展。

三、挑战：打造一群堪比上海的全球性城市

随着我国经济发展进入新常态，建设创新型国家的目标要求我们转换发展战略，从基于加入全球价值链的开放发展战略，转向采取基于嵌入全球创新链的开放发展战略。在这种发展战略下，长江经济带城市群未来的发展会遇到不同的问题和挑战，必须采取不同政策和对策措施。

首先，上海作为跨国企业进军中国的全球性节点城市，如何通过现代服务业发展，更好地降低其他地区的交易成本，更好地为其他地区服务？

其次，远离经济中心的其他城市群，能不能通过高水准的基础设施建设，最大限度地压缩时间空间，使自己与上海、港澳一体化，主动接受来自经济中心的辐射？与此同时，长三角城市群的产业升级，一方面直接决定了国家竞争力的强弱，另一方面也关系到长江中游城市群和成渝城市群的产业升级。如果发达区域城市群长期处于低端的国际代工地位，就会压制其他城市群产业升级的空间。

再次，还必须考虑的是，长江经济带配置过多的低端制造业，尤其是重化工业，将直接威胁长江流域的生态环境。

最后，必须主动构建嵌入全球创新链的机制，参与新的国际分工和产业重构，培育新的比较优势，重塑产业发展的新动力。而转向嵌入全球创新链的开放发展战略，对长江经济带城市群的发展来说，其中最重要的挑战，是要除上海外，新塑若干个结构合理、功能完善的全球性城市，只有这样，长江经济带城市群才能具备足够的内需规模去虹吸全球创新要素。

Volume VIII
第八卷
特别策划
Interviews

序　文

广州是对外贸易大港，是中国海上丝绸之路历史上最重要的港口，有"千年商都"之称，2017年2月，广州正式成为中央确定的4个全球城市之一，她以高昂的姿态领航珠三角区迈向世界城市的序列。

随着各国在经济贸易、社会文化、教育科技等领域的互通日渐频繁，广州也相应地承载起城市交流合作的使命。早在2016年10月，广州泛珠城市发展研究院就外国驻华机构数目做出了统计：广州的外国驻华机构数目仅次于北京（157家）、上海（75家），居国内第三（55家）。为此，本书特别策划了关于驻广州总领事馆、旅游局的专题采访，主题是推广及宣传驻穗总领馆国家的旅游业。如自然风光、历史遗址、文化旅游及文化旅游政策等方面，使更多中国人走出国门、走向世界，在观光旅游、休闲旅游、文化商务旅游等方面有更好的选择，同时也对充满活力的世界旅游城市的发展格局及总体发展特点有些新的认识。

据报告分析，自20世纪50年代始，全球旅游业整体上一直保持强势增长的态势，国际游客到访量从1950年的2500万人次增长到1980年的2.78亿人次，1995年达到5.27亿人次，2008年实现国际游客到访量9.28亿人次，2014年达到11.35亿人次。除2009年受全球金融危机影响出现暂时性下滑外，自2010年以来，国际入境旅游人次每年均以超过4%的速度快速增长。

世界旅游组织长期预测报告《旅游走向2030年》（*Tourism Towards* 2030）中提到，全球范围内游客到访量到2030年估计将达到18亿人次。据世界旅游业理事会2014年的报告，全球范围内，国际游客的花费，在2008年为1.14万亿美元，2011年突破1.2万亿美元，增加到1.22万亿美元，2014年再创新高，达到1.38万亿美元。从更深层次上来说，旅游业对全球经济有较大的贡献。如自2011年起，旅游业对全球经济的贡献年增长率均保持在3%以上。

截至2016年10月，在广州的国外总领事馆有美国、日本、泰国、波兰、澳大利亚、越南、马来西亚、德国、英国、法国、菲律宾、荷兰、加拿大、柬埔寨、丹麦、意大利、韩国、印度尼西亚、瑞士、比利时、新加坡、古巴、新西兰、俄罗斯、希腊、印度、奥地利、挪威、科威特、墨西哥、巴基斯坦、以色列、西班牙、埃塞俄比亚、阿根廷、厄瓜多尔、巴西、智利、马里、乌干达、伊朗、土耳其、斯里兰卡、乌克兰、老挝、秘鲁、吉尔吉斯斯坦、尼日利亚、科特迪瓦、刚果（布）、哥伦比亚、安哥拉、卡塔尔、阿联酋及赞比亚55个国家。当然，随后还会陆续增加。广州这座始建于秦、发达于汉，如今更以蓬勃强劲之势迅猛发展的国际大都市，在大数据、云计算时代，更以广阔的视野，将窗口形象和门户城市的魅力延展到世界各地并大放异彩，从而展现其城市的文化精神。驻穗总领馆的存在意义深远，它们从另一个侧面反映出全球旅游热潮的到来。

无论是东方还是西方，文化旅游总是以一种优于其他媒介感知与体验的方式存在，它经得起时间的考验和历史的淬炼，以其丰富多元的自然人文风光和诱人的民族色彩，让世界感知，让世人铭记。

本专栏将向读者介绍全球诸多国家总领事对文化旅游的畅想与展望，跟随他们描绘的美景，去畅游世界。

大美俄罗斯
——俄罗斯驻广州总领事亚历山大·普罗斯维尔金谈俄罗斯旅游业

"要想了解一个国家的文化与旅游,要自己去体验,百闻不如一见。"

——俄罗斯驻广州总领事亚历山大·普罗斯维尔金

世界的俄罗斯,俄罗斯的世界。一个美得纯粹、盎然、神圣又令人向往的国家。这里有白雪皑皑的原野,有阳光灿烂的沙滩;有茂密的白桦林,亦有一望无际的大草原;有古老的军事要塞,更有瑰丽的屋顶教堂;还有穿越世纪的奢华的宫殿以及遗落在时间长河的石头木屋村庄;等等。这就是大美俄罗斯。

俄罗斯是国际游客养生之地

记者: 您是如何看待文化底蕴深厚的俄罗斯的?中国游客第一次去俄罗斯,您会介绍他们去哪些地方?曾去过俄罗斯的游客,您又会推介他们去哪些地方?

总领事: 是的。中国人熟悉的是贝加尔湖、圣彼得堡、西伯利亚,陌生的是俄罗斯厚重的历史与独特的美丽吧。俄罗斯是一个非常美丽的国家。她是如此的奢华与独特,既坚守着自己独特的历史、建筑、文化、自然与人文风光,又与时俱进地发展着,是一个传统文化与现代思潮交织的国家。若中国游客第一次去俄罗斯,可游览的地方非常之多,如加里宁格勒,是俄罗斯的"飞地",琥珀之都,全世界80%的琥珀产于此;莫斯科,俄罗斯的首都,千顶之城,历史文化名城,2018年世界杯的主要赛场;圣彼得堡,具有"北方威尼斯"之称的欧洲最

亚历山大·普罗斯维尔金先生

美城市;雅库茨克,世界上最寒冷的城市,一座建在永久冻土层上的冰城;下诺夫哥罗德,自由、安静与悠闲并存的"治愈系城市";苏兹达尔,田园风光典范,童话城市;新西伯利亚,拥有俄罗斯最好的大学、博物馆及剧院;贝加尔湖,徒步环绕西伯利亚蔚蓝的明珠;喀山,A级历史文化名城;萨兰斯克与伏尔加格勒均是伏尔加河畔城市,只不过前者是莫尔多瓦共和国首府,后者是俄罗斯的"南部粮仓";顿河河畔罗斯托夫,静静的顿河流过,是俄罗斯南方之都;叶卡捷琳堡,亚欧分界线上的城市,矿产资源丰富的"土豪"城市;乌兰乌德,布里亚风情和俄罗斯风格并存的地方;符拉迪沃斯托克,金角海湾景色美不胜收……

若是去过俄罗斯的旅行者,首先可以去索契旅行,可城市观光、温泉疗养、海滩漫步、徒步探险,当然还有高山滑雪,全年皆宜,行程天数5~7天为佳。因为索契是2014年俄罗斯冬奥会的举办地,是黑海岸边的度假城市,更是滑雪胜地;其次是克里米亚半岛,可以在辛菲罗波尔短暂逗留观光、"邂逅"黑海舰队等;最后可在贝加尔湖漫步,迎日出日落,游湖、垂钓、摄影等。俄罗斯是辽阔的,辽阔得让你心驰神往无边而忧郁;俄罗斯是美丽的,山水湖城处处皆景,让你目不暇接;俄罗斯是神秘的,神秘得让你心如鹿撞不知所措。大美俄罗斯,尽情向往、追逐吧!

俄罗斯的文化旅游政策

记者：旅游是促进两国文化交流的主要方式。俄罗斯旅游文化政策是如何促进本国旅游产业发展的？

总领事：贵国文化部部长雒树刚先生不久前说过，与其他国家人文关系相比，中国和俄罗斯维持在第一位。比如，中国4000人参加了在索契举行的世界歌唱大赛，其中1700人来自广东省，差不多占了一半。

中俄两国有着悠久的历史和丰富的文化遗产，所以两国人民对对方的文化有着浓厚的兴趣，并且这个兴趣一年比一年增加。旅游是两国文化交流的主要桥梁。

在世界经济低迷的情况下，加上西方国家对俄罗斯所进行的经济制裁，俄罗斯旅游产业却一直保持着良好的发展势头。每年差不多有三四百万来自世界各地的游客、旅行者来到俄罗斯旅行参观，俄罗斯的旅游业在访问量方面居世界第一位。丰富的文化遗产和自然景观吸引了越来越多的外国游客和旅行者。俄罗斯有26个联合国教育文化组织指定的遗产。莫斯科、圣彼得堡是俄罗斯旅游项目的金环，伏尔加河山水旅游、坐刨冰船去国家公园，都是北极地带和西伯利亚铁路旅游；参观喀山有名的贝加尔湖、伊尔库茨克和临海边界区，是中国客的主要旅行路线。克里米亚半岛加入俄罗斯之后，已成为新的旅游路线。克里米亚半岛曾经是乌克兰的首府，过去亦有600万旅行者；加入俄罗斯联邦后有700万，尤其是越来越多中国游客来到克里米亚半岛。我们俄罗斯发展旅游产业有7年的计划，按照此计划，在一些地区建立所谓的旅游特别经济区，这样的旅游特别经济区已经在独联体、布里亚特、阿尔泰、莫斯科州临海边界区、科里亚（音译）等开始运行。这些旅游特别经济区推动相关的税收优惠政策，目的在于争取游客。总的来说，中国是我们旅游产业的战略合作伙伴，2010—2015年，中国来俄罗斯的游客数量增加了34.3倍，2015年是120万人次，两国存在团队游政策（落地签：根据2012年10月中俄签署的团队旅游互免签证协议，如果你参加了一个有资质的旅行社组织的旅行团，就可以享受两国间的免签政策）。当然，通过这种渠道前往俄罗斯的游客只能以组团的方式旅游。例如，2016年1—6月份以落地签的形式赴俄的中国游客有2万～3万人，比2015年多了43%。中国旅行者与欧洲旅行者有很大的不同，欧洲旅行者赴俄的目的很简单，就是休息；而中国旅行者则是旅行观光居多，并且希望了解俄罗斯的文化。当前，莫斯科和圣彼得堡仍然是中国旅行者最喜欢去的地方，但是还有其他地方，比如奥美尔州、贝加尔湖边界区、滨海边界区、西伯利亚州、克里米亚半岛等都是越来越多的中国人的喜爱之地。

记者：红色旅游在革命老区，是红军、新四军、八路军在1949年前活动的地点。贵总领事如何看待红色旅游？

总领事：红色旅游在中国有了很大的发展。我听说过去10年有差不多4亿中国旅行者参加红色旅游。俄罗斯也有红色旅游线路，主要是与俄共和苏共历史、革命导师列宁生平等相结合的旅游项目。俄罗斯的红色旅游与社会主义革命、卫国战争以及与我们两国之间有密切联系的事件有关。如莫斯科有一个岛屿，在这个岛屿上曾召开过中国共产党第六次大会，是唯一一个中国大会在国外召开的地点。我们渴望读懂红色旅游，因为俄罗斯有很多地方与中国相似，我们学习了中国的经验。

记者：贵总领事提及红色旅游项目，我们双方可以进行合作！因为广州泛珠城市发展研究院近期推出了"长征绿色发展协作区建设"项目。其目的：①推动珠三角地区与欠发达地区资源、技术、资金进行对接。②扶贫。中国贫困人数占世界人口的1/15。③促进生态资源的可持续发展。我们准备开播一个视频活动，把绿色城镇和红色旅游结合起来进行推广。对此，贵总领事有什么看法或建议？

总领事：我建议"长征绿色发展协作区建设"项目坚持下去，这个创意好，我们也可以学习学习你们的做法！很有意思，在红军长征80周年之际，这个项目把红色的长征和绿色的城市结合起来！2015年在北京举行的旅游展览会上，我们两国的旅游公司交换了纪念品，他们围绕红色旅游规定了20多个项目。我的意思是，对两国的旅行者安排红色旅游路线，因为我认为红色旅游不但可以从经济和内容方面着手，此项目也可以在教育方面起很大作用。

俄罗斯欢迎您

记者：俄罗斯最美地在哪里？

总领事：像中国一样，我们也有很多自然资源丰富的地方。我想，对南方的旅行者来说，到莫斯科去的时间最好是冬天，因为俄罗斯的冬天是一个很漂亮的世界，特别是在西伯利亚和金环（在莫斯科旁边有一个很古老的城市，有800年的历史，中国人认为2000年以上才能算古老，但俄罗斯人认为800多年就很古老了，总领事笑着说）。金环是一个项目的名称，旅行、观光这个城市，线路环绕，像一个环一样，我们把这个项目命名为"金环"。为此项目，我们讨论简化签证手续，赴俄罗斯旅游5人作为一个旅游团队，不需要签证。现在差不多50%的中国人适宜免签证的范围。对我来说，我觉得我们两国已经可以取消签证。

莫斯科和圣彼得堡是俄罗斯典型的城市，我建议你去西伯利亚和俄罗斯的南方，但是，最好的是西伯利亚。可以从北京乘火车去西伯利亚，乘火车可以在想待的城市停留几天，是很有意思的一个旅行。因为西伯利亚是一个很漂亮的地方，空气很香。从价格方面来说，当前俄罗斯的价格还比较便宜，真的。

结语：历史与建筑、文化与旅游、自然与人文交织融合成一个国家的核心精神与一个民族的独有情怀，也成就了俄罗斯——一个幅员辽阔、横跨欧亚大陆的神圣国家。

神奇的"热湖"
——吉尔吉斯斯坦驻广州总领事马克萨特·坚季米舍夫谈吉尔吉斯斯坦旅游业

吉尔吉斯斯坦,这一片自然与历史深情结合的家园,以游牧民族一骑绝尘的洒脱,以山与水的缠绵与氤氲、人文与历史的风云际会,深深地刻在时间的长廊上。

吉尔吉斯斯坦是一个马背上的国家,一个以放牧生活为主、纯净得如同世外桃源的地方。这里悠闲自在的放牧生活充满了浓郁的传奇色彩。美丽的吉尔吉斯斯坦境内多山,气候温润,高山常年积雪,多冰川。牧场占总面积的47%,还拥有世界上第四深水湖。吉尔吉斯斯坦亦是一幅王朝与文化更迭的画卷,这里有历史遗留下来的古老建筑、价值连城的古塔、中国诗人李白出生地遗址以及鲜活的人文景观,还有世界各地慕名而来的游客。这些都为吉尔吉斯斯坦的自然山水和历史传承奏出了最动听的乐章。

吉尔吉斯斯坦欢迎您

记者:吉尔吉斯斯坦是最美的旅游胜地?

总领事:英国《卫报》在2015年曾刊文盛赞吉尔吉斯斯坦是天然和绝佳的登山胜地。因境内90%以上是山区,平均海拔2700米,其中一个名为"共产主义"的山峰有7439米。英国《金融时报》则在2016年年初的报道中,将吉尔吉斯斯坦列为最值得前往旅行的7个国家之一。美国商业内幕网站也在2016年的一则报道中,认为吉尔吉斯斯坦是12个风景绝美的旅游胜地之一。如媒体所言,吉尔吉斯斯坦不仅有山、有水、有草原,更有清润的空气,即便严寒肆虐时,国际游客在此地滑雪依旧感到温暖沁心。吉尔吉斯斯坦是国际游客最热爱的旅游胜地。

我们的旅游景点和城市很让人向往。最有名的旅游胜地是伊塞克湖,它是世界上最大的山地湖泊,以其壮丽的景色和独特的科学价值而著称。湖泊面积6300公里,是一个"热湖",即在冬天不封冻的湖。湖中有20种以上的鱼,湖的东西岸是水鸟过冬之地,过冬鸟主要有潜鸭、绿头鸭、秃头䴙鸡和水鸭等。若你坐在飞机上俯瞰伊塞克湖,它就像上帝镶嵌在此地的宝镜,美得旖旎静谧。其水质微咸,但不像大海一般咸得苦涩不可饮用;它周围萦绕着湿润的空气,这是大自然最好的馈赠。此地的农产品在大小、色泽、味道等方面均优于其他产地的农产品,尤其是水果,饱满、圆润、艳丽,让人垂涎欲滴,轻轻一吮,唇齿留香。此外,我们的旅游产业与中国有渊源深厚的历史,如中国的历史人物唐玄奘、张骞、李白等也使我们的旅游资源大放异彩。如大家有兴趣,可沿着丝绸之路去探寻历史古迹,比如古西辽国首都、李白的出生地碎叶城、沙俄时期的小镇、东正教堂以及中国古典的清真寺庙建筑等;还可以领略当地的民俗民风,如叼羊、姑娘追、射箭、训鹰、打猎、骑马等;更有吸引中国人的、代表中原文化活化石的"东干村""陕西村",还可以听到西北100多年前的老腔老调。这些都是吸引中国游客与国际游客的地方。

马克萨特·坚季米舍夫先生

吉尔吉斯斯坦气候宜人，素有"中亚小瑞士"之称。此地水草肥美、落英缤纷。春天在湖边生态疗养，夏天游湖，秋天骑马、猎鹰，冬天滑雪；饮山泉、品水果，食滋滋流油的金黄色烤肉，那真是人间美景。

吉尔吉斯斯坦是世界游牧民族运动会的集聚地和国际游客的摇篮

记者： 吉尔吉斯斯坦有"世外桃源"之美誉。除此之外，最能吸引国外游客的是什么？

总领事： 吉尔吉斯意为"草原上的游牧民"。这是一个崇尚运动的国家。2016年9月3—8日举行的第二届世界游牧民族运动会，有将近40个国家的代表团参赛。其运动项目涵盖一切与骑马有关的传统项目，如赛马、猎鹰、自由角力、弯弓射箭等。据悉，举行第一届此项运动会时，有9个比赛项目，2016年增至23个。2015年有19个国家的代表团参赛，2016年增加了一倍还多。吉尔吉斯斯坦的世界游牧民族运动会给予了我们一场不一样的比赛，给世界增添了一抹绚丽的色彩，仿若被遗失的世外桃源又重新出现在人们的视野之中，令人惊叹！

我们希望世界游牧民族运动会永远都在吉尔吉斯斯坦召开，让游牧民族的传奇在此凝聚，就像巴西里约热内卢的嘉年华、西班牙的斗牛，吉尔吉斯斯坦人民希望本国的游牧民族运动会是世界运动员的向往之地，亦成为世界游牧文化的中心。吉尔吉斯斯坦人民希望每年都能在当地举办此项盛会。这是我们的心声！

吉尔吉斯斯坦是国际游客一年四季各项旅行项目的摇篮。

现在去吉尔吉斯斯坦，无论你是在湖边徜徉、草原牧马，还是徒步攀登，或是体会当地的传统活动，但我们建议你最好体会一下吉尔吉斯斯坦的滑雪盛会。每年的2月，吉尔吉斯斯坦首都比什凯克将会举行一年一度的"人人滑雪节"活动，这一幕最好不要错过！

世界游牧民族运动会、天然的登山场所、神奇的"热湖"等，均是国际游客体会吉尔吉斯斯坦文化、见证其丰富旅游资源的绝佳场所。

吉尔吉斯斯坦的文化旅游政策

记者： 吉尔吉斯斯坦的文化旅游政策的关注点在哪里？前景如何？

总领事： 吉尔吉斯斯坦是一个位于中亚的内陆国家，有两千年的悠久历史，其文化旅游产业总体发展趋向前景明媚，旅游产业目前在本国一二三产业中的占比为5%。

文化旅游政策的关注点体现在以下几个方面。

（1）加强基础设施建设，如架桥、修路、铺建铁路等以便吸引更多游客。

（2）开拓航线。对中国游客，目前只有乌鲁木齐—吉尔吉斯斯坦航线。在此航线的基础上，2016年11月将开拓南航航线北京—吉尔吉斯斯坦，或者开拓广州—吉尔吉斯斯坦等。这些航线的开辟将进一步深化双方的友好往来。

（3）简化签证。目前，在中国办理吉尔吉斯斯坦的签证比较烦琐，要1～2周；但我们正着手简化签证手续，即有计划地简化办理签证的过程，实施电子签证。我们参考阿联酋、土耳其等国的做法，在网上预订电子旅游签证，方便游客来吉尔吉斯斯坦。

（4）维护、创建旅游文化遗址。如李白的出生地碎叶城遗址，将会进行维建工程，以便吸引越来越的中外游客前往观光旅游。

（5）加大宣传力度，提高服务质量，提升旅游产品附加值。

总的来说，一年大概有150万国外游客来吉尔吉斯斯坦旅游，其中大部分来自欧洲、美洲和独联体国家，如哈萨克斯坦、乌兹别克斯坦和俄罗斯，来自哈萨克斯坦的游客数量持续保持第一，约占全部游客数量的60%。近年来，随着中国经济的飞速发展，中国旅客也将越来越多地前往吉尔吉斯斯坦。

结语： 高耸入云的"共产主义"山峰，浩渺湛蓝的伊塞克湖。依山傍水，探幽揽胜。赛马、猎鹰、极限运动……人们可以在吉尔吉斯斯坦沉浸在旅游与文化的海洋中。

拉美脊背上的国家
——秘鲁驻广州总领事戴维·吉尔列莫·席尔瓦谈秘鲁旅游业

从空中鸟瞰纳斯卡（Nazca）和传说中的胡马纳草原，一个是镶刻在沙漠中的神秘图案，另一个是亘古未有、令人难以置信的"没有树木的大草原"。它们彼此衔接而又相映成趣。沙漠印迹与广袤的草原几乎在瞬间冲刷了城市的喧嚣与烦躁，而那种神秘感让人产生遏制不住的探索欲望。秘鲁的美景美地不仅仅限于此，还有古都利马、印加圣谷、马丘比丘、的的喀喀湖、普诺、阿雷基帕、亚马逊河……这些才是秘鲁——传统与现代的灵魂！

秘鲁是国际游客的心灵栖息地

记者：与中国相比，秘鲁是一个怎样的国家呢？有哪些引人入胜的地方？

总领事：秘鲁与中国一样都是人类文明的发源地。如果说中国是这个世界最悠久、最美丽、最丰富的国度，包罗万千、满足人的一切欲望，可以离开，但时常挂怀，那么秘鲁便是一个充满静谧光芒和生活温暖，如同家一般的心灵栖息地。秘鲁以开放无隔阂的包容精神接纳来自世界各地的国际游客，从秘鲁总督时期的古都——利马开启心灵之旅，寻找当初西班牙人征服美洲并将之称为"众王之城"的缘由。利马东南方有一个被誉为"美洲考古"的城市库斯科（Cosco），它于1983年被联合国教科文组织列为人类文化遗产。库斯科左上方的马丘比丘，

戴维·吉尔列莫·席尔瓦先生

一个朝圣之地，亦是一个失落的印加古城。马丘比丘的西南方有一个地方，与海平面同高，终年阳光充足，气候干燥，夜间凉爽，是神秘的纳斯卡和帕拉卡斯，此地是放飞心灵之所；纳斯卡东南方有一个美丽湖泊与民俗之城，此地有超过300种的民俗舞蹈，如脸谱鬼舞、黑人脸谱舞和鸵鸟舞等。普诺的西南方有一个白色之城和一座米提斯火山，是秘鲁的第二大玩城——阿雷基帕。当然，在秘鲁的亚马逊雨林地区，你也可以体验生态之旅。

秘鲁的旅游资源从古城到古堡，从海洋到沙漠，从湖泊到城市，从舞蹈到生态，人们在此能实现心灵的回归与接近梦想的无限可能。

秘鲁的文化旅游政策

记者：秘鲁的文化旅游政策如何？对国际游客有什么利好的信息？

总领事：我们力图使国际游客来秘鲁的方式更加便捷，但是目前游客量还不是太多。我认为其中一个原因是大家认为申请签证比较烦琐，耗时较久。其实不然，游客可以在有认证的旅行社递交签证材料，这样更容易一些。如果个人游，签证的出签速度一般是24～48个小时。要求跟其他国家差不多，出示一下来回机票的预订单、酒店预订单及经济状况证明就可以。在秘鲁，游客可以找到各种各

样适合自己条件的旅游项目。

秘鲁欢迎您

记者：秘鲁旅游最美地在哪里？

总领事：秘鲁是印加传奇的延续，也是心灵归属的沃土。从秘鲁的地理风貌可以看出，秘鲁整个国家的版图可分为三个部分：亚马逊热带雨林地区、高原地区、沿海地区。亚马逊雨林地区占国土面积的59%，占总人数的12%，是秘鲁最大的自然生态保育区，在地图上以绿色部分显示，若想探寻雨林和动物，就来亚马逊河流域享受热带雨林生态之旅。在16世纪，西班牙征服者以为亚马逊流域里面蕴藏着大量的黄金，实际上它最大的财富就是奇特的多样性生态。此地有马尔多纳多港、亚马逊河盆地等最为迷人的观光胜地及最丰富的生态保护区。此区有2000多种花草、1000多种鸟类、900多种蝴蝶和蜻蜓，还有种类繁多的猴类、猫科动物、爬虫类及鱼类。

高原地区占国土面积的30%，占人口总数的36%。此区域最引人瞩目的是有着"老山"之称的马丘比丘。它是朝圣之地，是印加人膜拜神明、观赏星象的宗教圣地，据说也是库斯科君王养生休闲之地。它的地理位置亦很奇特，坐落于被环抱的山脊上，俯视乌鲁班巴（Urubamba）河谷，四周是茂密的森林。马丘比丘这个失落的印加古城，有非常多历史景点，喜爱探险的人可以沿着印加古道徒步攀爬。

沿海地区占国土面积的11%，占总人数的52%。此区位于太平洋沿岸的沙漠地区，有美丽的海滩和肥沃的溪谷。这个区域有很多著名的旅游景点，如秘鲁的首都利马，整个城市差异极大，是从古至今的宇宙时空缩影，从前印加文明，到1535年西班牙建城，直到今天。城里有教堂、圣地、神殿及博物馆，还有收藏的古印加文化前时期的纺织珍品及哥伦布时期的珍藏品。

三大地域旅游的源头在秘鲁。国际游客可在亚马逊流域作一次探险，顺流而下到达巴西。

秘鲁旅游景点具有多样性，可根据游客个人需求自行选择。秘鲁各个城市每年都有不同的庆典，最好的庆典在库斯科。库斯科是印加古都的首都，每年6月24日都会举行盛大的庆典来庆祝印加文化，纪念太阳神。

秘鲁与中国的渊源

记者：秘鲁和中国的关系如何？有何渊源？

总领事：我想介绍一下秘鲁与中国之间的历史连接。秘鲁是第一批拉美国家接收华人移民的国家。早在1894年，秘鲁就开始接收第一批华人移民家庭。自此以后，有很多华人家庭移居秘鲁，包括现在亦然。大部分华人移民家庭来自江门、广州、佛山这些地区。在秘鲁，有一批很古老的华人组织，现在还在运营当中。鉴于此，当地人对中国文化还是挺了解的。首先，广东菜在秘鲁很有名。如果游客从秘鲁机场到市区，可以看到很多具有中国特色的建筑，这些建筑一般都是餐馆，我们把这些餐馆叫作"吃饭"！这是中国餐饮文化对秘鲁的影响。还有中国的农历节日在秘鲁也是很有名的，如中国的新年、端午节。其实，华人文化已经成为秘鲁的一部分了，我们对待华人就像对待本国人一样，并没有把他们当作外国人。在秘鲁的学校、街上会看到很多中国人，我们是把中国人当作秘鲁人来看的，如果中国人到秘鲁旅游或者做生意，他们在当地的感受就像是在国内一样。在离中国这么遥远的国度能受中国文化这么深的影响，挺让人难以置信。但是，很遗憾，在广东，甚至整个中国对秘鲁却不是很了解。因此，我们在这里设立领事馆，就是想通过领事馆的建立，加深中国和秘鲁之间的联系，同时也向广东地区的人们展示秘鲁文化，这是我们的首要目的。

结语：秘鲁的宽容与博爱，最大限度地接纳人们的不同个性和习俗，为国际游客提供"千顷碧波，万亩草原"的心灵栖息地。这大概就是一个国家友好、成熟与开放的写照！

在秘鲁旅游，国际游客可以体会到"宾至如归"的感觉，尤其对中国人而言，这种体验达到了极致！

一片冰心在玉壶
——丹麦驻广州总领事林宏谈丹麦旅游业

丹麦，那是一个生长在童话之翼的国度，有着"借来月亮眼睛"的安徒生，有着童话世界中的人物，如卖火柴的小女孩、丑小鸭、豌豆公主，还有宁肯牺牲自己，也不忍心、不愿意去伤害心爱王子的美人鱼……

丹麦，一个有着奇幻梦境色彩的国度，这里是每一个人儿时的梦想家园，亦是每一个孩童的瑰丽世界。如今，笔者希望有一天可以徜徉在安徒生笔下的奇幻世界，与安徒生童话世界里的人物与景点来一场"邂逅"，深层次零距离地找寻"一片冰心在玉壶"的丹麦剪影。

剪影一：哥本哈根

记者：丹麦是怎样的一个国家？它的首都哥本哈根为何如此引人入胜？

总领事：丹麦是以岛国著称，以西兰岛、菲英岛、日德兰半岛、博恩霍姆岛4个岛屿组成整个国家，也是以这4条线路串联起各个著名的景点，它们是人们通往"童话"世界的门户。首都哥本哈根最大的特色就是"宁静""绿色""骑行"，因为它是被绿色环绕的静谧的休闲之都。同时，哥本哈根的公共交通系统非常发达，私家车较少，因此城市有更多的呼吸空间。哥本哈根在2014年被欧洲环境委员会遴选为"2014年欧洲绿色首都"。因为丹麦是世界上首个实施环保法的国家，环境在城市规划中占有重要地位。哥本哈根曾设立了一个目标，到2012年骑自行车上下班的居民达到总居民人数的40%（实际结果为36%），战果赫赫。从1995年哥本哈根开创性地提供免费城市自行车服务以来，如今自行车已成为丹麦人的代步工具。当然，在哥本哈根的游客也可以轻松地骑上免费自行车，加入城市居民的骑车大流，悠闲地游览全城。

林宏先生

海港区的重建亦是哥本哈根闻名于世的原因之一。它的海港区是整个欧洲最好的几个天然游泳水域，尤其是以伊思岚伯格的露天浴池设计风格最为独特。在海港浴池旁，有包括阿美加长长的白沙海滩（海滨）在内的众多海滩。在哥本哈根，除了可以领略美丽的城市公园，亦可窥探未受破坏的自然生态区，如罗森堡宫区域内的国王花园、腓特烈斯贝花园等，还可骑自行车前往城市北部或南部，进入尚未被破坏的自然生态区，如坐落于卡拉姆堡、具有独特自然气息的鹿园，既可领略沿途两旁的海滩，又可在极美的海岸景色中留下难忘的倩影。若再往南则是广袤无垠、视野开阔的阿美加公园。哥本哈根还是世界有机食品的中心。更要提及的是哥本哈根在清洁技术、清洁业务和可持续性建筑方面，已然位列世界领先城市之列。

剪影二：丹麦的文化旅游政策力度较大且便捷

记者： 丹麦的文化旅游政策如何？对国际游客有什么利好的信息？

总领事： 丹麦作为欧盟的一员，与欧盟有协议，到丹麦做生意是很容易的，也有许多中国企业进驻丹麦。近年来，丹麦的中国人数量明显增加，这些人中既有游客，又有留学生，还有到丹麦做生意的。中国游客到丹麦平均消费是每天1700元人民币，这也是最高消费值，所以我们非常欢迎中国游客到丹麦旅游。

在文化旅游政策方面，我们做了很多工作。例如，我们针对不同的游客进行有策略有方案的宣传。如喜爱骑行或自然风光的，我们推荐他们去哥本哈根等地；对于喜爱人文旅行的，我们推荐他们去安徒生的故乡——欧登塞。丹麦政府在这方面做了很大的努力，希望游客能到除了哥本哈根之外的其他城市旅游。因为我们的心愿与中国政府一样，也希望赴中国的游客除了到北京观光旅游，也可到中国其他城市走走看看。许多中国游客都知道哥本哈根，最大的国际机场也在这里。当然，我们在尝试通过一些宣传措施促使国际游客可游览到更完整的丹麦。

中国游客赴丹麦较方便快捷，一般2～3天可以取签证，当然，需要提供一些文件，如机票预订单、酒店预订单等，有了这些材料才可以申请签证；也需要一份财力证明，可以保证你有足够的资金畅游丹麦。广州离丹麦比较遥远，目前在广州没有直飞丹麦的航班，需要转机。

剪影三：丹麦的城堡与故居

记者： 丹麦旅游最美地在哪里？

总领事： 首先，我认为中国游客最好去安徒生的故乡——欧登塞，在那里可以循着童话大师安徒生的足迹，一点一滴地去了解丹麦。因为丹麦的众多景点都与这位童话大师密不可分。如哥本哈根的标志性景点美人鱼源自安徒生创作的《小美人鱼》。港口新港两侧的彩色房屋是安徒生创作作品的地方。此地作为安徒生的故乡，值得国际游客驻留。还有比如安徒生儿时故居、安徒生博物馆、童话体验馆以及安徒生多次拜访过的伊埃斯科城堡等都很值得一游。这些对于中国游客来说均是很好的旅游地。其次，我推荐的是奥尔胡斯，这是一个古老的城市，也是丹麦第二大城市，但是对于中国人来说，就是一个小城市了。那里有有趣的景点，如"老城"，是丹麦古老的博物馆，中国游客可以在那里看到很多古老的房子和旧时的商店，可以从中了解到丹麦人祖先的生活。最后是丹麦最北端的斯卡恩。如果你站在港口最北端的地方，你可以看到令人叹为观止的奇观：你左右两边的海浪同时涌向你。那种感觉无比美妙，可以体验一下。还有一个古老的渔业村庄，值得感受一下"农夫与鱼"的故事。

夏天到丹麦旅游最好，以6—8月为宜。到丹麦的行程最好安排在一周内，这个时间较为充裕而且可以游遍丹麦。

结语： 当第一缕北欧的阳光照射在丹麦的大地上时，也许国际游客中的你、我、他正在哥本哈根享受静谧的阳光，呼吸清新的空气，畅游奇幻的古堡，追忆梦想中的童话世界，体验丹麦一周骑行的快乐与简单。因为丹麦人一直推崇的就是hygge（幸福的感觉）的生活，并将其融入日常生活中。因此，来丹麦旅游的你、我、他定会体会到这种幸福并发出会心的微笑。

与肖邦邂逅 相约在波兰
——波兰驻广州总领事约恩娜·思珂切克谈波兰旅游业

"谁是世界第一钢琴家,是李斯特还是塔尔贝格?""答案只有一个,是肖邦。"

——法国评论家欧内斯特·靳古来

当肖邦遇见波兰,一句话,美妙,伟大。肖邦是波兰的灵魂,他为钢琴而生,他用钢琴演绎了自己伟大而短暂的一生。李斯特把肖邦细腻的演奏比喻为"美人樱的香气"或者玻璃钟情的声音。这是肖邦与别的钢琴家的不同之处,亦是波兰与维也纳的区别。肖邦是用灵魂在演奏、用生命在讴歌、用全部的活力在书写波兰的民俗、文化、艺术与自然交织的盛典——波兰人民的生活。他的爱、他的忧郁、他的浪漫、他的艺术天赋与气质无不诉说着他眷恋一生的波兰与人民。当然,波兰还有哥白尼、居里夫人、普弥克、诗人辛波丝卡,还有城堡与宫殿、世界文化遗产……这些都等待着国际游客去细细探寻与感知,去描绘自己在波兰的美妙故事。

多样性与多元化的旅游或成为波兰吸引国际游客的支点

记者:在我们看来,波兰美得犹如"音诗"一般。您认为呢?对于近年来中国游客赴波兰人数频增,您又是如何看待的呢?

总领事:波兰是一个具有多样性与多元化的旅游国家。首都华沙是全国第一大城市,亦是工业、贸易和最大科学文化中心及最大的交通运输枢纽。它坐落在波兰的平原中部,是中欧诸国贸易的聚集点和几何中心,自13世纪中叶起一直以繁华著称。华沙以其昂扬绽放和肃穆庄严的姿态矗立于世。例如,有着1300年历史的华沙老城在"二战"时期被夷为平地,260座居民区仅有6座得以幸存。但是,后其重建的速度与精确严谨度令世界瞩目,17、18世纪城市发展巅峰时期的建筑依照原样修复而成,依凭的是画像、素描及战前老照片,居民们利用所

约恩娜·思珂切克女士

有被拯救下来的外墙碎片,即使最微小的建筑细节和装饰元素也未放弃。所以,我们的城市会美得如"音诗"一般。而且,在波兰,每一座城市都有自己的性格与灵魂,有自己独特的历史底蕴与往日辉煌的印记,若你置身其中,仿若穿梭在不同的历史时期,就像肖邦不可言喻的优美钢琴演奏,那优美除了"音诗"之外,没有任何语言可以描绘。

很多中国游客都去过一些西欧国家的著名旅游景区,他们想了解一些未曾涉猎的国家,探索新的旅游目的地。从这个角度来看,波兰是一个很有吸引力的国家。我们希望中国游客去波兰,那里一定会吸引中国游客的眼球。因为波兰不仅是中欧最大的国家,而且在历史上、文化上,包括风景方面也有其独特的地方。波兰会组织5年一届的国际钢琴节,那时中国游客量会有一定的增加。有趣的是,有些中国游客虽然从来没有去过欧洲国家,但是他们因为国际钢琴节便对波兰产生了浓厚的兴趣,从而踏上了波兰之旅。

波兰虽然总面积比较小，但从自然景观的湖泊、山脉、原始森林，到拥有历史古迹的古城镇，再到以音乐文化著称的波兰爵士节等皆令人沉醉。

文化旅游政策

记者：波兰政府是否有针对性地对中国游客推出一些文化与旅游政策？

总领事：数据显示，中国南方有 50% 的游客有出国旅游的计划，这对我们来说很重要，我们会加大波兰对中国游客的各项服务指标。中国游客到国外旅游有两个类别，一是团体游，一般预计 10 多天的时间，不仅去波兰，还到其他国家。这些人大部分是工薪族或退休群，他们都希望在最短的时间去到不同的地方。二是个人游，这部分人对观光有特殊的要求，需要周密的计划，他们需要对所在的国家做进一步深度了解。这两组人群都对波兰很重要，而且波兰政府将尽量保证中国游客到波兰旅游能够开心惬意。因此，我们也了解了很多中国人的喜好，以便满足中国游客的需求。为了达到这个目的，我们实施了一些举措，如 2015 年我们在北京波兰旅游协会开办了一个代理处，是全世界第二个最大的代理处。波兰旅游协会在国外开办的代理处不多，在中国开代理处并且规模这么大，目前中国可以算是首例。因为波兰对中国市场有很大的信心，期待有更多的中国游客到波兰旅游。

波兰在中国的政府机构，如大使馆、领事馆以及旅游协会的代理处，都有合作，他们的目标是使中国人感受波兰、体会波兰，了解波兰，然后促使更多的人积极去波兰寻找自己与波兰的故事。从我们的角度出发，我们会重视中国的旅游博览会，如深圳博览会，以便通过这些窗口来展示和传递波兰的文化。

波兰的水果是天然的，波兰的基建设备是完善的，波兰的交通也是便捷的，这些都是吸引中国游客去波兰的亮点。中国的吃货对波兰的苹果、肉类、奶酪、酒等特别感兴趣，因为波兰的有机食品比较多，大自然还未被污染。

从广州到波兰首都华沙需要十几个小时，这样的距离、时间与其他西欧国家相比稍近一些。北京有直达波兰的航班，北京到华沙一周有 3 个航班。北京到华沙直达航班每天都有，这个是我们的短期目标。我们长期目标是中国其他城市都有去波兰的航班，特别是中国南方，如广州、深圳等。在深圳，波兰航空和深圳航空正在商榷深圳—波兰航线，如果一切顺利的话，过几个月就可以从深圳坐飞机到波兰。如果广州和深圳有直达波兰的航班，那么中波旅游、经济、文化等方面的交流将会有大幅度的提升。这也是我们最重要的目标之一，希望可以尽快实现。

中波经济关系处在友好阶段。从签证方面来看，商务签是主流，旅游签也较多，我们发现这两种签证的比例越来越大，两个签证量也有所增长。从 2016 年 9 月 1 日起，我们申请签证的流程有所变化，在天河区开了签证中心，通过签证管理公司审批速度较快。从长期来看，一定比领事馆签证申请数量多。现在，北京、上海、成都、广州都有这样的签证中心。我们特别希望会有其他二线城市也加入其列，那么，将会有更多的中国游客选择波兰作旅游目的地。为了满足中国游客的需求，波兰会在交通、酒店等方面更加努力做得更好。为了达到这个目标，波兰大学特设中文系，波兰人以后从事旅游业会比较方便，在广州和北京有两个波兰语系，中国人学习波兰语亦会对中国旅游业产生一定的推动作用。

还有一个对两国旅游合作发展的重要因素，是波兰和中国城市之间的合作。如广东、广西、海南等与波兰的十几个城市签了合作协议。往深层次说，两个国家省份城市的合作对彼此经济的增加将产生一定的积极作用。还有波兰和中国大学的合作等方面，这些都会促进游客量的增长。例如，目前有 1200 名中国学生到波兰留学，包括参加夏令营的在内。从数据来看，我们发现 2016 年发的学生签证数量比前年多一些，2015 年比 2014 年多 40%。波兰的艺术学院和音乐学院里，中国学生数量越来越大，学钢琴、唱歌及其他乐器。我们知道中国学生在波兰留学，他们的家人、亲戚、朋友也会来波兰，这样也就从另一方面增加了游客量。

在签证中心和领事馆，除了签证外还可以获一些资料或信息，或遇到一些很可靠的旅游伙伴。根据欧盟的政策，发签证的时间不能超过2个星期，我们尽量把这个时间缩短到3天。有一部分游客主要在波兰做生意的，他们会申请欧盟长期申根签证。还有一种情况是，假如你在法国领事馆申请欧盟申根签证，你可以在90天内暂不去法国，可以先到波兰。

波兰旅游最美地在哪里

记者： 波兰的美独树一帜，且具有多样性。如城市、城堡与宫殿、未开垦的野生区域与大自然、文化与艺术殿堂、疗养度假胜地等，都是国际游客心目中最佳旅游目的地。对此，您是如何认为的呢？

总领事： 首推波兰首都华沙。因为它自古就是繁华之地，亦是政治、经济、文化、交通的中心，有着"绿色之都"的美誉。华沙一直保持着老城和新城的布局，各种历史纪念物、名胜古迹大都集中在老城区，特别是宏伟的宫殿、巨大的教堂以及各式各样的箭楼、城堡等，每年吸引着大批的国际游客。在新城区，现代化的高楼大厦一幢连着一幢，鳞次栉比。登上230米高的文化科学宫顶端，眺望四周，华沙美景一览无余。

还有如克拉科夫、格但斯克、卡托维茨、罗兹、波兹南、什切青、弗罗茨瓦夫和卢布林等地均适合国际游客的脾胃。波兰自然风光多姿多彩，如苏德台山脉和喀尔巴阡山绵延盘踞于南部边境。苏德台山脉是欧洲最古老的山脉之一，最高峰斯涅日卡山海拔最高为1602米。较为年轻的喀尔巴阡山以坐落在其中的塔特拉山脉而显得尤为突出。这是唯一一座使人联想到阿尔卑斯山的波兰山脉，因它们形成的时期相同。最高峰雷塞峰海拔高度2499米。位于北部的波美拉尼亚和马祖里有数百湖泊散布于风景秀丽的丘陵和森林之中。世界新七大自然景观竞选中，马祖里湖曾是波兰唯一进入决赛的景区。最大的湖是希尼亚尔多维湖，面积109.7公顷。整个国家的北部为波罗的海海滩。这些都值得一观。但是，也有部分中国游客对波兰的城堡很感兴趣，这亦是一个很有潜力的目的地。运动爱好者也可以在波兰找到其向往的目的地。如波兰南部的山脉，冬天可以去滑雪，东北部可以划船，海边可以冲浪。有些中国游客会特意到波兰参加音乐节，不仅是钢琴节，还有摇滚乐等，在波兰极其雅致的音乐厅与肖邦来一次零距离的对话亦是一个不错的选择。

结语： 波兰的自然景观与文化底蕴深藏在波兰人民对往日辉煌的回忆和对未来美好的憧憬之中，其民族特色洋溢着浪漫主义情怀，一山一水一乐一人都是民族遗产与浪漫情怀的见证，恰如肖邦！

智利：南美洲的"青藏高原"
——智利驻广州总领事龙啸天谈智利旅游业

从空中俯瞰，狭长的智利犹如希腊神话中的美杜莎一般妖娆，其点、线、面汇集的几何图形镶嵌在南美洲西南部的安第斯山脉西麓。智利有着堪称"世界之最"的阿塔卡马沙漠，富产铜矿、硝石。首都圣地亚哥亦是一个时尚之城，近年来被列为本国生活质量最高的地方之一。智利的每个区、每个城市都有其独特的文化，是源自固有的土著居民的积淀，其饮食文化很受来自世界各地游客的喜爱。

智利可探寻的游览地很多，如海滨城市瓦尔帕莱索是南太平洋东端的重要海港，更是国际游客青睐之地；拉帕努伊国家公园（复活节岛）令人心驰神往；还有冰雪覆盖的绮丽山区，以及它的奇景——巨大的冰川高耸在湖泊之上，蔚为壮观；还有广袤的雾林绵延不绝、一望无际，令人心颤。一个美丽与魅力无边的国家，让南美风情再现神秘与伟大。智利，这座南美洲的"青藏高原"，它美丽并极具诱惑，似乎无人能抗拒它的召唤。

国际游客向往的宜居地

记者： 智利在地图上看起来仿若南美洲的"裙边"，狭长而美丽。首都圣地亚哥、神秘的复活节岛等都是著名的旅游胜地。那么，智利在国际上的认知度如何，又是怎样支撑起旅游业发展的呢？

总领事： 根据《经济学人》2013年1月评级状况做出的风险排名，智利位于全球风险最低的15个国家之列，得分22分，被评为A级稳定国家。这也使智利成为拉美最有竞争力国家。究其原因主要是因为其经济的开放程度高、增长速度快，在全球自由市场上占有突出的地位。根据国际管理发展学院发布的《2013年国际竞争力年报》显示，智利在60个国家中位列第30位，凭借其外资流动量、公共财政和劳动力市场的优势领跑拉美地区。

龙啸天先生

智利保持着与全球各大区之间的往来，成为全球最开放的经济体之一。仅服务业一项，2012年其服务业出口额达126.26亿美元，进口额150.61美元；出口增加了17.6%，占过去5年服务贸易总额的26%。消费品方面，中国是智利的主要供应商，占38.8%，其次是南方共同市场，占11.1%。资本货物则主要来自美国（32.5%）和欧盟（23.3%）。所以，如今智利经济的稳定、经商环境的利好，与世界一脉相连，可促使国际人士来智利旅游、观光或投资。

文化旅游政策

记者： 智利政府重视发展旅游业。除原有的沿海海滨和南部的风景区外，近几年又投资开辟了一些新的旅游景点，进一步完善旅游服务设施，如建造滑雪中心、组织南极观光和国际音乐会等。鉴于此，贵国的文化旅游产业现状如何？您又是如何认为的呢？

总领事：这是一个很好的问题！2015 年，智利的旅游业增长超过 25%，成为本国经济收入的重要部分，我们对此感到非常开心。增长的最重要的原因之一是到智利的中国游客增多了。文化旅游业是很重要的。众所周知，中国对世界各地国家的旅游业来说是非常重要的，因为中国有将近 14 亿人口。中国有许多高端的游客，可以到当地消费，寻找新的目的地，智利有很多地方都能满足中国游客的需求。

智利欢迎您

记者：智利最美的地方在哪里？

总领事：智利是一个非常狭长的国家，我们有雪、湖、森林、海以及东端的岛屿，都是非常著名的。有许多来自阿根廷、巴西的游客乐于在安第斯山脉探险滑雪，发现了南美洲最好的滑雪度假村；抑或去海滩，都是很好的旅行方式；或者去圣地亚哥这个环境一流的时尚之城休闲。最近美国报纸将圣地亚哥选为最值得一游的目的地。当然，还有诸如伊基克、拉塞雷纳、瓦尔帕莱索、维尼亚德尔马、瓦尔迪维亚和蒙特港这些海岸城市。不得不提的是神秘而美丽的阿塔卡马沙漠，在此地观星与考古则是另一种情趣。当然，还有阿塔卡马大型毫米波/亚毫米波阵列项目，以及拉帕努伊国家公园（复活节岛）。这里必须描绘一下，复活节岛是世界上与世隔绝的岛屿之一，拥有独特的巨型雕刻和建筑，其历史可追溯到 10～16 世纪期间，其巨大的石像——莫阿伊，至今仍是一道无与伦比的文化风景，使整个世界为之着迷。当然，智利还有很多旅游项目足以令你流连忘返，如中部地区的运动冒险、空加瓜谷的葡萄酒、巴塔哥尼亚的保健与健康项目、百内国家公园等等。

结语：智利这座南美洲的"青藏高原"，以其独具特色的魅力征服了整个世界，令人为之倾倒。例如，南美洲第四大城市圣地亚哥，风景优美、绮丽多姿，一年四季棕榈婆娑。智利的城市建筑更是一大亮点，其建筑风格遵循的是古今传承与交叠互补，完美凸显了现代与传统交相辉映的特点。在智利，哥特式的建筑和罗马式建筑随处可见，新建筑十分注重与原有建筑的协调。Valparaiso 这座智利著名的港口城市之一，其房屋的建筑色彩足以让人"眼前一亮"。

印度尼西亚：世界第二大"肺"
——印度尼西亚驻广州总领事琇翡谈印度尼西亚旅游业

惊艳百年的建筑婆罗浮屠佛塔，被丛林蚕食、埋没了800多年，依旧是巍峨、大气、雄浑，就那么寂静地矗立着，不辩不争。即便如此，它谜一般的历史依旧震撼了世人，惊艳了世界。

静静地望着它、感受它，仿若走进了另一扇时间之门。它的无与伦比与缄默形成了强烈的对比，它就是素有印度尼西亚（以下简称"印尼"）"金字塔"之称的婆罗浮屠佛塔（又称"千佛坛"），与中国长城、印度泰姬陵、柬埔寨吴哥窟齐名。它静静地记录着印尼的历史、文化和艺术，也见证了印尼的时代变迁。

国际游客的异域之旅

记者： 为什么说印尼是世界第二大"肺"？是国际游客理想的异域之旅？

总领事： 这是由印尼的地理位置、地形、气候及季风等因素叠加而形成的。印尼位于亚洲东南部，地跨赤道，其70%以上领土位于南半球，因此是亚洲南半球最大的国家。印尼被称为"千岛之国"，岛屿分布较为分散，主要有加里曼丹岛、苏门答腊岛、伊里安岛、苏拉威西岛和爪哇岛。印尼多火山，火山喷发的岩浆含有稀有金属、肥料等，这些沉积在地表上，形成了肥沃的土地。印尼是典型的热带雨林气候，年平均温度25℃～27℃，无四季分别。北部受北半球季风影响，7—9月降水量丰富；南部受南半球季风影响，12月，次年1月、2月降水量丰

琇翡女士

富，年降水量1600～2200毫米，因而导致全年高温、多雨。印尼全国的森林面积为1.2亿公顷，雨林是全球最大的陆上供氧站和二氧化碳消纳处，所以说印尼是世界第二大"肺"。

作为世界著名的海岛休闲度假旅游胜地，印尼不仅有迷人的沙滩和动感的舞蹈，还拥有7处世界遗产，期待国际游客一探神秘，领略异域风情。

文化旅游政策

记者： 印尼文化旅游产业与政策的关注点在哪里？前景如何？

总领事： 旅游业在印尼也是重要产业。近年来，一些文化产业收入的增长，让旅游业成为具有前景的产业。现今，旅游业已经创造了1000万个就业机会。预计2013—2019年之间，旅游产业对经济增长的贡献率将会增长8%～12%。

旅游业是印尼非油气行业中仅次于电子产品出口的第二大创汇行业，政府长期重视开发旅游景点、兴建饭店、培训从业人员和简化入境手续。2012年，到印尼的外国游客人数达到804万人。在2012年前往其他国家和地区旅游的中国游客达8320万人次，这个数据在2015年将达到1.2亿人次，

到印尼的中国游客仅60多万人次。2019年，我们期望来自全世界各地的游客数量达2000万，当然我们对中国游客寄予了深切的厚望。

印尼欢迎您

记者：印尼最美的景点在哪里？

总领事：除了巴厘岛外，印尼还有雄伟的山川、一望无际的雨林、洁白的沙滩和湛蓝的大海等着我们探奇。在印尼，人们可以纵情地"放逐"。你还可以与海牛、海豚以及大量的海鱼一起嬉戏，那种感觉是如此的酣畅。

具体来说，国际游客可从爪哇岛和巴厘岛肥沃的农田到苏门答腊，再从加里曼丹和苏拉威西茂密的热带雨林，到努沙登加拉岛的热带草原，然后辗转到西巴布亚白雪皑皑的雪山之巅。印尼还拥有大量的野生动物，包括史前巨型蜥蜴科莫多龙、红毛猩猩和爪哇犀牛，以及苏拉威西矮水牛和羽毛精致如鹦鹉的天堂鸟等。你还可以从多样性的古庙、音乐、舞蹈、礼仪及生活方式等方面体会到印尼文化。倦怠时，可慢慢踱步到洁白沙滩之地，或者在雅加达中心的酒店小憩，享受一流的服务。雅加达、万隆、泗水、望加锡等地亦是商务与休闲活动的中心以及购物者的天堂。若要纯粹地放松，印尼还有一流的温泉使你身心得到彻底释放。印尼的交通便捷，雅加达、巴厘岛、棉兰、巴东、万隆、梭罗、日惹、泗水、望加锡等地都开通了国际航班，许多常规和廉价航线可以让旅客直达县城或者更偏远的地方。

结语：印尼有着蔚为壮观的自然景观和珣丽如瑰宝的历史遗产，她呼唤着世界各地的游客前去一睹风采。这里，自然与文化和谐共存，处处都展示着美好！

冰与火：加拿大的梦想与荣耀
——加拿大驻广州总领事 Bedlington-Rachae 谈加拿大旅游业

加拿大如高山一般壮美，让你想去探寻她蕴藏的奥秘和珍宝；如湖泊一般清澈，让你心旷神怡一见倾心。在加拿大壮丽的自然风光与繁荣的社会经济背后，是冰与火光芒的交会与洗礼，是加拿大这个枫叶之国的精神传承与写照。

加拿大：国际游客梦想的旅游地

记者：加拿大是一个怎样的国家？国人有什么特点？

总领事：加拿大是一个适宜四季旅游的国家，最佳旅游季节是5—10月。我们设计了很多具有不同独特体验的旅游项目来满足不同的国际游客的需求。例如，在海湾群岛来一次观看鲸鱼的空中之旅，或者到育空探索北极光。

加拿大人比较绅士，日常生活大多受欧式影响，如着装，大部分时间都是正装，偶尔也会着牛仔休闲装。加拿大人大多数都性格开朗活泼，彬彬有礼，举止有度；对待工作很认真但速度稍慢；喜欢烤制食品，但动物肝脏和猪脚除外。非常爱国，不喜欢对有关国家事务的对比与评价。加拿大的法律对女性的保护很到位，几乎没有男士敢于离婚。同时，加拿大人很喜欢与其他人分享我们的文化；同样，我们也善于学习，学习其他国家的文化。我们非常欢迎中国旅客，并给潜在的游客带来更多的信息；我们希望通过在中国举行旅游活动来展示所有加拿大美好的事物。

文化旅游政策

记者：加拿大旅游业十分发达，有哪些文化旅游政策？

总领事：是的，我们的旅游业十分发达。主要旅游城市有温哥华、渥太华、多伦多、蒙特利尔、魁北克市等。中国是世界上最大的旅游市场，事实上，2015年是中国游客到加拿大旅游的高峰期。2015年，中国赴加拿大的游客数量为494000人次，是2008年的3倍，并创造了11亿美元的经济收入和约7600个工作机会。2016年，加拿大预期接待游客数量将增长15%。"2018加中旅游年"是加拿大与中国建立强大关系的契机。中国游客是加拿大旅游经济的重要部分，2016年前半年有240746名游客赴加旅游，同比增长24%。我们期待在2018年及以后可以接待更多的中国游客。

自2010年以来，加拿大旅游收入以年均31%的速度增长，超过总增长率。中国休闲旅客在加拿大逗留的时间与2014年加拿大目的地游的海外市场的平均水平基本持平，每次旅行的平均支出也与加拿大目的地与海外市场的平均支出相当。加国政府签发10年签证，也鼓励中国游客多次赴加旅游。2016年，飞加拿大的航空座位容量会增加到27%。为此，加拿大政府增加了服务，包括厦门航空公司每周3次的厦门—温哥华航班和海南航空公司每周4班的北京—卡尔加里航班。此外，为中国服务的加拿大的所有航空公司将在2016年以两位数的速度增长产能。中国现在有上海、北京、广州、

Bedlington-Rachae 女士

沈阳、成都、昆明和厦门7个关口城市全年可直航到加拿大。而且，随着北京—蒙特利尔和北京—卡尔加里新航线的增加，加拿大最大的4个大城市现在均有从中国直飞的航班。

加拿大欢迎您

记者：加拿大旅游最美的景点在哪里？

总领事：静谧、纯粹以及极富感染力的运动，这是加拿大的精彩。就好似冰与火的碰撞，绚丽而夺目！冰雪世界探奇除了北部三区风光外，不列颠哥伦比亚地区的白雪和美酒、蒙特利尔的让·德拉博（Parc Jean-Drapeau）公园的冰雪节、魁北克的Snowboard Jamboree亦是世界最大的滑雪节日，还有令人瞩目的、坐落在魁北克省北美洲独一无二的冰雪酒店。此酒店纯冰雪打造，仿若安徒生童话世界里神奇美丽的王宫。此酒店只在1—3月开放，每年都会重建，堪称奇观。

不列颠哥伦比亚省不仅美景闻名于世，同时还拥有丰富多彩的原住民文化和早期开拓者辉煌灿烂的文化遗产。艾博塔省是油海粮仓，其地位犹如中国的黑龙江省，并且两省早在1981年就建立了第一对友好省际关系。这里有号称国兽的河狸，游人可与河狸相乐；这里还有"集50个瑞士于一省"的落基山脉，全省共有5处风景区被列为世界文化与自然遗产。

安大略省是加拿大的心脏地区，交通条件优越，特别是圣劳伦斯航道举世闻名。此地有本省的一大名胜——上加拿大村（Upper Canada Village），此地距渥太华70多公里，村里错落有致地点缀着三四十座古老的房屋，从简陋的小木屋到华美的宅邸，有农家、医生诊所、校长之家、旅馆、面包坊、铁匠铺、小教堂，一切都保持着200年前的风貌，由此可窥探先民奋斗的足迹。这里当然是加拿大最有趣的活生生的博物馆。还有观景胜地尼亚加拉瀑布城、加国钢都汉密尔顿、电话发明家的故乡布兰特福德、皇家城池故都以及南方门户温莎、莎士比亚的舞台斯特拉福特，尤其还有伟大的国际主义战士白求恩的故乡格雷文赫斯特，等等。

结语：加拿大的美，既是壮丽与温婉的集结，又是冰与火的绝唱，如同加拿大人一般，温和、洒脱而又有原则。这一点又可以从其多样化的建筑风格而窥出。如法国的巴洛克式风格，于17世纪末传到加拿大，在宗教建筑和政府建筑中占支配地位达100年之久。魁北克地区的教堂至今仍有法国路易十六时期的痕迹。此外，还有新古典式、哥特复兴式、意大利式……无一不在向人们诉说着加拿大的与众不同。

脸谱与心理文化之旅
——韩式文化的缩影

从《人鱼小姐》《太阳的后裔》到《来自星星的你》，这些经典的韩剧犹如最擅长描绘爱情的音乐家李闰珉的钢琴曲 Kiss The Rain 一般，拨动着人们的心弦，让人们在体会爱情的甜蜜、忧伤的同时，领略韩国的唯美与浪漫。一如韩剧《冬日恋歌》中的世外桃源，岛上的建筑和园林造景等充满着异国风情。

提及韩式文化的影响，就不得不说，这是整个韩国社会对于传统文化以及大韩民族历来已久风俗的重视，亦是韩国根深蒂固的追求美的习俗固化所致。韩国这个总面积只有 10 万平方公里的岛国，却有着极大的魅力，让人们为之魂牵梦绕。如韩国的青瓦台，是韩国无可替代的标志性建筑。它修建于 1426 年朝鲜王朝建都时期，经历了历史的洗礼，如今依旧繁华、美丽，且每一片青瓦、每一处建筑，似乎都在诉说着韩国的历史与文明。

国际游客的喜爱之地

记者： 韩国位于亚洲北部，三面环海。韩国的资讯科技产业发达，高速互联网服务闻名世界。除此之外，韩国还是时尚的先驱，医学美容、服饰、韩剧等都可以成为你非去不可的理由。韩国每年吸引外国游客超过了 1000 万。究竟是什么让韩国拥有经久不衰的魔力呢？

旅游局： 从地理位置上来说，韩国位于东亚朝鲜半岛南部，是一个岛国，且矿产资源较少，必须寻找自身发展的突破口。从经济维度分析，我们是 20 国集团和经济合作与发展组织（OECD）成员之一，也是亚太经合组织（APEC）和东亚峰会的创始国，是亚洲"四小龙"之一。自 20 世纪 60 年代以来，韩国政府实行了"出口主导型"开发经济战略，缔造了举世瞩目的"汉江奇迹"。韩国农业资源禀赋

青瓦台

非常稀缺，是世界人均耕地面积最少的国家之一。所以，我们力争在能源、制造业、电子产品、文学艺术、旅游等方面发力，再加上自然旅游资源的得天独厚，所以我们每年接待外国游客数量超过了 1000 万。

同时，我们的医学美容亦受到亚洲人推崇，这是有历史可考的。韩国医学美容历史悠久，可上溯到"二战"时期，随后逐渐趋于成熟。据历年数据显示，2009 年中国赴韩整容人数有 791 人，超越美国成为赴韩医疗旅游人数最多的国家；到 2012 年，这一数字是 15360 人，2013 年上升到 1.63 万人次，2014 年更是达到 5.6 万人，呈直线上升趋势。除此之外，还有影视文化的影响，从《人鱼小姐》到《太阳的后裔》均风靡亚洲。当然，还有科技、服饰、旅游景点、美食等均让国际游客流连忘返。

文化旅游政策

记者： 2016年，韩国文化旅游政策有哪些利好消息？

旅游局： 据韩联社报道，韩国法务部表示，韩国将试行乘坐指定游轮赴韩的个人或外国游客可获免签的政策。由于这些游轮的主要旅客都是中国人，所以这项政策主要还是针对中国游客。指定的游轮主要是来往于中、日、韩之间的塞雷娜·科斯塔号、蓝宝石公主号、海洋量子号等游轮。此前，中国游客可以通过当地指定的旅行社组团乘坐游轮赴韩，免签旅游3天。

韩国欢迎您

记者： 韩国最美景点在哪里？

旅游局： 韩国最美景点首推济州岛。济州岛是韩国第一大岛，面积1845.5平方公里，2010年，岛上人口超过60万人，有岛上最大的城市济州市。2007年，济州岛被联合国教科文组织定为世界自然遗产，亦是世界新七大自然奇观之一。济州岛不仅具有独特的海岛风光，还传承了古耽罗王国的民俗文化，有"韩国的夏威夷"之称，它是一座拥有湛蓝的大海与神秘的自然环境的美丽岛屿，也是韩国人最想去的休养地。春天有漫山遍野的金黄色花田，将大地渲染得唯美而浪漫，让人不由自主地联想到法国的普罗旺斯；夏天有一望无际蓝色的大海；秋天有紫芒；冬天有山茶花。一年四季景色不同，变幻万千。

其次是首尔，它具有600多年的悠久历史，是韩国的首都，也是韩国政治、经济、文化和教育的中心。此地既有景福宫、昌德宫等历史悠久的遗址，又有北村韩屋村、仁寺洞、南大门传统市场等可以感受传统文化的地方；还有购物商场和娱乐设施一应俱全的明洞、亚洲最大的地下商街COEX MALL等也是非常有名的地方，吸引大量游客前来观光、购物。流经城市中心的汉江是首尔独有的风景，为市民提供了多种方便舒适的休闲空间。

另外，还有浪漫海洋之旅的庆尚南道、大邱广域市、鸟叔歌曲中的"江南Style"、文化与趣味并存的京畿道、最具韩国风情的全罗北道、海洋城市釜山、最纯净的旅游胜地江原道等。

结语： 韩国的秋天是四季中十分特别的，也是美得令人心醉。一到秋天，翠绿的树叶都变得红彤彤、黄灿灿的，再邂逅凉爽的秋风，与秋叶共舞是何等的旖旎与曼妙。你可以徜徉在首尔市中心的特色胡同小路上，感受韩式风情；或者漫步在"蓝宫"（Blue House）青瓦台附近的三青公园，亦是一种别样风情。看完美景，再叹脸谱文化，或与影视明星零距离接触。韩式建筑是以自然和谐为主，其建筑特色以眺山望水为宜。

希腊：欧洲文明的发源地
——希腊驻广州总领事格里高利·塔西奥普洛斯谈希腊旅游业

希腊既不是浩如烟海历史长河中的一颗微粒，也不是其中的匆匆过客，她是在将近3000年的岁月中极其幸运地做着上帝的宠儿。即便如今她繁华不再，亦无须哀思与痛惜，她只需坦然地拥抱属于自己的波澜壮阔的大海和天空。因为希腊就是希腊，人类文明的象征。

克里特岛、德尔斐、爱琴海，荷马、柏拉图、修昔底德斯、索福克勒斯，宗教、哲学、文学、艺术……

这就是希腊！

国际游客向往的旅游胜地

记者：众所周知，希腊是欧洲文明的发源地。希腊文明是如何诞生的呢？

总领事：希腊是欧洲文明的发源地，对欧、亚、非地区的文明有一定的影响。她在公元前3000年便进入了爱琴文明时期，即我们所熟知的青铜器时代，青铜文明。后因北方部落侵入，爱琴文明衰落。公元前2000年左右到公元前30年的古代希腊是以巴尔干半岛、爱琴海诸岛和小亚细亚沿岸等地为中心建立了奴隶制城邦，即进入城邦时期。希腊人从埃及和西亚学到了不少有益的知识。当时以农业为主，农业和手工业中，铁制工具已经普遍使用；也有一些地理条件优越的地区，如科林斯等地区的商业和榨油、酿酒、金属加工、制陶、武器制造等手工业

格里高利·塔西奥普洛斯先生

有了很大发展，造船技术和航海业也有长足进步，出现了三列桨战舰。公元前8世纪，希腊人在改造腓尼基字母的基础上重新创造了自己的文字，后又铸造了货币。随后，紧随其经济的发展出现了广泛的移民活动和向外扩张等运动，后又经历了王朝与帝国的更迭，直到1832年建立了希腊王国。

希腊先后经历了发展、建邦、战争、繁盛等时期，如荷马时代、奴隶制城邦、希波战争以及臻至极盛的时期，创造了宏阔的文化大厦，直到经历伯罗奔尼撒战后繁华落尽。希腊在各个领域都颇有建树，如数学、天文、医学、建筑、雕刻、戏剧、诗歌、哲学、历史、演说等方面。众多领域的交叠与融合也使希腊的文化臻善至美，并对后世产生了不可估量的影响。

据悉，在公元前776年始，竞技表演以比赛的形式出现，于是古代奥林匹克运动会以希腊为起点，这也是由当时的风俗所决定的，因为古时的希腊崇尚自然形体之美，出现了特有的运动形式——裸体竞技，由此又引出雕刻艺术。例如，米隆的《掷铁饼者》和波利克里托斯的《持矛者》均是追求外在形体之美。在此期出现的荷马、希罗多德、柏拉图等巨匠及其作品如《荷马史诗》，以及与《史记》并称为东西方史学奠基之作的《希波战争史》等均是不朽诗篇。

文化旅游政策

记者： 希腊政府对中国游客赴希腊旅游做出了哪些努力？中国游客赴希腊情况如何？

总领事： 每年有超过250万游客到希腊旅游，希腊也是中国游客的热门旅游目的地。2016年提交的签证申请迅速增加，几乎是2012—2015年间的400%。

2016年春，希腊在中国扩大了签证业务，并为北京、上海、广州以外的中国公民新增12个签证申请中心，包括西安、重庆、杭州、沈阳、武汉、长沙、成都、深圳、济南、南京、福州和昆明。各签证中心于2016年4月中旬至4月末陆续在中国各地开放，此举提升了希腊当局的服务效率。对中国游客而言，到希腊旅游是便捷的，包括航班在内，因为在广州能很容易搭乘去往希腊的航班。另外，对于团体游客来说更加容易，通过有信誉的旅行社代办即可，这样既省时又省事。我们在吸引更多中国游客到希腊旅游方面做出了努力。

希腊是一个农业大国，农产品种类繁多。希腊有历史悠久的葡萄酒庄园，300多种葡萄可以成功地征服你的味蕾，还有乳制品、橄榄油。另外提及一点，希腊的食物是健康、无污染的。同时，希腊是一个秩序良好的国家，在希腊的各个城市及岛屿，您可放心畅游。

希腊欢迎您

记者： 希腊最美景点在哪里？

总领事： 我们知道中国人很喜欢大海。游客可以在海边散步，观赏美丽的景色，亦可沿途拍摄大海的美景，可以在清澈如镜的海水中畅游；还可以爬山，或观赏湖景、海景或岛屿。著名岛屿有圣托尼里。最美景点我认为希腊处处皆是。不过，中国人可能会对爱琴海情有独钟，不仅是因为爱琴海是古希腊文明的摇篮，而且是其美得妖娆、美得壮阔、美得柔情万种！

壮阔的自然美景和富于神奇色彩的神话传说，这些都是中国人或国际游客情迷希腊的原因。

结语： 希腊的美远不止于落日、沙滩、大海和建筑。作为欧洲文明的发源地，她的天文、数学、戏剧、诗歌、哲学等，更是其魅力所在。

印度：3亿中产阶级的保护神

——印度驻广州总领事唐施恩谈印度旅游业

"经济发展的过程中需要社会经济模式的不断变化。"

——比姆拉奥·安倍卡博士

史诗《摩诃婆罗多》中曾经提及，在阿格拉有座古城，是爱的传奇。它曾是莫卧儿统治时期，莫卧儿帝王沙贾汗为纪念他心爱的妃子而建立的城堡。这座古城于1631年至1653年在阿格拉建成，它就是世界七大奇迹之一的泰姬陵。它凝聚了历史的辉煌，定格了时间的脚步，诠释了爱情的真谛。它成为我们了解印度的一扇门户；循着此扇门，我们看到印度高速增长的经济和独特的社会结构。

国际游客的旅游胜地

记者： 印度有蓬勃发展的旅游业、音乐歌舞等，其宝莱坞电影城亦可与好莱坞媲美。那么，印度是如何孜孜不倦，执着追求，不断创新发展呢？

总领事： 首先，印度政府对文化产业的发展一直以来都十分重视；同时，印度宪法中也有专门的保护民族文化、促进文化发展的条款。印度政府制订的五年计划中都对文化的重要性予以充分肯定并制订了相应的发展计划。

唐施恩先生

其次，印度文化产业造就了一批有活力的人群，他们是以中产阶级为主导的消费群体，即印度的3亿中产阶级。这些中产阶级对信息和娱乐有着积极的需求，对音乐歌舞、电影业、文化传媒以及文化旅游创新方面起着举足轻重的作用。例如，在印度，年龄在25岁以下的人口占全国总人口的54%，这些人是多元文化产品的消费主体，是文化产品生产的决定者，这3亿民众亦是印度社会经济发展的支柱。

文化旅游政策

记者： 印度旅游文化产业的现状如何？产业政策的关注点有哪些？

总领事： 根据联合国世界旅游组织2016年5月发布的数据，印度在国际旅游方面排名全球第40位。依据最新的官方数据，在2015年，有803万游客到印度，比2014年增长了4.4%。从2015旅游竞争力指数的世界经济论坛得悉，印度从2013年第65位连续攀升了13个序列，在2015年上升到第52位。印度旅游产业行业方面创造了12.36%的总就业机会。印度政府对150个国家（包括中国）推出了电子签证，这是改革签证政策的重要一步。

印度欢迎您

记者： 印度最美的景点在哪里？

总领事： 印度的主要旅游线路很多，如德里—阿格拉—斋蒲尔，被称为"黄金三角"。另外还有一些吸引人的旅游地，如克什米尔、西姆拉、金奈、喀拉拉邦、果阿邦、锡金等。佛教路线也是我们的主要线路，涉及萨那斯、佛陀伽耶、拉查基尔、那烂陀寺、毗舍离等。当然，印度还有着丰富的文化遗产，如雄伟的泰姬陵、亨比建筑遗址等。印度拥有35处被联合国教科文组织认可的世界遗产。我们认为，印度是一个一年四季都适合来此旅游的地方。当然，印度不仅有让人惊叹的旅游景点，还有其独特的产品——印度茶叶。

结语： 恒河平原的灿烂文明、音乐歌舞、宝莱坞电影业、咖喱、印度茶叶等造就了如此一个东方大国。

泰国：东南亚的蓝色梦境
——泰国国家旅游局驻广州办事处处长善迪·沙旺甲林达谈泰国旅游业

苏梅岛、普吉岛、甲米、芭提雅、斯米兰群岛、大城、大王宫、玉佛寺……这些闻名遐迩的旅游胜地，被海水的色泽酿制成东南亚独一无二的蓝色梦境。

国际游客养生之地

记者： 您可否简单地介绍一下泰国？贵国的旅游文化现状如何？

处长： 泰国人口约6000万，首都曼谷大概集中了全国1/3的人口。泰国是中等发达国家，主要以农业为主，旅游业是其支柱产业。泰国大致可以分为4个区域：北部山区、中部平原、东北部高原以及南部半岛。曼谷是全国政治、经济、文化中心，是现代与传统相交融的大都市。曼谷名胜古迹众多，如金碧辉煌的大王宫、镂金镶玉的玉佛寺、庄严肃穆的金佛寺和四面佛等。

善迪·沙旺甲林达先生

关于泰国旅游文化的现状，我要谈三点：第一，泰国对外贸易经济指数稍微有些低迷，在众多行业当中，只有旅游业比较发达。旅游业对泰国来说是一个比较重要的产业，对泰国经济起到重要作用。第二，截至2016年，入境泰国旅游的外国游客有3000万，其中有800万来自中国，游客人数排名第一。第三，我相信在未来几年中，如果泰国政治经济稳定，那么泰国旅游业也将会更加蓬勃发展，将有力地推动泰国经济的发展。

文化旅游政策

记者： 泰国旅游业的发展势头良好，贵国是如何做到的呢？

处长： 旅游业一直是泰国外汇收入的重要来源之一。2012年，共有2235万外国游客赴泰旅游，同比增长16.2%；2015年达到了3000万。主要热门景点有曼谷、普吉岛、清迈、芭提雅、苏梅岛等。泰国政府分工合作，有条不紊地进行着各项工作。如政府部门有泰国旅游局和泰国旅游部。泰国旅游局主要负责泰国国内外的宣传和推广，泰国旅游部负责泰国旅游产业方面的事宜。泰国政府每年会拨款给旅游局或者旅游部，进行推广宣传或监管方面的部署。

泰国欢迎您

记者： 第一次去泰国和多次去泰国的国际游客，选择的目的地是否有所不同？

处长： 首次到泰国旅游的国际游客，喜欢前往曼谷、芭提雅和清迈。多次入境泰国的国际游客，会选择去甲米、普吉岛、苏梅岛。因为他们对泰国已经有一定的了解，有自己的选择倾向。同时，对于多次入境的游客，我们也推出了一些新的景点，比如华欣、考艾达山、国家森林公园、北碧府之类的。还有一些旅行一周都不会厌倦的景点，如斯米兰群岛。它由9个岛屿组成，位于普吉岛西北方约85公里的安达曼海上，是世界上最著名的潜水胜地之一，也是租船出游的好去处。岛上有铁树、橡胶树、椰子树、松树，还有猴子、蜥蜴等。还有位于湄南河东岸的大城，现在是泰国内地的商业中心，此地有许多壮丽的宫殿和雄伟的佛寺遗迹。大城也于1991年12月13日被联合国教科文组织评定为世界级保护古迹之一。

结语：泰国的"一海一沙"便足以吸引国际游客的目光，更何况还有足以震慑人心的泰国建筑文化。泰国是一个名副其实的时尚旅游之都，不仅因其风景，更因其文化。

柬埔寨：两洋文明的宠儿
——柬埔寨驻广州总领事 Heng Poea（兴波）谈柬埔寨旅游业

柬埔寨是一个多民族、多宗教的东南亚国家，其风俗具有多样性的特点。柬埔寨人信奉佛教，在礼仪上秉承温、良、恭、谦、让，尊老爱幼，长幼有序，这与中国的传统文化是一脉相承的。柬埔寨早在公元1世纪便创建了王国，其悠久的历史与文化造就了柬埔寨举世皆知的吴哥文明及文化遗产。

文化旅游吸引国际游客前往探寻与发现

记者： 柬埔寨被欧洲旅游和贸易委员会正式加冕为"2016世界上最好的旅游目的地"，亦被国际游客誉为"2016最受喜欢的文化旅游胜地"。您可否就这方面做一下简略的介绍？

总领事： 可以。柬埔寨拥有丰富多样的文化遗产，文化旅游占柬埔寨旅游业的80%左右。柬埔寨皇家政府始终以文化旅游的发展为重中之重，并由旅游部推出了一项"对话发展，发展保护"的政策。

旅游政策

记者： 柬埔寨政府是如何关注本国旅游产业发展的？如何看待中国的旅游市场？贵国在文化旅游政策方面采取了哪些积极的措施？

总领事： 早在2015年2月，我国已举办了关于旅游文化的第一次国际会议，与两个联合国机构（联合国世界旅游组织和联合国教科文组织）商谈合作事宜，目的是加强旅游和文化方面的合作。来自99个国家的代表出席了会议。

2016年，我国首相洪森获得由欧洲委员会颁发的荣誉院士会员称号，表彰其在旅游和贸易方面对世界的贡献。

柬埔寨地处东盟地区，大湄公河区域，地理位置非常优越。但是，由于历史上的种种原因，柬埔寨的贫困人口占到国家人口总数的28%以上。农业为支柱产业，工业基础薄弱，旅游业发展也是近十

兴波先生

几年的事情。为此，我国政府也一直在努力，并尝试从交通、宣传推广与机构合作几个方面入手。比如，针对中国而言，具体做法是：增加国内主要城市同中国的北京、广州、上海等大城市的航班频率；举办研讨会；安排柬旅游公司在中国几个主要城市作旅游推广宣传；提供便捷的签证服务；与中国旅游局或中国旅行社密切合作，促进柬埔寨旅游业的发展。

我们最近成立了中国准备中心（CRC），专门研究中国游客的需求，我们还加强了柬埔寨运营商的中国语言和文化技能，以满足中国旅游爱好者的需要。

此外，柬埔寨旅游部最新发布了一个名叫《中国计划柬埔寨旅游》的白皮书，内容包括提高中

国市场份额的一个"五年发展战略",提供中国的标牌和签证处理文件,鼓励地方使用人民币,确保食物和住宿适合中国人的口味和习惯,加强中国旅游运营商和当地运营商之间的广泛合作。预计到2020年,柬埔寨的中国游客将约占外国游客数量(750万)的1/3(约200万)。

柬埔寨欢迎您

记者: 柬埔寨发展旅游产业的时间较短,不存在浓重的商业套路,景点基本上是原生态的。对于此,您是如何看待的?

总领事: 这是我们值得自豪的一件事情。

2011年,柬埔寨湾覆盖的整个440公里的海岸已被列为世界上最美丽的海湾俱乐部之一。随着国际游客对俱乐部的高度认可,优美的环境将吸引更多的外国游客。

世界最大寺庙吴哥窟,被列为世界七大奇迹之一。它是吴哥古迹中保存得最完好的庙宇,以宏伟的建筑与细致的浮雕闻名于世。吴哥是柬埔寨吴哥王朝的都城遗址,吴哥古迹位于柬埔寨北部暹粒省境内,距首都金边约240公里。吴哥古迹始建于公元802年,现存的古迹主要包括吴哥王城(大吴哥)和吴哥窟(小吴哥)。全部用石头建构以及精美的浮雕艺术是吴哥古迹的两大特点,共计600多处。吴哥城曾是东南亚历史上最大、最繁荣、最文明的王国之一的高棉王朝皇家中心。另外还有皇家芭蕾舞团、大皮影、柏威夏寺等。

结语: 柬埔寨还有很多值得一观的旅游景点,如金边——柬埔寨皇家宫殿建筑群、塔仔山、株德奔市场、中央市场、洞里萨湖等。

瑞士：秘密与开放并存
——瑞士驻广州总领事博智东谈瑞士旅游业

从吕特利的草地，到阿莱奇的冰川；从莱茵河流域，到阿尔卑斯山；从苏黎世大教堂，到施维茨市的联邦文书博物馆……瑞士，一个令人无法抗拒的神秘国度，正吸引着世人的目光。

国际游客的向往之地

记者：我们对瑞士的印象还停留在瑞士军刀、手表、滑雪、达沃斯论坛以及环境优美的日内瓦湖等。为了让世界进一步了解瑞士，请您谈谈瑞士这个旅游国家。

总领事：好的。首先，瑞士是一个因其自然环境而闻名的旅游国家，清澈的日内瓦湖，还有常年积雪的阿尔卑斯山。其次，瑞士拥有丰富的传统高山文化，其历史遗址都保存得很好，且当地的习俗、传统和庆祝活动依然活跃，客人能亲身感受到这里真实的生活。如冬季嘉年华（狂欢节）、各种丰收节、在瓦莱州地区的斗牛等。再次，瑞士的博物馆和展览馆融合了各种主题，如巴塞尔艺术博物馆拥有世界级收藏品。最后，瑞士通过举办一些文化活动来吸引全球的游客。如巴塞尔艺术节、蒙特勒爵士音乐节、卢塞恩夏季音乐节等。此

博智东先生

外，瑞士的酒店管理课程在世界上十分有名，院校所颁发的文凭均受世界酒店业的认可，每年都吸引不少海外学生前去修读。

记者：随着人们收入的提高，人们对旅游的需求也不断增长，出境游成为众多国人的出游方式。请您谈一谈中国游客数量及趋势上的变化。

总领事：2015 年，中国大陆去瑞士的旅客数为 112.3 万人次，超过法国，位列德国、美国、英国之后，成为瑞士的第四大游客来源国。最受中国游客喜爱的城市或地区包括苏黎世、琉森湖地区、日内瓦湖（包括日内瓦）、少女峰地区。游客很注重对自然环境的体验。在过去，游客主要是通过"被动式"的团体游，匆匆地从一个城市再到另一个城市。但是现在，越来越多的中国游客开始选择个人游（与家人、朋友，或者一个小团体），并参加一些活动，如徒步旅行、骑单车或者滑雪。

瑞士文化旅游产业政策及瑞士在华南地区企业投资与合作

记者：瑞士在促进旅游产业发展方面有什么政策及资金上的支持呢？

总领事：瑞士旅游业的经费是由国家旅游局指导，一半是由瑞士联邦资助，另一半是通过企业和工业的合作关系获得。至于资金扶持方面，瑞士目前还没有关于文化旅游的具体资金扶持政策。

记者：瑞士在广东或者说在全中国企业投资情况如何？

总领事：有约 112 家瑞士公司在广东，大多是工业机械和设备制造、物流、化学药品和食品行业。在中国最大的两家瑞士企业是雀巢和 ABB。其他非常著名的瑞士公司，也在中国留下重要的足迹，包括诺华公司、罗氏、瑞士银行，当然还有即将成为华资的先正达。许多瑞士公司在中国大量投

资，这也反映了中国市场对它们的重要性。例如，诺华公司和罗氏在上海建立了全球最大的研发中心。雀巢最近在黑龙江省开办了一个乳品业研究所。

记者： 瑞士在中国如何保持有效的投资规模与强度？近几年，瑞士企业在华的投资都集中在中国哪些地区与哪些行业？

总领事： 瑞士的投资方向比较适合中国市场的需求。但我并不是指巧克力和手表（这些是很好的产品，在中国很受欢迎），而是瑞士的高科技创新，你会从许多不同的部分看到，如精密机械、制药、化工产品、医疗设备、清洁技术等。

由瑞士国家银行（SNB）公布的数据显示，2013年，瑞士在中国直接投资达到170.4亿瑞士法郎（约合人民币1157亿元），大多数瑞士公司主要在中国的东部沿海地区，也有一部分公司在内陆地区。瑞士在中国的投资尤其在2015年有所增长。最近几年，瑞士成为中国排名第九的进口重要伙伴，而中国的进口一直在瑞士排名第六。

记者： 瑞士银行在全球颇负盛名，为来自世界各地的超高净值人群提供管家式的服务。同时，贸易自由、货币进出自由以及不设边防的政策均体现出瑞士银行秘密与开放并存的一面。对此，您可以为我们简单地介绍一下吗？

总领事： 的确，瑞士银行在全球颇负盛名。我国最早的私人银行成立于18世纪，最早的交易所于1850年在日内瓦开张。至20世纪末，瑞士的交易所全部完成了电子化、信息化，领先于世界，且交易所的年交易额居世界第八位。服务于高端客户的瑞士信贷或瑞士银行，相信大家或多或少都有所了解吧。近几年，一些较大的瑞士私人银行也纷纷进入中国市场，且大多数瑞士银行在香港均设立了分行。此外，我国的保险业也特别发达，现今共有69家保险公司，其中10家是国际运作的跨国公司。

结语： 瑞士的秘密与开放是以其壮丽与秀美为基础的。

土耳其：欧亚大陆的神奇之国
——土耳其驻广州总领事 B. Kesmen 谈土耳其旅游业

想坐在足足装下两万人的古城遗址艾菲斯的古老露天大剧院的石阶上倾听海声，想观赏几百年前的伊兹尼克蓝瓦工匠师缔造的举世闻名的蓝色清真寺，想在蕴含千年历史、具有五千商家的大集市之中徜徉，想奔赴孔亚城的鲁米博物馆一睹世界上最珍贵的地毯风采，想瞻仰世界七大奇迹中的月亮女神阿尔忒弥斯神庙和莫索拉斯国王的陵墓，想品尝具有独特风味的烤肉、海鲜、橄榄、甜品……

这就是土耳其，一生不止一次的旅游目的地，欧亚大陆的神奇之国。

土耳其——一生不止一次的旅游目的地

记者：土耳其横跨欧亚大陆，具有优越的地理位置和独特的地缘政治。那么，可否为我们简单介绍一下土耳其旅游业的发展情况？

总领事：大家都知道，土耳其是世界十大旅游目的地之一，所以，旅游业是我国经济发展的支柱产业之一，也是最大的外汇收入来源。2015 年，旅游总收入大约 320 亿美元，占土耳其 GDP 的 5%，外国游客约 3600 万人次；2016 年，加上国内游的增长，游客数量达到 4200 万人次。土耳其已有 16 处景点在联合国教科文组织世界遗产名录注册了，还有 59 处在其"预备名单"中作为候选。现在，土耳其旅游主要注重各种历史古迹和爱琴海及地中海沿岸线的海滨度假胜地。

B. Kesmen 先生

文化旅游政策

记者：2015 年，中国赴土耳其的游客数量如何？贵国是否有针对中国游客的文化旅游的措施？

总领事：值得一提的是，2015 年，中国游客约 31.5 万人次到土耳其旅游，同比增长了 57%。我们真诚地期望随着两国交流与合作的加强，未来在这一数字基础上保持持续增长。我国为方便中国公民，正推行电子签证政策，中国公民通过电子签网站，只需 5 分钟就可以申请签证和拿取签证了，不需要前提条件都能取得签证，甚至不用准备文件，或者到土耳其大使馆，或者领事馆去取电子签。电子签给予个人旅客 30 天在土耳其的逗留时间。此外，土耳其的旅游业一直努力提升服务，以符合中国游客的期望。我们的酒店也将根据客户的需求来调整饮食或住宿的标准。在一些特殊时段，比如春节或者中秋节，我们会接待一些节假日的特别旅游团。

土耳其航空每天都有从伊斯坦布尔飞广州、北京、上海、台北还有其他地方的航班。我真诚地邀请中国游客到土耳其旅游。

记者：土耳其成立于 1923 年，过几年就 100 年华诞了。那么，贵国在旅游产业方面的目标或政策是如何实施的呢？

总领事：2023 年是土耳其共和国成立 100 周年。土耳其文化和旅游部将"2023 年土耳其旅游发展战略"定为主要战略目标，具体来说就是，土耳其预期在2023年接待6300万外国游客，预算总收入为860亿美元。为实现这一目标，我国为旅游产业各个领域提供良好的投资机会。土耳其有超过165家连锁酒店，其中有15%来自国际投资者。土耳其旅游住宿的用床总量已超过125万张，再增加床位的计划正在进行中。政府还提倡激励政策降低公用设施的价格和减少税收，果断取消任何阻碍旅游业发展的官僚行为。

记者： 提及酒店投资，刚刚您讲到有15%来自国际投资者。那么，在鼓励投资方面，贵国采取了哪些措施？可否举例？

总领事： 土耳其的综合投资激励制度是从2012开始实施的，即奖励给"战略投资""大规模投资"和"区域投资"，也有"一般投资奖励计划"，这是鼓励更广泛的外国直接投资，包括旅游业。外国旅游投资者可以利用这些奖励，获得有关"区域投资"的益处。例如，土耳其东部和东南部的几个城市，有权获得最全面的"区域投资奖励"，特别是对文化旅游。我相信，这对国内国外投资者来说都是一个利好消息。我们的政府认为，作为一个议程项目，将在旅游、医疗保健、能源和基础设施等领域进一步加大投资激励措施。

土耳其欢迎您

记者： 土耳其是一个非常令人向往的国度。早就听说过棉花堡泡温泉、光脚走梯田、卡帕多西亚坐热气球，以及传说中的土耳其浴。这些光想想都觉得是一种美的享受。如果仅针对中国游客的话，您有什么好的建议，会推荐哪些旅游景点呢？

总领事： 土耳其拥有迷人的自然风光和超豪华的度假胜地，为游客提供了非常多的旅游景点，可以很好地满足游客多元化的需求。据我们了解，许多中国人钟情高尔夫，刚好我们的安塔利亚就是很好的高尔夫旅游目的地。目前，土耳其有15个高尔夫度假区和28个高尔夫球场，其中主要的高尔夫球场就在安塔利亚，安塔利亚省贝莱克县被选为世界业余高尔夫球锦标赛2015世界总决赛场地。也许你要说拥有高尔夫球场的国家很多，为什么偏要去土耳其呢？我告诉你，这还真不一样，高尔夫球场旁边的海以及17公里的海岸线，这是在全世界别的任何一个地方都找不到的。

此外，伊斯坦布尔也是一个值得去的城市，它是世界上最为突出的旅游城市之一。伊斯坦布尔是我国的文化和经济之都，其主要景点来自拜占庭和奥斯曼帝国时期。

你提到的卡帕多西亚也是一个游客最喜爱的地方，此外《荷马史诗》中提到的特洛伊古城也值得去看一看。

记者： 最后，您可否对中国与土耳其两国之间的文化交流做个简要概述？

总领事： 2012年在土耳其举行中国文化年。2013年在中国举行土耳其文化年。2014年，土耳其是北京图书交易会的荣誉国家。这些都是加强两国文化交流的重要机会。但是，两国在教育、体育、旅游、电影和其他文化活动的合作还有待加强。我国政府也愿意在中国建立文化中心。

结语： 土耳其不仅是一个观光旅游、休闲度假的胜地，她还在向文化旅游的道路上迈进。

法国：全球时尚的风向标
——法国驻广州总领事傅伟杰谈法国旅游业

法国的时尚体现在不同的维度，从首府巴黎到乡间小镇，"一都一镇"恍如经历截然不同的两个世界，不同的感官与视觉瞬间点燃人们内心的触点，使人迫不及待地想奔赴法国。

法国旅游业发展现状

记者： 浪漫的法国人爱旅游，全世界的景点几乎都可以看到法国人的身影。鉴于此，法国旅游业的现状是怎样的？国际游客向往的景点是哪些？

总领事： 的确如此，法国人爱旅游，同时全世界游客也爱法国。法国是全球第一大旅游接待国，平均每年接待外国游客8200多万人次，2015年接待外国游客达1亿人次以上。旅游业是法国经济的重要组成部分，约占全国GDP的7%，提供了约200万就业岗位。大多数赴法国的游客都是参团旅游，行程一般是10～14天，有些是按照法国—瑞士—意大利—德国这样的旅游路线开始他们的旅行的。这些游客大都是第一次去，第二次去可能就只去两个欧洲国家，这样就有充足的时间深入到法国乡镇，去细细体会乡村的静谧和美好。首都巴黎、地中海和大西洋沿岸的风景区以及阿尔卑斯山区都是举世闻名的旅游胜地，还有一些历史名城，如卢瓦尔河畔的古堡群、布列塔尼和诺曼底的渔村、科西嘉岛等都是令人向往的地方。

记者： 香水、时装周、红酒等这些法国特有的元素已成为法国的标志。请问中国游客赴法的情况如何？签证情况呢？

总领事： 法国旅游发展署北京办事处的数据显示，2015年有200万左右中国游客前往法国，同比增加了30万。法国将继续执行48小时的签证政策，会给第二或第三次赴法的中国游客颁发5年签证。签证分为旅游签、商务签（有长短签），我们也称作循环签。长期签是劳工、学生，95%都批准了。如果有丢失文件的，第二次

傅伟杰先生

再申请就行了。最好是先订好酒店和飞机票。有2/3是团体游，对参加团体游的游客，旅行社会准备好相关文件。对于财力证明这一块，只要提供银行账号、有足够的金额够来回机票和在当地花费就行了，一般是80欧元一天。申请了短期申根签证也可以到瑞士、意大利等欧洲国家，英国除外。

记者： 众所周知，法国旅游业非常发达。请问法国在促进旅游业方面有哪些政策或经验可供我们借鉴？

总领事： 法国旅游发展署专门负责宣传和推广法国的旅游业；但是最近，法国面临了一些安全方面的问题，导致了旅客的减少。我们的旅游部长于2016年10月15—16日在澳门参加了世界旅游经济论坛。对于每个国家来说，发展旅游业是一件好事，但要很好地发展旅游业，首先要发展交通及酒店等配套设施，这样才能为旅客提供安全、舒适的服务。

法国最美旅游景点与经典路线

记者： 法国巴黎每年举行的时装周可以毫不夸张地说已成为世界时尚的风向标，也将世界各国时尚达人集聚于此。法国还是最早生产香水的国家。所以，您可否为我们重点介绍一下巴黎和香水小镇格拉斯？

总领事： 好的，首先说一下巴黎。巴黎是欧洲第二大城市，亦是法国第一大城市，还是世界四大国际性大都市之一。巴黎是世界著名的艺术之都，是印象派发源地、芭蕾舞诞生地，是欧洲启蒙思想运动中心、电影的故乡，它还是现代奥林匹克运动会的创始地。大量的科研机构、图书馆、博物馆、影剧院、音乐厅分布于全市。巴黎地铁是全世界最密集最方便的城市轨道交通系统。在巴黎购物绝对是一种享受，香榭丽舍大街的时装店和化妆品店，不仅是销售商品，而且还宣扬理念，引导潮流。当然，最具人气的还是巴黎的三个地标建筑：巴黎圣母院、凯旋门以及埃菲尔铁塔。

香水之都格拉斯小镇生产了法国80%的香水，被称为"嗅觉的天堂"，这里拥有众多的香水博物馆、试验室以及生产厂。格拉斯的国际博物馆收藏了4000年以来的有关化妆品的物件。格拉斯与香水有一定的渊源。17世纪时，小镇的皮革产业十分兴盛，人们为了掩盖或去除皮革上的异味，开始制作香水，后来成就了今天的香水之都。

记者： 可否对想去法国旅游的中国游客提一些建议呢？

总领事： 法国有许多不同类型的景点，比如关于历史、自然风光、文化遗址等，能满足游客多元化的需求。如果是年轻游客，可以上山下海；如果是家庭游，可以亲近大自然，可以在河里划船；如果你对历史感兴趣，法国南部有具有2000年历史的教堂，还有国王的城堡、18—20世纪的建筑，等等，总有一款适合你；如果喜欢音乐或电影，法国有很多户外音乐会，如现代音乐节、爵士音乐节，一年一度的戛纳电影节也颇负盛名。

除了巴黎以外，法国西北部的历史著名景点诺曼底，还有西南部的卢瓦（那里有5世纪时国王的城堡）都值得一去。想品鉴红酒的话，可以到波尔多。

结语： 人们感受最多的是巴黎的时尚及繁华。其实，如珍珠般散落在郊外的特色小镇，同样值得你流连。

意大利：古希腊罗马帝国遗留的风情
——意大利驻广州总领事 Laura Egoli（艾古丽）谈意大利旅游业

从水城威尼斯到佛罗伦萨，从历史名城都灵到海港城市热那亚，从时尚之都米兰到政治中心罗马。这就是意大利！

意大利旅游产业特色

记者：请您介绍一下意大利旅游业的情况。

总领事：意大利有非常多好玩的、好看的地方。首先，意大利是全球拥有世界文化遗产最多的国家，多达 51 处，比地大物博的中国还要多 1 处；其次，旅游产业已成为意大利的优势产业，旅游已形成文化产业，并影响到了工业。意大利是全球创意产品第一出口国，其文化创意产业主要是指文化工业、创意设计、艺术表演等。2015 年，文化创意产业产值占 GDP 1.8%，文化产业总产值为 2500 亿欧元，占 GDP 17%，文化产业从业人员 150 万人，占意大利总就业人数的 6.1%。最后，意大利为全球提供的博物馆、纪念馆、考古遗址多达 441 处。2015 年，

艾古丽女士

它们为意大利带来了 1.55 亿欧元的收入。此外，意大利还是时尚购物的前沿阵地和美食之都，2015 年举办的米兰世博会吸引了来自全球各地的游客。

记者：中国游客数量和需求上有什么变化呢？

总领事：2015 年，中国游客在意大利的旅游人数达 340 万人，占外国游客总数的 3%，较 2014 年增长了 45%。这反映了意大利旅游业的中国市场前景广阔。随着人们生活水平的提高，越来越多的人选择出国游；同时，他们对旅游的质量和体验要求越来越高，我们会尝试在旅游基础设施等方面进行改善提升，为游客提供更好的服务。

旅游政策

记者：中国人去意大利旅游，贵国能提供哪些方便措施呢？

总领事：为方便中国游客畅游意大利，意大利相关政府部门出台了很多措施。如开通意大利旅游中文网站，简化签证手续，精心设计意大利旅游线路，在博物馆、古罗马遗址、酒店和购物中心等游客集中地开通中文 WiFi 并提供中文导游服务，设机场退税窗口。另外，在部分景区由中国警察与意方警察共同保护游客人身安全等，加强对中国游客的服务。

记者：您会为中国游客推荐哪些旅游景点呢？

总领事：谈到旅游景点，我觉得意大利的每个景点都值得去看一看，除了人们熟知的米兰、罗马、佛罗伦萨、威尼斯等大城市，还有成百上千的小镇或村落也是很美的。游客可根据自己的时间和

需求，选择适合自己的旅游路线。无论是观看足球联赛、法拉利赛事，还是选择一条美食之旅，意大利都可满足游客的需求。总之，北部山区、南部海滨的意大利能够满足游客多元化的需求。

记者：时尚之都米兰和水城威尼斯都是游客的向往之地，请为我们描绘一下这两个不同风格的城市。

总领事：米兰和威尼斯各具风情却又都是意大利的代表性城市。米兰是意大利的第二大城市，亦是名副其实的金融中心，集中了全国90%的金融交易，米兰都会区（世界八大都会区之一）生产总值占意大利国内生产总值的4.8%。米兰也是各大品牌的集中地，4条街道形成著名的四方阵，是顶级服饰潮人必到之处。

每年的1月和7月，都有来自美国、日本等地的游客，专门来米兰"扫货"。服装、饰品、珠宝是米兰购物的三大重心，在米兰量身定制的服装是工艺品。露天集市是米兰的另一大特色。米兰时装周是国际四大著名时装周之一（即米兰、巴黎、纽约、伦敦），在四大时装周中，米兰时装周崛起得最晚，但如今却已独占鳌头，聚集了时尚界顶尖人物、上千家专业买手和来自世界各地的专业媒体。作为世界四大时装周之一，米兰时装周一直被认为是世界时装设计和消费的"晴雨表"。米兰是世界上展览、展会最多的城市之一，米兰曾承办过1906年世界博览会，并且已主办2015年世界博览会。米兰国际展览中心是世界最大的展览中心，米兰布雷拉画廊每年也吸引了大量游客。此外，米兰的歌剧、足球、艺术设计、教育资源都是很著名的。

威尼斯是意大利东北部著名的旅游与工业城市，威尼斯的风情总离不开"水"，城市面积不到7.8平方公里，却由118个小岛组成，177条运河像蛛网一样密布其间。威尼斯"因水而生，因水而美，因水而兴"，故称水上威尼斯。欧洲三大国际电影节之一的威尼斯电影节于每年的8月至9月在此举办。这里亦是威尼斯画派的发源地，其建筑、绘画、雕塑、歌剧等在世界有着极其重要的地位和影响，威尼斯曾一度握有全欧洲最强大的人力、物力和权力。圣马可广场和圣马可教堂是威尼斯最著名的名胜古迹之一。威尼斯到目前为止有401座千姿百态风格各异的桥，著名的如叹息桥。

若去意大利旅游，可以从广州经武汉转机，直达意大利首都罗马，每周3趟航班；也可选择从香港、上海、北京、重庆等城市起飞，都有直达意大利的航班。在意大利境内，游客可根据自己的旅游线路及偏好，灵活选择交通方式，如公共汽车、电车或地铁。

结语：在如今这个多元化的世界里，每年定期在米兰举办的时装展、家具展、艺术展依然代表了世界最高水平。因为意大利不但拥有具备正宗的欧洲古典风格，同时也是现代设计最具活力的地方。这正是意大利历史文化遗留给世界的瑰宝。

西班牙：斗牛士文化的故乡
——西班牙驻广州总领事吉娜·丽达谈西班牙旅游业

"哪怕只是看一眼圣地亚哥的房屋就已经是朝圣了。"

——但丁

谈到西班牙，你马上想到的是什么？是堂·吉诃德和他的风车，还是中世纪骑士团的城堡？是热情奔放的弗拉明戈，还是风情万种的西班牙女郎？都是！但我首先想到的是融智慧与竞技于一体的斗牛。

国际游客的旅游胜地

记者：西班牙以其特有的风格吸引着国际游客的目光，请您谈谈游客喜爱西班牙的原因。

总领事：西班牙是世界三大旅游国之一，每年接待外国游客超过5700万人。

旅游业是西班牙国民经济的重要支柱之一，旅游入境人数和收入均居世界第二。2013年，西班牙入境旅游人数为6066万人。西班牙旅游业贡献了11%的国内生产总值，创造了16%的就业机会。

国际游客喜爱西班牙，我认为有三个方面的原因。

吉娜·丽达女士

（1）感受异域风情。西班牙有充足的阳光，有美味佳肴，还有热情好客的西班牙人民。

（2）西班牙是世界第三大世界遗迹最多的国家，如科尔多瓦历史中心、格拉纳达的阿兰布拉宫和赫内拉利费花园、布尔戈斯大教堂、埃斯科里亚尔修道院、巴塞罗那的奎尔公园、尔宫和米拉大楼、阿尔塔米拉洞窟等。

（3）西班牙有旖旎无比的大自然风光，还有独特的假日文化。

斗牛竞技和弗拉明戈也是国际游客的一大热爱。弗拉明戈既是一种舞蹈艺术，又是一种音乐风格，还是一种吉他弹奏技巧，更是吉卜赛人快乐的象征。弗拉明戈舞与斗牛并称为西班牙两大国粹。现在，弗拉明戈俨然成了具有西班牙特色和代表性的艺术之一，已享誉世界舞台，被越来越多的人接受和喜爱。

文化产业政策

记者：西班牙旅游产业成功的原因是什么？目前针对中国游客有哪些利好消息？

总领事：旅游业是西班牙国民经济中最重要的产业之一，其收入占国内生产总值的11%，并提供了16%的就业机会。

西班牙旅游业的成功，基于以下基本因素：

（1）西班牙旅游企业的活力。前往西班牙的游客中，有83%的游客属于"故地重游"。有40%的游客曾超过10次到访西班牙。

（2）地理位置接近主要客源市场。每年赴西班牙的旅客中，90%是欧洲旅客。75%的旅客选择乘坐飞机抵达西班牙。欧洲往返西班牙的航班为短途航班，加上后来逐步发展的低成本航空公司，有助于拓展西班牙与欧洲市场的联系，也促进了旅游业的发展。

（3）有一个高度专业的旅游局。旅游局一直服务于西班牙旅游业，实施历任政府制定的旅游政策，不因各种重大政治变革而改变。

（4）旅游公共管理局开展促进旅游业发展的工作。通过媒体宣传和广告，创建并确立了西班牙作为旅游目的地的形象；建立了一个支持西班牙旅游企业开发旅游产品的营销平台。同时，在推广领域的各个阶段都特别强调媒体和广告的作用，是创建和巩固旅游目的地形象必不可少的工具。在签证方面，我们推出了针对中国游客的签证政策，中国公民可以48小时快速办理签证，比之前缩短了很多的办理时间。

西班牙欢迎您

记者：西班牙有哪些令人过目难忘的旅游景点？

总领事：西班牙属于南欧伊比利亚半岛的一部分，同时也属于地中海的一个独特部分。因此，西班牙各地区在地理、气候和景观方面有着明显的不同。我们为了突出在旅游方面的特色，就把具有共同特色的地区划分在一起。如"绿色西班牙"就是在加利西亚、阿斯图里亚斯、坎塔布里亚和巴斯克地区的共同努力下应运而生的。此旅游线路均衡了上述4个地方的自然景观、气候，而且同时推出了海滩、山地户外、体育运动、乡村旅游等特色旅游项目。

安达卢西亚、穆尔西亚、瓦伦西亚和加泰罗尼亚4个地区以阳光和海滩闻名于世，那里有完善的高质量的基础设施。在西班牙内地，如阿拉贡、卡斯蒂利亚-莱昂、卡斯蒂利亚-拉曼恰和埃斯特雷马杜拉，向游客呈现了这些地方的历史名城（有很多已被联合国教科文组织列入世界文化遗产名录）、艺术和古代遗产等。其他自治大区，如里奥哈、马德里和纳瓦拉仍保留着具有不同个性和厚重传统的城区，向游客展示其怡人的景色和多元的文化。西班牙的岛屿无疑也是游客的必访之地。如巴利阿里群岛的海滩和海上运动，还有加纳利群岛的海岸很特别，它具有非洲大西洋海岸的特色，那里的海滩、火山公园及独特的气候构成了真正的"人间天堂"。

结语：西班牙三面环海，海岸线绵长，自身却是一块小小的大陆，它有400个自然保护区，有山脉、高原、湿地、沙漠、荒原、山地与河谷，这一切使西班牙拥有独具特色的各种自然景观；再加上浪漫民族与生俱来的热情和奔放，一切都是那么的让人神往。